Rudolf Schnackenburg

**DIE PERSON JESU CHRISTI
IM SPIEGEL DER VIER EVANGELIEN**

HERDERS THEOLOGISCHER KOMMENTAR ZUM NEUEN TESTAMENT

Herausgegeben von Alfred Wikenhauser †
Anton Vögtle, Rudolf Schnackenburg

SUPPLEMENTBAND IV

DIE PERSON JESU CHRISTI IM SPIEGEL DER VIER EVANGELIEN

Von
Rudolf Schnackenburg

HERDER
FREIBURG · BASEL · WIEN

RUDOLF SCHNACKENBURG

DIE PERSON JESU CHRISTI IM SPIEGEL DER VIER EVANGELIEN

HERDER
FREIBURG · BASEL · WIEN

Alle Rechte vorbehalten – Printed in Germany
© Verlag Herder Freiburg im Breisgau 1993
Herstellung: Freiburger Graphische Betriebe 1993
ISBN 3-451-23072-0

DEN HOCHVEREHRTEN
KOLLEGEN UND WEGGEFÄHRTEN,
HERRN PROFESSOR D. DR. HEINZ SCHÜRMANN
IN ERFURT (GEB. 18. 1. 1913) UND
HERRN PROFESSOR D. DR. EDUARD SCHWEIZER
IN ZÜRICH (GEB. 18. 4. 1913),
DENEN BEIDEN ICH VIEL VERDANKE,
ZU IHREM 80. GEBURTSTAG GEWIDMET.

Vorwort

Das Unbehagen an der historisch-kritischen Methode, die zu sehr unterschiedlichen Ergebnissen in der Jesus-Forschung geführt hat, der ich mich aber seit dem Aufbruch katholischer Bibelexegese durch die Enzyklika „Divino Afflante Spiritu" (1943) verpflichtet weiß, hat mich bewogen, einmal einen anderen Zugang zu der Person Jesu Christi, des geschichtlich Gekommenen und bei Gott und in der Kirche Fortlebenden, zu versuchen. Dieser Versuch geht von der Glaubenssicht der vier Evangelisten aus, die sich auf historische Überlieferungen stützt und zu einem jeweiligen, nach Zeit und Umständen sich verändernden Bild von Jesus Christus geführt hat. Dadurch werden die historischen Grundlagen in ein Glaubensbild erhoben, das sich in den vier Evangelien verschieden widerspiegelt, aber eine gemeinsame Glaubensüberzeugung erkennen läßt, die für die nachfolgenden Jahrhunderte bis in unsere Zeit wegweisend blieb.

Der Problematik eines solchen Unternehmens bin ich mir voll bewußt. Ich habe lange gezögert, dieses Buch, das letzthin der Begegnung mit dem lebendigen, fortlebenden, uns gegenwärtig anfordernden Jesus Christus dienen will, zu veröffentlichen. Es ist problematisch, weil die heutigen Menschen, durch die rationale Bibelaufklärung, die historische Wissenschaft und die modernen Medien getrieben, immer wieder fragen werden, was wirklich geschah, was wir von Jesus von Nazaret tatsächlich wissen und mit Sicherheit behaupten können. Aber ich glaube, wir müssen nach der Anlage und der Intention der uns einzig zur Verfügung stehenden Quellen, der vier Evangelien, diesen historischen Horizont überschreiten und trotz aller Schwierigkeiten von Tradition und Redaktion nach dem fragen, was sie uns wirklich sagen wollen. Es ist klar, daß sie als Adresse die glaubende Gemeinde im Blick haben, freilich jeweils nach ihrer Situation und ihren besonderen Intentionen. So ist das Buch zwischen Glaube und Geschichte angesiedelt, nicht ohne Rückblick auf die kritische Jesus-Forschung, deren Ergebnisse ich berücksichtigen, aber nicht im Detail besprechen will. Freunde und Kollegen haben mich ermutigt, diesen Versuch zu wagen.

In der Durchführung habe ich mich an das gehalten, was ich in den einzelnen Evangelien zu erkennen glaubte, bin also der Darstellung der Evangelisten gefolgt (Kap. 2–5), um dann eine Zusammenschau und ein Resümee zu versuchen. Die einzelnen Kapitel bedürften noch einer kritischen Überprüfung nach allem, was in der Exegese an Einsichten in das Verfahren und die Absichten der Evangelisten gewonnen wurde. Aber es ist mir nicht möglich, auf die ausgedehnte und divergierende Literatur einzugehen. Ich habe mich auf das beschränkt, was ich als vertretbare, konsensfähige und weiterführende Sicht zu erkennen glaubte. Man verstehe also die reduzierte Literaturbenutzung nicht so, als wollte ich die vielen Arbeiten kenntnisreicher und kritischer Kollegen abwerten oder beiseite schieben. Mein aus langen Jahren der Forschung und Besinnung erwachsenes Buch soll ein Anstoß sein, grundlegende Fragen neu zu überdenken. Es soll ein Dienst für gläubige Christen sein, die heute durch die wissenschaftliche Forschung und das kritische Gespräch verunsichert sind, um am Glauben an die Person Jesu Christi als des Heilbringers und Retters der Welt festzuhalten.

Zu danken habe ich vor allem Frau Hannelore Ferner für unermüdliche Schreib- und Computerhilfe und Herrn Lektor Franz Johna vom Verlag Herder für die Betreuung des Manuskriptes.

Würzburg, im Februar 1993 *Rudolf Schnackenburg*

Inhalt

Vorwort 5

ERSTES KAPITEL
GLAUBE UND GESCHICHTE

1. Jesus von Nazaret – Jesus Christus 12
2. Das Evangelium 20
3. Das „viergestaltige Evangelium" 24

ZWEITES KAPITEL
MARKUS

I. Die Beschreibung der Tätigkeit Jesu 28
  1. Die Verkündigung Jesu 28
  2. Das Lehren Jesu 31
  3. Krankenheilungen und Dämonenbannungen 36
  4. Machttaten und Epiphanien 41
  5. Konfrontationen und Konflikte 45
  6. Der Leidens- und Todesweg Jesu 52

II. Würdebezeichnungen und Titel Jesu 58
  1. Der Sohn Gottes 58
  2. Der Menschensohn 66
  3. Andere Würdebezeichnungen Jesu 75
  4. Das sogenannte Messiasgeheimnis 80

DRITTES KAPITEL
MATTHÄUS

I. Die Geschichte Jesu, wie sie Matthäus erzählt 91
  1. Der mit Markus verglichen größere Rahmen der Geschichte Jesu bei Matthäus 91

Inhalt

    2. Der juden- und heidenchristliche Horizont der Geschichte Jesu 102
    3. Die Kirche als Raum des Fortwirkens Jesu 108

II. Das Bild Jesu Christi im Matthäusevangelium 115

    1. Christologische Prädikate für Jesus 115
    2. Der Erfüller alttestamentlicher Vorhersagen und Verheißungen 127
    3. Der Gottgesandte, der eine neue und größere Gerechtigkeit fordert 134

VIERTES KAPITEL
LUKAS

I. Die grundlegende Sicht 155

    1. Der in der Kraft des heiligen Geistes Gesandte Gottes .. 155
    2. Der Verkündiger des Evangeliums der Gnade 161
    3. Der den Juden und Griechen vorgestellte Retter, Messias und Herr 167
    4. Der durch Tod und Auferstehung zu Gott gelangte erhöhte Herr 176
    5. Der Wegführer zum Heil 185
    6. Der wiederkommende Herr 194

II. Einzelne Züge 205

    1. Die Menschlichkeit Jesu 205
    2. Der Einsatz Jesu für die Armen und Elenden 215
    3. Jesu Zuwendung zu den Frauen 224
    4. Der betende Jesus 236

FÜNFTES KAPITEL
JOHANNES

I. Zugang zum Johannesevangelium und seiner Christologie ... 246

    1. Der geschichtliche Horizont 248
    2. Das Johannesevangelium als Evangeliumsschrift 254
    3. Zum Aufbau des Johannesevangeliums 257
    4. Das johanneische Christusbild im Vergleich mit den synoptischen Evangelien 269

5. Hermeneutischer Zugang zum Johanneischen Christusbild 272

II. Einzelaussagen der johanneischen Christologie 277
1. Der Gesandte 277
2. Der mit seinem Vater verbundene Sohn 283
3. Der aus dem Himmel herabgestiegene und dorthin wieder aufsteigende Menschensohn 288
4. Der eschatologische Prophet 301
5. Das Lamm Gottes 307
6. Der präexistente und menschgewordene Logos 315

SECHSTES KAPITEL
DAS VIERGESTALTIGE EVANGELIUM
ALS VIELFÄLTIGES UND DOCH EINHEITLICHES
CHRISTUSZEUGNIS

I. Ein unterschiedliches Bild von Jesus Christus 327
1. Das Bild in den Evangelien 327
2. Veränderungen des markinischen Jesusbildes bei Matthäus 330
3. Das lukanische Jesusbild im Vergleich mit Markus und Matthäus 334
4. Der Überschritt zur johanneischen Christologie 338

II. Das den verschiedenen Entwürfen zugrundeliegende einheitliche Glaubensbild von Jesus Christus 340
1. Die Überzeugung von Jesus dem Messias 340
2. Der Glaube an Jesus, den Sohn Gottes 341
3. Jesus der Heilsbringer 344
4. Der ganz Andere, der unter den Menschen Gott und seine Hoheit Bezeugende 345

III. Das Glaubensbild der Evangelisten von Jesus Christus im Verhältnis zum geschichtlichen Jesus von Nazaret 348
Ausblick 355

Erstes Kapitel

Glaube und Geschichte

Glaube und Geschichte stehen in einer eigentümlichen Wechselbeziehung. Im Gang der Geschichte sind immer wieder Glaubensbewegungen aufgetreten, die den Lauf der Geschichte beeinflußt und verändert haben. Hervorragende Gestalten haben durch ihre Glaubensüberzeugung Menschen und Völker mitgerissen, ihnen auf ihrem Weg zu folgen. Aus der Geschichte erhebt sich ein Glaube, und dieser Glaube wirkt sich wieder geschichtlich aus. Die Auswirkungen solcher Glaubensüberzeugungen betreffen nicht nur den personalen Bereich, das Tun und Lassen der einzelnen Menschen, sondern greifen auch auf die kulturellen, gesellschaftlichen und politischen Verhältnisse über. Auch politische Führer stehen unter dem Einfluß von Weltanschauungen und Ideologien. Herrscher und Heerführer, Propagandisten und Verkünder eines Programms zur Neugestaltung der Welt sind alle von Vorstellungen beherrscht, die einer bestimmten Denkungsart entspringen. Aber keine dieser wirkmächtigen Ideen greift so tief wie eine religiöse Botschaft, durch die die Menschen im Innersten ergriffen und zu einer neuen Weltsicht und Daseinsgestaltung getrieben werden. Philosophie und Religion sind die Quellflüsse für das Sinnen und Suchen der Menschen, die verborgenen Antriebskräfte des äußeren Weltgeschehens.

Aus einer religiösen Botschaft ist auch das Christentum hervorgegangen, das nun seit fast 2000 Jahren das geistige, kulturelle und gesellschaftliche Leben eines Großteils der Menschheit bewegt. Gerade im Christentum tritt die Verflochtenheit von Glaube und Geschichte hervor, und dies nicht nur äußerlich, sondern schon von seinem Ursprung her und aus seiner inneren Struktur. Das Problem von Glaube und Geschichte ist dem Christentum gleichsam in die Wiege gelegt. Denn Jesus Christus ist eine geschichtliche Gestalt, die aber erst durch den Glauben an sein Fortleben bei Gott, die Auferweckung des Gekreuzigten, ihre weltweite Wirkungskraft erlangte. Dem Verhältnis des geschichtlichen Jesus von Nazaret zum Christus des Glaubens, das nun schon über 200 Jahre, seit der Aufklärung, die wissenschaftliche Forschung und die glaubensmäßige Diskussion beherrscht, ist auch die vorliegende Arbeit gewidmet, doch in einem neuen Ansatz, der von der Unerkennbarkeit und Unerforschlichkeit des „historischen" Jesus ausgeht und sich der Sicht der Evangelisten zuwendet, die je ein besonderes Bild von Jesus Christus entworfen haben.

1. Jesus von Nazaret – Jesus Christus

Es ist eine immer wieder bewegende Frage, wer Jesus von Nazaret war, der am Beginn unserer Zeitrechnung als geschichtliche Gestalt in Erscheinung tritt. Nur zwei bis drei Jahre war er in der Öffentlichkeit tätig, wanderte durch das kleine Land Galiläa, verkündete seine Botschaft, das „Evangelium", heilte Kranke und vollbrachte erstaunliche Taten. Er zog große Volksscharen in seinen Bann und sammelte Jünger um sich; doch erregte er auch Widerspruch bei führenden Leuten in seinem Volk, die ihn schließlich in den Tod trieben. Man kann sich nicht genug vor Augen halten, wie begrenzt die Zeit seines Wirkens war. Etwa dreißig Jahre lebte er still im Schoß einer Handwerkerfamilie in der unbedeutenden Stadt Nazaret, kam dann an den Jordan und ließ sich von Johannes dem Täufer taufen. Aber er blieb nicht in der von dem Wüstenprediger entfachten Bußbewegung, sondern trat mit einer Heilsbotschaft hervor: „Die Zeit ist erfüllt, nahegekommen die Gottesherrschaft. Kehrt um und glaubt an das Evangelium!" (Mk 1,15). Seine Predigt war wie ein zündender Funke und hatte eine gewaltige Nachwirkung, freilich erst nach seinem Tod, als seine Jünger den Gekreuzigten als den von Gott Auferweckten und zum Heilbringer Bestimmten verkündeten. Er blieb nicht im Tod, sondern wurde ein Lebender, bei Gott für die Menschen Fortlebender. Seitdem bekam er den Ehrennamen „Jesus Christus"; der Doppelname war ursprünglich ein Bekenntnis: Jesus von Nazaret ist der „Gesalbte", der Christus, der Messias[1]. Von diesem Christus bekennt eine alte Glaubensformel: „Christus ist für unsere Sünden gestorben gemäß der Schrift, und er erschien dem Kephas, dann den Zwölf" (1 Kor 15,3–5). Dies ist das „Evangelium", die Heilsbotschaft, die Paulus aufgreift (1 Kor 15,1f.) und zur Rettung der Menschen verkündet. Erst das ist die ganze Geschichte Jesu von Nazaret, die „Geschichte von einem Lebenden"[2]. Erst diese Fortführung des irdischen Auftretens Jesu in sei-

---

[1] M. Karrer, Der Gesalbte. Die Grundlagen des Christustitels (FRLANT 151), Göttingen 1990, ist in einer eindringlichen Untersuchung der Entstehung des Christustitels nachgegangen. Nach ihm stammt die Christusbezeichnung nicht aus der Erwartung eines herrscherlichen (königlichen) Messias, auch nicht eines priesterlichen Messias, sondern ist, wie ein reiches Material zur Salbungsvorstellung belegt, als Gesalbter der Gott einzigartig Nahestehende, konkurrenzlos mit Gott Verbundene und hat sich in seinem Tod für Gott und die Menschen geopfert.

[2] Vgl. E. Schillebeeckx, Jesus. Die Geschichte von einem Lebenden, Freiburg – Basel

nem Kreuz und seiner Auferstehung hat die weltgeschichtliche Bewegung entfacht, die wir „Christentum" nennen und die bis heute Millionen von Menschen zu einem Glauben fortreißt, der ihr Leben bestimmt und sie zu Taten bewegt, die das Antlitz der Erde verändern.

Jesus Christus ist der Ursprung und zugleich der Brennpunkt des christlichen Glaubens. Wenn man ihn einen „Religionsstifter" nennt, ist das eine sehr äußerliche und völlig unzulängliche Kennzeichnung seiner Bedeutung. Man sieht ihn dann in einer Reihe mit anderen „Religionsstiftern" wie Mose, Mohammed, Zarathustra, Buddha; aber man erfaßt nicht den lebendigen Einfluß, der von ihm ausgeht und der ihn noch immer zu einer unverwechselbaren Gestalt macht. Dafür ist beides ausschlaggebend: sein irdisches Auftreten, seine Worte und Taten, und sein Geschick, der furchtbare Kreuzestod, der im Glauben seiner Anhänger zur Auferstehung führt. Erst beides zusammen ergibt ein zutreffendes Bild von „Jesus Christus", da der irdische Jesus nicht ohne den auferweckten Christus zu begreifen ist und für die Urkirche der Gekreuzigte und Auferweckte kein anderer ist als der auf Erden wirkende Jesus von Nazaret. In dieser Verbindung von geschichtlicher Erscheinung und im Glauben erfaßter übergeschichtlicher, durch die Zeiten fortwirkender Gegenwart liegt allerdings eine Spannung: Wie können die geschichtlichen, einmalig-konkreten Daten mit dem auf einer neuen Verständnisebene aufruhenden Glauben zur Einheit und Deckung gebracht werden? Für den Glauben ist es klar: „Jesus Christus, gestern und heute derselbe, und in Ewigkeit" (Hebr 13,8). Aber ist Jesus Christus derselbe wie der in den Evangelien auftretende Jesus von Nazaret? Ist der verkündigte Christus derselbe wie der nach den Evangelien Verkündende? Ist zwischen dem uns in den Evangelien begegnenden Jesus und dem Gekreuzigt-Auferweckten nicht ein „breiter häßlicher Graben", wie man seit der Aufklärung behauptet? Auffällig ist, daß Paulus, der Jesus dem Fleische nach nicht gekannt hat, seine ganze Verkündigung auf der Tatsache von Kreuz und Auferstehung Jesu Christi aufbaut, also fast ohne einen Rückblick auf den geschichtlichen Jesus auskommen kann. Wird so nicht alles, was wir von Jesus wissen können und wissen möchten, von dieser Verkündigung, dem „Kerygma", aufgesogen?

Für Jahrhunderte war dies für den christlichen Glauben kein Pro-

---

– Wien ³1975; H. KESSLER, Sucht den Lebenden nicht bei den Toten. Die Auferstehung Jesu in biblischer, fundamentaltheologischer und systematischer Sicht, Düsseldorf 1985, bes. 311–362: Der auferweckte Gekreuzigte als Mitte und Paradigma des christlichen Glaubens. „Wer sich an ihn, den Irdischen, Gekreuzigten und Erhöhten, hält, findet zur Ganzheit und Fülle des Lebens" (356). Die historische Rückfrage zielt auf den *vergangenen* Jesus und kann ihn nicht *gegenwärtig* und lebendig machen. Der gekreuzigte und erhöhte Herr ist „auch kein einsamer ‚himmlischer' Christus, sondern der lebendige Christus praesens" (364).

blem. Was Jesus verkündet hat, sind die Worte des menschgewordenen Gottessohnes; sie sind als göttliche Offenbarung in ihrem offenbaren Sinn anzunehmen und zu verwirklichen. Aber ist ihr Sinn immer so eindeutig, und sind es die wirklichen Worte des geschichtlichen Jesus? Entsteht dadurch nicht ein anderes Bild von Jesus, der viel einfacher als Mensch unter Menschen seiner Zeit lebte und wirkte? Jesu „Vollmacht" im Reden, in der Auslegung des Gesetzes (Mk 1,22; Mt 7,29), in der Vergebung der Sünden (Mk 2,10), in der Heilung von Kranken (Mk 1,27; 3,15; 6,7; vgl. 6,55f. u. a.) ist die Vollmacht des an die Seite Gottes Erhobenen (vgl. Mt 28,18). Sein Schreiten über die Wogen (Mk 6,45–52) und seine Verklärung auf dem Berg (Mk 9,2–10) werden als Epiphaniegeschichten erzählt, hinter denen der Glaube an den Auferstandenen steht. Darum wird den Zeugen der Verklärung aufgetragen, niemand etwas von der Erscheinung kundzutun, bis der Menschensohn von den Toten auferstanden ist (Mk 9,9; Mt 17,9). Der Weg in Leiden und Tod wird in das Licht der Auferstehung getaucht (Mk 8,31; 9,31; 10,33). Muß man nicht die gläubige Übermalung des Jesusbildes abheben, um so den wirklichen geschichtlichen Jesus in den Blick zu bekommen? Im Grunde ist das ganze Markus-Evangelium ein Buch der „geheimen Epiphanien" (Martin Dibelius), in denen sich der Gottessohn dem Blick des Glaubens und nur diesem erschließt. Alles Erzählte und Überlieferte ist so dicht mit der Glaubensantwort der Gemeinde verflochten, daß man das einst Geschehene daraus nicht lösen kann. Ohne eine gläubige und offene Haltung, mit der ein Mensch die Worte Jesu sich zugesprochen weiß, seine Taten als ihn angehend begreift, seinen Weg in Leiden und Tod als ihn betreffend und anfordernd versteht, bleibt alles, was die Evangelien über Jesus berichten, etwas Fremdes, Fernes, Unverständliches. Ohne Glauben stehen wir vor einer Schallmauer, stoßen wir auf Rätsel und Dunkelheiten, so wie es den Jüngern nach der Darstellung des Markus ergeht, die nicht begreifen können und von Jesus wegen ihrer Blindheit und Taubheit gescholten werden, ein verhärtetes Herz zu haben (6,52; 8,17f.). Wer sich in der kühlen Distanz des Historikers der Gestalt Jesu nähert, kann die Frage nach dem Geheimnis der Person Jesu, der Strahlkraft, die von ihm ausgeht, der lebendigen Macht seiner Worte und Taten, der mitreißenden Gewalt seines Leidens und Sterbens nicht beantworten.

Dennoch kann das Bemühen, Jesus von Nazaret in seiner geschichtlichen Erscheinung zu erkennen, seine wirklichen Worte und seine Taten in den Griff zu bekommen, nicht als abwegig und verfehlt angesehen werden. Wenn es nur die Botschaft vom Gekreuzigten und Auferstandenen gäbe, entsteht die Gefahr einer Idealisierung seiner Person, einer Mythisierung, einer gedanklichen Spekulation. Das gläubige Bekenntnis droht dann den realen Grund unter den Füßen zu verlieren. Das war der Urkirche durchaus bewußt. Denn sie wollte gerade das, was Jesus verkündet und gelehrt hatte, als Auftrag des Auferstandenen weitergeben, um so die Völkerwelt für den Glauben an Jesus Christus zu gewinnen. „Lehrt sie alles halten, was ich euch aufgetragen habe" (Mt 28,20). Der gekreuzigte Jesus von Nazaret und kein anderer wurde für sie der Messias und Herr (Apg 2,36), und von diesem unter Pontius Pilatus gekreuzigten Jesus erwartete man die Vergebung der Sünden (Apg 2,38; 3,18f; 13,38).

Seit man jenen Graben zwischen dem verkündigenden Jesus und dem verkündigten Christus wahrnahm, entstand das Bemühen, Jesus von Nazaret von aller dogmatischen Übermalung zu lösen und ihn in seiner historischen Gestalt frei zu legen. Man wollte aufgrund der Quellen trotz ihrer Unzulänglichkeit den wirklichen „historischen" Jesus in den Blick bekommen und ihn gegenüber dem Christus des Glaubens abgrenzen. Seit Hermann Samuel Reimarus, der als Autor hinter den von Gotthold Ephraim Lessing herausgegebenen „Wolfenbüttelschen Fragmenten" (1778) steht, hat sich die „Leben-Jesu-Forschung" erhoben und das ganze 19. Jahrhundert beherrscht. Aber das führte zu keinen überzeugenden Ergebnissen, sondern nur zu unterschiedlichen, subjektiv bedingten und mit weltanschaulichen Voraussetzungen entworfenen Jesusbildern. Dieses angestrengte Forschungsbemühen mußte scheitern, weil die Evangelien keine vorwiegend historisch orientierten Schriften sind, sondern alles geschichtlich Überlieferte sogleich in das Glaubensbild von Jesus Christus hineinziehen. Der historische Jesus ist in das gläubige Bekenntnis zu Jesus Christus eingebunden. Die Geschichte der „Leben-Jesu-Forschung" hat Albert Schweitzer in einer glänzenden Darstellung nachgezeichnet. In seiner Schlußbetrachtung schreibt er: „Das historische Fundament des Christentums, wie es die rationalistische, die liberale und die moderne Theologie aufgeführt haben, existiert nicht mehr, was aber nicht heißen will, daß das Christentum deshalb sein historisches Fundament verloren hat ... Jesus ist unserer Zeit etwas, weil eine gewaltige geistige Strömung von ihm ausgegangen ist und auch unsere Zeit durchflutet. Diese Tatsache wird durch historische Erkenntnis weder erschüttert noch gefestigt"[3]. A. Schweitzer selbst hat freilich ein Bild von Jesus entworfen, das von seiner Naherwartung des Gottesreiches ausging und den Texten nicht gerecht wird. Jesus habe eine „Interimsethik" verkündigt, die den einzelnen in der drängenden Zeit vor dem Ende aufs schärfste anfordert. Es sei eine Ethik des Dienens und der Buße, ihrem Wesen nach individualistisch und weltverneinend. Die im Zuge der „konsequenten Eschatologie" (Johannes Weiss) vertretene Auffassung verkürzt und überspitzt die an sich richtig beobachtete

---

[3] A. Schweitzer, Geschichte der Leben-Jesu-Forschung, [6]Tübingen 1951, 632.

eschatologische Ausrichtung der Gottesherrschaft auf eine zeitliche Grenze (noch zur Zeit Jesu), mißachtet den kollektiven Bezug der Jesuspredigt auf das Gottesvolk und den kosmisch-universalen Charakter der Gottesherrschaft. Aber das gewaltig anfordernde Ethos Jesu, das den Menschen schonungslos vor Gott stellt, hat Schweitzer kräftig herausgearbeitet und in seinem eigenen Leben als Urwalddoktor zu verwirklichen getrachtet („Ehrfurcht vor dem Leben").

Die nachfolgende Forschung, die auf den Trümmern der Leben-Jesu-Forschung aufbaute, führte nicht aus der Sackgasse heraus. William Wrede sah im Markus-Evangelium den Versuch, den unhistorischen Jesus mit der urchristlichen Überzeugung von Jesus Christus, dem Messias und Gottessohn, auszugleichen[4]. Dadurch wurde der „Graben" noch offensichtlicher. In der Zeit nach dem Ersten Weltkrieg kam dann die formgeschichtliche Sicht auf die Evangelien auf; man fand die meisten Worte Jesu durch den Glauben der Urkirche geformt und verändert, und man hielt die von ihm berichteten Taten, besonders die Wunder, für Gemeindebildungen. Rudolf Bultmann kam zu dem Ergebnis, daß der Erzählungsstoff legendär ausgestaltet wurde und die Jesusgeschichten zum Teil ihren Ursprung im christlichen Kult haben[5]. Dennoch hat Bultmann ein Jesus-Buch geschrieben, in dem er die von Jesus gebrachte Verkündigung, wie sie von der Gemeinde aufgenommen und überformt weitergegeben wurde, zur Grundlage seiner Darstellung macht. Vom Leben und der Persönlichkeit Jesu könnten wir so gut wie nichts mehr wissen, da sich die christlichen Quellen dafür nicht interessiert haben[6]. Auf der andern Seite sagt er: „So wenig wir vom Leben und der Persönlichkeit wissen, – von seiner Verkündigung wissen wir so viel, daß wir uns ein zusammenhängendes Bild machen können[7]." Die ethische Unterweisung Jesu versteht er als einen Anruf zu einem neuen Existenzverständnis, durch das sich der Mensch neu und anders als bisher begreifen und zu einem radikalen Gehorsam herausgefordert wissen muß. Die Gottesherrschaft ist „eine Macht, die die Gegenwart völlig bestimmt, obwohl sie ganz Zukunft ist. Sie bestimmt die Gegenwart dadurch, daß sie den Menschen in die Entscheidung zwingt; er ist so oder so, als Erwählter oder als Verworfener, in seiner ganzen gegenwärtigen Existenz durch sie bestimmt"[8]. So eindrucksvoll diese existentiale Auslegung ist, erheben sich doch Zweifel, ob man damit dem Verständnis Jesu gemäß seinen jüdischen Voraussetzungen, vor allem für die Stellung zum

---

[4] W. WREDE, Das Messiasgeheimnis in den Evangelien. Zugleich ein Beitrag zum Verständnis des Markusevangeliums, Göttingen (1901) ³1963.
[5] R. BULTMANN, Geschichte der synoptischen Tradition, Göttingen ⁸1970, 260–369.
[6] R. BULTMANN, Jesus, Tübingen 1926 u. ö. (1951) 11.
[7] Ebd. 14.
[8] Ebd. 46.

jüdischen Gesetz, doch auch für die Deutung der Gottesherrschaft, gerecht wird.

Gegenüber der radikalen Kritik an der geschichtlichen Zuverlässigkeit der Jesusüberlieferung erhob sich Widerspruch in der Schule Bultmanns selbst[9]. Ernst Käsemann sieht richtig, daß „die Evangelien ihr Kerygma, woher immer es stamme, nun doch eben dem irdischen Jesus zuschreiben und ihm deshalb unverkennbar ausgezeichnete Autorität beimessen. Wie stark ihre Anschauung von der Geschichte Jesu differieren und wie sehr die wirkliche Historie Jesu unter ihrer eigenen Verkündigung verdeckt werden mag, nur dem Interesse an dieser Geschichte verdanken wir überhaupt ihre Entstehung und jene Gestalt, die sich so eigenartig aus dem sonstigen Neuen Testament und der zeitgenössischen Literatur abhebt"[10]. Damit wurde nun doch auf einer neuen kritischen Ebene eine Jesus-Forschung eingeläutet, die stärker nach dem Verhältnis von „historischer Jesus und kerygmatischer Christus" fragte[11]. Wir brauchen das nicht im einzelnen zu verfolgen; die Forschungsmethoden wurden verfeinert. Man fragte nach Kriterien authentischer Jesusüberlieferung und betrat damit einen festeren Boden für die Worte und Taten Jesu. Die „Rückfrage nach Jesus" bekam wieder ihren legitimen Platz[12].

In dieser Forschungssituation stehen wir bis heute. Unaufhörlich erscheinen Bücher und Aufsätze, die dem Phänomen des geschichtlichen Jesus, seiner Verkündigung und seinen Intentionen nachgehen und damit die christologische Frage verknüpfen, wie aus dem geschichtlichen Jesus der kerygmatische Christus wurde und wie sich dieser Glaube von frühester Christologie zu weiterentwickelten Stufen des christologischen Bekenntnisses entfaltete und differenzierte. Einen Rückblick auf die Jesusforschung von 1950 bis 1980 vermitteln die Besprechungen von Werner Georg Kümmel über die ausgedehnte Literatur in der „Theologischen Rundschau", die jetzt in einem stattlichen Band zusammengefaßt sind[13]. Die Fülle der Publikationen über

---

[9] E. Käsemann, Das Problem des historischen Jesus, in: ZThK 51 (1954) 125–153.
[10] Ebd. 139.
[11] Dieses Problem hat die Forschung in den 50er und 60er Jahren stark beschäftigt. Vgl. den Sammelband H. Ristow und K. Matthiae, Der historische Jesus und der kerygmatische Christus, Berlin 1960; ferner die von W. G. Kümmel, Dreißig Jahre Jesusforschung (1950–1980), Königstein/Ts.-Bonn 1985, S. 2–5 angegebene Literatur. Aber die Diskussion ist auch danach weitergegangen.
[12] Vgl. K. Kertelge (Hrsg.), Rückfrage nach Jesus. Zur Methodik und Bedeutung der Frage nach dem historischen Jesus (QD 63), 1974 (grundlegende Beiträge von F. Hahn, F. Lentzen-Deis, F. Mussner); Schillebeeckx, Jesus (Anm. 2) 70–88; R. Riesner, Jesus als Lehrer. Eine Untersuchung zum Ursprung der Evangelien-Überlieferung, Tübingen ²1984, 87–95; J. Gnilka, Jesus von Nazaret. Botschaft und Geschichte, Freiburg–Basel–Wien 1990, 28–32.
[13] W. G. Kümmel, Jesus-Forschung (Anm. 11). Inzwischen sind weitere Forschungsbe-

alle geschichtlichen Aspekte des Jesus der Geschichte sind für ihn erschreckend und kaum übersehbar. Noch erschreckender aber ist die Fülle der einander widersprechenden und in vielen Fällen sich gegenseitig ausschließenden Anschauungen, die den Eindruck eines völligen Meinungswirrwarrs erwecken[14]. Gleichwohl zweifelt Kümmel nicht an der Möglichkeit, mit den Mitteln der kritischen Geschichtswissenschaft einen Zugang zum Jesus der Geschichte zu gewinnen. In der Diskussion über die Methoden und Kriterien der Jesusforschung werden verfehlte Ansätze ausgeschieden und einseitigtendenziöse Darstellungen als unhaltbar erwiesen. Positiv urteilt Kümmel: (1) Zwar läßt sich keine Biographie Jesu schreiben; aber wir können die Hauptzüge der Verkündigung Jesu in Abhängigkeit von und in Auseinandersetzung mit den Grundanschauungen des gleichzeitigen Judentums erkennen, auch den scharfen Gegensatz, in den Jesus dadurch mit führenden Kreisen seines Volkes geriet und der schließlich zu seinem gewaltsamen Tod führte. (2) Es zeichnet sich ein Konsens darüber ab, daß die Verkündigung Jesu grundlegend von der Erwartung der kommenden Gottesherrschaft beherrscht ist, wie immer man Gegenwart und Zukunft der Gottesherrschaft bestimmt. (3) Schließlich ist es weitgehend anerkannt, daß der Verkündigung Jesu ein absoluter Autoritätsanspruch Jesu zugrundeliegt, der in Zusammenhang mit der verkündigten Herrschaft *Gottes* steht[15]. Jesus ist sich seiner Sendung von Gott, seines Auftrags und seiner Bevollmächtigung durch Gott, seiner in Gott gründenden Autorität bewußt.

Die wissenschaftliche, historisch-kritische Exegese kann also wirklich einen Beitrag zur Person Jesu Christi leisten, indem sie die geschichtlichen Umstände seines Auftretens und Wirkens erhellt, seine Verkündigung in ihren Grundzügen hervortreten läßt und auch den dahinter stehenden Anspruch Jesu in den Blick bringt[16]. Es ist nicht nur ein kritisch bedachtes Jesusbild, sondern öffnet auch ein Tor für die Frage nach dem Christus des Glaubens, mehr freilich nicht. Denn dieses Tor zu durchschreiten, ist nur dem möglich, der mit der Urkirche an die Auferstehung des gekreuzigten Jesus glaubt. Die Rückfrage

---

richte erschienen, in: TR 53 (1988) 229–249; 54 (1989) 1–53; 55 (1990) 21–45; 56 (1991) 27–53; 391–420.
[14] Ebd. 535.
[15] Ebd. 540.
[16] Zu den geschichtlichen Umständen vgl. G. Bornkamm, Jesus von Nazareth, Stuttgart 1956 u.ö.; 24–47; K. Schubert, Die jüdischen Religionsparteien im Zeitalter Jesu, in: ders., Der historische Jesus und der Christus unseres Glaubens, Wien 1962, 15–101; G. Baumbach, Jesus von Nazareth im Licht der jüdischen Gruppenbildung, Berlin 1971; J. Jeremias, Jerusalem zur Zeit Jesu, Göttingen ³1963; B. Reicke, Neutestamentliche Zeitgeschichte. Die biblische Welt 500 v. bis 100 n.Chr., Berlin 1965; H. G. Kippenberg und G. A. Wewers, Textbuch zur neutestamentlichen Zeitgeschichte, Göttingen 1979; J. Gnilka, Jesus von Nazaret (Anm. 12) 35–74.

nach Jesus ist für den Glauben unentbehrlich; sie ist eine Grundlage für die eigentlich bewegende Frage: Wer ist Jesus Christus für mich, für die Gemeinschaft der Glaubenden, für alle Menschen? Von dieser Warte blicken die Evangelisten auf den geschichtlichen Jesus zurück und wollen in seinem Wirken und seinem Geschick seine bleibende Bedeutung aufleuchten lassen. Ein isoliertes Interesse am geschichtlichen Jesus haben sie nicht; ihr Blick ist immer schon auf den verherrlichten Christus, den bleibenden Herrn seiner Gemeinde gerichtet. Er ist für sie Jesus Christus, der verheißene Messias und Gottessohn, und dies wird in allen Jesusgeschichten offenbar. Martin Kähler, der mit seiner Schrift „Der sogenannte historische Jesus und der geschichtliche, biblische Christus" (1892; ³1953) einen energischen, wenn auch unzulänglichen Vorstoß gegen die Jesusforschung und den verengten Blick auf den „historischen" Jesus unternahm, schreibt: „Was sind die Erzählungen an sich und was sind sie uns, als Beispiele, wie er zu handeln pflegte, wie er war, wie er *ist*? In jedem Tropfen der betaueten Wiese spiegelt sich widerstrahlend der Sonne Licht; so tritt uns in jeder kleinen Geschichte die volle Person unseres Herrn entgegen"[17].

Es ist aber noch mehr zu sagen: Der wirkliche historische Jesus entzieht sich unseren Blicken und wird auch durch die kritische historische Forschung nicht greifbarer. Was bei der mit einem großen Methodeninstrumentarium entworfenen Forschung herauskommt, ist ein Konstrukt nach Verfahrensweisen, die allgemein in der historischen Wissenschaft angewendet werden, aber für eine so außergewöhnliche Gestalt wie Jesus von Nazaret, eine nur im Glauben begreifbare Gestalt, völlig unzulänglich bleiben. Jesus ist eben nicht eine Person wie Cäsar, Napoleon oder andere Größen der Weltgeschichte, die sich in den Fluß des Weltgeschehens einordnen; er durchbricht und überragt die Geschichte. Er ist auch nicht eine Geistesgröße wie Platon, Aristoteles und andere Philosophen, sondern ein aus einem anderen Horizont Redender, der die alle Menschen berührende Frage nach dem Sinn menschlicher Existenz und den Aufgaben menschlichen Lebens aus einer tieferen Sicht auf die Verankerung menschlichen Seins in Gott, der in Gott gründenden Wahrheit (Joh 18,37) beantworten will. Von dieser Überzeugung ist das Urchristentum durchdrungen, und so sind alle Texte, die wir von Jesus Christus besitzen, auf dieser Ebene eines religiösen Verständnisses angesiedelt. Alle Evangelien wie auch die Briefliteratur setzen diese Kommunikationsebene voraus. Das zeigt sich schon in der Art der Darstellung, dem genus litterarium, das die Evangelisten für ihre Darbietung des Auftretens Jesu gebrauchen.

---

[17] M. KÄHLER, Der sogenannte historische Jesus und der geschichtliche, biblische Christus, neu herausgegeben von E. WOLF, München 1953, 60f.

2. Das Evangelium

Markus, der älteste Evangelist, eröffnet seine Darstellung mit den Worten: Anfang des Evangeliums Jesu Christi, oder auch: von Jesus Christus. Die textlich unsichere Zufügung „des Sohnes Gottes" wird man für ursprünglich halten, weil Jesus Christus gerade im Markusevangelium als „(der) Sohn Gottes" hervortritt. In der Gottesstimme bei der Taufe und bei der Verklärung wird er als solcher bezeugt (1,11; 9,7); die Dämonen bekennen ihn – abwehrend und unwillig – als „Sohn Gottes (des Höchsten)" (3,11; 5,7); im Gleichnis von den bösen Winzern ist Jesus der „geliebte Sohn" (12,6); der heidnische Hauptmann erkennt ihn nach dem Tod Jesu „wahrhaft" als Sohn Gottes an (15,38)[18]. Der „Anfang" des Evangeliums ist umstritten. Soll damit der Beginn seines Auftretens im Verbund mit Johannes dem Täufer angezeigt werden (bis 1,13), oder ist die Zeit bis zur Verkündigung des Evangeliums gemeint (bis 1,15), oder bezieht sich der „Anfang" auf das ganze geschichtliche Wirken Jesu bis zu seinem Tod, das dann seine Fortsetzung in der Verkündigung der Kirche findet? Das letzte dürfte nach den anderen Stellen mit „Evangelium" zutreffen; denn das Evangelium soll auch nach Jesus weiterverkündet und wirksam werden (vgl. 8,35; 10,29); es muß unter allen Völkern verkündet werden (13,10; vgl. 14,9). Schließlich kann man fragen, ob in der Eröffnung Jesus als Verkündiger des Evangeliums Gottes gilt (vgl. 1,14) (gen. subi. „Evangelium Jesu Christi") oder ob er der vorzügliche Inhalt des Evangeliums ist (gen. obi. „Evangelium von Jesus Christus"). Für beides lassen sich Gründe anführen. Für Paulus ist das Evangelium von Jesus Christus, dem Gekreuzigten und Auferweckten, die beherrschende Vorstellung; aber indem er es als „Diener Gottes" verkündet, ist es doch das „Evangelium Gottes" (1 Thess 2,2.8.9; Röm 1,1; 15,16; 2 Kor 11,7). Wenn aber das Markusevangelium die älteste Schicht der Evangeliumsverkündigung ist, liegt es näher, im Hinblick auf 1,14 Jesus als den Verkündiger des Evangeliums Gottes, d.h. der hereinbrechenden Gottesherrschaft, anzusehen[19].

Das aufschlußreichste Wort in dieser Einleitung des Markusevange-

---

[18] Für gewöhnlich wird die Bezeichnung Jesu als „Sohn Gottes" in den Christologien des NT insgesamt, ohne besondere Rücksicht auf Markus, erörtert. Eine besondere Sicht entwickelt PH. VIELHAUER, Erwägungen zur Christologie des Markusevangeliums, in: E. Dinkler (Hrsg.), Zeit und Geschichte (Dankesgabe an R. Bultmann), Tübingen 1964, 155–169: Apotheose des Sohnes Gottes in der Taufe, Präsentation in der Verklärung, Inthronisation am Kreuz. Das ist eine anfechtbare Sicht. Zum Ganzen vgl. die Monographie von C. R. KAZMIERSKI, Jesus the Son of God. A Study of the Markan Tradition and its Redaction by the Evangelist (FzB 33), Würzburg 1979.

[19] Vgl. G. STRECKER, Das Evangelium Jesu Christi, in: DERS. (Hrsg.), Jesus Christus in Historie und Theologie (FS H. Conzelmann) Tübingen 1975, 503–548, hier 535–537; G. DAUTZENBERG, Die Zeit des Evangeliums. Mk 1,1–15 und die Konzeption des Markusevangeliums: BZ 21 (1977) 219–234; 22 (1978) 76–91; H. FRANKEMÖLLE, Evangelium. Begriff und Gattung. Ein Forschungsbericht (SBB 15), Stuttgart 1988, 141–144.

2. Das Evangelium

liums ist aber „das Evangelium", das die Art, die Gattung der Schrift erkennen läßt. Es bezeichnet ursprünglich mit dem Verbum „verkündigen" die mündliche Verkündigung der Heilsbotschaft und ist erst durch die Überschrift des Markus und das von ihm geschaffene Werk zu einem Gattungsbegriff geworden [20]. Damit steht das ganze Werk unter dem Vorzeichen der hereinbrechenden Gottesherrschaft. Ausgangspunkt für die Darstellung des Markus dürfte die Prophetie bei Jes 52,7 sein: „Wie willkommen sind auf den Bergen die Schritte des Freudenboten, der die Botschaft des Friedens bringt, der Gutes ankündigt und Rettung verheißt, der zu Zion sagt: Dein Gott ist König". Dieser verkündigende Freudenbote ist für die Urkirche Jesus, obwohl es nicht sicher ist, daß Jesus sich selbst im Licht der Jesaja-Stelle für diesen Freudenboten gehalten hat [21].

Noch eine zweite Stelle reiht sich an, wo der von Gott Gesalbte sagt: „Er hat mich gesandt, damit ich den Armen eine frohe Botschaft bringe und alle heile, deren Herz zerbrochen war, damit ich den Gefangenen die Entlassung künde und den Gefesselten die Befreiung" (Jes 61,1). Diese Stelle wird in der bei Lk 4,18f. wiedergegebenen Predigt Jesu in Nazaret angeführt und faßt Jesu Heilstätigkeit zusammen. Die Herkunft und Traditionsgeschichte des Substantivs „Evangelium" ist nicht leicht aufzuhellen [22]. Eine Abhängigkeit von der hellenistisch-römischen Sprachverwendung (Herrscherverehrung, Kaiserkult) ist nicht nachzuweisen; nachweisbar ist die christliche Rezeption des Verbums aus dem Sprachgebrauch Deuterojesajas. Wie immer es zur Aufnahme des Begriffs „Evangelium" kam, hat die Übernahme durch Markus doch erhebliche Konsequenzen für das Verständnis seines Werkes. Entstanden ist es in einer Zeit, da der zeitliche Abstand zur Predigt Jesu eine Fixierung für die missionarischen und katechetischen Bedürfnisse der Urkirche erforderte. Das geschah in einer Fassung, die Jesustraditionen sammelt und zugleich in das Licht des Christusglaubens rückt. Will man die Eigenart dieser eigentümlichen literarischen Darstellung erfassen, die auch die nachfolgenden Evangelien des Matthäus, Lukas und Johannes anregte und beeinflußte, muß man sich noch folgendes klarmachen:

---

[20] Vgl. G. STRECKER, Das Evangelium (vor. Anm.) 517–523, 524–531; P. STUHLMACHER, Das paulinische Evangelium, in: ders. (Hrsg.), Das Evangelium und die Evangelien, Tübingen 1983, 157–182; H. MERKLEIN, Zum Verständnis des paulinischen Begriffs „Evangelium", in: DERS., Studien zu Jesus und Paulus, Tübingen 1987, 279–295; H. FRANKEMÖLLE, Evangelium (vor. Anm.) 130–136.
[21] Vgl. H. FRANKEMÖLLE, Jesus als deuterojesajanischer Freudenbote? Zur Rezeption von Jes 52,7 und 61,1 im Neuen Testament, durch Jesus und in den Targumim, in; H. FRANKEMÖLLE – K. KERTELGE (Hrsg.), Vom Urchristentum zu Jesus (FS J. Gnilka), Freiburg-Basel-Wien 1989, 34–67.
[22] Vgl. die Monographie von H. FRANKEMÖLLE, Evangelium (Anm. 19) 204–214.

Erstes Kapitel: Glaube und Geschichte

1. Das „Evangelium" ist keine Biographie Jesu nach dem Muster antiker Lebensbeschreibungen[23], auch kein Erzeugnis, das man der „Memoiren-Literatur" zuweisen kann, in der Erinnerungen an das Leben großer Männer gesammelt wurden, schließlich keine die Taten von „Wundermännern" rühmende Aufzählung (Aretalogie). Es ist überhaupt kein Werk, das den Menschen Jesus verherrlichen will. Es ist eine „kerygmatische Geschichtsschreibung".

2. Das „Evangelium" will Gottes Wirken in und an Jesus aufzeigen, das zur Befreiung der Menschen aus innerer Bedrückung und äußerer Not führt. Es geht um Sündennachlaß, Krankenheilungen, Überwindung schädlicher und böser Gewalten (Dämonenbannungen). Alles geschieht von Gott her; Jesus ist nur die Vergegenwärtigung von Gottes Heilswillen und Heilsmacht, der Durchführer des Planes Gottes, der wirksame Arm seines Wirkens in der Welt.

3. Darum wird auch kein „Persönlichkeitsbild" Jesu entworfen. Über seine äußere Erscheinung hören wir nichts. Gelegentlich werden Gemütsbewegungen (Mitleid, Erbarmen, Zorn) Jesu genannt, aber nicht, um seine menschlichen Leidenschaften zu schildern, sondern um die seinem Auftrag entsprechende Menschlichkeit und Mitmenschlichkeit hervorzuheben. Erbarmen hat er mit den Menschen, die sich ihm vertrauensvoll nahen, Zorn gegen jene, die sein Heilswirken mißachten und zu unterdrücken suchen. Er ist gekommen, nicht Gerechte zu berufen, sondern Sünder (Mk 2,17), Leben zu retten und nicht zu verderben (3,4).

4. Besondere Aufmerksamkeit wird dem Leiden und Sterben Jesu zugewendet. Die Passionsgeschichte wird ausführlich geboten (Kap. 14–15), in einer theologisch durchdachten Weise nach dem Modell des leidenden Gerechten, der aber in seinem Vertrauen und seinem Gehorsam von Gott gestützt und schließlich gerechtfertigt und erhöht wird. Der Weg ans Kreuz steht von Anfang an fest (vgl. 2,20) und beherrscht das Denken so, daß man die Evangelien als „Passionsgeschichten mit ausführlicher Einleitung" nennen könnte[24].

5. Mit dem Blick auf Jesus verbindet sich sogleich der Blick auf die Glaubensgemeinde, die ihm auf seinem Weg folgt. Programmatisch steht nach der Ankündigung des Leidens- und Todesweges Jesu die Aufforderung: „Wer hinter mich gehen will, verleugne sich selbst, nehme sein Kreuz auf sich und folge mir nach!" (Mk 8,34). In diesem Zusammenhang nennt Markus das „Evangelium": „Wer sein Leben

---

[23] Ph.-L. Shuler, The Genre(s) of the Gospels, in: D. L. Dungen (ed.), The Interrelations of the Gospels (Jerusalem Symposion) Löwen 1990, 459–483, versucht neuerdings wieder die Verwandtschaft des „Evangeliums" mit hellenistischen Biographien (Encomia) nachzuweisen; aber das ist fragwürdig, vgl. die Entgegnung von P. Stuhlmacher ebd. 484–494 mit weiterer Literatur.

[24] M. Kähler, Der sog. historische Jesus (Anm. 17) 60.

um meinetwillen und um des Evangeliums willen verliert, wird es retten" (8,35). Das Evangelium ist eine Anrede an die Gemeinde, besonders in den sittlichen Forderungen, die von Jesus ausgehen.

6. Auch der Kult der Gemeinde wird einbezogen. Das letzte Abendmahl mit der Stiftung der Eucharistie (Mk 14,22–25) ist ein wichtiges Geschehen vor der Passion, das sich in der Gemeinde als ständiges Gedenken an seinen Tod und als Hoffnung auf die Erfüllung im Reiche Gottes fortsetzt. Ebenso wird das Gebetsleben der Gemeinde durch Worte Jesu über das erhörungsgewisse Gebet befruchtet (11,23–25).

7. Wiederholt finden sich Ausblicke auf das Kommen des Menschensohnes (8,38; 13,26; 14,62), der im Verständnis der Gemeinde kein anderer als Jesus ist. Die eschatologische Blickweise ist die notwendige Ergänzung zum gegenwärtigen Wirken Jesu; erst in der Zukunft vollendet sich die Gottesherrschaft.

Im ganzen zeigt sich, daß das „Evangelium" eine Gattung ganz eigener Art ist, kaum vergleichbar mit anderen literarischen Erzeugnissen der damaligen Zeit. Es ist aus dem Wirken Jesu aufgestiegen, aus dem Geiste Jesu geboren, im Blick auf Jesus, den Irdischen und bei Gott Fortlebenden, in seiner Gemeinde Anwesenden entwickelt. Es hält nicht nur das Andenken an Jesus fest, sondern richtet sich an dem auf, der gekommen ist, nicht sich bedienen zu lassen, sondern zu dienen und sein Leben hinzugeben als Lösepreis für viele (Mk 10,45). Nur in der Hingabe an die Menschen, in der „Proexistenz" Jesu wird in dieser Darstellung die Gestalt Jesu verständlich.

Bisher haben wir nur das Markusevangelium in den Blick gefaßt. In den drei anderen Evangelien tritt Jesus in anderer Akzentuierung, mit neuen Zügen hervor. Das Leben Jesu weitet sich in der matthäischen Vorgeschichte (Mt 1–2) und in der lukanischen Kindheitsgeschichte (Lk 1–2) aus und findet in den Erscheinungen des Auferstandenen eine Fortsetzung. Jeder Evangelist gibt dem Bild Jesu eigene Farbe, je nach den Voraussetzungen, die zur Entstehung des betreffenden Evangeliums führten, und nach den eigenen Neigungen, die ihn antrieben. Im Gespräch mit den Zeitgenossen, in der kulturellen Umwelt formen sich bestimmte Typen der Evangelienschreibung aus. Es ist etwas anderes, ob der christliche Glaube in palästinischer Umgebung oder in einem jüdisch-hellenistischen Umkreis oder in Berührung mit der heidnischen Welt artikuliert wurde. Diesen Typen der Christusdarstellung wollen wir nachgehen; dafür sind die vier Evangelien hervorragende Exempla. Auch das Johannes-Evangelium, das Bultmann als Quelle für die Verkündigung Jesu ausschalten will[25], kommt dann wie

---

[25] BULTMANN, Jesus (Anm. 6) 15.

die drei Synoptiker in Betracht. Abgesehen davon, daß in ihm besondere Traditionen aus der Wirksamkeit Jesu aufbewahrt sein können [26], wird in ihm das Christusbild in eigener Weise reflektiert, der Autoritätsanspruch Jesu in stärkster Weise herausgestellt, die bleibende Macht des Wortes Jesu für alle Glaubenden aufgezeigt. Das irdische Wirken Jesu ist in eine christologische Schau einbezogen, die den verherrlichten Christus schon auf Erden tief sinnvolle „Zeichen" vollbringen und Reden halten läßt, die Jesu einst gesprochene Worte weit übersteigen. Die vier Evangelien zeichnen keine „Charakterbilder" Jesu, wohl aber Glaubensbilder, die im Rückblick auf Jesus sein geschichtliches Auftreten und seinen Weg bis ans Kreuz festhalten und den Glanz des Auferweckt-Verherrlichten widerspiegeln.

3. Das „viergestaltige Evangelium"

Irenäus von Lyon († um 202) nennt die vier kanonischen Evangelien das „viergestaltige Evangelium" [27]. Es gebe nicht mehr und nicht weniger als diese vier Evangelien, da es vier Himmelsgegenden gebe, in denen wir uns befinden, und vier universale Geister. Die Kirche ist über die ganze Erde ausgebreitet und das Evangelium ist die Säule und Grundfeste der Kirche, der Geist des Lebens. Entsprechend habe sie vier Säulen, die von überall her Unvergänglichkeit ausstrahlen und die Menschen beleben. Der Logos, der Weltgründer, der über den Cherubim thront, alles zusammenhält und den Menschen erschienen ist, gab uns ein viergestaltiges Evangelium, das in einem einzigen Geist zusammengehalten wird. Dann spielt Irenäus auf die Vision Ezechiels von den vier Lebewesen an, die verschiedene Gesichter trugen: das eines Menschen, eines Löwen, eines Stieres und eines Adlers (Ez 1,10); es sind die Cherubim, wie sie dann auch in der Vision vom Thronwagen Gottes beschrieben werden, doch mit abweichender Bezeichnung der Gesichter (Ez 10,14). Irenäus bezieht sich auf die vier Gesichter von Ez 1,10 und teilt jedem Evangelisten eine Symbolfigur zu: dem Johannes den Löwen, dem Lukas den Stier, dem Matthäus den Menschen und dem Markus den Adler. Seine Zuteilung weicht also von der späteren Deutung ab, nach der der Löwe dem Markus und der Adler dem Johannes zugehört. Ausgehend von den vier Evangelien, die in den Kanon des Neuen Testaments aufgenommen sind, kommt Irenäus

---

[26] Vgl. C. H. DODD, Historical Tradition in the Fourth Gospel, Cambridge–New York 1963; B. LINDARS, Behind the Fourth Gospel, London 1971; G. SCHILLE, Traditionsgut im vierten Evangelium, in: Theol. Versuche 12 (1981) 77–89; B. SCHWANK, Ortskenntnisse im vierten Evangelium?, in: Erbe und Auftrag 47 (1981) 427–442.
[27] Adv. haereses III, 11,8 (Harvey II, 46–50).

3. Das „viergestaltige Evangelium"

also zu einer symbolischen Sicht, bei der ihm sogar die Vierzahl nach Gottes Weltenplan, nach den vier Himmelsrichtungen feststeht.

Für die vier Evangelistensymbole weiß der Bischof jeweils eine eigene Deutung: Der Löwe (Johannes) versinnbildet die Wirkkraft, die Führung in einer königlichen Stellung, der Stier (Lukas) bezieht sich auf das Opfer- und Priestertum, der Mensch (Matthäus) auf die menschliche Erscheinung, der Adler (Markus) auf den Geist, der sich über die Kirche ausbreitet. Die Evangelien stimmen darin überein, daß in ihnen Christus Jesus wohnt und thront; viergestaltig sind die Tiere, viergestaltig das Evangelium, viergestaltig die Disposition des Herrn. Die einzelnen Deutungen, die Irenäus aus Worten des jeweiligen Evangeliums herausfindet, sind willkürlich und besagen nicht viel. Die spätere Überlieferung, die Johannes als den Adler sieht, der aus der Höhe alles überschaut, und Markus als den Löwen, der kraftvoll das Leben Jesu darstellt, erscheint uns vielleicht angemessener. Aber auf diese symbolischen Deutungen der Tiergestalten kommt es nicht an, sondern auf die Einsicht, daß jedes Evangelium ein bestimmtes Christusbild enthält, das uns etwas zu sagen hat. Es ist derselbe Herr, den die Kirche lehrt, aber je aus einer besonderen Sehweise. Man kann keines dieser Evangelien entbehren; eitel, ungelehrt und überdies wagemutig sind jene, die die Art des Evangeliums mißachten, indem sie entweder mehr Gestalten des Evangeliums, als genannt werden, oder weniger einführen[28]. Was Irenäus mit dieser Fixierung auf die vier Evangelien der Theologie für einen Dienst leistet, ist die Erkenntnis, daß in allen vier Evangelien Jesus Christus als Mittelpunkt anwesend ist und doch je in eigener Gestalt hervortritt.

Der geschichtliche Jesus, von dem alle Evangelien ausgehen und den sie vom nachösterlichen Standpunkt aus reflektieren, wird in den vier Evangelien in je anderer Weise widergespiegelt. Da man im Verständnis der Evangelisten den historischen Jesus vom Christus des Glaubens nicht trennen kann, richtet sich der Blick auf die Ganzheitsgestalt Jesu Christi, doch je in eigener Weise. Eben dies soll in dieser Studie herausgearbeitet werden, und es soll sich zeigen, wie weit diese Bilder von Jesus Christus übereinstimmen oder voneinander abweichen.

Man kann nicht von einem festen, historisch-kritisch erstellten Jesusbild ausgehen und daran die Porträts der einzelnen Evangelisten von Jesus Christus prüfen. Vielmehr muß man sich bewußt bleiben, daß schon das historische Jesusbild durch die verschiedene Christusschau bedingt ist. In den vier Evangelien spiegelt sich Jesus von Naza-

---

[28] Adv. haereses III, 11, 9 (Harvey II, 50–52) mit Angriffen auf Marcion, der das Evangelium verkürzt, und auf die Valentinianer, die sich rühmen, mehr Evangelien zu haben, vor allem das „Evangelium der Wahrheit".

ret in unterschiedlicher Weise wider, weil er in eine Christusschau einbezogen ist, die sich für die Evangelisten aus ihrem Glauben erhebt.

Letztlich muß sich erweisen, ob das viergestaltige Evangelium in einem einzigen Geist zusammengehalten wird. Dabei werden sich wahrscheinlich verwandte Züge und abweichende Tendenzen entdecken lassen. Darin kann sich auch eine voranschreitende Entwicklung der Christologie abzeichnen. Sie hat sich aber nicht losgelöst vom Bild des geschichtlichen Jesus vollzogen, sondern sie hat dieses Bild beeinflußt und zurecht gerückt. So stellt sich das Problem von „historischer Jesus" und „Christus des Glaubens" neu: Das vom Christus des Glaubens überlagerte Jesusbild wird in den vier Evangelien verschieden dargeboten; der geschichtliche Jesus von Nazaret erscheint durch die christologische Sicht in jeweils verschiedener Gestalt. Das führt zu einer Deutung der Person Jesu Christi, die nur als ganzes gewürdigt werden kann. Auf dieses Bild Jesu Christi im Spiegel der vier Evangelien ist unsere Aufmerksamkeit gerichtet.

Der Unterschied unserer Sichtweise zu den meisten Büchern und Abhandlungen, die sich mit der Gestalt Jesu Christi beschäftigen, läßt sich so verdeutlichen: Für gewöhnlich wird Jesus von Nazaret, wie er in den Evangelien durch seine Verkündigung und seine Taten hervortritt, auf sein geschichtliches Auftreten befragt und mit der christologischen Schicht, die sich in Würdenamen und Titeln, in Wundergeschichten und Epiphanieerzählungen, in seiner provozierenden Rede und Auseinandersetzung mit Gegnern abzeichnet, verglichen und davon abgehoben. Man versucht, ein Bild von Jesus Christus durch die Verbindung von historischen Zügen mit urchristlicher Deutung zu gewinnen. Dagegen verzichten wir auf eine genaue Erhebung des Historischen, weil dieses unlöslich in das christologische Bild eingeschmolzen ist, und fragen sogleich nach der umfassenden Sicht auf Jesus Christus, wie sie jeder Evangelist durch die Erinnerung an Jesus aus christologischer Sicht entwickelt hat.

Das leitende Interesse ist also wie durchweg in der Urkirche kein historisches, sondern ein kerygmatisches: Wie wird der geschichtliche Jesus aus dem Glauben an die Auferweckung des Gekreuzigten verkündigt und den Gemeinden in seiner Heilsbedeutung nahegebracht? Das Bild des irdischen Jesus ist in diese Verkündigung einbezogen und von daher überformt und gestaltet. Gewiß lassen sich dann historische Züge der Jesusgestalt noch genügend erkennen; aber diese festzustellen, erscheint für unser Unternehmen nicht als vordringliche Aufgabe.

Wir wollen Jesus Christus in der Glaubenssicht der einzelnen Evangelisten zu Gesicht bekommen und die jeweiligen Entwürfe miteinander vergleichen. Dabei ist freilich das traditionsgeschichtliche Gefälle zu beachten. Der erste Evangelist Markus hat ein Glaubensbild von Jesus Christus entworfen, das den anderen Synoptikern Matthäus und

3. Das „viergestaltige Evangelium"

Lukas bereits vorlag und ihre Sicht entscheidend mitgeprägt hat. Auch Johannes ist ohne Kenntnis der synoptischen Tradition nicht denkbar; aber er hat sich am stärksten darüber erhoben und ein aus dem Christusglauben entfaltetes, den geschichtlichen Boden weit überschreitendes Bild von Jesus Christus aufgestellt, das aus seiner Theologie entwickelt ist. Das viergestaltige Evangelium enthält eine vierfach gefächerte Christologie, die doch den Boden des geschichtlichen Jesus von Nazaret nicht verläßt.

Zweites Kapitel

Markus

Das Bild, das Markus von Jesus vom nachösterlichen Standpunkt aus entwirft, läßt sich nicht eindeutig bestimmen. Zuviele Fragen sind mit der Redaktion des Markusevangeliums verbunden, besonders mit dem sog. Messiasgeheimnis, das auf gewisse redaktionelle Zielsetzungen schließen läßt[1]. Für gewöhnlich konzentriert man die Christologie des Markus auf die beiden Würdebezeichnungen oder Titel „der Sohn Gottes" und „der Menschensohn". Aber bevor wir uns diesen Texten zuwenden, empfiehlt es sich, den Tätigkeitsbeschreibungen des in Galiläa, später in Judäa-Jerusalem auftretenden Jesus nachzugehen. Die positiven Aussagen über das Auftreten Jesu bieten am ehesten die Gewähr, das Markus vorschwebende Bild vom irdischen Jesus in den Blick zu bekommen.

I. Die Beschreibung der Tätigkeit Jesu

1. Die Verkündigung Jesu

Nach der Taufe im Jordan und der Versuchung in der Wüste, aber erst nach der Auslieferung Johannes' des Täufers tritt Jesus mit einer Botschaft hervor: „Erfüllt ist die Zeit und nahegekommen die Herrschaft Gottes; kehrt um und glaubt an das Evangelium" (1,15). Das ist eine Zusammenfassung seiner Verkündigung, der Kerngehalt dessen, was er den Menschen sagen wollte. Das dafür verwendete Verbum (κηρύσσειν)[2] greift die Predigt des Täufers auf (1,4.7), gibt ihm aber einen neuen Inhalt: das „Evangelium Gottes" von der hereinbrechenden Gottesherrschaft. Dieser Heroldsruf beherrscht weiter das Auftreten

---

[1] Das ist ein seit dem Werk von W. Wrede, Das Messiasgeheimnis (Anm. 4) äußerst lebhaft und unterschiedlich besprochener Komplex. Vgl. die Literaturlisten bei R. Pesch, Das Markusevangelium II, Freiburg–Basel–Wien ³1984, 46f und 572f. Wir können erst am Ende dieses Kapitels darauf zurückkommen.
[2] Vgl. G. Friedrich in: ThWNT III (1938) 701–714; O. Merk in: EWNT II (1981) 711–720 (zu Mk: 715f).

Jesu; dieses Verkündigen ist seine erste und wichtigste Aufgabe. Als ihn die Jünger in Kafarnaum, wo er viele Kranke geheilt hat, festhalten wollen, erklärt ihnen Jesus: „Wir wollen auch anderswohin gehen, in die benachbarten Ortschaften, damit ich auch dort verkündige; denn dazu bin ich ausgezogen" (1,38). So kam er „verkündigend in ihre Synagogen in ganz Galiläa und die Dämonen austreibend" (1,39). Daß ihm dies als Wichtigstes am Herzen lag, geht auch daraus hervor, daß er die inzwischen gewonnenen Jünger zu dem gleichen Zweck aussendet: Er wollte sie aussenden, „damit sie verkündigten und die Macht hätten, Dämonen auszutreiben" (3,14f). Es ist ein autoritatives, machtvolles Verkündigen, wie zwei Tatsachen zeigen: Das Verkündigen ist mit Dämonenbannungen verknüpft, und Jesus stellt dazu den Zwölferkreis auf. Die Dämonenbannungen sind ein äußerer, sichtbarer Ausdruck dafür, daß die Gottesherrschaft vordringt und die Kräfte des Bösen überwindet.

In der anschließenden Auseinandersetzung mit den Schriftgelehrten, die Jesus verdächtigen, er sei von Beelzebul, dem obersten der Dämonen, besessen und treibe mit seiner Hilfe die Dämonen aus, macht Jesus klar, daß kein Reich Bestand haben kann, wenn es in sich gespalten ist (3,24). Das Beispiel von dem Reich ist nicht ohne Grund gewählt; die Metapher läßt auf das Gottesreich durchblicken, das Jesus aufzurichten gekommen ist. Indem er das Dämonenreich bekämpft, bahnt er der Gottesherrschaft den Weg. Die Gegner Jesu verstehen nicht, was in diesen Tagen geschieht. Äußerlich sind es Heilungen von besonders schweren und abstoßenden Krankheiten (vgl. 5,1–10); aber sie symbolisieren die Gewalten des Bösen, die das Vordringen seiner befreienden Herrschaft hindern. In der Verkündigung Jesu ist die Heilsmacht Gottes anwesend, wie die Verbindung mit den Dämonenaustreibungen realistisch veranschaulicht.

Jesus ist der, der die heilbringende Verkündigung in Gang setzt. Er will damit das ganze Gottesvolk erreichen und stellt dazu den Zwölferkreis auf, der symbolisch den Anspruch auf ganz Israel unterstreicht[3]. Er sendet diese Zwölf aus und gibt ihnen die gleiche Vollmacht, Dämonen auszutreiben (6,7). Der Verkündiger Jesus trägt Sorge dafür, daß sich seine Botschaft ausbreitet, die Menschen umkehren und dabei auch die Zeichen der Heilungen und Dämonenbannungen geschehen (6,13). Jesus wird der Initiator einer Heilspredigt, die zunächst das Gottesvolk Israel erreichen soll, einmal aber auch alle Völker erfassen

---

[3] Die Aufstellung des Zwölferkreises durch Jesus wurde zwar öfter angefochten, ist aber im Rahmen der Sendung Jesu zu Israel auch historisch gut begründet. Für Markus steht das fest, vgl. J. ROLOFF, Apostolat – Verkündigung – Kirche, Gütersloh 1965, 138–152; G. SCHMAHL, Die Zwölf im Markusevangelium (TThSt 30), Trier 1974; K. STOCK, Boten aus dem Mit-Ihm-Sein, das Verhältnis zwischen Jesus und den Zwölf nach Markus (AnBib 70), Rom 1975.

wird (13,10). Der verkündigende Jesus bleibt für Markus nicht auf seine irdische Anwesenheit beschränkt, sondern läßt sein Wort weiter im Evangelium erklingen. Das Evangelium hält alles fest, was zur Zeit Jesu geschah, nicht zuletzt sein Sterben, das in diese Verkündigung hineingehört. Bei der Salbung in Betanien, als die Frau mit ihrer Liebestat ahnungsvoll den Leib Jesu zum Begräbnis salbte – so wird ihr Tun gedeutet –, spricht Jesus: „Überall auf der Welt, wo das Evangelium verkündet wird, wird man sich an sie erinnern und erzählen, was sie getan hat" (14,8f). Darin liegt ein Verständnis der Verkündigung, das Jesu Todesgeschick in das Evangelium einbezieht. Nach der Stellung dieser Perikope am Beginn der Passionserzählung wird die ganze folgende Darstellung in das Licht dieser Verkündigung gestellt. Alles, was dann vom Leiden und Sterben erzählt wird, hat einen tieferen Sinn und geht in die Verkündigung der Urkirche ein. In dem rühmenden Zuspruch an die Frau erweist sich Jesus ebenso wie in den Worten vom Menschensohn (14,21.41) als der um sein Schicksal Wissende; er wird zum Verkündiger seiner Passion.

Es gibt auch Stellen, an denen nicht vom Verkündigen Jesu und seiner Jünger die Rede ist, sondern vom Verkündigen durch geheilte Menschen. Dem Aussätzigen, den Jesus geheilt hat, trägt er auf, niemand etwas zu sagen (1,44). Aber dieser geht weg und beginnt, „Jesus zu verkündigen und die Sache zu verbreiten" (1,45). Als Jesus den Besessenen von Gerasa geheilt und nach Hause geschickt hat, heißt es, daß dieser wegging und in der Dekapolis verkündete, was Jesus ihm getan hatte (5,20). Nach der Heilung des Taubstummen in der Dekapolis verkündigen die Zeugen des Geschehens, obwohl ihnen Jesus das ausdrücklich untersagte, „umso mehr" (7,36). Der Eindruck dieser außergewöhnlichen Heilungstaten ist so stark, daß sich die Kunde davon nicht verschweigen läßt. So wird Jesus nicht nur in seiner Rede, sondern auch in seinen Wundertaten zum Verkündiger, selbst in einem heidnischen Gebiet. Die Heilung des Taubstummen ist an die Befreiung der Tochter der Syrophönizierin von dem Krankheitsdämon angeschlossen (7,24–30). Beide Male handelt es sich um nichtjüdisches Gebiet, und das Überschreiten des jüdischen Wirkungskreises weist im Sinne des Evangelisten auf die Ausbreitung des Evangeliums in der Heidenwelt[4].

Was hier beispielhaft erzählt wird, erfährt seine volle Verwirklichung

---

[4] Vgl. K. KERTELGE, Die Wunder Jesu im Markusevangelium. Eine redaktionsgeschichtliche Untersuchung (StANT 23), München 1970, 154–156; L. SCHENKE, Die Wundererzählungen des Markusevangeliums (SBB) o.J. (1974) 261f; D.-A. KOCH, Die Bedeutung der Wundererzählungen für die Christologie des Markusevangeliums (BZNW 42), Berlin–New York 1975, 91 f: „Nach Markus ist also die Mission der Kirche (vgl. Mk 13,10!) durch Jesus selbst legitimiert, ohne daß dieser sie selbst in Gang gesetzt hätte". Diesen missionstheologischen Aspekt muß man überhaupt beachten.

I. Die Beschreibung der Tätigkeit Jesu

in der weltweiten Verkündigung des Evangeliums (13,10). Der in Wort und Tat verkündigende Jesus greift über sein geschichtliches Auftreten hinaus. Im Spiegel des Markusevangeliums ist der auf Erden auftretende Jesus mit dem nach Ostern durch die Kirche weiter verkündigenden Christus verbunden. Dennoch weiß Markus, daß sich Jesus zu seinen Lebzeiten auf Israel beschränkte (vgl. 7,27). Der irdische Jesus ist bemüht, seine Wunderheilungen geheim zu halten – ein im Vergleich zu antiken Wundergeschichten bemerkenswerter Zug; aber die Gewalt seiner Verkündigung ist so stark, daß damit eine Verkündigungsgeschichte entfacht wird, die nach Ostern den Erdkreis erfaßt.

Der Inhalt der Verkündigung Jesu ist nach Mk 1,14f auf das Evangelium Gottes gerichtet, das im Anbruch der Gottesherrschaft besteht. Das wird in den weiteren Angaben, daß Jesus bzw. die Jünger verkündigen (1,39; 3,14; 6,12), nicht näher ausgeführt. Wo die Gottesherrschaft in Gleichnissen vorgestellt und entfaltet wird (Kap. 4), ist nicht mehr vom Verkündigen Jesu, sondern von seinem Lehren die Rede (4,1.2). Da das Bild Jesu als des Lehrers breit hervortritt, müssen wir jetzt dieser Kennzeichnung Jesu besondere Aufmerksamkeit schenken.

2. Das Lehren Jesu

Im Markusevangelium wird 15mal vom Lehren Jesu gesprochen, nur einmal vom Lehren seiner Jünger (6,30), doch in einem Zusammenhang, wo ihr Lehren als Auftrag Jesu erscheint. Verstärkt wird das Bild des Lehrers Jesus durch die häufige Anrede als Lehrer, sowohl von seiten der Jünger (4,38; 9,38; 10,35; 13,1) als auch von seiten anderer Menschen. Hier liegt die übliche ehrerbietige Anrede eines jüdischen Lehrers, noch nicht auf ausgebildete Schriftgelehrte beschränkt, vor und ist Übersetzung des aramäischen „Rabbi" oder „Rabbuni"[5]. Da an vier Stellen im Markusevangelium dieses Wort anstelle von „Lehrer" gebraucht wird (9,5; 10,51; 11,21; 14,45), wird man in dieser Anrede im allgemeinen keinen besonderen Bezug zum Lehren Jesu sehen können. Bei der Frage des suchenden Mannes: „Guter Lehrer, was muß ich tun, um das ewige Leben zu erben?" (10,17) wird Jesu Antwort für das rechte Handeln, ebenso bei der Frage nach dem größten Gebot (12,32) als Lehre Jesu erkennbar. In den Fragen der schmeichlerischen Pharisäer und Herodianer nach der Kopfsteuer (12,14) und der Sadduzäer nach der Auferstehung der Toten (12,19) hat die Anrede nur einen unterstützenden Charakter, um Jesus zu einer Antwort

---

[5] Vgl. G. DALMAN, Die Worte Jesu, Leipzig ²1930, 272–280; E. LOHSE im ThWNT VI (1959) 962–966; R. RIESNER, Jesus als Lehrer (WUNT 2/7), Tübingen ²1984, 266–276.

zu bewegen. Im ganzen kann man aus der Anrede Jesu mit „Lehrer" oder „Rabbi" jedenfalls nicht auf eine vorwiegende Lehrfunktion schließen; es ist ein „weitgehend unreflektierter Gebrauch"[6].

Das Bild des Lehrers[7] Jesu tritt erst dort in den Vordergrund, wo ausdrücklich vom „Lehren" Jesu gesprochen wird. Jesus lehrt in der Synagoge (1,21; 6,2), im Tempel (14,49), doch auch unter freiem Himmel am See Gennesaret (2,13; 4,1), ringsum in den Dörfern (6,6). Er belehrt eine große Volksmenge, weil sie wie Schafe waren, die keinen Hirten haben (6,34), und er lehrt große Scharen, die bei ihm aus Judäa und jenseits des Jordans zusammenströmen (10,1). Warum ist hier von „lehren" und nicht von „verkündigen" die Rede? Man darf vermuten, daß dies damit zusammenhängt, daß die Verkündigung Jesu von der hereinbrechenden Gottesherrschaft zu einer in der Gemeinde fortklingenden Lehre wird. Jesu Heilsverkündigung ruft Fragen auf den Plan, die im Leben der Kirche aktuell sind. Besonders aufschlußreich dafür ist die redaktionelle Bemerkung in 10,1: „Wie er es gewohnt war, lehrte er sie wieder". Darauf folgt die Kontroverse um die Ausstellung eines Scheidebriefes, also die Frage nach der Erlaubtheit der Ehescheidung (10,1–12). Daran schließt sich die Kindersegnung, die für die Stellung der Kinder in der Gemeinde wichtig ist (10,13–16). Die lange Komposition über Reichtum und Armut (10,17–31) ist ganz vom Interesse der Gemeinde am Verzicht auf den Reichtum und am Lohn der Armut beherrscht. Schließlich wird nach der eingeblendeten Leidensvorhersage Jesu (10,32–34) durch das Verlangen der Zebedäussöhne nach den ersten Plätzen im Reich Gottes das Thema vom Herrschen und Dienen erörtert (10,35–45). Das alles sind Fragen, die das konkrete Leben der Gemeinde betreffen und durch Worte Jesu entschieden werden[8]. Die zusammengeströmten Menschen rücken für die Leser das Bild der Kirche in den Vordergrund. Der einst verkündigende Jesus wird zum „Lehrer" seiner Gemeinde; das Jesusbild wird zum Christusbild vom „Lehrer" geweitet.

---

[6] F. Hahn, Christologische Hoheitstitel. Ihre Geschichte im frühen Christentum (FRLANT 83), Göttingen 1963 (⁴1974) 77.
[7] Das Bild von Jesus dem Lehrer ist öfter entfaltet worden, vgl. F. Normann, Christus Didaskalos. Die Vorstellung von Christus als Lehrer in der christlichen Literatur des ersten und zweiten Jahrhunderts (MBTh 32), Münster i. W. 1967, und die weitere bei R. Riesner, Jesus als Lehrer 74–79 genannte Literatur. Das ausführlichste Werk ist das von R. Riesner, der damit eine „Untersuchung zum Ursprung der Evangelien-Überlieferung" (Untertitel) bieten will. Es ist eine an der Historizität des Lehrens Jesu und seines Auftretens als Lehrer in Israel orientierte Arbeit, die weniger am Bild des Lehrers in der Vorstellung der Evangelisten ausgerichtet ist. R. kommt zu einer dezidiert positiven Beurteilung der Lehrtätigkeit des historischen Jesus, die im einzelnen manchen Widerspruch erwecken wird (vgl. die Zusammenfassung 499–502).
[8] K.-G. Reploh, Markus – Lehrer der Gemeinde (SBM 9), Stuttgart 1969, 173–210; R. Busemann, Die Jüngergemeinde nach Markus 10 (BBB 57), Königstein/Ts.-Bonn 1983.

I. Die Beschreibung der Tätigkeit Jesu

Der Zusammenhang mit der Verkündigung von der Gottesherrschaft wird besonders in der Perikope von der Segnung der Kinder deutlich: „Wer die Gottesherrschaft nicht wie ein Kind aufnimmt, kann in sie nicht eingehen" (10, 15). Die Gemeinde, die die Kinder annehmen und in sich aufnehmen soll („hindert sie nicht!"), ist die Vorstufe für das Gottesreich, der Sammelplatz der Reich-Gottes-Anwärter. Die Kinder, die nach ihrer Art, ihrem kindlich-unmittelbaren Glauben und Vertrauen zum Reich Gottes berufen sind, dürfen nicht ausgeschlossen werden. Jesus schließt sie in seine Arme und segnet sie. Die Gemeinde soll eine Gottesfamilie werden; in ihr erlangen diejenigen, die Haus, Besitz und Angehörige um Jesu und des Evangeliums willen verlassen haben, ihre Heimstatt, wenn auch noch unter Verfolgungen, und dürfen so das ewige Leben mit Gott erwarten (10, 29 f). Die Gottesherrschaft wird in ihrem dynamischen und spürbaren Einbruch in die Welt und der darin liegenden Verheißung ihrer kommenden Herrlichkeit den Gliedern der Gemeinde zugesprochen. Die Zebedäussöhne machen sich falsche Vorstellungen vom künftigen Reich Gottes und werden belehrt, daß der Weg dahin nur über die Teilnahme an Jesu Leiden und Tod führt. Auch die Aufforderung zum Dienen, die Jesus an alle Jünger richtet, ist in die konkrete Situation der Welt gerückt: Die irdischen Machthaber unterdrücken ihre Völker mit Gewalt; aber für die Jünger Jesu gilt ein anderes Grundgesetz: Wer groß sein will, soll ihr Diener sein, und wer der Erste sein will, soll der Sklave aller sein (10, 43 f). Dazu wird das Vorbild Jesu berufen, der in letzter Dienstbereitschaft sein Leben für die Vielen hingibt (10, 45). Was Jesus lehrt, wird in seiner Person verwirklicht.

Markus sieht Jesus also nicht als Verkündiger einer abstrakten Botschaft, sondern einer in die irdische Wirklichkeit einbrechenden Macht, die auch ein entsprechendes Verhalten und Handeln erfordert. Diese Aufforderungen sind nicht nur für die damalige Jüngerschaft, sondern auch für die spätere Gemeinde aufgestellt. Die Gottesherrschaft soll sich in der vorangehenden und auf das Ende zusteuernden Zeit in der Wirklichkeit der Kirche durchsetzen und bewähren. Wenn man dies bedenkt, wird man auch die Gleichnisrede (Kap. 4) in einem neuen Licht sehen müssen. Jesus versammelt eine sehr große Volksmenge um sich und belehrt sie am See Gennesaret vom Schiff aus. Er besteigt gleichsam seinen Lehrstuhl und belehrt sie über vieles in Gleichnissen (4, 1 f). Das ist ein Bild für die Unterweisung der Gemeinde über die Dinge, die sie unter der Botschaft vom Gottesreich für ihr Leben bedenken muß. Markus hat nur drei Gleichnisse ausgewählt: das von dem ausgestreuten Samen (4, 3–9), von der selbstwachsenden Saat (4, 26–29) und von dem Senfkorn (4, 30–32). So unterschiedlich die Deutungen in der Forschung sind, wird man doch vor allem den Bezug zur Gemeindesituation beachten müssen. In der mar-

kinischen Darbietung dieser Wachstumsgleichnisse, wie immer und wo immer sie von Jesus in seiner Verkündigung geboten wurden, ist die Anrede der Gemeinde in ihrer Situation unüberhörbar.
(1) Das Gleichnis von der ausgestreuten Saat[9] soll die Gemeinde an die Hindernisse und Gefahren bei der Aufnahme des Wortes erinnern, doch auch die Zuversicht stärken, daß am Ende das Wort Gottes reife Frucht trägt. (2) Nach dem Gleichnis vom ausgestreuten Samen schiebt Markus eine Reflexion über den Sinn der Gleichnisrede ein (4,10–12), die allein schon durch die Gegenüberstellung der Jünger, denen das Geheimnis der Gottesherrschaft anvertraut ist, mit denen, die draußen stehen, den Blick auf die Gemeinde offensichtlich macht. (3) Die aufgenommene frühe, in ihrer allegorischen Ausdeutung das ursprüngliche Gleichnis überschreitende „Erklärung" des Gleichnisses (4,14–20) ist ganz von dem missionarischen und paränetischen Interesse bestimmt, das sich in der nachösterlichen Gemeinde erhoben hat. (4) Auch die Worte vom Licht, das auf den Leuchter gehört (4,21f), und vom rechten, fruchtbaren Hören (4,24f) sind auf die die Botschaft aufnehmende Gemeinde gerichtet. In dieser Komposition von Bildworten und sentenzartigen Sprüchen, die nicht leicht verständlich ist, kann der Blick auf die Gemeinde als Leitfaden gelten. Sie darf das Licht, das ihr mit der Botschaft und Lehre Jesu aufgeht, nicht in den Winkel stellen. Alles soll an die Öffentlichkeit kommen – ein Anruf zu missionarischer Verkündigung[10]. Der Weckruf, der zum Hören auffordert (4,23), leitet zu dem ursprünglich selbständigen, wahrscheinlich auf das eschatologische Gericht bezogenen Spruch vom zugemessenen Maß über. Mit vollem Maß soll man hören, alles Gehörte aufnehmen und die Konsequenzen bedenken (4,24f). Hier ist die Adaption an die Gemeindesituation im Vergleich mit Mt 7,2 und Lk 7,38 besonders augenfällig. Vom Maß des Hörens ist in den verwandten synoptischen Logien nicht die Rede; aber für die Gemeinde ist das volle Aufnehmen der Worte Jesu, um immer tiefer in das Verständnis einzudringen, eine wichtige Aufgabe. Wer nicht richtig hört, dem schwindet der Sinn der Worte dahin; wer sie versteht, dem wird die Verheißung zuteil, daß Gott die rechte Aufnahme der Botschaft

---

[9] Das Gleichnis ist sehr unterschiedlich ausgelegt worden; man nennt es das „Gleichnis vom Sämann" und deutet es dann zum Teil näher auf Jesus selbst; oder man nennt es das Gleichnis „vom viererlei Acker", und meint, es käme auf die Beschaffenheit des Bodens an. Der „ausgestreute Samen" trifft am ehesten den Bildcharakter.
[10] Die beiden Spruchheinheiten 4,21f und 4,24f müssen als sich ergänzende Sinneinheiten angesehen werden. Der Spruch von der Lampe begründet „die urchristliche Verkündigung, die – wie Jesus mit seiner Lehre – für die Öffentlichkeit bestimmt ist; Jesu Wort darf nicht in der Verborgenheit esoterischer Kreise gehört werden" (PESCH, Das Mk-Ev I, 250). Die Jünger sollen, wie 4,24f nahelegt, „an die Zukunft von Gottes Herrschaft glauben und diesen Glauben das Maß ihres missionarischen Engagements sein lassen" (ebd. 254). Vgl. auch REPLOH, Markus (Anm. 8) 67–71.

I. Die Beschreibung der Tätigkeit Jesu

unermeßlich lohnen wird. Der doppelseitige Spruch ist ein starker Impuls; „die Verantwortung der Hörer ist stark unterstrichen"[11]. (5) Das Gleichnis von der selbstwachsenden Saat stellt die Gemeinde in die Zeit der aus der Kraft Gottes wachsenden Gottesherrschaft hinein und soll wohl auch vor falschem Vertrauen auf die eigene Aktivität warnen. Die Erde bringt von selbst ihre Frucht, und einmal kommt die Zeit der Ernte[12]. (6) Das Gleichnis vom Senfkorn schließlich gibt einen siegesfrohen Ausblick auf das universal vollendete Gottesreich. Das Gottesreich ist eine dynamische Größe, die aus kleinsten Anfängen die ganze Erde erfaßt – wieder ein Ausblick auf die Mission der Kirche, in der das Wachsen der Gottesherrschaft greifbar wird. Was Jesus hier „lehrt", vollzieht sich in der Kirche und wirbt um die Aufnahme des Gotteswortes. „Die Sache Jesu, die nahegekommene Gottesherrschaft, ereignet sich auf eine besonders dichte Weise im Wort, nicht in irgendeinem abstrakten Appell zum Glauben"[13]. Den Jüngern erklärt Jesus alles, was die Gleichnisse enthalten, und obwohl die Gleichnisse dazu bestimmt sind, Jesu Botschaft und Lehre zu verstehen, werden sie nur dann verständlich, wenn Jesus ihren Sinn erschließt (vgl. 4,33 f)[14].

Der „Lehrer" Jesus nimmt also die Verkündigung der Gottesherrschaft auf und überträgt sie in den Raum der Gemeinde. Damit überschreitet Markus den geschichtlichen Rahmen und stellt ein Christusbild auf, das Jesu bleibende Präsenz im Wort sichtbar macht. Man kann fragen, ob dann in der Sicht des Markus unter dem „Sämann" nicht Jesus Christus selbst gesehen wird; aber da der Blick auf das Schicksal der Saat gerichtet ist und der Sämann nur am Anfang auftaucht, ist diese Deutung nicht sicher. Aber als der, von dem das Wort des Evangeliums ausgeht und in der Kirche weiter ergeht, kann mit dem Sämann auch Jesus angedeutet sein. Bei der Erklärung des Gleichnisses, die noch stärker in den Raum der Gemeinde hineinführt, könnte man auch an die urchristlichen Verkündiger und Missionare denken, die das „Wort" säen (4,14); aber wieder ist das nur eine ein-

---

[11] R. Pesch, Mk-Ev I, 254.
[12] Die Zeit der Ernte ist hier nicht wie in Joel 4,18 und anderen jüdischen Texten als Gericht zu verstehen, sondern als Freudenzeit (vgl. 9,2; Ps 126,5f). Vgl. J. Schmid, Das Evangelium nach Markus, Regensburg ³1954, 102f; der Ruf der Schnitter ist ein Jubelruf, vgl. J. Jeremias, Die Gleichnisse Jesu, Göttingen ⁵1962, 151. Anders Pesch, Mk-Ev I, 257f (Ausblick auf das Gericht).
[13] J. Ernst, Markus. Ein theologisches Portrait, Düsseldorf 1987, 35.
[14] Mk 4,33–34a steht in einer Spannung zu 4,34b, insofern die Hörer die Gleichnisse doch nicht verstehen (vgl. 4,11f) und Jesus den eigenen Jüngern den Sinn der Gleichnisse aufschließen muß. Man wird zwischen Tradition (4,33–34a) und Redaktion (4,34b) unterscheiden müssen. Gnilka, Ev nach Mk I, 190f will V. 34a dem Evangelisten, V. 33 und 34b einer vormarkinischen Redaktion zusprechen; aber V. 34b verrät doch eine markinische Tendenz, vgl. κατ'ἰδίαν 6,31; 9,2.28; 13,3. Vgl. auch H. Räisänen, Die Parabeltheorie im Markusevangelium, Helsinki 1973, 48–64.

führende Bemerkung, und alles Interesse konzentriert sich auf die Aufnahme des Wortes und die Menschen, die mit ihrer Disposition dem Wort einen schlechten oder guten Boden bereiten. Es genügt, daß der „lehrende" Jesus ein Tor für die weitergehende Verkündigung in der Kirche öffnet.

Von der „Lehre" Jesu wird öfter im geschichtlichen Rahmen gesprochen (1, 22.27; 4, 2; 11, 18; 12, 38). Jesus wird in die Reihe der jüdischen Lehrer zu seiner Zeit hineingestellt[15] und doch zugleich von ihnen abgehoben. Als ihn die Menschen in der Synagoge von Kafarnaum lehren hörten, „gerieten sie über seine Lehre außer sich; denn er lehrte sie wie einer, der Vollmacht hat, und nicht wie die Schriftgelehrten" (Mk 1, 22). Nach der Dämonenaustreibung sagen die Leute: „Was ist das, eine neue Lehre in Vollmacht, und den unreinen Geistern gebietet er, und sie folgen ihm" (1, 27). Was Jesus in der Synagoge lehrte, erfahren wir nicht, nur wie seine Lehre aufgenommen wurde. Es ist eine Rede in göttlicher Vollmacht, eine „neue" Lehre. Dieser Eindruck seiner „Lehre" wird durch die Dämonenbannungen, später auch durch seine Austreibung der Händler aus dem Tempelbezirk (11, 18) unterstrichen. Das Volk hörte ihn gern und verstand seine Lehre als etwas, was der Lehrweise der Gesetzeslehrer widersprach, als eine Provokation (vgl. 12, 38). Was Jesus das Volk in den Synagogen und überall im Land lehrte, darf man also nicht auf bestimmte Themen, wie etwa die sittliche Unterweisung, beschränken (vgl. 6, 2.6). Es war „vieles", was er die Menschen in Gleichnissen lehrte (4, 2). Der Lehrer Jesus gewinnt erst durch den Kontrast zu den jüdischen Lehrautoritäten sein Profil. Er spricht in einer absoluten Autorität, hinter der Gott steht, und er wird dann der Lehrer seiner Gemeinde, die er mit gleicher Autorität in ihren Lebensfragen unterweist. Der im damaligen Volk lehrende Jesus geht so fugenlos in den zur Gemeinde sprechenden Christus über. Nur so kann man es auch verstehen, daß der Leidens- und Todesweg Jesu als „Belehrung" der Jünger bezeichnet wird (8, 31; 9, 31). Die „Lehre" Jesu umfaßt auch das, was die Glaubenden erst nach Ostern begreifen können.

3. Krankenheilungen und Dämonenbannungen

Schon nach dem vollmächtigen Lehren und der Dämonenaustreibung (1, 21–28) erzählt Markus von Krankenheilungen, zunächst die Heilung der Schwiegermutter des Petrus vom Fieber (1, 28–31), dann in einem Sammelbericht von vielen Heilungen und Dämonenbannungen nach Ablauf des Sabbats (1, 32–34). Obwohl Jesus zum Verkündigen

---

[15] Vgl. K. H. Rengstorf in: ThWNT II (1935) 155–158.

ausgezogen ist, wendet er sich doch immer wieder den Kranken zu: Er heilt einen Aussätzigen (1, 40-45) und einen Gelähmten (2, 1-12), dann auch einen Mann mit einer verdorrten Hand (3, 1-6). Nach der Gleichnislehre folgen verschiedene Wundertaten: Die Stillung des Sturms auf dem See (4, 35-41), die Heilung des Besessenen von Gerasa (5, 1-20), die Heilung der blutflüssigen Frau und die Auferweckung der Tochter des Jaïrus (5, 21-43). In einem Sammelbericht werden Krankenheilungen in Gennesaret geschildert (6, 53-56), dann wieder die Heilung der Tochter der Syrophönizierin (7, 24-30) und die Heilung des Taubstummen (7, 31-37). In Betsaida schenkt er einem Blinden das Augenlicht wieder (8, 22-26). Nach der Verklärung auf dem Berg heilt Jesus den epileptischen Knaben (9, 14-27). Schon auf dem Weg nach Jerusalem, bei Jericho erbarmt sich Jesus des blinden Bettlers Bartimäus und macht ihn wieder sehend. Die Krankenheilungen ziehen sich also durch die ganze Wirksamkeit Jesu bis zum Einzug in Jerusalem hin.

Diese Heilungsgeschichten, die Markus der Tradition entnimmt, tragen wesentlich zum Bild Jesu bei. Er ist der Exorzist und Therapeut, der durch heilende Kraftübertragung, heilende Berührung oder heilende Mittel die Kranken gesund macht. Obwohl Exorzismen und Therapien nahe beieinander liegen, „läßt sich das spezifisch Exorzistische und Therapeutische klar voneinander unterscheiden. Kampf und heilende Kraftübertragung sind etwas Verschiedenes"[16]. Die heilende Kraft wird am deutlichsten in dem Sammelbericht Mk 6, 53-56, der sich der Redaktion des Markus verdankt, geschildert. „Die Menschen eilten durch die ganze Gegend und brachten die Kranken auf Tragbahren zu ihm, sobald sie hörten, wo er war. Und immer, wenn er in ein Dorf oder in eine Stadt oder zu einem Gehöft kam, trug man die Kranken auf die Straßen hinaus und bat ihn, er möge sie wenigstens den Saum seines Gewandes berühren lassen. Und alle, die ihn berührten, wurden geheilt." Von Jesus geht, wie schon in der Geschichte von der blutflüssigen Frau, eine heilende Kraft aus. Der Sammelbericht, der Jesu Heiltätigkeit in dem bevorzugten Gebiet am Nordwestufer des Sees Gennesaret schildert, muß als typischer Ausdruck für das Wirken Jesu angesehen werden[17]. Es ist ein aus dem Erdenleben festgehaltener Zug, der ihn als den Heilbringer charakterisiert, der Gottes Schöpfungssegen wiederherstellt und die messianische Zeit heraufführt. Nach der Heilung des Taubstummen in der Dekapolis geraten die Menschen außer sich und sagen: „Er hat alles gut gemacht, er macht, daß die Tauben hören und die Stummen sprechen" (7, 37). Es handelt

---

[16] G. THEISSEN, Urchristliche Wundergeschichten, Gütersloh 1974, 102.
[17] Zu den Sammelberichten Mk 1, 32-34; 3, 7-12; 6, 53-56 vgl. KERTELGE, Die Wunder Jesu (Anm. 4) 30-39; KOCH, Wundererzählungen (Anm. 4) 160-171.

sich hier um ein kombiniertes Zitat von Gen 1,31 LXX, wo Gott auf sein Schöpfungswerk als „sehr gut" zurückblickt, und von Jes 35,5f, wo der Segen der messianischen Zeit beschrieben wird.

Von hier aus gesehen, hat Markus diese Geschichte als Zeichen der Heilszeit gesehen: Gott will die Gebrechen und Krankheiten heilen; aber er bedient sich dazu dieses Menschen Jesus. Das geschieht bis in heidnisches Gebiet hinein: Alle Menschen sollen an der Neuschöpfung der Welt Anteil haben. Das Aufblicken zum Himmel (7,34) zeigt, daß die Heilung nur aus Gottes Kraft geschieht, die körperlichen Kontakte veranschaulichen die Jesus von Gott geschenkte Macht, die körperlichen Gebrechen zu beseitigen. Die Öffnung der Ohren erfolgt durch ein Wort (Effata, d.h. sei geöffnet), und die Fessel der Zunge wird gleichzeitig gelöst. Mit dieser Heilung wird der Mann wieder ansprechbar und sprechend, als Person wiederhergestellt und zu einem neuen Leben befähigt[18]. Die nach Anschauungen der damaligen Heilpraxis geschilderte Heilung will Jesus nicht als magischen Wundertäter darstellen, sondern als den, der Gottes Heilungskräfte verwaltet. Darum hören wir ähnlich wie beim Aussätzigen (1,44) von einem Schweigegebot Jesu, das die Menschen aber wieder nicht befolgen. „Je mehr er es ihnen verbot, desto mehr machten sie es bekannt" (7,36).

Eine ähnliche Tendenz ist in der Geschichte von der Heilung des Blinden von Betsaida zu erkennen (8,22–26). Auch hier führt Jesus den Blinden aus dem Dorf hinaus und vollzieht die Heilung fern von den Menschen. Sie geschieht hier stufenweise. Zuerst spuckt Jesus in die Augen des Blinden und legt ihm die Hände auf. Der Mann kann nun schon wieder die Menschen „wie Bäume" sehen. Dann legt ihm Jesus noch einmal die Hände auf, worauf der Mann nun alles deutlich erkennen kann. Die schrittweise Heilung, die Markus aus der Tradition übernimmt, dürfte die Schwere des Falles und die anhaltende Kraft Jesu zeigen. Die beiden Heilungsgeschichten sind nahe verwandt: Heilung abseits von den Menschen, doch mit einer intensiven Betätigung Jesu durch Heilgebärden und Heilmittel, und dann wieder ein Abschirmen von der Menge. Auch ein symbolischer Sinn ist nicht zu verkennen. Die Jünger, denen zuvor Blindheit vorgeworfen wird (8,18), sollen schrittweise zum wahren Sehen befähigt werden[19]. Die Heilung von ihrer Blindheit geschieht durch den Todestag Jesu (8,31–32a) und dann durch seine Auferstehung (9,9).

Die Schweigegebote (1,44; 5,43; 7,36) oder das Bemühen Jesu, in

---

[18] Man wird auch die christologische Tendenz beachten müssen. K. KERTELGE, Die Wunder Jesu 160, meint: „Hiermit ereignet sich in sinnbildlicher Weise schon das, was Jesus nach seiner Auferstehung (vgl. 9,9) an seinen Jüngern und an allen Gläubigen tun wird". Aber das ist der Erzählung nicht unmittelbar zu entnehmen.

[19] Vgl. GNILKA, Ev nach Mk I, 315: „Man muß sich an Jesus halten, wenn man sehende Augen haben und das heißt das gläubige Verständnis seines Wortes gewinnen will".

I. Die Beschreibung der Tätigkeit Jesu

der Verborgenheit zu bleiben (5,19; 8,26), dann das Durchbrechen dieser Befehle und die Verbreitung von Jesu Ruf als Wunderheiler ergeben eine spannungsreiche Sicht: Auf der einen Seite sollen Gottes wunderbare Taten nicht wie die eines Wundermannes in die Öffentlichkeit dringen; auf der anderen Seite ist die Wirkung dieses verborgenen Geschehens so groß, daß sich die Kunde davon nicht aufhalten läßt. Beides ist in der Sicht des Evangelisten auf die Heiltätigkeit Jesu angelegt. „Ausbreitungsverbot und Durchbrechung sind also nicht auf die Tradition und Redaktion zu verteilen, sondern gerade die gleichzeitige Betonung beider Momente ist hier (nämlich in 7,36) für die markinische Redaktion charakteristisch"[20]. Damit steht Jesu Wirken als Therapeut und Exorzist (5,1–20) im Gesichtskreis des göttlichen Wirkens, das verborgen und geheimnisvoll ist und doch eine unerhörte Ausstrahlungskraft besitzt. Die Menschen können sich dem Eindruck des machtvollen Tuns Jesu nicht entziehen, begreifen es aber nicht und nehmen Anstoß daran (6,2f). Wie weit diese eigentümliche Darstellung mit dem „Messiasgeheimnis" zusammenhängt, ist noch zu untersuchen.

Für die Heiltätigkeit Jesu sind noch einige weitere Beobachtungen aufschlußreich. Bei der Heilung der blutflüssigen Frau (5,25–34) ist Jesus von einer Menschenmenge umgeben, die sich um ihn drängt. Die Frau will im geheimen die von Jesus ausstrahlende Heilkraft benutzen und berührt sein Gewand. Aber Jesus spürt das und fragt, wer das getan hat. Da tritt die Frau, zitternd vor Furcht, hervor und sagt ihm die Wahrheit. Die angsterfüllte Frau, die darum weiß, daß sie etwas nach dem jüdischen Gesetz Verbotenes getan hat, steht Jesus gegenüber, der sie nicht verurteilt, sondern liebevoll als „Tochter" anredet und den magischen Glauben der Frau auf eine höhere Stufe erhebt. Das Vertrauen zu Jesus hat sie „heil gemacht" (5,34), mit Leib und Seele in den Frieden Gottes heimgeholt. In Jesus sind die Heilkräfte Gottes so präsent, daß auch ein noch ungeläuterter Glaube zur Heilung führt.

Glaube und Heilung werden in der Geschichte vom epileptischen Knaben noch weiter reflektiert. Die Jünger vermochten den unglücklichen Jungen nicht von seiner schweren Krankheit, die als Besessenheit von einem stummen Geist erklärt wird (9,17) zu befreien. Der verzweifelte Vater wendet sich an Jesus und bittet ihn: „Wenn du etwas kannst, hilf uns, hab Mitleid mit uns!" Aber Jesus hält ihm vor: „Wenn du etwas kannst? Alles kann, wer glaubt!", und dann treibt er den stummen und tauben Geist aus. Das Wort Jesu läßt sich kaum anders verstehen, als daß Jesus in einem unerhörten Vertrauen zu Gott an die Heilung geht und zugleich den Mann auffordert, dieses Vertrauen mit

---

[20] Koch, Wundererzählungen 73.

ihm zu teilen[21]. Die Heilungsmacht Jesu wurzelt in seiner tiefen Verbundenheit mit dem himmlischen Vater, dem er Menschenunmögliches zutraut. Das wird durch die Belehrung der Jünger bestätigt. Jesus sagt ihnen: „Diese Art kann nur durch Gebet ausgetrieben werden" (9,29). Jesus hat sich in einem vertrauensvollen Gebet an Gott gewendet, das alle Bedenken und Schranken überwindet. Die Geschichte wird in den nachösterlichen Horizont der Gemeinde übersetzt, in der Jesu Worte vom bergeversetzenden Glauben nachklingen (Mk 11,22–24; vgl. Mt 17,19f). Jesu Heilkräfte wirken auch in der Gemeinde fort, wenn sie den Vertrauensglauben festhält.

Wieder anders wird die Beziehung eines leidgeprüften Menschen zu Jesus bei der Heilung des blinden Bartimäus bei Jericho gesehen (10,46–52). Dem Ruf nach Erbarmen entzieht sich Jesus nicht. Der Blinde wendet sich an Jesus in dem Glauben, daß er der Sohn Davids ist, und Jesus bleibt stehen und läßt ihn zu sich rufen. Es ist ein Bild für das menschliche Erbarmen Jesu, aber auch für das geforderte Glauben. Auch dem Blinden sagt Jesus wie der blutflüssigen Frau: „Geh, dein Glaube hat dich gesund gemacht". Jesus zieht den Mann dadurch in die Gemeinschaft mit ihm, so daß er sich Jesus anschließt und ihm auf dem Wege folgt (10,52). Jesus hat den Geheilten als einen Jünger gewonnen, und dieser folgt ihm auf dem Weg nach Jerusalem, das heißt auch auf den Weg des Leidens. Wieder öffnet sich der Blick auf die spätere Gemeinde[22].

Es sind also recht unterschiedliche Zusammenhänge, in die die Heilungen Jesu gestellt werden. Je nach der verfügbaren Tradition zeichnet Markus ein Bild von Jesus, dem Exorzisten und Therapeuten, das seine von Gott verliehene Kraft zu heilen, aber auch seine menschliche Nähe und Wärme in der Begegnung mit den Leidenden hervortreten läßt. Es gibt Züge, die an hellenistische „göttliche Menschen" erinnern; aber dominierend ist die Beziehung Jesu zu Gott, seinem Vater, dessen Macht er in einem schrankenlosen Vertrauen beruft. Das Bild des Krankenheilers Jesus ist facettenreich, dient aber im ganzen der Verkündigung von Jesu Messianität und Gottessohnschaft. Der verkündigende Jesus ist auch der in Macht Wirkende und die Wunden der Menschheit Heilende.

---

[21] GNILKA, Ev nach Mk II, 48: „Nicht der Vater, Jesus ist das Vorbild des Glaubens. Nur er kann den Satz von der Allmacht des Glaubenden sprechen."
[22] Zum Glauben bei Markus s. das große Werk von TH. SÖDING, Glaube bei Markus. Glaube an das Evangelium, Gebetsglaube und Wunderglaube im Kontext der markinischen Basileiatheologie und -christologie (SBB 12), Stuttgart 1985, zum Glauben bei Machttaten 385–511.

I. Die Beschreibung der Tätigkeit Jesu

4. Machttaten und Epiphanien

Was man für gewöhnlich als „Naturwunder" bezeichnet, umfaßt verschiedene Geschichten, die gattungsmäßig zu differenzieren sind: Rettungswunder (bei Markus die Rettung aus dem Sturm), Geschenkwunder (die großen Speisungen), Epiphanien (die Verklärung auf dem Berg und der Seewandel)[23]. Wenn im Markusevangelium von „Machttaten" (δυνάμεις) die Rede ist (6,2.14), ist das ein allgemeiner Ausdruck für außergewöhnliche, wunderbar erscheinende Taten, vor allem für Heilungen und Dämonenbannungen. Die Einwohner von Nazaret, die Jesus skeptisch und ungläubig gegenüberstehen, wundern sich, daß ihm solche Weisheit (im Reden) verliehen ist und daß durch die Hände Jesu kraftvolle Taten geschehen. Es ist die gleiche Verbindung von Lehre in Vollmacht und außergewöhnlichen Krafterweisen, wie sie das Volk in Kafarnaum nach der Lehre in der Synagoge und der Dämonenbannung feststellt (1,27). Bei den „Machttaten", auf die die Einwohner von Nazaret anspielen, wird an die in Kap. 5 erzählten Wundergeschichten gedacht sein: die Austreibung des unreinen Geistes aus dem Besessenen von Gerasa, die Heilung der blutflüssigen Frau, die Erweckung der Tochter des Jaïrus. Der Ruf von Jesus dem Wundertäter ist bis in seine Heimatstadt Nazaret gedrungen. Jesus vermag dort keinerlei Machttat wegen ihres Unglaubens zu vollbringen. Nur einigen Kranken legt er die Hände auf und heilt sie. Das gilt offenbar nicht als besonderer Krafterweis. Für Markus überschreitet Jesus in den Machttaten seine Heiltätigkeit und wird ein außergewöhnlicher Wundertäter.

Der König Herodes Antipas hat von den Wundertaten Jesu gehört und schließt sich der Volksmeinung an, daß in Jesus solche Kräfte wirksam sind, weil in ihm Johannes der Täufer, den Herodes enthaupten ließ, von den Toten erstanden ist (6,14–16). Auch hier sind die „Machttaten" ein allgemeiner, umfassender Ausdruck für das wunderbare Wirken Jesu. Von Johannes dem Täufer sind keine solchen Taten bekannt; aber sie werden hier offenbar vorausgesetzt. Das kraftvolle, wirkungsmächtige Auftreten des Johannes ist auf Jesus verstärkt übergegangen; aber ein neuer Zug wird dem Jesusbild damit nicht zugefügt. Auch an die Auferstehung Jesu ist nicht gedacht; nach volkstümlicher Anschauung ist Johannes in Jesus „von den Toten auferstanden" (6,14), ohne daß man deswegen an eine eschatologische Totenerweckung denken müßte[24]. Er ist ein Vorgänger Jesu, der nach

---

[23] Vgl. THEISSEN, Wundergeschichten (Anm. 16) 102–114.
[24] Vgl. GNILKA, Ev nach Mk I, 248: „Der Nachweis einer jüdischen Erwartung zur Zeit Jesu, daß der eschatologische Profet das Todes- und Auferstehungsschicksal teilen

Mk 9,13 als der dem Messias vorangehende Elija angesehen werden kann und in seinem Schicksal auf Leiden und Tod Jesu vorausweist, aber nicht auf die Auferstehung Jesu. Der in Jesus „wiedererstandene" Johannes der Täufer wirkt seine Machttaten auf Erden.

Aber in den Epiphaniegeschichten wird hinter dem Bild des irdisch machtvollen Jesus der auferstandene Christus sichtbar. Er ist der Sohn Gottes, wie ihn Gott schon bei der Taufe, dann bei der Verklärung bezeugt. Auch die Taufe ist eine epiphane Geschichte, in der durch die göttliche Theophanie das Wesen Jesu enthüllt wird. Dieses Gotteszeugnis am Anfang des Wirkens Jesu, die Spaltung (Öffnung) des Himmels und die Gottesstimme, wird bei Markus nur von Jesus wahrgenommen: *Er* sieht den geöffneten Himmel und den in Gestalt einer Taube herabkommenden Geist; *er* hört Gottes an ihn gerichtetes Wort: „Du bist mein geliebter Sohn, an dir habe ich Gefallen gefunden" (1,9–11). Freilich hat die Taufszene zugleich die Funktion, der Gemeinde den von Gott gesandten Heilbringer vorzustellen. Erst bei der Verklärung auf dem Berg hören die anwesenden Jünger die Gottesstimme, die sie nachdrücklich auf Jesus hinweist: „Auf ihn sollt ihr hören" (9,7). Der vor ihnen verwandelte, in leuchtende Gewänder gekleidete und mit den himmlischen Gestalten redende Jesus ist ein auf den auferweckten Christus vorausweisendes Bild. Es ist eine auf das Erdenleben Jesu zurückgeblendete Schau des verherrlichten Christus.

Was bedeutet dies für das Jesusbild des Evangelisten? In dem auf Erden verkündigenden und lehrenden, heilenden und Dämonen bannenden Jesus schlummert verborgen schon die künftige, in der Auferstehung offenbare Herrlichkeit. Sein Leiden und Sterben ist die notwendige, von Gott bestimmte Voraussetzung für die Enthüllung dieser Herrlichkeit. Das irdische Wirken Jesu, das angefochten und von den Gegnern bedroht ist, steht unter der geheimen Führung durch Gott. Wie sehr die Verklärungsgeschichte im Lichtkreis des auferweckten Christus steht, zeigt das Schweigegebot Jesu an die drei Jünger beim Abstieg vom Berg: Sie sollen niemand davon erzählen, „bis der Menschensohn von den Toten auferstanden ist" (9,9). Bis dahin kann und soll die vorausgreifend enthüllte Herrlichkeit Jesu nicht offenbar werden. Die Gemeinde soll verstehen, daß im irdischen Auftreten Jesu seine göttliche Autorität wirksam ist, aber noch unter einer Decke liegt, die nur im Glauben sich hebt.

Ein ähnliches Epiphaniegeschehen wird in der Geschichte vom Seewandel Jesu geschildert (6,45–52). Jesu Schreiten über die aufgewühlten Wogen veranschaulicht die Macht Gottes über die Unheilsmächte.

---

werde, kann nicht als gesichert gelten ... Eine eschatologische Vorstellung von Auferstehung liegt nicht vor".

I. Die Beschreibung der Tätigkeit Jesu

Gott schreitet „über die Höhen des Meeres" (Ijob 9,8); er thront in der Höhe über allem Brausen der Fluten (Ps 93,2ff); er vermag aus gewaltigen Wassern zu retten (Ps 144,7). Diese Überlegenheit Gottes über bedrohliche Gewalten wird nun auf Jesus übertragen. Er schreitet machtvoll über die Wogen, und sein „Vorübergehen" an den Jüngern erinnert an den Vorübergang der Herrlichkeit Gottes vor Mose (Ex 33,21-23) oder vor Elija (1 Kön 19,11f). Gottes Macht zeigt sich in schutzgebender Nähe. So wird diese Christophanie zugleich zu einer Rettung für die Jünger. Jesus ermutigt sie durch seine Selbstoffenbarung: „Ich bin es; fürchtet euch nicht!" Dann steigt er zu ihnen ins Boot, und der Wind legt sich. Das Motiv der Rettung klingt an die Stillung des Sturms auf dem See an (4,39). Auch in dieser Geschichte dringt die Göttlichkeit Jesu durch die Schleier des äußerlichen Geschehens. Den Jüngern, die ihn als „ein Gespenst" zu sehen glauben, wird er zum Offenbarer, der in göttlicher Macht die Wogen bezwingt und die Jünger aus ihrer Not befreit. Aber die Jünger sind bestürzt und begreifen den Sinn des Geschehens nicht wie schon bei der großen Speisung; ihr Herz ist verstockt. Dieses Jüngerunverständnis gehört zum Komplex des markinischen „Messiasgeheimnisses".

Auch die großen Speisungen sind zu den Machttaten Jesu zu rechnen. Jesus vollbringt eine Tat, die schon in der Austeilung von zwanzig Gerstenbroten an 120 Männer durch den Propheten Elischa (2 Kön 4,42-44) ihr Vorbild hat. Jesus übertrifft die Speisung durch den Propheten bei weitem, wie die hohen Zahlenangaben in den beiden Berichten zeigen. Wenn Markus und Matthäus zwei solche Spendewunder bringen (Mk 6,31-44/Mt 14,15-21; Mk 8,1-10/Mt 15,32-39), so liegt ihnen eine Überlieferung von einem einzigen Geschehen an abgelegenem Ort zugrunde, die in zwei Varianten dem Markus (und entsprechend dem Matthäus) vorlagen. Damit rücken diese Geschichten in den Problemkreis historischer Überlieferung und ihrer Deutung durch die Evangelisten. Man muß für die Zeit der Urkirche, als sie diese Tradition aufnahm und aus ihrer Perspektive für ihr Leben fruchtbar machte, sicher mit mancherlei zugewachsenen Gedanken und symbolischen Zügen rechnen. All dies können wir hier nicht erörtern; wir wollen uns nur auf die Frage beschränken, was die beiden von Markus gebrachten Speisungsgeschichten zum Bild Jesu beitragen.

Jesus erscheint wie ein „Gottesmann" ähnlich dem Propheten Elischa, den er aber bei weitem überragt. Das wunderbare Geschehen vollbringt Jesus aus der Macht Gottes, wie der Aufblick zum Himmel (6,41) und das Segensgebet erkennen lassen. In beiden Erzählungen wird hervorgehoben, daß Jesus Mitleid mit dem Volk hatte, bei der ersten Speisung, weil die Menschen wie Schafe ohne einen Hirten waren (6,34), bei der zweiten, weil sie schon drei Tage bei Jesus ausharrten, ohne etwas zu essen zu haben, und unterwegs zusammenbrechen könnten (8,2f). Die Motive für Jesu Initiative werden also verschieden angegeben. Der hirtenlosen Herde gibt Jesus durch sein Lehren Richtung und Ziel; der Lehrer ist auch der Führer des Gottesvolkes. Das Zitat kann aus Num 27,17 oder Ez 34,5 genommen sein. In Num 27 wird Josua als Anführer der Gemeinde eingesetzt, in Ez 34 wird das Versagen der bisherigen Hirten beklagt, dann aber auch ein guter Hirt verheißen, ein einziger Hirt, der die Schafe auf die Weide führt. Gott setzt ihn ein, „meinen Knecht David" (34,23). Hintergründig kann bei Markus an den Messias aus dem Haus Davids gedacht sein. Nach der Lehre folgt am Abend die Speisung; auch sie dürfte noch vom Mitleid Jesu umfangen sein. Das Motiv der Speisung klingt schon in der Überleitung an: Die Jünger fanden nicht einmal Zeit zum Essen, so zahlreich waren die Leute, die kamen und gingen (6,31)[25]. Im Unterschied zu den Jüngern will Jesus die Menschen nicht fortschicken, sondern ihnen selbst zu essen geben. Das Mahl wird in einer Weise beschrieben, die das Geschehen für die spätere Gemeinde transparent macht. Es ist das Gottesvolk, das sich in Tischgemeinschaften (zu 100 und 50) zusammensetzt und mit dem Messias ein frohes Fest feiert. Eine Anspielung auf das eucharistische Mahl ist zweifelhaft[26]; aber wenn Jesus der Gastgeber ist, weitet sich der Blick auf die Gemeinde, der er seine Gaben spendet. Auch die zwölf Körbe, die wegen der zwölf von Jesus erwählten Männer (vgl. 3,13–16) genannt werden, und die große Zahl der Gesättigten gehören zu den symbolischen Zügen, die auf die spätere Gemeinde weisen. Das gegenwärtige Tun Jesu gewinnt eine tiefere Bedeutung, die freilich selbst die Jünger nicht zu erfassen vermögen; sie verstehen nicht, welchen Sinn das Brotwunder hatte (6,52; 8,17–21). Das Jüngerunverständnis überlagert das große Wunder; es ist im Rahmen des „Messiasgeheimnisses" zu begreifen.

Die zweite Speisungsgeschichte bleibt mehr beim menschlichen Mitleid Jesu mit den ermatteten Menschen stehen und ist stärker in die damalige Situation eingebunden. Ob es die ältere Variante ist[27], ist wegen des hellenistischen Horizontes zweifelhaft. In 8,6 liegt eine ziemlich deutliche Anspielung auf das eucharistische Mahl wegen der dabei verwendeten Ausdrücke vor. Auch die Segnung und Austeilung der Fische kann eine Erinnerung an die in der Eucharistie fortleben-

---

[25] SCHENKE, Wundererzählungen (Anm. 4) 218: „Daß die Jünger wegen des Volksgedränges nicht einmal Zeit zum Essen fanden (vgl. 3,20), dürfte mit feinem Hintersinn auf die in V. 34–44 geschilderte Speisung vorausweisen und diese dann also um der Jünger willen geschehen kennzeichnen".
[26] GNILKA, Ev nach Mk I, 261.
[27] Vgl. SCHENKE, Wundererzählungen 220–228 (beide Erzählungen seien sekundär überarbeitet); A. SEETHALER, Die Brotvermehrung – ein Kirchenspiegel?: BZ 34 (1990) 108–112.

den Mähler des Herrn sein (vgl. Joh 21, 12 f). Bei den von weither kommenden Leuten, die sich mit den Juden zur Mahlgemeinschaft zusammenfinden, kann an die Heiden gedacht sein, die zum eschatologischen Mahl berufen sind (Lk 13, 29). In der Eucharistiefeier der Gemeinde zeichnet sich dann schon die eschatologische Erfüllung ab[28]. Aber all das sind nur Möglichkeiten eines symbolischen Verständnisses, das dem Geschehen in der Wüste reichere Farben gibt. Es ist schwierig, die intendierte Symbolik der beiden Speisungsgeschichten genau zu erkennen; aber *beide* Geschichten haben ihren Sitz im Leben der Gemeinde. Für Markus wird der auf Erden solche Wundertaten wirkende Jesus der nachösterlich in der Gemeinde gegenwärtige Christus. Das Bild von Jesus, dem erbarmungsvollen Volksheiland und sorgenden Herrn der Gemeinde tritt hervor.

5. Konfrontationen und Konflikte

Durch das ganze irdische Auftreten Jesu ziehen sich Konflikte mit den führenden Leuten in seinem Volk. Schon bald am Anfang sind fünf „Streitgespräche" zusammengestellt, die Jesu Überlegenheit über die Gegner, mehr noch seine Souveränität im Urteilen und Handeln beleuchten (2, 1 – 3, 6)[29]. Bei der Heilung des Gelähmten (2, 1–12), dem Jesus zuerst die Sündenvergebung zusichert, nehmen einige Schriftgelehrte daran Anstoß und denken in ihren Herzen: „Wie kann dieser Mensch so reden, er lästert Gott. Wer kann Sünden vergeben außer dem einen Gott?" Aber Jesus demonstriert durch die Heilung des Gelähmten, daß der Menschensohn die Vollmacht hat, auf Erden Sünden zu vergeben. Wenn die Gedanken der Schriftgelehrten noch im Innern verborgen bleiben, Jesus sie dann allerdings aufdeckt, bricht der Konflikt noch nicht offen aus, aber bahnt sich an. Beim Zöllnergastmahl (2, 15–17) attackieren die Schriftgelehrten der Pharisäer bereits die Jünger Jesu, weil Jesus mit den Zöllnern und Sündern Tischgemeinschaft pflegt; aber Jesus rechtfertigt sein Verhalten mit seiner Sendung zu den Sündern, denen er das Erbarmen Gottes erweist. Bei der Fastenfrage (2, 18–22) treten die Jesus und seine Jünger beobachtenden Skeptiker an Jesus selbst heran und ziehen ihn zur Rechenschaft, weil er und seine Jünger nicht wie die Schüler des Johannes und die Pharisäer fasten. Jesus weist sie mit dem Hinweis auf die von ihm gebrachte

---

[28] Vgl. SCHENKE, Wundererzählungen 296; mehr zurückhaltend SEETHALER 109.
[29] Der Ausdruck ist von M. ALBERTZ, Die synoptischen Streitgespräche, Berlin 1921, eingeführt worden. Der Umfang dieser Sammlung ist umstritten; vgl. H.-W. KUHN, Ältere Sammlungen im Markusevangelium (StUNT 8), Göttingen 1971; W. THISSEN, Erzählung der Befreiung. Eine exegetische Untersuchung zu Mk 2, 1 – 3, 6 (FzB 21), Würzburg 1976; SCHENKE, Wundererzählungen 149–152; GNILKA, Ev nach Mk I, 131 f.

Heils- und Freudenzeit zurück. Beachtlich ist der Ausblick auf die Zeit, da der Bräutigam den Hochzeitsgästen genommen sein wird (2,20).

Das ist im Sinne des Markus ein erster Vorblick auf die Passion Jesu und die veränderte Lage der Gemeinde. Diese zusätzliche Bemerkung ist Markus wichtig, weil sie aus der Zeit des irdischen Wirkens Jesu in die Zeit nach dem Tod Jesu hinüberführt. Jesus überschaut schon die Zukunft und gibt einen prophetischen Ausblick auf die Zeit nach seiner Passion. Beim Konflikt über das Ährenraufen (2,23-28) geht es um die Sabbatfrage. Wieder rechtfertigt Jesus das Verhalten der Jünger und gibt eine grundsätzliche Antwort: „Der Sabbat ist für den Menschen da, nicht der Mensch für den Sabbat". Diese auch für Juden verständliche Entscheidung fällt Jesus aber als der auf Erden wirkende vollmächtige Menschensohn (vgl. 2,10): „Der Menschensohn ist Herr auch über den Sabbat" (2,28). Auf die Spitze wird der Konflikt in der Heilung des Mannes mit der verdorrten Hand an einem Sabbat getrieben (3,1-6). Hier blickt Jesus voll Zorn auf die ihn belauernden Gegner, „betrübt über ihre Herzensverhärtung". Als Jesus den Mann heilt, gehen die Pharisäer aus der Synagoge hinaus und fassen zusammen mit den Herodianern den Beschluß, Jesus umzubringen.

Damit ist der weitere Verlauf des Ringens Jesu mit den uneinsichtigen und böswilligen Gegnern schon abgesteckt. Jesus erweist sich in diesem Streit als der Kämpfer für Gottes heiligen Willen gegen alle menschliche Enge, als Verkünder einer neuen Zeit (vgl. 2,21f), die ein neues Handeln erfordert. Im Jesusbild wird bei aller Sünderliebe auch Unmut und Zorn über die ihn attackierenden und widerspenstigen Gegner erkennbar. Der Angriff auf Jesus steigert sich im Beelzebul-Gespräch (3,22-30). Seine in Gottes Macht erfolgenden Dämonenbannungen sprechen sie dem Anführer der Dämonen zu, suchen ihn auf die Seite Satans zu ziehen (vgl. 3,26). Jesus widerlegt ihren Anwurf mit klarer Geisteskraft, droht aber auch denen, die in dieser Weise gegen den heiligen Geist lästern, daß sie in Ewigkeit keine Vergebung finden (3,28f).

In der Abweisung der Familienangehörigen, die Jesus mit Gewalt nach Hause holen wollen, weil sie ihn für geistig verwirrt halten (3,20f), und in der Nazaret-Perikope (6,1-6a) wird ein neuer Zug im Jesusbild des Markus aufgedeckt: Er ist der Unverstandene und Fremde gerade dort, wo er Aufnahme finden müßte. Die Angehörigen begreifen nicht seine Hingabe und Aufopferung für die Menschen, so daß er und seine Jünger nicht einmal zum Essen kommen (3,20). Jesus versagt sich seiner Mutter und seinen Brüdern und weist auf seine wahre Familie hin, die er in den Menschen findet, die seine Lehre aufnehmen und den Willen Gottes tun (3,31-35) – ein Ausblick auf die spätere Gemeinde der Glaubenden. Gesteigert wird diese Fremdheit,

I. Die Beschreibung der Tätigkeit Jesu

dieses Unverstandensein in der Ablehnung seiner Landsleute in Nazaret gezeichnet. Sie staunen zwar über seine Weisheit und seine Wundertaten, aber dringen nicht zu einem Glauben durch (6,1–6a). Er ist der in seiner Heimat mißachtete Prophet, der sich über den Unglauben der ihm nächststehenden Menschen nur wundern kann. Immer deutlicher wird die Scheidung zwischen Glaubenden und Nichtglaubenden; Jesu Wirken hat eine scheidende Kraft. Die Erfahrungen der Urkirche schlagen sich schon in dem nieder, was Jesus auf Erden erlebte. Die Parabeltheorie, daß denen, die „draußen" sind, alles unverständlich bleibt (4,11f), ist ein Spiegel der Missionserfahrungen der nachösterlichen Gemeinde.

Zu neuen Auseinandersetzungen kommt es in der Reinheitsfrage (7,1–13). Das rituelle Waschen vor dem Essen, das einige Jünger Jesu unterließen, führt zu der herausfordernden Frage der Pharisäer und Schriftgelehrten, warum sich die Jünger Jesu nicht an die Überlieferung der Alten halten. Daraus entwickelt sich eine grundsätzliche Debatte über das Halten der Gebote und die Auslegung der Vorschriften, die im Frühjudentum zur Einhaltung der Gebote Gottes aufgestellt wurden. Jesus greift die Pharisäer und Schriftgelehrten an, weil sie die Sorge für die Eltern aufgrund des Korban-Gelübdes vernachlässigen und ein strenges Gottesgebot mißachten[30]. Trotz der scharfen Attacke Jesu kommt es aber nicht zu Maßnahmen gegen Jesus. Die ganze Komposition 7,1–23 dient einem lehrmäßigen Interesse. Darum versammelt Jesus die Leute und spricht zu ihnen ein Wort darüber, was den Menschen verunreinigt: Nichts, was von außen in den Menschen hereinkommt, sondern was aus dem Menschen herauskommt (7,15). Die Frage hat sich auf die Speisegebote verschoben. Den Jüngern erschließt Jesus danach privat (im „Haus") den Sinn des Rätselwortes (7,17–26). Es ist eine Belehrung für die ganze Gemeinde über die aus dem Herzen aufsteigenden bösen Gedanken und Leidenschaften. An diesem Lehrbeispiel wird die sittliche Grundhaltung erörtert und konkret in die menschliche Existenzsituation gestellt. Für das Jesusbild

---

[30] Das Korban-Gelübde (7,10–12), durch das ein Sohn das Nutznießungsrecht aus seinem Besitz den Eltern entziehen konnte, indem er das Gut als Gott zugesprochen erklärte, ist ein konkretes Beispiel für den mit Jes 29,13 LXX den Pharisäern und Schriftgelehrten gemachten Vorwurf: „Was sie lehren, sind Satzungen von Menschen" (7,7). Der Streit um das jüdische Gesetzesverständnis wird in Mk 7,1–23 grundsätzlich beantwortet. Die Zurückführung auf Jesus (bes. 7,15) ist trotz redaktioneller Überarbeitung möglich. Vgl. W. Paschen, Rein und Unrein (StANT 24), München 1970, 177–187; W. G. Kümmel, Äußere und innere Reinheit des Menschen bei Jesus, in: Das Wort und die Wörter (FS G. Friedrich), Stuttgart 1973, 35–46; J. Lambrecht, Jesus and the Law. An Investigation of Mark 7,1–23: EThL 53 (1977) 24–52; H.-J. Klauck, Allegorie und Allegorese in synoptischen Gleichnistexten (NTA NF 13), Münster 1978, 268f. Anders H. Räisänen, Jesus and the Food Laws. Reflections on Mark 7,15: JSNT 5 (1982) 79–100.

bedeutet das, daß Jesus als Sittenlehrer in Konfrontation mit dem jüdischen Gesetzesverständnis wie kaum sonst profiliert wird.

Nach der Speisung der Viertausend beginnen die Pharisäer wieder mit Jesus zu streiten. Sie fordern ein Zeichen vom Himmel, obwohl sie die von Jesus gewirkten Wunder von Jesu Sendung überzeugen sollten. Sie verlangen eine außergewöhnliche Bestätigung durch ein Himmelszeichen, das Jesus aber verweigert (8, 11–13). Der ungläubigen Generation, die auch nach einem solchen Zeichen nicht glauben würde, entzieht sich Jesus: Er verläßt die Pharisäer und fährt an das andere Ufer. Dann warnt Jesus die Jünger vor dem Sauerteig der Pharisäer und dem Sauerteig des Herodes (8, 15). Die schon früher angesagte Feindschaft dieser beiden Gruppen (3, 6), die von einer bösen Gesinnung (Sauerteig)[31] getrieben werden, wird bedrohlicher. Aber die Jünger begreifen weder diese Bedrohung noch den ihnen durch die großen Speisungen zugesicherten Schutz- und Segensraum Gottes (Brot-Sauerteig-Gespräch 8, 17–21). Auch sie stehen in Gefahr, durch ihre irdische Gesinnung und ihr mangelndes Achten auf das Tun Jesu den Glauben zu verlieren – eine Warnung für die spätere Gemeinde.

Ein scharfer Konflikt entwickelt sich erst, als Jesus auf dem Weg nach Jerusalem ist und sein Todesleiden vor sich sieht. Mit immer deutlicheren Worten kündigt er an, daß er vom Hohenrat, der Repräsentanz des Judentums, verworfen, den Heiden ausgeliefert und getötet werden wird (8, 31; 9, 31; 10, 33). Die bisherige verbale Konfrontation wird zu einer existentiellen Bedrohung. Markus deutet den Konflikt mit dem Judentum durch die Verfluchung und Verdorrung des Feigenbaums an (11, 12–14.20 f). Das seltsame Verhalten Jesu, daß er aus Hunger Feigen an einem Baum sucht und diesen verflucht, als er keine findet, ist historisch nicht zu erklären und nur symbolisch zu verstehen[32]. Ein Strafwunder an einem Baum lag Jesus nicht im Sinn, und Markus erzählt es nicht, um Jesus als strafenden Richter über Israel darzustellen, vielmehr soll die Gemeinde das Versagen Israels, des von Gott gepflanzten Feigenbaums, und die sich daraus ergebenden Konsequenzen bedenken. Bei der Rückkehr zum verdorrten Feigenbaum mahnt Jesus die Jünger zum Glauben und einem erhörungsgewissen

---

[31] So wird das Bildwort vom Sauerteig meistens im Judentum verstanden, vgl. H. WINDISCH im ThWNT II (1935) 904–908; P. BILLERBECK, Das Evangelium nach Matthäus, erläutert aus Talmud und Midrasch I, München 1922, 728 f. Bei Markus, wo keine Näherbestimmung des „Sauerteigs" wie in Mt und Lk gegeben wird, ist am ehesten an den Unglauben zu denken, der zur Ablehnung Jesu und Feindschaft gegen ihn drängt, vgl. SCHENKE, Wundererzählungen (Anm. 4) 301–307; mit Recht deutet er auf die aktuelle Glaubenssituation der Gemeinde (305–307).

[32] Vgl. G. MÜNDERLEIN, Die Verfluchung des Feigenbaums: NTS 10 (1963/64) 89–104; H. GIESEN, Der verdorrte Feigenbaum – eine symbolische Aussage? Zu Mk 11, 12–14.20 f: BZ 20 (1976) 95–111.

I. Die Beschreibung der Tätigkeit Jesu

Gebet (11,20-24). Im Gegenüber zu einem ungläubigen und unfruchtbaren Israel soll die christliche Gemeinde ihr ganzes Vertrauen auf Gott setzen. Der lebensbedrohende Konflikt mit Israel wird nicht in menschlicher Konfrontation ausgetragen, sondern in die Absichten und das Walten Gottes gestellt. „Habt Glauben an Gott!" (11,22), das ist eine Aufforderung, im Vertrauen auf Gottes Macht durch das Gebet Frucht zu tragen.

Zwischen die Verfluchung des Feigenbaums und sein Verdorren hat Markus die Tempelreinigung eingeschlossen (11,15-19). Damit wird diese in den Horizont der Auseinandersetzung mit Israel gerückt und gleichfalls als ein symbolisches Tun Jesu gekennzeichnet. An einem solchen Vorgehen Jesu gegen das geschäftliche Treiben im Vorhof der Heiden ist nicht zu zweifeln. Es ist eine Protestaktion gegen die Kultpraxis der sadduzäischen Tempelhierarchie, ein zeichenhaftes Geschehen als Absage an eine verengte Tempelfrömmigkeit[33]. Wenn Markus die Tempelreinigung zwischen das symbolische Tun Jesu am Feigenbaum stellt, wird sie zu einer Bestätigung, daß Israel ein unfruchtbarer Feigenbaum ist, nämlich durch das Fehlverhalten der herrschenden Priesteraristokratie. Aber zugleich öffnet sich für Markus der Blick auf die neue Kultgemeinde. Das „belehrend" angefügte Zitat aus Jes 56,7: „Mein Haus soll ein Haus des Gebetes für alle Völker sein" weist auf die Gemeinde, die aus allen Völkern, auch den Heiden, die Gottesverehrer in sich sammelt. Dieses Verständnis liegt auch dem im Passionsbericht überlieferten „Tempellogion" zugrunde, das mit der Ansage der Zerstörung des Tempels den Ausblick auf einen anderen „nicht von Menschenhand gemachten" Tempel verbindet (14,58). Damit dürfte trotz aller Unsicherheiten in der Deutung des Tempellogions die neue Gottesgemeinde gemeint sein[34]. Auch bei der Tempelreinigung bleibt der markinische Jesus nicht bei der Kritik am Judentum stehen, sondern wendet sie zu einer Prophetie für die Heilsgemeinde. Die Konfrontation ist für Markus nie nur ein Kampfgeschehen, sondern auch die Gelegenheit, Jesu positive Gedanken und Absichten zu Gehör zu bringen.

Die Gegner freilich, die Hohenpriester und Schriftgelehrten, reagie-

---

[33] Vgl. M. Trautmann, Zeichenhafte Handlungen Jesu. Ein Beitrag zur Frage nach dem geschichtlichen Jesus (FzB 37), Würzburg 1980, 119-128. Beachtlich ist die Deutung von J. Roloff, Das Kerygma und der irdische Jesus, Göttingen 1970, 89-100, der die Aktion Jesu als prophetisches Zeichen versteht, das Buße und Umkehr Israels in der Endzeit wirken wollte (95).

[34] Vgl. O. Michel in: ThWNT IV (1942) 888; W. Grundmann, Das Evangelium nach Markus, Berlin ²1959, 301; E. Schweizer, Das Evangelium nach Markus, Göttingen 1975, 180. Nach Pesch, Mk-Ev II, 434, ist der neue, nicht von Händen gemachte Tempel der „messianische Tempel der Endzeit"; anders Gnilka, Ev nach Mk II, 280, der an die Auferstehung Christi denkt. Das ist die Deutung in Joh 2,21, aber schwerlich im Mk 14,58.

ren auf die Tempelreinigung hart und unversöhnlich. Sie suchen nach einer Möglichkeit, Jesus umzubringen (11,18). Die Vertreter des Hohenrats stellen dann Jesus zur Rede, mit welchem Recht er das tue. Die Vollmachtsfrage (11,27–33) beantwortet Jesus nicht direkt, sondern verdeckt, indem er die Gegenfrage aufwirft: Stammte die Taufe des Johannes vom Himmel oder von den Menschen? Die Führer des Volkes wagen nicht zu sagen, daß die Taufe des Johannes vom Himmel stammt, weil sie ihm nicht geglaubt haben. Jesus fängt sie in ihrer Inkonsequenz: Müßten sie nicht auch anerkennen, daß seine Vollmacht von Gott stammt? Aber das wollen sie nicht und hüllen sich in Schweigen.

Dann erzählt Jesus das Gleichnis von den bösen Winzern (12,1–12). Dies ist ein deutlicher Angriff auf die jüdischen Führer, die Gottes Knechte immer wieder verfolgten, mißhandelten und töteten. Aber die Geschichte wird als ein Gleichnis erzählt, das seinen Höhepunkt in der Sendung des Sohnes und in seiner Tötung hat. Für die christliche Gemeinde ist der Sinn der Erzählung klar: Die Feindschaft der Führenden treibt Jesus, den „geliebten Sohn" Gottes, in den Tod; aber Gott gibt den Weinberg anderen Winzern, nämlich der christlichen Kirche. Gott macht den von den Juden verworfenen Stein zum Eckstein dieser Gemeinde. In dieser in eine Parabel gekleideten Konfliktsituation deckt der markinische Jesus den Hintergrund und den Verlauf des Konflikts auf. Aber dem Evangelisten liegt auch an der christologischen Enthüllung der Person Jesu: der geliebte Sohn, der von Gott nach seinem Tod erhöht und zum Eckstein des neuen Gotteshauses gemacht wird. Insofern ist diese Geschichte der Höhepunkt der Auseinandersetzung Jesu mit den jüdischen Führern. Jesus kämpft hier mit offenem Visier; nur in der Szene vor dem Hohenrat steigert Jesus den Angriff der jüdischen Führer zur direkten Befragung durch den Hohenpriester und zum offenen Bekenntnis Jesu zu seiner Würde als Messias. Ausdrücklich sagt Markus nach der Gleichniserzählung: „Sie hatten gemerkt, daß er mit diesem Gleichnis sie meinte". Sie hätten Jesus gern verhaften lassen; aber sie fürchteten die Menge.

Was danach noch an Streit- und Lehrgesprächen erzählt wird (12,13–37a), läßt zwar weiter die Spannung zwischen den führenden Gruppen und Jesus erkennen, führt aber zu keiner bedrohlichen Situation. Man muß auch bedenken, daß die behandelten Fragen – die Kopfsteuer für den Kaiser, die Auferweckung der Toten, das Hauptgebot und die Frage der Davidssohnschaft – der Unterweisung der Gemeinde dienen sollen. Diese Gespräche werden hier eingeblendet, um Jesu Überlegenheit über seine Gegner, doch auch seine richtungweisenden Belehrungen für die Gemeinde unterzubringen. Die positive Tendenz zeigt sich besonders in dem Lehrgespräch Jesu mit dem Schriftgelehrten über das wichtigste Gebot. Für Markus ist es kein

I. Die Beschreibung der Tätigkeit Jesu

Streitgespräch, sondern die grundlegende Belehrung über den christlichen Lebensvollzug, der zur Teilhabe am Reich Gottes befähigt (12,34). Aber immerhin steht danach die Bemerkung: „Und keiner wagte mehr, Jesus eine Frage zu stellen" (12,34c). Mit Jesu Worten ist alles entschieden. Daraufhin wirft Jesus von sich aus die Messiasfrage auf (12,35–37a), die der Gemeinde vor Augen führt, daß Jesus mehr ist als der Davidssohn; er ist der „Herr", den Gott selbst als solchen beglaubigt.

Die Konfrontationen und Konflikte ziehen sich also ähnlich wie die Heilungen und Wundertaten durch das ganze Evangelium, bis bei der Verhandlung vor dem Hohenrat der unüberwindliche Gegensatz zwischen Jesus und den Führern des Judentums zum offenen Ausbruch kommt. Die feierliche Befragung durch den Hohenpriester, ob er der Messias, der Sohn des Hochgelobten sei, beantwortet Jesus mit einem klaren Ja: „Ich bin es, und ihr werdet den Menschensohn zur Rechten der Macht sitzen und mit den Wolken des Himmels kommen sehen" (14,64). Jetzt bekennt sich Jesus offen zu seinem Messiastum, das er aber durch die Fortsetzung, daß er der zur Rechten Gottes sitzende und auf den Wolken des Himmels kommende Menschensohn ist, in einen neuen Verständnishorizont hebt. Es ist eine Formulierung, die auf Ps 110,1 und Dan 7,13 anspielt, zwei Stellen, die in der urchristlichen Christologie eine gewichtige Rolle spielen[35]. Vor dem Hohenrat nimmt Jesus also die Funktionen in Anspruch, die ihm in der Urkirche als dem bei Gott erhöhten und einst in Macht kommenden Menschensohn zugesprochen werden. Ob Jesus in dieser Weise den Hohenpriester herausgefordert hat, ob er diese Worte gebraucht, ist zu bezweifeln; daß er aber ein Selbstbekenntnis zu seiner messianischen Rolle abgelegt hat, bleibt als historische Wahrscheinlichkeit bestehen. Es ist die „Stunde der Wahrheit", in der Jesus der Frage des Hohenpriesters nicht ausweicht, sondern sein Sendungsbewußtsein klar ausspricht[36]. Zugleich liegt in Jesu Antwort eine massive Drohung mit dem Gericht, das der Menschensohn heraufführen wird. Jesus spricht den Hohenpriester und die versammelten Ratsmitglieder direkt an: „*Ihr* werdet sehen". Das ist die stärkste Herausforderung des im Synedrium repräsentierten Judentums, die wegen des jüdischen Unglaubens zum tödlichen Konflikt führen muß. Die Reaktion des Hohenpriesters, der eine Gotteslästerung heraushört, ist nur zu begreiflich.

Wenn wir fragen, was dieses Bekenntnis vor dem Hohenrat für das

---

[35] Vgl. für Ps 110,1: Mk 12,36 par; 16,19; Apg 2,34f; 7,56; 1 Kor 15,25; Eph 1,20; Kol 3,1; Hebr 1,3.13; 8,1; 10,12f; 12,2. Für Dan 7,13: Mk 8,38 par; 13,26 par; Mt 19,28; Joh 5,27; Apg 1,7.13; 11,15; 14,14. Zu Ps 110,1 vgl. HAHN, Christologische Hoheitstitel 126–132.
[36] AUGUST STROBEL, Die Stunde der Wahrheit (WUNT 21), Tübingen 1980, 69–71.

Jesusbild des Markus bedeutet, so ist zu sagen: 1. Für ihn ist Jesus der „Sohn Gottes", indem er die Frage des Hohenpriesters positiv beantwortet, und er ist der „Menschensohn", der nach der Prophetie von Dan 7,13 einst in Macht und Herrlichkeit, als Herr und Richter, kommen wird. Gott rechtfertigt Jesus, indem er ihm den Platz zu seiner Rechten einräumt und ihm das Gericht anvertraut. Das Wort ist die Zusammenfassung und Verdichtung der ganzen markinischen Christologie (vgl. unter II). 2. Die Konfrontation mit dem Hohenrat geschieht in dieser Stunde, in der sich das Todesgeschick Jesu entscheidet. Markus hat bewußt diesen Moment und dieses Auditorium gewählt, um die von Jesus übernommene Passion als Endpunkt seines irdischen Weges zu markieren. Jesus geht seinen Weg beständig im Blick auf diesen Ausgang, und er geht ihn unerschrocken bis zum Ende. 3. Jesus richtet den Blick dabei auch auf die Gemeinde, der er sich als der offenbart, zu dem sie als dem bei Gott Lebenden aufblickt und den sie als den kommenden Menschensohn erwartet. Wenn die Frage des Hohenpriesters im Sinne des urchristlichen Sohnbekenntnisses gehalten ist und Jesu Antwort die leitenden christologischen Gedanken aufnimmt, so ist der Gemeindebezug nicht zu übersehen. „Die Gemeinde soll heraushören, daß ihre Sache verhandelt wird"[37]. Jesus wird damit zum Vorkämpfer seiner Gemeinde.

Die Konfrontationen und Konflikte mit den widerstreitenden Führern des jüdischen Volkes gehören notwendig zum Bild Jesu Christi, weil sie auf die Passion Jesu hinführen, die für Markus der perspektivische Punkt ist, auf den die Geschichte Jesu zuläuft. Aber in diesen Auseinandersetzungen wird auch die Hoheit Jesu erkennbar, der alle Angriffe und Einwände überlegen abwehrt, sie aus seiner ausschließlichen Bindung an den Willen Gottes als menschliches Denken entlarvt und als nichtig erweist. Zu dem seine Heilsbotschaft verkündenden und in seinen Taten verwirklichenden Jesus fügt sich der kämpferische, Gottes Sache vertretende, alle Widerstände mißachtende und überwindende Jesus, der seine Gemeinde auf den Weg des Kreuzes mitnimmt, ihr aber auch eben in seiner Todeshingabe den Sieg durch seine Auferstehung zusichert.

6. Der Leidens- und Todesweg Jesu

Folgerichtig mündet die Darstellung des Markus in die Passion. Schon nach der Länge der Darstellung erkennt man das Schwergewicht, das der Evangelist auf den Leidens- und Todesweg Jesu legt. Doch auch inhaltlich steuert die Passionsgeschichte über den Prozeß Jesu auf den

---

[37] GNILKA, Ev nach Mk II, 281.

I. Die Beschreibung der Tätigkeit Jesu

spannungsreichen Höhepunkt des Todes mit der Finsternis und dem Todesschrei Jesu, dem Zerreißen des Tempelvorhangs und dem Bekenntnis des heidnischen Hauptmanns zu. Wie weit Markus hier traditionelles Material aufnimmt und mit eigenen Akzenten versieht, wie weit eine literarkritische und traditionsgeschichtliche Analyse zu deutlichen Ergebnissen führt, ist umstritten.

Gegenüber all diesen divergierenden Untersuchungen hat R. Pesch einen beachtlichen Vorstoß unternommen, indem er eine vormarkinische Passionsgeschichte eruiert, die seiner Meinung nach mit 8,27–33 beginnt und über die drei Leidens- und Auferstehungsansagen und weitere Stücke zum Passionsbericht in Kap. 14–16,8 hinführt, den man bisher als die eigentliche Passionsdarstellung ansah [38]. Markus hätte also den früh, noch zur Amtszeit des Hohenpriesters Kajafas (bis 37 n. Chr.) anzusetzenden vormarkinischen Passionsbericht mit einigen Auffüllungen übernommen und entsprechend auch sein Bild vom Leiden, Sterben und Auferstehen Jesu dargeboten. An der Übernahme von viel dem Markus verfügbaren Material ist nicht zu zweifeln. Die genaue Umfangsbestimmung aber bleibt trotz der eindringlichen Untersuchung von R. Pesch diskutabel. Besonders die Ausdehnung dieses „Evangeliums der Urgemeinde" [39] bis zurück zum Messiasbekenntnis des Petrus (8,27–30) wird umstritten bleiben. Aber wenn Markus bei seiner Passionsdarstellung einem alten in der frühen Urkirche entstandenen Bericht folgt, so heißt das nur, daß er sich dieses Bild von Jesus Christus zueigen gemacht hat und entsprechend entfaltet. Dann sieht er auf die Gestalt Jesu im Licht dieser vor ihm entstandenen Beschreibung zurück.

Für das Bild Jesu Christi ist *zunächst* die Aufnahme dieser längeren Passionsdarstellung beachtlich. Markus will das, was sich schon in den Nachstellungen und der Tötungsabsicht der Gegner Jesu ankündigt (3,6; 8,15; 11,18; 12,12), anschaulich machen. Während anfangs vor den Pharisäern und Herodianern gewarnt wird (3,6; 8,15), sind die Akteure nach der Tempelreinigung die Hohenpriester und Schriftgelehrten (11,18; 14,1), eine der historischen Situation besser entsprechende Feststellung. Markus wird es so sehen, daß die Tempelreinigung (11,15–19) der auslösende Faktor für den effektiven Todesbeschluß war, für das „Suchen" nach einer Gelegenheit, Jesus „mit List in ihre Gewalt zu bringen" (14,1). Die ganze Passion mit der nächtlichen Verhandlung gegen Jesus, dem Prozeß vor Pilatus und der Vollstreckung des Todesurteils läuft konsequent ab. Eingefügt sind Einzelberichte, die den Ablauf verständlich machen: der

---

[38] Pesch, Mk-Ev II, 1–27, Exkurs: Die vormarkinische Passionsgeschichte.
[39] Vgl. R. Pesch, Das Evangelium der Urgemeinde (Herder-Bücherei 748), Freiburg–Basel–Wien 1979.

Verrat durch Judas, der Gang zum Ölberg, die Gefangennahme dort[40].

Zweitens wird das Bild Jesu durch die leidenstheologischen Deutungen aufgehellt. Er ist der „Menschensohn", der „vieles leiden" muß, von den Ältesten, Hohenpriestern und Schriftgelehrten „verworfen" wird (8,31) und in die Hände von Menschen ausgeliefert wird (9,31), oder deutlicher, den Hohenpriestern und Schriftgelehrten ausgeliefert und den Heiden übergeben wird (10,33). Diese mit dem Titel „Menschensohn" verbundenen Aussagen erlangen noch eine tiefere Dimension durch die in den Passionsbericht eingefügten Menschensohn-Worte. Bei der Ansage des Verrats sagt Jesus: „Der Menschensohn geht dahin, wie über ihn geschrieben steht; aber wehe jenem Menschen, durch den der Menschensohn ausgeliefert wird" (14,21). Alles, auch das dunkle Geschehen des Verrats durch einen der engeren Jünger, ist im Plan Gottes vorgesehen. Im Garten Getsemani sagt Jesus zu den anderen Jüngern, die in der Stunde seines Gebetskampfes schlafen und nicht wissen, was sie ihm antworten sollen: „Gekommen ist die Stunde, daß der Menschensohn in die Hände der Sünder ausgeliefert wird" (14,41). Das Versagen der Jünger, das dann in der Verleugnung durch Petrus noch krasser hervortritt, steht im Kontrast zu dem bewußt das Leiden auf sich nehmenden Menschensohn. Was schon in 10,45 als Grundhaltung Jesu aufklang, daß er, der Menschensohn, gekommen ist, zu dienen und sein Leben hinzugeben als Lösepreis für viele (vgl. auch 14,24), erfüllt sich nun auf seinem Todesweg. Die Divergenz, daß hier Jesu Leiden als Sühnepreis für viele gesehen wird, in der Passionsdarstellung aber dieser Gedanke fehlt und stattdessen die Passion auf dem Hintergrund des leidenden Gerechten dargestellt wird, stört das Bild, das sich Markus von dem in den Tod gehenden Jesus macht, nicht. Er nimmt nur verschiedene leidenstheologische Züge aus der Tradition auf.

Drittens ist der Gang durch Leiden und Tod zur Auferstehung zu beachten. Das entspricht dem Bild von dem in Vollmacht wirkenden Gottessohn, dem geliebten Sohn, den Markus den Jüngern auf dem Berg vorstellte (9,7) und im Winzergleichnis den ihn verwerfenden jüdischen Führern als den Stein deutet, den der Herr erwählt hat (12,11f). Der Gedanke an die Auferweckung Jesu wird beim Abstieg vom Verklärungsberg den Jüngern nahegebracht: Sie sollen niemand erzählen, was sie gesehen haben, bis der Menschensohn von den Toten

---

[40] M. DIBELIUS, Die Formgeschichte des Evangeliums, Tübingen ⁴1961, 178f sieht die Salbungsgeschichte als isolierte Erzählung an, die aus dem Rahmen der Leidensgeschichte heraustrete. Aber die meisten Forscher sehen die Leidensgeschichte doch aus Einzelgeschichten zusammengewachsen an. Dazu gehört auch die Salbungsgeschichte, die wegen des Wortes „Sie hat meinen Leib im voraus für das Begräbnis gesalbt" an den Anfang des Passionsgeschehens gestellt wurde.

I. Die Beschreibung der Tätigkeit Jesu

auferstanden ist (9,9). Es ist ein die Absichten der Menschen umwerfendes Geschehen, das von Gott ausgeht und „wunderbar ist in unseren Augen" (12,11). Darum wird in den Leidensansagen der Ausblick auf die Auferstehung Jesu nach drei Tagen stets hinzugefügt (8,31; 9,31; 10,34). Trotz des lastenden Dunkels über dem Passionsgeschehen gibt es das Licht, das vom Tod Jesu ausgeht. Der heidnische Hauptmann, der ihn sterben sah, bekennt: „Wahrhaftig, dieser Mensch war Gottes Sohn" (15,39). Vollends wird das zur siegreichen Gewißheit in der Botschaft des Engels an die Frauen im Grab: „Ihr sucht Jesus von Nazaret, den Gekreuzigten; er ist auferstanden, er ist nicht hier" (16,6). Aus der von Jesus am Kreuz ausgerufenen Gottverlassenheit erwächst die höchste Gottnähe, die Einsetzung Jesu in die Herrschaft bei Gott (vgl. 12,36). Dieses in scharfem Kontrast zwischen dem irdischen Jesus und dem auferweckten Christus gezeichnete Bild schwebt Markus vor.

Viertens zeigt sich in der Leidensgeschichte die auf die Gemeinde gerichtete Tendenz. Jesus denkt auf seinem Weg in Leiden und Tod an die spätere Gemeinde, die dadurch zur Nachfolge gerufen wird, das Gedächtnis seines Sterbens feiern soll und als der neue Tempel erscheint, den Jesus aufbauen will. Die enge Zusammenschau von Leiden Jesu und Leidensnachfolge der Jünger wird schon nach der ersten Leidensankündigung deutlich: „Wer mein Jünger sein will, der verleugne sich selbst, nehme sein Kreuz auf sich und folge mir nach!" (8,34). Es ist ein Anruf an die ganze Gemeinde; Jesus ruft die Volksmenge und seine Jünger zu sich[41]. Mit weiteren Worten wird die Notwendigkeit, selbst sein Leben um Jesu und des Evangeliums willen hinzugeben, begründet (9,35–38). Der Todesweg Jesu wird für die Gemeinde zum Paradigma des eigenen Lebensvollzugs. Sie ist wie Jesus und mit Jesus in eine Situation des verfolgten Gerechten gestellt. Bei der zweiten Leidensankündigung wird den Jüngern und der ganzen Gemeinde ein Kind vor Augen gestellt, das den Verzicht auf Herrschaft und Rangunterschiede illustrieren soll (9,33–37). Wer ein solches Kind um Jesu willen aufnimmt, nimmt ihn selber auf, der zum Diener aller wurde. Nach der dritten Leidensankündigung, die Jesu schmachvollen Weg noch deutlicher beschreibt, führt die Ablehnung der Bitte der Zebedäussöhne zu der für alle Jesusjünger maßgeblichen

---

[41] Die Synoptiker geben die Adressaten der Worte Jesu verschieden wider: Mt 16,24: „seine Jünger"; Lk 9,23: „alle". Bei allen drei Synoptikern ist aber ein Durchblick auf die Gemeinde beabsichtigt. Die Volksmenge (ὄχλος), die bei Mk 8,34 neben den Jüngern genannt wird, hat auch sonst öfter einen „ekklesialen" Beiklang, vgl. 6,34; 7,14; 8,1f; 10,1; 11,18; 12,38a. Bei Mt repräsentieren die Jünger die spätere Glaubensgemeinde, vgl. U. Luz, Die Jünger im Matthäusevangelium ZNW 62 (1971) 141–171, bes. 159. Lukas hebt durch „alle" das Folgende von den vorher genannten Jüngern im engeren Sinn ab.

Grundregel: „Wer bei euch groß sein will, soll euer Diener sein", und dies wird ausdrücklich mit dem Beispiel des Menschensohnes begründet, der sein Leben hingibt als Lösepreis für viele (10,35-45). Die drei Leidensankündigungen sind also in einer Steigerung des Grundanliegens angelegt, daß Jesu Todesweg die Gemeinde zur Nachfolge auf dem Weg des Dienens und Leidens verpflichtet.

Für das mit Jesu Sterben verbundene Gemeindeverständnis ist das letzte Abendmahl aufschlußreich. Mögen damit auch schwierige überlieferungsgeschichtliche und exegetische Probleme verbunden sein, so steht für den Evangelisten doch fest, daß Jesus eine besondere Mahlfeier stiften wollte, die das Andenken an sein Leiden und Sterben bewahrt und den Mahlteilnehmern Anteil am Leib Jesu und an seinem „Blut des Bundes" gewährt (14,22-25). Hier bricht die Sicht auf die nachösterliche Gemeinde durch, die diese Feier beging und durch sie auf ihrem Weg in das vollendete Reich (14,25) ständig die Gegenwart des gekreuzigten Herrn erfuhr. Der Gedanke an das Gottesreich und sein Kommen, das Jesus trotz seines Scheidens, allerdings in greifbarer Nähe, herannahen sah, bewegt die Gemeinde im Blick auf den gekreuzigten und auferstandenen Jesus. Am Vorabend seines Leidens, als schon der Verräter die Hand in die Schüssel mit Jesus taucht und Jesus ankündigt, daß der Menschensohn ausgeliefert werden muß (14,18-21), soll der Gemeinde bewußt werden, daß sie nur durch Jesu Blut gerettet werden kann. Sie lebt unter der Ansage, daß alle zerstreut werden, aber auch unter der Gewißheit, daß sie Jesus in Galiläa wiedersehen werden (vgl. 14,27f) - ein Ausblick auf das Ostergeschehen (16,7). In der Ölbergstunde trifft alle die Mahnung: „Wachet und betet, damit ihr nicht in Versuchung geratet" (14,38). Alles wird im Blick auf die Gemeinde erzählt, die ähnlich wie Jesus durch Anfechtung und Leiden gehen muß.

Ein weiterer Durchblick auf die Gemeinde findet sich in dem Tempelwort, das die Falschzeugen vor dem Hohenrat gegen Jesus vorbringen (14,56), das aber im Verständnis des Markus doch etwas Wahres aussagt: Jesus wird nach der Zerstörung des alten Tempels in kurzer Zeit einen anderen, nicht von Menschenhand stammenden Tempel aufbauen[42]. Eine beachtliche neue Interpretation hat A. Vögtle vorgelegt[43]. Er spricht sich mit Heranziehung der Szene von 15,38 (Zerrei-

---

[42] Das Tempelwort läßt sich wegen der verschiedenen Varianten (Mt 26,61; Joh 2,19; Apg 6,14) kaum noch in seiner ursprünglichen Gestalt feststellen, hat aber in der Passionsgeschichte eine Rolle gespielt, wie die Wiederholung bei der Verspottung Jesu unter dem Kreuz zeigt (Mk 15,29; Mt 27,40). Die Fassung „Ich werde zerstören" (anders Joh 2,19), die aber ursprünglich sein dürfte, hat zur Fehldeutung durch die Zeugen geführt.
[43] Das markinische Verständnis der Tempelworte, in: U. Luz - H. Weder, Die Mitte des Neuen Testaments (FS E. Schweizer), Göttingen 1983, 362-383, abgedruckt in:

ßen des Tempelvorhangs) als Deuteszene für 14,58 klar für die Deutung auf die Heilsgemeinde aus, die Ablösung der Tempelgemeinde durch die Heilsgemeinde Jesu Christi (184). Schwierig ist die Aussage, daß Jesus den mit Händen gemachten Tempel zerstören wird, weil damit die Zerstörung des steinernen Gebäudes, des herodianischen Tempels gemeint zu sein scheint (vgl. 13,2). Das könnte das Mißverständnis der falschen Zeugen verursacht haben. Nach Vögtle ist auch das Niederreißen des Jerusalemer Tempels metaphorisch zu verstehen, als das durch Jesu Sterben bewirkte Aufhören des alten Tempelkultes[44], wie es sich im Zerreißen des Tempelvorhangs manifestiert.

Damit ist eine einheitliche Deutung des Tempelwortes gefunden: Im Tod Jesu wird der alte Tempel, der den jüdischen Kult versinnbildet, zerstört und zugleich der Bau eines anderen Tempels, der neuen Heilsgemeinde, grundgelegt. Wenn Markus die Tempelprophetie 14,58 so versteht, ist damit „die Mitte der neutestamentlichen Heilsbotschaft getroffen"[45]. Die Deutung auf die Kirche legt sich aus folgenden Gründen nahe: 1. Das bei der Tempelreinigung von Markus angeführte Schriftwort: „Mein Haus wird ein Haus des Gebetes für alle Völker genannt werden" (11,17) ist ein Ausblick auf die universale Kirche, zu der auch die Heidenvölker gehören. 2. Die Metapher vom „Bau" der Gemeinde ist in den Qumrantexten nachweisbar und die Übertragung auf die christliche Gemeinde gut vorstellbar[46]. 3. Der von Vögtle herausgearbeitete Zusammenhang mit den Vorgängen beim Tode Jesu (Finsternis, Zerreißen des Tempelvorhangs, Bekenntnis des Hauptmanns), die wie eine Deutung des Tempelwortes aussehen, macht die ekklesiale Auslegung von Mk 14,58 sehr wahrscheinlich. Für Markus ist der Tod Jesu die Geburtsstunde der neuen Heilsgemeinde.

Im ganzen ist das Bild des verfolgten, leidenden und sterbenden Jesu die Ausformung der Gestalt Jesu Christi zu dem, den die Urkirche als den Gekreuzigten und Auferstandenen bekennt. Dabei liegt der Nachdruck auf dem Kreuzesgeschehen, dem freilich wie ein lichter Ausblick die Auferstehung zugeordnet ist. Die Auferweckte bleibt für immer „der Gekreuzigte" (Mk 16,6). „Der irdische Sohn Gottes, den Markus als den darstellt, der den Willen Gottes lehrt und macht-

---

ders., Offenbarungsgeschehen und Wirkungsgeschichte, Freiburg–Basel–Wien 1985, 168–188 (danach zitiert).
[44] Ebd. 177.180.183.
[45] Ebd. 188.
[46] Vgl. 1 QS 5,5f; 8,7–10; 1 QH 6,25–28; 4 QpPs 37: III,16. Dazu J. MAIER, Die Texte vom Toten Meer II, München–Basel 1960, 93f; B. GÄRTNER, The Temple and the Community in Qumran and the New Testament (SNTSMS 1), Cambridge 1965; G. KLINZING, Die Bedeutung des Kultus in der Qumrangemeinde und im Neuen Testament (StUNT 7), Göttingen 1971, 202–205.

volle Taten vollbringt, ist zur selben Zeit der eine, dessen Dienst seinen Höhepunkt am Kreuz erreicht."[47]

II. Würdebezeichnungen und Titel Jesu

1. Der Sohn Gottes

Die Bezeichnung Jesu als „Sohn Gottes" kommt im Markusevangelium fünfmal vor (1,11; 3,11; 5,7; 9,7; 15,39), dazu mit einer nicht ganz gesicherten Lesart in 1,1. Das Spektrum erweitert sich, wenn man das Gleichnis von den bösen Winzern hinzunimmt, das auf Jesus als den „geliebten Sohn" anspielt (12,6). Auch die Frage des Hohenpriesters, bei der zu „der Christus" hinzugesetzt ist „der Sohn des Hochgelobten", ist zu beachten. Schließlich verlangt die Stelle 13,32 eine Erörterung, wo zwar nicht vom „Sohn Gottes" die Rede ist, aber absolut „der Sohn" genannt wird: „Über jenen Tag oder die Stunde (der Parusie) weiß niemand etwas, auch nicht die Engel im Himmel, nicht einmal der Sohn, sondern nur der Vater." Es ist unbestritten, daß Markus die Bezeichnung Jesu als Sohn Gottes aus der urchristlichen Tradition übernommen hat. Die Entstehungs- und Traditionsgeschichte dieses christologischen Titels ist umstritten[48]. Diesem schwierigen Problem können wir hier nicht nachgehen. Wir wollen versuchen, den Sinn und die Tragweite dieser Hoheitsbezeichnung Jesu im Rahmen des Markusevangeliums zu ergründen, können dabei freilich nicht von den vorausgesetzten Hintergründen in der Tradition absehen. Gemäß unserem Thema fragen wir näherhin: Was bedeutet die Bezeichnung Jesu als „Sohn Gottes" für das Bild Jesu Christi im Markusevangelium?

Das Jesusbild ist tief vom Gedanken an die Gottessohnschaft Jesu durchdrungen. Der Titel wird an wichtigen Stellen genannt und steht im Bekenntnis des heidnischen Hauptmanns (15,39) auf dem Höhepunkt des Passionsgeschehens. Er erscheint hier als der Kristallisationspunkt für das Verständnis Jesu schlechthin. Darum ist die Ansage in der Überschrift 1,1 „Evangelium Jesu Christi *des Sohnes Gottes"* si-

---

[47] J. D. KINGSBURY, Jesus Christ in Matthew, Mark and Luke, Philadelphia 1981, 58.
[48] Aus der reichen Literatur vgl. O. CULLMANN, Die Christologie des Neuen Testaments, Tübingen ³1963, 276–313; HAHN, Christologische Hoheitstitel 280–333; E. SCHWEIZER im ThWNT VIII (1969) 367–392 (zu Mk 380f); F. MUSSNER, Ursprünge und Entfaltung der neutestamentlichen Sohnes-Christologie, in: L. Scheffczyk (Hrsg.), Grundfragen der Christologie heute (QD 72), Freiburg–Basel–Wien 1975, 77–113;– C. R. KAZMIERSKI, Jesus, the Son of God. A Study of the Markan Tradition and its Redaction by the Evangelist (FzB 33), Würzburg 1979; M. HENGEL, Der Sohn Gottes, Tübingen 1975 (²1977); GNILKA, Ev nach Mk I, 60–64.

cher als ursprünglicher Text anzunehmen. Auf diese Weise ist das Markusevangelium vom Bekenntnis zum Sohn Gottes eingerahmt und ist zu vermuten, daß der Sohn Gottes eine Deutungskategorie für die irdische Erscheinung und das Wirken Jesu ist. Als „Sohn Gottes" vollzieht er seine Sendung, und als Sohn Gottes erträgt er den furchtbaren Kreuzestod. Gerade der Weg ans Kreuz wird außer in den „Menschensohn"-Worten (s. u. 2) durch die Beziehung des „geliebten Sohnes" zum Vater (12,6) aufgehellt. Bei Lukas lautet das Bekenntnis des Hauptmanns unter dem Kreuz: „Wirklich, dieser Mensch war ein Gerechter" (23,47), obwohl auch bei ihm das letzte Wort Jesu zu einem Gebet zum Vater gestaltet ist: „Vater, in deine Hände lege ich meinen Geist" (23,46). Matthäus übernimmt das Bekenntnis „Wahrhaftig, dieser war (der) Sohn Gottes" (27,54) und unterstreicht die Machtausstrahlung des verstorbenen Jesus durch die großen kosmischen Geschehnisse, die sich ereignen: Öffnung der Gräber und Hervorkommen verstorbener Heiliger, verbunden mit einem Erdbeben (27,52–54). Markus verzichtet auf solche furchterregenden Geschehnisse und führt nur das Zerreißen des Tempelvorhanges an, das für ihn sicher ein symbolisches Zeichen war[49]. Nicht durch die kosmischen Ereignisse in Schrecken versetzt, sondern im Blick darauf, daß Jesus „so (durch einen lauten Schrei) verschied", sagt der Hauptmann: „Wahrhaft, dieser *Mensch* war Gottes Sohn." Der Kontrast zwischen „Mensch" und „Sohn Gottes" läßt im Sterben die Würde und Hoheit Jesu aufstrahlen.

Aber wer ist dieser Gottessohn, dessen Hoheit sich am Ende enthüllt? Eine erste grundlegende Deutung erfahren wir durch die Gottesstimme bei der Taufe Jesu: „Du bist mein geliebter Sohn, an dem ich Gefallen gefunden habe" (1,11). Von vornherein wird man zwei Auffassungen abweisen müssen: eine metaphysische Gottessohnschaft, nach der Jesus die gleiche göttliche Natur wie Gott der Vater in sich trägt. Das ist in dieser Redeweise nicht ausgesagt; vielmehr hat Gott gemäß der Wendung „an dir habe ich Wohlgefallen gefunden" Jesus als seinen Sohn angenommen, in seine Liebe aufgenommen. Die konträre Auffassung, daß Jesus Gottessohn nur in einem metaphorischen

---

[49] Der symbolische Sinn der Szene wird entweder als strafendes Zeichen für das Aufhören des Tempelkults (vgl. 14,58; 13,2) oder als Eröffnung des Zugangs zum Tempel, auch für Heiden, verstanden. Wenn die Evangelisten an den Vorhang vor dem Allerheiligsten denken, haben sie „damit doch wohl schon die Vorstellung verbunden, daß der Tod Jesu den Zugang zum Allerheiligsten eröffnet" (C. Schneider in: ThWNT III [1938] 631,28–33); vgl. E. Linnemann, Studien zur Passionsgeschichte (FRLANT 102), Göttingen 1970, 158–163. Dann kann ein polemischer Akzent gegen den bisherigen Tempelkult und ein positiver Ausblick auf den Zugang der neuen Gottesgemeinde (vgl. 15,39) gleicherweise vorliegen, wie es auch in 14,58 der Fall ist. Die viel erörterte Frage läßt sich nicht restlos klären.

Sinn ist, etwa gleichbedeutend mit den im Hellenismus genannten Gottessöhnen, ist ebenfalls abzulehnen. Denn die Anrede weist auf einen konkreten Hintergrund: Sie klingt an alttestamentliche Texte an und wurzelt in jüdischen Vorstellungen. Sieht man aber den Wortlaut der Gottesstimme näher an, ergeben sich verschiedene Bezugsmöglichkeiten. Im wesentlichen hat man vier mögliche Grundtexte mit ihrem Bedeutungsspektrum erwogen:

(1) königlicher Messias nach Ps 2,7: „Mein Sohn bist du, heute habe ich dich gezeugt";

(2) messianischer Hoherpriester nach einer Verbindung von Ps 2,7 und Jes 42,1, die zu der Erwartung eines priesterlichen Messias, eventuell neben dem davidischen politischen Messias, führte (vgl. Qumrantexte 1 QS 9,11; CD 19,10; 20,1 und „Testamente der zwölf Patriarchen" TLev 4,2; 17,2; 18,6f);

(3) Gottesknecht gemäß Jes 42,1;

(4) der geliebte Sohn nach der Opferung („Bindung") Isaaks durch Mose nach Gen 22,2.12.16 [50]. Alle vier Herleitungen können Gründe in alttestamentlichen und frühjüdischen Texten für sich anführen, um das eigentümliche Bild des geliebten Sohnes in der Gottesstimme zu erklären; aber eine einseitige Festlegung ist kaum möglich.

(1) Ps 2,7 wird zwar in Lk 1,22 in einigen (westlichen) Handschriften (D und it) angeführt, aber doch nur sekundär nach christologischen Reflexionen. Der Psalm beschreibt die Inthronisation des davidischen Königssohnes, seine Adoption zum weltweiten Herrscher, seine Einsetzung als Messias. Bei Markus ist es keine Inthronisationsszene, sondern eine Deklaration, wer Jesus *ist:* der *geliebte* Sohn, wie er in Ps 2,7 nicht genannt wird. Der Zusatz „an dem ich Gefallen gefunden habe" stammt aus Jes 42,1 (hebr. Text), hängt also an dem „Knecht Gottes".

(2) Es gab zwar die Erwartung eines hohepriesterlichen Messias, der mit Gott als seinem Vater spricht (TLev 17,2); aber die Verbindung mit der Taufszene, in der der „Geist des Verstandes und der Heiligung" auf ihn kommt (TLev 18,7), unterliegt dem Bedenken, daß dies ein christlich beeinflußter Text ist. Von einer solchen „hohepriesterlichen" Christologie ist sonst kaum etwas zu spüren, vielleicht außer dem Titel „der Heilige Gottes" (1,24)[51].

(3) Die besonders von Joachim Jeremias vertretene Herleitung vom „Knecht Gottes" in Jes 42,1 arbeitet mit der These, daß der „Knecht"

---

[50] Vgl. KAZMIERSKI, Son of God (Anm. 48) 35–61.
[51] Die Hohepriestererwartung vertritt besonders G. FRIEDRICH, Beobachtungen zur messianischen Hohepriestererwartung in den Synoptikern: ZThK 53 (1956) 266–311; kritisch dazu HAHN, Christologische Hoheitstitel 231–241. Nach ihm gibt es (außer in Hebr) keine Anzeichen für eine Deutung des Wirkens Jesu im Sinne der hohepriesterlichen Messianologie.

aufgrund der Doppelbedeutung von παῖς als „Knecht" und „Kind" bei Markus zum „Sohn" geworden ist [52]. Das ist zwar möglich, aber erklärt nicht den betonten Hinweis auf den „Sohn, den Geliebten". Wenigstens muß man dann eine bewußte Änderung des Markus gegenüber dem alttestamentlichen Text annehmen, so daß im markinischen Kontext der „Knecht Gottes" ein neues Profil gewinnt.

(4) Der Vergleich mit der Bindung Isaaks kann sich auf die Kennzeichnung Isaaks als des „geliebten Sohnes" berufen (Gen 22,2 „der einzige Sohn, den du liebst"). Es ist der einzige Sohn, den Abraham nicht zu schonen bereit ist (Gen 22,12.16). Diese Isaak-Typologie hat die urchristliche Christologie beeinflußt (Röm 8,32; vielleicht Mk 12,6); aber ob sie hinter Mk 1,11 steht, ist doch fraglich. Wenn wir den Text mit allen seinen Elementen anschauen, reicht keine Vorlage aus, um ihn ganz und einheitlich zu erklären [53]. Verschiedene Reminiszenzen an alttestamentliche Texte laufen zusammen, am stärksten wohl auf Jes 42,1; aber sie führen zu einem einzigartigen und in dieser Weise einmalig-neuen Bild vom geliebten Sohn, den sich Gott erwählt hat.

Die von Markus aus der Tradition übernommene Taufszene enthält noch zwei Züge, die es zu bedenken gilt. Jesus sieht den Himmel gespalten, und der Geist senkt sich auf Jesus in Gestalt einer Taube herab. In Jes 63,19 heißt es: „Ach, wenn du doch den Himmel zerrissest und herniederstiegst!" Es ist ein eschatologisches Geschehen, das sich in dieser Stunde an Jesus erfüllt. Das Herniederfahren Gottes vollzieht sich in der Weise, daß der Geist auf Jesus herabkommt. Der Geist ist das Zeichen für den Gesalbten schlechthin, den Messias, der den Geist in Fülle besitzen soll (Jes 11,2; 61,1). Auch im Lied vom Gottesknecht legt Gott seinen Geist auf den Erwählten, und das gibt der Herleitung von Jes 42,1 einen Vorzug. Aber es ist nicht mehr der Gottesknecht, den Gott erwählt hat, sondern der geliebte Sohn, der in einem besonders engen Verhältnis zu Gott steht. In dieser Symbolsprache fließen verschiedene Motive zusammen, die Jesus als den verheißenen Messias in einem alle Erwartungen übersteigenden Sinn ausweisen. Der davidische Messias (Ps 2,7), so wie ihn die Juden als irdischen Befreier erwarteten, reicht nicht aus, um die Gottesnähe Jesu zu erklären. Dagegen spricht das Davidssohn-Gespräch 12,35–37a. Die Behauptung der Schriftgelehrten, daß der Messias der Sohn Davids sei, greift Jesus auf und entwickelt anhand von Ps 110,1 eine aus

---

[52] J. Jeremias in: ders., Abba. Studien zur neutestamentlichen Theologie und Zeitgeschichte, Göttingen 1966, 192–198; ders., Neutestamentliche Theologie I: Die Verkündigung Jesu, Gütersloh 1971, 60f.

[53] Vgl. Kazmierski, Son of God (Anm. 48) 61. Er nimmt für Mk 1,9–11 eine zweistufige Entwicklung an: erst von Jes 42,1, dann von Gen 22; das letzte scheint mir nicht so sicher.

dieser Stelle entspringende Schwierigkeit: Wie kann dann David, vom heiligen Geist erfüllt, seinen Sohn „Herr" nennen? Daß der Messias Davids Sohn ist, wird nicht bestritten. Aber die Gegenfrage Jesu, die von einem scheinbaren Widerspruch in der Schrift ausgeht (Haggada-Frage), bringt ein Messiasbild in den Blick, das die jüdische Erwartung bei weitem übersteigt. Jesus hat eine höhere Würde, eine größere Nähe zu Gott, und alles spricht dafür, daß für Markus dahinter wieder der Gedanke an den Sohn Gottes oder den Menschensohn steht. Er ist mehr als der theokratische König; er ist der auf dem Thron Gottes Mitresidierende, der „Herr", wie ihn die Urkirche nach seiner Auferstehung verehrt.

Der Geist Gottes kommt in Taubengestalt auf Jesus herab und macht so seine Geisterfüllung sichtbar. Er treibt den geliebten Sohn Gottes in die Wüste, wo er vom Teufel versucht wird. Aber Jesus weist in der Kraft des heiligen Geistes alle Versuchungen ab. Er ist mit den Tieren zusammen, und Engel kommen und dienen ihm. Der paradiesische Friede erneuert sich (1,12f). Die Nähe zu Gott zeigt sich in der Abwehr des Bösen, und das ist wie ein Programm für das ganze Leben Jesu. Im Austreiben der bösen Geister und in der Auseinandersetzung mit seinen Gegnern bewährt sich die Geistausrüstung, die Jesus bei der Taufe durch Johannes den Täufer zuteil geworden ist. Dieses Bild vom gottgeliebten Sohn, der von allem Bösen geschieden ist und allen Angriffen des Satans widersteht, stellt Markus am Beginn des Auftretens Jesu vor seine Leser hin und gibt ihnen damit eine Orientierungsmarke, um seine Heilungen und Dämonenaustreibungen, seine Verkündigung von der Gottesherrschaft und ihr Vordringen zu verstehen.

Der Dämon, den Jesus in der Synagoge von Kafarnaum austreibt, redet ihn an: „Ich weiß wer du bist, der Heilige Gottes" (1,24). Da bei anderen Dämonenbannungen die unreinen Geister Jesus mit „Du bist der Sohn Gottes" (3,11) oder mit „Sohn Gottes, des Höchsten" (5,7) ansprechen, muß es eine Verwandtschaft der beiden Bezeichnungen „Sohn Gottes" und „Heiliger Gottes" geben. Wenn der unreine Geist in 1,24 Jesus als den Heiligen Gottes abwehrt, wird der Gedanke an die Geistausrüstung Jesu nachwirken. Zwischen dem heiligen Geist und dem unreinen Geist „besteht ein tödlicher Gegensatz"[54]. In den beschwörenden Worten der Dämonen (3,11; 5,7), die in Jesus den stärkeren, mit Gotteskraft ausgerüsteten „Sohn Gottes" erkennen und sich gegen eine Austreibung aus der menschlichen Behausung sträuben, liegt die Anerkennung seiner göttlichen Würde und Macht. In 5,7 beschwört der Dämon Jesus „bei Gott", er solle ihn nicht quälen. Aber diese Berufung Gottes ist nutzlos, weil Jesus von Gott her kommt und

---

[54] O. PROCKSCH in: ThWNT I (1933) 102,28f.

in Gottes Kraft handelt. Jesus verbietet den Dämonen mit Nachdruck, daß sie ihn bekanntmachen (3,12). Er will sein Geheimnis nicht durch unreine, widergöttliche Geister enthüllen lassen und überhaupt im Verborgenen bleiben. Dieser machtvolle Kämpfer ist zugleich der geliebte Sohn Gottes, derjenige, an dem Gott sein Gefallen gefunden hat. Wenn im Gleichnis von den bösen Winzern der „geliebte Sohn" als der letzte von Gott Gesandte, der Einzige, den Gott noch hat, zu Tode gebracht wird, tritt der Sohn Gottes in das Mysterium des Leidens und Sterbens ein. Es ist nicht zu sehen, daß dieser Gedanke schon in der Gottesstimme bei der Taufe anklingt; aber im Gesamt des Evangeliums wird man diesen Blick auf den irdischen Ausgang des Gottessohnes nicht ausschließen dürfen. Gerade beim Sterben Jesu bekennt der heidnische Hauptmann, daß Jesus der Sohn Gottes ist. Als der „geliebte Sohn" steht Jesus in der Reihe von Gottesmännern, die mißhandelt und getötet wurden. Er ist der, auf den Gott, der Herr des Weinbergs, seine ganze Hoffnung setzte; aber auch ihn töten die Weinbergspächter und werfen ihn aus dem Weinberg, aus Israel hinaus (12,8)[55]. Am Sohn und Erben scheitern die Menschen; Gott macht ihn zum Eckstein des neuen Gottesbaues (12,10f), der Gemeinde, die nach Ostern entsteht (vgl. 14,58). Es ist ein paradoxes Geschehen, das sich in Tod und Auferstehung Jesu vollzieht, ein Wunder, das Gott gewirkt hat und für Menschen staunenswert ist. Die Hingabe des geliebten Sohnes wird zur Drehscheibe in der Geschichte Gottes mit seinem Volk.

In dem geliebten Sohn und seinem Todesgeschick öffnet sich der Blick auf die künftige Gemeinde. Wie nach der Taufe und Versuchung Jesu die Sammlung des Gottesvolkes beginnt, so erwächst aus seinem Tod der neue Gottesbau. Der „Sohn Gottes", der in der Taufszene der Lesergemeinde vorgestellt wird, hat eine ekklesiale Dimension. Wie bei den Belehrungen und Heilungen Jesu schon immer die künftige Gemeinde im Blick steht, so leuchtet ihr der geistbegabte, in den Tod gehende und von Gott auferweckte Sohn Gottes voran. Das wird in eigener Weise bei der Verklärungsszene offensichtlich; denn hier wird der Gottesstimme, die Jesus wie bei der Taufe als den „geliebten Sohn" bezeugt, hinzugefügt: „auf ihn sollt ihr hören" (9,7). Damit

---

[55] Den Hintergrund für die mehrfachen Sendungen von Gottgesandten bildet die deuteronomische Konzeption vom gewaltsamen Geschick der Propheten, vgl. O. H. STECK, Israel und das gewaltsame Geschick der Propheten (WMANT 23), Neukirchen 1967, bes. 110–264. Zur ganzen Perikope Mk 12,1–12 vgl. J. BLANK, Die Sendung des Sohnes. Zur christologischen Bedeutung des Gleichnisses von den bösen Winzern Mk 12,1–12, in: J. GNILKA (Hrsg.), Neues Testament und Kirche (FS R. Schnackenburg), Freiburg–Basel–Wien 1974, 11–41. Er sagt richtig: Der „Sohn" ist der letzte eschatologische Gottesbote vor dem Gericht. Mit ihm erreichen die Botensendungen ihren Höhepunkt und ihren Abschluß (17).

wird die Prophetie vom endzeitlichen Propheten wie Mose (Dtn 18,15) aufgenommen und das Bild vom Gottessohn mit dieser Prophetie bereichert – um der Gemeinde willen, die auf ihn hören soll. Die drei Zeugen der Verklärung werden in die offenbarende und schutzgebende „Wolke" der göttlichen Gegenwart hineingezogen; die Wolke „überschattet" sie, so wie die Wolke das Offenbarungszelt der Wüstengeneration überschattete (Ex 40,35 LXX). Die Gottesstimme hat die gleiche Autorität wie das Wort Gottes in der Wüste gegenüber dem Volk Israel; aber sie weist nun Jesus, den geliebten Sohn, als Offenbarer, Leiter und Lehrer aus.

Überschaut man das aus der Prädikation als Sohn Gottes sich für Jesus ergebende Bild, so erkennt man hoheitliche Züge, namentlich in der Überwindung des Satans und in der Macht über die Dämonen, aber auch andere Aussagen, die seinen Leidens- und Todesweg reflektieren. Er ist der Gottesknecht, der gehorsam seinen Weg als geliebter Sohn Gottes geht. Er ist der im Tod offenbar werdende Sohn Gottes, der in der tiefsten Not seines Menschseins seine verborgene Hoheit und Göttlichkeit enthüllt. Das Gebet der Gottverlassenheit wendet sich zur Gewißheit, daß er von Gott aufgenommen ist. Der beherrschende Eindruck, den das Markusevangelium vom Sohn Gottes vermittelt, ist die Nähe Jesu zu Gott, die auch im Tode nicht aufgehoben ist [56].

Mit diesem Bild von dem Gott nahestehenden Gottessohn kontrastiert allerdings der in der synoptischen Endzeitrede stehende Spruch: „Jenen Tag und jene Stunde kennt niemand, auch nicht die Engel im Himmel, nicht einmal der Sohn, sondern nur der Vater" (13,32). Hier wird „der Sohn" betont von dem „Vater" abgesetzt, der allein über den endzeitlichen Termin Bescheid weiß. Allerdings ist hier nicht vom „Sohn Gottes", sondern vom „Sohn" die Rede. Man wird schließen müssen, daß diese Redeweise aus einer anderen Tradition stammt, einer apokalyptischen Tradition, wo neben einer Naherwartung auch vom Nichtkennen der Zeit, wann das Ende anbricht, gesprochen wird [57]. Der „Sohn" ist in Relation zum „Vater" gesetzt, wie es auch in dem aus der Logienquelle stammenden „Jubelruf" Mt 11,27 par Lk 10,22 der Fall ist [58]. Doch während im Jubelruf dem Sohn „alles" von Gott übergeben ist und der Sohn den Vater offenbaren kann, „wem er will", macht Mk 13,32 einen Vorbehalt, eine erhebliche Einschränkung. Das Wissen um den Termin der Parusie bleibt dem Vater vorbehalten. Die steigernde Ausdrucksweise „nicht die Engel, auch nicht

---

[56] Zu dem Ruf der Gottverlassenheit Jesu am Kreuz vgl. die Monographie von G. Rossé, The Cry of Jesus on the Cross, New York 1987.
[57] Vgl. Sach 14,7; PsSal 17,23; syrBar 21,8; 4 Esr 4,52. Vgl. Pesch, Mk-Ev II, 310.
[58] Vgl. Hahn, Christologische Hoheitstitel 327–329.

der Sohn" läßt auf die Schätzung des Sohnes durchblicken; aber wie es Gott allein zusteht, die Plätze im Reich Gottes zu vergeben (10,40), so hat der Sohn auch keine Einsicht in den Ablauf der Endereignisse. Das Wort, das aus früher, schon vormarkinischer Überlieferung stammen wird, ist im Rahmen der Endzeitrede als Gegengewicht gegen die Zusicherung in Mk 13,30 zu verstehen: „Dieses Geschlecht wird nicht vergehen, bis dies alles geschieht." In diesen Kontext ist es eingebunden; aber es behält sein Gewicht. Man muß fragen, wie es Markus mit seiner Christologie vom „Sohn Gottes", der Gott überaus nahesteht, verbinden konnte[59]. Die Spannung zwischen der „Sohn Gottes"-Christologie und diesem „Sohn"-Wort läßt sich nicht wegdiskutieren. Markus sah aber darin offenbar keine Schwierigkeiten; der „Sohn Gottes" bleibt Gott dem Vater gehorsam-liebend unterstellt.

Wenn man schon nach der Taufszene vermuten kann, daß in ihr ein besonderes Messiasbild entworfen wird, tritt die Beziehung zum Messias auch in der Frage des Hohenpriesters hervor: „Bist du der Messias, der Sohn des Hochgelobten?" (14,61f). Die beiden Ausdrücke im Mund des Hohenpriesters können im gleichen Sinn gemeint sein. Der „Sohn des Hochgelobten" wird ein ehrerbietiger Ausdruck für den Messias. Die Juden konnten den Messias auch als „Sohn Gottes" bezeichnen (vgl. 2 Sam 7,14; Ps 2,7; 4Qflor 1,11; 4Q 243). Aber es ist auch möglich, daß der Zusatz „Sohn des Hochgelobten" erst aus christlicher Blickweise stammt. Die beiden Messiastitel „sind der urchristlich-hellenistischen Gemeinde so, wie sie lauten, voll vertraut gewesen. Die Wendung ‚Sohn des Hochgelobten' präzisiert den Christustitel nach seinem einmaligen Gottesverhältnis"[60]. Dem Hohenpriester antwortet Jesus bejahend; aber seine Antwort korrigiert zugleich die jüdische Messiasvorstellung: Er ist der zur Rechten Gottes sitzende und auf den Wolken des Himmels kommende Menschensohn (14,62). Damit tritt der „Sohn Gottes" in ein noch anderes Licht. Er ist der bei Gott Erhöhte und in Macht wiederkommende Menschensohn. Die Sohn-Gottes-Christologie verbindet sich mit der Menschensohn-Christologie.

Der Titel „Sohn Gottes" erfüllt für Markus eine zusammenfassende Schau des auf Erden wirkenden, von Gott mit Geist und Macht ausgestatteten, doch gehorsam seinen Weg bis ans Kreuz gehenden Jesus. In allen Tätigkeitsbereichen (s. o. I) wird das Geheimnis des mit Gott verbundenen Gottessohnes sichtbar, obschon den Zeugen noch verhüllt und unbegreiflich. Alle Aspekte der markinischen Christologie lassen

---

[59] Soll man in Mk 13,32 ein ursprüngliches „der Menschensohn" voraussetzen? So E. Schweizer in: ThWNT VIII, 373f; Pesch, Mk-Ev II, 310. Aber eine redaktionelle Änderung, die auch nicht in Mk 8,38 erfolgt, wäre dann noch auffälliger.
[60] Strobel, Stunde der Wahrheit (Anm. 36) 73.

sich in diesem Titel nicht auffangen; sie verbindet sich noch mit anderen Würdenamen, vor allem mit dem „Menschensohn". Aber sie kann als Herzstück der markinischen Einschätzung Jesu gelten.

2. Der Menschensohn

Neben dem die tiefe Gottverbundenheit Jesu erhellenden Titel „der Sohn Gottes" spielt der „Menschensohn" als Bezeichnung Jesu Christi eine nicht geringe Rolle. Er kommt im Markusevangelium 14mal vor[61], und zwar in unterschiedlichen Zusammenhängen. Für gewöhnlich unterscheidet man Aussagen über seine zukünftige (eschatologische) Funktion, seine gegenwärtige Tätigkeit und sein Leiden und Sterben. Diese Unterscheidung hat ihr Recht und ist wichtig, wenn man nach der Vorgeschichte und der Aufnahme dieses Titels in der Urkirche fragt – eine nie zur Ruhe kommende Fragestellung[62]. Eine weitere die Forschung beschäftigende Frage ist, ob Jesus diesen Titel selbst beansprucht hat, und wenn man dies bejaht, wie er ihn verstanden hat[63]. Denn eins ist auffällig: Die Worte vom Menschensohn sind ausschließlich im Munde Jesu zu finden (außer Apg 7,56), nie in einer Gottesstimme oder in der Verlautbarung anderer Menschen. Deshalb liegt hier ein Feld für die historische Forschung, zu dem auch die Frage nach ursprünglichen Jesusworten und in der Gemeinde gebildeten sekundären Aussprüchen gehört. Man möchte vor allem feststellen, welches Selbstverständnis Jesu sich dahinter verbirgt bzw. was die Urkirche dazu geführt hat, diese Worte Jesus zuzusprechen oder sie ihm in den Mund zu legen. Für unsere Fragestellung, welches Glau-

---

[61] 2,10.28; 8,31.38; 9,9.12.31; 10,33.45; 13,26; 14,21 a.b.41.62.
[62] Vgl. H.-E. TÖDT, Der Menschensohn in der synoptischen Überlieferung, Gütersloh ²1963; C. COLPE in: ThWNT VIII (1969) 403–481 (mit reicher Literatur): U. B. MÜLLER, Messias und Menschensohn in jüdischen Apokalypsen und in der Offenbarung des Johannes (StNT 6), Gütersloh 1972; K. MÜLLER, Menschensohn und Messias: BZ 16 (1972) 161–187; 17 (1973) 52–66; J. THEISOHN, Der auserwählte Richter. Untersuchungen zum traditionsgeschichtlichen Ort der Menschensohngestalt der Bilderreden des äthiopischen Henoch (StUNT 12), Göttingen 1975; R. PESCH – R. SCHNACKENBURG (Hrsg.), Jesus und der Menschensohn (FS A. Vögtle), Freiburg–Basel–Wien 1975 (mit vielen Beiträgen); F. HAHN in: EWNT III (1983) 927–935. Ausführliche Literatur bei V. HAMPEL, Menschensohn und historischer Jesus. Ein Rätselwort als Schlüssel zum messianischen Selbstverständnis Jesu, Neukirchen 1990, 373–403.
[63] HAMPEL, Menschensohn, geht dieser Frage intensiv nach, leitet die jüdische Menschensohnkonzeption von Dan 7 ab (7–48) und untersucht alle synoptischen Menschensohn-Logien eindringlich mit dem Ergebnis, daß Jesus zunächst die messianische Inthronisation als Menschensohn erwartet und dann nach seiner Todesgewißheit festgehalten hat, nämlich über den Weg seines Leidens und Sterbens. Gott würde sich selbst durch den Tod hindurch zu dem Menschensohn, seinem Messias designatus, bekennen und ihn als solchen vor aller Welt offenbaren (375f).

II. Würdebezeichnungen und Titel Jesu

bensbild sich daraus für Markus ergibt, tritt die historische und literarkritische Nachforschung zurück; denn das eine läßt sich nicht bezweifeln, daß Markus den Titel mit der Person Jesu verbunden hat und ausschließlich auf ihn bezieht. Jesus ist für ihn der Menschensohn, wie er der Sohn Gottes ist.

Daraus erheben sich weitere Fragen: Warum führt Markus diese Menschensohn-Sprüche ein, wenn für ihn das Geheimnis der Person Jesu wesentlich in der Prädikation „Sohn Gottes" konzentriert ist? Welche besonderen Züge werden im „Menschensohn" sichtbar, und warum sind sie ihm für sein Bild von Jesus Christus so wichtig? Wie ist das Verhältnis von „Sohn Gottes" und „Menschensohn" zu bestimmen?

Überblickt man die Menschensohn-Sprüche, so heben sich schon zahlenmäßig die Aussagen über sein Leiden und Sterben hervor; es sind acht Stellen: 8,31; 9,12.31; 10,33.45; 14,21 ab.41. Aber auch dem sachlichen Gehalt nach erlangen diese Worte ein Schwergewicht: Sie stehen unter dem „Muß" des göttlichen Ratschlusses (8,31; 9,12; 14,21 a), der in der Schrift begründet ist (9,12; 14,21 a). Der Tod des Menschensohnes ist die notwendige Voraussetzung für seine Auferstehung, die in den drei Leidensansagen (8,31; 9,31; 10,33) stets am Ende genannt wird. Diese drei Texte, die auch den Hinaufzug Jesu nach Jerusalem gliedern, sind bewußt angeordnet, und zwar in einer aufsteigenden Linie, die an das Passionsgeschehen heranführt. Mk 8,31 entfaltet gleichsam das Kerygma; die zweite Leidensansage Mk 9,31 ist eine Variante aus dem Vorstellungskreis der „Auslieferung", sei es durch den Verräter Judas Iskariot (Mk 3,19; 14,10f.18.21b.42.44) oder durch Gott selbst (vgl. 9,31 mit der Gegenüberstellung „in die Hände von Menschen"; 10,33; 14,41). Es ist ein kerygmatisch stilisiertes Wort, das bestimmte Vorstellungen der Urkirche aufnimmt. Die dritte Leidensankündigung 10,33 f beschreibt dann schon einzelne Stufen auf dem Leidens- und Todesweg, ganz entsprechend dem in der Passionsgeschichte selbst beschriebenen Geschehen.

In diesen summarischen Vorausblicken läßt sich eine Nähe zu der christologischen Glaubensformel in 1 Kor 15,3–5 erkennen, wenigstens in der Grundstruktur: „gestorben gemäß der Schrift, am dritten Tag auferweckt gemäß der Schrift". Der Zusatz „für unsere Sünden gestorben" fällt allerdings fort. „*Am dritten Tag* auferstanden" wird in 8,31 und 10,33 anders formuliert: „nach drei Tagen". Der Hinweis auf das Begräbnis und die Auferstehungserscheinungen sind in die Leidensansagen bei Mk nicht mitaufgenommen; dafür wird der Leidens- und Todesweg deutlicher beschrieben: Der Menschensohn muß vieles leiden, von den Ältesten, Hohenpriestern und Schriftgelehrten verworfen und schließlich getötet werden (8,31). Er wird in die Hände der Menschen „ausgeliefert" (9,31), und in der dritten Leidensansage sind die Etappen seines Leidensweges näher beschrieben (10,33 f). Das urchristliche Kerygma von Kreuz und Auferstehung Jesu ist also vorausgesetzt; aber durch den „Menschensohn", der im paulinischen Kerygma nicht auftaucht, sind die Aspekte und Akzente anders gelagert. Es scheint, daß die erste Leidensansage Mk 8,31 eine noch ältere Stufe gegenüber der Formel 1 Kor 15,3–5 darstellt[64]. Der Ausdruck „verworfen" (ἀποδοκιμασθῆναι) in Mk 8,31 erinnert an Ps 117,32 LXX, eine Stelle, die in Mk 12,10 f zitiert wird. Die Deutung der „Verwerfung" Jesu mit Hilfe dieses Psalmwortes ist auch sonst in die urkirchliche Überlieferung eingegangen: Apg 4,11 (mit anderer Übersetzung von „verworfen" = „verachtet" wie in Mk 9,12); 1 Petr 2,7; vgl. Röm 9,33. Markus nimmt also wahrscheinlich das Bildwort von dem verworfenen Stein, der zum Eckstein geworden ist, in der ersten Leidensansage auf und deutet so den Todesweg Jesu, der von Gott durch die Auferweckung Jesu nach kurzer Zeit („nach drei Tagen") zum Sieg gewendet worden ist.

Dann darf man vermuten, daß der „Menschensohn" wegen der Einbeziehung des Leidens- und Todesweges Jesu (noch nicht in Q) Markus wichtig war. Diese Sicht, daß Jesus gemäß der Schrift sterben muß, tritt beim „Sohn Gottes" in dieser Weise noch nicht hervor. Der Getötete wird auferstehen; das geschieht von Gott her und ist „wunderbar in unseren Augen" (12,11). Dieses Wort, das im Anschluß an das Winzergleichnis von Markus angeführt wird, hat eine Brückenfunktion zwischen dem „geliebten Sohn" und dem „Menschensohn", der nach seinem Tod von Gott auferweckt wird. So kann Markus den Gedanken an den Sohn Gottes mit der Menschensohn-Tradition verbinden. Der „Menschensohn" ist kein anderer als der „geliebte Sohn" (vgl. 12,6–8). Jesus tritt in einen übergreifenden Gedankenkreis ein, der mit „Menschensohn" signalisiert ist.

Wahrscheinlich steht hinter Mk 8,31 das Bild vom leidenden Gerechten, das in der Passionsgeschichte so deutlich hervortritt. Zwar fällt in den Texten des Weisheitsbuches (Kap. 2–5) außer in 9,5 („Verwirf mich nicht aus deinen Kindern!") nicht der Ausdruck „verworfen"; aber es gibt verwandte Texte, die von der Mißachtung des Gerechten durch die Frevler (3,10), ihrer Verachtung von Weisheit und Belehrung (3,11), ihrer Verachtung des Endes des Weisen (4,18; vgl. 5,1) handeln. Die Frevler sagen: „Zu einem ehrlosen Tod wollen wir ihn (den Gerechten) verurteilen; er behauptet ja, es werde ihm Hilfe zuteil. So denken sie, aber sie irren sich" (2,20f). Der Tod eines Gerechten wird gepriesen; aber es wird ihm keine sühnende Wirkung

---

[64] Vgl. P. HOFFMANN, Mk 8,31. Zur Herkunft und markinischen Rezeption einer alten Überlieferung, in: DERS. (Hrsg.), Orientierung an Jesus (FS J. Schmid), Freiburg–Basel–Wien 1973, 170–204, bes. 184.

zugeschrieben. All das bringt die Vorhersage in die Nähe des leidenden Gerechten, der aber von Gott gerechtfertigt wird. Der Menschensohn muß „vieles leiden", ein deutlicher Anklang an Ps 34,20: „Viel sind die Bedrängnisse des Gerechten; doch allem wird der Herr ihn entreißen". Das „Diptychon" des von den Frevlern in den Tod Getriebenen (2,12-20) und des „in himmlischer Herrlichkeit seinen ehemaligen Bedrängern als stummer Belastungszeuge" entgegentretenden Gerechten (5,1-7) wird zur Folie für das Leiden, Sterben und Auferstehen des Gottessohnes[65]. Damit ergibt sich eine Verbindungslinie zu der Passionsgeschichte, in der der unschuldig Verfolgte und leidende Gerechte das Deutungsmuster abgibt.

Beim letzten Abendmahl sagt Jesus voraus, daß ihn einer, der mit ihm ißt, ausliefern wird, und diese erschreckende Tatsache kommentiert der Evangelist mit den Worten: „Der Menschensohn geht hin, wie über ihn geschrieben steht; doch wehe dem Menschen, durch den der Menschensohn ausgeliefert wird. Für ihn wäre es besser, daß er nie geboren wäre" (14,21). Das Entsetzen über den Verrat eines vertrauten Jüngers, eines von den „Zwölfen", zittert in dieser Darstellung nach, wird aber durch den Gedanken an den Menschensohn, der seinen Weg nach der Bestimmung Gottes geht, aufgefangen. Nach dem Gebetsringen in Getsemani sagt Jesus zu den Jüngern: „Die Stunde ist gekommen; jetzt wird der Menschensohn den Sündern ausgeliefert; steht auf, wir wollen gehen! Seht, der mich ausliefert, hat sich genaht" (14,41f). Die Feinde Jesu werden als „Sünder" gebrandmarkt. Den gegen ihn ausgesandten Knechten hält Jesus entgegen: „Wie gegen einen Räuber seid ihr mit Schwertern und Knüppeln ausgezogen, um mich festzunehmen" (14,48). Der Menschensohn tritt seinen Leidensweg als der unschuldig verfolgte Gerechte an.

Es gibt aber auch ausgesprochene Hoheitsaussagen über den Menschensohn. Am deutlichsten wird dies in der Endzeitrede, wo nach den Erschütterungen und Prüfungen der vorangehenden Zeit, nach der „großen Drangsal" und den kosmischen Zeichen die Menschen den Menschensohn auf den Wolken mit großer Macht und Herrlichkeit kommen sehen (13,26). Damit wird die Prophetie von Dan 7,13 aufgenommen und auf die individuelle Gestalt Jesu bezogen. Diese Deutung auf eine Einzelgestalt (anders die kollektive Deutung auf die „Heiligen des Höchsten" in Dan 7,18.22.25.27) steht in Einklang mit anderen apokalyptischen Texten[66]. Aber die religions- und traditions-

---

[65] Vgl. L. RUPPERT, Jesus als der leidende Gerechte? Der Weg Jesu im Lichte eines alt- und zwischentestamentlichen Motivs (SBS 59), Stuttgart 1972, Zitat 24.
[66] äthHen 46; 48,2-7; 62,5-9.14; 63,11; 69,26-29; 4 Esr 13. Zur Analyse und Deutung von Dan 7 vgl. die Beiträge von P. WEIMAR, K. MÜLLER und A. DEISSLER in der Festschrift für A. Vögtle „Jesus und der Menschensohn" (1975) 11-91. Zu Gestalt des Menschensohnes bzw. des Erwählten oder anders in den Bilderreden vgl. THEISOHN, Der

geschichtliche Entwicklung, die Frage, wie es dazu kam und wie dieser Prozeß verlief, ist schwierig zu beurteilen[67]. Daß Jesus unmittelbar auf die Daniel-Prophetie zurückgegriffen hat, ist unwahrscheinlich. Die weiteren Aussagen von der Aussendung der Engel und der Herbeiführung der Erwählten aus allen vier Himmelsrichtungen (13,27) setzen eine weiterentwickelte Tradition voraus. Aber das Daniel-Zitat war der Urkirche wichtig, um den Anspruch Jesu als des künftigen Richters zu begründen, wie Jesu Antwort vor dem Hohenrat zeigt (14,62). Der Rückgriff auf Dan 7,13 verdankt sich also der Urkirche[68]. Markus hat diese urchristliche Überzeugung, daß Jesus der in der Apokalyptik erwartete Menschensohn ist, bewußt übernommen. Jesus, der Menschensohn, erscheint im Kontext von Mk 13 sowohl als der kommende Richter als auch der seine Auserwählten sammelnde Retter. Die schreckhaften kosmischen Ereignisse, die geschildert werden: Verfinsterung der Sonne, Aufhören des Mondscheins, Herabfallen der Sterne vom Himmel, Erschütterung der Kräfte des Himmels (13,24f) gehören zu den apokalyptischen Ausmalungen der Zeit vor dem Ende, vor dem großen Gerichtstag Gottes (vgl. Jes 13,10; Ez 32,7f; äthHen 80,2-8; 102,2; 4 Esr 5,3-5; Sib 3,796-803). Die heiligen Engel werden als Begleiter des Menschensohnes auch in 8,38 genannt, hier wohl eher als Gerichtsengel (vgl. Mt 13,41f). Es ist ein Gerichtsspruch über diejenigen, die sich Jesu, und seiner Worte in diesem ehebrecherischen und sündigen Geschlecht „geschämt" haben, sich von ihm abwandten, und die vom eschatologischen Menschensohn-Richter zurückgewiesen werden. Dieser ist kein anderer als Jesus, der Sohn Gottes, da der Menschensohn in der Herrlichkeit seines „Vaters" kommt. Es ist eine weitere Stelle, in der der „Menschensohn" mit dem „Sohn Gottes" verbunden wird.

Auf jeden Fall erscheint der Menschensohn bei seiner Parusie „in Macht und Herrlichkeit", mit der alles bezwingenden Kraft Gottes und in strahlendem Licht. Damit ist ein Kontrapunkt zum Leiden und Sterben des Menschensohnes gesetzt. In den Leidensankündigungen wird freilich nicht die Parusie, sondern die Auferstehung Jesu als die Wende namhaft gemacht. Schon die Auferstehung Jesu ist eine Offenbarung seiner Herrlichkeit, wie die vorausnehmende Schilderung bei

---

auserwählte Richter (Anm. 62) 31–49. Zu 4 Esr 13 vgl. COLPE in: ThWNT VIII, 429–431.

[67] Vgl. die in Anm. 62 genannte Literatur, bes. C. COLPE in: ThWNT VIII, 422–433.
[68] Auch HAMPEL, Menschensohn (Anm. 62) bemerkt zu Mk 14,62: „Von der Verkündigung Jesu her geurteilt, kann das Logion *in dieser Form* nicht auf Jesus selbst zurückgehen. Jesus formulierte Aussagen sonst nie in präziser Anlehnung an das Alte Testament, vielmehr erweist sich solcher Sprachgebrauch als typisch für die Urkirche" (179f). Aber einen Bezug zum „Menschensohn" hält er fest: „Im Mund des historischen Jesus ist bar enascha Chiffre für den designierten, aber noch nicht inthronisierten Messias" (185).

der Verklärung mit den strahlenden Gewändern anschaulich macht (9,3). Die Parusie, auf die sich die Fragestellung in der Endzeitrede richtet, ist dann nur die letzte Enthüllung der in der Auferstehung erlangten Herrlichkeit. Sie ist der Ort, wo die Machteinsetzung Jesu kosmisch offenbar und wirksam wird. Das herrscherliche Sitzen des Menschensohnes zur Rechten Gottes, das seine Rechtfertigung durch Gott anzeigt, wird dann allen Menschen sichtbar werden (vgl. 14,62). Auferstehung und Parusie treten nicht auseinander, werden vielmehr durch die Naherwartung als eng zusammengehörig erwiesen, ob schon nicht in eins gesetzt[69].

Mit dem Titel „der Menschensohn" gewinnt Markus eine Perspektive, die den Todesweg Jesu in die Verherrlichung durch die Auferstehung münden läßt und den Blick auf das endzeitliche Kommen Jesu frei gibt. Dadurch entsteht eine heilsgeschichtliche Schau, die mit dem Titel „der Sohn Gottes" noch kaum zutage tritt.

Gleichwohl gibt es auch Stellen im Markusevangelium, an denen der Menschensohn als gegenwärtig auf Erden Wirkender ins Auge gefaßt wird. Als Jesus dem Gelähmten die Sündenvergebung zuspricht und dies einige Schriftgelehrten als Gotteslästerung ansehen, sagt Jesus: „Ihr sollt aber wissen, daß der Menschensohn die Vollmacht hat, auf der Erde Sünden zu vergeben", und zum Zeichen dafür schenkt er dem Gelähmten die Gesundheit wieder (2,10f). Er nimmt also eine Vollmacht in Anspruch, die an sich Gott zusteht. Bedenkt man, daß es um eine Konfrontation mit ungläubigen Juden geht, wird man an das Wort vor dem Hohenrat erinnert, in dem Jesus seine künftige Rechtfertigung und Verherrlichung des Menschensohnes ankündigt. Aber das Besondere ist, daß Jesus die Sündenvergebung schon *auf Erden* für sich beansprucht. Es ist die das Mk-Ev beherrschende Sicht, daß die Hoheit Jesu schon in seinem irdischen Wirken durchbricht, in seiner vollmächtigen Lehre (1,22), in seinen Dämonenaustreibungen und Heilungen (1,27.41; 3,10f; 5,1–20 u.a.). Wenn hier nicht vom „Sohn Gottes" die Rede ist wie bei den Dämonenbannungen (3,11; 5,7), so ist doch die gleiche Gottesnähe gemeint, die sich voll im Kommen des Menschensohnes offenbaren wird. Das Bild des irdisch Wirkenden und des zukünftig Erscheinenden läßt sich für Markus nicht trennen.

---

[69] Mk 16,7: „Er geht euch voraus nach Galiläa; dort werdet ihr ihn sehen, wie er euch gesagt hat" läßt sich nicht als Ansage der Parusie verstehen. Es ist vielmehr ein Hinweis auf Erscheinungen des Auferstandenen. J. JEREMIAS, Neutestamentliche Theologie (Anm. 52) 293f, versteht dieses Erscheinen Jesu allerdings als den Anbruch des Eschaton. „Sie sahen Jesus im Lichtglanz. Sie waren Zeugen seines Herrschaftsantritts. Das heißt: *Sie erlebten die Parusie*" (294). Das war aber nicht die Überzeugung der Urkirche, die zwischen Auferstehung Jesu und Parusie unterscheidet. Vgl. GNILKA, Ev nach Mk II, 343.

Das Wort vom Menschensohn, der auf Erden Vollmacht hat, Sünden zu vergeben, hat Markus der Tradition entnommen. Es gehört zu dem Einschub in die ursprüngliche Wundergeschichte, die wahrscheinlich kurz erzählte: „Jesus sagt zu dem Gelähmten: Deine Sünden sind dir vergeben (V. 5). Steh auf, nimmt deine Matte und geh in dein Haus" (V. 11). An das singuläre Verhalten Jesu, daß er vor der Heilung dem Kranken die Sündenvergebung (durch Gott) zuspricht, schließt sich eine Reflexion über die Vollmacht Jesu, des Menschensohnes, die in einer Konfrontation mit einigen Schriftgelehrten (Streitgespräch) dargestellt wird. Schon vormarkinisch ist hier von der Vollmacht des *Menschensohnes* die Rede. Der Zuspruch der Sündenvergebung (V. 5b) gehört noch zur Heilsgeschichte[70]; aber die Deutung auf die Vollmacht des Menschensohnes ist aus dem Jesusbild der Urkirche erwachsen und wird von Markus übernommen. Der „Menschensohn" ist ein christologischer Hoheitstitel und gehört zu der Gruppe von Menschensohn-Worten, die vor allem in der Logienquelle und im Markusevangelium begegnen und das irdische Wirken Jesu aus seiner ihm verliehenen Vollmacht reflektieren[71].

Ganz ähnlich ist auch der Blick auf den Menschensohn in 2,28. Im Streitgespräch über das Ährenraufen am Sabbat (2,23–26) nimmt Jesus die Jünger in Schutz und begründet seine Entscheidung schließlich mit dem Satz: „Der Sabbat ist für den Menschen gemacht, nicht der Mensch für den Sabbat" (V. 27). Dieses grundsätzliche Wort übergehen die beiden anderen Synoptiker und überliefern nur das abschließende Wort, daß der Menschensohn Herr auch über den Sabbat ist. Mag sich in der Aufeinanderfolge der beiden Sätze eine Argumention widerspiegeln, daß der „Mensch" (= Menschensohn) auch Herr über

---

[70] Vgl. H.-J. KLAUCK, Die Frage der Sündenvergebung in der Perikope von der Heilung des Gelähmten (Mk 2,1–12 parr): BZ 25 (1981) 223–248; PESCH, Mk-Ev I, 160; K. KERTELGE, Die Vollmacht des Menschensohnes zur Sündenvergebung (Mk 2,10), in: Orientierung an Jesus (Anm. 64) 205–213, hier 211. HAMPEL, Menschensohn (Anm. 62) 192–197, vertritt die Einheitlichkeit der ganzen Perikope und die Herkunft von Jesus.
[71] Vgl. I. MAISCH, Die Heilung des Gelähmten (SBS 52), Stuttgart 1971, 98 f: „Die Gemeinde will mit dem Einschub in die Wundergeschichte eine christologische Aussage über die Vollmacht Jesu machen. Als spezielles Beispiel wird die Vollmacht Jesu zur Sündenvergebung gewählt, weil sie in besonderer Weise die göttliche Hoheit Jesu veranschaulichen kann". Vgl. auch TÖDT, Der Menschensohn (Anm. 62) 119: „Der Name Menschensohn wird in den Sprüchen vom Erdenwirken neu verwendet; er wird von Jesu Exusia her gedeutet – und gerade dieser Sinngehalt dürfte ihm den Eingang in die Streitgespräche verschafft haben". K. SCHOLTISSEK, Die Vollmacht Jesu. Traditions- und redaktionsgeschichtliche Analysen zu einem Leitmotiv markinischer Christologie (NTA NF 25), Münster 1992, führt alles auf die Vollmacht Jesu zurück und sieht auch die Worte Mk 10,45 und 14,24 nicht als Ausdruck seiner Niedrigkeit, sondern seiner vollmächtigen Proexistenz (S. 223–241). Das scheint mir nicht so sicher zu sein, vgl. meine Rez. in: BZ 97 (1993).

den Sabbat ist[72], so ist am titulären Verständnis des „Menschensohnes" in der Urkirche, auch für Markus, nicht zu zweifeln. Das Wort steht in einer deutlichen Beziehung zu 2,10 und unterstreicht die dem irdischen Jesus verliehene Vollmacht. Er ist als der von Gott bevollmächtigte Interpret den jüdischen Auslegungen des Sabbatgebotes überlegen; er hat göttliche Autorität nicht nur für die Vergebung der Sünden, sondern auch für Weisungen zum sittlichen Verhalten (vgl. 7,15).

Noch eine andere Stelle bringt den Menschensohn mit dem Wirken und dem Weg Jesu auf Erden zusammen, nämlich 10,45: „Denn auch der Menschensohn ist nicht gekommen, sich bedienen zu lassen, sondern zu dienen und sein Leben hinzugeben als Lösepreis für viele". Das Gekommensein wird von Jesus ohne den Menschensohn-Titel auch in 2,17 gesagt: „Ich bin nicht gekommen, Gerechte zu berufen, sondern Sünder". Aber in der lukanischen Stelle 19,10 wird dafür auch der Menschensohn eingeführt: „Denn der Menschensohn kam, zu suchen und zu retten, was verloren war". Wenn der Menschensohn für die Urkirche ein Hoheitstitel war, ist die Aussage über sein Dienen umso auffälliger. „In paradoxer Weise wird der niedrige Knechtsdienst gerade vom hoheitlichen Menschensohn ausgesagt". Der Menschensohn-Titel „kennzeichnet die Vollmacht Jesu und unterstreicht damit das Ungewöhnliche seines dienenden Wirkens auf Erden"[73].

Wie ist es dazu gekommen? Die Hoheit des Menschensohnes wird auf Erden noch nicht offensichtlich. Er wird mißachtet und bedrängt. Die Niedrigkeit des Menschensohnes kommt auch in dem Wort aus der Logienquelle zum Ausdruck: „Der Menschensohn hat keinen Ort, wo er sein Haupt hinlegen kann" (Mt 8,19 par Lk 9,58). So gab es trotz der vorherrschenden Aussagen über die Hoheit des Menschensohnes auch solche über seine Niedrigkeit in irdischen Wirken. Dazu gehört auch das Wort vom Dienen in Mk 10,45. Das Wirken Jesu wird hier den Jüngern als Vorbild für ihren Verzicht auf Herrschaft hingestellt; aber dieses Dienen des Menschensohnes, seine „Proexistenz" für die anderen, findet seine wahre Erfüllung erst in seinem Tod für die vielen, in seiner Hingabe für das Heil der Menschen. Das bleibt Jesus vorbehalten und ist kein Vorbild für die Jünger mehr, sondern eher die Ermöglichung ihrer Jüngerexistenz aus dem Heilswerk Jesu[74].

---

[72] So PESCH, Mk-Ev I, 185f; HAMPEL, Menschensohn 202f, der „Menschensohn" in 2,28 ebenfalls vom Menschen im generischen Sinn versteht; anders GNILKA, Ev des Mk I, 124.
[73] K. KERTELGE, Der dienende Menschensohn, in: Jesus und der Menschensohn (FS A. Vögtle, Anm. 62) 225–239, hier 235; vgl. SCHOLTISSEK, Die Vollmacht Jesu (Anm. 71) 234–238.
[74] Vgl. TÖDT, Der Menschensohn (Anm. 62) 190: „Es gilt nicht nur, einem Vorbild nach-

Umstritten ist, ob das Wort vom Dienen und das vom Lösegeld eine ursprüngliche Einheit bilden oder das Lösegeld-Wort ein ursprünglich selbständiges Wort war (vgl. 1 Tim 2,5f), das erst sekundär mit dem Wort vom Dienen verbunden wurde. V. Hampel plädiert in seiner eindringlichen Studie zu Mk 10,45 für die Einheit von Mk 10,45, das als einheitliches Logion vom vormarkinischen Redaktor an V. 44, allerdings „ungeschickt und hart" angeschlossen sei[75]. Durch den „Menschensohn" werden der Spruch vom Dienen und der vom Lösegeld tatsächlich eng zusammengehalten. Es ist der gleiche Menschensohn, der gekommen ist, zu dienen und der sein Leben hingibt für die vielen. Lk 22,26f, wo das Dien-Wort in die Abendmahlssituation eingeordnet und aktuell auf die urkirchliche Situation bezogen ist, wird sich lukanischer Redaktion verdanken. Jesu Dienen bei Tisch ist der Anknüpfungspunkt für die Mahlfeier der Gemeinde. In Joh 13,1-10.14-18 wird dieser Gedanke in der Fußwaschung Jesu veranschaulicht, die auf den Tod Jesu durchblicken läßt. Bei Lukas ist der Gedanke an Jesu Tod schon in der vorher geschilderten Abendmahlsstiftung enthalten (22,19f). Wenn das Lösegeld-Wort in den lukanischen Text nicht aufgenommen ist, kann das an der Aktualisierung des Dien-Wortes für die Jünger liegen. Das markinische Lösegeld-Wort, das V. Hampel nicht von Jes 53,10-12, sondern von Spr 21,18 und Jes 43,3f herleiten will[76], hat aber auch eine unverkennbare Verwandtschaft mit Mk 14,24, dem Kelchwort des Abendmahls, so daß man auf eine gemeinsame Anschauung vom stellvertretenden Sühnetod Jesu schließen kann. Wie immer es zur Bildung von Mk 10,45 gekommen ist[77], Markus hat die irdische Niedrigkeit Jesu, des Menschensohnes, und die Sühnewirkung seines Todes in seine Menschensohn-Theologie aufgenommen. Beides ist aufeinander hingeordnet: „Die Selbsthingabe Jesu in seinem irdischen Lebensdienst findet ihren letzten dichtesten Ausdruck in seinem Tod, und umgekehrt wird die sühnende Selbsthingabe Jesu in den Tod vorbereitet und getragen von seinem gesamten dienenden Lebenswirken"[78].

Die irdische Niedrigkeit Jesu, des Menschensohnes, und die Sühnewirkung seines Todes sind neue Aussagen in der markinischen Menschensohn-Christologie. Der Menschensohn, der nach den Leidensan-

---

zueifern; das Verhalten Jesu/des Menschensohnes ermöglicht es vielmehr, diese Umkehr der Ordnung zu vollziehen".

[75] HAMPEL, Menschensohn 304-313, näherhin 306.
[76] Ebd. 326-333.
[77] PESCH, Mk-Ev II, 162f führt es auf die frühe hellenistisch-judenchristliche Gemeinde zurück; HAMPEL, Menschensohn 339f sieht es als authentisches Wort Jesu an. Vgl. auch H. PATSCH, Abendmahl und historischer Jesus, Stuttgart 1972, 170-180.
[78] KERTELGE, Der dienende Menschensohn (Anm. 73) 237. Zur Deutung auf die vollmächtige Proexistenz Jesu bei SCHOLTISSEK, Die Vollmacht Jesu, vgl. Anm. 71.

sagen als der verfolgte Gerechte seinen Weg in den Tod geht, tritt in ein weiteres Blickfeld; es ist ein Rückblick auf sein irdisches Wirken und eine vertiefte Deutung seines Todes. Für Markus, der diese Tradition vorfand, bedeutet dies, daß der Menschensohn in seinem irdischen Wirken sowohl in seiner Hoheit (2,10.28) als auch in seiner Niedrigkeit (10,45) gesehen werden kann. Alle drei Dimensionen der Menschensohn-Vorstellung: sein künftiges machtvolles Kommen, sein Weg durch Leiden und Tod und sein gegenwärtiges Wirken auf Erden sind bei Markus ausgeprägt; aber alles Schwergewicht ruht auf seinem Leiden, Sterben und Auferstehen. Dieses in der Urkirche lebendige Menschensohn-Bild hat Markus aufgenommen, weil es seiner Sicht auf den irdischen und dann erhöhten Menschensohn (14,62) entspricht und den Weg Jesu nachzeichnet.

3. Andere Würdebezeichnungen Jesu

Außer den beiden führenden Christustiteln „Sohn Gottes" und „Menschensohn" begegnen im Markusevangelium noch andere Bezeichnungen, die zum Teil in Berührung mit dem „Sohn Gottes" stehen, zum Teil auch neue Aspekte einbringen. Sie sollen hier aufgezählt und in ihrer Bedeutung für die markinische Christologie kurz gewürdigt werden.

a) Der Messias und der „König Israels" bzw. „der Juden"

Der Ausdruck „der Messias" fällt nicht oft, streng genommen nur in 8,29; 12,35; 13,21; 14,61, 15,32, dazu ohne Artikel 9,41, in der Überschrift 1,1 wohl nur als Namensbeifügung. Das Wichtigste ist das Petrusbekenntnis: „Du bist der Messias" (8,29); aber Jesus verbietet den Jüngern, mit jemand über ihn zu sprechen (8,30). Offensichtlich will Markus ein falsches Verständnis der Messiasbezeichnung vermeiden; sie könnte in einem irdisch-politischen Sinn aufgefaßt werden und entspricht nicht dem Selbstverständnis Jesu als des in Leiden und Tod gehenden Menschensohnes, wie die scharfe Attacke Jesu gegen Petrus in 8,33 illustriert. Der bloße Titel „der Messias" genügt nicht dem Selbstanspruch Jesu. Matthäus hat die Annahme des Petrusbekenntnisses durch Jesus dadurch ermöglicht, daß er hinzufügte: „der Sohn des lebendigen Gottes" (16,16).

Auch an anderen Stellen fällt die Zurückhaltung gegenüber dem Messiastitel auf. Im Davidssohn-Gespräch (12,35–37) wird die jüdische Erwartung betont überschritten. In der Endzeitrede warnt Jesus vor Verführern, die durch falsche Parolen auf einen Messias hinweisen (13,21); da gerät das Messiasbild in ein schiefes Licht. Die Frage des

Hohenpriesters, ob Jesus der Messias, der Sohn des Hochgelobten sei (14,61), ist in einem heimtückischen Sinn gestellt, und der Spott der Hohenpriester und Schriftgelehrten unter dem Kreuz (15,32) hält sich an die Vorstellung vom „Messias, dem König Israels". Sie lehnen diesen Titel für Jesus ab; aber im Sinn des Evangelisten drückt die Verhöhnung durch die Hohenpriester und Schriftgelehrten doch die Würde Jesu aus. Nach jüdischer Auffassung war der „Messias" der Sohn Davids, der König Israels, der die Feinde niederwerfen und das Reich Israels in Gerechtigkeit und Heiligkeit wiederherstellen sollte (vgl. PsSal 17,21.23–51). „König Israels" war also ein ehrenvoller Titel (vgl. Joh 1,50, 12,13), während „König der Juden" in einem zwiespältigen Licht erscheint. Jesus wird vor Pilatus als „König der Juden" angeklagt, und Jesus antwortet auf die Frage des Römers: „Du hast es gesagt." Wäre die Frage auf die Heilshoffnung Israels gerichtet, hätte Jesus mit „ja" antworten müssen (vgl. 14,62), obwohl es auch dann einer Präzisierung bedurft hätte. Da die Frage im Munde des römischen Richters aber auf den politischen Anspruch abzielt, antwortet Jesus ausweichend[79]. Obwohl Pilatus von der Unschuld Jesu überzeugt ist, beugt er sich der Volksmenge, die den Barabbas frei bittet und für Jesus die Kreuzigung fordert (15,7–15). Als „König der Juden" wird er von den römischen Soldaten verspottet und schließlich gekreuzigt (15,16–20). Eine Inschrift am Kreuz gibt seine Schuld an: Er ist der König der Juden (15,26). Die Mißdeutung als politischer Rebell macht den Königstitel ungeeignet und unannehmbar für Markus; der Gekreuzigte ist für ihn mehr: der Sohn Gottes (15,39).

b) Der Sohn Davids

Wir sahen schon, daß das Davidssohn-Gespräch (12,35–37) den Davidssohn nicht in Frage stellt, aber hinter der wahren Würde Jesu (als Gottessohn oder Menschensohn) zurücktreten läßt. „Davidssohn" im damaligen jüdischen Verständnis genügte dem markinischen Jesus nicht. Die Relativierung der Davidssohnschaft ist auch an anderen Stellen zu beobachten. Beim Einzug Jesu in Jerusalem ruft das Volk: „Gepriesen sei, der da kommt im Namen des Herrn; gepriesen sei das kommende Reich unseres Vaters David" (11,9f).

Matthäus hat kein Bedenken, das Volk rufen zu lassen: „Hosanna dem Sohn Davids; gepriesen sei, der da kommt im Namen des Herrn" (21,9). Lukas spricht von dem kommenden König in Namen des Herrn (Lk 19,38). Bei Markus ist das zurückhaltender formuliert; das Volk richtet seine Hoffnung auf das kommende Reich „unseres Vaters David". Wenn Jesus diesen Zuruf gelten läßt, kann er als Ausdruck für

---

[79] Vgl. GNILKA, Ev nach Mk II, 300 spricht von der „Ambivalenz des Titels".

das kommende Friedensreich verstanden werden, das man von dem Messias aus dem Stamm Davids erwartete. Aber es ist nicht einmal sicher, wie sich das Volk das kommende Reich des Davidssohns vorstellte; die Erwartung des Volkes wird in der Schwebe gehalten. Nur daß es ein von Gott heraufgeführtes Reich sein wird, ein „von oben" kommendes Reich, geht aus dem Zusatz hervor: „Hosanna in der Höhe."

Das konnte Markus bejahen, wenn er an die von Jesus verkündigte Gottesherrschaft dachte; aber eine nähere Deutung des Davidsreiches versagte er sich. Den Einzug Jesu auf einem Eselsfüllen, den Matthäus durch das Zitat von Sach 9,9 messianisch deutet, versteht Markus als einen hoheitsvollen Akt, den Jesus bewußt hervorbringt; aber seine damit verbundenen Gedanken werden nicht aufgedeckt. So steht der Davidssohn eher im Hintergrund.

Die Überlegenheit Jesu über David findet in dem Streitgespräch über das Ährenraufen am Sabbat (2,23–28) einen Widerschein. Denn hier beruft sich Jesus darauf, daß David von den heiligen Schaubroten aß und auch seinen Begleitern davon zu essen gab (2,25f). Man wird das Argument so ergänzen dürfen: Wenn schon David so etwas nach dem Gesetz Verbotenes tat, um wieviel mehr darf sich der Menschensohn das Recht nehmen, ein Sabbatgebot zu übertreten (Schluß a minori ad maius). Der Menschensohn ist Herr über den Sabbat; Matthäus verstärkt das noch: „Hier ist mehr als der Tempel" (12,6).

Wenn der Davidssohn für Markus kein adäquater Christustitel ist, überrascht es, daß Jesus den zweimaligen flehentlichen Bittruf des blinden Bartimäus „Sohn Davids, erbarme dich meiner!" (10,48.49) gelten läßt und erhört. Dazu muß man bedenken: 1. Der laute Ruf des Bettlers war in der Tradition verwurzelt, wie noch die matthäische Ausweitung auf zwei Blinde, die ebenso rufen, erkennen läßt (9,27–31). 2. Jesus befindet sich auf dem Weg nach Jerusalem, schon in seiner Nähe, und je näher er zur Hauptstadt kommt, wo sich sein Geschick erfüllen soll, um so weniger will er sein Messiasgeheimnis verborgen halten. Ein Schweigegebot bekommt der geheilte Bettler nicht, und Jesus läßt sich beim Einzug in Jerusalem den Zuruf vom kommenden Reich des Vaters David gefallen. 3. Der Zuruf des Mannes „Sohn Davids, erbarme dich meiner" ist Ausdruck des volkstümlichen Glaubens an den Messias. Dieser Glaube läßt sich zwar verschieden auslegen; aber an diesen Glauben kann Jesus anknüpfen, so wie ihm auch der „magische" Glaube der blutflüssigen Frau genügt, um daran sein tieferes Glaubensverständnis anzuschließen und ihr die Heilung zu gewähren (5,25–34). Mit dem Zuruf des Bettlers ist nicht gesagt, daß Jesus diesen Glauben in einem engeren theokratischen Verständnis aufnimmt.

Im ganzen spielt der „Davidssohn" nur eine Nebenrolle in dem Bild Jesu, wie Markus es sieht.

c) Der „Herr"

Etwas anders verhält es sich mit der Bezeichnung Jesu als „Herr" (κύριος). Daß dieser Titel für Markus Gewicht hatte, geht aus dem Davidssohn-Gespräch hervor, wo nach dem Schriftzitat von Ps 110,1 Jesus als der „Herr" Davids deklariert wird (12,36–37a). Das ausdrückliche Zitat „Ich lege dir deine Feinde unter die Füße" weist auf die Herrschaft des Erhöhten. Er hat eine Machtposition, die in der Erhebung zur Seite Gottes begründet ist. In den erzählenden Partien wird Jesus mehrfach als „Herr" angeredet oder genannt. Wenig zu bedeuten hat es, wenn ihn die Syrophönizierin mit „Herr" anredet (7,28). Aber der Erzählungsstil vor dem Einzug Jesu in Jerusalem ist auffällig. „Der Herr braucht ihn (den jungen Esel)" (11,3). In dem verwandten Erzählstück von der Vorbereitung des Abendmahlssaales heißt es: „Sagt dem Hausherrn, der Meister (Lehrer) sagt: ‚Wo ist das Gemach, wo ich mit meinen Jüngern das Paschamahl halten kann?'" (14,14). „Herr" und „Lehrer" oder auch „mein Meister" (ραββουνί 10,51) haben dieselbe semantische Bedeutung. Auch die Jünger reden Jesus mit „Rabbi" an (9,5; 10,21; 14,45). Darin schlägt sich wenigstens die hohe Achtung vor dem Herr-Sein Jesu nieder. Beachtlich ist auch der Wechsel von 5,19 zu 5,20: Der Geheilte soll seiner Familie erzählen, was *der Herr* = Gott für ihn getan hat, doch der Mann geht hin und verkündet, was *Jesus* für ihn getan hat. Was Gott der Herr für ihn getan hat, verwirklicht sich in dem, was Jesus getan hat. Schließlich wird Jesus in eschatologischer Perspektive zum Hausherrn, von dem man nicht weiß, wann er kommt (13,35).

Das alles sind nur Seitenlichter auf das Herr-Sein Jesu. Es erfüllt sich erst bei der Erhöhung zur Rechten Gottes und seiner Wiederkunft. Nur vorausgreifend kann es auch vom irdischen Jesus heißen: „Herr ist der Menschensohn über den Sabbat" (2,28). Erst der Bezug auf den „Menschensohn" rückt das Herr-Sein Jesu ins rechte Licht.

d) Der Stärkere

Schon Johannes der Täufer kündet den „Stärkeren" an, der nach ihm kommt (1,7), und nach dem markinischen Verständnis (vgl. 1,7b) dürfte damit Jesus gemeint sein[80]. Als Stärkerer, der den Starken (den

---

[80] J. BECKER, Johannes der Täufer und Jesus von Nazareth (BSt 63), Neukirchen 1972, 34–37 bespricht fünf verschiedene Deutungsmöglichkeiten und entscheidet sich für die Gestalt des Menschensohnes. M. REISER, Die Gerichtspredigt Jesu (NTA NF 23), Münster 1990, 171–173 wendet sich dagegen und verteidigt die Deutung auf Gott selbst; HAMPEL, Menschensohn 222–226 deutet auf den „Messias".

Satan oder den Dämonenfürsten) überwindet, wird Jesus in 3,27 bezeichnet. Der Gedanke wird in zwei Gleichnissen entfaltet: Der Satan kann nicht den Satan austreiben, weil er damit sein Reich zerstören würde (3,23–26), und keiner kann in ein Haus einbrechen, nämlich in die Behausung eines Dämons, wenn er nicht den Hausherrn bezwingt. Im Kontext wird indirekt gesagt, daß Jesus in der Kraft des heiligen Geistes die Dämonen austreibt (vgl. V. 29). Diese Deutung ist nicht nur für die Dämonenbannungen wichtig, sondern auch für das Jesusbild, das dahintersteht. Seit der Taufe und Versuchung ist Jesus mit dem heiligen Geist ausgerüstet und dem Satan als Sohn Gottes überlegen. So mündet die Zeichnung des „Stärkeren" in die umfassendere Auffassung vom „Sohn Gottes".

e) Prophet

Nur einmal spricht Jesus von sich als einem Propheten, aber nur in der sprichwörtlichen Redensart: „Kein Prophet ist ohne Ehre außer in seiner Vaterstadt" (6,4). In dieser Begegnung Jesu mit seinen Landsleuten in Nazaret beklagt sich Jesus über die Mißachtung, die ihm zuteil wird. Keineswegs will er sich damit als Prophet ausgeben, sondern nur seine Erfahrung mit der eines Propheten vergleichen. Wenn ihn die Leute für einen Propheten halten (6,15; 8,28), so entspricht das nicht dem Anspruch, den er erhebt. In der Szene von Cäsarea Philippi, als er die Jünger fragt, für wen ihn die Menschen halten, ist er mit der Auskunft „für einen von den Propheten" nicht einverstanden; er ist mehr, und die Antwort des Petrus: „Du bist der Messias" nimmt er ohne Widerspruch an, auch wenn er durch das Redeverbot eine Zurückhaltung gegenüber dem mißverständlichen Messiastitel bekundet (8,27–30). Bei der Verspottungsszene durch die römischen Soldaten, die ihn zum Prophezeien, wer ihn geschlagen hat, reizen wollen (14,65), ist seine Ablehnung der Prophetenrolle klar. Bei Markus findet nicht einmal die positiv gemeinte Volksäußerung „Das ist der Prophet Jesus von Nazaret in Galiläa" (Mt 21,11; vgl. 21,46) einen Widerhall. Auf der ganzen Linie wird Jesus von einer Einschätzung als Prophet ferngehalten.

Alle diese Bezeichnungen wie Messias, Sohn Davids, Prophet sind ungeeignet, die wahre Würde Jesu auszudrücken. Hinter allem steht der Gedanke an den Sohn Gottes oder den Menschensohn. Nur diese beiden Titel werden dem Selbstverständnis Jesu gerecht; für Markus spiegelt sich darin der Anspruch des historischen Jesus, und er wird damit das Jesusbild nicht verfälscht haben[81].

---

[81] HAMPEL, Menschensohn, vertritt jetzt entschieden die Auffassung, daß sich Jesus schon vor seiner Leidensgewißheit als designierten Menschensohn-Messias verstanden habe, nach der Erwartung des Leidens aber gewiß wurde, daß er nach Gottes Willen sei-

4. Das sogenannte Messiasgeheimnis

Es ist an der Zeit, nach diesem Einblick in die markinische Christologie das „Messiasgeheimnis" zu besprechen, das sich zum Teil als redaktionelle Setzung des Markus nicht bestreiten läßt, aber in seinem Verständnis äußerst umstritten ist[82]. W. Wrede hatte in seinem Werk „Das Messiasgeheimnis in den Evangelien. Zugleich ein Beitrag zum Verständnis des Markusevangeliums" (1901; ³1963) eine einflußreiche Theorie entwickelt: Markus hat durch das „Messiasgeheimnis" das unmessianisch verlaufene irdische Auftreten Jesu mit dem christologischen Glauben der Urkirche an Jesus, den Messias und Gottessohn, ausgleichen wollen. Allerdings sei das Messiasgeheimnis nicht eine Erfindung des Markus, sondern schon in der ihm verfügbaren Tradition begründet[83]. Für seine These nimmt Wrede folgende Komplexe in Anspruch: die Schweigegebote, die Parabeltheorie nach Mk 4,11f und das Unverständnis der Jünger. Das Messiasgeheimnis sei eine einheitliche Vorstellung, die nicht vom historischen Jesus stammt, sondern erst aus der Tradition des Markus. Den Schlüssel dazu fand er in Mk 9,9: Die Messianität Jesu soll bis zur Auferstehung verschwiegen werden. Die einheitliche Deutung des Messiasgeheimnisses wurde in der Forschungsgeschichte zunächst festgehalten, obschon es verschieden interpretiert wurde[84]. Räisänen unterscheidet eine apologetische Interpretation, eine Epiphanie-Interpretation, eine kreuzestheologische Interpretation und eine offenbarungsgeschichtliche Interpretation.

Wenn das Messiasgeheimnis eine einheitliche Vorstellung des Markus gewesen wäre, hätte das für das Jesusbild des Markus erhebliche Konsequenzen. Aber allmählich erwachten Zweifel, ob hinter den genannten auffälligen Textbeständen eine einheitliche Vorstellung liege. Einen beachtlichen Vorstoß unternahm Ulrich Luz, der zwischen dem „Wundergeheimnis" und dem eigentlichen, auf die Person Jesu bezogenen Messiasgeheimnis unterscheidet[85]. Für die Wundergeschichten

---

nen Weg über Leiden und Sterben nehmen müsse (vgl. 239–242). Auch andere Forscher neigen dieser Auffassung zu, so der sonst kritische W. G. Kümmel in: ders., Die Theologie des Neuen Testaments nach seinen Hauptzügen Jesus – Paulus – Johannes, Göttingen 1969, 68–76.
[82] Vgl. H. J. Ebeling, Das Messiasgeheimnis und die Botschaft des Markus-Evangelisten (BZNW 19), Berlin 1939; G. Strecker, Zur Messiasgeheimnistheorie im Markusevangelium, in: StEv III (TU 88), Berlin 1964, 87–104; E. Schweizer, Zur Frage des Messiasgeheimnisses bei Markus: ZNW 56 (1965) 1–8; U. Luz, Das Geheimnismotiv und die markinische Christologie: ZNW 56 (1965) 9–30; G. Minette de Tillesse, Le secret messianique dans l'Évangile de Marc (LD 47), Paris 1968; H. Räisänen, Das „Messiasgeheimnis" im Markusevangelium, Helsinki 1976 (mit Literatur); Pesch, Mk-Ev II, 36–47 (mit weiterer Lit.).
[83] Das Messiasgeheimnis 145f.
[84] Vgl. den Überblick bei Räisänen, Das „Messiasgeheimnis" (Anm. 82) 33–44.
[85] Luz, Das Geheimnismotiv (Anm. 82).

II. Würdebezeichnungen und Titel Jesu

mit ihren Geheimhaltungsbefehlen stellt Luz fest: „Nicht die Messianität oder die Gottessohnschaft Jesu soll geheim gehalten werden, sondern das Geschehen der Heilungswunder"[86]. Anders sei es bei den Schweigegeboten an die Dämonen (1,34b; 3,11): Sie dürfen ihn als Person nicht offenbar machen, dürfen ihn nicht als Sohn Gottes verkündigen[87]. Auch das Jüngerunverständnis ordnet sich in diesen christologischen Rahmen ein: Die Jünger verstehen nicht, weil ihnen das Geheimnis Jesu erst durch die Auferstehung aufgehen wird[88]. Noch weiter geht H. Räisänen in seinem eindringenden Werk „Das Messiasgeheimnis im Markusevangelium. Ein redaktionskritischer Versuch" (Helsinki 1976). Nach ihm verlangen die einzelnen Themen eine je gesonderte Betrachtung: Die esoterische Belehrung der Jünger, die Schweigegebote, die Heilungsgeschichten mit ihren zum Teil übertretenen, zum Teil auch nicht übertretenen Schweigegeboten, die Schweigegebote an die Dämonen und die Schweigegebote an die Jünger, schließlich das Unverständnis der Jünger. Die Parabeltheorie schließt er vom Messiasgeheimnis aus, weil sie in einen anderen Zusammenhang gehört und nicht als Konzeption des Markus verstanden werden kann[89].

Bei diesen Untersuchungen spielt die Frage nach Tradition und Redaktion eine beträchtliche Rolle. Während man früher der Redaktion des Markus große Aufmerksamkeit schenkte und ihn als einen sehr gezielt arbeitenden Theologen verstand, ist man heute wieder mehr geneigt, der Tradition in seinem Werk und seiner Traditionsgebundenheit den Vorrang zu geben[90]. Die jeweiligen Tendenzen des Markus bei der Darstellung der Tätigkeit Jesu lassen sich nur in der Scheidung von Tradition und Redaktion erkennen, und da dieses Bemühen auf Grenzen stößt, kann das Ergebnis auch nicht eindeutig sein. Es empfiehlt sich, die einzelnen Komplexe des sogenannten Messiasgeheimnisses je für sich zu untersuchen und daraus Folgerungen zu ziehen.

---

[86] Ebd. 17.
[87] Ebd. 19f.
[88] Ebd. 26–28.
[89] Das „Messiasgeheimnis" 51–53 und 160.
[90] So bes. PESCH, Mk-Ev II, 37: „Markus hat keine Geheimnistheorie konstruiert, sondern allein in seinen Traditionen vorgefundene Motive ausgebaut". In seinem Buch „Das Evangelium der Urgemeinde" (Herder-Bücherei 748, 1979 u. ö.), in dem er aus dem zweiten Teil des Mk-Ev ein überliefertes Passionsevangelium (8,27–16,8) herausheben will, schreibt er: „Der Evangelist Markus ist ein konservativer Redaktor, der die gesamten Jesusüberlieferungen, die er in sein Evangelium aufnahm, nur selten bearbeitet, erweitert und durch Rahmenteile verbunden hat" (58). Die Einzelentscheidungen für das „Evangelium der Urgemeinde" sind allerdings anfechtbar (vgl. die Aufgliederung in Dreiergruppen 89–91).

a) Die Schweigegebote bei Heilungen

Bei den Heilungen finden sich dreimal Schweigegebote: 1,43; 5,43; 7,36. Ferner wird man dazu 8,26 rechnen, wo aus der Gegenüberstellung „Er sandte ihn in sein Haus" und „Er sagte, gehe nicht in das Dorf" das Verbot einer Veröffentlichung herauszuhören ist. Dem stehen freilich nicht wenige Heilungsgeschichten gegenüber, in denen kein Schweigegebot fällt[91]. In den meisten dieser Geschichten ist allerdings dadurch, daß eine große Volksmenge versammelt ist (2,2; 9,14), alle in der Synagoge Jesus beobachten (3,1–6), ein großes Gedränge herrschte (5,31), viel Volk Jesus begleitete (10,46), ein Schweigegebot sinnlos. In anderen Geschichten ist das aber nicht der Fall. Offenbar war davon in der Tradition keine Rede. Umgekehrt kann man fragen, ob dort, wo Markus ein Verbot der Veröffentlichung ausspricht, nicht schon ein traditioneller Stoff vorliegt. Die Geheimhaltungsgebote sind auch in antiken Wundergeschichten reichlich bezeugt, besonders nach magischen Formeln[92]. G. Theißen kommt zu dem Schluß: „Alle Schweigegebote innerhalb von Wundergeschichten sind traditionell..., alle außerhalb von Wundergeschichten redaktionell". Ferner: „Alle Schweigegebote außerhalb von Wundergeschichten beziehen sich streng auf das Geheimnis der Person Jesu, was innerhalb der Wundergeschichten nie der Fall ist."[93]

Das traditionelle Geheimhaltungsmotiv hat Markus aufgenommen, um es in seiner Weise auszudeuten, wie sich darin zeigt, daß diese Verbote durchbrochen werden (1,45; 5,20). Obwohl Jesus sein Geheimnis wahren wollte, ließ sich doch nicht verhindern, daß eine außergewöhnliche Heilung offenbar wurde. Wie der Evangelist zu dieser Sicht kam, läßt sich am deutlichsten in 7,36f ablesen: Nach der Heilung des Taubstummen begannen die Leute „um so mehr zu verkündigen", erschraken gewaltig und sagten: „Er hat alles gut gemacht, die Tauben macht er hörend und die Stummen redend" (7,37). Die Schöpfungsmacht Gottes, die Jesus verwaltet, wird an diesem Geheilten offenkundig. Das Schweigegebot, das durchbrochen wird, dient dazu, die Macht Jesu aufstrahlen zu lassen. Die Durchbrechungen der Schweigegebote weisen auf die Hand des Evangelisten, wenigstens in 1,45 und 5,20. Dann liegt das Messiasgeheimnis nicht in den Schweigeboten, sondern in der geheimen Epiphanie, die dadurch ausgelöst wird. Das gehört zur markinischen Christologie, der an der Gottesnähe Jesu, seiner in allem Wirken spürbaren Gottessohnschaft liegt. Aber diese Epiphanie-Interpretation[94] läßt sich nicht für alle Texte

---

[91] Mk 1,29–31; 2,1–12; 3,1–6; 5,25–34; 7,24–30; 9,14–27; 10,46–52.
[92] Vgl. Theissen, Wundergeschichten (Anm. 16) 144f.
[93] Ebd. 153.
[94] So besonders Ebeling, Das Messiasgeheimnis (Anm. 82), vgl. 171: „Die durch die

durchführen. Es gibt auch das Geheimnis des Menschensohnes, daß er leiden und sterben muß, daß er sich gerade nicht in seiner Herrlichkeit enthüllt. Es gibt das Verbot, von der in der Verklärung sichtbar werdenden Herrlichkeit zu sprechen, ehe nicht der Menschensohn von den Toten auferstanden ist (9,9). Hier ist ein Prozeß in der Offenbarung Jesu vorausgesetzt, der noch nicht in den Epiphanien der Wundergeschichten greifbar wird.

b) Die Schweigegebote bei Dämonenbannungen

Auch bei den Dämonenbannungen hören wir von Schweigegeboten Jesu an die in den Besessenen hausenden Dämonen (1,25.34; 3,12), und diese Schweigegebote werden regelmäßig befolgt. Warum verbietet Jesus den Dämonen, die ihn als den „Heiligen" (1,24) oder den „Sohn Gottes" (3,11; 5,7) erkennen, ihn bekannt zu machen? Eben weil sie sein Geheimnis erfassen und Jesus nicht will, daß es offenbar wird! Jesus will also sein tieferes Geheimnis wahren. Er ist der verborgene Gottessohn, der zwar den gläubigen Lesern durch die Taufstimme schon vorgestellt wurde, aber in seinem irdischen Wirken noch verhüllt bleibt und bleiben soll. Das ist das eigentliche Messiasgeheimnis, das Markus in der irdischen Gestalt Jesu verwirklicht sieht. Die dadurch entstehende Spannung zwischen Machtoffenbarung und Verhüllung ist für Markus im Bild des irdischen Jesus angezeigt und nicht tilgbar.

c) Die Redeverbote für die Jünger

An zwei Stellen wird den Jüngern ein Redeverbot auferlegt: in 8,30 nach dem Petrusbekenntnis und in 9,9 nach der Verklärung. Das Messiasbekenntnis des Petrus ist dem markinischen Jesus nicht ausreichend, weil der Messiastitel auch falsch verstanden werden kann. Es kann sich um die Befreiung durch einen irdisch-politischen Herrscher handeln, den „Sohn Davids", der für Markus einer Interpretation bedarf, die seine Gottesnähe, sein „Herr-Sein" als Mitregent zur Seite Gottes einschließt (vgl. 12,35–37). Die Söhne des Zebedäus sind auch noch im machtpolitischen Wunschdenken befangen (10,37). Jesus lehnt das Messiasbekenntnis des Petrus nicht ab; immerhin bekennt dieser Jesus im Unterschied zu den Volksmeinungen als eine Heilbringergestalt. So stellt sein Bekenntnis einen Höhepunkt dar und ist doch andererseits für Jesus nicht ohne weiteres annehmbar. Darum *verbietet* er eine Verbreitung im Volk und beginnt im Folgenden, den Jüngern

---

Auferstehungstatsache gewiß gewordene Heilsdarbietung Gottes in Christus, keine Charakterisierung des irdischen Jesus oder seiner Jünger nach ihrer psychischen Verfassung bildet den Leitgedanken des Evangelisten"; 178: „Der epiphane, nicht der verborgene und verhüllte Gottessohn tritt dem Leser vor die Augen in gleichem Maße, wie er als solcher auch dem Evangelisten lebendig war".

seine wahre Messianität aufzudecken, das Geheimnis des „Menschensohnes", der nach göttlicher Verfügung leiden und sterben muß. Hinter dem Redeverbot steht schon der Gedanke an den Menschensohn, der erst im vollen Umfang das Geheimnis Jesu erschließt.

Das zweite Redeverbot nach der Verklärung Jesu an die drei Jünger, die Zeugen seiner Herrlichkeitsoffenbarung wurden, ist aus der nachösterlichen Perspektive formuliert. Erst wenn der Menschensohn auferweckt ist, soll sein Geheimnis aufgedeckt werden. Es setzt voraus, daß die Gemeinde den ganzen Umfang des mit dem Menschensohn verbundenen Geschehens erfahren hat: sein Leiden, Sterben und Auferstehen (8,31). Von der Auferstehung her ist der ganze Weg Jesu überschaubar. Offenbar will der Erzähler verhindern, daß nur ein von der Epiphanie geprägtes Bild des verherrlichten Christus sich ausbreitet. Das Redeverbot verbleibt also im Horizont der Menschensohn-Christologie, wie sie in 8,31 beschrieben wird. Aber wiederum soll sich nach Ostern die Überzeugung von dem mit Macht kommenden Menschensohn durchsetzen (vgl. 8,38). Das alles wird im Blick auf die glaubende Gemeinde gesagt. Dieses Redeverbot hat also eine andere Funktion als die Schweigegebote bei den Heilungsgeschichten und Dämonenbannungen. Es hat eine zeitlich begrenzte Verhüllungsabsicht, die mit der Offenbarungsgeschichte des Menschensohnes zusammenhängt. Den Gang durch Leiden und Tod zur Auferstehung spiegelt auch noch das Gespräch beim Abstieg wider (9,10–13). Ob das Redeverbot schon zur traditionellen Verklärungsperikope gehörte oder erst von Markus eingefügt wurde, läßt sich schwer sagen. Markus war es auf jeden Fall für seine Menschensohn-Christologie wichtig.

d) Das Jüngerunverständnis

An einigen Stellen tritt das Unverständnis der Jünger in einer so betonten Weise hervor, daß man dahinter eine Absicht des Evangelisten vermuten muß. Das geschieht besonders nach dem Seewandel Jesu: Als Jesus in das Boot steigt, geraten die Jünger über die Maßen außer sich (6,51). Dieses Außer-Sich-Geraten, das auch in den Wundergeschichten genannt wird (2,12; 5,42), beschreibt den numinosen Schrecken, der alle befällt, wenn etwas ganz Außergewöhnliches, menschliche Maße Übersteigendes geschieht. Aber das führt hier nicht zum Glauben an den Epiphanie-Christus, sondern zu ungläubiger Verhärtung, wie die Fortsetzung zeigt: „*Denn* sie verstanden nicht, was bei den Broten geschehen war, sondern ihr Herz war verhärtet" (6,52). Der Seewandel Jesu hätte sie wie das Speisungswunder zu einer Erkenntnis führen müssen, wer Jesus in Wahrheit ist; aber den Jüngern verschließt sich diese Erkenntnis, weil ihr Herz verhärtet war.

Wie wichtig dem Evangelisten dieses Unverständnis der Jünger war, geht aus der zweiten Stelle hervor, in der das Nicht-Verstehen der Jünger in ein krasses Licht gerückt wird, nämlich dem Brot-Sauerteig-Gespräch (8, 14–21). Es hebt noch deutlicher und schärfer auf ihre Verhärtung beim Speisewunder ab. Die Jünger sind ganz mit der Versorgung durch Brot beschäftigt und bedenken nicht die kritische Situation, in die sie ähnlich wie die Pharisäer und der Herodes durch eine schlimme Haltung, den „Sauerteig" der Pharisäer und des Herodes, geraten sind. Es ist letzthin ein Unglaube, der aus der Verkennung der sich in Jesus ereignenden Gottesoffenbarung erwächst. Die Pharisäer, die Jesu Heilung des Mannes mit der verdorrten Hand am Sabbat nicht begreifen, haben ein verhärtetes Herz (3, 5) und erregen den Zorn Jesu. Die Herodianer, die dem König Herodes nahestehen, sind mit ihnen verbündet (3, 6). Der König Herodes hält Jesus für den wieder erstandenen Johannes den Täufer (6, 16) und verfehlt damit ebenfalls das Persongeheimnis Jesu. In der Sicht des Markus hätten die Speisewunder den Jüngern die Augen öffnen müssen. Aber nach ihrer jetzigen Haltung steht zu befürchten, daß sie Augen haben und doch nicht sehen, Ohren und doch nicht hören. Sie begreifen nichts und haben ein verstocktes Herz. Das wird von Markus mit herausfordernden Fragen hervorgehoben. Es ist deutlich, daß Markus das Unverständnis der Jünger als gefährliche Haltung charakterisiert. Die Warnung wirkt wie ein weiter ausgeführter Kommentar zu 6, 52, ein vom Evangelisten eingebrachter Kommentar, wie die Bezugnahme auf die beiden von ihm überlieferten Speisungswunder zeigt.

Warum aber insistiert Markus auf dem Jüngerunverständnis? An sich ist es ein traditionelles Motiv. Beim Seesturm (4, 35–41) tadelt Jesus den mangelnden Glauben der Jünger, weil sie die ihnen in Jesus gegenwärtige Macht und Hilfe Gottes nicht bedenken. Das Rätselwort Jesu in 7, 15 begreifen sie nicht (7, 17 f.). Den Sinn seiner Worte von der Auslieferung des Menschensohnes verstehen sie nicht, scheuen sich aber, ihn zu fragen (9, 32). Ihr Streiten darüber, wer der Größte unter ihnen sei, zeugt von einem krassen Mißverstehen seiner Lehre (9, 33–35). Ihre Abwehr eines fremden Exorzisten widerspricht der Intention Jesu und enthüllt eine andere Gesinnung (9, 38–40). Auch ihre Abweisung der Kinder, die zu Jesus kommen, zeigt, daß ihnen seine Lehre vom Eingehen ins Gottesreich nicht vor Augen steht (10, 13–16). Uneinsichtig sind die Zebedäussöhne, die um die ersten Plätze im Reich Gottes nachsuchen (10, 35–40).

Das alles sind Züge im Bild der Jünger, die schon durch die Tradition vorgegeben sind. Aber Markus verstärkt das mangelnde Verstehen der Jünger. Nach dem Sämannsgleichnis fragt Jesus: „Ihr versteht schon dieses Gleichnis nicht, wie werdet ihr dann alle (anderen) Gleichnisse begreifen?" (4, 13). Die Taten Jesu bleiben ihnen in ihrem Sinn verschlossen, wie die so nachdrücklich betonte Herzensverhär-

85

tung nach den Speisungsgeschichten belegt. Dafür sind auch die Sonderbelehrungen der Jünger aufschlußreich, die im Markusevangelium oft angefügt sind (4,10.34; 7,17; 9,28f.33; 10,10; 13,3). Sie werden aber meistens (außer 7,18) nicht mit dem Unverständnis der Jünger begründet, sondern zusätzlich in den Handlungsablauf eingebracht. Es ist ein redaktionelles Verfahren, das einer anderen Intention als einer Belastung der Jünger entspringt. Man kann kaum bezweifeln, daß dies im Hinblick auf die Gemeinde geschieht, die durch diese esoterischen Belehrungen aus dem Mund Jesu Richtlinien für ihr Leben, Weisungen für ihr Handeln erhalten soll[95]. Für das sittliche Verhalten ist dies in 7,17f und 10,10–12 offensichtlich. Doch sind auch Belehrungen über die Auslegung der Gleichnisse (4,10.34), die Notwendigkeit des Gebetes und starken Glaubens (9,28f) und über die zu erwartenden Geschehnisse in der Endzeit (13,3) dabei. Solche esoterischen Belehrungen setzen zwar auch mangelndes Verstehen voraus, aber keine tadelnswerte Verhärtung.

Somit wird man beim Jüngerunverständnis verschiedene Motive unterscheiden müssen. Das vom Evangelisten hervorgehobene Unverständnis gegenüber dem Leidens- und Todesweg Jesu (8,32; 9,32) fand Markus in der Tradition vor, hat es aber verschärft. Es geht hier um ein Verschlossensein gegen den Todesweg Jesu, das Markus mit Rücksicht auf die Gemeinde, die zur Nachfolge des gekreuzigten Jesus gerufen ist (8,34–38), kräftig unterstreichen will. Das Schweigegebot an die drei Jünger nach der Verklärung Jesu, sie sollten von ihrer Schau niemand etwas sagen, ehe nicht der Menschensohn von den Toten auferstanden ist (9,9), ist demgegenüber der Versuch, den Weg durch Leiden und Tod zur Auferstehung zu erklären. Erst mit der Auferstehung Jesu wird der Weg des Menschensohnes in Leiden und Tod verstehbar (vgl. auch das Gespräch beim Abstieg 9,9–13). Es ist ein christologisches Motiv, das den irdischen Jesus mit dem Auferweckt-Verherrlichten verbindet. Der irdische Jesus steht schon immer im Blick auf den Verherrlichten und in seiner Macht Kommenden.

Das Unverständnis für die Heilungsgeschichten verbindet das christologische Motiv, daß sich Jesus in seinen irdischen Taten verborgen in seiner Hoheit offenbart, mit dem ekklesiologischen, die Gemeinde zu einem vertieften Verständnis hinzuführen. Das negative Bild der Jünger wird zu einem positiven Anruf an die Gemeinde, sich der Selbstoffenbarung Jesu aufzuschließen[96]. Vollends wird der Blick auf die Gemeinde in den esoterischen Jüngerbelehrungen offensichtlich. Den Jüngern schließt Jesus den Sinn seiner Rede und damit der späteren Gemeinde auf. Das Jüngerunverständnis dient also einerseits der

---

[95] Vgl. REPLOH, Markus – Lehrer der Gemeinde (Anm. 8) 75–88.
[96] Vgl. REPLOH, Markus – Lehrer der Gemeinde 76–78.81–86.

Tendenz, das Geheimnis Jesu ähnlich wie bei den Schweigegeboten an die Dämonen verschlossen zu halten, andererseits in der Belehrung der Gemeinde aufzuschließen. Der Gottessohn kann nur durch seine Reden und Taten epiphan werden; aber er wird für die Gemeinde nach Ostern (9,9!) doch erkennbar, wenn sie den Todesweg des Menschensohnes annimmt und als Anruf zu ihrer eigenen Lebensgestaltung begreift (vgl. 8,34–38). In diesem Sinn übt das im Jüngerunverständnis hervortretende Messiasgeheimnis eine dialektische Funktion aus: Verhüllung und Offenbarung halten sich umschlungen.

e) Die Parabeltheorie

Die Parabeltheorie, nach der das „Geheimnis der Gottesherrschaft" den Jüngern (von Gott) gegeben, den Draußenstehenden aber verschlossen ist, so daß sie sehen und hören sollen, aber sehend und hörend nicht verstehen (Mk 4,11f), wird von W. Wrede ebenfalls für den Komplex des Messiasgeheimnisses in Anspruch genommen[97]. Aber es ist die Frage, ob das „Geheimnis der Gottesherrschaft" überhaupt das Geheimnis Jesu als des Messias und Gottessohnes betrifft oder nicht mit der Auslegung der Gleichnisse durch die Urkirche zusammenhängt. Die Gemeinde, hier repräsentiert durch die Jesus Umgebenden zusammen mit den Zwölf (4,10), vermag die von der Gottesherrschaft handelnden Gleichnisse zu verstehen, die Draußenstehenden vermögen es nicht[98]. Demnach muß das Geheimnis der Gottesherrschaft so verstanden werden, daß es sich auf die geheime Belehrung bezieht, die auf den Kreis der Jünger beschränkt ist, die nachösterlich die Verantwortung für die Belehrung der Gemeinde tragen[99]. Dann gehört diese Instruktion zu den esoterischen Jüngerbelehrungen, die auf die spätere Gemeinde gerichtet sind. Die Theorie von der Verstockung der Außenstehenden hat eine polemische Spitze gegen die im Unglauben verharrenden Menschen, die außerhalb der Gemeinde stehen. Matthäus, der den markinischen Verstockungstext „*damit* sie sehen" in „*weil* sie sehend nicht sehen..." einleitet (13,13), hat das richtig erkannt. Der Unglaube ist die Manifestation (Mk) oder die Ursache (Mt)

---

[97] Das Messiasgeheimnis 54–67 (deutet das „Geheimnis" auf die Messiaswürde Jesu).
[98] Vgl. SCHUYLER BROWN, „The Secret of the Kingdom of God" (Mark 4:11): JBL 92 (1973) 60–74. Ihm schließt sich PESCH, Mk-Ev I, 240 an. Mit Recht bemerkt er: „Das Wort reflektiert die Wirkung der Mission; deshalb bot es sich zur Einfügung in Mk 4 von sich her an" (234). Vgl. auch H. RÄISÄNEN, Die Parabeltheorie im Markusevangelium, Helsinki 1973, 121–127 (modifizierte Auffassung des Markus). Anders GNILKA, Ev nach Mk I, 170–172: „Das markinische Geheimnis ist christologisch konzipiert (anders in der Vorlage) und steht im Übergang von der jesuanischen Reichsverkündigung zur kirchlichen Christuspredigt" (171). Er meint, es sei zutreffend, vom Messias- oder Gottessohngeheimnis zu sprechen (165).
[99] So SCH. BROWN, Secret 74; ähnlich RÄISÄNEN, „Messiasgeheimnis" (Anm. 82) 53.

des Nichtbegreifens. Für das Verständnis des irdischen Jesus gibt dieser singuläre, von Markus eingefügte Text also nichts her. Der aus der nachösterlichen Perspektive eingefügte Spruch läßt sich nicht, auch nicht für das Verständnis des Markus, für die irdische Zeit Jesu auswerten. Für die historische Ebene gilt, daß Jesus seine Gleichnisse als verständliche Rede vortrug; aber zu ihrem wahren Verständnis ist die Auflösung der bildhaften Rede durch Jesus notwendig (vgl. 4,33f).

Das sogenannte Messiasgeheimnis stellt sich also in den dafür beanspruchten Komplexen unterschiedlich dar. Daß das Leben Jesu unmessianisch verlaufen sei, daß er keinen Anspruch erhob, der verheißende Messias zu sein, ist eine unbeweisbare Behauptung. Wenigstens hat Markus den Anspruch Jesu auf die Messiaswürde im Sinne des in Macht kommenden Menschensohnes bezeugt. In der Antwort an Petrus stellt er sich als den vor, der als der Messias seinen Weg durch Leiden und Tod geht (8,31), im Selbstbekenntnis vor dem Hohenrat als der gleiche Menschensohn-Messias, der als der von Gott Gerechtfertigte als endzeitlicher Richter kommen wird (14,62). Wenn seine Messianität und Gottessohnschaft zum Teil verschwiegen werden soll, zum Teil aber auch aufgedeckt wird, durchkreuzen sich verschiedene Darstellungstendenzen. Die Schweigegebote in den Wundergeschichten sind durch die Tradition vorgegeben, von Markus aber aufgenommen und als unbrauchbare Mittel erwiesen, die Machthoheit Jesu zu verbergen. Die Schweigegebote an die Dämonen stehen unter dem besonderen Aspekt, daß Jesu Gottessohnschaft ein Geheimnis ist, das vorerst verborgen bleiben soll. Das Redeverbot an die Jünger soll ein Mißverständnis ausräumen und auf den Leidens- und Todesweg des Menschensohnes vorbereiten (8,30f). Die Anordnung, erst nach der Auferstehung von der bei der Verklärung geschauten Herrlichkeit Jesu zu reden, gibt der Gemeinde eine innere Begründung für das erst später möglich werdende Verständnis der Person Jesu.

Diese verschiedenen Tendenzen kann Markus an dem nicht eindeutigen Bild von Jesus in seinem irdischen Auftreten, das erst nach seiner Auferstehung für den Glauben klar hervortritt, festmachen. Markus hat ein Gespür für diesen Offenbarungsvorgang in der Geschichte Jesu. Aus der Tradition schöpfend und eigene Akzente setzend, entwirft er ein vielseitiges, nicht völlig stimmiges Bild Jesu. Letzthin ist seine Christologie an dem „Sohn Gottes", der sich im Wirken Jesu zugleich offenbart und verhüllt, und an dem „Menschensohn", der seinen Weg durch Leiden und Tod zur Auferstehung geht und einmal als der in Macht und Herrlichkeit Kommende erweist, orientiert. Das volle Bekenntnis ist erst im Tod (15,39) oder nach der Auferstehung (9,9) möglich. In der Auswertung der Tradition und der christologischen Deutung geht Markus eigene Wege, die kein geschlossenes Bild ergeben, sondern eine vielschichtige Anschauung hervortreten lassen.

II. Würdebezeichnungen und Titel Jesu

Dadurch sind Grenzen für das Bild von Jesus Christus gesetzt, wie es sich im Markusevangelium widerspiegelt. Gleichwohl läßt sich daran festhalten, daß für Markus der „Sohn Gottes" und der „Menschensohn" die entscheidenden Weichenstellungen für sein christologisches Verständnis sind.

Drittes Kapitel

Matthäus

Das Matthäusevangelium ist gegenüber dem Markusevangelium viel umfangreicher geworden. In den Hauptlinien des geschichtlichen Auftretens Jesu folgt Matthäus recht genau dem Markusevangelium; aber der Redestoff ist erheblich erweitert, vor allem durch die Benutzung der aus Mt und Lk zu erschließenden „Logienquelle" (Q). In der Anordnung der Redekomplexe, besonders der fünf durch eine Abschlußbemerkung hervorgehobenen Reden: der Bergpredigt (Kap. 5–7), der Jüngeraussendungs-Rede (Kap. 10), der Gleichnisrede (Kap. 13), der Gemeindeunterweisung (Kap. 18) und der Endzeitrede (Kap. 24–25) zeigt sich Matthäus als „Systematiker". Das darf aber nicht darüber hinwegtäuschen, daß er dennoch eine zusammenhängende Geschichte Jesu erzählen will, die bei ihm schon mit der Herkunft und Geburt Jesu beginnt (Kap. 1–2) und mit Grabgeschichten und Auferstehungserscheinungen endet (27,57–28,20).

Das Leben und Wirken Jesu ist somit in einen größeren Rahmen eingespannt, der den Gesichtskreis erheblich erweitert. Noch deutlicher als Markus erzählt Matthäus die Geschichte Jesu aus der nachösterlichen Perspektive, verbindet den „historischen" Jesus mit dem „kerygmatischen" Christus und stellt Jesus Christus in das Leben der Gemeinde hinein. Für ihn hat Jesus die Kirche („meine Kirche") gegründet, auf den Felsen Petrus aufgebaut (16,18; vgl. 18,17). Dieses Kirchenverständnis von dem in seiner Kirche fortlebenden Christus prägt dieses Evangelium so stark, daß man es mit Recht das „kirchliche" Evangelium nennt. Gleichwohl tritt der Rückblick auf Jesus von Nazaret in den von Matthäus übernommenen Überlieferungen deutlich genug hervor, so daß die Frage nach dem besonderen Bild von Jesus Christus, wie es dieser Evangelist sieht, berechtigt erscheint. Dabei ist allerdings zu bedenken, daß dem Matthäus das von Markus entworfene Bild von Jesus Christus (s. 2. Kap.) schon vorlag und er es weithin rezipiert. Nur was er neu hinzufügt und was er für besondere Akzente setzt, kann sein Bild von Jesus Christus in seiner Eigenart erhellen. Um dieses Bild in den Blick zu bekommen, empfiehlt es sich zunächst, der Anlage des Evangeliums, das die Geschichte Jesu erzählen will, zu folgen und dann auf die besonderen Züge, die in diesem Bild hervortreten, einzugehen.

I. Die Geschichte Jesu, wie sie Matthäus erzählt

1. Der mit Markus verglichen größere Rahmen der Geschichte Jesu bei Matthäus

Was gegenüber Markus zunächst auffällt, ist die Ausdehnung der Geschichte Jesu über die Zeitspanne vom Auftreten Johannes' des Täufers bis zu der am Grab Jesu aufklingenden Osterbotschaft, ein Ansatz, der in der urchristlichen Christuspredigt festgehalten wird (vgl. Apg 1,22f; 10,37; 13,24). Matthäus bezieht Ursprung und Herkunft Jesu wie auch die Nachwirkung seines irdischen Auftretens durch die Auferstehung des Gekreuzigten in die „Geschichte" Jesu ein. Das ist keine „biographische" Erweiterung, obwohl man die Kindheitsgeschichten wie auch bei Lukas als solche begreifen könnte. Aber nach der ganzen Anlage dieser Glaubenserzählungen ist ein historisch-biographisches Interesse ausgeschlossen. Matthäus wie auch Lukas wollen den nur im Glauben zugänglichen Ursprung Jesu aus Gott aufdecken und greifen dazu auf bestimmte in der hellenistisch-judenchristlichen Gemeinde umlaufende Vorstellungen zurück[1]. Der größere Rahmen hat vielmehr den Sinn, die Augen für die Bedeutung der Person Jesu Christi, wie sie Matthäus sieht, zu öffnen und dem Verständnis der Gemeinde näherzubringen.

a) Die Vorgeschichten, die auf den Heilbringer Jesus hinführen

Jesus ist der „Sohn Davids", wie es die „Urkunde des Ursprungs" (der Stammbaum) durch die dreimal vierzehn Geschlechterfolgen manifestiert (1,17). Aber die Reihe beginnt mit Abraham, dem Stammvater Israels, und dadurch ist Jesus Christus in die Geschichte des Gottesvolkes einbezogen. Er ist der Messias, der durch Josef, den Mann Marias, legitim in die Nachkommenschaft des Königs Davids eingereiht ist und dadurch zum „Sohn Davids" wird. Schon durch die vier Frauen

---

[1] Die Diskussion ist meistens auf die Jungfrauengeburt konzentriert. Damit wird der theologische Sinn nicht genügend erfaßt, der hinter diesen Darstellungen steht. Die wichtigste Aussage ist die von der Zeugung durch den Heiligen Geist, der Herkunft aus Gott. Aus der reichen Literatur seien hervorgehoben: R. E. Brown, The Birth of the Messiah, Garden City/N.Y. 1977, 160–164 (zur vormatthäischen Überlieferung, mit Lit.); ders., Exk. Virginal Conception, ebd. 517–533; J. A. Fitzmyer, The Virginal Conception of Jesus in the New Testament: TS 34 (1973) 541–575; K. S. Frank, R. Kilian, O. Knoch, G. Lattke, K. Rahner, Zum Thema Jungfrauengeburt, Stuttgart 1970; H. Schürmann, Die geistgewirkte Lebensentstehung Jesu, in: W. Ernst u.a. (Hrsg.), Einheit in Vielfalt (Festgabe für H. Aufderbeck), Leipzig 1974, 156–169; R. E. Brown, K. P. Donfried, J. A. Fitzmyer, J. Reumann, Mary in the New Testament, Philadelphia-New York u.a. 1978, 83–97.111–134; U. Luz, Ev nach Matthäus I, Zürich-Neukirchen 1985, 99–102.108–111; J. Gnilka, Das Mt-Ev I, Freiburg-Basel-Wien 1986, Exk. Die Jungfrauengeburt Jesu 22–33.

im Stammbaum, die durch ihre besonderen Lebensumstände etwas Ungewöhnliches, Irreguläres in den Ablauf der Geschichte, der Vorgeschichte des Davidssohnes, einbringen[2], wird die außergewöhnliche Geburt Jesu aus einer Jungfrau durch die Kraft des Heiligen Geistes signalisiert.

In dem Abschnitt 1,18–25, einer nachträglichen Erläuterung zu V. 16, wird dieses Geheimnis der Herkunft Jesu in einer Traumvision dem Josef und der gläubigen Gemeinde erschlossen. Josef soll dem Kind den Namen „Jesus" (d. h. Erlöser) geben, weil er sein Volk von den Sünden erretten wird. Aber er ist noch mehr: der nach der Prophetie des Jesaja (7,14) erwartete Immanuel, der „Gott mit uns", der bei seinem Volk bleiben, es beschützen und führen wird. Für Matthäus ist es schon ein Signal für das künftige Gottesvolk, in dem Jesus anwesend (18,20) und bis zum Ende der Welt wirksam sein wird (28,20). Dieses „Mit-Sein" Gottes, das sich in Jesus verwirklicht, erklingt schon am Anfang und hält sich bis zum Ende durch, vom alttestamentlichen Gottesvolk zum neu konstituierten Bundesvolk übergehend[3]. Damit ist eine durchgehende Perspektive aufgewiesen, die freilich noch die Spannung in sich trägt, daß sich Jesus nur zu den verlorenen Schafen des Hauses Israel gesandt weiß (15,24) und nur zu diesen seine Jünger aussendet (10,5f), und als Auferstandener den Jüngern die Heilspredigt für alle Völker aufträgt (28,19). Das ist für den juden- und heidenchristlichen Horizont der Geschichte Jesu zu bedenken (s. I,2).

Matthäus bleibt aber nicht bei der Vorstellung Jesu als davidischer Messias, Erlöser von den Sünden und dem Volk gesandter „Gott mit uns" stehen, sondern läßt im 2. Kap. durch den Erzählkranz von den Geschehnissen nach der Geburt Jesu einen Vorblick auf das Geschick und den Weg Jesu werfen. Die midraschartig entworfenen Geschichten von der Ankunft der Sterndeuter, den Nachstellungen des Herodes, von der Flucht nach Ägypten, dem Kindesmord in Betlehem und der Rückkehr der Eltern Jesu nach Nazaret in Galiläa haben einen hintergründig-symbolischen Sinn, der das Geschehen in der Kindheit zu

---

[2] Man hat gemeint, die Frauen würden als Sünderinnen angesehen, durch die die Gnade Gottes sichtbar werde; aber das scheitert an Rut, die in jeder Beziehung vorbildlich ist. Auch die Deutung auf Nichtjüdinnen überzeugt nicht, weil Maria keine Ausländerin war. Es mag sein, daß ein „universalistischer Unterton" zu hören ist (Luz, Mt I, 94f). Aber am besten bleibt man bei der Annahme, daß Matthäus Gottes unerwartete Wege, die zur Geburt Jesu aus Davidstamm, zur Geburt aus der Jungfrau führten, anzeigen wollte; vgl. BROWN, Birth of the Messiah (vor. Anm.) 71–74.

[3] Vgl. W. TRILLING, Das wahre Israel. Studien zur Theologie des Matthäus-Evangeliums (StANT X), München 1964, 143–163 (zum Kirchengedanken); H. FRANKEMÖLLE, Jahwe-Bund und Kirche Christi (NTA NF 10), Münster i.W. (1974) ²1984, 7–83; nach ihm ist Mt 28,16–20 die „Bundeserneuerung durch Jesus" (42–72); der matthäische Epilog nimmt wieder den Prolog in Kap. 1–2 auf (321–325).

I. Die Geschichte Jesu, wie sie Matthäus erzählt

einer ahnungsvollen Vorausdarstellung des späteren Schicksals Jesu werden läßt. Die Ankunft und Huldigung der als Vertreter der nichtjüdischen Welt gezeichneten Sterndeuter ist ein hoffnungsvolles Zeichen für die Ausbreitung des Evangeliums unter allen Völkern. Aber in der Feindschaft, Hinterlist und Bosheit des Königs Herodes wird die entgegenwirkende Macht jüdischen Unglaubens sichtbar, der die ganze Geschichte Jesu durchzieht. Trotz der schriftbezeugten Geburt des Messias in Betlehem (2, 6) findet das Kind mit seinen Eltern hier keine Bleibe, sondern muß nach Ägypten fliehen.

Dieses ägyptische Exil nimmt mancherlei Züge der Mose-Geschichte auf. Da ist einmal das Land Ägypten, das den Israeliten einst Zuflucht gewährte, aber auch zur Bedrückung wurde. Dann ist dort der Pharao, der die jüdischen Knaben töten wollte und nun in dem König Herodes seine Widerspiegelung findet. Nach der jüdischen Haggada, wie sie sich bei Josephus Fl. findet, weissagt einer der ägyptischen Schriftgelehrten dem Pharao die Geburt des israelitischen Knaben, der einmal die Herrschaft der Ägypter vernichten, die Israeliten dagegen mächtig machen wird[4]. Die sternkundigen Männer von Mt 2 entsprechen den Astrologen der Pharao-Mose-Überlieferung. Der Pharao erteilt den Befehl, alle israelitischen Knaben gleich nach der Geburt in den Fluß zu werfen und zu töten. Aber Mose wird auf eine erstaunliche Weise trotz des Tötungsbefehls des Pharao gerettet, und der Jesusknabe entgeht den Häschern durch das Eingreifen Gottes. Alle diese Züge lassen an dem Hintergrund der Erzählung von Mt 2 in der jüdischen Mose-Haggada keinen Zweifel[5]. Die Flucht und die Rückkehr könnten in Anlehnung an Ex 4, 19f gestaltet sein, wo der erwachsene Mose auf Befehl des Herrn aus Midian nach Ägypten zurückkehrt, weil „alle, die ihm nach dem Leben trachteten, gestorben sind"[6]. In dem Erzählkomplex von Mt 2 wird Jesus als der neue Mose, der verheißene Messias erwiesen. Er ist der „Sohn Gottes", wie es das Erfüllungszitat in 2, 15 belegt. Aber auch das Unheil, das durch die Verfolgung des Kindes über Israel kommt, wird im Weinen der Rahel über ihre Kinder anschaulich dargestellt (2, 16–18). Das Schicksal der betlehemitischen Kinder ist eine Voranzeige des Schicksals Israels, das seinen Erretter ablehnt[7]. Die Übersiedlung nach Nazaret wird mit dem Erfüllungszitat „Er wird Nazoräer genannt werden" begründet (2, 23), hält die bekannte Heimatstadt Nazaret fest und vertieft die Ortswahl

---

[4] Josephus Fl., Ant. II, 9, 2.
[5] Vgl. A. Vögtle, Messias und Gottessohn. Herkunft und Sinn der matthäischen Geburts- und Kindheitsgeschichte, Düsseldorf 1971, 32–41.
[6] Vögtle, ebd. 49–52.
[7] Vgl. W. Rothfuchs, Die Erfüllungszitate des Matthäus-Evangeliums (BWANT 88), Stuttgart u. a. 1969, 64f.

durch eine Reflexion über den prophetisch verstandenen Namen „Nazoräer"[8].

Die matthäischen Vorgeschichten wollen schon zu Beginn des Evangeliums ein volles Licht auf den, der dann in seinem Wirken und Weg dargestellt wird, werfen und die Frage beantworten, wer er ist, woher er stammt und wie sich sein Weg abzeichnet[9]. Er ist nicht nur der jüdische Messias in einem neuen einzigartigen Sinn, sondern auch der von den Heiden erwartete, im Judentum verfolgte Heilbringer. Die Anbetung der Sterndeuter (2,11) weist auf die Anbetung der Jünger nach der Auferstehung voraus (28,17).

b) Die Erweiterung des Ostergeschehens

Nach der Kreuzigung und dem Begräbnis Jesu weitet Matthäus den markinischen Bericht durch Geschehnisse am Grab Jesu und Erscheinungen des Auferstandenen aus (27,57-28,20). Was Markus nur andeutet, wird bei Matthäus stärker ausgeführt und in den Raum der Gemeinde weitergeführt. Josef von Arimatäa wird bei ihm zu einem Jünger Jesu (27,57), und das Felsengrab, in das der Leichnam Jesu gelegt wird, ist ein *neues,* ihm gehöriges Grab. Dann drängt sich für Matthäus ein apologetisches Interesse angesichts jüdischer Verdächtigungen eines Leichenraubes auf, ein Gerede, das bis in die Tage des Evangelisten fortdauert (28,15). Das Grab wird bewacht, noch dazu von römischen Soldaten (27,62-66; 28,14). Diese historisch ganz unglaubwürdige Geschichte berücksichtigt Matthäus auch beim Grabbesuch der Frauen. Die das Grab bewachenden Soldaten geraten durch das Erscheinen des Engels und das damit verbundene Erdbeben in Schrecken und werden „wie tot" (28,4); sie sind also beim Grabbesuch der Frauen ausgeschaltet. Trotz der Ausgestaltung der Grabesszene mit dem vom Himmel herabsteigenden Engel (28,2-5) erzählt Matthäus aber die Verkündigung des Engels im wesentlichen wie Markus:

---

[8] Im wesentlichen werden zwei Deutungen vorgeschlagen: eine Bezugnahme auf den „jungen Trieb" (hebr. nezer) von Jes 11,1, eine im Judentum auf den Messias gedeutete Stelle, oder eine Ableitung von „Nasir", einem gottgeweihten Mann. Fraglich ist, auf welche atl. Stelle Matthäus sich bezieht. W. D. Davies – D. C. Allison, The Gospel According to Saint Matthew I, Edinburgh 1988, 278-281 bevorzugen die Ableitung von Nasir = der Heilige Gottes, bes. nach Jes 4,3; aber Jes 11,1 scheint mir näher zu liegen. Luz, Mt I, 132f denkt daran, daß „Nazoräer" im syrischen Raum eine Christenbezeichnung war. „Indem Jesus nach Nazareth im Galiläa der Heiden kam, wird er zum Ναζωραῖος, zum ‚Christen', zum Lehrer und Herrn der auf ihn sich berufenden, den Heiden verkündenden Gemeinde".

[9] K. Stendahl, Quis et unde? An Analysis of Mt 1-2, in: Judentum, Urchristentum, Kirche (FS Joachim Jeremias), Berlin 1960, 94-105, meinte, Mt 1 antworte auf die Frage wer Jesus ist, Mt 2 mit den vielen geographischen Angaben, woher er stamme. Aber beide Kapitel stellen die Person Jesu, seine Herkunft, seine messianische Bedeutung und sein Geschick vor Augen. Vgl. Brown, Birth (Anm. 1) 50-54.

„Ihr sucht Jesus den Gekreuzigten ... er ist nicht hier; er ist nämlich auferstanden, wie er gesagt hat. Kommt, seht den Ort, wohin er gelegt wurde" (28,5f). Die Frauen erhalten den Auftrag, schnell zu den Jüngern zu gehen und ihnen anzukündigen, daß Jesus ihnen nach Galiläa vorausgeht; „dort werdet ihr ihn sehen" (28,7).

Für Matthäus ist dies ein Vorausverweis auf die Erscheinung Jesu vor den Jüngern auf dem Berg in Galiläa (28,16). Die Frauen führen den Auftrag Jesu auch aus (anders Mk 16,8), und sie haben auf dem Weg zu den Jüngern noch eine Begegnung mit dem auferstandenen Jesus (28,9f). Wieder werden sie gemahnt, den Jüngern anzusagen, daß sie nach Galiläa gehen sollen; „dort werden sie mich sehen" (28,10). Diese wiederholten Akzente pointieren das Wiedersehen in Galiläa; das ist der Zielpunkt dieser Nachgeschichten. Alles ist auf die Erscheinung Jesu vor den Jüngern angelegt, bei der sich Jesus als der offenbart, dem alle Vollmacht im Himmel und auf Erden gegeben ist und der die Jünger zu allen Völkern aussendet.

Damit erreicht Matthäus eine Konzentration auf die letzte große Offenbarungsszene, die den Weg des Evangeliums zu allen Völkern, die universale Ausbreitung der Heilsbotschaft nach der Weisung Jesu szenisch darstellt. Es ist ein Auftrag an die elf Jünger, die Jesu Boten repräsentieren, ein Auftrag an die ganze Kirche. Damit wird die Tür zur Fortsetzung des Wirkens Jesu durch die Kirche aufgestoßen. Matthäus sieht Jesus in seiner irdischen Erscheinung und seiner österlichen Macht ganz und gar auf die Kirche hingeordnet, in ihr anwesend und fortlebend, sie beherrschend und anfordernd. Bei aller Rückbindung an den irdischen Jesus erweitert sich der Blick auf den gegenwärtigen, in seinem Wort und seinen Heilstaten anwesenden Herrn. In den Rahmen der Vorgeschichte vom davidischen Messias und Gott-mit-uns und dem in die Zukunft weisenden Ostergeschehen ist die irdische Geschichte Jesu eingespannt. Daraus ergeben sich Konsequenzen für das Bild Jesu, das Matthäus in seinem Evangelium entfaltet.

c) *Der Erzählfaden vom irdischen Auftreten, Wirken und Geschick Jesu*

Die Gliederung des gesamten, von Matthäus zwischen den Vorgeschichten und den Ostereignissen dargebotenen Materials ist schwierig und umstritten[10]. Folgt der Evangelist einer durch die fünf großen Reden

---

[10] Vgl. Luz, Ev nach Mt I, 17–19; anders Davies-Allison, Matthew I (Anm. 8) 58–62, die eine durchgängige Struktur nach Triaden erkennen wollen. „Manchmal hat unser Autor Triaden aufgebaut, andere Male ist er genauso Schüler von Markus gewesen" (72).

markierten Gegenüberstellung mit dem Pentateuch?[11] Hat er eine nach Zahlenverhältnissen und chiastischen Strukturen aufgebaute literarische Einheit schaffen wollen?[12] Hat er den Erzählfaden von Markus aufgegriffen wie deutlich nach Kap. 12 und eine durchgängige Erzählung schaffen wollen?[13] Ich möchte mich der These anschließen, daß das Matthäusevangelium ein erzählendes Buch sein will, wenn auch der Evangelist in Kap. 5–12 mehr lehrmäßigen Intentionen folgt[14]. Begreift man einmal seinen Willen, die Geschichte Jesu in einer fortlaufenden Darstellung darzubieten, im großen Rahmen nach Markus, werden die Konturen und Entwicklungen der Einzelgeschehnisse, und darin eingestreut die großen Reden, schärfer erkennbar. Dabei muß allerdings, besonders für die Reden, die Ausrichtung auf die spätere Kirche im Auge behalten werden. Jesu Wirken und Weg endet eben nicht in Kreuz und Auferstehung, sondern setzt sich im Leben der Kirche fort. Von daher gewinnt vieles, was vom irdischen Auftreten und Schicksal Jesu gesagt wird, einen durchsichtigen Hintergrund.

Jesus nimmt seinen Ausgang von Galiläa, wo er Nazaret verläßt, um in Kafarnaum zu wohnen (4, 13). Vorher hat er in der Versuchungsgeschichte (4, 1–11), die nach der Logienquelle erzählt wird, den Satan überwunden, der seine in der Taufe bezeugte Gottessohnschaft herausfordert. Wichtig ist der letzte Versuchungsgang, der bei Matthäus (anders bei Lukas) den Herrschaftsanspruch des Satan abweist und Jesus dem Dienst Gottes unterstellt. Von nun an wird Jesus der vollmächtig Wirkende und doch demütige Knecht Gottes sein, der Gottes Heil den Menschen verkündet und den Kranken und Leidenden Heilung bringt. Jesu Auftreten in Galiläa, dem prophetisch verheißenen Land, dem „Galiläa der Heiden", in dem Gottes Licht aufleuchtet (4, 13–17), strahlt darüber hinaus auf die umliegenden Gebiete aus, die das alte Gebiet Israels umschreiben (4, 25)[15]. Lehren in den Synagogen, Verkündigung des Evangeliums vom Reich Gottes und Heilungen charakterisieren in dem Sammelbericht 4, 23–25, dann noch einmal vor

---

[11] So bes. D. W. BACON, Studies in Matthew, London 1930, dem sich vor allem angelsächsische Forscher angeschlossen haben.
[12] Einen chiastischen Aufbau des ganzen Evangeliums hat C. H. LOHR, Oral Techniques in the Gospel of Matthew: CBQ 23 (1961) 403–435 erweisen wollen. Doch kommt es dabei zu Vereinfachungen und künstlichen Angleichungen.
[13] Vgl. J. KINGSBURY, Matthew: Structure, Christology, Kingdom, Philadelphia 1975, 7–25. Durch das fast gleichlautende Gliederungssignal in 4, 17 und 16, 21 („Von da an begann Jesus" zu verkündigen bzw. seinen Jüngern seinen Leidensweg anzukündigen) sieht er die Zäsur zwischen Jesu Verkündigung vom hereinbrechenden Gottesreich und der Ansage seines Todes in der Szene von Cäsarea Philippi. Jedenfalls dürfte das die Hauptstruktur sein. Vgl. auch DERS., Matthew as Story, Philadelphia 1986, 57–94.
[14] LUZ, Ev nach Mt I, 24–27; vgl. KINGSBURY (vor. Anm.).
[15] Vgl. G. LOHFINK, Wem gilt die Bergpredigt? Eine redaktionskritische Untersuchung von Mt 4, 23–5, 2 und 7, 28 f: ThQ 163 (1983) 264–284; DERS., Wem gilt die Bergpredigt? Beiträge zu einer christlichen Ethik, Freiburg-Basel-Wien 1988, 15–38, bes. 25–29.

der Aussendung der Jünger (9,35) das Auftreten Jesu. Besonderer Nachdruck wird auf die Heilungen von den verschiedenen Krankheiten gelegt (4,27), und dieser Zug zieht sich durch das ganze Evangelium hin[16]. Zunächst aber wird die Lehrtätigkeit Jesu in der Bergpredigt (Kap. 5–7) dargeboten, einer hauptsächlich aus der Logienquelle gespeisten großen Redekomposition, die Jesu Stellung zum jüdischen Gesetz und die von den Jüngern Jesu verlangte Sittlichkeit betrifft. Erst danach wird das Heilswirken Jesu in Heilungen und Machttaten beschrieben (8,1–9,34).

Wenn in diesen beiden Hauptabschnitten die Tätigkeit Jesu im Vordergrund steht und die Jünger nur wie Begleiter und Jesus Nachfolgende erscheinen, so werden sie dann ausgesandt, um in seinem Namen und in seiner Vollmacht „die unreinen Geister auszutreiben und alle Krankheiten und Leiden zu heilen" (10,1). Die Jünger, die jetzt „die zwölf Apostel" genannt werden (10,2–4), tun dasselbe wie Jesus (9,35), aber tragen das Evangelium in breitere Kreise, um die „Ernte Gottes" einzubringen (9,33ff). Der Gesichtskreis erweitert sich auf die missionierende Kirche. Deutliches Zeichen dafür ist der im zweiten Teil der Aussendungsrede hervortretende Ausblick auf Verfolgungen, verbunden mit Mahnungen zu furchtlosem Bekenntnis und treuer Nachfolge (10,17–42). Der nächste Abschnitt, der wieder zur Wirksamkeit Jesu zurückkehrt, bringt Gespräche und Auseinandersetzungen um Jesus, zunächst im Vergleich mit Johannes dem Täufer (11,2–19), dann den Weheruf über die galiläischen Städte (11,20–24), anschließend den Jubel- und Heilandsruf (11,25–30). In Kap. 12 setzen Auseinandersetzungen mit den Gegnern ein, die ihn belauern und verdächtigen, ja zu töten beabsichtigen (12,14). All diese Geschehnisse sind aus der Tradition, zum Teil aus Markus, zum Teil aus anderen Quellen zusammengetragen und können hier nicht erörtert werden; aber sie scheinen mir die Absicht zu verraten, die zunehmende Auseinandersetzung um Jesus, seine Person und sein Wirken, zu beleuchten. Der Durchblick auf die Zeit der Kirche ist überall zu erkennen, in Antithese zum zeitgenössischen Judentum und im Hinblick auf die sich bildende neue Gottesfamilie (12,46–50). Im Zentrum steht Jesus, der Sohn (Gottes), dem der Vater alles übergeben hat (Jubelruf 11,25–27), und der Gottesknecht, der auf den Straßen nicht lärmt, sondern still seinen Heilandsdienst erfüllt und gerade so den Völkern zu ihrem Recht verhilft (12,15–21)[17].

Nach diesem Tätigkeitsbericht folgt wiederum eine größere Rede,

---

[16] Vgl. 4,24f; 8,16f; 9,35; 12,15; 14,34–36.
[17] Vgl. R. SCHNACKENBURG, „Siehe da mein Knecht, den ich erwählt habe..." (Mt 12,18). Zur Heiltätigkeit Jesu im Matthäusevangelium, in: L. Oberlinner und P. Fiedler (Hrsg.), Salz der Erde – Licht der Welt (FS Anton Vögtle), Stuttgart 1991, 203–222.

nämlich die Gleichnisrede, die an dieser Stelle nicht nur Jesu Botschaft von der Gottesherrschaft verdeutlichen will, sondern auch die scheidende Kraft seiner Verkündigung, die Aufteilung in Verstehende und Nichtverstehende, Glaubende und Ungläubige zur Sprache bringt. Man könnte die Gleichnisse von der Gottesherrschaft eher am Anfang des Auftretens Jesu zur Veranschaulichung, was die Gottesherrschaft bedeutet, erwarten. Aber Matthäus wollte das sich in der Aufnahme dieser Predigt vollziehende Geschehen, die Sammlung des Gottesvolkes, die doch auf Widerstände stößt, beleuchten. Die Gleichnisrede vor dem Volk, die Scheidung bewirkt und nur verborgen das vollendete Gottesreich erwarten läßt (13,1–35), wird von der Rede für die Jünger (13,36–51) abgehoben. Die Jünger, denen Jesus alles erklärt, wenn er „mit ihnen allein war" (4,34b), sollen alles verstehen und von der beglückenden Kunde ergriffen werden (Gleichnis vom Schatz und von der Perle 13,44–46), um dem Gericht Gottes zu entgehen (vgl. 13,41–43.47–50).

Von jetzt an hält sich Matthäus stärker an den markinischen Aufriß. Die Verwerfung in Nazaret (13,53–58), das Urteil des Herodes über Jesus (14,1–2), der Tod des Täufers (14,3–12), der für Matthäus zum Vorgänger Jesu im Leiden wird (17,12f), verschärfen die bedrohliche Situation, die sich für Jesus zusammenzieht. Dann aber gibt die Speisung der Fünftausend an einem einsamen Ort doch wieder den Blick auf das sich sammelnde Gottesvolk frei (14,13–21). Auch in den nachfolgenden Erzählungen folgt Matthäus der markinischen Sequenz. Freilich setzt er besondere Akzente. Das Wandeln auf dem See (14,22–33) wird durch die Petrusszene zu einer eindringlichen Mahnung, allen Kleinglauben zu überwinden und Jesus Christus als den Sohn Gottes anzubeten. Das Gespräch über die Reinheit beim Händewaschen weitet sich zu einer Unterweisung über wahre Sittlichkeit, die aus dem Herzen aufsteigen muß (15,1–20). Jesus attackiert die Pharisäer, die blinde Blindenführer sind (15,12–14), und warnt vor den bösen Begierden, die zu all den Sünden treiben, die im Dekalog aufgezählt werden (15,19). Die heidnische Kanaanäerin bittet den Sohn Davids um Erbarmen mit ihrer Tochter und pariert das Wort Jesu, daß er nur zu den verlorenen Schafen des Hauses Israel gesandt ist (15,24–27). Die vielen Kranken, die am See von Galiläa geheilt werden (15,29–31)[18], sind ein Zeichen für das Erbarmen Gottes, und die

---

[18] Markus bringt an dieser Stelle die Heilung eines Taubstummen (7,31–37), die er offenbar in der Dekapolis (7,31) ansetzt; vgl. K. KERTELGE, Die Wunder Jesu im Markusevangelium (StANT), München 1970, 157–161; L. SCHENKE, Die Wundererzählungen des Markusevangeliums (SBB), Stuttgart 1974, 269–280; J. GNILKA, Das Ev nach Markus I, Zürich-Neukirchen 1978, 295. Matthäus, der vielleicht an den volkstümlichen magischen Praktiken Anstoß nahm, bringt dafür einen Sammelbericht über Krankenheilungen, wie es seiner durchgehenden Tendenz entspricht.

I. Die Geschichte Jesu, wie sie Matthäus erzählt

Volksscharen preisen „den Gott Israels" (15,31[19]. Hinter all dem erkennt man die judenchristliche Blickweise des Matthäus. Die Zeichenforderung geht von den Pharisäern und Sadduzäern aus (16,1), und im Gespräch vom Sauerteig warnt Jesus vor dem Sauerteig der Pharisäer und Sadduzäer (16,6.11), der auf ihre Lehre gedeutet wird (16,12). Hier bricht wieder die Antithese gegen das führende Judentum durch, das durch die Pharisäer und Sadduzäer trotz ihrer verschiedenen Lehren repräsentiert wird.

Höhepunkt dieses ganzen ersten Hauptteils ist die Szene von Cäsarea Philippi mit dem Petrusbekenntnis zu Christus, dem Sohn des lebendigen Gottes, und der Verheißung Jesu, daß er auf diesem Felsen seine Kirche bauen will (16,13–20). Alle mit dieser hochbedeutsamen, aus der matthäischen Gemeindetradition stammenden Spruchüberlieferung verbundenen Fragen können hier nicht diskutiert werden[20]. Für unsere Fragestellung nach dem matthäischen Bild von Jesus Christus ist folgendes festzuhalten:

1. Für Matthäus ist Jesus der Messias in dem einzigartigen Sinn, daß er der „Sohn des lebendigen Gottes" ist, zugleich der Menschensohn, der seinen Weg durch Leiden und Sterben zur Auferstehung, zur Rechtfertigung und Verherrlichung durch Gott geht (vgl. 16,1). 2. Dieser Christus wird schon zu Lebzeiten, in dieser Stunde von Cäsarea Philippi, dem Hauptjünger Simon Petrus als Sohn Gottes geoffenbart (16,17). Der Jünger hat in besonderer Weise Anteil an der den „Unmündigen" zugesagten Offenbarung des Vaters im Sohn (vgl. 11,27), hier unmittelbar zurückgeführt auf die gnadenvolle Erschließung des Vaters. 3. Diese Enthüllung des Geheimnisses Jesu, das die Jünger vorerst nicht verbreiten sollen (16,20), liegt im Horizont des Ostergeschehens, bei dem sich Jesus als der mit aller Vollmacht Begabte den Jüngern vorstellen wird (28,18). Der irdische Jesus ist kein anderer als der Auferweckt-Verherrlichte. Die Worte an Petrus schlagen eine Brücke zu der großen Szene des Mt-Ev, der Bevollmächtigung der Jünger und ihre Aussendung in die Welt. 4. Jesus Christus wird mit seiner Kirche verbunden, die seine Vollmacht zum Einlaß ins Gottesreich übernimmt und mit der Binde- und Lösegewalt die Menschen der

---

[19] Daraus darf man nicht schließen, daß Jesus als Heilender unter den Heiden vorgestellt wird. Den „Gott Israels" konnten auch die Israeliten preisen, vgl. Jes 29,23; Ps 41,14; 72,18; 106,48; Lk 1,68.
[20] Vgl. die eingehende Analyse von Luz, Mt II, 452–459, der bezüglich der Traditionsgeschichte zu unterschiedlichen Ergebnissen gelangt. Zur Frage der Herkunft vgl. u.a. R. Bultmann, Geschichte der synoptischen Tradition 147–150.275–278; O. Cullmann, Petrus. Jünger, Apostel, Märtyrer, Zürich-Stuttgart ²1960, 183–243 (Verwurzelung im Abendmahlsgeschehen). C. Kähler, Zur Form- und Traditionsgeschichte von Mt 16,17–19: NTS 23 (1976/77) 36–58 (relativ späte Entstehung); A. Vögtle, Das Problem der Herkunft von Mt 16,17–19, in: ders., Offenbarungsgeschehen und Wirkungsgeschichte, Freiburg-Basel-Wien 1985, 109–140 (kritisch); Gnilka, Mt-Ev II, 50–54.

Drittes Kapitel: Matthäus

Herrschaft des erhöhten Christus unterstellt. Die Kirche kann von der Todesmacht nicht überwältigt werden (V. 18b). Dieser Ausblick harmoniert mit dem im Mt-Ev entworfenen Bild von Jesus dem Herrn und künftigen Richter. 5. Die dem Petrus zugesprochene Felsenfunktion signalisiert eine besondere Berufung des Petrus (vgl. 4,18; 10,2), die in die irdische Zeit Jesu zurückreicht, ihn aber nicht aus dem Kreis der berufenen Jünger herausnimmt (10,2-5; 18,18). Das Bild Jesu Christi umfaßt also den auf Erden wirkenden, bei der Auferstehung in Macht eingesetzten und in der Kirche seine Heilsaufgaben fortsetzenden Jesus.

Mit der Cäsarea-Philippi-Szene vollzieht sich ein Umschwung in der Zeichnung des Weges Jesu. Er wird sprachlich durch den Satz 16,21 markiert: „Von da an begann Jesus Christus, den Jüngern zu zeigen, daß er nach Jerusalem weggehen, vieles von den Ältesten, den Hohenpriestern und Schriftgelehrten leiden, getötet werden und am dritten Tag auferweckt werden muß." Vergleicht man damit 4,17: „Von da an begann Jesus zu verkündigen ...", so ist eine von Matthäus bewußt gesetzte Wende im Erzählgeschehen zu erkennen. Hier liegt ein Angelpunkt der Geschichte Jesu, so daß sich von daher für die Struktur eine Großgliederung von 4,17-16,20 und 16,21-28,20 anbietet [21].

Der zweite Teil hält sich recht genau an den markinischen Aufbau, vor allem durch die Leidensansagen Mt 16,21 = Mk 8,31; Mt 17,23f = Mk 9,31; Mt 20,18f = Mk 10,32-34. In den Zug Jesu nach Jerusalem sind allerdings außer den markinischen Texten noch weitere Überlieferungen aufgenommen, so das Gleichnis von den Arbeitern im Weinberg (Mt 20,1-16) und das Gleichnis von den ungleichen Söhnen (21,28-32). Weitere Texte stammen aus der Logienquelle, so das Gleichnis vom Hochzeitsmahl (22,1-14) oder das Gleichnis von den Talenten (25,14-30), doch in merklicher Aus- oder Umgestaltung. Der Weissagung über die Zerstörung des Tempels (24,2) läßt Matthäus ein anderes Wort über Jerusalem aus der Logienquelle vorangehen (23,37-39).

Allen diesen mit den Quellen und der redaktionellen Tätigkeit des Matthäus zusammenhängenden Fragen brauchen wir hier nicht nachzugehen. Beachtlich ist die große antipharisäische Weherede in Kap. 23, die Matthäus gegenüber Mk 12,37b-40 und Lk 20,45-47; vgl. 11,45-47.52 stark ausgebaut hat. Sie trägt die besondere Handschrift des Evangelisten, der in ihr seine Kritik am zeitgenössischen Judentum ausbreitet. Aber in ihr stehen vor den sieben Wehesprüchen (23,13-33) auch einige Sätze, die sich direkt an die Jüngergemeinde wenden (23,8-12) und ihr ein Jesusbild vor Augen stellen, das der Gemeinde

---

[21] Vgl. KINGSBURY, Matthew (vgl. Anm. 13) 21-25.

voranleuchtet. „Ihr aber sollt euch nicht Rabbi nennen lassen; denn einer ist euer Lehrer, ihr alle aber seid Brüder ..." Durch seinen demütigen Dienst wird Jesus zum Vorbild und Lehrer, dem alle nacheifern sollen (vgl. 20, 26–28). Die Kirche, der Jesus seine Vollmacht anvertraut hat, wird zur Brüdergemeinde, wie dies in der Gemeindeunterweisung Kap. 18 noch stärker ausgeführt wird. Das Kirchenbild ist somit ganz nach dem Paradigma des die Kirche leitenden Jesus gestaltet.

In der Lehre bleibt Jesus der Meister; aber seine Lehre wird durch sein Leben, seinen Dienst an den Armen und Leidenden, seinen Verzicht auf Herrschaft, letztlich durch die Hingabe seines Lebens als „Lösepreis für viele" (20, 28) zur konkreten Anschauung. Für die Jerusalemer Tage folgt Matthäus den bei Markus plazierten Ereignissen (Tempelreinigung, Verfluchung des Feigenbaums, schließlich Einzug in Jerusalem) und Gesprächen mit einzelnen Gruppen (Pharisäer, Sadduzäer, Schriftgelehrte), bis ihm die Endzeitrede von Mk 13 Gelegenheit bietet, noch eine letzte große Rede Jesu in Kap. 24–25 mit starker Auffüllung des markinischen Materials unterzubringen (vgl. die Abschlußbemerkung 26, 1). Damit hat der Evangelist die Geschichte Jesu Christi bis in die letzten Tage in Jerusalem weitergeführt, und daran kann sich die Leidensgeschichte in Kap. 26–27 anschließen.

Dieser äußerst geraffte Überblick sollte den erzählerischen Rahmen, in den Matthäus seinen Stoff einordnet, zeigen. Es ist eine voranschreitende Zuspitzung des Konflikts mit den führenden, Jesus ablehnenden Kreisen des Judentums, darin eingeschlossen aber auch eine Profilierung des von Gott gesetzten Ecksteins Jesus Christus, an dem die Anschläge der Gegner zunichte werden und durch den ein erneuertes Gottesvolk entsteht (vgl. 21, 42–43). Die Markus-Akoluthie wird durch zusätzliches Material, das der Kirche den Weg in die Zukunft weist, ihr aber auch ihre Verantwortung vor Augen hält (vgl. die Gleichnisse in 24, 24–25, 30), aufgefüllt. Die Schilderung des Weltgerichts (25, 31–46) eröffnet einen universalen Horizont, einen Ausblick auf das Ende, wenn der Menschensohn in seiner Herrlichkeit kommt und auf dem Thron seiner Herrlichkeit Platz nimmt, um alle Völker zu richten[22].

---

[22] Auf matthäische Redaktion weist die Einleitung in 25, 31–32 a. Die Aufzählung der Werke der Barmherzigkeit hat Analogien in biblischen und rabbinischen Texten. Vgl. P. BILLERBECK, Kommentar zum NT aus Talmud und Midrasch IV, München 1928, Exk. Die altjüdischen Liebeswerke 559–610; A. WIKENHAUSER, Die Liebeswerke in den Gerichtsgemälden Mt 25, 31–46: BZ 20 (1932) 366–377; J. FRIEDRICH, Gott im Bruder? Eine methodenkritische Untersuchung von Redaktion, Überlieferung und Traditionen in Mt 25, 31–46, Stuttgart 1977, 164–171. Doch gibt es auch Analogien in ägyptischen und mandäischen Texten, vgl. E. BRANDENBURGER, Das Recht des Weltrichters. Untersuchung zu Matthäus 25, 31–46 (SBS 99), Stuttgart 1980, 62–67.

Es ist aber auch eine das matthäische Bild von Jesus Christus ergänzende Ausführung. Wenn der Weltenrichter sagt: „Was immer ihr einem meiner geringsten Brüder getan habt, das habt ihr mir getan" (25,40), so identifiziert er sich mit den Armen, Notleidenden und Bedrängten in einer Weise, die zwar durch die Barmherzigkeit Gottes mit den Menschen vorbereitet ist, aber durch die Bindung an die geschichtliche Gestalt Jesu eine neue Stufe erreicht. In diesen Notleidenden begegnet man Jesus selbst, und zwar jenem, der auf Erden Barmherzigkeit geübt und gefordert hat. Der kommende Weltenrichter ist kein anderer als der, der einst unter den Menschen Liebeswerke vollbracht hat. Die „geringsten Brüder" sind nicht auf Christen oder christliche Missionare zu begrenzen, sondern auf alle notleidenden Menschen zu beziehen[23]. Das Weltgericht betrifft alle Völker; jedem wird der Menschensohn vergelten, wie es seine Taten verdienen (16,27). Darin ist auch, und nicht zuletzt, die Kirche angesprochen; aber der Horizont erweitert sich. Nach den Liebeswerken richtet sich das Urteil über alle, ob sie den irdischen Jesus gekannt haben oder nicht (vgl. 25,44). „Thema ist die eschatologische Durchsetzung der Weltordnung Gottes durch das Kommen des Menschensohnes."[24] Damit weitet sich der Blick von dem Herrn der Gemeinde zu dem die ganze Menschenwelt umfassenden Richter-König. Der auferstandene und wiederkommende Christus richtet im Urteilsspruch seine Herrschaft über den ganzen Kosmos auf.

2. Der juden- und heidenchristliche Horizont der Geschichte Jesu

Immer wieder hat es irritiert, daß im Matthäusevangelium sowohl eine judenchristlich enge als auch eine heidenchristlich weite Perspektive erkennbar wird. Die betonte Sendung Jesu und seiner Jünger zu den „verlorenen Schafen des Hauses Israel" (10,6; 10,24), die Einschärfung, daß er das Gesetz nicht aufheben, sondern erfüllen wolle (5,17), die Erfüllungszitate, die auf einer freilich christlichen Lektüre des Alten Testaments beruhen, die sog. Unzuchtsklausel (5,32; 19,9), die auf jüdische Anschauungen Rücksicht nimmt, die vorherrschende jüdische Begrifflichkeit wie „Herrschaft des Himmels" und „Gerechtigkeit", die Herkunft Jesu aus dem Geschlecht Davids verraten die

---

[23] Vgl. G. Gross, Die „geringsten Brüder" Jesu in Mt 25,40 in Auseinandersetzung mit der neueren Exegese: BiLe 5 (1964) 172–180; P. Christian, Jesus und seine geringsten Brüder. Mt 25,31–46 redaktionsgeschichtlich untersucht (EThSt 12), Erfurt 1975; U. Wilckens, Gottes geringste Brüder – Zu Mt 25,31–46, in: E. Ellis – E. Grässer (Hrsg.), Jesus und Paulus (FS W. G. Kümmel), Göttingen 1975, 363–383; Brandenburger, Recht des Weltenrichters (vor. Anm.) 128–131.
[24] Brandenburger, Recht des Weltenrichters (s. Anm. 22) 108.

I. Die Geschichte Jesu, wie sie Matthäus erzählt

judenchristliche Überlieferung, in der Matthäus steht und an der er festhält. Auf der anderen Seite zeigen nicht wenige Stellen eine antijüdische Polemik, eine Distanzierung von jüdischen Einrichtungen („eure" Synagoge 9,35; 23,34), eine Ablehnung jüdischer Gesetzesvorschriften (15,1-9; 23,16-22.23 f), heftige Angriffe gegen das Verhalten der Schriftgelehrten und Pharisäer. Vor allem wird im Lauf des Evangeliums immer stärker der Blick auf die universale Kirche, die aus allen Völkern zusammengesetzte Heilsgemeinde hervorgekehrt, bis in der Aussendung durch den Auferweckten dieser Aspekt seinen Höhepunkt findet. Von welchem Standpunkt aus schreibt Matthäus, und wie bringt er die divergierenden Texte zusammen?

In der jüngeren Zeit hat man Matthäus öfter für einen heidenchristlichen Schriftsteller gehalten[25], der freilich judenchristliche Überlieferungen aus seiner Gemeinde aufgenommen hat. Die Standpunkte gehen bis heute auseinander. U. Luz hat in seinem großen Matthäuskommentar jetzt wieder entschieden dafür plädiert, daß das Matthäusevangelium aus einer judenchristlichen Gemeinde und von einem judenchristlichen Verfasser stammt[26]. Dabei erlangt das Papiaszeugnis (in der Deutung von J. Kürzinger), das eine jüdisch geprägte Darstellungsweise für Mt bezeuge, ein neues Gewicht[27]. Aber von diesem äußeren Testimonium abgesehen, gibt es eine Fülle von Beobachtungen, die für eine Herkunft des Matthäusevangeliums aus dem Judenchristentum sprechen. Das linguistische Material haben besonders Davies-Allison geprüft[28]. Sie kommen zu dem Ergebnis: Matthäus kannte Hebräisch, und er war ein Glied des jüdischen Volkes. In der Tat wird sich dieser jüdische Hintergrund trotz mancher Einwendungen wegen angeblich mangelnder jüdischer Kenntnisse[29] nicht bestreiten lassen.

Daraus ergeben sich aber auch Konsequenzen für das matthäische Bild von Jesus Christus. Er ist aus dem Judentum gekommen und mit

---

[25] Vgl. P. Nepper-Christensen, Das Matthäusevangelium – ein judenchristliches Evangelium? (AThD 1), Århus 1954; Strecker, Weg der Gerechtigkeit 15-35 („Die unjüdischen, hellenistischen Elemente der Redaktion legen nahe, den Verfasser dem Heidenchristentum zuzuordnen" 34); R. Walker, Die Heilsgeschichte im ersten Evangelium (FRLANT 91), Göttingen 1967, passim, bes. 127-144; J. P. Meier, Law and History in Matthew's Gospel (AnBib 71), Rom 1976, 14-21; ders., The Vision of Matthew. Christ, Church and Morality in the First Gospel, New York 1979, 17-25.
[26] Mt I, 62-65.
[27] Ebd. 63; zurückhaltend Davies-Allison 14-16; aber sie bemerken: „ already before Papias' time our gospel was thought of as Jewish and as having been written by a Jew" (17).
[28] Matthew I, 32-58.
[29] Dafür führt man u. a. an: Die Phylakterien, die in Mt 23,5 für die Gebetskapseln in den Tefillin stehen und offenbar als Amulette verstanden werden (doch s. dazu Davies-Allison 17-19); das wörtlich verstandene Zitat Mt 21,5.7; das Vermeiden aramäischer Ausdrücke. Aber das sind keine durchschlagenden Beweise.

ihm trotz der Attacken gegen ihn verbunden geblieben. Daß Matthäus Jesus so gesehen hat, dafür gibt es starke Anzeichen wie den Titel „Davidssohn", die Weitergeltung des jüdischen Gesetzes, wenn es auch in einer neuen Weise ausgelegt wird, das Festhalten an jüdischen Frömmigkeitsübungen (Almosen, Gebet, Fasten 6,1–18). Die Frühgeschichte der matthäischen Kirche weist auf einen judenchristlichen Ursprung, der sich bis in das spätere Gemeindeleben durchhält (vgl. 18,15–17). Petrus soll die Tempelsteuer zahlen, „damit wir bei niemand Anstoß erregen" (17,27). Der „Sohn Gottes" ist der jüdische Messias (26,63f), und wenn Jesus als der „König der Juden" als Aufrührer verurteilt wird (27,37), ist das für Matthäus insofern keine unzutreffende Kennzeichnung, als Jesus zwar nicht als politischer Befreier aufgetreten ist, aber als friedfertiger, heil- und segenbringender König in Jerusalem Einzug gehalten hat (21,5). Die matthäische Kirche ist schwerlich zur Zeit der Niederschrift des Evangeliums noch in den jüdischen Synagogenverband einbezogen[30] – dagegen sprechen die scharf ablehnenden Texte gegen das pharisäische Judentum; doch die Brücken sind nicht völlig abgebrochen. Die ganze Heils- und Unheilsgeschichte steht hinter der Erfahrung der Kirche. Es ist kein absoluter Umbruch zu etwas Neuem; das alttestamentliche Gottesvolk ist in der Kirche zum „wahren Israel" geworden, das seine Früchte bringen soll (21,43). Das verbindende Glied ist Jesus Christus, der die alten Verheißungen in neuer Weise erfüllt, an den Forderungen des Gesetzes festhält und darauf besteht, daß auch nicht der kleinste Buchstabe des Gesetzes vergehen wird, „bis alles geschehen ist" (5,18).

So läßt sich das Matthäusevangelium nur als eine geschichtstheologische Darstellung begreifen, die von der frühen judenchristlichen Gemeinde ausgeht, aber sich auf die überwiegend heidenchristliche Gemeinde ausweitet. Die Ansätze zu diesem universalen Horizont werden schon in Worten und Taten Jesu deutlich und sind mit der Person und dem Auftreten Jesu selbst gegeben. Nach der „Urkunde des Ursprungs" (1,1), die Jesu Ursprung im Abrahamsvolk und seine davidische Abkunft herausstellt, hören wir schon in Kap. 2 vom verheißungsvollen Herbeiströmen der nichtjüdischen Sterndeuter (2,1–12), dann vom Auftreten Jesu im „Galiläa der Heiden" (4,15). Das sind in der Sprache des Matthäus Vorausverweise auf das spätere Vordringen des Evangeliums in die nichtjüdische Welt. Mit dem „Galiläa der Heiden" ist an sich ein Gebiet Israels gemeint; aber „mit dieser alttestamentlichen Bezeichnung will Matthäus auf einer zweiten Ebene auf das vorausweisen, was die Sendung Jesu heilsgeschichtlich ausgelöst

---

[30] Gegen R. HUMMEL, Die Auseinandersetzung zwischen Kirche und Judentum im Matthäusevangelium (BEvTh 33), München 1963, 28–33.159f.

I. Die Geschichte Jesu, wie sie Matthäus erzählt

hat: den Gang des Heils zu den Heiden"[31]. Wenn in der Traumvision des Josef der Name Jesus so gedeutet wird: „Er wird sein Volk von seinen Sünden erlösen" (1,21), so ist in diesem Kontext zunächst an das Volk Israel gedacht; aber es ist nicht unmöglich, daß der Evangelist auch schon das spätere Heilsvolk ins Auge faßt, das alle an Jesus Christus Glaubenden umschließt[32]. Denn die Vergebung der Sünden wird bei Mt an das Kelchwort des letzten Abendmahls „für viele vergossen" angefügt (26,28), im Sinne des Evangelisten also nicht auf das jüdische Volk begrenzt. Nach der Bergpredigt, die im jüdischen Horizont angesiedelt ist, folgen die Taten des Messias, unter denen die Heilung des Knechtes des Hauptmanns von Kafarnaum (8,5-13) erzählt wird. Der heidnische Mann wird für seinen Glauben gelobt: Einen solchen Glauben hat Jesus in Israel nicht gefunden. Daran schließt sich ein Wort, das bei Lukas an anderer Stelle steht, also ursprünglich nicht mit der Geschichte des Hauptmanns verbunden sein muß: „Viele werden von Osten und Westen kommen und mit Abraham, Isaak und Jakob im Reich der Himmel zu Tische liegen". Das ursprüngliche Drohwort gegen das ungläubige Israel wird bei Matthäus zu einem Verheißungswort für die Heiden. Der heidnische Hauptmann wird zum Prototyp der gläubigen Heiden, zum „Stammvater im Glauben der Heidenchristen"[33].

Jesu irdisches Wirken bleibt, das weiß Matthäus, auf die Wohngebiete Israels beschränkt. Gleichwohl hat er seine Wanderungen bis in heidnisches Gebiet ausgedehnt, wo es zu einem Zwischenfall mit einer kanaanäischen Frau kommt, die ihn um Erbarmen für ihre von einem Dämon besessene Tochter anfleht. Nur zögernd und widerstrebend erfüllt Jesus ihre Bitte (15,21-28). Es ist eine Geschichte, die schon von Markus erzählt wird (7,24-30); Matthäus fügt in der Antwort an die ihn drängenden Jünger das Wort ein: „Ich bin nur zu den verlorenen Schafen des Hauses Israel gesandt" (15,24), hält also die Perspektive von 10,5b-6 fest. Aber wegen ihres „großen Glaubens" (15,28) läßt er sich dann zur Heilung bewegen. Schon für Markus ist es eine Ausnahme von der auf das jüdische Volk beschränkten Heiltätigkeit Jesu (7,27 „Laß *zuerst* die Kinder sich sättigen"); für Matthäus aber ist es eine ähnliche, auf den Glauben der Heiden vorausblickende Geschichte wie die Begegnung mit dem heidnischen Hauptmann. Die heidnische Frau im Gebiet von Tyrus und Sidon ist das Pendant zum Hauptmann von Kafarnaum. Die Heidenmission, die nach Ostern auf

---

[31] LUZ, Mt I, 171.
[32] Vgl. DAVIES-ALLISON 210 (gegen Luz). Obwohl λαός sonst das Volk Israel meint, könnte hier wie in 4,16 doch hintergründig auch an das Gottesvolk des neuen Bundes gedacht sein.
[33] F. SCHNIDER – W. STENGER, Johannes und die Synoptiker (BiH IX), München 1971, 75-78.

großen Glauben stößt, kündigt sich in Wort und Tat Jesu bereits an. Dagegen wird die Speisung der Viertausend (Mt 15,32-39 par Mk 8,1-10) nicht als Hinweis auf Jesu Mahlgemeinschaft mit Nichtjuden zu deuten sein, da dafür jeglicher Anhalt im Text fehlt. Eher ist es ein Vorblick auf die Eucharistiefeier der Gemeinde, bei der allerdings auch Nichtjuden anwesend sein werden[34].

Die Verheißung an Petrus, daß Jesus auf diesem Felsen seine Kirche bauen will (16,18), wird in der Perspektive des Matthäus auch die späteren aus dem Heidentum bekehrten Menschen in den Blick fassen; aber ausdrücklich wird das nicht gesagt. Stärkere Signale für das Hinzuströmen der Heiden finden sich im Gleichnis von den bösen Winzern: Gott wird den Weinberg an andere Winzer verpachten (21,44), und im Gleichnis vom Hochzeitsmahl: Der von der Ablehnung durch die zunächst eingeladenen Gäste enttäuschte König schickt die Diener auf die Straßen hinaus, damit sie alle zusammenholen, die sie treffen (22,10). In der Endzeitrede wird mit aller Deutlichkeit gesagt: „Dieses Evangelium vom Reich wird auf der ganzen Welt verkündigt werden, allen Völkern zum Zeugnis, und dann erst kommt das Ende" (24,14). Bei Matthäus ist dieses Wort, das verkürzt schon bei Mk 13,10 steht, betont an das Ende gerückt. Die „Heiden" werden wiederholt eigens erwähnt (10,18; 24,9.14).

Das Weltgericht, bei dem „alle Völker" vor dem Thron des Menschensohnes versammelt sind (25,31-46), betrifft alle Menschen. Eine Einschränkung der wegen ihrer Liebeswerke Freigesprochenen auf die Heiden, die dadurch einen Weg zur Rettung finden, schien uns nicht berechtigt zu sein (s. o. S. 101). Daß der Blick nicht zuletzt auf sie fällt, legt sich aus einer anderen Matthäus vorbehaltenen Stelle nahe: dem Zitat vom Gottesknecht in 12,18-21. Die Stelle beschreibt nach Jes 42,1-4 das stille, heilbringende Wirken des Gottesknechtes, der gerade dadurch den Urteilsspruch Gottes, die Annahme der Völker im Gericht und den Sieg Gottes herbeiführt[35]. Das lange Zitat soll im Kontext von Mt 12 das stille, nicht herausfordernde Wirken des Gottesknechtes trotz der Feindschaft der Gegner, die auf seine Tötung aus sind (V. 14), beleuchten. Er ist der Krankenheiland (V. 15) und sich der „geknickten" Sünder annehmend (V. 20), der gerade dadurch den Gerichtsspruch Gottes „zum Sieg" kehrt und die Berufung der Heiden er-

---

[34] Vgl. ANGELIKA SEETHALER, Die Brotvermehrung – ein Kirchenspiegel?: BZ NF 34 (1990) 108–112. Sie hält die zweite Brotvermehrung für ursprünglicher wegen der symbolischen Zahlen, die auf die weltweite Kirche aus Juden und Heiden deuten.
[35] Nur die letzte Zeile „auf ihn werden die Völker ihre Hoffnung setzen" ist fast wörtlich aus der LXX übernommen; der übrige Text ist ein targumisierter Text aus christlicher Sicht; vgl. K. STENDAHL, The School of St. Matthew, Uppsala 1954, 107–115.

I. Die Geschichte Jesu, wie sie Matthäus erzählt

möglicht[36]. Das Erfüllungszitat ist „eine den unmittelbaren Kontext weit übergreifende, aber nie explizite Verschlüsselung der ganzen Jesusgeschichte an zentraler Stelle"[37]. Von Jesu heilender Tätigkeit im damaligen jüdischen Volk ausgehend, öffnet sich der Blick auf die Heidenwelt, die aufgrund ihrer Liebeswerke auf ihre Rettung hoffen darf.

Der Ausblick auf die Gewinnung der Völkerwelt für das Evangelium findet schließlich bei der Erscheinung Jesu vor den Jüngern auf dem Berg in Galiläa seinen Höhepunkt. Der Auferstandene, dem alle Macht im Himmel und auf Erden gegeben ist, trägt den Jüngern auf, zu allen Völkern zu gehen und sie zu seinen Jüngern zu machen (28,18f). Das „Galiläa der Heiden" (4,15) wird nun zum Ursprungsort der Heidenmission, und das im Dunkel lebende Volk, dem ein helles Licht aufgeht, weitet sich zu allen Völkern, denen das Evangelium verkündet wird. Was schon im irdischen Wirken Jesu als Verheißung aufleuchtete, wird in der Heidenmission der Kirche zur Gewißheit. Wenn man das „Achtergewicht" der großen Schlußszene bedenkt, sieht es so aus, als schriebe der Evangelist nun doch von einem dezidiert heidenchristlichen Standpunkt aus. Aber das wäre einseitig; er hat die universale Kirche aus Juden und Heiden vor Augen.

Freilich bleibt die Frage, warum Matthäus die streng judenchristlichen in den Mund des irdischen Jesus gelegten Aussagen Jesu beibehält. Dabei muß vor allem die Spannung zwischen der Anweisung an die Jünger, nicht zu den Heiden zu gehen, keine Stadt der Samariter zu betreten, vielmehr zu den verlorenen Schafen des Hauses Israels zu gehen (10,5f), und dem universalen Missionsauftrag, allen Völkern die Heilsbotschaft zu verkünden (28,19), erklärt werden. Verschiedene Lösungswege wurden versucht; u.a. spricht man Mt 10,5f der Tradition zu, 28,19 dem Matthäus[38]. Nun enthält 28,16-20 sicher auch traditionelle Elemente, etwa die Macht des Erhöhten, den Taufbefehl, die Verheißung vom Bleiben des Auferstandenen[39]. Aber die Aussendung zu allen Völkern entspricht, wie oben gezeigt wurde, der matthäischen Tendenz. So hat Matthäus die Sendung des historischen Jesus zu Israel und den Auftrag des Auferstandenen, zu allen Völkern zu gehen, nebeneinander stehen lassen. Die Vermutung drängt sich auf, daß Matthäus die irdische Zeit Jesu von der nachösterlichen, durch die Auferweckung und Machteinsetzung Jesu veränderten Situation abhe-

---

[36] Vgl. ROTHFUCHS, Erfüllungszitate 72-77; R. SCHNACKENBURG, „Siehe da mein Knecht..." (Anm. 17), näherhin 217-222.
[37] LUZ, Mt II,244; vgl. auch J. H. NEYREY, The Thematic Use of Isaiah 42, 1-4 in Matthew 12: Bib. 63 (1982) 457-473.
[38] S. BROWN, The Twofold Representation of the Mission in Matthew's Gospel: StTh 31 (1977) 21-32.
[39] Vgl. STRECKER, Der Weg der Gerechtigkeit 208-211.

ben will[40]. Und doch will Matthäus nicht einfach historisierend die Sendung der irdischen Jünger an Israel festhalten. In der „Aussendungsrede" 10, 1–42 weitet sich der Blick auf die nachösterliche, von Verfolgungen bedrohte Missionssituation aus (10, 17 f). Die historische Situation ist für die spätere Mission „transparent gemacht"[41]. Der Befehl 10, 5 f „gilt unbedingt – unter den bestehenden Voraussetzungen. Sobald Israel das Angebot zurückweist und sich seiner heilsgeschichtlichen Prärogative begibt, das heißt mit dem Ende des Lebens Jesu, ist diese Ausrichtung überholt"[42]. Schon immer hat Matthäus die missionierende Kirche im Blick. Die Weisungen Jesu für die Jünger, die er zu Israel schickt, behalten auch für die Zeit der Kirche nach Ostern ihre Gültigkeit, nur nicht in jener Beschränkung auf Israel.

Für das Bild Jesu Christi bedeutet dies: Auf der einen Seite ist er der in seiner Erdenzeit in Israel Wirkende und damals bis auf wenige Ausnahmen den Juden das Heil Gottes verkündende und vermittelnde Gottgesandte; auf der anderen Seite zeichnet sich schon damals der durch Kreuz und Auferstehung den jüdischen Rahmen sprengende, der ganzen Welt die Erlösung anbietende Heilsbringer ab, wie ihn die judenchristlich-heidenchristliche Kirche in ihrer Gegenwart bekennt. Es war eine heilsgeschichtlich folgerichtige Entwicklung, die im Missionsauftrag des Auferstandenen ihren Ausdruck findet. Die Israel angebotene Gottesherrschaft, die von seinen führenden Vertretern abgelehnt wurde, geht auf ein neues Volk über (21, 43). Für Israel wird es eine Unheilsgeschichte (vgl. 23, 34–36.37–39; 27, 25); aber die Heilsgeschichte geht in der Person Jesu und in der von ihm zusammengerufenen Gemeinschaft weiter. „Ihre Kontinuität liegt allein in dem unwandelbaren handelnden Herrn der Berufung."[43]

3. Die Kirche als Raum des Fortwirkens Jesu

Schon bei Markus konnten wir beobachten, daß der verkündigende und lehrende Jesus in die spätere Gemeinde hineinspricht und ihr mit seinen Weisungen in ihrer Situation das rechte Verhalten aufzeigen

---

[40] Vgl. R. BARTNICKI, Der Bereich der Tätigkeit der Jünger nach Mt 10, 5b–6: BZ NF 31 (1987) 250–256, näherhin 254: „Man muß wohl der Ansicht zustimmen, daß die Gegenüberstellung der Texte 10, 5b–6 und 28, 19 auf diese durch das Osterereignis veränderte Situation hinweist". Vgl. ferner J. P. MEIER, Law and History (Anm. 25) 27–40. „Mt quite consciously orders an ‚economy' salvation: to the Jews first, and then to the Gentiles" (27).

[41] Vgl. F. HAHN, Das Verständnis der Mission im Neuen Testament, Neukirchen 1963, 108.

[42] STRECKER, Der Weg der Gerechtigkeit 196.

[43] WALKER, Heilsgeschichte (Anm. 25) 117. Zu dem ganzen Werk s. die Rezensionen von G. STRECKER, in: ThLZ 94 (1969) 435–437 und W. TRILLING in: ThRv 65 (1969) 294–298.

will (vgl. 2. Kap. I, 2). Die ganze Geschichte Jesu, auch seine Heilungen und Machttaten, seine Auseinandersetzungen mit den jüdischen Gruppen und sein Leidens- und Todesweg sind für die Gemeinde transparent geworden. Was Jesus sagt und tut, ist in die Gegenwart hereingeholt und ein ständiges Paradigma für das Leben der Gläubigen[44]. Jesus ist nicht nur der auf Erden geschichtlich Wirkende, sondern auch der nach Tod und Auferstehung fortdauernd seine Stimme Erhebende und die Gemeinde durch sein Beispiel Herausfordernde.

Bei Matthäus wird diese Sicht verstärkt und fortgeführt. In die Gegenwart der Gemeinde hinein spricht Jesus das Wort: „Ihr sollt euch nicht Rabbi nennen lassen, denn nur einer ist euer Lehrer, ihr alle aber seid Brüder" (23, 8). Die VV. 8–10 enthalten eine christliche Gemeinderegel, die in einem dreifachen Ansatz jeglichen Anspruch der Jünger auf eine führende Rolle im Leben der Gemeinde abweist[45].

Sie sollen sich nicht Rabbi, Vater oder Lehrer nennen lassen. V. 10 dürfte eine hellenisierende Variante für die Heidenchristen sein[46]. Auch wenn ein ursprüngliches Jesuswort in V. 8 zugrundeliegen mag, ist das Ganze doch in einem nachösterlichen Horizont der Gemeinde formuliert. Für Matthäus ist Jesus Christus der eine Lehrer, der auch im Raum der Gemeinde die einzige Autorität bleibt. Diese hervorgehobene Position wird durch andere Stellen, besonders die Bergpredigt, bestätigt. Bei den hier versammelten Scharen treten die Jünger näher an Jesus heran, und er „lehrte" sie (5, 1 f). In den Antithesen, in denen an das erinnert wird, was zu den „Alten" gesagt wurde, steht immer betont „ich aber sage euch" (5, 22.28.32.34.39.44). Das ist keine Meinungsäußerung in strittigen Gesetzesfragen, die jeder Schriftgelehrte abgeben konnte, sondern es ist die allein maßgebliche Auslegung der Tora, wie sie den Jüngern Jesu als Richtschnur auferlegt wird[47].

Genau dies bestätigt das abschließende Resümee: „Die Scharen waren von seiner Lehre betroffen; denn er lehrte sie wie einer, der Vollmacht hat, und nicht wie ihre Schriftgelehrten" (7, 28 f). Jesus richtet mit seiner Lehre trotz seines Festhaltens an Gesetz und Propheten

---

[44] Vgl. D. Dormeyer, Die Passion Jesu als Verhaltensmodell. Literarische und theologische Analyse der Traditions- und Redaktionsgeschichte der Markuspassion (NTA NF 11), Münster 1974, bes. 269–287.
[45] Eine ausführliche Analyse bietet A. F. Zimmermann, Die urchristlichen Lehrer (WUNT, 2. Reihe 12), Tübingen 1984, 158–189.
[46] Vgl. Zimmermann, ebd. 169 f.
[47] Es gibt im rabbinischen Bereich dem Wortlaut nach ähnliche Gegenüberstellungen und Meinungen in der Gesetzesauslegung; aber sie erreichen nicht jenes autoritative „Ich sage euch" im Munde Jesu. Vgl. E. Lohse, „Ich aber sage euch", in: ders., Die Einheit des Neuen Testaments, Göttingen 1973, 73–87; Luz, Mt I, 247: „Die Einführungswendung zu den Antithesen ist gegenüber den jüdischen Parallelen eine eigenständige Neubildung, auch wenn eine gewisse Nähe zu jüdischer exegetischer Terminologie besteht".

(5,17–19) durch seine Gesetzesauslegung etwas Neues auf, was seitdem für die Gemeinde als maßgebliche Weisung bestehen bleibt. Der auferstandene Christus schärft den Jüngern ein, alles die Völker zu lehren, was er ihnen aufgetragen hat (28,20). Die bei Markus nicht seltene redaktionelle Kennzeichnung als „Lehrer" wird bei Matthäus vermehrt (8,19; 12,38; 22,36), und zweimal werden die Jünger auf „ihren" Lehrer angesprochen (9,11; 17,24). Das sind kleine Anzeichen dafür, wie wichtig dem Evangelisten Jesus als Lehrer war (vgl. auch 10,24f). Der Lehrer seiner Gemeinde ist auch ihr Vorbild; das an den Spruch von dem einen Lehrer angeschlossene Wort: „Der Größte unter euch soll euer Diener sein" (23,11) erinnert an 20,27f, wo Jesus (der „Menschensohn") ausdrücklich auf seine dienende Selbsthingabe hinweist.

Matthäus hat also den „Lehrer" Jesus noch stärker an die Gemeinde gebunden und in ihr als die einzige Autorität aufgerichtet. Jesus will damit der Gemeinde kein unerträgliches Joch auflegen (vgl. 11,29f; 23,4), doch zur unbedingten Einhaltung seiner Weisungen anhalten. Das ist überhaupt ein Grundzug dieses Evangeliums. Was Jesus geboten hat, wird für die Gemeinde zur verpflichtenden Regel. Selig werden diejenigen gepriesen, die nach der „Gerechtigkeit" hungern und dürsten. Dieses matthäische Vorzugswort meint das Streben nach der von Gott aufgerichteten Heilsordnung, die es zu verwirklichen gilt. Die um der Gerechtigkeit willen Verfolgten werden selig gepriesen (5,10). Die Gerechtigkeit der Jünger Jesu muß größer sein als die der Schriftgelehrten und Pharisäer (5,20). Jesus selbst will alle Gerechtigkeit erfüllen (3,15); die Jünger sollen ihre Gerechtigkeit nicht vor den Menschen zur Schau stellen (6,1). Das Suchen des Reiches Gottes verlangt auch das Streben nach der von Gott geforderten Gerechtigkeit (6,33). An allen Stellen ist die „Gerechtigkeit" nicht Gabe Gottes, sondern ein von den Menschen gefordertes Verhalten[48]. Dafür macht sich Matthäus in der Gemeinde stark. Gegenüber schwärmerischen und fruchtlosen Menschen in der Gemeinde sagt Jesus: „Nicht jeder, der zu mir sagt: Herr, Herr, wird in das Reich der Himmel eingehen, sondern nur, wer den Willen meines Vaters im Himmel tut" (7,21). Das Schlußgleichnis vom Hausbau (7,24–27) unterstreicht, daß man die Worte Jesu nicht nur hören, sondern tun muß. Auch die Gemeinde unterliegt dem richtenden Spruch Jesu (vgl. 13,41–43.47–50; 22,11–14; 25,31–46). Jeder muß sich verantworten, was er mit den ihm verliehenen Gaben und Fähigkeiten gemacht hat (25,14–30), Wachsamkeit und Bereitschaft sind gefordert (24,43f.45–51; 25,1–13).

---

[48] Vgl. B. Przybylski, Righteousness in Matthew and his World of Thought (MSSNTS 41), Cambridge 1980; A. Sand, Das Gesetz und die Propheten. Untersuchungen zur Theologie des Evangeliums nach Matthäus (BU 11), Regensburg 1974, 194–205; Luz, Mt I,209–211; Davies-Allison, Matthew I,451–453.

I. Die Geschichte Jesu, wie sie Matthäus erzählt

Hierin besteht gegenüber Markus ein neuer Zug im Bild von Jesus Christus. Matthäus übernimmt in der Gemeinderede 18,6–9 die schon von Mk 9,43–48 kräftig hervorgehobenen Warnungen vor sittlichen Verführungen; aber daß Jesus der über seine Gemeinde wachende und sie zur Rechenschaft ziehende Herr ist, wird erst im Mt-Ev breiter ausgeführt. Die richterliche Funktion Jesu des Menschensohnes dominiert im Mt-Ev (vgl. 24,50f; 25,11f.41–45). Diese Akzentuierung hängt mit dem Zustand der matthäischen Gemeinde zusammen, die in vielem noch unzulänglich und enttäuschend ist; aber sie beeinflußt auch das Bild von Jesus Christus. Matthäus scheut sich nicht, das Strafgericht über die versagenden Gemeindeglieder mit den Worten anzudrohen: Sie werden in die äußere Finsternis oder in den Feuerofen geworfen werden, wo Heulen und Zähneknirschen sein wird (8,12; 13,42.50; 22,13; 24,51; 25,30). Geht damit nicht die von Jesus verkündigte Barmherzigkeit Gottes unter? Aber den bewährten Gemeindegliedern wird auch der Lohn, das Freudenmahl mit Jesus, das ewige Leben in Aussicht gestellt (19,29; 24,31; 25,10.21.23.34).

Das Weiterwirken Jesu in der Gemeinde wird am stärksten in der Gemeinderede oder der „Hausordnung Gottes" in Mt 18 thematisiert[49]. Matthäus baut die Redekomposition von Mk 9,33–50, die an die zwölf Jünger gerichtet ist (Mk 9,35), konsequent zu einer Gemeinderede aus. Im Gesamtaufbau des Evangeliums ist dies nach der Bergpredigt, der Aussendungsrede und der Gleichnisrede die vierte große Rede, und sie ist ganz im Blick auf die nachösterliche Gemeinde gestaltet. Schon die Zusammenstellung zu einer eigenen Rede (vgl. den Abschluß in 19,1) ist bemerkenswert. Sie schließt sich an eine Sonderperikope über die Zahlung der Tempelsteuer an (17,24–27), die auch das kirchliche Interesse verrät. Eingeleitet wird sie mit der Frage der Jünger: „Wer ist der Größte im Reich der Himmel?" Der Streit der Jünger um die Rangordnung unter ihnen (Mk 9,33f) ist in eine weitere Perspektive gerückt. Es geht um den Eintritt in das Reich Gottes, der für Matthäus schon anfanghaft in der Kirche beginnt[50]. Aber um der

---

[49] Vgl. W. Vischer, Die evangelische Gemeindeordnung. Matthäus 16,13–20,28, Zollikon-Zürich 1946; W. Trilling, Das wahre Israel (Anm. 3) 106–123; ders., Hausordnung Gottes. Eine Auslegung von Matthäus 18, Düsseldorf 1960; W. Pesch, Die sogenannte Gemeindeordnung in Mt 18: BZ NF 7 (1963) 220–235; ders., Matthäus der Seelsorger. Das neue Verständnis der Evangelien dargestellt am Beispiel von Matthäus 18 (SBS 2), Stuttgart 1966; E. Schweizer, Matthäus und seine Gemeinde (SBS 71), Stuttgart 1974, 106–115; I. Maisch, Christsein in Gemeinschaft (Mt 18), in: L. Oberlinner – P. Fiedler (Hrsg.), Salz der Erde – Licht der Welt (FS A. Vögtle), Stuttgart 1991, 239–266.

[50] Vgl. R. Schnackenburg, Groß sein im Gottesreich. Zu Mt 18,1–5, in: L. Schenke (Hrsg.), Studien zum Matthäusevangelium (FS W. Pesch), Stuttgart 1988, 269–282, näherhin 275–277; ders., Matthäusevangelium II, Würzburg 1987, 168. Zum Verhältnis Basileia – Kirche vgl. noch Trilling, Das wahre Israel 143–163; A. Kretzer, Die Herr-

Größte zu werden, muß man klein sein wie ein Kind; wer ein solches Kind oder einen „Kleinen", wohl einen Jünger, der sich selbst erniedrigt, aufnimmt, nimmt Jesus selbst auf (18,5). Jesus ist also für die Gemeinde in den Kindern oder Kleinen anwesend; deswegen auch die Warnung, einem von diesen Kleinen, „die an mich glauben", einen Anstoß (zum Glaubensabfall) zu geben. Die Sprüche von der Achtung der Kleinen und der Rettung der Verirrten (V. 10–14) stehen weiter in dieser Perspektive. Jesus will, daß „keines von diesen Kleinen" verlorengeht (V. 14). Dann aber richtet sich der Blick auf die Brüder (und Schwestern) in der Glaubensgemeinde. Sie soll sich der sündigen Brüder annehmen und hat die Vollmacht, Unbekehrbare auch aus ihrer Gemeinschaft auszuschließen. Hinter der Vollmacht zum Binden und Lösen wird das Vollmachtswort des Auferstandenen hörbar[51]. Jesus Christus hat wie dem Petrus (16,19) so auch der Kirche, die auf dem Felsen Petrus aufgebaut ist, die Entscheidung über das Heilsschicksal der Gläubigen übertragen. Jesus als der Herr der Gemeinde drängt aber eher auf Vergebung der Schuld, wie die Mahnung zum brüderlichen Verzeihen in 18,21–35 nahelegt. Auf jeden Fall wird in diesen Versen, die auf die aktuelle Gemeindesituation zugeschnitten sind, die Autorität Christi erkennbar, der seine Vollmacht in der und durch die Gemeinde ausübt.

Die Anwesenheit Christi in der Gemeinde wird dann noch in einem Matthäus vorbehaltenen Wort ins Licht gestellt. Zunächst wird zwei Gemeindegliedern, die untereinander übereinstimmen, zugesichert, daß alles, worum sie gemeinsam bitten, ihnen vom himmlischen Vater gewährt wird (V. 19), und dann heißt es begründend: „Denn wo zwei oder drei in meinem Namen versammelt sind, bin ich mitten unter ihnen" (V. 20). Es ist der Höhepunkt der ganzen Spruchkette und stellt Jesus als den geistig und geistlich in ihrer Mitte anwesenden Herrn vor. Er ist es, der die Erhörung durch den himmlischen Vater bewirkt. Er ist es, der Brüder, die in seinem Geist versammelt sind, durch seine Gegenwart zusammenschließt, beschützt und stärkt. Dieses „in eurer Mitte" erinnert an den „Gott mit uns" (1,23) und ist eine konkrete Zusicherung nach dem Wort des Auferstandenen, daß er mit ihnen ist bis zur Vollendung der Weltzeit (28,20). Jesus Christus wirkt für seine Gemeinde, in ihr und mit ihr weiter.

Die Kirche tritt nach Matthäus das Erbe des alten Gottesvolkes Is-

---

schaft der Himmel und die Söhne des Reiches (SBM 10), Würzburg 1971, 225–260; FRANKEMÖLLE, Jahwe-Bund 264–272.

[51] Vgl. R. SCHNACKENBURG, Das Vollmachtswort vom Binden und Lösen, traditionsgeschichtlich gesehen, in: P.-G. Müller – W. Stenger (Hrsg.), Kontinuität und Einheit (FS F. Mußner), Freiburg-Basel-Wien 1981, 141–157; A. VÖGTLE, Ekklesiologische Auftragsworte des Auferstandenen, in: DERS., Das Evangelium und die Evangelien (KBANT), Düsseldorf 1971, 243–252.

rael an. Die Jüngergemeinde nimmt die Konturen des bisherigen Gottesvolkes an. Sie erhält Ehrentitel, die bisher Israel für sich in Anspruch nahm: Sie ist das Salz der Erde, die Stadt auf dem Berg, das Licht der Welt (5,13–16). Die von Matthäus geschaffene Spruchkomposition[52] benutzt Metaphern, die, wenigstens für „Salz" und „Licht", auch für die Vorzugsstellung Israels gebraucht wurden. Das betonte „*ihr* seid" überträgt nun diese auszeichnenden Prädikate auf die Jüngergemeinde Christi und wehrt damit zugleich polemisch den Anspruch Israels ab. Den verfolgten Jüngern (vgl. 5,11f) wird ihre Würde, ihre „Würze" für das Leben in der Welt, ihre Leuchtkraft für alle Menschen aufgezeigt, doch zugleich ihre Verantwortung für gute Werke vor Augen gerückt. Die positive Sicht auf die Kirche als das „wahre Israel"[53] erfordert von ihr auch eine den Geboten Christi verpflichtete Handlungsweise. Die guten Werke sollen von den Menschen gesehen werden und zum Preis des himmlischen Vaters beitragen (5,16). In die gleiche Richtung weist ein von Matthäus gebildetes Wort, das gegen die führenden Juden gerichtet ist, die ihn als den letzten von Gott gesandten Propheten, den „geliebten Sohn" ablehnen: „Ich sage euch: Das Reich Gottes wird euch weggenommen und einem Volk gegeben werden, das seine Früchte hervorbringt" (21,43). Jesus anerkennt, daß bisher die Gottesherrschaft über Israel aufgerichtet war; nun aber wird sie ihm wegen des Versagens ihrer Führer entzogen und einem anderen Volk gegeben, aber nur unter der Voraussetzung, daß es auch die erwarteten Früchte bringt.

In der Erklärung des Gleichnisses vom Unkraut unter dem Weizen (13,36–43), einer von Matthäus redaktionell gestalteten Belehrung, wird das Weiterwirken des in seine Macht eingesetzten Christus vorausgesetzt. Der Menschensohn, der bei Matthäus „der die Gemeinde auf ihrem ganzen Weg durch Niedrigkeit, Leiden und Auferstehung begleitende Herr der Gerichts"[54] ist, streut den Samen auf den Acker der Welt aus. Aber nur die „Söhne des Reiches" sind gute Früchte; daneben gibt es die „Söhne des Bösen", die vom Teufel beherrscht werden (13,38). Bis zum Ende der Welt vollzieht sich dieser Prozeß, bei dem Gute und Böse vermischt sind, und erst am Ende erfolgt die Scheidung. Aus dem „Reich des Menschensohnes" werden die anstö-

---

[52] Vgl. J. Souček, Salz der Erde und Licht der Welt: ThZ 19 (1963) 169–179; M. Krämer, Ihr seid das Salz der Erde ... ihr seid das Licht der Welt: MThZ 28 (1977) 133–157; R. Schnackenburg, „Ihr seid das Salz der Erde, das Licht der Welt", in: ders., Schriften zum Neuen Testament, München 1971, 177–200.
[53] Vgl. Trilling, Das wahre Israel, bes. 141f.212–214. Schärfer noch wird die neue Heilsgemeinde im Verhältnis zum alten Israel herausgearbeitet von Frankemölle, Jahwe-Bund und Kirche Christi (Anm. 3), auch mit dem Verpflichtungscharakter der Kirche Christi, vgl. 257–307.
[54] Luz, Mt I, 339.

ßigen Dinge, die Täter der Gesetzlosigkeit ausgeschieden. Das „Reich des Menschensohnes" ist nicht mit der Kirche gleichzusetzen, da der Same des Guten in der ganzen Welt ausgestreut wird[55]. Es ist vielmehr der Herrschaftsbereich des Auferstandenen, zu dem freilich auch die Kirche gehört. Die Kirche ist der besondere Wirkbereich Christi, aber nicht der ausschließliche Ort der Heilserlangung. Sie hat keine Garantie, daß ihre Glieder gerettet werden. Im Weltgericht werden auch Menschen, die den Menschensohn nicht kannten, zu den Erwählten und Geretteten gehören (25,37-40). Insofern hat die Kirche keine Vorzugsstellung unter den Menschen; es kommt allein darauf an, den Willen Gottes und Jesu Christi, vor allem das Liebesgebot, zu erfüllen. Aber die Kirche, die unter der Herrschaft Christi steht und von ihm die Zusage erhält, daß die „Pforten der Unterwelt", die Mächte des Todes sie nicht überwältigen werden (16,18) und die sich des beständigen Beistands Christi erfreuen darf (28,20), wird mit aller Macht auf den Weg Christi gerufen, der über Prüfungen und Leiden führt. Sie soll erst zu dem werden, wozu sie Jesus ausersehen hat. Christus wirkt in die Kirche hinein, doch nicht nur als der Gabenspendende. Am Ende der matthäischen Auslegung des Unkrautgleichnisses steht der Mahnruf: „Wer Ohren hat, der höre!" (13,43). Es ist eine herbe Sicht für alle, die die Botschaft Jesu hören; aber der Schluß dieser Auslegung gibt auch den Blick auf die Rettung der Gerechten frei, die in der vollendeten Gottesherrschaft, im Reich des Vaters, wie die Sonne aufleuchten werden (13,43).

Das Fortwirken des Auferstandenen in der Kirche wird schließlich mit dem Ausblick auf die Parusie des Menschensohnes verbunden. Die Parusie Christi wirft Licht und Schatten auf die Zeit der Kirche. Weil der Menschensohn noch nicht gekommen ist, ist es eine Zeit der Erwartung und Vorbereitung. Die markinische Endzeitrede (Mk 13) hat Matthäus mit drei Gleichnissen aufgefüllt, die diese Situation beleuchten: dem Gleichnis vom wachenden Hausherrn, das Matthäus mit Lukas aus der Logienquelle übernimmt (Mt 24,42-44; Lk 12,39f), dem Gleichnis von dem treuen und klugen Knecht (24,45-51), das fast gleichlautend bei Lk 12,42-46 steht, und dem Gleichnis von den zehn Jungfrauen (25,1-13), das Matthäus aus einer Sonderüberlieferung schöpft. Dieses letzte Gleichnis ist sowohl Warnung wie Verheißung: Die Jungfrauen, die nicht vorbereitet waren, werden ausgeschlossen, während diejenigen, die bereit waren, mit dem Bräutigam in den Hochzeitssaal einziehen. Der Ausblick auf die Parusie ist eine Mah-

---

[55] Vgl. STRECKER, Weg der Gerechtigkeit 218f; J. KINGSBURY, The Parables of Jesus in Matthew 13, London 1969, 97; A. VÖGTLE, Das christologische und ekklesiologische Anliegen von Mt 28,18-20, in: DERS., Das Evangelium und die Evangelien (Anm. 51) 253-272, hier 267-271.

nung für die noch in der Bewährung stehende Kirche. Die Naherwartung ist dabei nicht das treibende Moment. Der Zeitpunkt der Parusie ist wie bei Markus in der Schwebe gelassen (vgl. 24, 42.44.50; 25, 13), doch eher in die Ferne gerückt (25, 5.19). Die Spannung zwischen Naherwartung und nicht voraussehbarem Ende läßt Matthäus wie Markus bestehen (Mt 24, 34–36 par Mk 13, 30–32). Darum gliedert er gegen Schluß seiner Endzeitrede das Gleichnis von den anvertrauten Geldern ein, das zum Wuchern mit den von Gott geschenkten Fähigkeiten ruft (25, 14–30), und darum stellt er ans Ende die Szene vom Weltgericht (25, 31–46), die wie nichts anderes den Appell zu Werken der Liebe hervortreibt.

Für Matthäus wirkt Christus in seiner Kirche fort bis zu seinem Kommen in Herrlichkeit, vor allem als Ruf zur Verwirklichung seiner Botschaft. Gemäß dieser konkreten und praktischen Zielsetzung, die sich angesichts der faktischen Verhältnisse in seinen Gemeinden aufdrängte, und gemäß seiner persönlichen Veranlagung als nüchterner Sittenprediger zeichnet er Christus mit starken Strichen als den Gerichtsherrn, doch auch als den bei seiner Gemeinde bleibenden, sie nie verlassenden Bundesherrn, als „Gott mit uns", in dem sich die Verheißungen und Erwartungen des alten Bundes erfüllen.

II. Das Bild Jesu Christi im Matthäusevangelium

1. Christologische Prädikate für Jesus

Wenn bei Markus die beiden christologischen Bezeichnungen „Sohn Gottes" und „Menschensohn" die Darstellung beherrschen, so ist zunächst festzustellen, daß sie auch bei Matthäus einen hervorragenden Platz einnehmen. Allerdings erlangen sie neue Akzente, die den Blick auf Jesus in eine besondere Richtung lenken. Darüber hinaus treten bei Matthäus noch andere christologische Titel hinzu, unter denen besonders der „Sohn Davids" und der „Sohn Abrahams" (1, 1), ferner der „Immanuel, Gott mit uns" (1, 23) und der „Knecht Gottes" (12, 18) auffallen.

a) Schauen wir zunächst auf den „Sohn Gottes" im Matthäusevangelium! Wenn die Gottessohnschaft Jesu das Herzstück der markinischen Christologie ist (vgl. Kap. 2, II, 1), so gilt das in gleicher Weise für Matthäus. Alle christologischen Titel kulminieren in der Sicht auf Jesus, den Sohn Gottes, wie namentlich J. Kingsbury in Analyse aller einschlägigen Stellen und im Vergleich mit anderen christologischen

Bezeichnungen nachgewiesen hat[56]. Die entscheidenden Texte von der Taufe, der Verklärung, der Selbstbezeugung vor dem Hohenrat und dem Bekenntnis des Hauptmanns beim Tod Jesu werden aufgenommen und festgehalten. Nur der „Anfang des Evangeliums Jesu Christi, des Sohnes Gottes" (Mk 1,1) findet sich bei Mt nicht, weil er mit der „Urkunde des Ursprungs" Jesu Christi einsetzt und die Geschichte Jesu, des Sohnes Davids und des Sohnes Abrahams, erzählen will. Aber schon bald zeigt sich, daß er schon in dieser Vorgeschichte (oder dem „Vorevangelium") den Sohn Gottes im Sinn hat. Der aus Maria Geborene (1,16b) ist aus dem heiligen Geist gezeugt (1,20), d.h. er hat seinen wahren Ursprung in Gott, er ist der „Gott mit uns" (1,23). Im 2. Kap. wird dem Kind Anbetung zuteil (2,11); man kann annehmen, daß die Bezeichnung „das Kind" (8mal) als „Surrogat" für den „Sohn Gottes" fungiert[57]. Im Erfüllungszitat 2,15 wird er in Übernahme der Bezeichnung Israels als „mein Sohn" deklariert.

Aus der Q-Überlieferung ist die Versuchungsgeschichte hinzugekommen, in der Jesus durch den Täufer auf seine Gottessohnschaft herausgefordert wird (4,3.6). Als der in der Taufe von Gott deklarierte Sohn könnte er all das tun, wozu ihn der Teufel verleiten will; aber die verführerischen Angebote bis hin zur Weltherrschaft weist der mit Gott Verbundene ab. Wie Israel in der Wüste versucht wurde, so jetzt der Repräsentant Israels, der aber alle Versuchungen besteht.

In dem Hauptteil über die Verkündigung der Gottesherrschaft (4,17-16,20), der in der Szene von Cäsarea Philippi den Höhepunkt erreicht, ist die Gottessohnschaft Jesu vorausgesetzt. Nach der Darstellung in 1,1-4,16 kann man die Abschlußbemerkung der Bergpredigt, daß er die Volksscharen lehrte wie einer, der Vollmacht hat (7,29; vgl. Mk 1,22), kaum anders verstehen, als daß er die göttliche Vollmacht als Sohn Gottes besaß. Das Hinaufsteigen auf den Berg (5,1) erinnert proleptisch schon an den Berg in Galiläa, auf dem der Auferstandene den Jüngern seine Vollmacht kundtut und ihnen einschärft, die Völker alles zu lehren, was er ihnen aufgetragen hat (28,18f). Die Würde des Gottessohnes, der lehrt, verkündigt und heilt, wird von Matthäus verdeutlicht und vertieft. Dem, der über die Wasser schreitet und den zaudernden Petrus aus seiner Not rettet, gebührt das Bekenntnis der Jünger im Boot (und der späteren Gemeinde): „Wahrhaftig, du bist Gottes Sohn" (14,33). Das Messiasbekenntnis des Petrus wird als das volle Bekenntnis zum „Sohn des lebendigen Gottes" ausgelegt (16,16), wie es die nachösterliche Kirche versteht. Der irdi-

---

[56] Matthew, Kap. 2: The Title Son of God 40-83; Kap. 3: Other Titles 83-127. Vgl. ferner E. Schweizer in: ThWNT VIII, 381f; F. Hahn in: EWNT III,920.
[57] Kingsbury, Matthew 45; vgl. ders., The Title Son of David in Matthew's Gospel: JBL 95 (1976) 591-602, hier 594f.

II. Das Bild Jesu Christi im Matthäusevangelium

sche, schon von den Dämonen als der „Sohn Gottes" erkannte Jesus (8,29 nach Mk 5,7) steht in nächster Nähe zu Gott.

Das einzigartige Verhältnis des Sohnes zu Gott dem Vater findet in dem aus der Logienquelle stammenden „Jubelruf" Jesu seinen Ausdruck (Mt 11,25-27 par Lk 10,21 f). Nachdem Jesus den Vater gepriesen hat, daß er all das den Weisen und Klugen verborgen, den Unmündigen aber geoffenbart hat, sagt er: „Mir ist von meinem Vater alles übergeben worden, niemand kennt den Sohn, nur der Vater, und niemand kennt den Vater, nur der Sohn und der, dem es der Sohn offenbaren will". Dieses Logion, das johanneischer Christologie nahesteht (vgl. Joh 10,14f), enthält zwei wesentliche Aussagen über den „Sohn": Alles wurde ihm vom Vater übergeben, und es besteht ein gegenseitiges Erkennen von Vater und Sohn, das es dem Sohn ermöglicht, die Erkenntnis des Vaters jedem zu vermitteln, „wem er will". Was dem Sohn übergeben wurde, kann sich auf die Vollmacht des Auferstandenen über Himmel und Erde (vgl. 28,18) oder auf die Vollmacht zur Weitergabe der Erkenntnis des Vaters beziehen[58]. Beides, Offenbarungsvollmacht, die wohl in Mt 11,27 im Vordergrund steht, und Fähigkeit zur Vermittlung göttlichen Lebens (vgl. Joh 17,2) kann in dem weisheitlich gestimmten Wort miteinander verbunden sein. Das gegenseitige Erkennen von Vater und Sohn ist ein liebendes Vertrautsein, ein Erkennen, das in eine Wesensschau hineinreicht. Mt 11,27 „beschreibt (dann) die Unio Jesu mit dem Vater, die sich in der Wesenserkenntnis vollzieht"[59]. Der „Sohn" wird durch seine Relation zum Vater als der Offenbarungs- und Heilsmittler gesehen, der dadurch eine einmalige, unübertreffliche Bedeutung für alle gewinnt, die sich nicht auf Menschenweisheit verlassen, sondern die von Gott kommende, in Christus erschlossene und verbürgte Offenbarung gläubig annehmen (vgl. 11,25). In diesem Spruch wird die Nähe Jesu zu Gott dem Vater, die Funktionseinheit mit ihm, die Auswirkung auf die an ihn Glaubenden erhellt. Nicht zufällig ist dann der „Heilandsruf" angeschlossen, in welchem Jesus einlädt, sein Joch auf sich zu nehmen und seine Lehre anzunehmen (von ihm zu „lernen"), um so Ruhe für die Seele, wahres und bleibendes Glück zu finden (11,28-30)[60]. Diese Zeichnung des „Sohnes" im Licht von Weisheitstexten (vgl. Sir 24,19; 51,23-26) ist eine weiterführende Sicht auf den markinischen „Sohn

---

[58] Vgl. P. HOFFMANN, Studien zur Theologie der Logienquelle (NTA NF 8), Münster 1972, 104-142, hier 118-122 (Machtübergabe). 134-138; LUZ, Mt II, 210-214 (Offenbarungsweitergabe).
[59] LUZ, Mt II,212. Er wendet sich gegen die Deutung, daß der Vater den Sohn erwählt hat und die Menschen den Sohn anerkennen müssen.
[60] Vgl. C. DEUTSCH, Hidden Wisdom and the Easy Yoke (JStNT S 18), Sheffield 1987; M. J. SUGGS, Wisdom, Christology and Law in Matthew's Gospel, Cambridge/Mass. 1970, 71-108.

Gottes", der zwar in seiner Hoheit und Verbundenheit mit Gott gesehen wird, aber noch nicht in jener offenbarungs- und heilsmittlerischen Funktion wie bei Matthäus.

Die Antwort Jesu an den Hohenpriester (26,63) ist zurückhaltender als bei Markus formuliert („Du hast es gesagt")[61]. Vielleicht hängt das auch damit zusammen, daß Jesus unter dem Kreuz als „Sohn Gottes" verspottet wird. Spötter unter dem Kreuz sagen: „Rette dich selbst, wenn du Gottes Sohn bist" (27,40). Es ist die gleiche Herausforderung Jesu wie durch den Teufel in der Wüste. Noch einmal spotten die Vorübergehenden: „Er hat auf Gott vertraut, jetzt rette er ihn, wenn er will" (Zitat aus Ps 22,9), und das wird begründet: „Denn er hat gesagt: Gottes Sohn bin ich" (27,43). Die Spötter halten sich an die Frage des Hohenpriesters und wollen sie ad absurdum führen. Der leidende Gerechte läßt den Spott über sich ergehen und zeigt gerade dadurch, daß er Gottes Sohn ist. Niemand, weder der Hohepriester noch die Spötter unter dem Kreuz, vermag ihn aus der Verbundenheit mit Gott zu reißen (vgl. Weish 2,16-18; 5,4f). Der letzte Schrei Jesu vor seinem Hinscheiden ist bei Mt ein *zweiter* Schrei nach dem Gebet Jesu, in welchem er seine Verlassenheit von Gott beklagt (27,50 πάλιν). Deutlicher als bei Markus wird damit das Hinscheiden Jesu als machtvolles, im Vertrauen zu Gott geschehendes Aushauchen markiert. Das bekräftigen die besonderen Ereignisse nach dem Tod Jesu: das Zerreißen des Tempelvorhangs, das Erdbeben, die Spaltung der Felsen und Öffnung der Gräber und das Bekenntnis des Hauptmanns und der Wachmannschaft (27,51-54). Gegenüber dem Spott über die Ohnmacht Jesu wird so die Vollmacht des Sohnes Gottes, seine sich im Tod offenbarende Macht offenkundig. Die kosmischen Zeichen gehen über die Schilderung bei Markus hinaus. Jesus ist auf dem Weg zur Weltherrschaft und Weltvollendung. Das wird durch die große Schlußszene (28,16-20) bestätigt. Die Aussendung zu allen Völkern nimmt die Kirche in das Weltgeschehen hinein. Ihr Heilsauftrag wird durch die Taufe auf den Namen des Vaters und des Sohnes und des heiligen Geistes zu einem anschaulichen Geschehen, zu dem die Sendung des Sohnes und des heiligen Geistes gehört. Der „Sohn" wirkt seine Heilsvollmacht in der christlichen Taufe aus.

Eigentümlich ist die Einschätzung Jesu als des „Knechtes" Gottes, die außer in der Taufszene noch in den zwei von Mt herangezogenen alttestamentlichen Zitaten zum Ausdruck kommt. Das erste Zitat 8,17 steht im Zusammenhang der Krankenheilungen Jesu, die sich in Sammelberichten weit über das Evangelium erstrecken (4,23f; 8,17; 9,35; 12,15; 14,34-36; 15,29-31). Der Gottesknecht nimmt die Leiden der

---

[61] Vgl. die Diskussion bei D. R. CATCHPOLE in: NTS 17 (1970/71) 213-226. Die Antwort sei „affirmative in content and reluctant or circumlocutory in formulation" (226).

II. Das Bild Jesu Christi im Matthäusevangelium

Menschen auf sich, „trägt sie" und beseitigt sie. Auch das zweite lange Zitat in 12,18–21, das in einer targumisierten Fassung Jesus als den geliebten, mit heiligem Geist ausgerüsteten Knecht oder Sohn (παῖς) vorführt, steht noch im Kontext der Krankenheilungen (12,15), an denen aber die Pharisäer Anstoß nehmen (12,14). Jesus erbarmt sich der Kranken und Niedergebeugten; aber gerade dadurch führt er die Sache Gottes zum Sieg, an dem die Heidenvölker Anteil erhalten[62]. Daß hinter dieser Zeichnung der Sohn Gottes steht, wird durch folgende Beobachtungen erkennbar:

1. Der „Geliebte" nimmt die Taufstimme auf, in der ausdrücklich „mein Sohn" genannt wird. Der Knecht Gottes ist niemand anderes als der „Sohn Gottes", an dem Gott Gefallen gefunden hat. 2. Er ist der Geistträger, der im Geiste Gottes die Dämonen austreibt (12,28) und so die Gottesherrschaft in der Welt wirksam macht. Er ist der Gesalbte, den Gott erwählt hat, um die Wunden der Menschheit zu heilen. Dieses Bild steht dem Sohn Gottes nahe, auf den der Geist Gottes herabkommt (3,16). 3. Trotz oder gerade wegen seines Heilswirkens bleibt Jesus der Machtvolle, der den Völkern das gerechte Urteil Gottes ankündigt. Dieser in Macht Kommende ist der Menschensohn (16,28; 19,28; 24,30; 25,31 u. a.), der aber mit dem Sohn Gottes identisch ist (16,13.16; 26,63.64). Seine Vollmacht kommt vom Himmel, von Gott (vgl. 21,23–27). Aller Unglaube und Spott, der sich gegen ihn als den Sohn Gottes richtet (27,40.43), zerbricht an Gott, der den Gekreuzigten nach seinem Tod als eben diesen seinen Sohn vor der Welt ausweist (27,50–54). Der Sohn Gottes vereinigt für Matthäus das Bild des erbarmungsvollen Helfers und Heilands – ein Niedrigkeitsbild – mit dem des machtvoll Wirkenden und in Gottes Macht Kommenden, der die Feinde beschämt und niederbeugt – ein Hoheitsbild. Das Gebet des am Kreuz Hängenden (27,46) wird erhört, sein Schrei verhallt nicht ungehört (27,49). Das Drama Jesu, des Gottessohnes, den die Feinde töten, wendet sich zum Triumph über sie durch Gottes Eingreifen (vgl. 21,33–44).

Noch eins ist zu beachten. Das Heilsdrama, das sich auf Golgota vollzieht, erfüllt sich in der Kirche, in dem durch Jesu Tod konstituierten Gottesvolk, auf das die Gottesherrschaft übergeht (21,43). Der Sohn Gottes wird für die an ihn Glaubenden zum „Gott mit uns", der in ihrer Mitte anwesend ist (18,20) und sie bis zum Ende der Welt beschützen und leiten wird (28,20). Diese weiter bestehende Gegenwärtigkeit ist nur dem Sohn Gottes möglich, der in engster Gemeinschaft mit dem Vater lebt und das Werk Gottes weiterführt. Er ist der durch

---

[62] Vgl. R. Schnackenburg, „Siehe da mein Knecht ..." (Anm. 17), 203–222. Ferner J. H. Neyrey, The Thematic Use of Isaiah 42,1–4 (Anm. 37) (bindet das Zitat in den Kontext von Mt ein).

sein Wort und seine Sakramente der Gemeinde Nahe. Er ist ihr einziger Lehrer (23,8), aber setzt in ihr auch seine Heiltätigkeit fort, wenn man die Transparenz der Heilungsgeschichten ernstnimmt.

b) Der Menschensohn

Den Titel „Menschensohn" hat Matthäus aus dem Markusevangelium, doch auch aus der Logienquelle übernommen und zum Teil, vor allem für eschatologische Texte (13,41; 19,28; 24,30; 25,31) selbst eingeführt. Was im Vergleich mit dem Markusevangelium auffällt, ist *erstens* der Nachdruck, der auf das künftige Erscheinen des Menschensohnes, die Parusie, und beim Gericht über Kirche und Welt gelegt wird. Während im Mk-Ev das Gewicht auf die zweite Gruppe der Menschensohn-Texte, das Leiden, Sterben und Auferstehen Jesu, diesen unbegreiflichen Ratschluß Gottes, fällt, kommen bei Matthäus etwa zehn Stellen hinzu, an denen das machtvolle Erscheinen des Menschensohnes den Blick beherrscht [63]. Das hat Auswirkungen auf das Bild von Jesus Christus. Er ist nicht nur der im Geheimen seine wunderbaren Heilungen Vollbringende, sondern auch der erwartete Heilskönig, der sein Volk aus der letzten Not befreien und zwischen den Guten und Bösen scheiden wird (13,40–43; 24,31–33). Das ganze Endgeschehen wird noch über „diese Generation kommen" (vgl. 12,45; 23,36; 24,34; 25,32f). Da es eine böse, ungläubige und verdorbene Generation ist (16,4; 17,17), wird sie im Gericht nicht bestehen können (12,41f). So ist die Endzeitrede stärker als drohendes Strafgericht dargestellt (vgl. 24,27f.30.37–39.48–51; 25,30). Während bei Markus nur einmal dem, der sich Jesu und seiner Worte schämt, angekündigt wird, daß sich auch der Menschensohn seiner schämen wird (8,38), steht diese Drohung bei Matthäus hinter vielen Worten [64].

Zweitens wird bei Matthäus das irdische Wirken des Menschensohnes im Licht von Q-Logien stärker in den Blick gebracht. Er erweckt durch seine Lebensweise Anstoß, wird als Fresser und Säufer, der mit Zöllnern und Dirnen Gemeinschaft pflegt, in Mißkredit gebracht (11,19), schreckt einen Gesetzeslehrer mit den Worten ab: „Die Füchse haben ihre Höhlen und die Vögel ihre Nester; der Menschensohn aber hat keinen Ort, wohin er sein Haupt hinlegen kann" (8,18) [65]. Und doch hat er die Vollmacht, auf Erden Sünden zu verge-

---

[63] 10,23; 12,32; 13,41; 16,27(28); 24,27.30.37.39.44; 25,31.
[64] H. E. Tödt, Der Menschensohn in der synoptischen Überlieferung, Gütersloh 1959, 86: „Mehrfach ist er (Matthäus) bestrebt, größeren Abschnitten in den abschließenden Stücken ein *eschatologisches Achtergewicht* zu geben; diese Absicht realisiert er vorzugsweise mit Hilfe von Menschensohnworten".
[65] Die Auslegung ist umstritten. Der Schriftgelehrte ist kein Jünger wie der andere Jünger, der Jesus nachfolgen will (8,21f). Das Wort von der Heimatlosigkeit des Menschensohnes soll ihn und die Gemeinde betroffen machen. Vgl. J. D. Kingsbury, On

ben (9,6) und ist der Herr des Sabbats (12,8). Das Bild des Niedrigen, der nur gekommen ist, zu dienen und sein Leben hinzugeben (20,28), verbindet sich mit dem schon auf Erden seine göttliche Vollmacht Enthüllenden. Er ist der Menschensohn, der seinen guten Samen auf dem Acker der Welt ausstreut (13,37f), aber diejenigen, die doch nur Unkraut sind, am Ende ausrotten und bestrafen wird (13,40-42). Das irdische Leben des Menschensohnes ist auf die Ernte am Ende hingeordnet.

Drittens dehnt Mt die Richtertätigkeit des Menschensohnes auf die Gemeinde aus. Der Scheidung von Guten und Bösen ist auch die Kirche ausgesetzt. Deutlich wird das in der Schilderung des Weltgerichts in 25,31-46, doch auch in anderen Stellen. Denen, die sich auf wunderbare Taten und Prophezeiungen berufen, ohne entsprechende Früchte hervorzubringen, sagt der Herr des Gerichts: „Weichet von mir, ihr Täter der Gesetzlosigkeit" (7,21-33). Einer, der kein hochzeitliches Gewand trägt, wird in die äußere Finsternis hinausgeworfen (22,21-13). Auch unter dem schlechten Verwalter (24,48-51), unter den törichten Jungfrauen (25,8-12), unter dem, der sein Talent vergräbt (25,24-30), muß man gemäß der Warnung an die Gemeinde Angehörige der Kirche sehen. Der Menschensohn, der seine Auserwählten aus allen Himmelsrichtungen sammelt (24,31), nimmt doch nur die Bewährten und Gerechten in das Reich seines Vaters auf (13,43). Damit gewinnt der Menschensohn eine besondere Bedeutung für seine Gemeinde, die er ständig anfordert, mahnt und auf dem Weg zum Reich des Vaters begleitet. Die ekklesiale Ausrichtung ist für alle Menschensohn-Texte zu beobachten[66].

Viertens gewinnt der Menschensohn dadurch ein kosmisches Ansehen. Die ganze Welt mit allen Völkern ist der Vollmacht des Menschensohnes unterworfen. Wahrscheinlich ist in der Schlußszene mit dem, dem alle Vollmacht im Himmel und auf Erden gegeben ist, der Menschensohn gemeint[67]. Der ekklesiale und universale Horizont ist

---

Following Jesus: The ‚Eager' Scribe and the ‚Reluctant' Disciple (Matthew 8,18-22): NTS 34 (1988) 45-59 (56f: „Jesus flatly turns him away", weil er sich anmaßt, selbst ein Jünger zu werden, ohne von Jesus gerufen zu sein).

[66] Vgl. H. GEIST, Menschensohn und Gemeinde. Eine redaktionskritische Untersuchung zur Menschensohnprädikation im Matthäusevangelium (FzB 57), Würzburg 1986, bes. 426-428.431-433.

[67] Entschieden vertreten von J. LANGE, Das Erscheinen des Auferstandenen im Evangelium nach Matthäus (FzB 11), Würzburg 1975, 179-237. Kritik zur Deutung auf den Menschensohn bei A. VÖGTLE, Das christologische und ekklesiologische Anliegen von Mt 28,18-20, in: ders., Das Evangelium und die Evangelien, Düsseldorf 1971, 253-272. (Er sei der vollmächtige Kyrios). Doch gewinnt die Annahme, daß im Gesamttext des Mt-Ev der Menschensohn im Blick steht, viel Zustimmung; vgl. u. a. FRANKEMÖLLE, Jahwe-Bund 66f; A. SAND, Das Evangelium nach Matthäus, Regensburg 1986, 598-602; GNILKA, Mt II,507f; LUZ, Mt II,501: „Matthäus kennt also auch den erhöhten Men-

verschmolzen. Die Kirche, die auf ihrem Weg zu den Völkern, getragen von der Gegenwart des „Gott mit uns" der Vollendung des Äons entgegenschreitet, nimmt universale Dimensionen an. Die Sendung des Menschensohnes zu den „verlorenen Schafen des Hauses Israel" wird überschritten und zu einer Mission für alle Völker. Als Auferstandener erreicht der Menschensohn das Ziel seines Weges und wird schließlich zum Richter der Welt (25,31–33). Er ist der kosmische Parusiechristus (24,29–31).

Überblickt man den von Matthäus beschriebenen Weg des Menschensohnes, so ist darin alles enthalten, was den auf Erden wirkenden, in Leiden und Schmach gehenden, den auferstandenen, erhöhten und zum Gericht kommenden Christus charakterisiert. Es ist eine geschichtstheologische, in gewisser Weise „horizontale", aus der Zeit in die Ewigkeit führende Nachzeichnung Jesu Christi, während der „Sohn Gottes" ein Bekenntnistitel ist, dem ein „vertikales" Element innewohnt [68]. Aber beide Titel stehen in enger Verbindung (26,63). Das Geheimnis des Gottessohnes kann nur in der Begegnung Jesu mit seinen Jüngern und im Widerspruch der Gegner aufleuchten. Der Menschensohn stellt in die spannungsreiche Geschichte Jesu Christi auf Erden hinein und zeichnet den Weg durch Kreuz und Auferstehung zur Vollendung in der Herrlichkeit des Vaters nach, in der er als Richter der Welt wiederkommen wird.

c) Der Davidssohn

Der Titel „Davidssohn" ist auf das Wirken Jesu im Volk Israel beschränkt, nimmt aber darin einen hervorragenden Platz ein [69]. Schon der Ursprung Jesu wird auf den „König David" zurückgeführt (1,1.6). Die dreimal vierzehn Generationen, mit denen das Geschlechtsregister rechnet, orientieren sich an David (1,17); aber in die Geschlechterfolge wird Jesus nicht durch natürliche Zeugung, sondern durch die Adoption durch Josef aufgenommen (1,16.20), die ihn zum rechtlichen Sohn Davids macht, ohne seine Herkunft von Gott zu hindern (1,18.20.23). Damit wird Jesus in das Abrahamvolk eingegliedert und

---

schensohn: Von ihm spricht er nicht nur im traditionellen Wort 26,64, sondern der Sache nach auch in 28,18".

[68] So Luz, Mt II,502; anders charakterisiert Kingsbury, Matthew 113–122, den Unterschied der beiden Titel: „Sohn Gottes" sei confessional, der „Menschensohn" public.

[69] Aus der Literatur vgl. A. Suhl, Der Davidssohn im Matthäus-Evangelium, in: ZNW 59 (1968) 57–81; C. Burger, Jesus als Davidssohn (FRLANT 98), Göttingen 1970, 72–106; K. Berger in: NTS 20 (1974) 3–9; J. D. Kingsbury, The Title ‚Son of David' in Matthew's Gospel: JBL 95 (1976) 591–602; D. C. Duling, The Therapeutic Son of David: An Element in Matthew's Christological Apologetic, in: NTS 24 (1977/78) 392–410; W. R. G. Loader, Son of David, Blindness, Possession and Duality in Matthew, in: CBQ 44 (1982) 570–585; Luz, Mt II,59–61; M. Karrer, Der Gesalbte, Göttingen 1991, 267–294.

erlangt eine besondere Beziehung zu Israel, die im ganzen Matthäusevangelium festgehalten wird. Er ist der Heilskönig, als den ihn die Scharen beim Einzug in Jerusalem und auch die Kinder im Tempel begrüßen (21,9.15). Aber er ist kein weltlicher Befreier, sondern der milde Friedensbringer (21,5) und der alle Krankheiten des Volkes Heilende. Der Davidssohn überschreitet und verändert die Hoffnung Israels. Im Volk dämmert die Erkenntnis, daß Jesus der Davidssohn sein könnte, aber doch nicht ernstlich, da die Frage, ob er der Sohn Davids sein könnte, eher ein negatives Echo findet (12,23; vgl. das μήτι). Beim Einzug Jesu in Jerusalem sagen die Scharen: „Hier ist der Prophet Jesus, der von Nazaret in Galiläa" (21,11). Anders als die ihn begleitende Volksmenge nehmen ihn die Jerusalemer also nicht als Davidssohn an; Prophet ist eine geringere Einschätzung (vgl. 16,14), die aber ihre Wirkung auf die Führenden nicht verfehlt (21,46).

Das Auffälligste ist die Verbindung des Davidssohnes mit Krankenheilungen, besonders mit Blindenheilungen[70]. Aus der vormatthäischen Tradition stammt der Zuruf der Blinden von Jericho: „Herr, erbarme dich unser, Sohn Davids!" (20,30.31). Bei Mt sind es zwei Blinde, und noch an anderer Stelle bringt Matthäus mit dem gleichen Zuruf die Heilung von zwei Blinden (9,27-30). In der Reihe der Taten des Messias (Kap. 8-9) will Matthäus eine Blindenheilung nicht auslassen. In 12,22f erzählt er die Heilung eines Besessenen, der blind und stumm war und eben darauf reagieren die Leute mit der Frage, ob er der Sohn Davids ist. Dies geschieht in Konfrontation mit den Pharisäern, die Jesus verdächtigen, er sei von Beelzebul, dem Anführer der Dämonen, besessen (12,24). Damit dürfte auf die Blindheit der Pharisäer angespielt sein, wie auch sonst (15,14; 23,16-26) ihre Blindheit gegeißelt wird.

Die Heilung hat einen symbolischen Sinn: Der Davidssohn befreit von der körperlichen und geistigen Blindheit, die Gegner sind im Unverständnis befangen und bringen nur eine unsinnige Rede zustande. Auch die Begegnung Jesu mit der kanaanäischen Frau, die ihn als Sohn Davids um Hilfe anfleht, ist für Matthäus eine Heilungsgeschichte (15,21-28). Der anschließende Sammelbericht über Heilungen (15,29-31) wird von Mt noch in dieser Perspektive gesehen, obwohl der Davidssohn nicht genannt wird. Ein enger Zusammenhang zwischen Davidssohn und Heilungen wird nochmals nach der Tempelreinigung sichtbar (21,14-16). Nur Matthäus erzählt: „Im Tempel kamen Lahme und Blinde zu ihm, und er heilte sie." Die Hohenpriester und Schriftgelehrten erregen sich darüber, daß die Kinder im Tempel rufen: „Hosanna dem Sohne Davids."

Kinder, Lahme und Blinde (21,14), ein Blinder und Stummer

---

[70] Vgl. dazu bes. DULING, ferner LOADER (vor. Anm.).

(12,22), Menschen, die in der damaligen Gesellschaft nichts gelten, kommen zu Jesus und bekennen ihn als Sohn Davids[71] und erweisen ihn als Messias Israels. Die Pharisäer, die eine andere Konzeption vom Davidssohn haben, nämlich ihn für den aus dem Geschlecht David stammenden Heilskönig und Befreier halten (vgl. PsSal 17,5.23–25), konfrontiert Jesus mit Ps 110,1, wo David seinen Sohn „Herr" nennt (22,41–46). Jesus ist mehr als der Davidssohn, er ist im Verständnis des Matthäus der Sohn Gottes[72]. Damit wird die Bedeutung des Titels „Davidssohn" für die christliche Gemeinde eingeschränkt. Jesus ist der in Israel auftretende Davidssohn; er erfüllt die Hoffnungen auf Heil, besonders in den Heilungen; aber er kann nicht in den engen Rahmen einer jüdischen Erwartung eingespannt werden. In der Aufeinanderfolge des Titels Davidssohn zeichnet sich der Weg vom jüdischen Messias zum christlichen Sohn Gottes ab. Das Davidssohn-Gespräch ist der Schlußpunkt der heilsgeschichtlichen Sicht, die aus dem jüdischen Horizont in den christlichen einmündet (vgl. I,2). Immerhin hält Mt wegen seiner judenchristlichen Herkunft an dem Titel „Davidssohn" fest und benutzt ihn als Anknüpfung für den christlichen Messias.

d) Andere Prädikate

Wenn der Sohn Gottes, der Menschensohn und der Davidssohn führende christologische Prädikationen im Matthäusevangelium sind, ist zu fragen, in welcher Beziehung andere Bezeichnungen wie der Messias (Christos), der König der Juden (2,2; 27,11.29.37) bzw. der König Israels (27,42) und der Kyrios dazu stehen. Der „Gesalbte" (Christos) ist für Matthäus die von der urchristlichen Tradition geprägte zusammenfassende Bezeichnung des aus Israel stammenden und seinen Weg durch Kreuz und Auferstehung gehenden Heilbringers. „Jesus Christus" ist zum festen Terminus für die einzigartige Gestalt Jesu von Nazaret geworden (1,1.18; 16,21 v.l.). In ihm erfüllt sich die Hoffnung Israels, er ist der erwartete Messias, doch in einem alle jüdischen Erwartungen überschreitenden Sinn (16,16.20). Gemäß der jüdischen Vorstellung vom „Sohn Davids" ist er der König der Heilszeit (2,2.4), der aber nicht politisch herrschen, sondern sein Volk von den Sünden befreien wird (1,21). Die Königstitulatur ist nicht der einzige Grund für die Bezeichnung Jesu als Gesalbter[73]; vielmehr zeigen das Verhör durch Pilatus (27,22) und die Verspottungsszenen (27,28f.42), daß der „König der Juden" bzw. der „König Israels" eine unzulängliche Sicht

---

[71] Vgl. KINGSBURY in: JBL 95 (1976) 598f.
[72] So SUHL in: ZNW 59 (1968) 57–61; ebenso neuere Kommentare.
[73] KARRER, Der Gesalbte 294.

II. Das Bild Jesu Christi im Matthäusevangelium

auf den christlichen Erlöser ist[74]. Für Mt ist der Messias mehr als der von den Juden erwartete endzeitliche Herrscher, er ist der Sohn des lebendigen Gottes (16,16), der zur Rechten Gottes Erhöhte (22,44), der auf den Wolken des Himmels kommende Menschensohn (26,64). So wird der Messias in das Licht des Gottessohnes und Menschensohnes gestellt. Er ist eine Anpassung an die jüdische Vorstellung und erlangt im christlichen Bekenntnis einen neuen Stellenwert. Der judenchristliche Autor läßt ihn ganz in den urchristlichen Horizont eingehen.

Für die Urkirche war dieser unter den Juden wirkende Messias der „Kommende", der durch seine Taten ausgewiesen wird. Johannes der Täufer hört von den „Taten des Christus"[75], und Jesus antwortet auf die im christlichen Sinn gestellte Frage, ob er der Kommende sei, durch den Verweis auf seine Heilungen und seine Heilspredigt (11,2–4). Wieder taucht das Bild des sich erbarmenden Arztes und Heilskünders auf. In dieser Zeichnung Jesu Christi bleibt sich Matthäus auch unter der Messiasfrage treu. Im Ausblick auf die Zeit nach Ostern, in der Christus unter den Glaubenden fortwirkt (vgl. 18,6 „die Kleinen, die an mich glauben"), richtet Matthäus sein Augenmerk auch auf die falschen Messiasprätendenten, die sich die Autorität Jesu anmaßen (24,5). Der Parusiechristus kündigt sich durch solche Pseudochristi und Pseudopropheten an (24,23f). Das alles ist schon aus nachösterlicher christlicher Perspektive formuliert. Der Begriff „der Christus" oder „der Gesalbte" ist zu einer kerygmatisch geprägten Formel geworden.

Bei der häufigen Bezeichnung Jesu als der „Herr" wird man zwischen der prädikativen Bezeichnung „der Κύριος" und der Anredeform Κύριε unterscheiden müssen. Im Erzählzusammenhang findet sich „der Herr" nur 21,3 („ihr Herr") nach Mk 11,3, ganz anders als bei Lukas. Beim Davidssohn-Gespräch (22,41–46) ist nicht das Herr-Sein Jesu der eigentliche Fragepunkt, sondern ob Jesus der Davidssohn nach jüdischer Anschauung sein kann, wenn ihn David selbst seinen Herrn nennt. Gott selbst, der Herr, hat den Davidssohn zu seiner Rechten eingesetzt und ihm damit einen einzigartigen Rang eingeräumt. Nach dem urchristlichen Verständnis von Ps 110,1 wird damit

---

[74] „König Israels" wird den Hohenpriestern, Schriftgelehrten und Ältesten in den Mund gelegt im Unterschied zu „König der Juden", wie ihn Nichtjuden (Pilatus und römische Soldaten) anreden. Er ist für Mt kein ehrenvoller Titel, anders als im vierten Evangelium. Auch der Kreuzestitel „Jesus, der König der Juden" (27,37) ist eine Verkennung seiner Person.

[75] Für Luz, Mt II,167 sind die „Werke des Christus" alles, was in Kap. 5–9 berichtet wird, eine matthäische Bildung. Die Historizität der Anfrage des Täufers wird bes. von A. Vögtle, Wunder und Wort in urchristlicher Glaubenswerbung (Mt 11,2–5/Lk 7,18–23), in: ders., Das Evangelium und die Evangelien (Anm. 67) 219–242 bestritten. Eine abgewogene Bilanz bei Luz, II, 165f.

die Auferweckung und Erhöhung Jesu angesprochen, letzthin seine Gottessohnschaft oder seine Stellung als Menschensohn (Mk 14,62 par; vgl. Apg 2,32–35; Kol 3,1; Eph 1,20; Hebr 1,13; 8,1 u.ö.). H. Geist hält die Κύριος-Prädikation im Matthäusevangelium im Unterschied zur Κύριε-Anrede für unbedeutend und widerspricht der Meinung G. Bornkamms, daß Titel und Anrede Jesu als des Κύριος den Charakter eines göttlichen Hoheitsnamens haben [76]. Allerdings sollte man auch den Gebrauch von Kyrios in den eschatologischen Gleichnissen bedenken (24,42.45f.48.50; 25,18f. 21.23.26). Aber es ist eine an die Bildsprache der Gleichnisse angepaßte Redeweise, hinter der der Menschensohn offenbar wird (vgl. 24,37.39.44; 25,31). Von einer eigenständigen prädikativen Redeweise vom Kyrios ist kaum etwas zu spüren.

Anders verhält es sich nach H. Geist mit der Κύριε-Anrede im Matthäusevangelium, die als Anrede des Menschensohns zu verstehen sei. An manchen Stellen ist die Κύριε-Anrede mit dem Davidssohn verbunden (9,27f; 15,22; 20,30f), oder es zeigt sich eine Nähe zum Menschensohn (7,21f; 25,11.20.22.24) oder zum Sohn Gottes (8,25; 14,28.30, vgl. 33). Wenn nicht selten die Jünger Jesu mit „Herr" anreden, wird man darin ihre Achtung vor der Hoheit und Göttlichkeit Jesu sehen müssen (8,21.25; 14,28.30; 17,4; 18,21), aber auch den Widerhall des vielleicht schon hellenistisch beeinflußten Gemeindebekenntnisses. Der Κύριος ist der Herr der Gemeinde (vgl. auch 13,27; 25,37.44), der sie anfordert (18,21), aber auch in ihrer Not und Anfechtung stärkt (8,25). So werden durch die Κύριε-Anrede zunächst die Züge bestätigt, die wir schon beim „Gottessohn" und „Menschensohn" entdeckten: seine Hoheit, seine lebendige Gegenwart, sein Beistand bis ans Ende der Tage. Bei der großen Schlußszene fällt freilich der Ausdruck „Herr" nicht; aber durch den Gestus des Niederfallens und Anbetens (28,17: προσκυνεῖν), der im ganzen Mt-Ev göttliche Würde anzeigt, wird dieses Sicht bestätigt [77].

Im Ganzen tragen die Titel „Messias", der „König" und der „Herr" nicht viel Neues zum Bild von Jesus Christus im Matthäusevangelium bei. „Messias" und „König" werden im jüdischen Horizont eingesetzt, um die Erfüllung der Hoffnung Israels und die Überbietung jener Hoffnung in Jesus Christus zu unterstreichen. Einen neuen Akzent setzt höchstens die Anrede mit „Herr", die auf die überragende Autorität des Sohnes Gottes bzw. auf die Vollmacht des Menschensohnes hinweist und der Kirche diesen Herrn als *ihren* Herrn vor Augen stellt (24,42: „euer Herr").

---

[76] GEIST, Menschensohn (Anm. 66) 350–352.
[77] Vgl. 2,2.11; 4,10; 8,2; 9,18; 14,33; 15,25; 20,20; 28,9. Vgl. H. GREEVEN in: ThWNT VI, 764f; J. M. NÜTZEL in: EWNT III, 420.

2. Der Erfüller alttestamentlicher Vorhersagen und Verheißungen

Weil Matthäus von einem judenchristlichen Standpunkt ausgeht und von da zur christlichen, auf die Heidenchristen ausgeweiteten universalen Perspektive vordringt (vgl. I, 2), überrascht es nicht, daß er alttestamentliche Prophetien aufnimmt und in die nachösterliche christliche Sicht einbringt. Von alttestamentlichen Schriftstellen macht er reichlich Gebrauch, weit mehr als Markus [78]. Das ganze Matthäusevangelium ist von Zitaten und Anspielungen auf atl. Texte durchzogen, gleichsam gesättigt von dem in der Heiligen Schrift vorfindlichen Wort Gottes, vollgesogen von diesem lebendigen und lebensspendenden Wasser. Wenn man diesen reichen Strom überschauen will, darf man nicht nur auf die formalen Schriftzitate achten, sondern muß auch die vielen in den Texten erkennbaren Anspielungen beachten, die einen biblischen Bild- und Sprachhintergrund enthüllen [79]. Wie schon bei Markus fließt die biblische Sprache in die ganze Darstellung ein; aber sie ist bei Matthäus noch weit mehr zu spüren. Vieles übernimmt Matthäus schon aus der Tradition; doch er vermehrt diesen Fundus und reflektiert ihn stärker. Er sieht die angeführten Schriftstellen im Leben, Wirken und Geschick Jesu erfüllt und interpretiert sie entsprechend aus christlichem Verständnis. Dadurch geht das Bild von dem aus dem Judentum stammenden und durch die gemeinsame Bibel mit ihr weiter verbundenen Jesus in das Glaubensbild von Jesus Christus über, der als der Gekreuzigte und Auferstandene ein neues Profil gewinnt und eine das Judentum übersteigende, ja das jüdische Verständnis in Frage stellende Bedeutung erlangt. In diesem Licht stellt sich der Weg Jesu als von Gott vorherbestimmt heraus, und seine einzelnen Etappen lassen sich durch atl. Schriftzitate als konsequent und sinnvoll begreifen.

Eine besondere Gruppe sind die sogenannten Erfüllungszitate, die dem Matthäusevangelium eingefügt sind und ihm seine Eigenart geben. Aber sie sind von den Kontext- und Traditionszitaten nicht völlig zu trennen, sondern mit dieser Tradition, daß die „Schriften erfüllt werden müssen" (26,54.56; vgl. Mk 14,49b), verwoben.

a) Wegmarken in der „Laufbahn" Jesu

Als *erstes* hebt Matthäus die Herkunft und Geburt Jesu hervor, die ihn als den Davidssohn aus dem Abrahamsvolk und als den „Gott mit

---

[78] Rein äußerlich kann man bei Mt etwa 72 bei NESTLE-ALAND im Fettdruck hervorgehobene Zitate und Anspielungen feststellen, bei Mk etwa 35. Das meiste entfällt auf die eschatologische Rede und die Passion. Vgl. die Tabellen bei J. C. HAWKINS, Horae Synopticae, Oxford ²1968, 154–156; K. STENDAHL, The School of St. Matthew, Uppsala 1954, 47–142; R. H. GUNDRY, The Use of the Old Testament in St. Matthew's Gospel (NT.S XVIII), Leiden 1967, 89–147.

[79] S. GUNDRY, Use of the O. T. 127–147.

uns" erweist. Das Geschlechtsregister (1,1–17) gipfelt in der Geburt Jesu, der Christus genannt wird, aus Maria (1,16), einer Geburt, die von Gott her durch den heiligen Geist erfolgt (1,18.20). Dafür wird ein Erfüllungszitat nach Jes 7,14 LXX beigebracht, das in der Deutung des Immanuel als „Gott mit uns" sein Schwergewicht hat. Die Geburt in Betlehem wird mit Micha 5,1–3 begründet (2,6), und drei Erfüllungszitate betreffen den Aufenthalt in Ägypten (2,15), das Wehgeschrei bei der Tötung der betlehemitischen Kinder (2,18) und die Niederlassung in Nazaret (2,23). Die Kindheit Jesu ist mit gewichtigen Zügen für Mt in der Heiligen Schrift bezeugt.

Eine *zweite* Weichenstellung ist durch den Beginn der Verkündigung Jesu in Galiläa angezeigt. Gerade diese nördliche Region, das „Galiläa der Heiden", ist das Land, in dem ein großes Licht aufstrahlt und für den Evangelisten schon einen Vorblick auf die Bekehrung der Heiden gestattet (8,11; 15,24–28; 24,14; 28,19). Damit erfüllt sich für ihn die Prophetie des Propheten Jesaja 8,23 – 9,1 (4,14–16).

Von da an begann Jesus zu verkündigen: „Das Himmelreich ist nahe" (4,17). Es ist ein verheißungsvoller Anfang in Galiläa, der auf die Erscheinung des Auferstandenen in Galiläa (28,16–20) vorausweist. Nach der Bergpredigt (Kap. 5–7) und den Taten Jesu (Kap. 8–9) greift die Anfrage des Täufers Johannes aus dem Gefängnis die „Taten des Christus" auf und stellt die Frage, ob Jesus der Kommende sei, in die Diskussion (11,2 f)[80]. Diese zwischen den Juden und Christen kontroverse Frage beantwortet Jesus mit kombinierten Sätzen aus dem Jesajabuch, die auf sein Heilswirken und die Verkündigung an die Armen zurückschauen. Das christliche Bild des Heilenden und das Heil den Armen und Bedrückten zusprechenden Messias hebt sich empor.

Durch die jetzt zunehmenden Widerstände, Ablehnung, Unglaube (11,20–24) und Feindschaft gegen Jesus (12,9–14) gewinnt das ausführliche Erfüllungszitat von Jes 42,1–4 in 12,18–21 eine zentrale, in die Mitte des öffentlichen Wirkens Jesu führende Bedeutung. Man kann es als eine neue *(dritte)* Wegmarke ansehen, die in der Auseinandersetzung mit den Gegnern den Blick für Jesu stilles und doch macht-

---

[80] Die Anfrage des Täufers ist wegen seiner dezidierten Erwartung des bevorstehenden Gerichts durch den nach ihm Kommenden (3,10–12) schwer vorstellbar, da im irdischen Wirken Jesu davon nichts sichtbar wird. Die Antwort Jesu, die ähnlich wie Jesu Predigt in Nazaret (Lk 4,18 f) auf Jesaja-Texte zurückgreift, besonders auf die Heilsverkündigung an die Armen, sieht eher nach einer Reflexion der Gemeinde aus. Darum zweifeln nicht wenige an der Historizität dieser Episode, vgl. A. VÖGTLE, Wunder und Wort in urchristlicher Glaubenswerbung (Mt 11,2–3/Lk 7,18–23), in: DERS., Das Evangelium und die Evangelien, Düsseldorf 1971, 219–242; R. PESCH, Jesu ureigene Taten (QD 52), Freiburg – Basel – Wien 1970, 36–44; A. GEORGE, Paroles de Jésus sur les miracles (Mt 11,5.21; 12,27.28 et par), in: J. Dupont (éd.), Jésus aux origines de la christologie (BEThL 40), Löwen 1975, 283–301.

volles Wirken öffnet. Der barmherzige Krankenheiler (12,17) wird verkannt und seine verborgene Heilsmacht, die zur Hoffnung für die Völker wird, nicht gesehen. Im Kontext hören wir vom Tötungsbeschluß der Pharisäer (12,14) und ihrer Verdächtigung, Jesus treibe durch Beelzebul, den Anführer der Dämonen, die Dämonen aus (12,24). Das Erfüllungszitat ist in diese Situation eingepaßt[81] und stellt den geisterfüllten Gottessohn (3,17) als den Herrn und Gericht bringenden Gottesknecht in die Mitte des Wirkens Jesu[82]. Die Scheidung zwischen den Jüngern Jesu und den verhärteten Gegnern schreitet voran, wie auch die Gleichnisrede (Kap. 13) belegt. Das Verstockungszitat von Jes 6,9f (vgl. Mk 4,12) bietet Mt noch als eigenes Erfüllungszitat (13,14f)[83].

Eine *vierte* Wende stellt die Szene von Cäsarea Philippi dar, in der Jesus den Jüngern seinen Leidens- und Todesweg offenbart (16,21). Der Weg nach Jerusalem wird mit den traditionellen Menschensohn-Texten beschrieben (16,21; 17,22; 20,18f), die den Ratschluß Gottes mit dieser Prophetie begründen. Hier verzichtet Mt auf eigene Erfüllungszitate. Erst beim Einzug in Jerusalem, der als friedfertige Aktion des Davidsohn-Königs erfaßt wird, findet sich wieder ein Erfüllungszitat nach Jes 62,11; Sach 9,9 (21,4f).

Ein *fünfter* Komplex, der auf Vorhersagen und Erfüllungen der Schrift zurückgreift, ist in der Passionsgeschichte gesammelt. Hier heißt es schon bei der Gefangennahme Jesu: „Das alles aber ist geschehen, damit die Schriften der Propheten in Erfüllung gehen" (26,56). In der Passionsgeschichte achtet Mt auf wörtliche Anspielungen wie in 27,9f (die dreißig Silberlinge), in 27,34 (Essigtränkung), 27,35f (Verteilung der Kleider), in 27,39.43 (Verspottungen) und 27,46 (Gebet der Gottverlassenheit). Dabei lehnt sich Mt an die markinische Darstellung an und hat die Schriftstellen zum Teil nur verschärft und konkretisiert (der mit Galle vermischte Wein 27,34; die Verspottungen des Sohnes Gottes 27,39.43) und neu nur das Erfüllungszitat von dreißig Silberlingen eingebracht (27,9f). Wenn Matthäus im ganzen für die Passion auf Erfüllungszitate verzichtet, so liegt das an der schon vorgefundenen Tradition, die er einfach übernommen hat.

Ein letzter Erfüllungsratschluß Gottes wird in Tod, Begräbnis und Auferstehung Jesu sichtbar. Was Jesus in den Leidensansagen vorausgesagt hatte, daß der Menschensohn am dritten Tag auferstehen

---

[81] Vgl. J. H. NEYREY, Thematic Use (s. Anm. 37).
[82] Vgl. LUZ, Mt II, 250.
[83] ROTHFUCHS, Erfüllungszitate (Anm. 7) 23f rechnet Mt 13,14f wegen der anderen sprachlichen Einleitung und anderen Eigenheiten (der Text gänzlich aus der LXX) nicht zu den Erfüllungszitaten. Man hält diese Verse vielfach für eine nachmatthäische Interpolation. Dagegen GUNDRY, Use of the O. T. 116–118.

werde, erfüllt sich im österlichen Geschehen. Der als „Sohn Gottes" verspottete Gekreuzigte erweist sich im Bekenntnis des Hauptmanns und der Wachmannschaft als der wirkliche Gottessohn (27,54). Die Frauen am Grab, denen die Auferweckung des Gekreuzigten verkündigt wird, erhalten den Auftrag, nach Galiläa zu gehen (28,7.10). Hervorgehoben wird, daß Jesus die Auferstehung (28,6b) und das Wiedersehen in Galiläa (28,7c) vorausgesagt hat. Neben die Erfüllung der Schrift (26,31) tritt also die Erfüllung der Vorhersagen Jesu. Der in Leiden und Tod gehende Jesus hat den durch die Schrift bezeugten Ratschluß Gottes erfaßt und bekräftigt ihn durch seine eigenen Worte. Diese gipfeln in den Vollmachtsworten des Auferstandenen (28,16–20), die das in die Zukunft der Kirche weisende Erfüllungsgeschehen festhalten und auslegen.

Jesu gesamter Weg ist eine Kette erfüllter Verheißungen. Der Grundsatz, daß die Schrift „erfüllt werden muß" (26,54.56), bestätigt sich durch die Schriftzitate in nicht wenigen Einzelheiten und auf der ganzen Linie. Das christologisch akzentuierte πληροῦσθαι kennzeichnet das Matthäusevangelium als Buch schriftbezeugter Vorhersagen. Damit wird die Geschichte Jesu in eine heilsgeschichtliche Linie gerückt, die das Christusgeschehen in die Geschichte Israels einbezieht und doch darüber erhebt, da nun alles, was die Schriften verkündigt haben, in einem neuen Licht gesehen werden muß. Daß Matthäus sein Ev mit dieser Intention schreibt, wird durch die Erfüllungszitate bestätigt.

b) Die Erfüllungszitate

Die sogenannten Erfüllungszitate, die durch ihre Einführung mit „damit das durch den Propheten ... Gesagte erfüllt werde" o. ä. gekennzeichnet sind, haben schon länger Aufmerksamkeit gefunden[84]. Streng betrachtet, kommen dafür folgende Stellen in Frage: 1,22; 2,15.17.23; 4,14; 8,17; 12,17; 13,35; 21,4; 27,9. Dazu treten noch andere Wendungen, wo von der Erfüllung der Schriften (der Propheten) die Rede ist (26,54.56) oder ein Hinweis erfolgt: „Denn so ist es geschrieben durch den Propheten" (2,5; vgl. auch 26,24,31 nach Mk)[85]. Man hat wegen der Eigentümlichkeit dieser formelhaft eingebrachten Schriftzitate („Formula-Quotations") folgende Fragen aufgeworfen: Stammt die Einleitungswendung vom Evangelisten, oder fand er sie schon vor? Woher stammen die Schriftzitate, die unterschiedliche Bezüge zum

---

[84] Vgl. die genannten Arbeiten von HAWKINS, STENDAHL, ROTHFUCHS, GUNDRY; ferner die Literatur bei LUZ, Mt I, 134. Sein eigener Exkurs (134–141) behandelt auch die theologischen Probleme. Die Erfüllungszitate heben Grundthemen der matthäischen Theologie heraus.

[85] Vgl. ROTHFUCHS, Erfüllungszitate 22.31–33.

masoretischen Text, zu den Targumen und zur Septuaginta aufweisen?[86]

Welches ist der Sinn dieser Schrifterfüllungen, die eine Reflexion über die atl. Texte erkennen lassen (darum auch „Reflexionszitate")? Die Einleitungswendung wird meistens auf den Evangelisten zurückgeführt, weil nur er sie in den jeweiligen Zusammenhang einfügen konnte und πληροῦσθαι ein Vorzugswort des Evangelisten ist. Für die Herkunft der Zitate vermuten manche eine von Matthäus benutzte Quelle, vielleicht eine christliche Testimoniensammlung; andere schreiben die textlichen Abweichungen dem Evangelisten zu, der die Texte gemäß seinen Intentionen verändert oder in den jeweiligen Zusammenhang eingepaßt habe. Ob hinter dieser Schriftauswertung eine „Schule" christlicher Schriftgelehrter steht (Stendahl), oder ob die Zitate aus liturgisch-homiletischer Tradition stammen[87] oder ob die divergierenden Textfassungen in einem Milieu wurzeln, wo Griechisch, Aramäisch und Hebräisch gleicherweise gesprochen wurde (Gundry), läßt sich nicht sicher sagen. Entsprechend bestimmt man den Sinn dieser Erfüllungszitate: Haben sie eine lehrhafte Tendenz für die christliche Gemeinde, einen liturgischen Sitz im Leben oder apologetische Interessen gegenüber dem Judentum?[88] Alle diese Interessen können mitspielen; aber die Haupttendenz dürfte eine christologische sein. Die Schriftstellen sind durch judenchristliche Schriftgelehrte schon vor Matthäus reflektiert worden und haben durch Matthäus noch eine besondere Ausrichtung auf die Situation gefunden[89]. So sind „targumisierte" Texte entstanden, die ähnlich wie in Qumran und den Targumen eine besondere Anwendung für den christlichen Gebrauch erlangten.

Die christologische Absicht zeigt sich schon in der Auswahl der Erfüllungszitate, wenigstens in der Kindheitsgeschichte. Sie wollen die Herkunft Jesu aus Gott und seine göttliche Würde aufzeigen und seinen Weg andeuten, den er über Betlehem nach Nazaret geht (2,6.23), aber von dort das ganze jüdische Gebiet und zum Teil das der Heiden erfaßt (vgl. 4,14–16). Das alles ist nach dem Ratschluß und unter der Führung Gottes geschehen, der auch die Klage Rahels über das Geschick ihrer Kinder eingeplant hat (2,18). Die christologische Tendenz

---

[86] Vgl. die genauen Vergleiche bei STENDAHL, School 97–127; GUNDRY, Use of the O. T. 89–127. Wegen der gemischten Sprachformen plädiert Gundry für einen Ursprung in Palästina, wo Griechisch, Aramäisch und Hebräisch damals in Übung waren.
[87] Vgl. G. D. KILPATRICK, The Origins of the Gospel according to St. Matthew, Oxford 1946, 59–100.
[88] Vgl. B. LINDARS, New Testament Apologetic. The Doctrinal Significance of the Old Testament Quotations, London 1961, passim, zu den Erfüllungszitaten 259–265. „Apologetic considerations are an important factor in it" (259).
[89] Vgl. LUZ, Mt I, 138f.

tritt besonders deutlich in den beiden auf den Gottesknecht gerichteten Zitate hervor (8,17; 12,17–21), die ein auffälliges Christusbild enthalten: der gegenwärtig mitleidsvolle Krankenheiler und der durch sein stilles, unbeirrtes Wirken den Sieg Gottes Herbeiführende. Das Bild von dem friedfertigen Heilskönig wird in dem Zitat 21,4f aufgenommen, steht aber auch hinter 13,35. Jesus verkündet das seit der Schöpfung Verborgene; er ist es, der die dem menschlichen Verstehen verschlossenen Ratschlüsse Gottes aufdeckt. Es ist ein zusammenfassendes Schlußwort zur Gleichnispredigt, die nur den Jüngern verständlich wird, denen Jesus den Sinn aufschließt (vgl. 13,51 f).

Die Auswahl der Erfüllungszitate im Hauptteil des Evangeliums wirkt willkürlich; nur nach der verfügbaren Tradition bringt sie Mt ein. Aber zusammen mit den Traditionszitaten zeichnen sie doch ein Bild Jesu nach, bei dem auch Einzelheiten im Licht der Schrift gedeutet werden. So sind die Erfüllungszitate keine einheitliche tragende Schicht, wohl aber Hinweise auf ein insgesamt christologisches Verständnis, das im gesamten Mt-Ev aufleuchtet.

c) Die Schriftzitate und das Verhältnis der christlichen Gemeinde zu Israel

Mit den Schriftzitaten schlägt Matthäus eine Brücke zwischen dem Alten Testament und dem Christusgeschehen. In der Auslegung auf Jesus Christus rückt aber das alte Bundesvolk in eine negative Rolle. Schon aus der Tradition vor Matthäus sind Schriftanspielungen und -zitate überliefert, die Jesu Ablehnung durch die jüdischen Führer und ihre Tötungsabsicht bezeugen. Im Gleichnis von den bösen Winzern (Mt 21,33–46) wird der Sohn Gottes als letzter in einer Reihe von gottgesandten Knechten (Propheten) getötet; aber in einem anschließenden Schriftwort wird der durch Gott herbeigeführte Umschwung angesagt: Der von den Bauleuten verworfene Stein wird zum Eckstein (21,42). Das ist schon aus der markinischen Tradition übernommen (Mk 12,1–11); aber die matthäische Interpretation wird in der Ausziehung der heilsgeschichtlichen Linie und im konkreten Blick auf das Schicksal Jesu (die vielen Knechte, die Anspielung auf Prophetenschicksale, Tötung des Sohnes außerhalb des Weinbergs) greifbar. Das alte Gottesvolk verspielt seine Vorzugsstellung und muß die Gottesherrschaft einem anderen Volk überlassen, das ihre Früchte hervorbringt (21,43).

Aus der Logienquelle stammt das Wort über Jerusalem, das die Propheten tötet und die Gesandten Gottes steinigt (23,37–39). Das abschließende Wort, das vom Pilgerruf in Ps 118,26 her genommen ist, muß wohl doch als Drohwort für Israel, dessen Haus „öde" gelassen wird, verstanden werden[90]. Ein das Volk Israel belastendes Wort steht in 27,25. Gegenüber der Unschuldserklärung des Pilatus nimmt das anwesende jüdische, das Judentum repräsentierende „Volk" die Verantwortung auf sich: „Sein Blut komme auf uns und unsere Kinder", im Sinne des Mt wohl ein Vorausblick auf die Katastrophe vom Jahre 70[91].

Von daher könnte man die Schriftzitate als christliche Polemik und Apologetik gegenüber dem Judentum verstehen. Dann wären die Erfüllungszitate ein Beitrag zur christlichen Verteidigung gegenüber dem Judentum. Aber eine vorwiegend apologetische Deutung (B. Lindars) wird den angeführten Schriftbelegen nicht gerecht. Mt will seiner Gemeinde ein Christusbild vermitteln, das zwar in Kontrast zum jüdischen Messiasbild steht, aber dieses weniger bekämpft als steigert und erhöht (vgl. 22,42-44). Es gibt Apologetik im Matthäusevangelium, wie die Geschichte der Grabeswache (27,62-66; 28,11-15) dokumentiert. Aber dazu wird kein Erfüllungszitat und keine Schriftanspielung aufgeboten, sondern nur ein zur Zeit des Evangelisten noch umlaufendes Gerücht zurückgewiesen (28,15). Das grundlegend Neue für das christliche Verständnis vom Heilbringer, nämlich sein Weg durch Kreuz zur Auferstehung, sein stellvertretender Sühnetod zur Vergebung der Sünden (20,28; 26,28) wird dagegen in das Licht der Schrift gestellt. Es läßt sich kaum bezweifeln, daß hinter dem Lösegeld-Wort die Prophetie von Jes 53,10-12 steht[92]. Hier ist die Grenzscheide zwischen Judentum und Christentum. Das neue Verständnis der Erlösung und des Erlösers (1,21) wird aus den Worten und Taten Jesu gewonnen, die Gottes Barmherzigkeit als den Urgrund des Heilsgeschehens veranschaulichen (9,13; 12,7). Was Jesus in seiner Proexistenz für die Menschen vorlebt (20,28), wird zur vollen Zusage durch Gott in der Hingabe seines Sohnes, in der Annahme seines Sühnetodes. Dieses Erlösungsgeschehen ist noch nicht wie bei Paulus und Johannes durchre-

---

[90] Vgl. STRECKER, Weg der Gerechtigkeit 113-115; TRILLING, Das wahre Israel 87f; GNILKA, Mt-Ev II, 305. Anders A. SCHLATTER, Der Evangelist Matthäus, Stuttgart ³1948, 691; GUNDRY, Matthew 474; F. MUSSNER, Dieses Geschlecht wird nicht vergehen. Judentum und Kirche. Freiburg - Basel - Wien 1991, 95f.
[91] Vgl. zu diesem viel mißdeuteten Wort K. H. SCHELKLE, Die „Selbstverfluchung" Israels nach Matthäus 27,23-25, in: W. P. Eckert (Hrsg.), Antijudaismus im Neuen Testament?, München 1967, 148-156; FRANKEMÖLLE, Jahwe-Bund 209f; R. KAMPLING, Das Blut Christi und die Juden (NTA NF 16), Münster i.W. 1984; GNILKA, Mt II, 458f.
[92] Vgl. J. JEREMIAS, Das Lösegeld für viele (Mk 10,45), in: DERS., Abba, Göttingen 1966, 216-229, näherhin 227f; K. KERTELGE, Der dienende Menschensohn (Mk 10,45), in: R. Pesch - R. Schnackenburg (Hrsg.), Jesus und der Menschensohn (FS A. Vögtle), Freiburg - Basel - Wien 1975, 225-239, bes. 231f; DERS. in: EWNT II, 901-904. Skeptisch zur Herleitung aus Jes 53 F. BÜCHSEL in: ThWNT IV, 344f; doch vgl. GUNDRY, Use of the O. T. 39f.

flektiert, findet aber bei Mt in seinen Schriftzitaten und -anspielungen eine solide Grundlage.

Im Licht der Schriftzitate stellt sich die christliche Kirche als heilsgeschichtliche Wende von der bisher Israel zugesprochenen Herrschaft Gottes zu dem neu konstituierten eschatologischen Heilsvolk dar (vgl. 21,43). Dieses Volk umfaßt auch die Heidenvölker, die Jesus in seiner Zukunftsschau einbezieht. Doch geht auch das neutestamentliche Gottesvolk noch dem künftigen Gericht entgegen, und durchweg wird bei Mt die Verpflichtung auf die Worte Jesu, die durch Taten erfüllt werden müssen, hervorgehoben. Erst im Endgericht erfolgt die Scheidung zwischen den Erwählten und Bewährten und den im Liebesdienst Versagenden (25,31–46).

3. Der Gottgesandte, der eine neue und größere Gerechtigkeit fordert

Schon in dem Abschnitt über die Kirche als Raum des Fortwirkens Jesu (I,3) wurde deutlich, daß Jesus die Gemeinde streng zur Befolgung seiner sittlichen Weisungen anfordert. Die Art seiner Sittenpredigt läßt sich noch stärker anhand der Bergpredigt verfolgen. Schon daß Matthäus diese große Spruchkomposition, die viel Material aus der mit Lukas gemeinsamen Logienquelle schöpft, die er aber durch eigene, z. T. judenchristliche Traditionen erheblich erweitert, in sein Evangelium aufnimmt, ist bezeichnend. Gleich am Anfang des Auftretens Jesu, nach dem Beginn seines Wirkens in Galiläa, das mit Lehre, Verkündigung und Heilungen in weitere Gebiete ausstrahlt (4,23–25), bietet Matthäus die große Redekomposition der Bergpredigt, die auf das Tun der Gerechtigkeit konzentriert ist. Sie fehlt bei Markus, steht aber an der gleichen Stelle, an der Markus die Wirkung der Lehre auf das Volk beschreibt: Er lehrte wie einer, der Vollmacht hat, nicht wie die Schriftgelehrten (Mk 1,22; vgl. Mt 7,28f). Bei aller Verkündigung des Heils, das Jesus den Volksscharen zusichert (vgl. die Seligpreisungen), fordert er doch das Tun einer größeren Gerechtigkeit, als sie bisher von den Schriftgelehrten und Pharisäern durch ihre Geboteerfüllung erstrebt wurde (5,20).

Das Bild dieses fordernden, die Menschen herausfordernden Jesus steht Matthäus so lebhaft vor Augen, daß er noch den Auferweckten den Jüngern sagen läßt: „Lehrt sie alles zu befolgen, was ich euch aufgetragen habe" (28,20) – ein deutlicher Rückbezug auf die Bergpredigt. Zunächst müssen wir den Anspruch Jesu, der hinter seinen Forderungen steht, ins Auge fassen.

II. Das Bild Jesu Christi im Matthäusevangelium

a) Das Sendungsbewußtsein Jesu als Sittenlehrer

Die ersten vier Seligpreisungen sprechen Gottes Erbarmen und Heil den Armen, den Trauernden, den auf Gewalt Verzichtenden und nach Gerechtigkeit Hungernden und Dürstenden zu (5,3–6). Aber schon hier werden die Weichen für die sittliche Predigt gestellt. Die „Armen im Geist" sind nicht nur die materiell Armen, sondern alle, die nach einer bestimmten Haltung vor Gott streben: die bei aller Armut und Bedrängnis großes Vertrauen auf Gott setzen, der die zerbrochenen Herzen heilt, den Trauernden Mut und Hoffnung schenkt (Jes 61,1f). Die „Milden", die auf Gewalt Verzichtenden, sollen das Land erben, eben weil sie keine Gewalt anwenden. „Hungern und dürsten" sollen die Menschen nach der Gerechtigkeit Gottes. Damit könnte zwar die von Gott kommende Gerechtigkeit gemeint sein; aber nach den übrigen Stellen mit Gerechtigkeit, besonders den korrespondierenden V. 10 (die um der Gerechtigkeit willen Verfolgten) muß an das menschliche Streben nach der von Gott geforderten Haltung gedacht werden[93].

Schon in der ersten Vierergruppe der Seligpreisungen klingt also der ethische Grundzug, das von Gott erwartete Bemühen der Menschen, Gott und seiner Tugendskala näher zu kommen, an. Erst recht gilt das für die zweite Vierergruppe, die wie die erste in der Zusage des Reiches Gottes gipfelt (V. 3 vgl. 10). Anfang und Ende der ganzen Spruchreihe beziehen sich auf die von Jesus verkündete Herrschaft Gottes, die jetzt hereinbricht und das Denken und Tun der Menschen bewegen soll. Jetzt werden die Barmherzigen, alle, die ein reines Herz haben, die Friedensbringer und die um der Gerechtigkeit willen Verfolgten selig gepriesen. Es sind die Menschen, die Gottes Willen, die Menschen zu verändern, verstanden haben.

Wer so die Botschaft Jesu aufnimmt und zu befolgen trachtet, gehört zum Jüngerkreis Jesu. Sie werden betont („*ihr* seid") als Salz der Erde und Licht der Welt gerühmt. Aber sofort folgt wieder die Wende zur ethischen Mahnung. Die Menschen, die so die Jünger Jesu handeln sehen, sollen ihre „guten Werke" sehen und den Vater im Himmel preisen (5,16)[94]. Damit ist in der Heilsverkündigung der sittliche Imperativ angelegt. Nun aber drängt Mt zur Veranschaulichung und

---

[93] Vgl. Luz, Mt I, 210: „Δικαιοσύνη kann an allen matthäischen Stellen als menschliches Verhalten verstanden werden, an einigen *muß* sie so verstanden werden" (verweist dann auf 5,10 und 3,15). So auch G. Schrenk in: ThWNT II (1935) 200f; G. Strecker, Die Makarismen der Bergpredigt: NTS 17 (1970/71) 255–275, hier 264f.272; A. Sand, Das Gesetz und die Propheten, Regensburg 1974, 202; Przybylski, Righteousness (Anm. 48) 96–98 und die meisten Neueren, zuletzt Davies-Allison, Mt I, 452f.

[94] Die „guten Werke" sind für Mt die sittlichen Taten, die auch als „Früchte" der guten Veranlagung (7,17–20; 12,33) oder der Umkehr (3,8.10; vgl. 21,19f.41) bezeichnet werden können. Der Gegensatz der „guten Werke", die die Jünger tun sollen, zu den mangelnden Werken der Schriftgelehrten und Pharisäer wird in 23,3 sichtbar.

Konkretisierung der sittlichen Forderungen Jesu. Das geschieht in den Antithesen, die jeweils die von Gott gewollte Gerechtigkeit der bisher geltenden Gesetzespraxis gegenüberstellen. Jesus und kein anderer verkündet autoritativ und herausfordernd diesen unter der Herrschaft Gottes erwarteten Umschwung des sittlichen Verhaltens.

Als Einleitung zur Antithesenreihe stehen vier Verse voran, die Jesu Stellung zum jüdischen Gesetz umschreiben. Der erste Satz 5, 17 deckt gleichsam das Sendungsbewußtsein Jesu auf: Jesus ist nicht gekommen, das Gesetz oder die Propheten aufzuheben, sondern zu erfüllen. Er will das Gesetz nicht beseitigen, wie vielleicht manche in der Gemeinde glaubten, sondern „erfüllen". Dieses πληρῶσαι hat unterschiedliche Auslegungen erfahren[95]. Meint es, das Gesetz in seiner wahren Bedeutung herausstellen oder ergänzen oder vollkommen machen, wie es die Antithesenreihe veranschaulichen könnte? Oder ist dieses „Erfüllen" heilsgeschichtlich zu verstehen, wie es die Erfüllungszitate nahelegen könnten? Immerhin ist zum Gesetz noch hinzugefügt „oder die Propheten". Damit wird eine prophetische Perspektive eingebracht, die in Jesu Handeln ihre Spitze erreichen könnte. Die prophetische Linie tritt noch stärker in dem Ausspruch über Johannes den Täufer hervor: „Bis zu Johannes haben alle Propheten und das Gesetz geweissagt" (11, 13). Die Reihenfolge „die Propheten und das Gesetz" ist gegenüber Lk 16, 16 vertauscht. Sieht Mt Jesus also am Endpunkt der prophetischen Verheißungen, die auch im „Gesetz" enthalten sind? Ist Jesus für Mt der endzeitliche Prophet nach Dtn 18, 15?[96]

Wie weit Matthäus vom Gedanken an *Mose,* den alttestamentlichen Gesetzgeber und Propheten, durchdrungen ist, läßt sich nicht eindeutig beantworten. Manches weist auf einen typologischen Hintergrund. Jesus steigt wie Mose auf einen Berg und verkündet von dort her seine Auslegung der jüdischen Tora (5, 1 vgl. 28, 16). Bei der Verklärung erscheint Mose neben Elija und wird nach Mt 17, 3 (anders als bei Mk 9, 4) an erster Stelle genannt. Aber worüber die beiden himmlischen Gestalten mit Jesus sprechen, wird nicht gesagt. Die Szene dient der Verherrlichung Jesu; er gehört wie Mose und Elija zur himmlischen Welt, in die er nach seiner Auferstehung eingehen wird. Der Hinweis auf Mose wird durch die Gottesstimme verstärkt: „Dieser ist mein geliebter Sohn, an dem ich Gefallen gefunden habe; auf ihn sollt ihr hören!" Denn das ist ein indirektes Zitat aus Dtn 18, 15: Der Prophet, den Gott aus der Mitte der Brüder erstehen läßt, wird den Israeliten „alles sagen, was ich ihm auftrage" (18, 18). Der von Mose verheißene end-

---

[95] Vgl. DAVIES-ALLISON, Mt I, 485–487.
[96] Vgl. W. D. DAVIES, The Setting of the Sermon on the Mount, Cambridge 1964, 116–118.

zeitliche Prophet wird Gottes Worte erst voll und endgültig dem Volk sagen. Ist das nicht der Bergprediger, der die Worte des mosaischen Gesetzes aufgreift, aber durch seine Auslegung übertrifft und vollendet? Ist er nicht der Prophet, der im Namen Gottes die Gesetzesvorschriften einschärft und prophetisch überschreitet?[97]

An einer Stelle wird die Autorität des Mose herabgestuft. Bei der Frage der Ehescheidung, als sich die Pharisäer darauf berufen, daß ihnen Mose vorgeschrieben hat, der Frau eine Scheidungsurkunde auszustellen, antwortet Jesus: „Nur weil ihr hartherzig seid, hat Mose euch erlaubt, eure Frauen aus der Ehe zu entlassen; im Anfang war das nicht so" (19, 8). Jesus hält sich hier also nicht an die Vorschrift des Mose, sondern greift auf den ursprünglichen Willen Gottes zurück. Der Lehrautorität des Mose steht Jesus kritisch gegenüber; doch greift er Mose selbst nicht an. Bei der Auferstehungsfrage wird die Anordnung der Leviratsehe durch Mose zitiert (22,24), ohne daß Konsequenzen für die Lehre gezogen werden. Jesus geht auf den Fall nicht ein, sondern rückt die Streitfrage über die Auferstehung der Toten in eine andere Perspektive: Gott ist nicht ein Gott der Toten, sondern der Lebenden. Die kleinliche, mit Haaren herbeigezogene Argumentation der Sadduzäer stößt völlig ins Leere. Schließlich steht noch das Wort in der antipharisäischen Rede, daß sich die Schriftgelehrten und Pharisäer auf den Stuhl des Mose gesetzt haben (23,2). Sie nehmen die Lehrautorität des Mose für sich in Anspruch, und Jesus streitet ihnen das nicht ab. Sogar in dieser polemischen Rede wird nicht etwa Mose angegriffen, vielmehr sagt Jesus dem Volk, sie sollten alles befolgen, was diese Schüler des Mose sagen; doch sie sollten sich nicht nach ihren Taten richten. Diese positive Beurteilung der Lehre des Mose steht in Spannung zu der durch Mose gegebenen Erlaubnis, einer Frau den Scheidebrief auszustellen, auch zu der Warnung vor dem Sauerteig der Pharisäer (16,6), der in 16,12 ausdrücklich auf die *Lehre* der Pharisäer und Sadduzäer gedeutet wird.

Trotz dieser Spannungen wird im ganzen die Autorität des Mose nicht angefochten. Was Jesus empört, ist der Mißbrauch der gesetzlichen Gebote durch die Praxis der Gesetzeslehrer, die durch ihre kleinliche Auslegung den Menschen unerträgliche Lasten auflegen (23,4) und ihnen dadurch den Zugang zum Himmelreich versperren

---

[97] DAVIES, Setting (vor. Anm.), kommt in seiner gründlichen Untersuchung zu dem Schluß, daß mosaische Motive im Mt-Ev zu erkennen sind, aber daß die mosaischen Kriterien durch die christologisch-messianische Auslegung überschritten werden („Mosaic Categories transcended" 93–108). „But the restraint with which the New Exodus and New Moses motivs are used is noticeable" (93). Er meint, daß Mt Jesus als solchen darstellt, der das Gesetz des Messias auf einem Berg verkündet; aber er vermeidet es, Jesus als „neuen Mose" zu bezeichnen (108). Zur Frage des „Gesetzes des Messias" im Judentum vgl. BILLERBECK III, 577; IV/1,1 f.

(23,5.13). Sie mißachten das Wichtigste und Schwerste im Gesetz: Recht, Barmherzigkeit und Treue (23,23; vgl. Mi 6,8). Die gleiche Kritik wird im Gespräch über rein und unrein laut (15,1–20). Die Gesetzeslehrer stellen das Gebot der Elternliebe auf den Kopf, indem sie durch das Korban-Gelübde den Kindern erlauben, ihren den Eltern geschuldeten Pflichtteil dem Tempel zu weihen. So ehren sie Gott mit den Lippen; aber ihr Herz ist weit davon entfernt (15,7–9). Das gleiche gilt für die Essensvorschriften, für die Jesus den Grundsatz aufstellt: „Nicht das, was durch den Mund in den Menschen hineinkommt, macht ihn unrein, sondern was aus dem Mund des Menschen herauskommt, das macht ihn unrein" (15,11)[98]. Diese Aussage wird dann auf die aus dem Herzen des Menschen aufsteigenden bösen Gedanken und die daraus entspringenden Taten gedeutet, die Matthäus an die zehn Gebote anlehnt (15,19f).

Jesus kommt es also auf das sittliche *Tun* an, und man muß fragen, ob das „Erfüllen" von Gesetz und Propheten im Sinn des Mt nicht auf die Taterfüllung zu beziehen ist[99]. In 5,19 wird einer, der eines dieser kleinsten Gebote aufhebt und so die Menschen lehrt, dem gegenübergestellt, der sie tut und entsprechend lehrt. Ob Mt hier Rangunterschiede im Reich der Himmel ins Auge faßt, ist umstritten. Ich denke, daß es eine rhetorische Formulierung ist, die nur den, der sich durch sein Tun bewährt, die Teilhabe am Gottesreich zusichert, aber den, der nicht nach seiner Lehre handelt, davon ausschließen will[100]. Schwierig ist 5,18, wo Jesus in einer bewußt hyperbolischen Formulierung betont, daß kein Jota (der kleinste Buchstabe) oder kein Häkchen (ein schmückender Beistrich) vom Gesetz vergehen wird, bis Himmel und Erde vergehen. Die Geltung des Gesetzes bis in seine kleinsten Vorschriften bleibt bis zum Ende der Welt bestehen. Diese Auffassung stammt sicher aus judenchristlichem Denkhorizont, den sich Matthäus

---

[98] Dieser Maschal Mk 7,15, der eine grundsätzliche Weisung gibt, ist in der Auslegung umstritten. Ist es ein originales Wort Jesu? Lehnt es alle jüdischen Reinheitsgebote ab? Stellt es ein neues Prinzip der Sittlichkeit auf? Das Wort dürfte, ohne das mosaische Gesetz aufzuheben, dieses ähnlich wie in der Bergpredigt interpretieren und überschreiten. Das Gesetz muß in einer neuen Weise, in einer neuen Gesinnung getan werden. Vgl. R. SCHNACKENBURG, Die sittliche Botschaft des Neuen Testaments I, Freiburg – Basel – Wien 1986, 74f.

[99] So mit Nachdruck U. LUZ, Die Erfüllung des Gesetzes bei Matthäus (5,17–20), in: ZThK 75 (1978) 398–435; DERS., Mt I, 232–236. Er sagt aber: „Wenn er also *primär* an den Gehorsam und das Leben Jesu denkt, so heißt das aber nicht, daß er den Weissagungsgedanken hier abweisen will" (236). Eher auf die Erfüllung der Prophetien hebt GUNDRY, Mt 80f ab, doch „zusammen mit dem Leben und der Lehre Jesu". Ähnlich auch DAVIES-ALLISON 486f.

[100] LUZ, Mt 238f, entscheidet sich nicht. Er hält unter den Judenchristen auch eine „halbliberale" Einstellung für möglich, die keinen Ausschluß vom Reich Gottes, sondern nur geringere Plätze propagierten. Für Matthäus selbst scheint aber nach V. 20 nur ein Ausschluß in Frage zu kommen.

hier zu eigen macht. Wenn dann noch hinzugefügt ist „bis alles geschieht", wird das ganze Endgeschehen gemeint sein (vgl. 24,34)[101]. Bis dahin bleibt das Gesetz in kraft und soll getan werden.

Wenn bei der Taufszene Jesus dem Johannes, der ihn hindern will, sagt: „Es geziemt sich, daß wir alle Gerechtigkeit erfüllen" (3,15), kann man das kaum anders als Erfüllung des von Gott geforderten rechten Verhaltens verstehen. Johannes kam „auf dem Weg der Gerechtigkeit" (21,32), und Jesus geht ebenfalls auf diesem Weg, der den Gehorsam gegenüber Gott fordert. In der Nähe zum Tun stehen auch die beiden anderen Stellen, in der „Gesetz und Propheten" genannt werden. Nach der Goldenen Regel, die entschieden verlangt, den Menschen das zu tun, was man von ihrem Tun für sich erwartet, heißt es: „Das ist das Gesetz und die Propheten" (7,12), und nach dem Hauptgebot, das gleicherweise die Liebe zu Gott und zum Nächsten fordert, wird gesagt: „An diesen zwei Geboten hängt das ganze Gesetz und die Propheten" (22,40). Der Nachdruck liegt auf dem Tun der Liebe, und das ist wie ein Schlüssel auch zu den Antithesen, die mit dem Anspruch der Bruderliebe und Versöhnung beginnen (5,21-24) und mit der Feindesliebe enden (5,43-48).

Fragt man also, ob Jesus das Gesetz und die Propheten heilsgeschichtlich zur Vollendung bringen, oder durch die Tat, sein Leben, Lehren und Verhalten „erfüllen" will, scheinen beide Aspekte ein Recht zu haben. Jesus ist der Erfüller alttestamentlicher Verheißungen, in seinem Anspruch liegt die Überbietung und Vollendung des bisher Geforderten (5,48!). Aber diese Erfüllung liegt in dem konkreten Tun der Liebe, das er selbst vorgelebt hat. In der Person Jesu verdichtet sich für Matthäus das von Gesetz und Propheten Vorhergesagte, das durch die Praxis Jesu verdeutlicht und erhärtet wird. Jesus als der souveräne und endgültige Ausleger des Willens Gottes weist auch den Weg, wie man den Willen Gottes erfüllen kann: nicht durch ein Lehren, das über leere Worte nicht hinausgeht, sondern auf das Tun der Gerechtigkeit, vor allem in tatkräftiger Liebe. Das ist die größere Gerechtigkeit, die alles gesetzliche Bemühen der Schriftgelehrten und Pharisäer übersteigt (5,20). Angeschlossen ist die Kritik an dem Zurschautragen einer gesetzlichen Gerechtigkeit (6,1-18), an einer „Heuchelei", die bei allem äußeren Schein die mangelnde Bindung an Gott den Vater nicht verbergen kann. Angegriffen werden auch Menschen, die nach außen hin wie sanftmütige Schafe erscheinen, innen

---

[101] Sind die beiden ἕως-Sätze ein synonymer Parallelismus (DAVIS-ALLISON 495)? E. SCHWEIZER, Matth 5,17-20. Anmerkungen zum Gesetzesverständnis des Matthäus, in: ders., Neotestamentica, Zürich-Stuttgart 1963, 399-406, deutet πληρῶσαι in 5,17 auf die heilsgeschichtliche Erfüllung durch das Kommen Jesu (400) und den zweiten ἕως-Satz V. 18 auf die neue Tora, die in der Gemeinde weiter getan wird (404f). Vgl. ferner H. HÜBNER in: EWNT II (1981) 1166f.

aber reißende Wölfe sind (7,15). Matthäus legt den Finger auf die erkennbaren Früchte: „An ihren Früchten werdet ihr sie erkennen" (7,20). Darin liegt eine verschärfte Warnung vor den Pseudopropheten, die der matthäischen Gemeinde zu schaffen machen. Dieser sondierenden Beurteilung unterzieht Matthäus auch Gemeindeglieder, die sich durch Prophetie und außergewöhnliche Taten (Dämonenaustreibungen) ausweisen wollen (7,22f). Entscheidend bleibt das Tun der Worte Jesu, das allein ein festes Fundament in den Stürmen und Bedrohungen des Lebens darstellt (7,24–27). Das Bild des Lehrers einer in Gott wurzelnden Gerechtigkeit, die Jesus selbst ausübt, hebt sich gegenüber aller Scheinfrömmigkeit und menschlichen Überheblichkeit, die Jesus durchschaut, heraus. Matthäus stellt den Lehrer einer größeren Gerechtigkeit also in den Kontext seiner Zeit: den jüdischen wie den christlichen, und läßt auf dem Hintergrund die befreiende Botschaft der Liebe neu erklingen. Es sind zwei Perspektiven, einmal die gegenüber einer unzulänglichen jüdischen Gesetzesgerechtigkeit und dann gegenüber einer in den christlichen Gemeinden erkennbaren Ablehnung des Gesetzes oder einer laxen Gesetzesauslegung. Beide Fehlhaltungen stehen Mt vor Augen, und er setzt ihnen klare Worte Jesu entgegen.

b) Die Art der von Jesus geforderten größeren Gerechtigkeit

Wie die neue und größere Gerechtigkeit aussehen und praktiziert werden soll, erläutern die Antithesen. Die Hauptfrage, die sich hier stellt, ist nicht, ob und wie Jesus die den „Alten", der Mosegeneration, verkündete und als Schrift bezeugte Gesetzesobservanz verschärft oder aufhebend überschreitet, sondern wie Jesus das menschliche Verhalten dem göttlichen Willen konfrontiert. Unter den sechs Antithesen sind solche festzustellen, in denen Jesus der schriftlichen Tora widerspricht; das sind die zweite Antithese zur Ehescheidung (5,31f), die fünfte zur Wiedervergeltung (5,38f) und die sechste zur Feindesliebe (5,43f). Für gewöhnlich unterscheidet man die sogenannten primären Antithesen, die sich aus dem Vergleich mit Lukas als verschärfende Toraauslegung herausstellen, nämlich die erste (Mord und Zürnen), die zweite (Ehebruch und Begehren im Herzen) und die vierte (Verbot des Schwörens), die von Jesus antithetisch formuliert sein könnten, von den „sekundären" Antithesen, nämlich der dritten (Ehescheidung), der fünften (Verbot der Wiedervergeltung) und der sechsten (Feindesliebe), die bei Lukas keine antithetische Form aufweisen[102].

Eine solche Unterscheidung ist jedoch zu starr und künstlich. Bei al-

---

[102] H. MERKLEIN, Die Gottesherrschaft als Handlungsprinzip (FzB 34), Würzburg ²1981, 254–293; J. LAMBRECHT, Ich aber sage euch. Die Bergpredigt als programmatische Rede Jesu (Mt 5–7, Lk 6,20–49), Stuttgart 1984, 89–93.

len Antithesen kommt es Jesus darauf an, Toragebot und seine Weisung zu konfrontieren. „Nach Ansicht der Antithesen genügt nicht mehr (wie bisher) das Toragebot, sondern ist jetzt die Weisung Jesu maßgeblich. Die Antithesen sind daher als Überbietungen der Tora anzusprechen, bzw. – noch präziser – als Jesusgebote, welche die Tora an Radikalität übertreffen, nicht aber als radikalisierte Toragebote."[103] Matthäus hat die Jesusüberlieferung über die „Erfüllung" von Gesetz und Propheten in eine antithetische Form gebracht, vielleicht nicht nur die sogenannten sekundären Antithesen, sondern schon die in den „primären" Antithesen durchscheinende Jesusüberlieferung, also vielleicht die ganze Antithesenreihe redaktionell gebildet[104]. Auf jeden Fall hat Matthäus die in einzelnen Aussprüchen Jesu erkennbare Radikalisierung des göttlichen Willens gegenüber menschlicher Auslegung herausgestellt und so das aus der Verkündigung der jetzt hereinbrechenden Gottesherrschaft geforderte neue Verhalten der Menschen entgegen bisheriger Gewohnheit und Übung ins Licht gerückt. „Die eschatologische ‚Aktion' Gottes fordert neue, grundsätzlich nicht aus der bisherigen Autorität der Tora zu begründende ‚Reaktion' des Menschen."[105]

Diese Konfrontation menschlichen Wollens und Verhaltens mit dem eschatologisch begründeten Willen Gottes läßt sich in den Paradigmen der Antithesen durchweg aufzeigen. Wenn in der ersten Antithese dem Verbot des Mordes das Verbot des Zürnens hinzugefügt ist (5,21 f), wird damit der Urgrund und Ursprung des Tötens aufgedeckt. Weil die Menschen zum Zorn und der Verdammung anderer Menschen neigen, kommt es letztlich zu Mordabsichten. Diese ganze gefährliche Denkweise will Jesus aus den Herzen reißen. Noch deutlicher wird dies in der Fortsetzung, die von der Versöhnung mit dem Bruder (5,23 f) oder mit dem Prozeßgegner (5,25 f) handelt. Im Aufblick zu Gott, dem die Versöhnung mit dem Bruder wichtiger ist als die auf dem Altar dargebrachte Opfergabe, wird Gottes ganz anderer Maßstab als das übliche menschliche Verhalten sichtbar.

In der zweiten Antithese über den Ehebruch und das im Herzen aufkeimende Verlangen nach einer anderen Frau (5,27 f) wird wieder die Wurzel solchen Verhaltens aufgedeckt. Gott schaut auf das Herz des Menschen, das zum Ehebruch treibt. Zwar wird schon in Dtn 5,21 das Verlangen nach einer anderen Frau verboten, insofern ist diese Antithese keine „Tora-Verschärfung"; aber Jesus sieht das natürliche un-

---

[103] MERKLEIN, Gottesherrschaft 256.
[104] So H. M. SUGGS, The Antitheses as Redactional Products, in: G. Strecker (Hrsg.), Jesus Christus in Historie und Theologie (FS H. Conzelmann), Tübingen 1975, 433–444; I. BROER, Die Antithesen und der Evangelist Matthäus: BZ NF 19 (1975) 50–63.
[105] MERKLEIN, Gottesherrschaft 257.

gezügelte Begehren als so bedrohlich an, daß er es eigens als gegen Gottes Willen gerichtet hervorhebt. Angeschlossen sind Warnungen vor dem verführerischen Auge oder der Hand, die zur Sünde treibt (5, 29 f). Es sind Warnungen, die Mt aus dem ursprünglichen Zusammenhang vom Ärgernisgeben in Mk 9, 43–47 hier auf die geschlechtliche Sünde appliziert. Mit schärfsten Worten warnt er vor dem Nachgeben gegenüber den natürlich starken Regungen im Menschen, das ihn dem eschatologischen Gericht Gottes ausliefern kann.

Das Verbot der Ehescheidung (dritte Antithese 5, 31 f), das nun direkt einer Toraanweisung widerspricht (vgl. 19, 8 f), wird mit dem Gegensatz zum ursprünglichen Willen Gottes begründet: „Was Gott verbunden hat, soll der Mensch nicht trennen" (19, 6). Unter der Gottesherrschaft soll der schöpfungsmäßige Wille Gottes wiederhergestellt werden. Auf die Probleme der unterschiedlichen Formulierungen, die sich aus dem jüdischen Kontext („außer im Fall von Unzucht" 5, 32, vgl. 19, 9) bzw. der griechisch-römischen Rechtspraxis (Mk 10, 12) ergeben, können wir hier nicht eingehen. Sicher scheint mir, daß Mt die jüdischen Verhältnisse berücksichtigt, ohne doch das grundsätzliche Ehescheidungsverbot Jesu in Frage zu stellen[106]. Im Rahmen der Bergpredigt kommt es ihm darauf an, die Verantwortung des Mannes für das Fortbestehen der Ehe einzuschärfen; der Mann darf seine Frau nicht dazu treiben, eine neue, für Jesus illegitime Ehe einzugehen. Obwohl die Antithese wie ein kasuistischer Rechtssatz aussieht, ist sie doch mehr: die Aufhebung eines menschlich gesetzlichen Denkens vor dem Anspruch Gottes. Durch sein provozierendes Wort ergreift Jesus eine prophetische Perspektive, alles im Blick auf die hereinbrechende Gottesherrschaft[107]. „Gerade so stellt er dem Mann seine Frau als Menschen vor Augen, für den er in Liebe da zu sein hat."[108] Jesus durchbricht somit die gesetzlichen Regelungen um der höheren von Gott gegebenen Weisung.

Deutlich wird die Orientierung an der Heiligkeit und unantastbaren Würde Gottes im Schwurverbot (vierte Antithese 5, 33–37). Gott selbst kann man wohl einen heiligen Schwur leisten; alle abschwächenden Schwurformeln, wie sie in der kasuistischen Auslegung der Rabbinen eine Rolle spielen (vgl. 23, 16–22), haben nicht das Gewicht einer Gott selbst abgegebenen Verpflichtung. Da aber jede Rede vor Gott eine ab-

---

[106] Zur „Unzuchtsklausel" vgl. u. a. J. B. BAUER, Bemerkungen zu den matthäischen Unzuchtsklauseln (Mt 5,32; 19,9), in: J. ZMIJEWSKI – E. NELLESSEN (Hrsg.), Begegnung mit dem Wort (FS H. Zimmermann), Bonn 1980, 23–33; C. MARUCCI, Parole di Gesù sul divorzio, Neapel 1982, 333–406; SCHNACKENBURG, Sittliche Botschaft I, 151 f.

[107] G. LOHFINK, Jesus und die Ehescheidung. Zur Gattung und Sprachintention von Mt 5, 32, in: H. MERKLEIN – J. LANGE (Hrsg.), Biblische Randbemerkungen (Schüler-FS R. Schnackenburg), Würzburg 1974, 207–217.

[108] MERKLEIN, Gottesherrschaft 285.

solute Verpflichtung zum Ja oder Nein sein soll, verbietet die Bergpredigt überhaupt den Schwur, der Gott in den menschlichen Bereich herabziehen könnte. Die Ersatzformen, die den Gottesnamen vermeiden (beim „Himmel", bei der „Erde", bei „Jerusalem"), werden der Erhabenheit Gottes nicht gerecht. Der Name Gottes soll in keiner Weise verunehrt werden (zweites Dekaloggebot); Gott ist menschlichem Deuten absolut überlegen.

Die fünfte Antithese verbietet die Wiedervergeltung und wird durch die angeführten drei Fallbeispiele zur besonderen Herausforderung für menschliches Empfinden (5, 38–41). Das Verhalten nach erfahrenem Unrecht oder erlittener Gewalt ist für Menschen naheliegend; aber Jesus verlangt Gewaltlosigkeit, mehr noch: den Übeltäter durch Güte zu entwaffnen, das Böse durch das Gute zu überwinden (vgl. Röm 12, 21). Da in den Fallbeispielen nicht nur vom Verzicht auf Wiedervergeltung die Rede ist, sondern auch vom Nachgeben und Mehrgeben als gefordert (V. 40), ist ein Spruch vom Geben angefügt: „Dem, der dich bittet, gib, und dem, der von dir leihen will, weise nicht ab!" (5, 42). Diese Weisungen hat Matthäus aus der zusammenhängenden Rede über die Feindesliebe bei Lk 6, 27–36 herausgelöst und zu einer eigenen Antithese gestaltet. Umso wuchtiger setzt dann die sechste Antithese über die Feindesliebe ein. Matthäus knüpft an das Gebot der Nächstenliebe an, dem er (ohne Anhalt im AT) den Haß gegen den Feind zur Seite stellt. Dieser These setzt Jesus entgegen: „Ich aber sage euch: Liebt eure Feinde und betet für die, die euch verfolgen." Begründung dafür ist das Verhalten Gottes, das zum Vorbild für die Menschen werden soll. Gott handelt anders als die Menschen: Er läßt seine Sonne aufgehen über Bösen und Guten, und er läßt regnen über Gerechte und Ungerechte. Dieser Weisheitsspruch, der mit der Weltregierung Gottes argumentiert[109], will das barmherzige Handeln Gottes veranschaulichen, das die Menschen verpflichtet, genauso zu handeln. Das gewöhnliche Verhalten: die lieben, die uns lieben, die vertrauten Brüder grüßen muß im Hinblick auf Gott überschritten werden. Nur so erreicht man das Vorbild Gottes, der heilig und vollkommen ist (5, 48). „Durch τέλειος hebt er (Mt) die grundsätzliche Bedeutung der Feindesliebe hervor. Sie ist nicht eine Forderung neben anderen, sondern Mitte und Spitze aller Gebote, die zur Vollkommenheit führt."[110]

Die Art der von Jesus geforderten Gerechtigkeit tritt also in der Konfrontation des alltäglichen menschlichen Verhaltens mit dem Handeln Gottes hervor. Gott, der seine Herrschaft aufrichten will, kann dies nur im Widerspruch zu allem gewohnheitsmäßigen, in der

---

[109] Vgl. D. ZELLER, Die weisheitlichen Mahnsprüche bei den Synoptikern (FzB 17), Würzburg 1977, 104–110.
[110] LUZ, Mt I, 313.

irdischen Welt geübten Verhalten tun. Dieses völlige Anders-Sein und Anders-Handeln Gottes, das den Jünger Christi verpflichtet, will Mt in den Antithesen herausarbeiten. Die Gottesherrschaft setzt die Zukunft als Maßstab für die Gegenwart, ohne Rücksicht auf die Schwierigkeiten und Spannungen, die sich daraus ergeben. Insofern bleiben diese Anforderungen der Antithesen etwas Utopisches, im irdisch-weltlichen Bereich kaum zu Verwirklichendes; aber Mt hat es in seiner programmatischen Rede als den unverbrüchlichen Willen Gottes herausgestellt.

Welches Bild von Jesus ergibt sich daraus? „Der Jesus der Antithesen ist ein matthäischer Jesus. Der Stoff, den Matthäus in 5,21–48 in sein Jesusportrait eingebaut hat, steht in der Verlängerung des Bildes, das schon in 5,1–2.3–12.13–16 und 17–20 langsam zum Vorschein kommt."[111] Er lehrt die Menschen einen Weg, der sich nur am Willen zur eschatologischen Neuordnung, dem Widerspruch gegen menschliche Schwäche und Unzulänglichkeit orientiert. Aber es ist der Weg, der aus Not und Unfrieden, aus Bedrängnis und Verzweiflung herausführt.

c) Die Liebe als Kern der neuen Gerechtigkeit

Was schon in den Antithesen und den damit verbundenen Mahnungen erkennbar wurde, zeigt sich im Gesamtwerk des Matthäusevangeliums als die entscheidende Mitte alles sittlichen Bemühens: die Liebe zu den Menschen aus der von Gott empfangenen Liebe. Das Crescendo von der Bruderliebe zur Feindesliebe haben wir schon betrachtet. Der Nachdruck, den Matthäus auf Liebe und Barmherzigkeit legt, wird an einigen Sonderworten und besonderen Stücken des Mt offensichtlich. Der Verteidigung seiner Zuwendung zu den „Zöllnern und Sündern" fügt der matthäische Jesus hinzu: „Geht und lernt, was es heißt: Barmherzigkeit will ich und nicht Opfer" (9,13; Zitat aus Hos 6,6). Das gleiche Schriftwort setzt er nochmals ein, um die Jünger für ihr Ährenraufen am Sabbat zu entschuldigen (12,7). Die Jünger, die nach den strengen Maßstäben der Gesetzeslehrer als Sabbatschänder gelten, können nach Jesus nicht angeklagt werden: Schon im AT gibt es Ausnahmen von der kultischen Vorschrift. Da ist der Fall des David, der für sich und seine Begleiter aus Hunger von den geheiligten Schaubroten aß (12,3f), und dann gibt es allgemein die Erlaubnis für die Priester, wegen des Sabbatopfers die Sabbatvorschriften außer acht zu lassen (vgl. 12,5; Num 28,3f). „Hier aber ist Größeres als der Tempel". Man kann diese Aussage wegen V. 8 („Der Menschensohn ist Herr über den Sabbat") auf Jesus deuten, der damit seine Autorität

---

[111] LAMBRECHT, Ich aber sage euch (Anm. 102) 95.

einbringt. Man kann sie auch auf die geforderte Barmherzigkeit beziehen, wodurch der Gedankengang einheitlicher wird [112]. Jesu Überlegenheit über den Kult zeigt sich gerade darin, daß er Barmherzigkeit fordert und übt.

Barmherzigkeit (ἔλεος), barmherzig sein (ἐλεεῖν) ist für Matthäus überhaupt die Quintessenz der vom Jünger Christi geforderten Liebe. Grundsätzlich heißt es in den Seligpreisungen: Selig die Barmherzigen, denn sie werden (von Gott) Barmherzigkeit erfahren (5, 7). Mt hat die bei Lukas am Ende des Gebots der Feindesliebe stehende Aufforderung: „Seid voll Erbarmen (οἰκτίρμονες), wie euer Vater voll Erbarmen ist" (6, 36), zu einer Seligpreisung geformt und zugleich die Barmherzigkeit Gottes im Endgericht eingebracht. Damit erhält die Forderung ein stärkeres Gewicht. Der größte Vorwurf gegen die Gesetzeslehrer ist, daß sie das Wichtigste im Gesetz, Recht, Barmherzigkeit und Treue wegen ihrer engen Gesetzesvorschriften außer acht lassen (23, 23). Barmherzigkeit gemäß der von Gott erfahrenen Barmherzigkeit wird zum Kriterium eines konkreten Handelns aus Liebe. Dabei ist in einem weiten Umfang an Hilfsbereitschaft, Güte und Verzeihen gedacht.

Jesus wird zum Leitbild für solches barmherziges Tun. Nicht zufällig nimmt Matthäus die Rufe geplagter Menschen um Erbarmen auf, die Jesus erhört. Die Rufe des Blinden von Jericho (Mk 10,47f): „Jesus, Sohn Davids, erbarme dich meiner" werden bei Mt dadurch verstärkt, daß es zwei Blinde sind (20,30f). Außerdem nimmt Matthäus eine Heilung von Blinden, die sich ihm mit der gleichen Bitte nahen, noch zusätzlich in seine Sammlung von Heilungsgeschichten auf (9,27–29). Auch die heidnische Kanaanäerin bittet Jesus für ihre Tochter flehentlich: „Erbarm dich meiner, Herr, Sohn Davids" (15,22). Schließlich läßt Mt den unglücklichen Vater des epileptischen Knaben rufen: „Herr, erbarme dich meines Sohnes!" (17,15). Alle diese Menschen heilt Jesus; das Bild Jesu, das hier aufstrahlt, prägt auch seine sittliche Unterweisung: Barmherzigkeit vor allem und über alles!

Besonders wertvoll ist das von Matthäus in seinem Sondergut überlieferte Gleichnis vom unbarmherzigen Knecht (18,23–35). Es wird als Basileia-Gleichnis charakterisiert, und der dort auftretende König ist Symbolgestalt für Gott selbst. Er hält Abrechnung mit seinen Knechten – ein Ausblick auf das künftige Gericht. Ein besonders schuldiger Mann, der ihm eine Riesensumme schuldet, wird ihm vorgeführt, und der Urteilsspruch lautet zunächst, den Mann mit Frau und Kindern und der ganzen Habe zu verkaufen. Aber als der Knecht niederfällt

---

[112] So Luz, Mt II, 231 f. Doch man muß auch 12,41 f berücksichtigen, wo Jesus seine Überlegenheit über Jona und Salomon mit einem ähnlichen Wort („Siehe, hier ist mehr als Jona" bzw. „Salomon") kundtut.

und ihn um Langmut bittet, wird der Herr von Mitleid bewegt, läßt ihn frei und erläßt ihm die Riesenschuld. Das allein wäre ein Paradigma für die überaus große Güte und Barmherzigkeit Gottes; aber die Geschichte geht weiter und wird zu einer eindringlichen Mahnung, einander zu vergeben und alle Schuld zu erlassen. Der begnadigte Knecht fordert von einem Mitknecht eine lächerlich kleine Schuld ein und läßt ihn ins Gefängnis werfen. Alles Flehen mit denselben Worten um Langmut, wie sie der vom König Begnadete vorbrachte, nutzt nichts. Da wird der Herr zornig und hält ihm vor: „Mußtest nicht auch du dich deines Mitknechtes erbarmen, wie ich mich deiner erbarmt habe?" (18,33). Hier fällt das Stichwort vom Erbarmen; auf dieses Erbarmen ist die ganze Geschichte angelegt. Dieses Wort (nicht V. 34) ist die Pointe der Erzählung. Die Bestrafung des Mannes, dem eine große Schuld erlassen wurde und der kein Erbarmen mit seinem Mitknecht zeigte, wird im Sinne des Mt zu einer Warnung, die Güte Gottes zu mißbrauchen[113].

In der Szene vom Weltgericht (25,31–46) fällt das Stichwort vom Erbarmen nicht. Aber die Liebeswerke, die nach jüdischer Vorstellung zusammengestellt sind, veranschaulichen das von den Menschen erwartete Erbarmen und Gutestun. Wieder wird wie in der Parabel vom unbarmherzigen Knecht das die Unbarmherzigen treffende Gericht hervorgehoben. Das Besondere ist die Abhebung auf den Menschensohn in den den Armen, Bedürftigen und Gefangenen erwiesenen Wohltaten. In Jesus begegnet der Mitmensch, an dem sich das Gebot der Bruderliebe erfüllen soll. Der Nächste oder Bruder, den Jesus im Mitmenschen sieht, ist ein Anruf zu der Gott geschuldeten Liebe, die sich an den Notleidenden erweisen soll, mit denen sich Jesus solidarisiert, ja identifiziert.

Für das Bild Jesu Christi bedeutet das:

1. Jesus ist derjenige, der die Liebe und Barmherzigkeit Gottes in seiner Person darstellt; denn nur weil er der Liebende ist, kann er nach dem Maßstab urteilen, die Liebestaten an den Notleidenden seien ihm selbst erwiesen. Seine eigene Liebe ist die Voraussetzung seiner Liebesforderungen.

2. Jesus verlangt Liebeswerke als konkreten Ausdruck der neuen und größeren Gerechtigkeit. Was schon in der Bergpredigt deutlich wurde, daß es auf das Tun der Gebote Gottes ankommt, wird in der Szene vom Weltgericht bestätigt und eingeschärft. Für das Unterlassen der konkreten Hilfsleistungen gibt es keine Entschuldigung.

3. Die Forderungen des irdischen Jesus können nur im Licht des einst kommenden Herrn und Richters verstanden werden. Sie erlan-

---

[113] Vgl. GNILKA, Mt II, 147, auch zu anderen Auslegungen. S. weiter unter d).

gen ihr Schwergewicht durch die künftige Vergeltung im Gericht. Was jetzt noch verborgen ist, wird dann aufgedeckt werden.

4. Angefordert ist zunächst und vor allem die Glaubensgemeinde, die sich ihrem Herrn, dem Menschensohn, unterstellt weiß. In der Gemeinde wird jeder nach seiner eigenen Tat beurteilt (vgl. 16,27). Aber auch die anderen Menschen unterliegen dem Maßstab der Liebe, so daß vor Gott im Gericht alle Menschen gleich sind. Der universale Horizont, der schon in der weisheitlichen Begründung der Bergpredigt auftaucht (5,45), wird in der Gerichtsszene beibehalten.

5. Das Anders-Sein und Anders-Handeln Gottes, das dem gewöhnlichen Verhalten der Menschen entgegensteht, wird auch auf seinen Repräsentanten und Agenten, auf Jesus, den Menschensohn, übertragen. Dieser Richter überrascht und schockiert die Menschen mit seinem Urteilsspruch, den sie nicht erwarteten. Es ist das Anderssein des liebenden Gottes, der den Menschen mit seiner Liebe zuvorkommt und sie zur gegenseitigen Liebe verpflichtet.

So stellt sich die Bergpredigt mit ihren Forderungen, keine Vergeltung zu üben (5,38–42), Feinde und Bösewichte zu lieben (5,43–48), einander das zu tun, was man von dem anderen erwartet (7,12), in die umfassende Liebesethik hinein, und das Hauptgebot stellt die Nächstenliebe auf eine Stufe mit der Gottesliebe (22,37–40). Was Lukas im Gleichnis vom barmherzigen Samariter darlegt (Lk 10,30–37), ist der Sache nach ebenso in der ethischen Unterweisung des Matthäus enthalten. Der Samariter tut das, was der matthäische Jesus ständig fordert: Erbarmen mit den Elenden (10,37).

d) Das Gericht über Gesetzlose und Nichtliebende

Aber läßt sich die Liebe als Grundzug der ethischen Verkündigung Jesu nach Matthäus festhalten, wenn doch immer wieder die Drohung mit dem Gericht auftaucht? Müßte nicht die Barmherzigkeit Gottes so weit gehen, auch die Versagenden, die Jesu Botschaft Ablehnenden und die verstockten Sünder in sein Reich aufzunehmen? Wenn Jesus auf Erden die Sünder annimmt und gerade den Zöllnern und Dirnen zusichert, sie würden vor den Schriftgelehrten und Pharisäern ins Reich Gottes eingehen, weil sie sich auf die Predigt Johannes' des Täufers hin bekehrt haben (21,31 f), könnte man dann nicht erwarten, daß Gott gleichsam in einer Generalamnestie auch jene verschlossenen Menschen vom Heil nicht ausschließt? Ist Jesus nicht gerade für die Sünder gestorben, um mit seinem für alle vergossenen Blut „zur Vergebung der Sünden" (26,28) allen die Teilhabe an seinem Gnadenbund zu ermöglichen?

Diese unleugbare Spannung zwischen barmherziger Vergebung und Verdammungsgericht, das bei Matthäus so nachdrücklich hervortritt

(7,23; 8,12; 13,41f.50; 18,34; 22,13; 24,51; 25,30.41.46), wird man aus bestimmten Voraussetzungen der matthäischen Ethik erklären müssen:

1. Das Gericht nach den Werken hat Matthäus aus der Jesusüberlieferung übernommen. Es gibt eindeutige Gerichtsaussagen Jesu für die seine Botschaft Ablehnenden[114].

2. Die barmherzige Liebe Gottes bis zum äußersten ist in der Heilsverkündigung enthalten. Aber dieses Evangelium der Gnade setzt den *Glauben* an Jesu Botschaft voraus. Wo dieser Glaube schuldhaft verweigert wird, wo nicht einmal Jesu Wundertaten zu einer Sinnesänderung führen (vgl. 11,20–24; 12,41f; 13,54–57; 21,31f), wird das Heilsangebot Gottes verwirkt. Das ist die Kehrseite des großen Gnadenerlasses Gottes, die „notwendige Folge des abgelehnten oder mißachteten Heils"[115].

3. Aus seiner kritischen Haltung gegenüber dem ungläubigen Teil des Volkes Israel hat Matthäus die Gerichtsaussage für Israel verschärft. Weil Israel zu einer Verfolgung der zu ihm gesandten Propheten, Weisen und Lehrer übergegangen ist, wird alles auf Erden vergossene Blut auf das schuldige Israel kommen (23,34–36). Das Gericht über Jerusalem vollzieht sich in der anstehenden Zukunft (vgl. 23,37–39; 27,25). Es ist in Gottes Geschichtsplan aufgenommen und muß als Ausdruck für Gottes strafende Gerechtigkeit nach enttäuschtem Liebeswerben gewertet werden.

4. Weil aber die neue Heilsgemeinde, die Kirche, das Erbe des alten Gottesvolkes antritt, wird auch sie an den gleichen Maßstäben gemessen wie das alte Israel. Wer sich in dieser Gemeinde den Gesetzlosen beigesellt (7,23; 13,41) oder durch seine Taten dem Anspruch des himmlischen Herrn nicht entspricht (vgl. 22,11–13), wird vom künftigen Reich ausgeschlossen. Das Gericht schwebt zwar nicht über der ganzen Kirche, aber über ihren unwürdigen Gliedern. Diese Anforderung an die Gemeinde hat Matthäus wegen des anstößigen Verhaltens mancher Gemeindeglieder verschärft. Es entspricht seiner Grundhaltung als strenger Mahner und Warner, der die Gemeinde dahin führen will, die Früchte sittlichen Verhaltens hervorzubringen (21,43; vgl. 5,16; 7,16.20). Im Kontext seiner Gemeinde stellt Mt neben Gottes unendliche Liebe das drohende Gericht für die Nichtliebenden (25,31–46). Der Zusammenhang und der Unterschied zum versagenden Israel wird im Gleichnis vom königlichen Hochzeitsmahl (22,1–14) erkennbar. Israel verfällt wegen des Unglaubens seiner Führer dem im Jüdischen Krieg und der Zerstörung Jerusalems hereinbrechenden Gericht (22,7). Aber die neue, auch die Heiden umfassende

---

[114] Vgl. M. REISER, Die Gerichtspredigt Jesu (NTA NF 23), Münster i. W. 1990, 183–250.
[115] REISER, Gerichtspredigt (vor. Anm.) 314.

II. Das Bild Jesu Christi im Matthäusevangelium

Gemeinde wird nicht dem irdisch-drohenden Gericht unterworfen, sondern nur unter das eschatologische Gericht gestellt, bei dem die unwürdigen Glieder ausgeschieden werden. Unter den vielen, die berufen sind, gibt es doch, wie warnend am Ende gesagt wird, nur wenige Auserwählte, die die eschatologische Freudenzeit wirklich erreichen (22,14)[116].

Hat Matthäus das Nebeneinander von unbegrenzter und unbedingter Gnade, wie sie im Gleichnis vom verlorenen Sohn verkündet wird, und dem Gericht, das denen, die den Willen des Vaters nicht erfüllen, angesagt wird, überhaupt empfunden? Bei ihm scheint die überaus große Liebe des Vaters in der apokalyptischen Ansage des Gerichts des Menschensohn unterzugehen. Auch Matthäus verkündet die Zuwendung Jesu zu den Sündern (9,12f); er weiß um die Barmherzigkeit Gottes, die sich in Jesus offenbart (vgl. 9,1–8). Aber er verlangt Umkehr als Vorbedingung, um in das Reich Gottes einzugehen (vgl. 21,28–32). Nun ist auch im Gleichnis vom verlorenen Sohn die Umkehr vorausgesetzt, doch nicht darauf ruht der Akzent, sondern auf der bedingungslosen Annahme des in die Irre gegangenen Sohnes. Ob Matthäus alle Gleichnisse vom Verlorenen (Lk 15) in seiner Tradition vorfand, bleibt ungewiß.

Das Gleichnis vom verlorenen Schaf kennt er, legt es aber nicht auf Gottes allumfassende Sünderliebe aus, sondern auf die Pflicht der Gemeinde, den verirrten Gemeindegliedern nachzugehen (18,12–14). Der himmlische Vater will nicht, daß eines von den „Kleinen", den Jesusjüngern, die der Versuchung und Verführung unterliegen (18,7–9), verlorengehen. Wer auch durch die nachgehende Sorge der Gemeinde nicht zu gewinnen ist, wird aus der Gemeinde ausgestoßen (18,17). Durchweg werden für die Teilnahme am Gottesreich Bedingungen für das sittliche Verhalten gestellt: Sorge für die Mitknechte (24,44–50), Wucher mit den anvertrauten Gütern (25,14–30), Liebestaten an den Armen und Bedrängten (25,31–46). Aber man muß sehen, daß dies alles im eschatologischen Horizont, im Hinblick auf das Endgericht geschieht. Es ist ein jeweilig anderer Kontext, wenn von Gnade und Gericht gesprochen wird. Bei Matthäus verlagert sich der Blick auf das zukünftige Gericht, das der Menschensohn im Namen Gottes abhalten wird. Dann wird nicht mehr die allverzeihende Güte Gottes herausgestellt, sondern die aus der Gnade Gottes fließende Verpflichtung. In

---

[116] Dieser abschließende allgemeine Satz, der weder zu der Geschichte V. 1–10 noch zu dem Mann ohne hochzeitliches Gewand (V. 11–13) paßt, ist eine typische matthäische Anwendung, die vor falscher Heilssicherheit warnt. „Viele" und „wenige" sind gemäß der paränetischen Tendenz (wie in 7,13f) nicht zahlenmäßig zu verstehen; doch ist ein pessimistischer Ton nicht zu überhören (vgl. 4 Esr 8,1–3). Vgl. noch M.-E. BOISMARD, Multi sunt vocati, pauci vero electi, in: RThom 52 (1952) 569–585; I. DAUMOSER, Berufung und Erwählung bei den Synoptikern, Stuttgart 1955, 186–212.

der matthäischen Anwendung des Vaterunsers scheint es sogar, als sei das Verzeihen dem sündigen Mitmenschen gegenüber die Bedingung, um die Verzeihung durch Gott zu erlangen (6,14f). In Wirklichkeit wird Gottes Barmherzigkeit als solche vorausgesetzt, die menschliches Verzeihen erst ermöglicht und motiviert. Der Beter muß um die Vergebung durch Gott bitten, versichert freilich, daß auch er den Schuldnern ihre Schuld vergeben hat (6,12).

Dieser Zusammenhang von Gottes schenkender Güte und sittlicher Verpflichtung wird besonders im Gleichnis vom unbarmherzigen Knecht ins Licht gerückt (18,21-35). Das Besondere an dieser Geschichte ist der Umschlag von äußerster Großherzigkeit des Herrn, der in der von Matthäus stammenden Einleitung als König charakterisiert wird, zum Zorn und zur Bestrafung seines Mitknechtes, dem er eine Riesenschuld erlassen hat und der dann einen Mitknecht wegen einer lächerlich kleinen Schuld würgt und ins Gefängnis werfen läßt. Ein schockierender Vergleich, aber als abschreckendes Beispiel beabsichtigt. Die Pointe des Gleichnisses wird verfehlt, wenn man den ursprünglichen Text beschneidet[117].

Es handelt sich um drei Erzählsequenzen, die innerlich miteinander verbunden sind: die Begnadigung des großen Schuldners; das trotz der erfahrenen Güte unbegreifliche Verhalten des Mitknechts; das Strafurteil des erzürnten Herrn. Die Anzeige der Mitknechte, die über das Verhalten des Mannes empört sind, ist notwendig, um auf den Vorwurf des Herrn hinzuführen (V. 33). Es wird offenbar, daß der kleine Schuldner seinen Gläubiger mit denselben Worten angefleht hat wie der große Schuldner: „Habe Geduld mit mir, ich will dir alles erstatten" (V. 29). Der dritte Teil ist dann die Konsequenz: Der Zorn des Herrn und die Bestrafung des hartherzigen Knechtes. Der Angelpunkt ist der Vorwurf des erzürnten Herrn: „Mußtest nicht auch du dich deines Mitknechtes erbarmen, wie ich mich deiner erbarmt habe?" Das ist die innere Logik der Erzählung. Es ist ein eschatologisches Gleichnis, das nicht nur die im irdischen Wirken Jesu verkündigte Barmherzigkeit Gottes festhält, sondern auch die Konsequenz barmherzigen Verhaltens aufdeckt. Die überaus harte Bestrafung des unbarmherzigen

---

[117] H. WEDER, Die Gleichnisse Jesu als Metaphern (FRLANT 120), Göttingen 1980, 210-218, läßt die ursprüngliche Parabel mit V. 30 schließen; V. 33 brauche nicht mehr erzählt zu werden. Das nach V. 34 hervortretende Gericht relativiere die zuvorkommende Barmherzigkeit Gottes (215). Ähnlich P. FIEDLER, Jesus und die Sünder, Frankfurt/M. 1976, 197-199; W. HARNISCH, Die Gleichniserzählungen Jesu. Eine hermeneutische Einführung, Göttingen 1985, 262. Dagegen REISER, Gerichtspredigt (Anm. 114) 265-267. A. WEISER, Die Knechtsgleichnisse der synoptischen Evangelien (StANT XXIX), München 1971, 75-104, hält zwar V. 31 und die konkrete Gestalt des V. 34 für eine Bildung des Evangelisten (93), betont aber, daß die drei Teile der Erzählung so aufeinander zugeordnet sind, daß man keinen herausbrechen kann, ohne das Ganze zu zerstören (90).

Knechtes (Übergabe an die Folterknechte) mag aus damaligen Verhältnissen ausgemalt sein. Der letzte Satz: „So wird auch mein himmlischer Vater euch tun, wenn ihr nicht, ein jeder seinem Bruder, von Herzen verzeiht" ist die matthäische Nutzanwendung. Es ist ein Gleichnis, das vor dem „drohenden Verlust der Gnade" warnt (E. Schweizer).

Die Gestalt des Rechenschaft fordernden und vergeltenden Richters durchzieht die matthäische Darstellung. Gleichwohl darf nicht übersehen werden, daß ebenso wie das Gericht der Lohn den Guten und Gerechten in Aussicht gestellt wird. Sie werden wie die Sonne im Reich des Vaters aufleuchten (13, 43), werden mit den Erzvätern zu Tisch liegen (8, 11), werden in den himmlischen Hochzeitssaal einziehen (25, 10) und für ihren treuen Dienst reich entlohnt werden (25, 21.23), in das ewige Leben aufgenommen werden (25, 46). Weil jetzt noch die Zeit der Gnade und Bewährung ist, wird die Gemeinde gemahnt, wachsam und zum Gutestun bereit zu sein, weil sie nach Meinung des Mt in großer Gefahr steht, das Ziel zu verfehlen. Mt verstärkt die Ankündigung des Gerichts, droht mit der ewigen Strafe, schreckt ab und will damit doch nur zur Erwiderung der Liebe und Barmherzigkeit Gottes treiben. Das matthäische Jesusbild ist eschatologisch, vom Kommenden her bestimmt, und auch die gegenwärtige Verkündigung Jesu wird in diese Perspektive gerückt.

Im ganzen haben verschiedene Momente das Bild Jesu Christi bei Matthäus gegenüber Markus weiterentwickelt und verändert. Die zeitgeschichtliche Lage gegenüber dem ablehnenden und feindlichen Judentum setzt schärfere Akzente aus sich heraus; aber das Gegenüber zum Judentum läßt auch über den aus dem Judentum hervorgegangenen Messias stärker nachdenken (vgl. den „Davidssohn"). Matthäus erkennt, daß die alttestamentlichen Texte auf Jesus hinweisen und bringt dafür nicht wenige „Erfüllungszitate". Die heilsgeschichtliche Linie bleibt erhalten, auch in der Frage des mosaischen Gesetzes, das nicht aufgehoben wird, sondern nur in den neuen Rahmen der Auslegung Jesu rückt. Die Kirche tritt das Erbe des alten Israel an, und ihr ist es aufgegeben, dieses Erbe durch treue Erfüllung der Gebote Jesu zu verwalten. Der Ausblick auf das Ende läßt den einst wiederkommenden Herrn stärker hervortreten. Die Endzeit wird als Zeit der Gesetzlosigkeit und der erkaltenden Liebe gezeichnet (24, 12); aber Christus bleibt lehrend, mahnend und schützend bei seiner Kirche, und während alle Völker der Erde vor Schrecken klagen, wird der Menschensohn seine Engel aussenden, um die Auserwählten von allen Himmelsrichtungen zu sammeln (24, 30 f). Die veränderte Sicht auf Jesus Christus ist durch die judenchristliche Perspektive und das Bild der Kirche bestimmt, in der Jesus Christus anwesend bleibt und sein Werk fortsetzt (28, 20).

Viertes Kapitel

Lukas

Mit dem Evangelium des Lukas treten wir in einen weiten Horizont der Rückbesinnung auf Jesus von Nazaret und der Zusammenschau mit dem davon ausgehenden Werk, der Kirche Jesu Christi. Was in der Anrede der Gemeinde im Markusevangelium schon erkennbar wurde und im zeitgenössischen Durchblick auf das Judentum und die bestehende christliche Gemeinde im Matthäusevangelium in deutlichen Umrissen hervortrat, wird im lukanischen Doppelwerk auf eine geschichtliche Linie gebracht, die das Auftreten und Wirken Jesu im Judenland gleicherweise umfaßt wie das Fortwirken in der Kirche nach seiner Heimkehr zu Gott.

Man kann fragen, was Lukas, diesem wahrscheinlich aus dem Heidentum stammenden und im hellenistischen Judentum verwurzelten Schriftsteller[1], mehr am Herzen lag: die Geschichte Jesu Christi, der er sorgfältig nachgehen wollte (Lk 1,1-4), oder die Geschichte der aus dem Werk Jesu hervorgegangenen Kirche; aber da Lukas seine Darstellung von vornherein in zwei Büchern entfalten wollte (vgl. Lk 1,1-3 mit Apg 1,1)[2], muß man die zwei Bücher als Einheit begreifen. Grundlegend bleibt das Evangelium, das die Taten und Lehren Jesu von Nazaret, sein Wirken im Volk Israel und sein von Gott gelenktes Geschick berichten will. Doch ebenso wichtig ist für Lukas zu seiner Zeit, wohl in den frühen achtziger Jahren des ersten christlichen Jahrhunderts,

---

[1] Vgl. KÜMMEL, Einleitung 118: „Das einzige, was mit Sicherheit aufgrund des Lk über seinen Verfasser gesagt werden kann, ist die Tatsache, daß er ein Heidenchrist war"; A. WIKENHAUSER – J. SCHMID, Einleitung in das Neue Testament, Freiburg–Basel–Wien ⁶1973, 252–256; J. A. FITZMYER, The Gospel According to Luke I (Kap. I–IX), Garden City/N. Y. 1981, 35–47. Nach ihm ist Lukas ein Heidenchrist, doch nicht ein Grieche, sondern ein nichtjüdischer Semit, in Antiochien beheimatet, wo er gut in hellenistischer Atmosphäre und Kultur erzogen wurde (42). Zur Verfasserfrage vgl. noch J. ERNST, Lukas. Ein theologisches Portrait, Düsseldorf 1985, 9–18. Positiver zur altkirchlichen Tradition über Lukas, den Paulusbegleiter, urteilt jetzt C.-J. THORNTON, Der Zeuge des Zeugen. Lukas als Historiker der Paulusreisen (WUNT 56), Tübingen 1991, 7–81.

[2] Nach KÜMMEL, Einleitung 78, will Lk 1,1-4 der Prolog zu *beiden* Büchern des Lukas sein; das ist freilich umstritten (vgl. ebd. 98, Anm. 5). Aber die Bezugnahme von Apg 1,1 auf das Lk-Ev als „ersten Bericht" spricht für die Planung des Lukas, sein Gesamtwerk in zwei Büchern vorzulegen.

die sich auf Erden erhebende Geschichte der Kirche, die sich aus dem Judentum löst und ihren eigenen Weg zu den Heiden findet und geht[3]. Die Apostelgeschichte bezieht sich immer wieder auf die Geschichte Jesu zurück, auf die machtvollen Taten, Wunder und Zeichen, die er in der Mitte Israels getan hat, vor allem aber auf die Auferweckung des von Gesetzlosen ans Kreuz geschlagenen Jesus (Apg 2,22–24).

Lukas will ein geschichtlich getreues Bild von Jesus erstellen und folgt damit Intentionen griechischer und römischer Geschichtsschreiber. Er wird zum „Historiker", der aber die Historie doch ganz seinen kerygmatischen Absichten unterstellt[4]. Trotz historischer Angaben (vgl. Lk 1,5; 2,1f; 3,1f) ist keine wirklich dem geschichtlichen Verlauf („der Reihe nach" 1,3) folgende Darstellung entstanden, wie allein die Ansetzung der Nazaret-Perikope 4,16–30 und der Hinaufzug nach Jerusalem (der „Reisebericht" 9,51 – 19,27) beweisen. Auch sein Evangelium ist eine kerygmatische Geschichtsdarstellung, die Jesu Auftreten zwar im Rahmen der zeit- und weltgeschichtlichen Verhältnisse begreifen will, aber den Blick ganz und gar auf Jesus und seine Heilsbedeutung konzentriert. So ist es keine Biographie Jesu geworden, sondern eine Sammlung von Ereignissen, Worten und Taten Jesu, die sich im Leben Jesu ereigneten und die ein umfassendes Bild von seinem Wirken und Schicksal geben wollen. Trotz seiner „historischen" Intentionen hat Lukas wie Markus und Matthäus ein ihm vorschwebendes Bild von Jesus gezeichnet, das keine größere Wirklichkeitsnähe erreicht als bei den anderen Synoptikern.

Lukas hat eine Fülle von Material gesammelt, aus den uns bekannten Quellen des Markusevangeliums, der Logienquelle und anderen uns nicht bekannten Aufzeichnungen, die schon „viele" vor ihm unternommen haben (Lk 1,1), dazu aus einzelnen mündlichen Überlieferungen. Aus diesem reichen Material hat er seine Auswahl getroffen und sich ein Bild von Jesus gemacht, das seiner Meinung nach der geschichtlichen Wirklichkeit entspricht. Hält man sich diese Absicht vor Augen, so ist es verführerisch, sein Jesusbild kritisch an dem zu prüfen, was wir mit einiger Sicherheit vom geschichtlichen Auftreten und Wirken Jesu wissen können. Darauf wollen wir verzichten, weil auch Lukas sein Bild vom geschichtlichen Auftreten Jesu im Glauben an den auferstandenen Christus entwirft.

---

[3] Zu der verschieden bestimmten Erzählintention der Apg urteilt F. MUSSNER, Die Erzählintention des Lukas in der Apostelgeschichte, in: C. BUSSMANN – W. RADL (Hrsg.), Der Treue Gottes trauen. Beiträge zum Werk des Lukas (FS G. Schneider), Freiburg–Basel–Wien 1991, 29–41, recht überzeugend: „Die Apg ist eine heilsgeschichtlich orientierte Missionschronik, die den allmählichen Ablösungsprozeß der Urkirche von Israel dokumentiert" (32).

[4] Zum hellenistischen Schriftsteller Lukas vgl. besonders E. PLÜMACHER, Lukas als hellenistischer Schriftsteller. Studien zur Apostelgeschichte (StUNT 9), Göttingen 1972.

Der lukanische Jesus ist allerdings in die umfassende Geschichte Gottes mit seinem Volk Israel eingeordnet, die in der Geschichte der Kirche Jesu Christi ihre Fortsetzung findet. Bis Johannes dem Täufer, mit dem auch für Lukas das Hervortreten und Heilswirken Jesu beginnt (Apg 10,37), reichen das Gesetz und die Propheten; von da an wird die Gottesherrschaft verkündet (16,16). Damit ist ein Einschnitt in der Geschichte Gottes mit der Menschheit gegeben. Die ganze Jesuszeit ist eine Heilszeit, die durch die Zurückdrängung des Satans (4,13; 10,18), das Wirken des heiligen Geistes in Jesus (10,21) und die großen Wundertaten und Heilungen gekennzeichnet ist (Apg 10,38). Aber dieses in Jesus sich erfüllende Geschehen muß nach der pfingstlichen Geistausgießung noch weiter gehen und in der Kirche ihre effektiven Wirkungen zeigen. Man hat darum Lukas mit Recht einen Theologen der Heilsgeschichte genannt, der die Heilsgeschichte in bestimmte Perioden aufgliedert: die Zeit vor Jesus als Zeit des Gesetzes und der Propheten, als Verheißungszeit, dann die Zeit Jesu als Zeit des göttlichen Heilswirkens, schließlich die Zeit der Kirche als Zeit des Geistes. Ob sich deshalb die Zeit Jesu als „Mitte der Zeit" bezeichnen läßt[5], ist zu bezweifeln, weil die Zeit Jesu auf die Zeit der Kirche hingeordnet ist und mit ihr zusammen die eigentliche Heilszeit bildet. In ihr erfüllen sich die alttestamentlichen Verheißungen, so daß sich eher eine Gliederung in die Zeit vor Christus und in die Zeit der Heilserfüllung anbietet, die allerdings in einem zweifachen Schritt erfolgt: im Leben und Wirken Jesu und im geistgewirkten Entstehen und Aufblühen der Kirche. Das im Alten Testament angekündigte Heil Gottes verwirklicht sich in Jesus und der Kirche.

Lassen sich im Evangelium des Lukas noch weitere heilsgeschichtliche Phasen erkennen, etwa in den drei Epiphanieszenen von Taufe, Verklärung und Einzug in Jerusalem?[6] Aber der Einzug Jesu als König in Jerusalem ist keine weiterführende Epiphaniegeschichte[7]. Eine solche periodisierende Betrachtung übersieht die Aufnahme der markinischen Traditionslinie mit den drei Leidensansagen, die auch bei Lukas festgehalten wird (9,31; 9,44; 18,31–33), und verkennt den Einzug Jesu in Jerusalem (19,37f) als Abschluß des Reiseberichts, der von Anfang an (9,51) Jerusalem als die Stadt des Leidens und Sterbens Jesu (13,31–33), aber auch seiner glorreichen Aufnahme zu Gott in den

---

[5] Vgl. H. CONZELMANN, Die Mitte der Zeit. Studien zur Theologie des Lukas, Tübingen ³1960 (⁴1962), 172–192.
[6] CONZELMANN, Mitte der Zeit 180–186.
[7] Vgl. W. C. ROBINSON Jr., Der Weg des Herrn. Studien zur Eschatologie im Lukas-Evangelium. Ein Gespräch mit H. Conzelmann (ThF XXXVI), Hamburg-Bergstedt 1964, 25f.29. Zu weiteren Reaktionen auf das voranstoßende Werk von Conzelmann s. F. BOVON, Luc le théologien. Vingt-cinq ans de recherches 1(1950–1975), Genf ²1978, 34–84.

Blick bringt. Es ist eine Vorausschau auf den Ausgang der Kirche von Jerusalem, ein Vorklang der Freude, von der die große Schar der Jünger, die sich von da an sammeln, erfüllt ist (vgl. Apg 2, 46 f).

Muß demnach die eigentliche heilsgeschichtliche Schau des Lukas auf die Zeit Jesu und der Kirche reduziert werden, so tritt das Bild Jesu Christi als des Heilbringers um so heller ins Licht. Von ihm geht alles Heil aus, Heilungen und Sündennachlaß, von ihm auch der heilige Geist (Lk 24, 41; Apg 2, 33), der die Urkirche mit seinen Segnungen erfüllt. Das Bild des Heilbringers Jesus Christus ist im Lukasevangelium äußerst facettenreich, und es ist nicht leicht, daraus ein Gesamtbild zu erstellen. Vieles ist in der Lukas verfügbaren Tradition angelegt, anderes bringt er selbst aus eigener Sicht hinzu. Wir wollen zunächst (unter I) grundlegende und entscheidende Perspektiven des lukanischen Jesusbildes herausarbeiten, dann (unter II) noch einige Züge hervorheben, die das Bild auffüllen und abrunden.

I. Die grundlegende Sicht

1. Der in der Kraft des heiligen Geistes Gesandte Gottes

Da die Nazaret-Perikope bei Lk 4, 16–30 „in gewisser Weise das Ganze des Evangelium enthält" und „ wie eine Linse alles Licht der fortfahrenden Erzählung (und darüber hinaus des nachösterlichen Geschehens)" in sich sammelt[8], empfiehlt es sich, von ihr auszugehen und aus ihr das lukanische Portrait Jesu zu erheben. Jesus beginnt seine Predigt mit einem Zitat aus Jes 61, 1 f, das er auf sich anwendet: „Der Geist des Herrn ruht auf mir; denn der Herr hat mich gesalbt. Er hat mich gesandt, damit ich den Armen eine gute Nachricht bringe, damit ich den Gefangenen die Entlassung verkünde und den Blinden das Augenlicht, damit ich die Zerschlagenen in Freiheit setze und ein Gnadenjahr des Herrn ausrufe."

Jesus weiß sich also als Geistgesalbter; im lukanischen Kontext ist das der verheißene Messias (vgl. 2, 11.26; 3, 15; 4, 41; 9, 20 usw.), und er wird sogleich in seiner befreienden und beglückenden Funktion gesehen. Auch wenn dann die Perikope zur Ablehnung durch die Einwohner von Nazaret und zu ihrem Tötungsversuch, der den Tod Jesu andeutet, voranschreitet und damit das Leben Jesu überschauen läßt, bleibt die Aussage vom Auftreten Jesu als Geistträger und Geistgesalbter der entscheidende Ausgangspunkt. So ist nach Lukas Jesus aufge-

---

[8] Vgl. H. Schürmann, Das Lukasevangelium I (1, 1 – 9, 50), Freiburg-Basel-Wien 1969, 225.

treten und hat sich durch seine Zuwendung zu den Armen, seine Befreiung der in ihrem Menschsein Bedrückten und Gefangenen und seine Heilungen als der mit dem Geist Gottes ausgerüstete Messias erwiesen. Nach der vorausgehenden Taufszene (3,21f) ist ihm diese Geistausrüstung bei der Taufe zuteil geworden, als der heilige Geist sichtbar in Gestalt einer Taube auf ihn herabkam. Auf dieses sichtbare, geradezu körperlich greifbare Geschehen („in körperlicher Gestalt") legt Lukas wert, um die Realität des auf Jesus herabkommenden Geistes zu unterstreichen.

Jesu Salbung mit dem heiligen Geist (und mit Kraft) wird auch in dem zusammenfassenden Rückblick auf das Wirken Jesu in Apg 10,38 als Ausgangspunkt hervorgehoben. Es ist wie in Lk 4,18 Aufnahme der Prophetie von Jes 61,1 und begründet sein Auftreten als Wohltäter und Heiler, der alle vom Teufel Tyrannisierten befreit. Die Geistsalbung verleiht dem Messias eine große Kraft, mit der er die Macht des Bösen überwindet. Auch in Apg 4,27, in dem Dankgebet der Gemeinde für die Errettung aus der Gewalt der Feinde, wird die Geistsalbung Jesu genannt. Der Geist befähigt nicht nur zu den Wohltaten der Heilung, sondern auch zur niederzwingenden Macht über äußere Feinde, die Lukas auf die Umtriebe des Teufels zurückführt. Damit gewinnt die Befreiung der Gefangenen ein klares Profil: Äußere und innere Feinde werden überwunden.

Wenn die Geistbegabung mit der Taufe Jesu verbunden wird, erst von da an Jesus mit dem Geist erfüllt ist und den Teufel besiegt, entsteht eine Spannung zur Kindheitsgeschichte. Nach ihr kommt der Geist schon bei der Jungfrauengeburt auf Jesus herab, und die Kraft des Höchsten überschattet ihn (1,35). Die Zukunftsaussagen sind nicht auf die spätere Taufe zu beziehen; denn schon das aus Jesus geborene Kind wird Sohn Gottes genannt werden. Ist die Geistererfüllung also schon bei der Empfängnis und Geburt Jesu gegeben, wie kann dann der Geist erst bei der Taufe auf Jesus herabkommen? Wie kann er schon aufgrund der geistgewirkten Geburt „Sohn Gottes" genannt werden (1,35), während ihn erst die Himmelsstimme bei der Taufe als den geliebten Sohn Gottes proklamiert?

Wie ist diese Spannung zu erklären? Der Grund dürfte in der Aufnahme verschiedener Traditionen liegen: Bei der Taufe schließt sich Lukas der markinischen Darstellung an, die das Herabkommen des Geistes für die Taufszene bezeugt, und die Darstellung in der Kindheitsgeschichte geht auf judenchristliche Erzählungen und ihre Deutungen zurück, die Jesu Empfängnis durch die Jungfrau Maria mit dem von Gott kommenden Geist begründet. Die Taufe erweist Jesus als den Messias, der jetzt in der Kraft des Geistes sein Wirken beginnt. Das schließt für Lukas aber nicht aus, daß Jesus schon vom Mutterschoß an mit Geist erfüllt war.

I. Die grundlegende Sicht

Auch von Johannes dem Täufer weiß der Evangelist zu berichten, daß seinem Vater Zacharias die Prophetie zuteil wird, sein Kind werde vom Mutterschoß an mit heiligem Geist erfüllt sein (1,15) und im Geist und in der Kraft des Elija auftreten (1,17). Die Kindheit des Johannes ist ganz und gar vom Wehen des Geistes umwoben. Seine Mutter Elisabet ist vom Geist erfüllt und preist ihre Verwandte Maria als die Messiasmutter mit lauter Stimme (1,41f). Ebenso stimmt sein Vater Zacharias im heiligen Geist ein Loblied auf Gott an (1,67). Der heranwachsende Knabe erstarkt im Geist (1,80). Der greise Simeon kommt, vom Geist geführt, in den Tempel (2,25.27), bezeugt eine ihm durch den heiligen Geist zuteil gewordene Prophetie (2,26) und gibt selbst eine Prophetie, indem er den Weg Jesu deutet und Maria das auch sie treffende Schicksal offenbart (2,28-35)[9]. In diesem vom Geist geprägten Milieu steht auch Maria, in der über alle Prophetie hinaus der heilige Geist das Wunder der Jungfrauengeburt wirkt. Im Vergleich mit Johannes geschieht hier noch weit mehr als die Ausstattung mit heiligem Geist. Jesus ist der Sohn Gottes, dem Gott den Thron seines Vaters David geben wird (1,32), und er wird über das Haus Jakob herrschen, seines Reiches wird kein Ende sein (1,33)[10]. Auch in der Verkündigung an Maria wird also das messianische Wirken Jesu angesagt, aber doch im Rückgriff auf seine geistgewirkte Geburt. Die Taufszene hebt dann den Anfang der öffentlichen Tätigkeit Jesu hervor, die von Gottes Offenbarung für seinen Sohn inauguriert und in Gang gesetzt wird.

Beide Berichte von der Geisterfülltheit Jesu müssen sich nicht widersprechen, aber stehen unter verschiedenem Aspekt, weil sie aus einem jeweils anderen Erzählzusammenhang stammen. Die Kindheitsgeschichte ist tief in die Geisttheologie des Lukas eingetaucht, die vor allem Prophetie und erfahrbare Zeichen des von Gott geschenkten Heils in sich aufnimmt. Die Darstellung des Lebens und Wirkens Jesu folgt einer anderen Linie, die es jetzt zu beobachten gilt.

Jesus, erfüllt vom heiligen Geist, geht vom Jordan weg und wird vom Geist in der Wüste vierzig Tage lang umhergeführt und dabei vom Teufel versucht (4,1f). Diese aus der Logienquelle übernommene Perikope (vgl. Mt 4,1-11) endet bei Lukas in Jerusalem, und das ist ein Zeichen für die Bedeutung, die Lukas der Gottesstadt zumißt. Auf sie ist Jesu Blick gerichtet (vgl. 9,51; 13,22; 17,22; 18,31; 19,11.28), dort soll sich sein Prophetenschicksal erfüllen (13,33f; 18,31). Jesus weint über

---

[9] Vgl. FITZMYER, Luke I, 229.
[10] Zu der Spannung im Messiasbild von 1,32f (der davidische Messias) und dem vom Geist erfüllten Sohn Gottes in 1,35 vgl. SCHÜRMANN, Lk I, 55: „Das Wissen, daß Jesus als der Messias der Geistträger ist, ist hier (und Mt 1,18.20) überhöht bis zur Aussage über Jesu geistgewirkten Ursprung"; ferner S. 58 unter 2.

die heilige Stadt, weil sie die Zeit ihrer gnadenvollen Heimsuchung durch den Gottgesandten nicht erkannt hat (19,41–44). Das ganze Geschehen ist durch die alttestamentliche Prophetie geweissagt und vorbestimmt.

Wenn es am Ende der Versuchungsgeschichte heißt: „Der Teufel wich von ihm bis zum geeigneten Zeitpunkt" (4,13), dann ist darin ein Vorblick auf die Passion zu sehen, wo der Satan in den Verräter Judas Iskariot einfährt (22,3) und für Jesus die Stunde schlägt, daß die Macht der Finsternis ihn überwältigt (22,53). Daraus darf nicht geschlossen werden, daß die ganze Zeit des irdischen Wirkens Jesu eine satansfreie Zeit war[11], da auch in dieser Zeit dämonische Mächte am Werk sind (10,17; 11,14–22; 11,24–26; 13,31–37). Gleichwohl ist es eine Zeit, in der Jesus alle bösen Gewalten besiegt und auch seinen Jüngern die Macht gibt, alle feindlichen Attacken zu bestehen (10,19). Diese Vollmacht ist Jesus im heiligen Geist gegeben. Wenn er durch den „Finger Gottes" die Dämonen austreibt und so das Reich Gottes hereinbricht (11,20), ist in der Sache nichts anderes gemeint als in der matthäischen Fassung: „Wenn ich die Dämonen durch den Geist Gottes austreibe" (12,28)[12]. Nach der freudigen Feststellung, daß den ausgesandten Jüngern die Dämonen untertan sind, folgt bei Lukas der Jubelruf: In eben dieser Stunde jauchzt Jesus im heiligen Geist und preist den Vater, weil er dies vor Weisen und Klugen verborgen, Unmündigen aber geoffenbart hat (10,21). Das ist die zweite Stelle, in der die Geisterfülltheit Jesu zur Sprache kommt.

Diese Stelle ist darum bedeutsam, weil Lukas den Jubelruf Jesu – anders als Matthäus (11,25–27) – in eine geschichtliche Situation stellt, in der die Jünger über ihre erfolgreiche Aussendung berichten. Für Lukas haben sie nicht aus eigener Kraft, sondern durch die ihnen verliehene Vollmacht Jesu (10,19) die Gewalten des Bösen überwunden und durch Heilungen von Kranken der Gottesherrschaft zum Durchbruch verholfen (10,9). Die sie selbst erfüllende Freude ist auch die Freude Jesu. Im Blick auf die Jünger schließt Lukas hier an ein sicher altes Wort an, das Matthäus an anderer Stelle bringt (Mt 13,16f): „Selig die Augen, die sehen, was ihr seht; denn ich sage euch: Viele Propheten und Könige wollten sehen, was ihr seht und haben es nicht gesehen, und wollten hören, was ihr hört, und haben es nicht gehört" (Lk 10,23 f). Damit werden der Erfolg und die Freude der Jünger in die Heilsgeschichte eingeordnet. In Jesus erfahren sie die Macht Gottes

---

[11] Gegen CONZELMANN, Mitte der Zeit 22.
[12] Der „Finger Gottes" ist „Ausdruck des unmittelbaren und konkreten Eingreifens Gottes" (H. SCHLIER in: ThWNT II, 21,10) und findet Wortparallelen in Ps 8,4 und Ex 8,15. Die sich darin bekundende Macht Gottes wird in Q mit „Finger Gottes" akzentuiert, von Mt sekundär mit „heiligem Geist" gedeutet (vgl. 12,18.32). Vgl. auch B. COUROYER, Le „doigt de Dieu" (Ex VIII,15), in: RB 63 (1956) 481–495.

I. Die grundlegende Sicht

und die Gegenwart des Heils. Wenn Jesu Jubel im heiligen Geist angesprochen wird, werden alle bisher berichteten Taten Jesu, die Heilung der Schwiegermutter des Petrus (4,38f), die Heilung aller Kranken am Abend des Tages (4,40f), die Heilung des Aussätzigen (5,12-16), die seelische und körperliche Wiederherstellung des Gelähmten (5,17-26) und die durch Jesus und die Jünger geschehenden Dämonenaustreibungen in das Licht des in Jesus wirksamen Geistes gerückt.

Aber auch die Predigt Jesu legt davon Zeugnis ab. Wenn er die Verdächtigungen der Gegner abweist (5,31f; 6,1-5.6-11) und in der Feldrede sein Evangelium der Liebe und Barmherzigkeit entfaltet (6,20-49), wird darin das gleiche Messiasbild sichtbar wie schon bei Markus und Matthäus. Jetzt ist die Zeit, da die Hochzeitsgäste nicht fasten, sondern feiern (5,34), der Menschensohn sich als Herr über den Sabbat erweist (6,5), Leben retten will (6,9), ja Tote auferweckt (7,11-17; 8,49-56). All dies hat Lukas aus der vor ihm liegenden Tradition gesammelt. Bei der Anfrage des Täufers, ob er der Kommende sei, weist Jesus auf seine Taten hin (7,22), und zwar mit Worten, die an die Eröffnungsrede in Nazaret anklingen. Aber was in der Antrittspredigt in Nazaret angekündigt wurde, das hat sich inzwischen in den Taten Jesu und in seiner Heilspredigt an die Armen erfüllt, und darum wird der Jubelruf Jesu begreiflich. Vom Wirken des Geistes in Jesus ist in diesen übernommenen Berichten nicht die Rede; aber der Satz: „Der Geist des Herrn ruht auf mir, denn der Herr hat mich gesalbt..." (4,18) steht wie ein die ganze Darstellung tragendes und bestimmendes Richtungszeichen davor. Aus der Geistsalbung ist dieses ganze Geschehen zu erklären (Apg 10,38). Jetzt wird sich Jesus dieser ihm verliehenen Geistfülle und -wirksamkeit bewußt und preist den Vater, der ihm dies aus seiner verborgenen Weisheit verliehen hat.

Man kann sich wundern, daß Lukas nicht noch öfter vom geistgetriebenen Wirken Jesu erzählt. Aber das hängt mit der ihm zur Verfügung stehenden Tradition zusammen, die Jesus vor allem als den Sohn Gottes und Messias schilderte. Außerdem spart Lukas die volle Geistentfaltung für die Zeit der Kirche auf. Es genügt, daß der vom Geist erfüllte Jesus nach seiner Erhöhung den Geist über die an ihn Glaubenden ausgegossen hat. Zur Zeit seines Erdenlebens ist Jesus der einzige vom Geist Erfüllte und Getriebene; nach seiner Erhöhung empfängt er den vom Vater verheißenen Geist, um ihn über alle Glaubenden auszugießen (Apg 2,33). Hat er ihn denn vorher noch nicht besessen? Die singuläre Ausdrucksweise erklärt sich aus der theozentrischen Sicht, daß der Geist, eben durch die Vermittlung Jesu, gegeben werden muß. Wenn Jesus diese eschatologische Heilsgabe weiter vermitteln soll, muß er sie vorher von Gott empfangen haben. Hier ist nicht mehr von dem Jesus persönlich eignenden Geist die Rede, son-

Viertes Kapitel: Lukas

dern von dem der Gemeinde weiter zu gebenden Geist, den er als „Herr und Messias" (2,36) verwaltet [13].

Alle weiteren Geistaussagen setzen die Ausgießung des Geistes in der Urkirche voraus. Wenn nach Lk 11,13 den vertrauensvollen Betern zum Vater der heilige Geist als Gabe zugesprochen wird, ist an die Zeit gedacht, da die Christen, die unter der Anrede der Jünger („ihr") gemeint sind, zum Vater beten werden (vgl. Apg 2,38; 4,31; 5,32). Die Lästerung gegen den heiligen Geist, die betont von der Lästerung gegen den Menschensohn abgehoben wird (12,10), gehört nicht mehr in die Gegenwart des irdischen Jesus (des „Menschensohnes"), sondern in die Zeit, da der zu Gott erhobene Christus in seinem Geistwirken für alle erkennbar wird [14]. Die Lästerung des heiligen Geistes ist eine unvergebbare Sünde, sofern und solange die Menschen das Offenbar-Werden des Geistes in den Geistäußerungen und geistgewirkten Wundertaten der Urkirche leugnen oder den sich darin bekundenden Herrn verleugnen (vgl. das strenge Wort 12,8f). Das unterschiedlich ausgelegte Wort [15] kann in der lukanischen Fassung (anders Mk 3,28-30) nur aus der nachösterlichen, vom heiligen Geist geprägten Situation der Urkirche verstanden werden. Es ist ein Anzeichen dafür, daß für Lukas erst mit der vom Vater kommenden Gabe des Geistes (Lk 24,49; Apg 1,8) die Zeit des Geistes beginnt.

Das anschließende Wort vom Beistand des Geistes vor Gericht setzt die Verfolgungssituation der Urkirche voraus, die in der Apostelgeschichte wiederholt vor jüdischen und heidnischen Gerichten geschildert wird (vgl. 4,8-12.19f; 5,29-32; 7,51-53; 13,9-11; 18,9f; Kap. 24; 26). Das Wort beim Sterben Jesu „Vater, in deine Hände empfehle ich meinen Geist" nach Ps 31,6 ist die lukanische Deutung des letzten Wortes Jesu, das damit den Ruf der Gottverlassenheit ersetzt. Es ist nicht der heilige Geist, den Jesus seinem Vater übergibt, sondern sein menschlicher Geist, Ausdruck für seine Person, die ganz an Gott gebunden und in ihm geborgen ist.

Die lukanische Darstellung von der Geistsalbung Jesu und seiner Sendung im heiligen Geist ist konsequent durchgeführt. Nur in ihm ist die Fülle des Geistes anwesend, die ihn zu seinem messianischen Lehren und Tun befähigt. Den Jüngern wird zwar eine Teilhabe am Wirken Jesu gewährt, aber nicht die Geistesgabe. Sie ist vielmehr die Verheißung für die Zeit, da der Auferstandene und Erhöhte die Erde verläßt und vom Himmel her sein Wirken im Geiste fortsetzt und

---

[13] Vgl. A. WEISER, Die Apostelgeschichte (Kap. 1-12), Gütersloh-Würzburg 1981, 94f.
[14] Vgl. O. HOFIUS in: EWNT I,532: „Wer den irdischen Jesus abgelehnt hat, kann Vergebung erlangen, nicht aber, wer sich in der Zeit nach Pfingsten dem heiligen Geist widersetzt, der sich in der Christuspredigt der Zeugen manifestiert (vgl. Lk 24,45ff; Apg 1,8; 4,31; 5,32; 7,51)".
[15] Vgl. FITZMYER, Luke II,964.

mächtig entfaltet. Man muß diese Zeichnung Jesu als Geistträger als einen grundlegenden Zug im lukanischen Jesusbild ansehen.

2. Der Verkündiger des Evangeliums der Gnade

In der Nazaret-Perikope verkündet Jesus nach der Schriftlesung: „Heute hat sich dieses Schriftwort in euren Ohren erfüllt" (4,21), und die Reaktion der Zuhörer besteht in einem Staunen über die „Worte der Gnade, die aus seinem Munde hervorkommen" (4,22). Die „Worte der Gnade" (vgl. Apg 14,3; 20,32) sind nicht „liebliche Worte", sondern die in V. 18f aufklingenden Heilszusagen, die in einer Kombination von Jes-Zitaten (61,1f; 58,6) als erfüllt angesehen werden. Dieses angesagte Heil erfüllt sich „heute", in der Person Jesu und dringt in die Ohren der Zuhörer, so daß eine Reaktion herausgefordert wird. Was irritiert, ist der „Stimmungsumschlag": Erst scheinen die Hörer die „Worte der Gnade" zu bewundern, dann folgt eine Ablehnung, weil sie Jesus als Sohn Josefs zu kennen meinen.

Diesen Stimmungsumschlag vermeidet J. Jeremias in seiner beachtlichen Interpretation: Jesus hat das Zitat aus Jes 61,1f vor dem Schluß „und einen Rachetag unseres Gottes" bewußt abgebrochen, um nur das Heilswirken Jesu hervorzuheben. Die Hörer seien darüber entrüstet und protestierten einhellig dagegen, daß er nur vom Gnadenjahr Gottes sprach und die Schrift verkürzte[16]. Zweifelhaft ist, ob man das Bezeugen (ἐμαρτύρουν) nicht doch in einem positiven Sinn verstehen muß, wie es der sonstige Sprachgebrauch bei Lukas nahelegt[17]. Der Anstoß entzündet sich an der Herkunft Jesu, dem die Juden eine solche Schriftkenntnis und Auslegung auf die Gnade Gottes nicht zutrauen. Ob nun die Reaktion der Hörer in einer anfänglichen Zustimmung oder in einer Ablehnung aufgrund der ihnen anstößigen Heilsbotschaft besteht, auf jeden Fall sind „die Worte von der Gnade" für die Szene zentral. In Jesus, in seinem Wort ist der Erbarmen und Heil bringende Gott gegenwärtig.

Ähnlich wie die Sendung im heiligen Geist ist dies eine programmatische Erklärung, die durch die fortlaufende Darstellung des Redens und Tuns Jesu bestärkt wird. Unter diesem Aspekt gewinnt alles, was Jesus sagt und tut, seinen tiefen Sinn, wird gleichsam alles im Wirken Jesu auf einen Nenner gebracht. Es ist wie ein „eschatologischer Jubel-

---

[16] J. Jeremias, Jesu Verheißung für die Völker, Stuttgart 1956, 37-39; kritisch dazu Schürmann, Lk I,235.
[17] Vgl. Apg 10,43; 13,22; 14,3; 15,8; 22,5; 23,11; 26,5; auch 20,26; 26,22. Mit negativem Effekt nur Lk 9,5 (εἰς μαρτύριον).

ruf Jesu"[18], der auch in Lk 7,22 f aufklingt, vielleicht sogar, wie Jeremias meint, die beginnende Weltvollendung anzeigt. Auf die Frage des Täufers, ob Jesus der „Kommende" sei, antwortet Jesus mit ähnlichen Worten aus dem Jesajabuch (7,22), aber nun mit dem Hinweis, daß die Abgesandten des Johannes das, was Jesus in 4,18 angekündigt hat, gesehen und gehört haben: Die Blinden sehen wieder (vgl. 7,21), Lahme gehen (vgl. 5,17–26), Aussätzige werden rein (vgl. 5,12–16), Taube hören, Tote stehen auf (vgl. 7,11–17); vor allem aber wird den Armen das Evangelium verkündigt. Das ist ein Rückbezug auf die lukanische Bergpredigt (6,20–49), in der in den Seligpreisungen den Armen das Reich Gottes zugesprochen wird (6,20). Auch den Hungernden, den Weinenden, den Verfolgten wird die von Gott herbeigeführte Wende vor Augen gestellt. Das Thema von der Gnade klingt in der lukanischen Bergpredigt noch mehrfach, wenn auch versteckt, an. „Wenn ihr nur die liebt, die euch lieben, welche Gnade wird euch dann zuteil?" Dreimal wird die „Gnade" genannt, die in diesem Kontext meist mit „Dank" wiedergegeben wird (6,32.33.34). Gewiß ist zunächst an menschliches Verhalten gedacht; aber dahinter steht der Gedanke an Gott, der den Zusammenhang von Gutes tun, um wieder Gutes zu empfangen, lieben, um wieder geliebt zu werden, ausleihen, um alles wieder zu erlangen, durchbricht. Gott ist gütig (χρηστός) gegen die, die es nicht sind, gegen die ἀχάριστοι (6,35). Das sind sprachliche Anklänge an die von Jesus verkündete „Gnade Gottes"[19]. Die überreich schenkende Güte Gottes wird in dem von Lukas hinzugefügten Spruch ausgemalt: „Gebt, und es wird euch gegeben werden: Ein gutes, volles, gehäuftes, überfließendes Maß wird euch in den Schoß gegeben werden" (6,38).

Vor allem aber zeigt sich die Güte Gottes in seiner Barmherzigkeit: „Seid barmherzig, wie auch euer Vater barmherzig ist!" (6,36). Das Verzeihen der Schuld, das Verzichten auf den verdienten Urteilsspruch ist die Gnade Gottes, die Jesus seinen Zuhörern verkündet. Im Rahmen der programmatischen Rede Jesu, die die Jünger zum Tun des Guten und Gottgewollten hinführen will, tauchen diese Sätze nur als Motivierungen auf; aber sie enthüllen das Wesen Gottes, der jetzt, in der hereinbrechenden Gottesherrschaft, seine alle menschlichen Haltungen und Erwartungen überschreitende Liebe im Worte Jesu offenbart. „Gnade" (χάρις) ist ein Vorzugswort des Lukas, das entsprechend der griechischen Bedeutung verschiedene Färbungen annimmt, oft im Sinne von „Gunst, Wohlgefallen"; aber die

---

[18] J. Jeremias, Neutestamentliche Theologie I. Die Verkündigung Jesu, Gütersloh 1971, 107.
[19] Vgl. H. Conzelmann in ThWNT IX, 382,18f: „Religiös dürfte die Bedeutung auch in Lk 6,32.33.34 sein". Er denkt an göttliches Wohlgefallen.

I. Die grundlegende Sicht

„Gnade Gottes" ist doch mehr: Vergebung der Sünden (Apg 13,43 vgl. 38f), Botschaft des Heils („Wort seiner Gnade" Apg 14,3; vgl. 20,24.32). „Durch die Gnade Jesu, des Herrn, glauben wir, gerettet zu werden" (15,11). Dieses Verständnis wird inhaltlich durch das, was Jesus vom Verhalten Gottes zu sagen weiß, näher erschlossen und durch sein eigenes Verhalten bestätigt. Das Evangelium der Gnade kommt nirgends deutlicher zum Ausdruck als im Gleichnis vom verlorenen Sohn, das man eher das Gleichnis vom überaus gütigen Vater nennen sollte (Lk 15,11–32). Diese in der Mitte des Evangeliums stehende Erzählung zeigt Gott als den gütigen und alles verzeihenden Vater, der den auf Abwege geratenen Sohn spontan und ohne Bedingungen wieder aufnimmt, ihn in die vollen Sohnesrechte wieder einsetzt und sein Tun begründet: „Er war tot und lebt wieder, er war verloren und ist gefunden" (15,24.32). Bei Gott herrscht große Freude über das Wiederfinden des Verlorenen, wie auch die beiden anderen Gleichnisse vom verlorenen Schaf und der verlorenen Münze (15,3–10) veranschaulichen. In dieser Freude Gottes spiegelt sich die Freudenbotschaft Jesu. Das „Gnadenjahr des Herrn" (4,16) ist eine Zeit der Befreiung und Freude. Schon der Verkündigungsengel auf dem Hirtenfeld sagt den Hirten: „Ich verkündige euch eine große Freude, die dem ganzen Volk zuteil werden soll: Heute ist euch in der Stadt Davids der Retter geboren, der Messias, der Herr" (2,10). Die hier angesagte Freude erfüllt sich im Auftreten Jesu, der den Rettungswillen Gottes verwirklicht. Von Gott geht alle Gnade aus; ihm gebührt alle Ehre, von ihm geht der Friede unter den Menschen aus (2,14). Aber diesen Gottesfrieden unter die Menschen zu tragen, ist Aufgabe des von Gott gesandten Erretters.

Dazu gehört als erstes die Vergebung der Sünden, die schon der Täufer Johannes ankündigt (1,77) und die Jesus in seinem irdischen Wirken praktiziert. Dem Gelähmten sichert Jesus als erstes zu: „Deine Sünden sind dir vergeben" (5,20). In dieser schon in früher Tradition verwurzelten Geschichte, die die körperliche Heilung an die Vergebung der Sünden bindet [20], wird die Wichtigkeit des Sündennachlasses für das Heil der Menschen erkennbar. Erst muß die Trennung von Gott durch die Sündenvergebung beseitigt werden, ehe der Mensch mit der körperlichen Heilung seine Integrität als menschliche Person

---

[20] Vgl. H.-J. KLAUCK, Die Frage der Sündenvergebung in der Perikope von der Heilung des Gelähmten (Mk 2,1–12 parr), in: BZ NF 25 (1981) 223–248. Er hält das Vergebungswort Mk 2,5c für ursprünglich mit der Heilungsgeschichte verbunden und führt es auf den irdischen Jesus zurück (242); zu Lk: „Die Ausrüstung Jesu mit vollmächtiger Gotteskraft umgreift auch die Sündenvergebung; sie ist eine Verlängerung der Heilung, Jesus führt nur seinen Auftrag aus" (245). Vgl. F. BOVON, Das Evangelium nach Lukas I (Lk 1,1 – 9,50), Zürich-Neukirchen 1989, 245f.248.

erlangen kann. Die von Gott ausgehende Vergebung der Sünden spricht Jesus im Namen Gottes den Menschen zu.

Lukas widmet diesem Thema noch weitere Perikopen. Ein Paradebeispiel ist die Begegnung Jesu mit der reumütigen Dirne, die ihm die Füße mit ihren Tränen wäscht und mit Öl salbt (7, 36–50). Der Pharisäer, der sich über die Berührung Jesu durch die Sünderin aufregt, wird belehrt: An der großen Liebe, die diese Frau aufbringt, erkennt man, wie sehr sie durch ihre Sünden verwundet war, aber durch die ihr von Gott in Christus geschenkte Liebe verwandelt wird. Die Liebe, die sie Jesus erweist, ist die dankbare Antwort auf die beglückende Erfahrung vergebener Schuld. Wahrscheinlich hatte die Begebenheit eine Vorgeschichte, in der Jesu Vergebung, die liebevolle Annahme der Frau erzählt wurde [21]. Alles, was die Frau tut, geschieht aus Dankbarkeit für ihre Rettung aus ihrer geschmähten Situation. Jesus rechtfertigt sein Gewährenlassen ihrer Liebesbezeugungen, das Waschen seiner Füße durch ihre Tränen und die Salbung. Das Gleichnis von den beiden Schuldnern (7, 41 f) soll dem Pharisäer die Augen für die große Liebe der Frau öffnen, die sie aufgrund der ihr zuteil gewordenen Vergebung Jesus erweist. Das Gleichnis fügt sich nicht gut in die Geschichte ein, weil es die erwiesene Liebe als Folge der Vergebung darstellt, während nach der Geschichte selbst die Liebe der Grund der Vergebung ist (V. 47 a) [22].

Ist also ihre Liebe der Grund dafür, daß ihr Gott ihre Schuld erläßt, oder ist es diese erfahrene Vergebung, die ihre Liebe entzündet? Diese in der Erzählung angelegte Spannung entsteht wahrscheinlich dadurch, daß Lukas Jesus als den Vergeber der Sünden darstellen will; denn in den V. 49 f, die von Lukas hinzugefügt sind, wird in den Überlegungen der Mahlteilnehmer gefragt, wer der sei, der auch Sünden nachläßt, und Jesus bestätigt, daß ihr Glaube (an Jesus) die Frau gerettet hat. Die Spannung oder den „Knick" in der Erzählung beschreibt H. Schürmann so: „In VV 36–46.47 b, besonders in dem Gleichnis VV 41 f macht Jesus sein Verhalten der ‚bekannten' Sünderin gegenüber dadurch verständlich, daß er auf die geschehene Vergebung Gottes und die daraus resultierende Umkehr hinweist. Das ist und bleibt der grundlegende Sinn der Erzählung. V 47 a dagegen hat Gott vergeben aufgrund der im Festsaal aktuell gezeigten Liebesreue der Sünderin." [23] Man kann es aber auch so sehen, daß die von Gott gewährte Verzeihung die Frau zu einer Liebesbezeugung gegenüber Jesus treibt, der ihr diese Vergebung durch Gott zugesprochen hat. Jesus bekräftigt ihre Liebe und spricht ihr aufgrund dessen noch einmal die Vergebung

---

[21] Vgl. J. Jeremias, Die Gleichnisse Jesu 126 f.
[22] J. Ernst, Das Evangelium nach Lukas, Regensburg 1977, 255.
[23] Schürmann, Lk-Ev I, 438.

I. Die grundlegende Sicht

ihrer Sünden zu. Jetzt wird sie in Frieden entlassen, wie dann auch die geheilte blutflüssige Frau den Frieden, das Heil Gottes erfährt (8,48 par Mk/Mt).

Die Gnade Gottes, die in Jesu Wirken auf die Menschen zukommt, umfaßt also körperliche Heilung und seelische Aufrichtung. Beim Gelähmten ist beides miteinander verbunden. Die innere Heilung, die Wiederherstellung der Personwürde durch Gnade und Sündenvergebung, kommt außer in der Perikope von der liebenden Sünderin noch in der aus dem lukanischen Sondergut stammenden Erzählung von der Begegnung Jesu mit dem Oberzöllner Zachäus (19,1-10) zur Darstellung. Der verachtete Zollpächter erfährt die Freude, daß Jesus in seinem Hause absteigt; es ist eine gnadenvolle Heimsuchung durch den Gottgesandten (vgl. 1,68f.78; 7,16; Apg 15,14). In diesem Propheten besucht Gott selbst sein Volk (7,16).

Nichts anderes ist auch Jesu Begegnung mit dem Oberzöllner, dem Jesus erklärt: „Heute ist diesem Hause Heil widerfahren, weil auch er ein Sohn Abrahams ist" (19,9). Das abschließende Wort (V. 10), das Lukas hinzufügt, greift den Gedanken der Rettung der Verlorenen auf (vgl. 15,6.10.24.32). Bei der reuigen Sünderin und dem Oberzöllner Zachäus wird aber auch die aus der Gnade Gottes entspringende Verpflichtung zur Gegenliebe und Bewährung deutlich. Der reiche Oberzöllner gibt die Hälfte seines Vermögens den Armen und erstattet seine Übervorteilungen vierfach (19,8). Es ist die Antwort auf die ihm zuteil gewordene Heimsuchung Gottes, die ihn wieder in das Abrahamsvolk eingliedert. Das Bild von dem gütigen, Heilung und Heil gewährenden Jesus nimmt seine Forderung nach Dankbarkeit und entsprechenden Taten in sich auf (vgl. auch 17,11-19). Am Ende der aufgezählten Heilstaten Jesu heißt es: „Selig, wer an mir keinen Anstoß nimmt" (7,23). Jesus wird auch zum Warner, die erfahrene Gnade Gottes nicht zu mißbrauchen (vgl. 8,11-15), eine Warnung, die sich an die spätere Kirche richtet. Der lukanische Jesus zieht daraus Folgerungen für den Umgang mit irdischen Gütern (vgl. 12,16-21; 16,19-21), den Verzicht auf Reichtum, das Austeilen der irdischen Güter an die Armen (11,41; 12,33f; 14,33; 18,22).

Noch eins ist in der Heilsverkündigung des lukanischen Jesus hervorzuheben: die Einbeziehung der Heiden in das von Jesus ausgerufene Heil. Hier konnte er an Worte Jesu anknüpfen, die schon in der markinischen und matthäischen Tradition auftauchen (vgl. Mk 7,27-29; 13,10; Mt 8,10f). Aber Lukas hat den schon bei Matthäus erkennbaren Durchblick auf die Bekehrung von Nichtjuden (vgl. 2,1-12; 4,15; 28,19) noch verstärkt. Schon in der Kindheitsgeschichte wird mit der Rettung Israels das Heil der Völker verbunden. Der greise Simeon hat in Jesus Gottes Heil geschaut, das er „bereitet hat vor dem Angesicht aller Völker, ein Licht zur Offenbarung für die Heiden"

(1,32). Es ist eine Anknüpfung an die Prophetie vom Gottesknecht (Jes 42,6; 49,6.9), der ein Licht für die Völker ist. Der Vorrang Israels wird gewahrt; aber über Israel dehnt sich das Licht Gottes auf die Völker aus [24]. In dem Logion von den Menschen, die vom Osten und Westen (Lk: und von Norden und Süden) kommen und mit Abraham, Isaak und Jakob zu Tische liegen werden (Mt 8,11/Lk 13,29), ist die Konfrontation mit dem ungläubigen Israel größer. Die sich Jesus verweigernden Juden werden sich ausgeschlossen sehen von der Tischgemeinschaft mit den Erzvätern (Lk - und den Propheten) (13,28); die Heiden aber werden aufgenommen. Lukas fügt das Wanderlogion hinzu: Die Letzten, das sind für ihn die berufenen Heiden, werden die Ersten sein, und die Ersten, die Juden, die Letzten (13,30). In die Verkündigung des Täufers ist eingefügt „Alles Fleisch wird das Heil Gottes schauen" (3,6 nach Jes 40,5).

Auch die Zurückführung des Stammbaums Jesu bis auf Adam (3,38) läßt eine universalistische Tendenz erkennen: Jesus ist der Menschheitserlöser. In der Nazaretperikope hält Jesus den ihn ablehnenden Juden die heidnische Witwe von Sarepta und den Syrer Naaman vor Augen (4,25-27), denen Gott Fürsorge und Heilung zuwendet. In der lukanischen Bergpredigt sind nicht nur viele Menschen aus ganz Judäa und Jerusalem anwesend, sondern auch aus dem Küstengebiet von Tyrus und Sidon (6,17; vgl. Mk 3,8), im Unterschied zu Matthäus, der diese heidnischen Gebiete nicht nennt (Mt 4,25). Beim reichen Fischfang (5,1-11) wird Lukas bei den Menschen, die Petrus fangen wird, auch an die Heiden denken. Mit der Aussendung der siebzig bzw. zweiundsiebzig Jünger (Lk 10,1) im Unterschied zu der Sendung der Zwölf zu Israel (9,1-6) öffnet Lukas einen universalen Horizont, obwohl auch Lk 10 ganz im palästinisch-judenchristlichen Milieu spielt. Aber die Zahl siebzig bzw. zweiundsiebzig dürfte doch auf die Völkertafel von Gen 10 Bezug nehmen: „In der Aussendung ist die universale Völkermission vorgebildet" [25]; es ist eine Vorausdarstellung der zukünftigen Mission, wofür auch die Sprüche von der Nachfolge und der Gedanke der Basileia-Verkündigung sprechen.

Einen weiteren Ausblick auf die Heidenmission ist im Gleichnis vom großen Festmahl zu finden; denn die zweite Aussendung des Dieners zu den Leuten auf den Landstraßen (14,23) gibt diesen Ausblick. Nach der Berufung der Armen, Krüppel, Blinden und Lahmen, die Lukas am Herzen liegt (14,21), ist es das Werben um die Fernen und

---

[24] R. E. Brown, The Birth of the Messiah, Garden City/N. Y. 1977, 459: „Es gibt einen Universalismus in den Texten von Jesaja..., aber einen untergeordneten Universalismus – das Licht soll zu den Heiden kommen; aber sie sollen nach Jerusalem kommen, denn Israel ist Gottes Volk."
[25] P. Hoffmann, Studien zur Theologie der Logienquelle (NTA NF 8), Münster i. W. 1972, 251.

Ausgesiedelten, die Lukas tendenziell im Hinblick auf die Mission unter den Heiden einbringt. Schließlich kann man für das Wort des Winzergleichnisses, daß der Herr den Weinberg anderen geben wird (20,16), eine Anspielung auf die Heiden vermuten; aber Lukas hat dieses schon vorgegebene Wort (Mk 12,9) nicht wie Matthäus hervorgehoben oder ausgedeutet. Im ganzen hat Lukas die Erinnerung an die auf Israel beschränkte Mission Jesu nicht zerstört, sondern nur dort, wo es ihm möglich schien, den Ausblick auf die Berufung der Heiden aufgetan. Erst der Auferstandene sagt den Jüngern, daß in Jesu Namen die Verkündigung an alle Völker ergeht; sie sollten umkehren zur Vergebung der Sünden (24,47). Dieses Programm wird dann in der Apostelgeschichte in der Missionstätigkeit der Urkirche aufgerollt.

3. Der den Juden und Griechen vorgestellte Retter, Messias und Herr

Sucht man nach einer umfassenden Kennzeichnung Jesu, die seine Heilsbedeutung ausdrückt, so legt sich für Lukas die Engelsbotschaft in Lk 2,11 nahe: „Heute ist euch in der Stadt Davids der Retter geboren, das ist der Messias, der Herr." Das artikellose σωτήρ (Retter) ist in einem entschiedenen, titularen Sinn zu verstehen[26]. Auch die angefügten Prädikate χριστὸς κύριος stehen ohne Artikel und sind dennoch geprägte Ausdrücke. Viermal wird die Bezeichnung (ὁ) σωτήρ im lukanischen Doppelwerk gebraucht (Lk 1,47; 2,11; Apg 5,31; 13,23), einmal für Gott (Lk 1,47), dreimal für Jesus. Nach Apg 5,31 hat Gott den Gekreuzigten zum „Anführer" und „Retter" zu seiner Rechten erhöht, um Israel Umkehr und Vergebung der Sünden zu schenken. Nach Apg 13,23 hat Gott aus Davids Geschlecht dem Volk Israel der Verheißung gemäß Jesus als Retter gesandt. Der Retter wird im jüdischen Kontext als der verheißene Davidssproß gesehen, der sein Volk erlösen soll; er übernimmt damit die rettende Funktion Jahwes, auf den die Frommen ihre Hoffnung setzen (1,47.69f.71.74). Dieses Bild des Retters Jesus fügt sich genau in die Engelsbotschaft. Der von Gott erwartete Retter wird „heute", hier in Betlehem, der Davidsstadt, geboren.

Der Titel „Retter" ist freilich auffällig; denn bei den übrigen Synoptikern taucht er nicht auf, und erst in den Spätschriften, besonders den Pastoralbriefen, tritt er profiliert hervor, sowohl auf Gott (1 Tim 1,1; 2,3; 4,10; Tit 1,3; 2,10; 3,4) als auch auf Jesus Christus bezogen (Tit 1,4; 2,13; 3,6; 2 Tim 1,10). Aber der Hellenist Lukas, ein profunder

---

[26] Anders W. FOERSTER in: ThWNT VII, 1015,34–40. Er übersetzt „ein Helfer", nämlich ein Retter wie einer der alten Richter (vgl. Ri 3,9.15; 12,3). Ähnlich auch HAHN, Christologische Hoheitstitel 270f. Die neueren Kommentare halten am titularen Gebrauch von „der Retter" fest.

Kenner der Septuaginta, hat diesen Titel gewählt, um die grundlegende und umfassende Ankündigung des Heilbringers in Worte zu fassen. Gott als Retter (σωτήρ) wird relativ oft in der Septuaginta genannt, meist freilich im persönlichen Gebet („mein Retter")[27]. Aber Jes 45,15 „Wahrhaftig, du bist ein verborgener Gott, Israels Gott ist der Retter" ist eine grundlegende Aussage, die im Kontext noch stärker hervortritt (vgl. 45,21 f.24). In 1 Makk 4,30 wird Gott als der Retter Israels gepriesen. Auch bei Philo wird Gott oft im Wortfeld von „retten" gezeichnet[28]. Wenn nun Lukas das neugeborene Kind σωτήρ nennt, wird dahinter der Gedanke stehen, daß Gott in dem neugeborenen Kind seine rettende Macht erweist. Mit den Hirten wird das Volk Israel (das „ganze Volk") angesprochen; in Jesus Christus ist Gott der Retter Israels.

Freilich muß das reiche Vorkommen des Soter-Titels in der griechisch-römischen Welt zu denken geben. Götter, Herrscher, Philosophen, Staatsmänner, auch Ärzte werden als „Retter" bezeichnet[29]. So wird Lukas bei diesem Titel auch an diesen verbreiteten Sprachgebrauch anknüpfen. Auch Kaiser Augustus wird als σωτήρ und θεός bezeichnet[30], und da die Weihnachtsgeschichte den mächtigen Herrscher des römischen Reiches mit dem in der Davidsstadt geborenen schwachen Kind konfrontieren dürfte, kann mit dem „Retter" auch der den Kaiser überbietende Davidssohn als der wahre Retter akzentuiert sein. Aber er wird anschließend als „der Messias, der Herr" vorgestellt. Mit „Messias" (χριστός) wird der jüdische Gedanke von dem „Gesalbten", dem kommenden Heilskönig, aufgenommen. Der „Erretter" ist in das jüdisch-heilsgeschichtliche Denken hineingenommen und vor Anpassung an den Kaiserkult geschützt. Denn Jesus ist der in der Schrift vorhergesagte Christus (Apg 18,23), der für die Christen zum führenden Titel für Person, Weg und Geschick Jesu geworden ist. Der „Gesalbte des Herrn" (Lk 2,26) oder der „Gesalbte Gottes" (Lk 9,20) schlechthin ist Jesus[31].

---

[27] Ps (LXX) 23,5; 24,5; 26,1.9; 61,2.6; Sir 51,1; Mi 7,7; Hab 3,18 u.a.
[28] Vgl. FOERSTER in: ThWNT VII, 988 f.
[29] Einen Überblick über die σωτήρ-Prädikation im hellenistisch-römischen Bereich vermittelt schon P. WENDLAND, ΣΩΤΗΡ, in: ZNW 5 (1904) 335–353; ferner s. FOERSTER in: ThWNT VII, 1006–1012; G. Voss, Die Christologie der lukanischen Schriften in Grundzügen (SN II), Paris-Brügge 45–56.
[30] In den Inschriften von Olympia 53, s. bei WENDLAND in: ZNW 5 (1904) 342, Anm. 6. Zu dem großen für Augustus aufgewandten Pomp bemerkt er: „Die Gleichsetzung der Geburt des Königs mit der Epiphanie des Gottes ist den Orientalen lange vor Augustus geläufig" (343).
[31] Vgl. M. KARRER, Der Gesalbte, Göttingen 1991, 312 f: „Freilich stellt auch Lukas allen ‚Gesalbter des Herrn'-Formulierungen ein sie überbietendes χριστὸς κύριος voran (Lk 2,11). Danach hört er den gen. subi. in der Verbindung entscheidend als Ansage über die Dichte von Gottes Handeln im christlich geglaubten Gesalbten ... Die christli-

I. Die grundlegende Sicht

Man muß daher annehmen, daß der „Retter" sowohl zu jüdischer Tradition als auch zu hellenistischen Vorstellungen Beziehungen hat[32]. Wenn hinzugefügt wird „Er ist der Messias, der Herr" hat das für Juden wie für Heiden einen guten Sinn. Eine redaktionelle Beifügung durch Lukas ist nicht anzunehmen, weil eine vorlukanische Aussage über den „Erretter" nicht auszumachen ist[33]. Eher darf angenommen werden, daß der hauptsächliche Hintergrund Jes 9,5 f war: „Uns ist ein Kind geboren, ein Sohn ist uns gegeben ..." und daß Lukas die dann folgenden Prädikationen des Kindes durch „Messias, Herr" ersetzt hat[34]. „Herr und Messias" werden in 2,36 miteinander verbunden, und „Herr" hebt wieder in jüdischem und hellenistischem Kontext die Herrscherwürde hervor. Für beide potentiellen Lesergruppen wird die Ankündigung des Engels gut verständlich. „Für die jüdischen Leser war ὁ χριστός mit dem Betlehem-Komplex eindeutig, für die griechischen erfüllte ὁ κύριος die gleiche Funktion"[35].

Fragt man nach dem vollen Sinngehalt dieser dreifachen Prädikation, wird man zunächst für „Retter" die anderen Stellen im lukanischen Werk vergleichen. In Apg 5,31 wird der Titel zusammen mit „Anführer" genannt, und dieser Anführer wird in 3,15 als „Anführer des Lebens" bezeichnet. An beiden Stellen wird im Kontext von der Kreuzigung bzw. dem Tod Jesu gesprochen. „Den Anführer des Lebens habt ihr gekreuzigt, aber Gott hat ihn von den Toten auferweckt" (3,15), und eben diesen einst ans Kreuz Gehängten hat Gott „zum Anführer und Retter zu seiner Rechten erhöht" (5,31). Eine genaue Analyse zu 3,15 ergibt, daß Jesus seinen jüdischen Hörern als messianischer Anführer vorgestellt wird. Mit Jesu Auferstehung ist die messianische Heilszeit angebrochen. Die Zuhörer leben in „diesen Tagen" (V. 24) der Endzeit und werden auf die Erwartung der Parusie des Anführers Christus verwiesen[36]. In 5,31 kommt der Gedanke hinzu, daß der Anführer und Retter Jesus Israel den Nachlaß der Sünden geben soll. In dieser Funktion, Buße zu wecken und Vergebung der Sünden zu schenken, wird der „Erretter" zum Befreier aus der Knechtschaft und Not des menschlichen Lebens. Die Vergebung der Sünden ist der Anfang auf dem Weg zum Leben bei Gott, und diesen Weg hat Jesus erschlossen.

---

che Glaubenserfahrung Jesu, des Gesalbten, bestimmt den Titel vor seinem herrscherlichen Bezugsfeld der Zeit".
[32] Vgl. Voss, Christologie (Anm. 29) 54; R. E. Brown, The Birth of the Messiah, Garden City/N. Y. 1977, 424, Anm. 50: „Der Engel des Herrn (eine rein semitische Figur) spricht mit dem Ton eines römischen herrscherlichen Herolds"; Fitzmyer, Luke I, 204.
[33] Vgl. Brown, Birth 425, Anm. 53.
[34] So Brown, Birth 424f.
[35] F. Bovon, Das Evangelium nach Lukas I (1,1 – 9,50), Zürich-Neukirchen 1989, 126.
[36] P.-G. Müller, ΧΡΙΣΤΟΣ ΑΡΧΗΓΟΣ, Bern-Frankfurt 1973, 255.

In der Rede im pisidischen Antiochien (Apg 13,16–41) wird die ganze Heilsgeschichte von Israel bis zu Jesus vorgeführt, und dann heißt es, daß Gott aus dem Samen Davids gemäß der Verheißung Israel den Retter Jesus herbeigeführt (nach anderer Lesart: erweckt) hat (V. 23). Auch hier ist das Motiv des Heilsführers zu erkennen: Jesus ist über den Tod zur Auferstehung gelangt (V. 27–30) und wird jetzt als der Vermittler der Sündenvergebung verkündigt (V. 38f). Es ist der gleiche Gedanke, den Matthäus an den Namen Jesu anknüpft: Er wird sein Volk von den Sünden erretten (1,21). Das Erlösungsgeschehen in Kreuz und Auferstehung Jesu ist also vorausgesetzt; die Perspektive ist nachösterlich, ja eschatologisch (vgl. Apg 3,19–21). Aber in Lk 2,11 wird der künftige Retter schon betont in die Gegenwart, die Geburt Jesu („heute") hereingeholt. „Was das urapostolische Kerygma mit dem Kommen Jesu zur Verkündigung realisiert sah (...), ist jetzt zurückmeditiert und zurückdatiert in das Ereignis seiner Geburt"[37].

Der Titel „Christus (Messias)", der aus jüdischer Tradition stammt, ist für Lukas eng mit der königlichen, ihm von Gott verliehenen Würde verbunden. Gott hat ihn zu seinem Gesalbten und zu seinem Gesandten gemacht (vgl. 4,18). Jesus ist der Messias des Herrn (2,26), im Petrusbekenntnis der Messias Gottes (9,20). In ihm ist alle Stärke und Macht Gottes anwesend und wirksam. Heilungen geschehen im Namen Jesu Christi (Apg 3,6; 4,10; 9,34; 16,18). Noch wichtiger ist, daß für die Urkirche die Macht Gottes und seines Gesalbten auch im äußeren Handlungsgeschehen sichtbar wird. Im Dankgebet für die Freilassung des Petrus und Johannes wird Ps 2,1f zitiert: „Die Könige der Erde stehen auf, und die Herrscher haben sich verbündet gegen den Herrn und seinen Gesalbten" (Apg 4,26); aber Gott macht alle ihre Pläne zuschanden. So betet die Gemeinde: „Streck deine Hand aus, damit Heilungen und Zeichen und Wunder geschehen durch den Namen deines heiligen Knechtes Jesus!" (4,30). Auf dieses Machtwirken des Messias Gottes blickt das Evangelium schon voraus.

Aber im irdischen Leben Jesu steht Jesus mit seinem göttlichen Machtanspruch in Konfrontation mit den ungläubigen jüdischen Führern. Diese klagen ihn vor Pilatus an, er verführe das Volk, hindere es, dem Kaiser Steuern zu zahlen, und beanspruche, Christus der König zu sein (23,2). Diese Zuspitzung des Messiastitels auf den „König der Juden" (23,37.38) hängt mit der lukanischen Tendenz zusammen, das Königtum Jesu, das von Gott kommt (19,38), dem politischen Königtum gegenüberzustellen, dessentwegen er zum Tode verurteilt wird[38].

---

[37] SCHÜRMANN, Lk I, 112.
[38] FITZMYER, Luke I, 198: „Der königliche Status, der ihm von Pilatus zugesprochen wurde, führte zu einer klaren Assoziation mit der messianischen Erwartung der Zeit ... Als König gekreuzigt, wurde er schnell für die ihm Nachfolgenden ‚der Messias'".

I. Die grundlegende Sicht

Der Messias Gottes, den Petrus bekennt (9,20), gerät zwischen die Mahlsteine gehässiger Feinde und politischer Machthaber. Auch bei den Verspottungen durch die jüdischen Führer (23,35) gebraucht Lukas den Ausdruck „der Christus Gottes, der Erwählte", dann nochmals bei der Verspottung durch einen der Mitgekreuzigten „der Christus" (23,39). Der von Gott Gesalbte wird von den menschlichen Gegnern verworfen. Diese scharfe Gegenüberstellung läßt einen Blick in das tiefere Verständnis des „Messias" bei Lukas werfen: Er kommt von Gott und ist von Gott mit hoher Würde ausgestattet, auch wenn er damit auf Ablehnung und Widerstand stößt.

Obwohl Jesus als der erwartete Heilskönig gesehen wird, beherrscht die lukanische Darstellung doch ein anderer Gedanke: der leidende und sterbende Messias. Dafür ist die Belehrung der Emmausjünger bezeichnend: „Mußte nicht der Messias dieses leiden, um so in seine Herrlichkeit einzugehen?" (24,26). Dieses „Muß" ist für Lukas in der Schrift begründet: „Es ist geschrieben, daß der Messias leiden und am dritten Tag von den Toten aufersteht" (24,46). Welche Schriftstelle er im Auge hat, bleibt ungewiß; aber die Aussage deckt sich mit der alten Glaubensformel in 1 Kor 15,3–5[39]. Lukas hat den Gedanken an den leidenden Messias, für den es im Judentum keinen Ansatz gibt, aus dem urapostolischen Kerygma übernommen. Es ist der christliche Messias, den Lukas verkündigt: der durch Leiden und Tod zur Auferstehung und zur Erhöhung bei Gott Gelangende. Damit nimmt Lukas die urkirchliche Tradition und Theologie vom „Menschensohn" auf und integriert sie in sein Messiasbild. Auf die Frage der Hohenratsmitglieder, ob er der Messias sei, antwortet er ähnlich wie bei Markus mit einem Ausblick auf den Menschensohn, der auf dem Thron zur Rechten der Macht Gottes sitzen wird (22,69), ohne sein Kommen auf den Wolken des Himmels (vgl. 21,27) zu erwähnen. Der Messias ist der erhöhte Menschensohn, schon von jetzt an, und er ist auch der Sohn Gottes (22,30). Damit werden die beiden führenden Prädikate „Menschensohn" und „Sohn Gottes" in das Messiasbild des Lukas aufgenommen.

Daß der Messias leiden muß, wird auch in der Apostelgeschichte weiter betont (3,18; 17,3; 26,23), doch immer mit der anschließenden Bezeugung seiner Auferstehung. Im Christustitel ist die Christusverkündigung der Urkirche zusammengefaßt; deswegen wird man in der Engelsankündigung „der Messias, der Herr" auch die mitschwingenden Töne vom sterbenden und auferstehenden Christus mithören müssen. Der Nachdruck aber liegt auf dem durch diesen Messias

---

[39] Den Schrifthintergrund für die Glaubensformel in 1 Kor 15,3–5, bes. Hos 6,2, behandelt ausführlich K. LEHMANN, Auferweckt am dritten Tag nach der Schrift (QD 38), Freiburg–Basel–Wien 1968, 221–230; ferner 242–261.

geschaffenen Heil, der Vergebung der Sünden und dem dadurch geschenkten Gottesfrieden (2,14).

Wird der Messias auch mit der Parusie verknüpft? Dafür gibt es die eigentümliche Aussage in Apg 3,20f: „damit Zeiten der Erquickung vom Angesicht des Herrn herkommen und er den euch vorbestimmten Christus Jesus schickt, den der Himmel aufnehmen muß bis zur Wiederherstellung aller Dinge ..." Die Stelle steht im Kontext einer an Israel ergehenden Aufforderung zur Umkehr, und zwar in der nachösterlichen Situation, in der Israel bereits seinen Messias, der leiden mußte, abgelehnt hat (V. 18). Da die Juden aus „Unkenntnis" gehandelt haben, wird ihnen jetzt noch einmal eine Gelegenheit zur Umkehr geboten. Auch sie können noch von allen Sünden befreit werden, um so an den Zeiten der Erquickung, der endgültigen Heilszeit, teilzuhaben. Gott wird ihnen dann den ihnen vorherbestimmten Messias senden, der bisher in den Himmel aufgenommen ist, aber am Ende wiederkehren wird. Der Messias Jesus wird also noch als der Kommende erwartet zur Errettung Israels, wenn dieses sich noch zum Glauben an diesen ihm vorbestimmten Messias bekehrt. Diese singuläre Ausdrucksweise hat zu unterschiedlichen Auslegungen der hier aufscheinenden Christologie geführt. Man meinte, hier sei eine ursprüngliche Elija-Erwartung auf Christus übertragen[40]. Man glaubte sogar die älteste und ursprünglichste Christologie zu erkennen, in der Jesus nur der Messias designatus, der im voraus Bezeichnete war, der erst am Ende (bei der Parusie) eingesetzt werde[41]. Aber im Text ist nicht gesagt, daß der Messias erst am Ende in seine messianische Funktion eingesetzt wird, sondern er wird den Juden nur als der *ihnen* zu Umkehr und Sündenvergebung bestimmte Messias vor Augen gestellt, der als solcher schon da ist. Er steht nicht im Wartesaal, vielmehr werden die wartenden Juden aufgefordert, sich für den gegenwärtig bereitstehenden und einmal kommenden Messias zu öffnen[42].

Als der Messias wird Jesus also für alle Phasen seines Weges in Anspruch genommen. Schon bei der Geburt ist er der Messias (2,11; vgl. 1,35). Im irdischen Leben vollbringt er seine messianischen Taten (4,21.41; 7,20-23) und wird von Petrus als der Messias Gottes bekannt (9,20). Seinen Todesweg, der zur Auferstehung führt, geht er als der

---

[40] Vgl. O. BAUERNFEIND, Die Apostelgeschichte, Leipzig 1939, 66-68; U. WILCKENS, Die Missionsreden der Apostelgeschichte (WMANT 5), Neukirchen ³1974, 153f; doch vgl. den Nachtrag auf S. 234f; auch HAHN, Christologische Hoheitstitel 184f. Kritisch dazu E. HAENCHEN, Die Apostelgeschichte, Göttingen 1959, 170f.

[41] J. A. T. ROBINSON, The most primitive Christology of all?, in: JTS NS 7 (1956) 177-189.

[42] Vgl. Voss, Christologie 151f; im übrigen zur ganzen Stelle G. LOHFINK, Christologie und Geschichtsbild in Apg 3,19-21, in: BZ NF 13 (1969) 223-241; WEISER, Apg I, 118f; G. SCHNEIDER, Die Apostelgeschichte I, Freiburg-Basel-Wien 1980, 322-327.

I. Die grundlegende Sicht

Messias (24,26.46; Apg 3,18; 17,3; 26,23), und den Auferstandenen hat Gott zum Herrn und Messias gemacht (Apg 2,36); als solcher wird er verkündigt (Apg 8,5; 9,22; 18,5.28) und bewirkt Heilungen und Wundertaten. Als Verherrlichter und Richtender wird er einst wiederkommen (Apg 3,20f; vgl. 1,11). Wenn die Apostel also den Messias Jesus unaufhörlich lehren und verkünden (Apg 5,42), ist darin der ganze Weg Jesu Christi umfangen, und bei dieser Sicht wird der Name „Jesus Christus" zum Ausdruck seiner heilbringenden Tätigkeit (Apg 2,38; 4,10.12; 8,12; 10,36.48; 15,26; 16,18). Der „Messias" (Christus) ist in den Namen Jesu aufgenommen und eingegangen und ganz mit ihm verschmolzen.

Der dritte Ausdruck „der Herr" hat wieder Beziehungen zum Judentum und zur hellenistischen Welt. Stärker ist die Bindung an das Judentum, wo Jahwe oft als Herr bezeichnet wird. Wenn man auch nicht mehr behaupten kann, daß durch die LXX-Übersetzung „der Herr" (ὁ κύριος) der Name Jahwe ersetzt wurde[43], so ist doch die häufige Bezeichnung Gottes als Herr, auch im lukanischen Schrifttum, auffällig. Im Umkreis der Weihnachtserzählung stehen genug Aussagen, die von Gott als Herrn sprechen: Der Engel des Herrn tritt zu den Hirten, der Glanz des Herrn umstrahlte sie (2,9). Nach der Erscheinung sagen die Hirten: Wir wollen nach Betlehem gehen und sehen, was der Herr uns verkünden ließ (2,15). So ist die Bezeichnung des neugeborenen Kindes als Herr auffällig. Unter den 28 Stellen, an denen κύριος in der Kindheitsgeschichte genannt wird, wird der Ausdruck außer in 2,11 nur in 1,43 eindeutig auf Jesus bezogen (Maria, „die Mutter meines Herrn") und höchstens noch in 1,76: Johannes wird dem Herrn vorangehen und ihm den Weg bereiten. Trotz häufiger Deutung auf Gott, den Herrn, dem Johannes vorangeht und den Weg bereitet, kann hier allerdings im Sinne des Lukas Johannes auch als Vorläufer Jesu bezeichnet werden[44].

Das Wort über den neugeborenen Retter, der Messias und Herr ist, steht aber in der weiteren Perspektive des Auftretens Jesu, und schaut man auf das ganze Evangelium, so tritt die Kyrios-Bezeichnung Jesu durchgehend stark hervor. Außer den Anreden Jesu mit „Herr", die auch eine Höflichkeitsbezeichnung sein könnten, wird Jesus oft im Erzählzusammenhang als „der Herr" eingeführt[45]. Die Osterbotschaft lautet: „Der Herr ist wahrhaft auferstanden" (24,34). Vor allem wird aus der Auferweckung Jesu nach Ps 110,1 gefolgert: Gott hat ihn zum Herrn und (eben dadurch) zum Messias, dem heilbringenden Erlöser, gemacht (Apg 2,36).

---

[43] Vgl. Fitzmyer, Luke I, 201.
[44] Fitzmyer, Luke I, 385f.
[45] Vgl. Lk 7,13.19; 10,1.39.41; 12,42; 13,15; 17,5f; 18,6; 19,8.

Im ganzen ist „Herr" also eine Hoheitsbezeichnung, die auch im Kontrast zu den irdischen Herren gesehen wird. Einmal wird der Kaiser, die kaiserliche Majestät (Sebastos), an die Paulus appelliert hat, als „Herr" bezeichnet (Apg 25,25 f). Es bestätigt sich, daß der Kyrios in der Engelsbotschaft auch in diesem Kontext steht und für die hellenistischen Leser einen besonderen Beiklang hat. „Der Herr" ist nicht nur der Beisitzer auf dem Thron Gottes (vgl. Lk 20,42 f), sondern auch der, gegen den sich die Könige der Erde und Herrscher vergeblich erheben (vgl. Apg 4,26) und vor dem die Erhabenheit des Kaisers verblaßt.

Ferner ist hervorzuheben: Jesus Christus, der Herr, bleibt trotz seiner göttlichen Würde Gott, dem Herrn, untergeordnet. In der theozentrischen Sicht des Lukas erhält Jesus seinen Thron von Gott dem Herrn (Lk 1,32), bleibt er der „Gesalbte des Herrn" (2,26), wird er durch Gott in seine messianische Herrscherstellung eingesetzt (Apg 2,34.36). Gott bleibt der eigentliche Herr und Gott (Lk 1,68; 4,8.12; Apg 2,39; 3,22). So nahe Jesus Gott dem Vater steht, bleibt dieser doch der „Herr des Himmels und der Erde" und Jesus der, dem alles von seinem Vater übergeben wurde (Lk 10,21). Jesu Vollmacht stammt vom Himmel (vgl. 20,3-9), und die Herrschaft, die Jesus ausüben wird, ist ihm von seinem Vater verliehen worden (22,29).

Ist also die Christusverkündigung in der Ansage auf dem Hirtenfeld zusammengefaßt, so fragt sich, ob es noch weitere Ausdrücke dafür gibt. Im Einklang mit der markinisch-matthäischen Tradition wird der „Sohn Gottes" als charakteristische Sinndeutung Jesu aufgenommen und in der Verkündigung an Maria tiefer begründet (1,32.35). Sonst folgt Lukas den übrigen Zeugnissen aus der synoptischen Tradition: bei der Taufe Jesu (3,22), der Versuchung (4,3.9), den Äußerungen der Besessenen (4,42; 8,28), bei der Verklärung (9,35), im Jubelruf (10,22), bei der Verhandlung vor dem Hohenrat (22,70). In der Apostelgeschichte klingt das Bekenntnis zum Sohn Gottes weiter nach (so in der unsicheren Stelle 8,37; ferner in 9,20). Einmalig ist die Begründung der Auferweckung Jesu mit dem Wort aus Ps 2,7: „Mein Sohn bist du, heute habe ich dich gezeugt" in Apg 13,33. Wird hier nicht die Einsetzung in die Gottessohnschaft mit der Auferweckung Jesu gleichgesetzt? Wie verträgt sich diese Einsetzung mit der schon auf Erden bestehenden Gottessohnschaft Jesu? Liest man jedoch die Stelle im Zusammenhang der Rede an die Juden im pisidischen Antiochien, so zeigt sich, daß das Psalmzitat die Auferweckung Jesu als soteriologisches Ereignis begreift, das Jesu Heilswirken aus der Auferstehung Jesu bestätigt[46]. Das Zitat bezieht sich auf den Ausgang des Weges

---

[46] Vgl. MATTHÄUS F.-J. BUSS, Die Missionspredigt des Apostels Paulus im Pisidischen Antiochien (FzB 38), Stuttgart 1980, 91-98.

I. Die grundlegende Sicht

Jesu, der alle Heilsgaben entbindet, die David zugesagt waren (13,34): Vergebung der Sünden und Gerechtmachung durch Gott (13,38 f). Die Auferweckung Jesu ist der Ort, wo sich die Gottessohnschaft Jesu in ihrer rettenden Kraft enthüllt. Insofern ist die Stelle eine Weiterführung der Engelsankündigung von Lk 1,32 f und eine mit Röm 1,3 f vergleichbare christologische Aussage. Nach dieser Formel wurde Jesus Christus seit der Auferstehung von den Toten zum „Sohn Gottes in Macht" gemäß heiligem Geist bestimmt. Für Lukas besteht kein Widerspruch darin, daß Jesus schon auf Erden Messias war und doch erst durch die Auferweckung zum Herrn und Messias gemacht wurde; das gleiche gilt für die Rede vom Sohn Gottes.

Ein weiterer Messiastitel ist „der Knecht Gottes". Der in Lk 1,54 auf Israel, in 1,69 auf David bezogene Ausdruck (ebenso Apg 4,25) wird in der Apostelgeschichte auf Jesus übertragen (3,13.26; 4,27.30). Obwohl eine Erinnerung an den leidenden und sühnenden Gottesknecht von Jes 53 nicht sicher nachzuweisen ist (Apg 3,13 bezieht sich nach Jes 53,12 auf den verherrlichten Gottesknecht), wird der Gedanke an die Gottesknechtslieder im Hintergrund stehen[47]. Es ist eine alte, vielleicht liturgisch gebrauchte Christusbezeichnung, die hier auf den Heiligen und Gerechten (Apg 3,14), auf den mose-ähnlichen Propheten (Apg 3,22f), den heiligen Knecht Jesus, den Gott gesalbt hat (4,27.30), angewendet wird. Lukas hat solche in der Urkirche aufkommenden Prädikationen aufgenommen und in den Dienst seiner Christusverkündigung gestellt. Der niedrige Gottesknecht ist doch aus der Verbindung mit Gott zu einer Hoheitsgestalt erhoben und zu dem die Feinde überwindenden Christus geworden. Mit dem altertümlichen Ausdruck umfaßt Lukas den ganzen heilsgeschichtlichen Weg Jesu[48]. Auch „der Heilige" und „der Gerechte" (Apg 3,14) könnten ältere Christusbezeichnungen sein. Schon im Munde eines Dämons ist Jesus „der Heilige Gottes" (Lk 4,34), und in Joh 6,69 steht der „Heilige Gottes" für den Messias. Das Kommen des „Gerechten" wird auf alttestamentliche Prophetie zurückgeführt (Apg 7,52; 22,14). Lukas schöpft aus dem Schatz alttestamentlich-christlicher Messiasbezeichnungen und läßt sie bei Gelegenheit aufklingen.

---

[47] Für die Herleitung von Jes 53 bes. J. JEREMIAS in: ThWNT V, 698–713; DERS., Παῖς (θεοῦ) im Neuen Testament, in: ders., Abba, Göttingen 1966, 191–216 (bearbeitete Fassung des Wörterbuch-Artikels). Kritisch dazu HAHN, Hoheitstitel 64f.

[48] Vgl. E. KRÄNKL, Jesus der Knecht Gottes. Die heilsgeschichtliche Stellung Jesu in den Reden der Apostelgeschichte (BU 8), Regensburg 1972. Er widmet der sprachlichen Bildung und der Herkunft des Prädikats einen Exkurs (125–129), untersucht aber die Bedeutung Jesu als des Knechtes Gottes vor allem in den heilsgeschichtlichen Phasen, wie sie in den Reden der Apostelgeschichte erkennbar werden (öffentliches Wirken, Tod, Auferweckung, Erhöhung, Parusie) und kommt zu einer umfassenden Sicht auf die christologische Konzeption der Acta-Reden.

Im ganzen steht Lukas am stärksten in der vom Alten Testament her entfalteten Messiaserwartung mit all den Aspekten, die sich daraus gewinnen lassen. Er hat die Fülle der christologischen Bekenntnisse der Urkirche aufgegriffen und in seine heilsgeschichtlich entworfene Christologie eingeordnet. Lukas hat sein Messiasbild nicht nur am irdischen Auftreten Jesu wie Markus und nicht nur in Auseinandersetzung mit jüdischen Vorstellungen wie Matthäus orientiert, sondern auch in der weiten Perspektive der jüdisch-hellenistischen Umwelt, wie sie sich in der vorangeschrittenen Zeit des Urchristentum darbot. Er hat aus vielerlei Quellen der dritten nachchristlichen Generation ein Messiasbild zusammengefügt, das der Kirche auch weiterhin voranleuchten konnte.

4. Der durch Tod und Auferstehung zu Gott gelangte erhöhte Herr

Der heilsgeschichtlichen Sicht des Lukas entspricht es, daß er den Weg Jesu in aufeinanderfolgenden Phasen nachzeichnet. Die verschiedenen Wegmarken sind sein irdisches Wirken, das auf die Gottesstadt Jerusalem zuläuft, sein Tod am Kreuz, seine Auferstehung und Himmelfahrt und seine Einsetzung zur Rechten Gottes (seine „Erhöhung"). Von dort und von da an wird er zum Wegführer für seine Kirche, die er im heiligen Geist zur Erreichung des Heilsziels für alle Glaubenden geleitet, bis er am Ende als der Richter und Vollender wiederkehrt. Dieser Weg Jesu, der für das irdische Wirken Jesu im Evangelium beschrieben wird, spiegelt sich in den Reden der Apostelgeschichte wider [49]. Von ihnen kann man ausgehen, um gleichsam vom Ende her, vom Wirken des erhöhten Herrn, die heilsgeschichtliche Linie zu überschauen.

In der Pfingstpredigt des Petrus heißt es: „Israeliten, hört dieses Wort: Jesus der Nazoräer, ein Mann, den Gott vor sich beglaubigt hat durch machtvolle Wunder und Zeichen, die er durch ihn in eurer Mitte getan hat, wie ihr selbst wißt, ihn, der nach Gottes Willen und Vorauswissen hingegeben wurde, habt ihr durch die Hände von Gottlosen ans Kreuz geschlagen und umgebracht. Ihn hat Gott auferweckt, indem er ihn von den Wehen des Todes befreite" (Apg 2, 22-24). Die machtvolle Tätigkeit Jesu des Nazoräers mit Zeichen und Wundern wird also vorausgesetzt und festgehalten; aber dieser Zeit der Beglaubigung durch

---

[49] Vgl. außer KRÄNKL (vor. Anm.) J. GEWIESS, Die Urapostolische Heilsverkündigung nach der Apostelgeschichte, Breslau 1939; M. DIBELIUS, Die Reden der Apostelgeschichte und die antike Geschichtsschreibung, in: ders., Aufsätze zur Apostelgeschichte (FRLANT 60), Göttingen 1951, 120–162; U. WILCKENS, Die Missionsreden der Apostelgeschichte (WMANT 5), Neukirchen ³1974; E. GRÄSSER in: ThR 42 (1977) 35–51.

I. Die grundlegende Sicht

Gott wird der schmachvolle Kreuzestod gegenübergestellt, den Gott durch die Auferweckung Jesu wieder gewendet hat. Das ist die große Linie des Weges Jesu, der jetzt nach der Auferweckung Jesu überschaubar wird. Doch die Spanne des irdischen Wirkens Jesu, die den Hörern der Pfingstpredigt bereits bekannt ist („ihr selbst wißt"), wird in der Evangeliendarstellung breit entfaltet, so daß wir das Evangelium dafür heranziehen können. Allerdings finden sich im Evangelium schon häufig Vorausblicke auf Leiden und Tod Jesu[50], ebenso auf seine Auferstehung und Verherrlichung[51]. In beiden Werken wird der Weg Jesu, angefangen von Johannes dem Täufer (Lk 3,1–20; Apg 1,22; 10,37; 13,24), einheitlich als Weg zu Kreuz und Auferstehung beschrieben. Doch das Wirken des zu Gott erhobenen Christus tritt erst in den Reden der Apostelgeschichte hervor. Die Wende des irdischen Jesus zum erhöhten Christus ist der Zielpunkt der Evangeliendarstellung (Lk 24,46–48) und der Ausgangspunkt der Apostelgeschichte (1,4–8). Diese Wende findet für Lukas in der Himmelfahrt Jesu statt (Lk 24,51; Apg 1,9–11), so daß in der Rückkehr Jesu zum Vater der Einschnitt in der Laufbahn Jesu liegt. Die „Himmelfahrt" Jesu ist für das lukanische Werk ein wichtiges Darstellungsmittel, um die Kontinuität des Lebens Jesu wie die Unterschiedenheit seiner Wirksamkeit zum Ausdruck zu bringen[52].

Wir wollen daraufhin nun nicht alle heilsgeschichtlichen Phasen untersuchen, sondern nur das näher betrachten, was Lukas am wichtigsten war: den Weg durch Leiden und Tod zur Verherrlichung (Lk 24,26).

a) Der Weg nach Jerusalem

Hier heißt es gleich am Anfang programmatisch: „Als die Tage seiner Hinaufnahme sich erfüllen sollten, richtete er sein Antlitz fest auf den Weg nach Jerusalem" (9,51). Sagt die „Hinaufnahme" den Tod Jesu oder seine Himmelfahrt an? Nach dem gleichen Ausdruck in Apg 1,2.11.22 muß man an die Himmelfahrt denken, doch unter Voraussetzung seines Todes; denn der Weg Jesu nach Jerusalem führt zuerst zu seinem Tod (Lk 13,33; 18,31–33), und erst danach wird die Auferstehung ins Auge gefaßt. Die „Tage der Hinaufnahme" (Plural!) umfassen also Tod, Begräbnis, Auferstehung und Himmelfahrt. Das sind die entscheidenden Tage nach dem Heilsplan Gottes. Dieses göttliche

---

[50] Vgl. Lk 2,34; 4,29; 5,35; 9,22.44; 12,50; 13,33.34f; 17,25; 18,31–34; 19,41–44.
[51] Vgl. Lk 9,22.28–36.51; 10,18; 13,29; 18,33; 19,38; 20,17.42f; 22,29f.
[52] Vgl. G. LOHFINK, Die Himmelfahrt Jesu. Untersuchungen zu den Himmelfahrts- und Erhöhungstexten bei Lukas (StANT 26), München 1971. Nach ihm ist die Himmelfahrt bei Lukas eine Entrückung nach Art biblischer, jüdischer und hellenistischer Entrückungsgeschichten (75 u. ö.).

"Muß" (9,22; 17,25) hat Jesus erkannt und sich als Gottes Willen zu eigen gemacht. Bis dahin „muß" Jesus wandern (πορεύεσθαι) und sein Werk zu Ende führen: Dämonen austreiben und Kranke heilen (13,33)[53]. Dabei ist Jerusalem betont der Endpunkt der Wanderung Jesu. „Festen Sinnes" richtet er dorthin sein Antlitz, und der Reisebericht beschreibt Annäherungen an die Gottesstadt.

Etwa in der Mitte des Reiseberichts macht Lukas nochmals auf den Weg nach Jerusalem, von Stadt zu Stadt und von Dorf zu Dorf, aufmerksam (13,22). Dem Ansinnen der Pharisäer, sei es nun gutmütig oder böswillig gemeint, das Gebiet des Herodes Antipas zu verlassen, widersetzt sich Jesus (13,31–33); er geht unbeirrt seinen Weg nach Jerusalem. Dann folgt nochmals eine Angabe über seine Wanderung nach Jerusalem „mitten durch Samaria und Galiläa" (17,11) (wörtlich „durch die Mitte von Samaria und Galiläa") – eine nur vage Andeutung des Weges aufgrund der mangelnden geographischen Kenntnisse des Evangelisten[54].

Schließlich ist das Ende des Reiseberichts zu beachten. Der lukanische Einschub in die markinische Darstellung vom Hinaufzug Jesu nach Jerusalem – die „große Einschaltung" – reicht, literarisch gesehen, nur bis 18,14. Die Ausdehnung des Reiseberichts bis 19,27 (bis zum Einzug Jesu in Jerusalem) richtet sich nach weiteren Reisenotizen (18,31.35; 19,1.11), trifft aber nicht völlig die Erzählintention des Lukas. Denn er will offensichtlich die Reise nicht bis zum Einzug Jesu in Jerusalem (19,28) begrenzen, sondern erst mit der Tätigkeit Jesu in Jerusalem und dem Tempel zum Ziele führen, also wenigstens bis 19,48 oder 20,1. Die Annäherung an Jerusalem (17,11; 18,31.35; 19,1.11.28.37–41) geht mit der Tempelreinigung (19,45) und seinem Lehren im Tempel (19,47) in die Tätigkeit Jesu in der heiligen Stadt über und markiert so das Ziel der ganzen Reise.

Das hat Konsequenzen für die lukanische Theologie. Der Tempel in Jerusalem, das Heiligtum des Gottesvolkes, ist der Ort, an dem Jesus seinen ihm von Gott gegebenen Auftrag erfüllt, aber auch auf den heftigsten Widerspruch der ungläubigen jüdischen Führer stößt. Der Tempel ist schon in der Kindheitsgeschichte der Ort, wo sich Gott offenbart (1,9–22), wo prophetisch begabte Menschen den Messias ankündigen (2,25–38), wo der zwölfjährige Jesus unter den Lehrern sitzt und seinen Eltern erklärt: „ Wußtet ihr nicht, daß ich in dem sein muß, was meinem Vater gehört?" (2,41–50). Noch in der letzten Zeit seiner Tätigkeit war Jesus täglich im Tempel und lehrte (21,37; 22,53). Der Tempel ist eine heilige Stätte; aber durch das Verhalten der Tempelbe-

---

[53] Vgl. R. Schnackenburg, Lk 13,31–33. Eine Studie zur lukanischen Redaktion und Theologie, in: Festschrift G. Schneider (Anm. 3) 229–241.
[54] Vgl. Conzelmann, Mitte der Zeit 60–62; Fitzmyer, Luke II, 1152f.

hörde wird das Haus des Gebetes zu einer Räuberhöhle, und Jesus treibt die Händler aus dem Tempelbezirk hinaus (19,45f). Er kündigt die Zerstörung des Tempels an (21,5f; vgl. Apg 6,14). Diese Worte sind schon bei Matthäus/Markus überliefert; eine Besonderheit bei Lukas ist es, daß der Tempelvorhang schon vor dem Tod Jesu zerreißt (23,45); das wird sicherlich als Unheilszeichen verstanden, während das Zerreißen des Tempelvorhangs bei Matthäus/Markus noch andere symbolische Züge aufweisen mag (Öffnung für einen neuen Gottesdienst und das Heil aller Menschen)[55]. Der alte Tempel hat seine Bedeutung verloren; aber für Lukas ist doch ein neuer Tempel in Sicht auf die christliche Gemeinde entstanden: Die Jünger, denen der auferstandene Herr erschienen ist, kehren nach der Himmelfahrt Jesu nach Jerusalem zurück und sind dann, Gott lobend, ständig im Heiligtum (24,53).

Das ist zugleich eine Überleitung zu der Praxis der jungen Kirche, sich immer wieder im Tempel zu sammeln (Apg 2,46; 3,1), besonders in der Halle Salomos (3,11; 5,12). Im Tempel verkünden die Apostel das Evangelium (15,20) und lehren das Volk (5,42). Aber sie nehmen nicht am Opferkult teil, sondern halten ihre eigene Mahlfeier im Gedenken an Jesus (das „Brotbrechen" 2,42). Im jüdischen Heiligtum entsteht gleichsam eine neue Gebets- und Kultgemeinschaft. Die Kontinuität mit dem alten Tempel wird gewahrt und doch im Glauben an Jesus Christus etwas Neues angebahnt. Wie der Hinaufzug Jesu nach Jerusalem immer näher an die heilige Stadt heranführt und im Tempel sein Ziel erreicht, so geht die neue Gemeinde von Jerusalem aus und wahrt die Verbindung mit dem Tempel, doch in einer neuen Weise, die durch die Verkündigung des Evangeliums gekennzeichnet ist. In der Stephanusrede wird dann die Bedeutung des Tempels ganz abgewertet (Apg 7,47–50). Die ganze Reise nach Jerusalem ist eine kerygmatisch auf die neue Heilsgemeinde gerichtete Darstellung, die auch in den einzelnen Perikopen immer wieder den Blick auf das wandernde Gottesvolk wendet.

b) Passion und Auferstehung

Jesu Tod am Kreuz, der nach dem Willen Gottes feststeht (Lk 9,22), wird im lukanischen Werk scharf der durch Gott erfolgenden Auferweckung gegenübergestellt. Die Juden haben durch die Hand von Gottlosen Jesus ans Kreuz geschlagen und dargebracht; aber Gott hat ihn von den Wehen des Todes befreit und auferweckt (Apg 2,24.31f; 3,15.26; 5,30; 10,40; 13,30; 17,3). Dieses Geschehen wird durch die

---

[55] FITZMYER, Luke II,1518f z. St. sagt mit Recht, daß man in der lukanischen Form schwerlich eine „rettende Bedeutung" sehen kann; vielmehr sei es die Stunde der Feinde Jesu und die Macht der Finsternis (Lk 22,53).

Vorhersage Jesu bekräftigt (Lk 24, 6–8) und durch mancherlei Schriftzitate belegt. Zunächst wird in der Pfingstpredigt des Petrus Ps 16 LXX herangezogen (Apg 2, 25–28.31), ein wohl von Lukas entdeckter Schriftbezug: „Du gibst mich nicht der Unterwelt preis noch läßt du deinen Frommen die Verwesung schauen". Wenn in diesem Psalm vorhergesagt wird, daß Gott seinen Heiligen nicht die Verwesung schauen läßt, kann sich das nicht auf David beziehen, weil dieser starb und begraben wurde. Darum wird der Psalm entsprechend der Natan-Verheißung (2 Sam 7, 12f) auf den Nachkommen Davids bezogen, den verheißenen davidischen Messias. Mit dieser Vorhersage vom Fortleben des Verstorbenen (2, 28) verbindet sich sogleich mit einem neuen Schriftwort die Ansage der Erhöhung Jesu, seiner Einsetzung zur Rechten Gottes. Dafür wird der der Urkirche besonders wichtige Ps 110, 1 angeführt (2, 34). Indem Jesus für die Urkirche als der „Herr" angesprochen wird, folgt daraus, daß Gott ihn zum Herrn und Messias gemacht hat (2, 36). Mit der Auferweckung ist Jesu Verherrlichung noch nicht vollendet; er muß noch in seine himmlische Machtstellung eingesetzt werden (vgl. unten c).

Ein weiterer Schriftbeleg schließt sich an die Verheißung des moseähnlichen Propheten an (3, 22–26). Zwar wird hier nicht unmittelbar die Auferweckung Jesu „bewiesen"; denn das „Erwecken" des Propheten (3, 22) meint seine Sendung von Gott her (3, 26); aber da inzwischen der Himmel diesen Propheten aufgenommen hat (3, 21), sind doch die Auferstehung und Erhöhung Jesu implizit vorausgesetzt. Der endzeitliche Prophet ist niemand anders als der gekreuzigte und auferweckte Jesus (vgl. auch 7, 37). Diese Propheten-Typologie gibt auch sonst der lukanischen Christologie ein beachtliches Profil[56].

Schließlich findet sich eine beachtliche auf der Schrift beruhende Argumentation für die Auferweckung Jesu in der Rede im pisidischen Antiochien (13, 33–35). Zu der schon aus der Pfingstrede bekannten Beweisführung aus Ps 16 (13, 35–37) kommt hier überraschend noch ein Hinweis auf Ps 2, 7: „Mein Sohn bist du, heute habe ich dich gezeugt" (13, 33) und eine Erinnerung an das Wort Jes 55, 3: „Ich werde euch die zuverlässigen Heilsgaben (τὰ ὅσια) Davids geben" (13, 34). Man wird die drei Schriftzitate: Ps 2, 7; Jes 55, 3 und Ps 16, 10 in einem inneren Zusammenhang sehen müssen. Die Verheißung Gottes (13, 32) erfüllt sich in der Auferweckung Jesu von den Toten, den Gott dadurch zu seinem Sohn bestellt hat, um die dem David gegebenen Bundeszusagen zu erfüllen. Der eigentliche „Beweis" für die Auferweckung Jesu beruht wie in 2, 25–28 auf Ps 16, 10. Um aber die

---

[56] Vgl. CULLMANN, Christologie 11–49; HAHN, Hoheitstitel 351–404; F. GILS, Jésus Prophète d'après les Evangiles Synoptiques, Löwen 1957; Voss, Christologie 155–170; F. SCHNIDER, Jesus der Prophet (OBO 2), Freiburg/Schw. 1973.

I. Die grundlegende Sicht

Heilsbedeutung dieses Geschehens hervorzuheben, werden jene anderen Schrifttexte beigezogen. „Wir stehen hier am Beginn aller Auferstehungstheologie, die ihrem Ursprung nach nichts anderes ist als die Reflexion der ntl. Erfüllung im Licht atl. Verheißung."[57] Die Zitate von Ps 2,7 und Jes 55,3 wollen für die angesprochenen Hörer die Funktion Jesu, des Auferweckten, als des zentralen heilsgeschichtlichen Werkzeuges Gottes für die Erlangung des vollen Heils in den Blick bringen[58].

In Jes 55,3 ist vom Davidsbund die Rede; das Zitat in Apg 13,34 legt den Nachdruck auf die von Gott gegebenen Heilszusagen, die zuverlässig bleiben und sich dadurch erfüllen, daß Gott seinen Heiligen nicht die Verwesung schauen ließ (13,35). Weil Jesus der Vergänglichkeit und Verweslichkeit nicht unterlegen ist, kann er auch denen, die ihm folgen, das göttliche Leben vermitteln. Er wird zum „Anführer des Lebens" 3,15. Das Gut des Lebens klingt noch öfter an: „Worte des Lebens" 5,20; „Umkehr zum Leben" 11,18; alle wurden gläubig, „die für das ewige Leben bestimmt waren" 13,48. Das dürften die dem David zugesagten Heilsgaben sein[59].

Die Wende vom Tod zur Auferstehung und zum Leben, die durch Gottes Willen und Macht erfolgt ist, ist Lukas äußerst wichtig. Immer wieder stützt er sich dazu auf das Zeugnis derer, die den Auferstandenen gesehen und mit ihm gegessen haben (Apg 1,22; 2,32; 3,15; 5,32; 10,40–42; 13,31 f). Der Weg nach Jerusalem wird so zur entscheidenden Wende in der heilsgeschichtlichen Laufbahn Jesu. Jerusalem ist der Ort der Prophetenmorde, wo auch Jesus diesen Tod stirbt (Lk 13,33.34); aber Jerusalem ist auch die Stadt, in der Gott seinen Messias auferweckt. Das wird dadurch unterstrichen, daß bei Lukas alle Erscheinungen des Auferweckten in oder bei Jerusalem erfolgen. Eine Rückkehr nach Galiläa kennt Lukas nicht; darin weicht er bewußt von Matthäus ab. Nicht Galiläa als die Heimat des Evangeliums wird in den Blick gerückt, sondern Jerusalem als die Stätte, wo Jesu Weg weitergeht und sich die neue Heilsgemeinde sammelt. Der Ölberg bei Jerusalem ist auch der Ort der Himmelfahrt Jesu.

Die lukanische Passionsgeschichte durchziehen noch andere Tendenzen: Schonung der Römer, Unschuldserklärungen für Jesus (Lk 23,4.14f.22). Der heidnische Hauptmann unter dem Kreuz bekennt: „Dieser Mensch war ein Gerechter" (23,47) und bekräftigt damit die Unschuld Jesu. Jesus ist der Martyrer, der verspottet wird (23,35.36f), aber dem reumütigen Verbrecher den Einzug ins Paradies verspricht

---

[57] Buss, Missionspredigt (Anm. 46) 90.
[58] Ebd. 91–98.
[59] Ebd. 107–114.

(23,43) und für seine Feinde betet (23,34)[60]. Bis in die letzte Stunde hinein verwirklicht er die Gedanken Gottes und gibt sich ganz in die Hände seines Vaters (23,46). Jesus ist von einer großen Volksmenge umgeben (23,27) und belehrt die klagenden Töchter Jerusalems (23,28–31), bei ihm harren aber auch alle ihm Bekannten, nicht zuletzt die Frauen, aus. Damit gibt Lukas einen Vorblick auf die sich nach Ostern sammelnde christliche Gemeinde (23,49). Die erbaulichen Züge der Leidensstärke und Frömmigkeit Jesu werden zu einem Vorbild für die späteren Christen und ersten Martyrer (Stephanus Apg 7,54–60; Apostel 5,40f). All dies fügt sich zu dem Bild des in der Öffentlichkeit wirkenden, erbarmungsvollen und doch unerschütterlich die Sache Gottes vertretenden Jesus und wird in die nachösterliche Schau hineingenommen. Rückblickend erscheint die Passion Jesu wie die notwendige Folge der sich zuspitzenden Konfliktsituation, die Bestätigung der wiederholt von Jesus gegebenen Prophetie von der Verhärtung Israels und dem dadurch heraufgeführten Schicksal Jesu.

Im ganzen hat die lukanische Passionsgeschichte viel Ähnlichkeit mit einem Märtyrerbericht. „Doch ist Jesus mehr als ein Vorbild. Er ist den Weg vorausgegangen und hat diesen Weg für die Jünger gebahnt und erschlossen."[61] Bleiben wir beim Bild vom Weg, so ist die Strecke des leidenden und kreuztragenden, schließlich am Kreuz verblutenden Jesus die hervorstechendste, die auch für die Kirche die wegweisende wird. Wie der Messias leiden und so in seine Herrlichkeit eingehen mußte (Lk 24,26), so müssen auch seine Nachfolger durch viele Bedrängnisse in das Reich Gottes eingehen (Apg 14,22).

c) Himmelfahrt und Einsetzung zur Rechten Gottes

Eine besondere Sicht des Lukas ist der Übergang von der Auferstehung Jesu zur himmlischen Inthronisation. Noch vierzig Tage nach der Auferstehung ist Jesus den Aposteln erschienen und hat mit ihnen über das Reich Gottes gesprochen (Apg 1,3). Die Belehrungen des irdischen Jesus gehen also nach der Auferstehung weiter. Diese Tage nach der Auferstehung sind eine Zeit des Wartens auf den verheißenen heiligen Geist, der schließlich zu Pfingsten, fünfzig Tage nach der Auf-

---

[60] Der eindrucksvolle Text Lk 23,34a: „Jesus betete: Vater, vergib ihnen, denn sie wissen nicht, was sie tun" fehlt in nicht wenigen alten Handschriften und wird darum von einem Teil der Exegeten für eine spätere Zufügung gehalten. Doch fügt sich der Text in die lukanische Gedankenwelt (vgl. Apg 7,60b und das Motiv der „Unkenntnis") und läßt sich auch als ursprünglich verteidigen. „Eine spätere Streichung läßt sich jedoch vor dem Hintergrund der wachsenden Konfrontation mit dem Judentum eher verständlich machen" (J. Ernst, Das Evangelium nach Lukas, Regensburg 1977, 634). Vgl. auch A. Schlatter, Das Evangelium des Lukas, Stuttgart ²1960, 446; W. Grundmann, Das Ev. nach Lukas, Berlin 1961, 432f.
[61] G. Schneider, Lk II,437.

erstehung, auf die Jünger herabkommt (Apg 2,1-4). Diese „Zwischenzeit" zwischen Auferstehung und Himmelfahrt bzw. Geistausgießung ist nur aus dem heilsgeschichtlichen periodisierenden Denken des Lukas zu erklären. Die Zwischenzeit ist ihm wichtig, um die Kontinuität der Jesuszeit mit der Kirche aufzuzeigen. Es ist eine Kontinuität im Schema des Raumes, nämlich Jerusalem, und eine Kontinuität im Schema der Zeit: die vierzig Tage [62]. Schließlich sind die „Zeugen" Träger der Kontinuität [63].

An der Schnittstelle der Zeit Jesu und der Zeit der Kirche steht die Himmelfahrt Jesu, die seit je dem Verständnis Schwierigkeiten bereitete. Warum erzählt Lukas dieses Geschehen in der Form einer Entrückung, in der Sache aber als ein heilsgeschichtliches, nur im Glauben faßbares Geschehen von hoher Bedeutung? Diese Rückkehr Jesu zu seinem Vater, die zugleich die Zeit der Kirche im Kommen des Geistes eröffnet, ist der eigentliche Trennungsstrich zwischen den heilsgeschichtlichen Perioden. Warum schließt das Evangelium mit der Himmelfahrt Jesu und beginnt die Apostelgeschichte mit dem gleichen, jetzt näher ausgeführten Ereignis?

Die Form einer Entrückung hat Lukas aus alttestamentlichen und jüdischen Texten (Himmelfahrt des Henoch, des Elija, des Esra und Baruch, des Mose), doch auch aus Himmelfahrten in der griechisch-römischen Antike [64] übernommen. Sie ist Ausdruck für die „Erhöhung" Jesu zum herrscherlichen Messias, zum Throngenossen Gottes. Die bis dahin erfolgenden Erscheinungen Jesu vor den Aposteln beenden die Zeit der irdischen Erfahrbarkeit Jesu, haben aber nicht nur den Sinn, mit der Himmelfahrt Jesu eine letzte Erscheinung des Auferstandenen zu schildern. Denn sie soll auch auf das Wiederkommen Jesu bei der Parusie verweisen, das letzte heilsgeschichtliche Ereignis, auf das Jesu Auferweckung und Erhöhung angelegt ist (Apg 1,11; 3,19-21; 10,42; 17,31) [65]. Die Parusie steht nicht, schon wegen der verzögerten Naherwartung, im Zentrum des lukanischen Denkens, ist aber aus dem Weg Jesu Christi nicht wegzudenken. Das bei der Himmelfahrt angesagte Wiederkommen Jesu vom Himmel her, „wie ihr ihn habt in den Himmel gehen sehen" (1,11), ist nicht nur ein traditionelles Motiv, sondern für die Christusverkündigung wesentlich, wie auch die Parusiegleichnisse im Lukasevangelium zeigen.

So wird die Himmelfahrt zu einem Gegenbild der Parusie, ein darauf vorausweisendes Ereignis. Zunächst aber muß die Himmelfahrt in

---

[62] LOHFINK, Himmelfahrt 262-267.
[63] Ebd. 267-272.
[64] LOHFINK, Himmelfahrt 51-79.
[65] Vgl. R. SCHNACKENBURG, Die lukanische Eschatologie im Licht von Aussagen der Apostelgeschichte, in: E. GRÄSSER - O. MERK (Hrsg.), Glaube und Eschatologie (FS W. G. Kümmel), Tübingen 1985, 249-265.

ihrer Bedeutung für die auf Erden zurückbleibenden Jünger, für die Kirche, die ihren Weg in dieser Zeit weitergehen und ihre missionarischen Aufgaben erfüllen muß, gesehen werden. Der in den Himmel entrückte Herr ist der Kirche doch nicht fern, sondern durch die Ausgießung des Geistes weiter mit ihr verbunden. Zur Rechten Gottes erhöht, nimmt Christus den verheißenen Geist in Empfang und gießt ihn über die Glaubenden aus (Apg 2,33). Die Himmelfahrt soll den Einschnitt im Wirken Jesu und zugleich den Übergang in eine neue Wirkweise markieren.

Doch wie verhalten sich Auferweckung Jesu und Himmelfahrt zur Erhöhung zur Rechten Gottes zueinander? Ist die Auferweckung Jesu als Lösung von den Banden des Todes von der himmlischen Inthronisation abzuheben? Manche Exegeten meinen, man müßte die Wiederbelebung Jesu, durch die er in ein neues Leben eintritt, von der Einsetzung in seine Macht bei Gott unterscheiden[66]. Dem widerspricht Buss im Hinblick auf Apg 13,33[67]. Tatsächlich wird man die Auferweckung Jesu, die nach jüdischem Denken ein Machterweis Gottes, nach Ps 110,1 eine Machtübertragung Gottes an seinen Gesalbten ist (Apg 2,34f), schon als Teilhabe an der Herrschaftsmacht Gottes, also als Ausdruck seiner Erhöhung verstehen müssen. Wenn es heißt, daß Gott den Auferstandenen zu seiner Rechten (oder „durch seine Rechte") erhöht hat (Apg 2,30), wird man beides als einen einzigen Akt verstehen müssen: Dadurch wird Jesus zum Herrn und Messias gemacht (2,36). Die den Vätern gegebene Verheißung hat Gott an uns, den Kindern, dadurch erfüllt, daß er Jesus auferweckt hat (13,32f). Wenn nun dafür Ps 2,7 herangezogen wird (V. 33), muß man dieses Zitat doch nach seinem alttestamentlichen Kontext als Machteinsetzung des Sohnes in die messianische Herrschaft verstehen. Auf der anderen Seite scheint Lukas Auferstehung und Erhöhung Jesu zu unterscheiden, wie durch die Himmelfahrt deutlich wird (Apg 1,9f).

Wie ist diese Spannung zu erklären? In der Auferstehung ist grundsätzlich die Erhebung Jesu aus dem menschlichen in den göttlichen Bereich erfolgt und damit auch die Herrschaftseinsetzung vollzogen. Aber sein Herrschaftsantritt vollzieht sich gleichsam in zwei Stufen: in der Auferstehung als Befreiung aus den Banden des Todes und in der Erhöhung zur *Ausübung* seiner Herrschaft (vgl. 5,31). In den Erscheinungen des Auferstandenen wird der aus dem Tod Auferweckte sichtbar und kann den Jüngern sogar Belehrungen über ihren Weg auf Erden geben (1,3); aber in der abschließenden Erscheinung, nämlich

---

[66] LOHFINK, Himmelfahrt 272f; KRÄNKL, Knecht Gottes (Anm. 48) 49: „Von der Auferstehung Jesu scheidet Lukas begrifflich und sachlich Jesu Erhöhung"; vgl. auch WILCKENS, Missionsreden 143.
[67] Missionspredigt 94.

I. Die grundlegende Sicht

bei der Himmelfahrt Jesu, erfahren die Jünger seine Entfernung und doch seine bleibende Gegenwart in der durch den Geist ausgeübten Herrschaft bis zu seinem Wiederkommen.

Die Himmelfahrt Jesu hat somit für das lukanische Denken einen bestimmten heilsgeschichtlichen Platz. Nur Lukas bringt sie in dieser Weise zur Geltung, was verschiedene Gründe haben kann: eine Verkettung des irdischen Wirkens Jesu mit dem des Auferstandenen, ein Auffüllen der Zeit des Wartens auf den heiligen Geist, die zugleich eine übertriebene Naherwartung dämpft (vgl. Apg 1,7), eine Anpassung an die verbreiteten Entrückungsgeschichten, die Jesu Entfernung von den Jüngern und seine bleibende Nähe zu ihnen veranschaulichen. Im heilsgeschichtlichen Prozeß wird der Übergang des Gekreuzigten und Auferweckten zu seiner bleibenden himmlischen Herrschaft und Heilsvermittlung in einem konkreten und doch symbolischen Geschehen anschaulich.

5. Der Wegführer zum Heil

Das, worauf es Lukas bei der Auferweckung und Erhöhung Jesu ankommt, ist die Entbindung des Heils für alle an ihn Glaubenden. In der Pfingstpredigt des Petrus, in der die Geistausgießung über alles Fleisch nach Joel 3,1–5 bezeugt wird, heißt es am Ende: „Und es wird geschehen: Jeder, der den Namen des Herrn anruft, wird gerettet werden" (Apg 2,21). Nach Ps 16,11 (LXX) zeigt Gott seinem Christus die Wege zum Leben, nämlich durch die Auferweckung (Apg 2,28). Das gilt aber nicht nur für ihn selbst, sondern auch für diejenigen, die sich ihm anschließen und ihm folgen; denn wer umkehrt und sich taufen läßt, wird durch die Gabe des heiligen Geistes Vergebung der Sünden empfangen und aus dieser „verdorbenen Generation" gerettet werden (2,38–40). Gott hat Jesus zum Anführer des Lebens (3,15), zum Anführer und Retter zu seiner Rechten erhoben, um Israel Umkehr und Vergebung der Sünden zu geben (5,31). Der Weg Jesu zu Gott wird zu einer Wegführung zum Heil für alle an ihn Glaubenden. Diese Heilsbedeutung des zu Gott führenden Weges Jesu ist für Lukas der beherrschende Gedanke[68].

Lukas, der „Theologe des Weges", sieht den Weg Jesu ausmünden in die Verkündigung des „Weges des Heils" für alle, die sich ihm anschließen. Dieser Ausdruck, der im Rufen der von einem Wahrsagegeist befallenen Magd in Philippi fällt (Apg 16,17), ist charakteristisch für die lukanische Theologie. Er bestätigt die Prädikation Jesu als des

---

[68] Vgl. I. H. MARSHALL, Luke, Historian and Theologian, Exeter 1970, bes. 103–215; R. GLÖCKNER, Die Verkündigung des Heils beim Evangelisten Lukas, Mainz 1978.

Anführers (ἀρχηγός), der seinem Volk vorangeht, um es zum Ziel des Heiles zu führen. Es ist ein „christologisches Wegschema", das den Weg Jesu bis in die Auferweckung und Erhöhung Jesu verfolgt und zur Zielangabe für seine Jünger und die ganze Kirche wird[69]. Auch den Heiden hat Gott die „Umkehr zum Leben" gegeben (Apg 11,18). Paulus und Barnabas erklären den Juden im pisidischen Antiochien: „Euch mußte das Wort Gottes zuerst verkündet werden; da ihr es aber zurückstoßt und euch des ewigen Lebens unwürdig zeigt, wenden wir uns jetzt an die Heiden" (13,46), und dann heißt es: „Als die Heiden das hörten, freuten sie sich und priesen das Wort des Herrn, und alle wurden gläubig, die für das ewige Leben bestimmt waren" (13,48). Die Rettung, die allein in Jesus Christus verbürgt ist (4,12), erfüllt sich im ewigen Leben.

a) Die Verkündigung des Heils

Der Weg Jesu, der zur Auferstehung und zum Leben bei Gott führt, wird den Menschen durch die Verkündigung der Apostel vor Augen gestellt. Was sie verkündigen, ist das Wort Gottes[70] oder auch das Wort des Herrn[71], beides schon in den Handschriften bisweilen wechselnd. Das Wort Gottes klingt in der Heilspredigt des „Herrn" Jesus auf. Der rettende Weg Jesu Christi wird im Wortgeschehen festgehalten und den Hörern nahegebracht. Das „Wort der Rettung" ist den Israeliten „gesandt" worden, um sie zu heilen und vom Verderben zu befreien (Apg 13,26; vgl. Ps 107,20; Weish 16,12). Jesus Christus ist dieser das Wort Gottes verwirklichende Gesandte, der durch sein Wort Rettung bringt. Er soll durch die Verkündigung an die Heiden zum Heil werden bis zum Ende der Erde (13,47; vgl. Jes 49,6). Die apostolische Heilsverkündigung ist der Kanal, durch den die im gekreuzigten und auferweckten Jesus geschehene Erlösung den Menschen zufließt und vermittelt wird.

Es mag verwundern, daß die bei Paulus betonte Sühne durch das Blut Jesu, der stellvertretende Tod Jesu für alle Menschen bei Lukas nicht stärker hervortritt. Fast scheint es, als habe der Tod Jesu bei Lukas keine Heilsbedeutung[72]. Nur beim Abendmahl klingt im Becherwort der Gedanke an Jesu „für euch" vergossenes Blut auf: „Dieser Kelch ist der neue Bund in meinem Blut, das für euch vergossen wird" (Lk 22,20), und in der Abschiedsrede zu Milet wird von der Kirche Gottes gesagt, daß sie Gott durch das Blut des Eigenen (nämlich seines

---

[69] Vgl. P.-G. MÜLLER, ΧΡΙΣΤΟΣ ΑΡΧΗΓΟΣ (Anm. 36), 328–333.
[70] Apg 4,29.31; 6,7; 8,14; 11,1; 13,5.7; 16,32; 18,11.
[71] Apg 8,25 (?); 12,24 (?); 13,44(?).49; 15,35.36; 19,10.20; 20,35.
[72] WILCKENS, Missionsreden 185; CONZELMANN, Mitte der Zeit 187f; 215, Anm. 2.

I. Die grundlegende Sicht

Sohnes) sich zu eigen erworben hat (Apg 20,28)[73]. Sonst fehlen Bezugnahmen auf das sühnende Sterben Jesu; die charakteristische Wendung, daß der Menschensohn gekommen ist, um „sein Leben hinzugeben als Lösepreis für viele" (Mk 10,45 b) hat Lukas nicht übernommen (vgl. Lk 22,27). Es sind nur Anklänge an die Wirkkraft und Symbolik des Blutes Jesu. Wenn er gleichwohl das Wort von dem „neuen Bund in meinem Blut" festhält, zeugt dies von seiner Traditionsgebundenheit, aber nicht nur das: Er kann den Gedanken auch mit seinem Wegschema verbinden.

Der Tod Jesu, der auf dem Weg zu seiner Auferstehung und Verherrlichung liegt, hat noch eine eigene Bedeutung für die Rettung aller. Der Gedanke vom „neuen Heilsbund" berührt sich mit der neuen Heilsgemeinschaft, die durch das Brotbrechen und das gemeinsame Mahl begründet wird. Die Gaben des auferstandenen Herrn behalten durch die Erinnerung an das letzte Abendmahl ihre gemeinschaftstiftende Kraft. Aber im ganzen tritt dieser Gedanke hinter der durch die Verkündigung geforderten Umkehr und dem dadurch erschlossenen Heilsweg zurück. Es ist eine eigene Konzeption von dem „Wort des Heiles", das im Glauben aufgenommen und angeeignet werden muß.

b) Glaube und Umkehr zur Vergebung der Sünden

Die erste Antwort auf die missionarische Verkündigung der Apostel ist der Glaube. Wer das Wort des Evangeliums gehört hat, ist zum Glauben gerufen (vgl. Apg 4,4; 15,7) und soll sich in die Schar der Geretteten einordnen (vgl. 13,48; 14,23). Der Glaube ist notwendig, um Vergebung der Sünden zu erlangen und damit den Weg des Heils zu beschreiten (10,43). Mit Anklang an das paulinische rechtfertigende Glauben heißt es: „In allem, worin euch das Gesetz des Mose nicht gerecht machen konnte, wird jeder, der glaubt, durch ihn gerecht gemacht" (13,38f). Zwar wird nicht auf den stellvertretenden Sühnetod Jesu angespielt (vgl. Röm 3,24f; 8,3; Gal 3,13; 2 Kor 5,21); aber im Sinne des Wegschemas kommt vom auferstandenen Herrn her den Glaubenden die Gerechtigkeit Gottes zu. Sein Weg über Leiden und Tod zur Verherrlichung (Lk 24,26) ist vorausgesetzt; doch erst von dem verherrlichten Christus strömt das Heil den Glaubenden zu. Sie sind in die Heilsgemeinschaft der mit Jesus Christus Verbundenen aufgenommen. Das Anwachsen der Glaubensgemeinde in Jerusalem unter den Juden und in Antiochia als dem Quellort der heidenchristlichen Mission (Apg 11,19-21) ist nicht nur ein Erfolg der Predigt der Apostel, sondern tiefer gesehen des an sein Ziel gelangten Christus

---

[73] Die Übersetzung „durch das Blut des Eigenen" ist der Vorstellung vom Blut Gottes vorzuziehen; vgl. CONZELMANN, Apg 119 z.St.; G. SCHNEIDER in: Apg II, Freiburg-Basel-Wien 1982, 297 (Aufnahme einer traditionellen Aussage).

bzw. des von ihm ausgehenden heiligen Geistes (vgl. Apg 9,31)[74]. Der Weg Jesu setzt sich in der Kirche als dem Ort seiner Heilsherrschaft fort. „Wer Jesus in dieser heilsgeschichtlichen Funktion erkennt und sich bekehrt, der ist des Heils als der Teilhabe an der Heilsgeschichte Gottes teilhaftig."[75] Es entsteht also durch die Ausklammerung des Sühnetodes Jesu kein „soteriologisches Loch", vielmehr ist es ein voranschreitendes Heilsgeschehen, das sich erst in der Kirche in seiner Wirkung zeigt. Dafür ist von den Menschen der Glaube an Jesus den Herrn gefordert, der allein Rettung verspricht (Apg 16,31; 26,18). In der von der Theologie des Weges beherrschten Darstellung muß Christus erst an die Seite Gottes erhoben werden, um von dort den Geist auszugießen und dadurch die Glaubensbewegung zu entfachen.

Neben dem Glauben und eng damit verbunden wird als erster Schritt zur Rettung die Umkehr (μετάνοια) genannt, ja noch stärker als der Glaube in den Blick gebracht. Während sich bei Markus die Umkehr im Glauben an das Evangelium vom Reich Gottes vollzieht (Mk 1,15; vgl. 6,12), gewinnt die Umkehr bei Lukas eine eigene Bedeutung. Jesus ist gekommen, die Sünder *zur Umkehr* zu rufen (Lk 5,32; vgl. 15,7.10). Der Evangelist schaut auf die sittliche Verfassung der Menschen, und die Bekehrung, die er fordert, ist die Abkehr von aller Sünde. Darum greift er auch die Umkehrpredigt des Täufers Johannes auf (Lk 3,3; Apg 10,37; 13,24; 19,4), der entsprechende „Früchte", die der Umkehr würdig sind, verlangt hatte (Lk 3,8). Diese ethische Sicht auf die Umkehr ist auch in den Reden der Apostelgeschichte zu erkennen. Die Juden werden aufgefordert, umzukehren und sich von ihren Sünden abzuwenden, damit ihre Sünden getilgt werden (Apg 3,19). Ihre eigentliche Sünde ist es, daß sie den Urheber des Lebens getötet haben (3,15); aber um sie zur Umkehr zu bewegen, sagt Lukas, daß sie aus Unwissenheit gehandelt haben wie auch ihre Führer (3,17). Der gleiche paränetische Impuls wird auch den Heiden gegeben, um sie zu einer Sinnesänderung bereit zu machen (17,30).

Für Lukas steht es fest, daß alle Menschen gesündigt haben und der Umkehr bedürfen (vgl. Lk 13,3.5). Der umkehrende Sünder ist eine leuchtende Gestalt, über die bei Gott Freude herrscht (15,7.10). Was in der Predigt Jesu auf Erden aufklingt, wird in der Zeit nach seiner Auferstehung mit neuer Kraft eingeschärft. Der zur Rechten Gottes erhobene Messias will Israel die „Umkehr und Vergebung der Sünden" schenken (Apg 5,31) und auch den Heiden hat Gott die Gelegenheit zur Umkehr gegeben, um sie zum Leben mit Gott zu führen (11,18; vgl. 17,30). Allen, Juden und Griechen steht dieser Weg offen (20,21; 26,20). Dafür ist der Glaube an Jesus, den Retter, erforderlich (20,21);

---

[74] Vgl. P. ZINGG, Das Wachsen der Kirche (OBO 3), Freiburg/Schw.-Göttingen 1974.
[75] WILCKENS, Missionsreden 186.

denn nur aus diesem Glauben erwächst Vergebung der Sünden (2,38; 10,43; 13,38; 26,18). Umkehr in dieser Zeit der Heilsverkündigung ist Gottes Angebot und Gnade, aber auch der Wille, entsprechende Taten zu vollbringen. Den eingeleiteten Prozeß der Heilserlangung kann man so bestimmen: Umkehr ist die Bedingung für die Vergebung der Sünden, und diese wieder Voraussetzung für den Heilsempfang (Apg 2,38; 3,19), der sich in der Taufe auf den Namen Jesu Christi und im Geschenk des heiligen Geistes vollzieht[76].

c) *Taufe und Geistverleihung*

Das, was von den Menschen gefordert ist, um das Heil zu erlangen, wird in der Petruspredigt zu Pfingsten wie folgt zusammengefaßt: „Kehrt um und jeder von euch lasse sich taufen auf den Namen Jesu Christi zur Vergebung eurer Sünden, und ihr werdet die Gabe des heiligen Geistes empfangen" (Apg 2,38). Hier wird also die Vergebung der Sünden nicht einfach an die Umkehr gebunden, vielmehr wird dazu noch die Taufe auf den Namen Jesu Christi eingeschaltet. Wie kommt Lukas zu dieser Präzisierung?

Es ist deutlich, daß er damit die Praxis der Urkirche aufgreift, einen Wasserritus, dem man eine sakramentale Wirkung, die Erfüllung mit heiligem Geist zusprach. Alle, die das den Christus verkündigende Wort des Petrus annehmen, ließen sich taufen (Apg 2,41). Wie es zu dieser Praxis kam, wird von Lukas nicht aufgehellt, aber läßt sich aus seinen Tauftexten erschließen. Er stellt die christliche Taufe, die den heiligen Geist vermittelt, der Taufe des Johannes gegenüber, der nur mit Wasser taufte (Apg 1,5; 11,16; vgl. 19,4). Dieser Akzent ist schon in der Erzählung von der Taufe Jesu gegeben, wo der Täufer spricht: „Ich taufe euch mit Wasser; aber er wird euch mit heiligem Geist und mit Feuer taufen" (Lk 3,16). Nun hat die gut bezeugte Johannestaufe auffällige Ähnlichkeiten mit der christlichen Taufe: 1. Sie geschieht durch Untertauchen im Wasser des Jordan, wie auch das Wasser der äußere Ritus für die christliche Taufe ist (vgl. Apg 8,36.38; 10,47); 2. sie wird durch einen Täufer gespendet, sei es Johannes oder ein christlicher Missionar; 3. sie ist ein einmaliger Akt mit dauernder Wirkung; 4. beide Taufen sind Stufen zum Heil: Die Bußtaufe des Johannes soll zur Sündenvergebung führen (Lk 3,3), die Taufe auf den Namen Jesu Christi darüber hinaus den heiligen Geist vermitteln; 5. die Johannestaufe sollte die Umkehrwilligen aus Israel sammeln, um das Volk vor dem kommenden Strafgericht zu bewahren; die christliche Taufe sammelt Israel zu dem heiligen Volk der Endzeit unter dem Anführer Jesus Christus. Wie sich Jesus inmitten des Volkes

---

[76] Vgl. H. MERKLEIN in: EWNT II, 1028.

von Johannes taufen ließ (Lk 3,21), so wird Jesus Christus für alle Taufwilligen zur zentralen Figur für das Heilsgeschehen in der Taufe. Dafür steht das charakteristische Sich-Taufen-Lassen „im Namen Jesu Christi" (Apg 2,38; 10,48; 19,5). Das Gottesvolk formiert sich unter der Hoheit Jesu Christi. Wenn man also nach dem Ursprung der christlichen Taufe fragt, kann man sie nur als Anknüpfung an die Johannestaufe und Erhebung in den christlichen Horizont nach Ostern verstehen[77].

Die erste Wirkung der christlichen Taufe ist Vergebung der Sünden aufgrund der Umkehr (Lk 24,47). Hananias, der Paulus nach seiner Bekehrung vor Damaskus aufsucht, sagte zu Paulus im Auftrag Gottes: „Steh auf, laß dich taufen und deine Sünden abwaschen" (Apg 22,16). Die Sünden werden durch das Wasser der Taufe „abgewaschen", das heißt beseitigt. Von dieser ersten Wirkung der Taufe wird die Begabung mit heiligem Geist abgehoben, manchmal durch eine Handauflegung (Apg 8,17f; 9,17; 19,6)[78]. Die Geistausgießung ist das eigentliche Heilsgeschehen, durch das sich die alttestamentlichen Verheißungen erfüllen (Apg 2,16–21). Es ist eine Geisttaufe (Lk 3,16; Apg 1,5.8), eine Gabe Gottes (Lk 24,49; Apg 2,38; 8,15.19f; 10,45), die den auf den Namen Jesu Christi Getauften geschenkt wird.

Eine zusätzliche Gabe des heiligen Geistes ist das ekstatische Reden, durch das er sich manifestiert (vgl. Apg 2,6; 10,44.46; 19,6). Wieder etwas anderes ist die Prophetie, die auf den Geist zurückgeführt wird, aber nicht unmittelbar mit der Taufe verbunden ist[79]. Zu Pfingsten erfüllt sich das Wort des Joel, daß „eure Söhne und Töchter Propheten sein werden" (Apg 2,17). Diese schon im Alten Testament und Judentum hervortretende Geistwirkung zeigt sich in der Urkirche in vielfacher Weise. Agabus weissagt durch den Geist, daß eine große Hungersnot über die ganze Erde kommen wird (Apg 13,28), und derselbe Prophet sagt dem Paulus voraus, daß ihn die Juden in Jerusalem fesseln und den Heiden ausliefern werden (21,11). Der Evangelist Philippus hat vier prophetisch begabte Töchter (21,9). Aber nicht nur einzelne prophetisch begabte Menschen sind in der Urkirche anzutreffen, sondern der Geist der Prophetie durchdringt die ganze Kirche. Glossolalie und Prophetie können sich verbinden (Apg 19,6). Vor allem wird man die Weisungen, die dem Paulus auf seinem missionarischen Weg zuteil werden, als prophetische Inspiration deuten müssen. Auch die von der Gemeinde von Antiochien ausgesandten Missionare werden vom heiligen Geist ausgewählt (13,2.4). Den Zauberer Elymas entlarvt Paulus, vom heiligen Geist inspiriert (13,9f). Der Beschluß des Apo-

---

[77] Vgl. G. LOHFINK, Der Ursprung der christlichen Taufe, in: ThQ 156 (1976) 35–54.
[78] Vgl. F. BOVON, Luc le Théologien, Genf ²1988, 251f.
[79] Zur Prophetie vgl. E. SCHWEIZER in: ThWNT VI, 406f.

I. Die grundlegende Sicht

stelkonvents wird in die Worte gefaßt: „Der heilige Geist und wir haben beschlossen, euch keine weiteren Lasten aufzuerlegen..." (15,28). Wie anders soll man diese Aussage erklären als dadurch, daß der heilige Geist die versammelten Apostel und Ältesten zu ihrer Entscheidung bewogen hat? In der Rede des Jakobus wird die Prophetie berufen, daß Gott die zerfallene Hütte Davids wieder aufrichten wird (15,16f nach Am 9,11; vgl. Jer 12,15f). Die Prophetie ist in die Beschlußfassung des Apostelkonvents eingegangen.

Der heilige Geist lenkt alle Missionsarbeit (vgl. Apg 13,2.4; 16,6.7) und bestimmt den Weg des Paulus (Apg 20,22 f). Es ist der Geist, der in der ganzen Kirche anwesend ist und ihre Geschicke leitet. Von dem in der Taufe verliehenen Geist ist die Führung der Kirche durch den Geist zu unterscheiden; aber letzthin ist es derselbe Geist, der als Heilsgabe, prophetischer Inspirator und Missionspromotor in der Kirche wirksam ist. Die durch die Taufe vermittelte Gabe des Geistes an jeden einzelnen (Apg 2,38) ist in die umfassende Geisterfülltheit der ganzen Kirche einbezogen. Für Lukas steht dieses Erfüllt- und Getriebenwerden der ganzen Kirche durch den Geist im Vordergrund.

Die Zeit des Geistes ist die Zeit der Kirche, in der alle Gläubigen, besonders aber die Verkündiger an der Geistausgießung Anteil haben und in die Geistbegabung der ganzen Kirche integriert sind. Die Heilserlangung ist nur in der Kirche und durch die Kirche möglich, wie auch die Sonderperikope von Apollos, der von Priskilla und Aquila noch genauer über den „Weg Gottes" unterwiesen wird (Apg 18,24–28) und von den zwölf Johannesjüngern (Apg 19,1–7) zeigen. Apollos und den zwölf Johannesjüngern fehlt die Kenntnis des in der christlichen Taufe vermittelten heiligen Geistes, und nur durch diese auf den Namen Jesu, des Herrn, gespendete Taufe (19,5) können sie volle Mitglieder der christlichen Gemeinde werden, die sich des Geistbesitzes und des Geistwirkens erfreut.

Wie immer man historisch die Gestalt des Apollos, der nach 1 Kor 1,12; 3,4–9 von Paulus von vornherein als vollgültiger Christ und Missionar anerkannt wird, beurteilt, oder wie man die Vorgeschichte der Johannesjünger zu erhellen versucht, die durch die Handauflegung des Paulus den heiligen Geist empfangen (19,6), die Intention des Lukas ist deutlich: Alle diese nur die Taufe des Johannes kennenden oder nur mit dieser Umkehrtaufe getauften Menschen sollen in die Kirche eingegliedert und damit in den Heilsbereich einbezogen werden, den die Kirche durch ihren Geistbesitz darstellt[80]. Lukas hat sich über feh-

---

[80] Vgl. E. KÄSEMANN, Die Johannesjünger in Ephesus, in: DERS., Exegetische Versuche und Besinnungen I, Göttingen ⁴1965, 158–168. Die beiden Geschichten seien eine theologische Fiktion des Lukas, der „das Postulat der Una sancta auf dem Grund der aposto-

lende Informationen hinweggesetzt, um die ihm am Herzen liegende Heilsbedeutung der Kirche ins Licht zu rücken. Die Kirche in ihrer Einheit, ihrer apostolischen Leitung, ihrer Geisterfülltheit, ihrem Frieden ist der Garant für das den Gläubigen vom auferstandenen Herrn zuströmende Heil (vgl. 4,32; 9,31; 20,28).

d) Die in der Mahlfeier der Gemeinde erfahrene Gemeinschaft mit Christus dem Herrn

Wer an Jesus, den Herrn, als Wegführer zum Heil glaubt, unterstellt sich ihm nicht nur durch die Taufe, sondern erlangt auch eine lebendige Gemeinschaft mit ihm, vor allem durch die Feier der Eucharistie. Diese ursprünglich mit einem Gemeinschaftsmahl verbundene Kultfeier wird in der Apostelgeschichte als „Brotbrechen" bezeichnet (2,42) bzw. durch das Verbum „brotbrechen" zum Ausdruck gebracht (2,46; 20,7.11). Sie bezieht sich auf das letzte Abendmahl Jesu zurück (Lk 22,19) und überträgt den Eingangsritus, das Brechen des Brotes, auf die ganze Feier mit Brot und Wein. Die in Apg 2,46 vorausgesetzte Verbindung des Brotbrechens in den Häusern mit (Sättigungs-)mahlen erfordert den ganzen Ritus des „Herrenmahls", wie es in 1 Kor 11,20–25 beschrieben wird, obwohl die Akzente (Freudenmahl –Erinnerung an den Tod Jesu) anders gesetzt werden[81]. Der Brauch bei jedem jüdischen Mahl, daß der Hausvater mit dem Brotbrechen und Austeilen des Brotes unter einem Segensgebet das Mahl eröffnete, wird durch Jesu Tun beim letzten Abendmahl zu einem tief sinnvollen und wirklichkeitsgefüllten Zeichen: Das von Jesus den Jüngern dargereichte Brot ist sein Leib, der für die Teilnehmenden dahingegeben wird (Lk 22,19) – ein Verweis auf das sühnende Sterben Jesu, wie es noch deutlicher im Kelchwort zum Ausdruck kommt. Wenn „Brotbrechen" für das heilige Mahl gewählt wird, mag das mit der Erinnerung an die von Jesus veranstalteten Mahle während seines Erdenwirkens zusammenhängen (vgl. Lk 9,16; Mk 6,41; 8,6). Diese Mähler setzen sich in der Begegnung des Auferstandenen mit seinen Jüngern fort (Lk 24,30.41–43; vgl. auch Joh 21,13) und finden schließlich im Brotbrechen der Gemeinde ihre dauernde Erfüllung[82].

---

lischen Gemeinschaft als historische Realität in die Vergangenheit zurückdrängt..." (168).
[81] Vgl. H.-J. KLAUCK, Herrenmahl und hellenistischer Kult (NTA NF 15), Münster ²1986, 297–332. Für die Feier in Korinth stellt er fest: „Doch wird die Erinnerung an die Rahmung einer Mahlzeit durch Brotbrechen und Bechersegen aufbewahrt" (329). „Die Mahlfeiern der Urgemeinde waren von eschatologischer Hochschätzung und drängender Erwartung der nahen Parusie erfüllt. Doch muß daneben das Bewußtsein der Anwesenheit des erhöhten Kyrios in seiner neuen, pneumatischen Leiblichkeit als Mahlherr und Gastgeber gestanden haben (österliche Erscheinungsmähler)" (330).
[82] Vgl. J. WANKE, Beobachtungen zum Eucharistieverständnis des Lukas aufgrund der

I. Die grundlegende Sicht

Damit wird das den Gläubigen zugesprochene Heil, Vergebung der Sünden, Geistverleihung, Anwartschaft auf das ewige Leben in einer neuen tieferen Dimension erschlossen. Sie treten durch die Eucharistiefeier in eine enge Gemeinschaft mit dem auferstandenen Herrn, der sie auch untereinander zu einer brüderlich-schwesterlichen Gemeinschaft zusammenschließt. Paulus hat diese Gemeinschaft (κοινωνία) mit Christus und untereinander noch deutlicher dargelegt (1 Kor 10,14–17); doch auch in den Berichten der Apostelgeschichte über das urchristliche Gemeindeleben sind die Grundlinien zu erkennen. Die Menschen, die das Evangelium aufgenommen und die Taufe empfangen haben, „verharrten in der Lehre der Apostel und der Gemeinschaft, im Brechen des Brotes und in den Gebeten" (Apg 2,42).

In dieser summarischen Schilderung des Gemeindelebens werden wesentliche Elemente christlicher Existenzverwirklichung hervorgehoben. Das Festhalten an der „Lehre der Apostel" zeigt das Glaubensfundament auf: Die Apostel geben „die Lehre des Herrn" (Apg 13,12) weiter und verbürgen so die Zuverlässigkeit von allem, was von Jesus Christus überliefert ist (vgl. Lk 1,2–4). „Gemeinschaft" ist ein Ausdruck für die von den ersten Christen verwirklichte Lebensgemeinschaft, die sich in der Gütergemeinschaft manifestierte (vgl. 2,44f; 4,32). Das „Brechen des Brotes" meint die in der Gemeinde gefeierte Mahlgemeinschaft mit Einschluß der Eucharistie (vgl. 2,46). Die „Gebete sind die im Tempel (2,46f; 3,1.11; 5,12) und in den Gemeindeversammlungen gepflegten Lob-, Dank- und Bittgebete (vgl. 1,14; 4,24–31; 6,4; 12,5). In all dem ist Christus gegenwärtig: im Wort der Apostel, in der Liebesgemeinschaft, im Brotbrechen und in den gemeinsamen Gebeten.

Die Schilderung des Gemeindelebens in Apg 2,42 zeichnet auch für die hellenistische Gemeinde ein attraktives Bild. Denn die Gütergemeinschaft ist idealtypisch für hellenistisches Denken[83], und die Besitzgemeinschaft, die im Hellenismus besonders unter Freunden gepflegt wurde (vgl. 4,32 mit dem griechischen Sprichwort „Freunden ist alles gemeinsam"), war ein Antrieb für heidenchristliche Leser. Die gemeinsamen Mahlzeiten mit der Eucharistie können an die griechischen Symposien erinnern[84]. Die Segnungen, die von Christus, dem Herrn, in die Gemeinde ausströmen, zeigen sich konkret in einzelnen Dingen des Gemeindelebens, kräftig unterstützt durch die Heilungen

---

lukanischen Mahlberichte (EThS 8), Leipzig 1973; DERS. in: EWNT II, 729–732 (mit weiterer Lit.).
[83] Vgl. H.-J. KLAUCK, Gütergemeinschaft in der klassischen Antike, in Qumran und im Neuen Testament, in: RdQ 11 (1982) 47–79, hier 48–52.
[84] Vgl. H.-J. KLAUCK, Präsenz im Herrenmahl. 1 Kor 11,23–26 im Kontext hellenistischer Religionsgeschichte, in: ders., Gemeinde – Amt – Sakrament. Neutestamentliche Perspektiven, Würzburg 1989, 313–330, näherhin 320–322.

und andere Zeichen, die durch die Hände der Apostel geschahen (1,43; 4,30; 5,12.15f). Das im heiligen Geist bewirkte Christusheil wird gleichsam vom Himmel auf die Erde herabgeholt und in der Gemeinde der Glaubenden wirksam. Die Gemeinschaft mit Christus dem Herrn, die im Brotbrechen, in der Eucharistiefeier ihren stärksten Ausdruck findet, führt auch zu einer brüderlich-schwesterlichen Gemeinschaft, die alle Gläubigen verbindet und zum Teilen des Besitzes, zu Gastfreundschaft (10,6.18; 16,15; 21,16) und zu diakonischen Werken (Versorgung der Witwen 6,1–3) treibt. In all dem leuchtet das Wort und Beispiel Jesu voran, wie noch das von Lukas als Wort Jesu bezeichnete, ursprünglich profane Sprichwort: „Geben ist seliger als nehmen" (20,35) belegt.

Das Bild, das Lukas von Christus, der vom Himmel her seine Gemeinde leitet, entwirft, entspricht seinem Bild vom irdischen Jesus: „Er zog umher, Wohltaten spendend und alle heilend, die vom Teufel geknechtet waren" (10,38), nur daß jetzt alles in die nachösterliche Perspektive erhoben ist.

6. Der wiederkommende Herr

Wir stellten fest, daß die Parusie, das Wiederkommen des zu Gott entrückten Jesus, zwar nicht im Zentrum des lukanischen Denkens steht, schon wegen der verzögerten Naherwartung nicht, aber aus dem Weg Jesu nicht wegzudenken ist (s. o. S. 183). Im Zuge des lukanischen Wegschemas ist nun genauer zu fragen, welche Bedeutung die Parusie für die lukanische Christologie und für das Heilsverständnis der Kirche besitzt. Seit Conzelmann ist die Ansicht verbreitet, daß für Lukas die Parusieerwartung keine wesentliche Bedeutung hat, sondern durch das Wirken des Geistes in der gegenwärtigen Kirche zurückgedrängt, wenn nicht ersetzt sei, ja nur noch als Lehre von den letzten Dingen und aus paränetischen Gründen festgehalten werde[85]. Eine andere Variante der Entwertung der Parusie ist die Auffassung, daß an die Stelle der Heilszukunft die Jenseitigkeit des Heiles tritt[86].

---

[85] CONZELMANN, Mitte der Zeit 87–127, bes. 87: „Der Geist ist nicht mehr selber die eschatologische Gabe, sondern der vorläufige Ersatz für den Besitz des endgültigen Heils". E. GRÄSSER, Das Problem der Parusieverzögerung in den synoptischen Evangelien und in der Apostelgeschichte, Berlin-New York ³1977, bes. 199–215, DERS., Die Parusieerwartung in der Apostelgeschichte, in: Les Actes des Apôtres (ed. J. Kremer), BETHL 48 (1979) 99–127. S. 116: Die Parusie führt in der Apg ein „kümmerliches Restdasein dort, wo in der Missionspropaganda der traditionelle Gerichtsgedanke aus paränetischen Gründen festgehalten wird (Apg 3,20f; 10,40–42; 17,31)". Zur Kritik vgl. J. ERNST, Herr der Geschichte. Perspektiven der lukanischen Eschatologie (SBS 88), Stuttgart 1978, 23–88.
[86] H. FLENDER, Heil und Geschichte in der Theologie des Lukas (BEvTh 41), München

I. Die grundlegende Sicht

Wir wollen zunächst nach der Bedeutung der Parusie für die lukanische Theologie fragen (a), dann nach der bei Lukas deutlich erkennbaren Parusieverzögerung und den Konsequenzen für die lukanische Eschatologie (b), schließlich nach dem Verhältnis von Kirche und Parusie bei Lukas (c).

a) Die Bedeutung der Parusie für die lukanische Theologie

Verfolgt man den Weg Jesu als des Heilsmittlers für die an ihn Glaubenden, wird man nicht nur die Ausblicke auf die Parusie in der Apostelgeschichte[87], sondern auch im Lukas-Evangelium heranziehen müssen. Hier findet sich in der großen Endzeitrede ein klarer Ausblick auf die Parusie. Dann – freilich erst, wenn sich die „Zeiten der Heiden" erfüllt haben (21,24) und die „Zeichen" an Mond und Sternen eintreten und die Völker auf Erden ratlos sind über das Toben und Donnern des Meeres und sie vor Angst vergehen werden – wird man den Menschensohn mit großer Macht und Herrlichkeit auf einer Wolke kommen sehen (21,25–27). Das ist eine Schilderung, die sich an die Darstellung des Markus hält (13,24–26), abgesehen davon, daß bei Lukas das künftige Geschehen durch die „Zeiten der Heiden" noch stärker als bei Markus („nach jener Drangsal" 13,29) in die Zukunft gerückt wird. Aber Lukas fügt einen bedeutsamen Satz hinzu: „Wenn dies (nämlich die kosmischen Zeichen) beginnt, dann richtet euch auf und erhebt euer Haupt; denn eure Erlösung ist nahe" (21,28). Dadurch bekommt die Parusie des Menschensohnes eine Heilsrelevanz: Dann werden die Glaubenden die Vollendung des Heils, das ihnen schon durch die Taufe und dem Geistempfang zugesprochen ist (Apg 2,38), erfahren: die endgültige Erlösung. Diese nur hier bei Lukas genannte „Erlösung" (ἀπολύτρωσις) liegt im Wortfeld des „Errettens", des führenden und häufigen Ausdrucks für die Heilserlangung; auf Jesus Christus bezogen ist er der „Erretter" (σωτήρ Lk 2,11; Apg 5,31; 13,23). Der an die rechte Seite Gottes erhobene Anführer und Retter wird am Ende der Zeiten sichtbar wiederkehren, um sein Erlösungswerk zu vollenden. Die zwischen der Gegenwart und den Endereignissen liegende Zeitspanne, über die man für die lukanische Endzeitrede meistens reflektiert, ist für Lukas nicht der einzige Gesichtspunkt, wenn er auch auffällig genug ist (vgl. unter b), sondern liegt, wenn man

---

[2] 1968, 23: „An die Stelle der Äonenwende, die bei Paulus mit der Auferstehung Jesu eingetreten ist, tritt bei Lukas der Übertritt in die dieser Welt gleichzeitige himmlische Welt"; 91: „Er (Lk) überträgt theologische Aussagen, die vorher auf die Parusie bezogen waren, auf seine Erhöhung. Das Zukünftig-Himmlische ist für ihn Zeuge des Jenseitig-Himmlischen". Zur Kritik vgl. ERNST, Herr der Geschichte (vor. Anm.) 88–107.
[87] Apg 1,11; 3,19–21; 10,42; 17,31; dazu R. SCHNACKENBURG, Die lukanische Eschatologie im Lichte von Aussagen der Apostelgeschichte (Anm. 65).

das Achtergewicht auf V. 28 beachtet, in der dann erwarteten endgültigen Erlösung (vgl. auch 21,36).

Es ist die gleiche Erwartung, die auch bei Paulus aufklingt: „Wir erwarten als Retter (σωτῆρα) Jesus Christus den Herrn" (Phil 3,20). Er wird uns aus dem kommenden Zorngericht retten (1 Thess 1,10), weil Gott uns nicht zum Zorngericht bestimmt hat, sondern zur Erwerbung des Heils durch unseren Herrn Jesus Christus (ebd. 5,9). Lukas nimmt also schon eine frühe, vielleicht schon vorpaulinische Formel auf und fügt sie in seine Sicht auf den Erlöser Jesus Christus ein. Das bei Lukas anschließende Gleichnis vom Feigenbaum (21,28-31) legt ebenfalls den Finger auf die Vollendung des Heiles; denn Lukas verdeutlicht: „Wenn ihr das geschehen seht, erkennt, daß *das Reich Gottes* nahe ist" (V.31)[88]. Die Belehrungen des Auferstandenen über das Reich Gottes (Apg 1,3) geben den Ausblick auf die Parusie frei, bei der das Reich Gottes in seiner Vollendung in Erscheinung tritt. Die Erwartung des künftigen Gottesreiches ist durch Stellen wie Lk 9,27; 13,29; 14,15; 22,16 u.a. gesichert. Die künftige Heilszeit wird in Apg 3,20 durch „Zeiten des Aufatmens" charakterisiert, die durch den Messias Jesus herbeigeführt werden. Wenn dies alles in der eschatologischen Perspektive steht, läßt sich nicht daran zweifeln, daß für Lukas die Parusie eine die Vollendung heraufführende Heilsbedeutung hat[89].

Das meiste, was über die Parusie bei Lukas gesagt wird, steht in Gleichnissen. Die lukanischen Parusiegleichnisse sind zu einem Teil aus der Logien-Tradition (Q) übernommen: das Gleichnis vom Einbrecher (Lk 12,39f), vom Hausverwalter (12,41-46), von den wachenden Knechten (12,35-38), von den zehn Minen (19,12-27), das Doppelgleichnis von der Sintflut und vom Feuerregen (17,26-30), zum Teil aus Markus: das Gleichnis vom sprossenden Feigenbaum (Lk 21,29-33), zum Teil aus dem lukanischen Sondergut: das Gleichnis vom ungerechten Richter (Lk 18,1-8), evtl. auch die Gleichnisse vom törichten Reichen (12,16-21) und vom ungerechten Verwalter (16,1-9)[90].

Was in diesen Gleichnissen auffällt, ist die durchgehende paränetische Tendenz. Bereitschaft für das Kommen des Herrn ist gefordert (12,40), Verantwortung für die irdischen Aufgaben (12,42f; 19,15-23),

---

[88] Vgl. G. SCHNEIDER, Parusiegleichnisse im Lukas-Evangelium (SBS 74), Stuttgart 1975, 57f; W. C. ROBINSON, Der Weg des Herrn (Anm. 7), 59-66.

[89] CONZELMANN, Mitte der Zeit 104 sagt: Das Reich Gottes „rückt in die metaphysische Ferne"; aber diese Ferne wird durch die Parusie Christi angezeigt, und sie hat deswegen ihre Bedeutung, weil Jesus dann der kommende Richter über Lebende und Tode sein wird (Apg 10,42; 17,31).

[90] G. SCHNEIDER, Parusiegleichnisse 20-78. Die Beispielerzählung vom törichten Reichen und vom ungerechten Verwalter rechnet er zur „Individualisierung" der Erwartung (79f).

I. Die grundlegende Sicht

Wachsein (12,37), Klugheit in der Verwaltung der irdischen Güter (16,1-9). Besonders deutlich ist dieser aus der Ankündigung der Parusie gezogene Ruf zur Distanzierung von irdischer Gesinnung, von Schlaf und Trunkenheit, und der Ruf zu Wachen und Beten in dem lukanischen Abschluß der großen Parusierede 21,34-36: „Nehmt euch in acht, daß Rausch und Trunkenheit und die Sorgen des Alltags eure Herzen nicht beschweren und daß jener Tag euch nicht plötzlich überrascht wie eine Schlinge ... Wachet aber und betet zu jeder Zeit, damit ihr allem, was geschehen wird, entrinnen und vor den Menschensohn hintreten könnt". Am Kommen des Menschensohns wird festgehalten, auch an der Errettung aus den Wirren der Endzeit (21,28); aber aller Nachdruck liegt auf der eschatologischen Haltung, die dann zu bewähren ist, nämlich durch Entweltlichung und Hinwendung zu Gott, der das Endgeschehen lenkt. Eschatologische Tugenden werden eingeschärft; aber die Parusie wird nicht in die irdischen Verhältnisse eingeebnet. Sie versetzt die Menschen, die ihren irdischen Geschäften nachgehen, vielmehr unerwartet und bestürzend in eine neue Situation, die sie zu bestehen haben. So schildert es das „Krisisgleichnis" von der Noach- und Lot-Generation (17,26-29). Das plötzliche Erscheinen des Menschensohnes überrascht die Menschen und läßt nur die eine Sorge aufkommen, wie sie ihr Leben retten können (17,33). Die ganze „kleine Apokalypse" 17,22-37 ist auf diese Krisensituation ausgerichtet[91]. Die Warnung vor dem Übersehen dieser kritischen Situation ist auch in den Worten über die Zeichen der Zeit (12,54-57) und dem anschließenden Appell zur Versöhnung mit dem Gegner vor Gericht (12,58f) unüberhörbar[92]. Die Parusie steht ganz im Zeichen dieser anfordernden Gegenwart. Die aus der Tradition übernommene apokalyptische Schilderung ist keine realistische historiographische Darstellung, sondern ein Darstellungsmittel, um das Einbrechen des Tages des Menschensohnes (Lk 17,30f) in die gegenwärtige Weltsituation als anforderndes Ereignis vor Augen zu führen.

Man hat auch richtig beobachtet, daß eine gewisse Individualisierung der kosmisch-universalen Eschatologie im lukanischen Sondergut stattgefunden hat[93]. Im Gleichnis vom törichten Reichen

---

[91] Vgl. R. SCHNACKENBURG, Der eschatologische Abschnitt Lukas 17,20-37, in: DERS., Schriften zum Neuen Testament, München 1971, 220-273; B. RIGAUX, La petite apocalypse de Luc (XVII, 22-37), in: Ecclesia a Spiritu Sancto edocta (Mél. théol., FS f. G. Philips), Gembloux (BEThL 27) 407-438; R. GEIGER, Die Lukanischen Endzeitreden. Studie zur Eschatologie des Lukas-Evangeliums, Bern-Frankfurt/M. 1973, 11-149; J. ZMIJEWSKI, Die Eschatologie-Reden des Lukas-Evangeliums, Bonn (BBB 40), 1972.
[92] Vgl. J. JEREMIAS, Gleichnisse Jesu 39f. J. sieht richtig, daß das ursprüngliche Krisisgleichnis bei Mt 5,25f auf die Parusie verschoben wird.
[93] J. DUPONT, L' après-mort dans l'oeuvre de Luc, in: RTL 3 (1972) 3-21; DERS., Die individuelle Eschatologie im Lukas-Evangelium und in der Apostelgeschichte, in: Orien-

(12,16-21), das ursprünglich einen eschatologisch-universalen Horizont haben dürfte, wird in weisheitlicher Sprache dem Mann sein Todesgeschick vor Augen gestellt. Ähnliches ist für das Gleichnis vom ungerechten Verwalter (16,1-8) vorauszusetzen: Die Krisensituation, ursprünglich die Zeit vor dem Weltende[94], ist ganz auf das persönliche Schicksal des Mannes bezogen. Bei beiden Gleichnissen zieht Lukas entsprechend seiner durchgängigen Intention, zur Lösung vom Reichtum aufzufordern, die Folgerung, daß man sich Schätze vor Gott (12,21) oder Freunde mit dem ungerechten Mammon (16,9) erwerben soll. Der Tod des einzelnen, wenn Gott das Leben zurückfordert (12,20) oder wenn der Mammon „ausgeht" (16,9), ist der Blickpunkt.

Die individuelle Eschatologie wird auch in der Erzählung vom reichen Mann und armen Lazarus (16,19-31) und in der Szene mit dem bekehrten Verbrecher (23,42f) herausgestellt. Der Reiche, der sein Leben genießende Mann kommt in die Unterwelt (Sche'ol), der arme Lazarus wird in den Schoß Abrahams getragen. Ein Ausblick auf ihr endzeitliches Geschick erfolgt nicht. Die Bitte des gekreuzigten Verbrechers an Jesus, seiner zu gedenken, wenn er in sein Reich kommt oder mit der Lesart ἐν τῇ βασιλείᾳ mit seiner Herrschaft kommt, das heißt mit seiner Herrschaft in Erscheinung tritt (Parusie), beantwortet Jesus mit einer Verheißung für sein persönliches Geschick: Heute noch wird er mit Jesus im Paradiese sein. Das „Heute" verlagert die Erwartung in die Gegenwart, das „Paradies" ist die Stätte, die die Seelen der verstorbenen Gerechten nach dem Tod aufnimmt. Beachtlich ist auch die Formulierung in Lk 21,19 gegenüber dem Ausblick auf das Ende bei Mk 13,13b („Wer aber bis zum Ende ausharrt, wird gerettet werden"). Lukas vermeidet das „Ende" und sagt dafür: durch euer Ausharren werdet ihr euer Leben gewinnen. „Das Ausharren, das Jesus von den Jüngern fordert, ist ein Durchhalten bis zu seinem Tod"[95].

Man kann also sagen, daß Lukas die Begegnung mit dem wiederkehrenden Herrn zum Teil schon in die Todessituation des einzelnen verlagert hat. Gleichwohl hält er an der kosmisch-universalen Eschatologie, an der endzeitlichen Parusie des Herrn fest (vgl. auch 12,30f.36). Das ist für ihn nicht nur ein Zugeständnis an die Tradition, sondern auch Konsequenz seiner heilsgeschichtlichen Konzeption[96]. Er sieht Jesus in die Geschichte des Gottesvolkes hineingestellt; er ist für ihn der Umbruch in der Heilszeit (Lk 16,16). Wenn seit Johannes

---

tierung an Jesus. Zur Theologie der Synoptiker (FS J. Schmid), Freiburg-Basel-Wien 1973, 37-47; G. Schneider, Parusiegleichnisse 78-84.
[94] J. Jeremias, Gleichnisse Jesu 44; J. Dupont, Die individuelle Eschatologie 42.
[95] J. Dupont, Die individuelle Eschatologie 40; G. Schneider, Parusiegleichnisse 82.
[96] Vgl. W. C. Robinson, Der Weg des Herrn (Anm. 7) 59-66.

I. Die grundlegende Sicht

dem Täufer das „Evangelium vom Reich Gottes verkündet wird", gehört für Lukas auch die Verkündigung vom vollendeten Reich dazu, das mit der Parusie des Menschensohnes zur Wirklichkeit wird (vgl. Lk 9,27; 11,2; 14,15; 22,16.28.30). Hat er den Gedanken an das kommende Reich nur aus paränetischen Gründen festgehalten, um die Christen zu wachsamer Bereitschaft und Einsatz aller Kräfte anzuspornen? Das ist zweifellos sein vordringliches Anliegen; aber es ist auch mit der „individuellen Eschatologie", dem Hinblick auf den Tod des einzelnen verbunden. Hier ließ es sich sogar noch stärker und wirkungsvoller einbringen. Wenn Lukas gleichwohl nicht auf den Ausblick auf das kommende Reich verzichtet, liegt das daran, daß er neben dem Anspruch an den einzelnen auch den Fortgang der Geschichte, die Jesu Kommen zu einer Heilsgeschichte macht, nicht aus dem Auge läßt. Die Geschichte nach Jesus vollzieht sich durch das Wirken des Geistes in der Kirche; aber die Kirche ist noch nicht das Reich Gottes, sondern läuft nur darauf zu. Der einzelne erlebt das Ende im persönlichen Tod, und das ist ein Antrieb, das Leben in seiner Vergänglichkeit zu bedenken und von der Bindung an die irdischen Güter Abschied zu nehmen. Aber jeder einzelne ist auch in den Gang der Geschichte hineingestellt, deren Ende früher oder später zu erwarten ist.

Die beiden Linien der individuellen und kollektiv-kosmischen Eschatologie laufen unverbunden nebeneinander her und haben doch je für sich den Christen etwas zu sagen. Über einen Zwischenzustand denkt Lukas nicht nach. Existentiell spricht uns heute die Aussicht auf das Ende des eigenen Lebens stärker an; das Kommen des Herrn in Auferstehung und Gericht scheint in die Ferne gerückt und bleibt doch die letzte Richtschnur, die dem Sterben des einzelnen Hintergrund und Maßstab verleiht.

b) Die Parusieverzögerung in der Sicht des Lukas

Wenn Lukas in schon vorgeschrittener Zeit (nach 80 n. Chr.) mit dem Problem zu tun hat, daß das von Jesus nahe erwartete Kommen des Reiches Gottes oder des Menschensohnes (vgl. Mk 1,15; 9,1; 13,30; Mt 10,23; Lk 10,18; 11,20; 13,28) nicht eingetreten ist, braucht das nicht zu verwundern. Jesu Verkündigung von der Gottesherrschaft umfaßte, wie heute kaum noch angefochten wird, beides: die mit ihm und in ihm hereinbrechende Gegenwart der Gottesherrschaft und die noch ausstehende Zukunft. Wenn sich das erfüllt, was Jesus unter mancherlei Bildern (vom eschatologischen Mahl, von der Ernte, vom Fruchtertrag) verheißungsvoll ankündigt, dann ist der künftige Äon, das vollendete Gottesreich da, und darauf ist Jesu Blick gerichtet. Die in Jesus dynamisch einbrechende Gottesherrschaft (Lk 11,20; Wachstumsgleichnisse) ist nur die vorläufig erfahrbare Wirklichkeit, die doch ihre eigentliche Erfüllung im sehnlichst erwarteten Gottesreich findet. Es ist eine wesentlich eschatologische Botschaft, die Jesus verkündet. Umso härter muß die wartenden und um das Kommen des Gottesreiches betenden Christen (Lk 11,2; 18,7) die Verzögerung der Parusie treffen, die ihre Hoffnung in Frage stellt. Wie hat Lukas diese Situation gesehen und zu bestehen gesucht?

Lukas hat die Parusieverzögerung als ernstes Problem wahrgenommen. Er stellt sie dadurch in Rechnung, daß er Aussagen über das baldige Erscheinen des Gottesreiches eliminiert, abschwächt oder umdeutet. Die grundlegende Zusammenfassung der Predigt Jesu: „Erfüllt ist die Zeit und nahegekommen die Herrschaft Gottes" in Mk 1,15 übergeht er. Das Wort ist in die Verkündigung der von Jesus ausgesandten Jünger in Lk 10,9.11 aufgenommen, aber in einem bezeichnenden Kontext. Positiv sagt es die Nähe der Gottesherrschaft „für euch" in der Heilung der Kranken an (10,9; vgl. 11,20), negativ die Androhung des Gerichts für die Ablehnenden (10,11). „Das Reich ist als Predigt präsent ...; sein *künftiges* Erscheinen ist dadurch nicht aufgehoben"[97]. Es ist keine Aussage über die unmittelbare Nähe des Gottesreiches, sondern deutet die gegenwärtige dynamische Kraft der Gottesherrschaft. Den Satz in der markinischen Endzeitrede: „Erst muß das Evangelium für alle Völker verkündet werden" (Mk 13,10), läßt Lukas aus. Warum tut er das, obwohl es doch seinem missionarischen Gedanken entgegenkommen müßte? Wahrscheinlich, weil für ihn Verfolgung und Zeugnis der Jünger noch nicht zur unmittelbaren Vorgeschichte der Parusie gehören, sondern in den Ablauf der gegenwärtigen Weltzeit. Denn das ist unübersehbar: Lukas hebt Nachstellungen, Haß und Feindschaft der Menschen (21,12–19) und vor allem die Zerstörung Jerusalems (21,20–24) vom eigentlichen Endgeschehen ab und versetzt dies alles in die noch bestehende und weitergehende Weltzeit. Die „Vorzeichen" der Parusie bei Mk sind ihrer das Ende anzeigenden Funktion (Mk 13,8 „Anfang der Wehen") beraubt. Erst mit den kosmischen Ereignissen beginnt das Parusiegeschehen, bei dem den Jüngern gewiß wird: Eure Erlösung ist nahe (21,26–28). Indem alle bedrohlichen Erscheinungen in die fortlaufende Weltzeit einbezogen werden, rückt die Parusie in die Ferne oder doch in eine unbestimmte Zukunft. In 21,8 wird ausdrücklich das Auftreten von Verführern abgewiesen, die nicht nur sich selbst als erwarteten Herrn darstellen, sondern auch sagen: „Die Zeit ist gekommen". Die Zeit des Parusiechristus ist eben noch nicht gekommen. Auch Kriege und

---

[97] CONZELMANN, Mitte der Zeit 98; vgl. GRÄSSER, Parusieverzögerung 140f: Dieses ἐφ' ὑμᾶς bei ἤγγικεν lenkt den Blick von der Künftigkeit des Reiches auf das gegenwärtige Wesen; SCHNEIDER, Parusiegleichnisse 49–54.

I. Die grundlegende Sicht

Aufstände sind noch keine Vorzeichen des Endes: „Das muß *zuerst* geschehen; aber es ist nicht *sofort* das Ende" (21,9), wie Lukas akzentuiert. Für „wer ausharrt bis ans Ende, wird gerettet werden" (Mk 13,13b) sagt Lukas: „In eurer Geduld werdet ihr euer Leben gewinnen" (21,19). Der Gedanke an das Ende der Welt ist ausgeschieden; auch die Zerstörung Jerusalems ist noch kein Vorzeichen der Parusie. Wenn die Stadt von Heeren eingeschlossen ist, läßt sich daran erkennen, daß ihre Verwüstung (ἐρήμωσις) nahe ist (21,20). Vor der Parusie müssen erst die „Zeiten der Heiden" erfüllt werden (21,24).

Die lukanische Parusierede ist also in die von der Kirche erfahrene Zeit hineingestellt und gibt erst den Ausblick auf die Parusie frei, wenn die kosmischen Erschütterungen die Parusie einleiten. Der Zeitpunkt der Parusie ist offen gelassen. Das Gleichnis vom Feigenbaum (21,29–31) veranschaulicht an den sichtbaren Zeichen der hereinbrechenden Parusie die Nähe des Reiches Gottes. Das angefügte versichernde Wort: „Dieses Geschlecht wird nicht vergehen, bis alles geschieht" (21,32) ist schwer zu deuten. Denn daß die zeitgenössische Generation das Kommen des Reiches erleben wird, kann höchstens das gleiche metaphorische Verständnis vom „Sehen des Reiches" wie in Lk 9,27 sagen wollen. Oder muß man „alles" in einem weiteren Sinn fassen: das „durch Sendung, Tod und Auferstehung Jesu in Gang gebrachte Heilsgeschehen als Ganzes"?[98] Auch „diese Generation" ist umstritten. Als sicher kann nur angenommen werden, daß Lukas die vorher angesagte Parusieverzögerung nicht wieder rückgängig machen will. Die Unsicherheit des Parusietermins kommt auch in der abschließenden Mahnrede (21,34–36) zum Ausdruck. Rausch, Trunkenheit und Sorgen des Alltags werden die Menschen umfangen; aber jener Tag kann sie plötzlich überraschen (vgl. Lk 17,26–30). So ist im Grunde eine Stetsbereitschaft gefordert, die immer mit dem Hereinbruch der Parusie rechnen muß. Wie der Blitz von einem Ende des Himmels bis zum anderen aufleuchtet, so wird es mit dem Menschensohn an seinem Tag sein. In der kleinen Apokalypse ist wieder ein Verzögerungsmoment eingeschaltet: „Vorher aber muß er (der Menschensohn) vieles leiden und von dieser Generation verworfen werden" (17,25). Auch die kleine Apokalypse will die in der Logienquelle noch spürbare Naherwartung entschärfen[99].

Auch Lk 9,27 ist gegenüber Mk 9,1 eine Modifikation erkennbar. Wenn es in Mk 9,1 heißt, daß einige unter den hier Stehenden den Tod nicht kosten werden, bis sie das Reich Gottes *in Macht gekommen* sehen, sagt Lukas nur: „Bis sie das Reich Gottes sehen" (Lk 9,27). Die-

---

[98] GRÄSSER, Parusieverzögerung 166.
[99] SCHNACKENBURG, Der eschatologische Abschnitt (Anm. 91) 238f.

ses „Sehen des Gottesreiches" kann auch in einem übertragenen, eschatologisch nicht fixierten Sinn verstanden werden, kaum allerdings bei der anschließend erzählten Verklärung des Herrn, sondern eher in der Erscheinung des Auferstandenen und dem dadurch ausgelösten Prozeß der Evangelisierung[100].

Eine Absage an eine aktuelle Erwartung des Reiches Gottes findet sich in der Einleitung zur Parabel von den anvertrauten Geldern 19,11: „Weil Jesus schon nahe bei Jerusalem war und die Leute meinten, das Reich Gottes werde sofort erscheinen, erzählte er ihnen ein Gleichnis". Darauf folgt die Geschichte von dem Edelmann, der in ein fernes Land reiste, um die Königswürde zu erlangen (vielleicht ein ursprüngliches Gleichnis von einem Thronprätendenten). Wichtig für die Frage der Parusieverzögerung ist der Umstand, daß der Mann in ein *fernes* Land reist und erst nach einiger Zeit zurückkehrt. Bei Lukas wird das Thronanwärter-Gleichnis zur Begründung, daß der Herr, dessen Einsetzung zum König die Einwohner des Landes verhindern wollten, bei seiner Rückkehr eine strenge Abrechnung mit den Männern, denen er je eine Mine anvertraute, halten wird. Das Verzögerungsmoment ist für den Fortgang der Geschichte unentbehrlich. Auch für das Gleichnis von den wachenden Knechten (12,35-38) ist die Verzögerung gegenüber der markinischen Aufforderung zum Wachen (13,35) stärker betont (Lk 12,38). In der gleichen Perspektive liegen das Gleichnis vom nächtlichen Einbrecher (Lk 12,39f) und das Gleichnis von dem mit der Aufsicht betrauten Knecht (Lk 12,42-46). Der schlechte Knecht wird durch die Überlegung „mein Herr verzögert sein Kommen" (12,45) zu seinem bösen Verhalten verführt. Alle diese Gleichnisse sind Parusiegleichnisse, die schon im Ansatz die Möglichkeit der Verzögerung und ein Krisismoment in sich tragen[101]. Lukas hat sie aus der Tradition aufgenommen und in seine Sicht, daß man jederzeit für die Ankunft des Herrn bereit sein soll, eingefügt.

Läßt sich also an der Tendenz des Lukas, die Parusie auf einen ferneren Zeitpunkt zu verschieben, nicht zweifeln, so ist zu fragen, welche Motive ihn dazu bewegt haben. Als *erstes* ist hier der Fortgang der Geschichte, der sich in der fortwährenden Geschichte der Kirche abzeichnet, zu nennen. Die missionierende Kirche, die Lukas miterlebt, verlangt eine längere Zeit, auch wenn er ein schnelles und plötzliches Eintreffen der Parusie offen läßt. Damit will er, und das ist der *zweite* Grund, die Stetsbereitschaft wecken. Die Parusieverzögerung birgt die Gefahr in sich, in der Aufmerksamkeit und Bereitschaft zu ermatten, und dieser Gefahr will Lukas durch seine paränetischen Aufrufe weh-

---

[100] Vgl. Fitzmyer, Luke I, 789f; J. Ernst, Lk 554f.
[101] J. Jeremias, Gleichnisse Jesu 45-60. Er nimmt noch das matthäische Gleichnis von den zehn Jungfrauen (25,1-13) hinzu.

ren. Sie erlangen gerade für das Hinausschieben der Parusie ihre Aktualität.

Ein *dritter* Grund ist das Heilsschicksal des einzelnen. Die Wende von der kosmischen zur individuellen Eschatologie ist durch das Ausbleiben der Parusie veranlaßt. Wenn diese Hinwendung zur Situation des einzelnen, der in seinem Tod dem Ende seines Lebens und der Verantwortung vor Gott entgegensieht, auch nicht direkt als Folge der Parusieverzögerung zu begreifen ist, so ist dieser Umschwung doch als Folge, als theologische Konsequenz der ausgebliebenen Parusie zu vermuten.

Ein *vierter* Grund ist das Vertrauen auf die Wirksamkeit des Geistes in der Kirche. Weil der Geist die Geschichte der Kirche voranbringt, kann man das Eintreffen der Parusie, auch zu einem späteren Zeitpunkt, dem Walten des heiligen Geistes überlassen. „Der Geist als die von Gott geschenkte Kraft ermöglicht nicht nur die Zeugenfunktion der Apostel, sondern gibt auch der Gemeinde die Möglichkeit, die Terminfrage aus dem Parusiethema auszuklammern."[102]

c) Das Verhältnis von Kirche und Parusie bei Lukas

Demnach deutet alles darauf hin, daß Lukas aus seinem heilsgeschichtlichen Ansatz, der Zeit der Kirche, seiner Parusievorstellung ein neues Ansehen gegeben hat. Das Verhältnis von Kirche und Parusie soll abschließend noch etwas beleuchtet werden. Die Bildung der Kirche nach der Auferweckung und Himmelfahrt Jesu ist für Lukas von vordringlichem Interesse. Er schildert das Werden der Kirche in der Versammlung der Apostel und der mit ihnen verbundenen Frauen und Brüder Jesu nach der Heimkehr Jesu zum Vater (Apg 1,12-14) und in der pfingstlichen Geistausgießung (Kap. 2). Die Parusie wird aus der zeitlichen Perspektive herausgehalten (1,6f) und doch grundsätzlich als Wiederkehr der Herrn festgehalten (1,11). Damit ist der Kirche durch die Wirksamkeit des Geistes ihr Weg vorgezeichnet. Für das Verhältnis von Kirche und Parusie ergeben sich daraus folgende Gesichtspunkte:

1. Die Kirche ist auf die Parusie hingeordnet. Weil Jesus der Herr der Kirche ist und einmal wiederkehren wird, kann die Kirche ihren Blick nicht von diesem endgeschichtlichen Ereignis lassen. Aber es tritt für sie durch die Anwesenheit des Geistes, dessen Ausgießung schon „in den letzten Tagen" erfolgt (Apg 2,17) in den Hintergrund. Diese „letzten Tage" sind noch nicht der künftige Äon, noch nicht das Gottesreich, das man erwartet[103].

---

[102] SCHNEIDER, Parusiegleichnisse 95.
[103] CONZELMANN, Mitte der Zeit 87: „In Wirklichkeit hat Lukas die ‚letzten Tage' zu einer längeren Epoche zerdehnt, zur Zeit der Kirche."

2. Der judenchristliche Teil der Kirche wird durch die Parusieankündigung noch einmal zu einer Umkehr gerufen (vgl. Apg 3,19-21). Die zwischenzeitliche Aufnahme Jesu in den Himmel versperrt nicht den Blick auf seine endzeitliche Sendung; im Gegenteil verstärkt diese Erwartung den Antrieb, den vorerst den Juden gesandten Messias anzunehmen und sich von ihren Sünden abzuwenden (3,26).

3. Für die Heidenchristen wird das Kommen des endzeitlichen Richters zu einer kräftigen Mahnung, den durch die Auferweckung von den Toten ausgewiesenen Retter aufzunehmen (vgl. Apg 17,30f). Durch ihn verkündet Gott „allen Menschen überall": Sie sollen umkehren, um dem künftigen Gericht zu entgehen. Die Auferweckung Jesu läßt auch auf die künftige Auferweckung aller Menschen ausblikken, wenn sie dem universalen Gericht Jesu Christi unterworfen werden (vgl. 17,38; ferner 24,15.21; 26,6-8). Von dieser Forderung geht Paulus in seiner Areopagrede trotz des geringen Erfolges nicht ab (17,34). Was Paulus in 1 Kor 15 ausführlich begründet, ist die Überzeugung der ganzen Kirche.

4. Die Kirche geht auf ihrer irdischen Wanderschaft, ihrem Werden und Wachsen, dem künftigen Herrn entgegen, doch in einer Gelassenheit und Zuversicht, weil sie den Geist besitzt, der sie ihres Erbes mit allen Geheiligten versichert (vgl. 20,32). So kann auch die Verzögerung der Parusie die Kirche nicht erschüttern. Entscheidend ist der Anfang des Heilsgeschehens in der Auferweckung des Gekreuzigten und der Ausgießung des Geistes; alles Weitere, die Geschichte der Kirche, läuft ihren von Gott vorbestimmten Weg, der am Ende zur Wiederkunft Christi führt[104].

Wenn die lukanische Eschatologie durch den Anfang des Heils in Jesus Christus, durch die Mitteilung des Heils in der Gegenwart durch die Kirche, durch die Ausgießung des Geistes, und durch die Verzögerung des endzeitlichen Kommens Christi ein neues Ansehen gewinnt, so ist nach dem Stellenwert der Eschatologie in der lukanischen Theologie zu fragen. Mit J. Ernst kann man feststellen: Die Eschatologie bei Lukas hat „durch die betonte Zuordnung zum Christusgeschehen einen anderen Stellenwert erhalten. Eschatologie ist nicht mehr deckungsgleich mit der von Jesus gepredigten und prophetisch angesagten Herrschaft Gottes, sie ist vielmehr eine Funktion der einerseits zwischen Gegenwart und Zukunft, andererseits zwischen Erde und Himmel sich erstreckenden Christuswirklichkeit."[105] Vom lukani-

---

[104] F. Bovon, Luc le Théologien (Anm. 7) 83: „Die Parusie oder wenigstens das Datum des Endes verliert seine Bedeutung. Allein die ἀρχή zählt, das τέλος, das Ende, hängt nicht aufgrund eines historischen Determinismus, sondern einer theologischen Notwendigkeit".
[105] Ernst, Herr der Geschichte (Anm. 85) 97f. „In ihm, dem Auferstandenen, Erhöhten und Wiederkommenden ist die Gegenwart auf die Zukunft bezogen und ist umgekehrt

schen Christusbild her gewinnt auch der Ausblick auf die Parusie sein Gewicht: Der zu Gott erhöhte auferstandene Herr wird trotz seines spürbaren Ausbleibens in der Zeit der Kirche einmal kommen, um das von ihm begonnene Werk des Heils zur letzten Erfüllung zu bringen.

II. Einzelne Züge

1. Die Menschlichkeit Jesu

J. Fitzmyer wirft am Ende seiner langen und gut bedachten Ausführungen zur lukanischen Theologie einen Blick auf das „Portrait Jesu" und schreibt dazu: „Das lukanische Portrait hat nicht nur die wesentliche christologische Lehre in sich aufgenommen, sondern auch Gebrauch gemacht von zügigen Strichen, um eine Person zu beschreiben, die zugleich sehr menschlich, dramatisch und zeitweise sogar romantisch ist."[106] Diesem menschlichen Bild, das Lukas von Jesus trotz seiner strengen Bindung an den göttlichen Gesandten, den von Gott kommenden Heilsführer, den mit Gott verbundenen Sohn Gottes entwirft, soll noch etwas nachgegangen werden.

a) Der Mensch Jesus

Schon in der Kindheitsgeschichte macht Lukas einige Bemerkungen, die Jesus nicht nur als den vom heiligen Geist gezeugten, aus der Jungfrau Maria geborenen Sohn Gottes darstellen (Lk 1,35), sondern auch als heranwachsendes Menschenkind sehen lassen. Nach dem Tempelbesuch der Eltern Jesu, bei dem der greise Simeon den Messias des Herrn preist und die Prophetin Hanna dazukommt und mit allen über das Kind spricht, die auf die Erlösung Jerusalems warten, heißt es: „Als die Eltern alles getan hatten, was das Gesetz des Herrn vorschreibt, kehrten sie nach Galiläa in ihre Stadt Nazaret zurück. Das Kind aber wuchs heran und wurde kräftig, erfüllt mit Weisheit, und die Gnade Gottes war auf ihm" (Lk 1,39f). Das schwache, in eine

---

die Zukunft gegenwärtig" (98). Ernst schließt sich weitgehend E. E. ELLIS, Die Funktion der Eschatologie im Lukasevangelium, in: ZThK 66 (1969) 387–402 an. Vgl. auch GRÄSSER, Naherwartung 136: „Die Zukünftigkeit und Gegenwärtigkeit der Königsherrschaft Gottes liegen in der Person Jesu ineinander". R. SCHNACKENBURG, Christologie des Neuen Testaments, in: Mysterium Salutis 3,1, Einsiedeln-Zürich-Köln 1970, 227–388, hier 301: „Alle heilsgeschichtlichen Perioden seit der ersten Verkündigung des Gottesreiches sind durch Jesus Christus zusammengehalten. So würde man besser nicht von ‚Mitte der Zeit' sprechen, sondern von der ‚Mitte des Kerygmas', die Jesus Christus in allen Perioden der von ihm heraufgeführten Heilszeit ist".
[106] Luke I, 257.

Viertes Kapitel: Lukas

Krippe gelegte Kind erstarkt wie jedes heranwachsende Kind; nur die ihm geschenkte Weisheit und Gnade Gottes wird hervorgehoben. Nach dem Aufenthalt des zwölfjährigen Jesus im Tempel, der für die Eltern unbegreiflich war, heißt es noch einmal: „Dann kehrte er mit ihnen nach Nazaret zurück und war ihnen untertan ... Jesus aber nahm zu an Weisheit und Alter und an Gnade bei Gott und den Menschen" (2, 51 f).

Das Menschsein Jesu wird also mit der von Gott erfahrenen Weisheit und Gnade verbunden; er war seinen Eltern untertan. Die Nähe Jesu zu den Menschen wird besonders in den vielen Heilungsgeschichten, zu denen bei Lukas die Heilung der verkrümmten Frau (13, 10–17) und des Wassersüchtigen (14, 1–6) hinzukommt, offenkundig. Auffällig ist aber, daß Lukas nicht Gefühle des Mitleidens und Erbarmens anführt. Das Mitleid Jesu mit dem Aussätzigen Mk 1, 41 und den Mitleidsruf des Vaters des besessenen Knaben Mk 9, 22 übergeht er genauso wie das Mitleid Jesu mit der Menge (Mk 6, 34). Nur die Heilungen als solche schildert er, allerdings so zahlreich und mit soviel Anteilnahme, daß man darin sein Erbarmen mit den Kranken und Elenden erkennen kann (vgl. unter b). Nur mit der um ihren gestorbenen Sohn trauernden Witwe hatte Jesus Mitleid, ein besonderes Zeichen seiner Menschlichkeit, zumal gegenüber Frauen (7, 13). Diese Zuwendung Jesu zu den Frauen tritt so stark hervor, daß man darin einen besonderen Zug im lukanischen Jesusbild sehen muß (vgl. unten unter 3).

Im Gleichnis vom barmherzigen Samariter (10, 33) und vom verlorenen Sohn (15, 20) taucht das Mitleidsmotiv auf. In beiden Fällen steht Jesus als der sich Erbarmende im Hintergrund. Im Gleichnis vom barmherzigen Samariter läßt Lukas auf Jesus als entfernte Bezugsperson durchblicken. Zwar darf man den barmherzigen Samariter nicht, wie vielfach in der langen Auslegungsgeschichte[107], direkt auf Jesus als den eigentlich gemeinten Helfer, als Typus oder Symbolgestalt deuten; aber die Zuwendung Jesu zu den Geschlagenen (vgl. Lk 4, 18) hat die Zeichnung des Samariters inspiriert. Im Gleichnis vom verlorenen Sohn ist es Gott selbst, der sich des Heimkehrenden erbarmt und damit die Sünderliebe Jesu veranschaulicht. Wenn bei den Heilungen die menschlichen Gefühle Jesu unerwähnt bleiben, liegt das daran, daß diese Geschichten das machtvolle, von den Gegnern angefochtene Heilswirken Jesu hervorheben sollen. Die Menschlichkeit Jesu wird nicht in eine humanitäre Gesinnung eingeebnet, sondern dem beherrschenden Gedanken von Gottes Hilfe und Kraft unterstellt, die in Jesus auf die Menschen zukommt. Im Rückblick auf das irdische Wir-

---

[107] Vgl. W. MONSELEWSKI, Der barmherzige Samariter. Eine auslegungsgeschichtliche Untersuchung zu Lukas 10, 25–37 (BGBE 5), Tübingen 1967.

II. Einzelne Züge

ken Jesu heißt es in Apg 10,38: „Er zog umher, Wohltaten spendend und alle heilend, die vom Teufel geknechtet waren, weil Gott mit ihm war". Das nach Art hellenistischer, „göttlicher Menschen" beschriebene Wirken Jesu, so daß er ein „Wohltäter" der Menschen wird[108] und sie von aller Bedrückung befreit, ist auf Gottes Beistand zurückzuführen. Seit der Taufe ist Jesus mit dem heiligen Geist und mit Kraft gesalbt, und das hebt ihn aus allen Menschen heraus; aber diese Ausstattung dient doch nur dem Wohltun und Heilen unter den Menschen. So kommt die göttliche Würde Jesu und seine Menschlichkeit gleicherweise zum Ausdruck. Jesu Zuwendung zu den Menschen ist nur aus seiner göttlichen Berufung zu begreifen.

Das in Gott gründende Menschsein Jesu wird auch im lukanischen Stammbaum Jesu (3,23-38) zur Sprache gebracht. Lukas bringt die Ahnentafel Jesu zu dem Zeitpunkt, als Jesus nach der Taufe durch Johannes sein öffentliches Auftreten beginnt. Er war etwa dreißig Jahre alt und wurde für den Sohn Josefs gehalten. Damit wird er in die jüdische Geschlechterfolge einbezogen; aber diese ist bis zu Adam und zu Gott zurückgeführt. Der so in die Menschheitsfamilie Aufgenommene hat seine letzte Herkunft in Gott, die ihn zu dem macht, der voll des heiligen Geistes vom Jordan zurückkehrt und sein Wirken unter den Menschen beginnt. Die universale Menschheitsgeschichte, die von Adam ausgeht (vgl. Apg 17,26), läuft auf Jesus zu, aber nur in dem Sinn, daß sie von Gott inauguriert und getragen ist. Die in 77 Generationen zusammengestellte Ahnentafel Jesu (obwohl die Siebenzahl nur zu erschließen ist), will die heilsgeschichtliche Linie aufzeigen, die auf Jesus hingeht. Er wurde für den Sohn Josef gehalten, war aber in Wirklichkeit der Sohn Gottes, wie er in der Engelsbotschaft (Lk 1,35) angekündigt und bei der Taufe Jesu von Gott selbst ausgewiesen wurde (3,21f). Die Menschheit Jesu wird durch seine Gottessohnschaft überhöht und so nicht isoliert reflektiert. Das gilt für das gesamte Auftreten und Wirken Jesu.

Gleichwohl erhebt sich aus dem Menschsein Jesu auch seine Menschlichkeit, sein freundlicher Umgang mit den Menschen. Man kann das für alle Heilungsgeschichten und Jesu Verkehr mit den Menschen verfolgen. Jesus scheut sich nicht, den Aussätzigen zu berühren (5,13) oder sich von der als unrein geltenden blutflüssigen Frau berühren zu lassen (8,44-48). Er nimmt die Jünger in Schutz, die aus Hunger am Sabbat Ähren abreißen (6,1-5), heilt den Mann mit der verdorrten

---

[108] Vgl. CONZELMANN, Apg 65: „Es herrscht Θεῖος-ἀνήρ-Stil". Zu dem Titel „Wohltäter" für Götter und hervorragende Menschen vgl. G. BERTRAM in: ThWNT II, 651f; B. KÖTTING in: RAC VI, 848-860; G. SCHNEIDER in: EWNT II, 191-193; C. SPICQ, Notes de lexicographie néo-testamentaire I (OBO 22/1), Fribourg-Göttingen 1978, 307-313.

Hand an einem Sabbat (6,6–11) und wird im Namen Gottes zum Verteidiger der Menschenrechte. Ebenso beschämt er den Synagogenvorsteher, der sich über die Heilung der achtzehn Jahre lang vom Satan gefesselten Frau an einem Sabbat erregt (13,10–17), und kümmert sich nicht um die Einwände der Gesetzeslehrer und Pharisäer, die ihm nicht erlauben wollen, den Mann mit der Wassersucht an einem Sabbat zu heilen (14,1–6). Diese Sabbatheilungen, die Lukas aus der Tradition aufnimmt und noch erweitert, sind ein Erweis seiner nur Gott und seinem Heilswillen entgegen menschlicher Satzung und jüdischem Widerspruch verpflichteten Haltung[109]. Er läßt sich von der Dirne die Füße waschen und schildert dem beobachtenden Pharisäer Simon das liebevolle Handeln der Frau (7,44–46).

Dabei will beachtet sein, daß Jesus auch Einladungen bei einem Pharisäer annimmt (7,36; 14,1) und überhaupt Essen und Trinken nicht verschmäht (7,34). Vom Urteil der Menschen macht er sich völlig unabhängig. Dem Synagogenvorsteher Jairus spricht er beim Tod seiner Tochter Vertrauen und Mut zu (8,50–52), und dem Mann, der ihn für seinen schwer belasteten (mondsüchtigen) Jungen anfleht, gibt er seinen Sohn geheilt zurück (9,42). Die Jünger, die Gottes Strafe über die ungastlichen Samariter herabziehen wollen, weist er zurecht und verzichtet auf eine Aufnahme in jenem samaritischen Dorf (9,52–56). Den fremden Exorzisten, den die Jünger hindern wollten, läßt er mit dem Wort gewähren: „Wer nicht für uns ist, der ist gegen uns" (9,49f). Das alles sind Züge der Toleranz und Großmut Jesu, die in seinem Menschenbild hervortreten. Menschliche Situationen schildert Lukas auch in seinen Gleichnissen, so im Gleichnis vom bittenden Freund (11,5–8), vom Knechtslohn (17,7–10), in den Gastmahlsreden (14,7–14.15–24), im Gleichnis vom ungerechten Verwalter (16,1–8), vom gottlosen Richter (18,1–6) und vom Pharisäer und Zöllner (18,9–14). Jesus ist ein scharfer Beobachter menschlich brüchigen Verhaltens.

Aber alle diese Gleichnisse stehen in der Perspektive des durch Jesu Botschaft geforderten Verhaltens, letztlich seiner Botschaft von der Herrschaft Gottes[110]. Das irdisch-menschliche Milieu ist überall zu greifen; Lukas zieht es für seine Intention, besonders für seine Option

---

[109] Vgl. J. ROLOFF, Das Kerygma und der irdische Jesus. Historische Motive in den Jesus-Erzählungen der Evangelien, Göttingen 1970, 52–88; M. TRAUTMANN, Zeichenhafte Handlungen Jesu. Ein Beitrag zur Frage nach dem geschichtlichen Jesus (FzB 37), Würzburg 1980, 278–318.
[110] Zu den Sondergleichnissen Jesu im Lukasevangelium s. B. HEININGER, Metaphorik, Erzählstruktur und szenisch-dramatische Gestaltung in den Sondergutgleichnissen bei Lukas (NTA NF 24), Münster i. W. 1991. Der Verf. untersucht genau Aufbau und Sinn dieser Gleichnisse, Tradition und lukanische Redaktion und läßt den rhetorisch geschulten Erzähler Lukas hervortreten.

II. Einzelne Züge

für die Armen, verbunden mit einer kompromißlosen Kritik an den Reichen, heran. Alle Aussagen verweisen „über sich hinaus auf den größeren Rahmen der Reich Gottes-Verkündigung Jesu"[111].

Ein Beispiel für Jesu menschliche Wärme und doch sein göttliches Sendungsbewußtsein ist in der Perikope vom Oberzöllner Zachäus aufbewahrt (19,1–10). Der Mann ist wegen seiner körperlichen Kleinheit auf einen Maulbeerfeigenbaum geklettert, um Jesus zu sehen. Jesus schaut zu ihm auf und sagt zu ihm: „Zachäus, komm eilends herab; denn heute muß ich in deinem Haus bleiben". Es ist eine gnadenvolle Heimsuchung, die Zachäus als solche erfaßt, während die Begleiter Jesu äußern: „Bei einem Sünder ist er eingekehrt". Zachäus läßt sich dadurch zur Hingabe eines großen Teils seines Vermögens bewegen. Die menschliche Geste Jesu hat den Mann verwandelt, und Jesus nimmt ihn als „Sohn Abrahams" wieder in die Gemeinschaft des Gottesvolkes auf. Es ist neben dem Zöllnergastmahl (5,27–30) ein Zeugnis für Jesu Sünderliebe und bestätigt, daß Jesus ein „Freund der Zöllner und Sünder" ist (7,34).

Jesu Aufmerksamkeit für die einfachen und armen Menschen, die sich ihre Liebe zu Gott und ihre Opferbereitschaft bewahrt haben, zeigt sich in der kleinen Perikope vom Opfer der Witwe (21,1–4). Die Maßstäbe Gottes sind anders als bei den Menschen. Die Szene ordnet sich auch in Jesu Reichtums-Paränese und seine Kritik an der Bereicherung der führenden Leute ein (vgl. 20,47).

Ebenso zeigt sich Jesu Menschlichkeit auf seinem Leidensweg. Das Gebet am Ölberg ist von Lukas in eigener Weise gestaltet. Zunächst scheint es so, als wollte Lukas die Gemeinde durch die Ergebung Jesu in den Willen Gottes mahnen und stärken, zu beten und den Leidensbeschluß Gottes wie er selbst anzunehmen. Er ist das große Vorbild für das allen Gläubigen auferlegte Geschick, „durch viele Drangsale in das Reich Gottes zu gelangen" (Apg 14,22). Aber nach dem Gebet, in dem sich Jesus dem Willen des Vaters unterstellt und durch einen Engel vom Himmel gestärkt wird (Lk 22,43), heißt es überraschend: „Und er betete in seiner Angst noch inständiger, und sein Schweiß war wie Blut, das auf die Erde tropfte" (22,44). Jesus hat also Todesangst (ἀγωνία), die ihn ganz umfängt und körperlich ergreift. Der nicht einheitlich bezeugte Blutschweiß Jesu scheint zu der vorher bezeugten Festigkeit Jesu nicht zu passen und ist doch Ausdruck für das Martyrerleiden Jesu. Jesus ist auch ein Mensch, der bis in die Tiefen der Todesqual hinabsteigt. Was Hebr 5,7 ausmalt: Tränen, Gebet und Bitten um Bewahrung vor dem Tod, ist auch in das lukanische Jesus-

---

[111] HEININGER, Sondergutgleichnisse (vor. Anm.) 221: „Der enge Zusammenhang von Gleichnisrede und Basileiaverkündigung wird aber erst recht darin deutlich, wo die Texte dezidiert das Bild Gottes als Thema der Gottesherrschaft ansprechen..."

bild eingegangen. Die lukanische Getsemaniszene nimmt den Todeskampf Jesu voraus, der beim Sterben Jesu überwunden scheint; denn da legt Jesus voll Vertrauen seinen Geist in die Hände des Vaters (23,46). Die unter höchster Angst bezeugte Leidensbereitschaft hält sich als siegreiche Kraft in der nachfolgenden Passionsgeschichte durch. Jesus ist der unerschütterliche Messias und Sohn Gottes (22,67-70) und bleibt doch der leidende Mensch, der durch sein Todesleiden den Menschen nahesteht.

Menschliche Nähe, Verständnis für die durch den Kreuzestod Jesu ausgelöste verzweifelte Situation der Jünger nach Ostern tritt in der Erzählung von den zwei Emmausjüngern hervor (Lk 24,13-27). Der Erzähler knüpft an die „Traurigkeit" der beiden Wanderer an, in denen aber durch den Bericht der Frauen einige Hoffnung aufkeimt. Das Weggespräch mit dem unbekannt mitwandernden Fremdling beseitigt die Skepsis und deckt den Sinn des ganzen Geschehens als Heilsratschluß Gottes auf: „Mußte nicht der Messias all das erleiden, um so in seine Herrlichkeit einzugehen?" (24,26). Es ist eine lukanische Zusammenfassung der Christologie, eine Beschreibung des „Christusweges" aufgrund der biblischen Verheißungen[112]. Auch der Auferstandene trägt noch menschliche Züge an sich, die aber in das lukanische Christusbild einbezogen werden. Der zweite Abschnitt mit der Einkehr in Emmaus und der Mahlszene eröffnet neue Perspektiven. Das Mahl, in dem sich Christus durch das „Brotbrechen" zu erkennen gibt, ist eine Fortsetzung der Mähler des irdischen Jesus mit Zöllnern (5,29-32), mit Pharisäern (7,36-47), mit der Volksmenge (9,12-17), vor allem aber mit dem letzten Abendmahl Jesu mit den Jüngern (22,14-20). Dieses besondere Mahlgeschehen, bei dem Jesus Brot und Wein den Jüngern als seinen Leib und sein Blut darreicht, das für sie vergossen wird, und ihnen aufträgt, das zu seinem Gedächtnis zu tun (22,19), bildet die Brücke für die Eucharistiefeiern der Gemeinde, die ebenfalls in dieser Weise das „Brotbrechen" pflegen (Apg 2,42.46; 20,7-11).

Das Mahl mit den Emmausjüngern ist also in die nachösterliche Perspektive der Gemeinde gerückt und fügt sich doch irdisch-menschlich in die Begegnung Jesu mit den beiden Jüngern ein. Die Gemeinde, die diese Geschichte las, sollte erkennen: Der Kyrios gibt sich gegenwärtig in dem Mahl, das die Gemeinde im Gedächtnis an ihren Herrn feiert[113]. Die wohl an eine Lokaltradition (der Name „Kleopas", der Ort „Emmaus", die Wanderung von Jerusalem nach diesem Ort) an-

---

[112] Vgl. J. WANKE, Die Emmauserzählung. Eine redaktionsgeschichtliche Untersuchung zu Lk 24,13-35 (EThSt 31), Leipzig 1973, 85-95. Der Verf. urteilt mit Recht, daß V. 25-27 wahrscheinlich als lukanische Bildung einzuschätzen ist (95).
[113] Vgl. WANKE, Emmauserzählung 124-126. „Ostern bedeutet eine Transponierung der vorösterlichen Abendmahlsfeier. Der Erhöhte gibt sich in neuer Weise den Seinen" (125).

knüpfende Erzählung ist in einen weiten christologisch-theologischen Horizont hineingestellt (Öffnung der Augen für den schriftbezeugten Weg des Messias 24,31f) und doch in einer menschlich begreiflichen Situation angesiedelt. Wenn irgendwo, so kommt hier die Kunst des Erzählers Lukas, Menschliches mit hintergründigen theologischen Motiven zu verknüpfen, zum Zuge.

b) Der Arzt Jesus

In keinem anderen Evangelium ist das Wortfeld von „heilen" so stark entfaltet wie bei Lukas [114]. Obwohl θεραπεύειν ursprünglich „dienen, dienstbar sein" bezeichnet, wird das Verbum im Neuen Testament meistens gleichbedeutend mit „heilen, gesundmachen" gebraucht, so auch bei Lukas [115]. Jesus wird als Arzt verstanden, der körperliche Gebrechen wie seelische Bedrückungen heilt und den ganzen Menschen „heil macht" im Sinne des hebräischen Schalom. Die vielen Heilungen, die Jesus vollbringt, kommen aus der ihm von Gott geschenkten Kraft. Diese drängt ihn zu heilen (ἰᾶσθαι 5,17), und sogleich bringt man einen gelähmten Mann vor ihn, den er sowohl von seinen Sünden losspricht als auch körperlich wiederherstellt (5,18–26). Es ist ein beispielhafter Akt, bei dem Jesus auch die Bedenken der Schriftgelehrten und Pharisäer, nur Gott könne Sünden vergeben, ausräumt. Lukas hebt hervor, daß die Menschen Gott priesen und sagten: „Wir haben heute unglaubliche Dinge gesehen" (5,26). Die Heilwunder Jesu werden also nicht wie bei den erstaunlichen Wunderkuren in Epidauros als begreifliches und gleichsam alltägliches Geschehen angesehen, sondern in ihrer Besonderheit erkannt. Jesus heilt alle, die eine Therapie nötig haben (9,11). Mit solchen Heilungen ist auch die Verkündigung des Reiches Gottes verbunden (ebd.). Das ist ein Anzeichen, daß die Heilungen Jesu im Zusammenhang mit der hereinbrechenden Gottesherrschaft stehen. Bei der Anfrage der von Johannes dem Täufer Abgesandten knüpft Lukas zunächst an die „zu jener Stunde" erfolgenden vielen Heilungen und Dämonenaustreibungen an (7,21) und bringt dann das aus der Logienquelle stammende Mischzitat aus Jesaja von den Blinden, die wieder sehen, den Lahmen, die umhergehen, den Aussätzigen und Tauben, den Toten, die erweckt wurden, und am Ende steht mit Nachdruck: „Den Armen wird das Evangelium verkündet" (7,22f). Man kann auch an diesen Taten Jesu Anstoß nehmen.

Auch wenn Jesu Erbarmen mit den Kranken und Hilfsbedürftigen nicht ausdrücklich genannt wird, kann man dies doch an manchen

---

[114] ἰάομαι kommt bei Mt 4mal, bei Mk einmal, bei Joh 3mal, bei Lk 11mal, in der Apg 4mal vor, dazu ἴασις Lk 13,32; Apg 4,22–30. Θεραπεύειν findet sich bei Mt 16mal, bei Mk 5mal, bei Joh 1mal, bei Lk 14mal, in Apg 5mal.
[115] Vgl. H. W. BEYER in: ThWNT III, 128–132.

Heilungen erkennen. Die blutflüssige Frau (8, 42–48), die zitternd ihre Berührung Jesu gesteht, redet er liebevoll „meine Tochter" an und nimmt den Makel der Unreinheit von ihr. Dem Synagogenvorsteher Jairus, den die anderen Leute verlachen, weil Jesus sagt: Das Mädchen ist nicht gestorben, sondern schläft (ein symbolischer Ausdruck), spricht er Mut und Vertrauen zu (8, 49–56), ebenso dem Vater des mondsüchtigen Knaben (9, 37–43). Den Blinden von Jericho, der ihn um Erbarmen anfleht, befreit er nicht nur von seiner Blindheit, sondern nimmt ihn auch als Jünger auf, der ihm auf seinem Wege folgt (18, 35–43). Dieser auf der Straße laut den Sohn Davids beschwörende Mann wird in seinem Glauben zum Typus des Jüngers, der Jesus auf seinem Todesweg nach Jerusalem zu folgen gewillt ist.

Diese Geschichten sind aus der synoptischen Tradition übernommen und von Lukas wenig verändert. Dazu kommen aus dem Sondergut die Heilung der verkrümmten Frau (13, 10–17) und des Wassersüchtigen (14, 1–6), die von Lukas wegen der Sabbatheilungen und der Verteidigung der menschenfreundlichen Haltung Jesu vorgeführt werden. „Durch diese Worte wurden alle seine Gegner beschämt, und das ganze Volk freute sich über all die herrlichen Taten, die durch ihn geschahen" (13, 17). Man mag an diesen Sabbatheilungen zweifeln, auch an der Heilung von Aussätzigen (besonders der zehn Aussätzigen 17, 11–19)[116]; aber daß er Jesus als Herr über den Sabbat wußte, ist nicht zu bezweifeln[117]. Lukas hat die Heilerfolge Jesu redaktionell ausgestaltet und seinen kerygmatischen Absichten dienstbar gemacht; aber das Bild Jesu, der unbeirrbar die Kranken heilt, ist ihm wichtig.

Als Motiv für seine Heiltätigkeit ist im Zusammenhang der Basileia-Verkündigung Jesu sein Erbarmen mit den Bedrängten und gesellschaftlich Disqualifizierten zu sehen (vgl. 4, 18; 7, 21 f). Im Vergleich mit den charismatischen Wundertätern, die in der griechisch-römischen Zeit verstärkt auftreten und als Phänomen der damaligen Zeit auch auf die synoptische Tradition eingewirkt haben[118], hebt sich Jesus durch seine außergewöhnlichen Heilungen, die in der Erwartung des eschatologischen und schon jetzt dynamisch hereinbrechenden Gottesreiches geschehen, als einmalige Gestalt hervor. „Während die epidaurischen Priester zu versichern scheinen: Wunder kommen bei uns alle Tage vor, erscheint hier das Wunder als etwas völlig Unwahrscheinliches, ‚so etwas haben wir noch nie gesehen' (Mk 2, 12). Das

---

[116] Vgl. R. Pesch, Jesu ureigene Taten? (QD 52), Freiburg-Basel-Wien 1970, 28–134.
[117] Vgl. J. Roloff, Das Kerygma (Anm. 109). Er schreibt aber: „Jesu Sabbatheilungen (gewannen) im Bewußtsein der Gemeinde schon bald paradigmatische Bedeutung für den Konflikt zwischen Jesus und dem Judentum" (80).
[118] Vgl. Bultmann, Geschichte der synoptischen Tradition 247–253, und Ergänzungsheft (1971) 77–83; G. Theissen, Urchristliche Wundergeschichten, Gütersloh 1974, 262–272.

II. Einzelne Züge

Wunder ist nicht Gegenstand einer mit kontinuierlichen Institutionen verbundenen Erwartung und Hoffnung, sondern ein aller Erfahrung widersprechendes paradoxes Ereignis."[119] Der mit Jesus am meisten verglichene Apollonius von Tyana, ein Wanderprediger und Magier, schildert zwar ähnliche Wundergeschichten wie in den Evangelien[120], aber in einer äußerlichen Weise, die nur am Vorgang selbst interessiert ist. Bei Jesus wird alles in den von Gott ausgehenden Heilswillen und Jesu Zuwendung zu den Menschen gerückt. Damalige Anschauungen, die sich auch in Heilgebärden manifestieren (Handauflegung, Berührungen, Speichel und Öl), sind nicht zu leugnen; aber entscheidend ist immer das gebieterische *Wort* Jesu, das Gottes Macht herbeiruft und den Kranken aufrichtet. Jesus befiehlt dem Krankheitsdämon, der einen Menschen beherrscht: „Schweig und verlaß ihn!" (Lk 4,35). Den besonders geplagten, geistig gestörten Besessenen von Gerasa befreit Jesus von seinen vielen Dämonen. Am Ende schickt Jesus den Geheilten in sein Haus zurück und trägt ihm auf: „Erzähl allen, was *Gott* für dich getan hat" (8,39). Jesus, der „Sohn des höchsten Gottes", wie ihn der gewalttätige Mann anredet (8,28), überwindet die Macht des Bösen und befiehlt dem unreinen Geist, aus dem Menschen auszufahren (8,29). Die Dämonenbannungen, die Jesu Kampf mit den verderberischen Gewalten vorführen und die Überlegenheit des Messias und Gottessohnes deutlich machen, sind von den Heilungen, die Jesu helfende und heilende Kraft illustrieren, zunächst zu unterscheiden. Aber für Lukas werden sie doch unter dem Aspekt des „Heilens" auf eine Linie gebracht (Lk 6,18; 7,21; 8,2; Apg 5,16; 8,7; 10,38). Auch die Besessenen werden „geheilt"; es sind nur zwei Seiten des Heilswirkens Jesu.

Auch den zwölf Jüngern gibt Jesus Kraft und Vollmacht, Dämonen auszutreiben und Krankheiten zu heilen (Lk 9,1). Diese von Jesus verliehene Heilkraft soll in einem größeren Umkreis den Anbruch der Gottesherrschaft zur Gewißheit machen (9,2.6). Für Lukas erweitert sich das Bild durch die Aussendung der 72 Jünger (10,1). Es ist eine breiter ausgeführte Darstellung der Aussendung der Zwölf, die schon in die urchristliche Zeit vorausblicken läßt. Wahrscheinlich denkt die Logienquelle an urchristliche Wanderpropheten, die in Armut und Bedürftigkeit auszogen, um das Evangelium möglichst rasch in die jüdischen Ortschaften zu tragen[121]. Nach Ostern hat sich dieses charismatische, von einem hohen Ethos getragene Engagement noch weiter

---

[119] THEISSEN, Wundergeschichten 280.
[120] Zum Beispiel eine Dämonenaustreibung (Philostrat, Vita Apollonii III, 38) oder eine Totenerweckung (ebd. IV, 45). Doch ist eine Unsicherheit in der Beurteilung der Totenerweckung zu erkennen.
[121] Vgl. P. HOFFMANN, Studien zur Theologie der Logienquelle, hier 3. Teil: Die Boten Jesu 235–334.

entfaltet. Es war eine große, sich auch verschieden ausprägende und nach Ostern noch weiter differenzierende Bewegung [122]. Was besonders für die erste Zeit auffällt, ist die Verbindung von Predigt und Krankenheilungen. Die Sendboten sollen die Kranken heilen und den Leuten sagen: „Das Reich Gottes ist euch nahe" (Lk 10,9). Das ist, auf die Adressaten bezogen („ist *euch* nahe"), die Fortsetzung der Verkündigung und Tätigkeit Jesu (vgl. Lk 4,40; 6,18; 9,6). Für die Ablehnenden wird die Predigt vom Reich Gottes zum Gericht (9,5; 10,10f). Nach Ostern setzen sich die Krankenheilungen in der Urgemeinde fort; die Kraft Jesu wirkt in dieser Zeit des Geistes, gleichsam als Bestätigung der Missionspredigt, fort [123]. Die Heilungen, die im Namen Jesu (Apg 3,6; 4,30), durch die Kraft des heiligen Geistes (vgl. 8,18; 9,17) geschehen, sind „Zeichen", daß Jesus, der „Knecht Gottes", weiter mit der Gemeinde ist und sie zur freimütigen Verkündigung des Wortes Gottes ermutigt (4,30). Die im Stil und in den Anschauungen der Antike geschilderten Heilungen (vgl. 5,15; 19,11f) können, wenigstens in den summarischen Überblicken, nicht wörtlich verstanden werden. Sie zeigen aber insgesamt die Überzeugung der Urkirche, daß sich in den Heilungen die Wirkkraft der Heilsverkündigung manifestiert. Jesus der Arzt wird zum Leitbild für die ganze Entwicklung des Urchristentums, und bis in die Zeit der Alten Kirche hat dies für das soziale Engagement der Christen viel zu bedeuten [124]. Die christliche Predigt setzte nicht nur „dem erträumten Asclepius den wirklichen Jesus gegenüber, sondern sie gestaltete sich selbst als die Religion der Heilung, als die Medizin der Seele und des Leibes bestimmt und bewußt aus, und sie sah auch in der tatkräftigen Sorge für die leiblich Kranken eine ihrer wichtigsten Pflichten" [125].

Es wurde auch die Meinung vertreten, Lukas, „der geliebte Arzt" (Kol 4,14), komme im Lukasevangelium zu Wort; das Evangelium spiegele den Arztberuf des Verfassers wider. Man stützt sich auf bestimmte medizinische Ausdrücke wie das „hohe Fieber", das die Schwiegermutter des Petrus befallen hatte (Lk 4,38), den Aussatz, von dem der Jesus anflehende Aussätzige „voll" war (5,12), den Ausdruck für „gelähmt" (5,18.24), das Aufhören des Blutflusses bei der blutflüssigen Frau (8,44), auch darauf, daß Lukas die herbe Kritik an den „vielen" Ärzten, von denen diese Frau viel zu erdulden hatte, ohne daß es besser wurde, vielmehr sich verschlimmerte (Mk 5,26), erheblich abschwächt (Lk 8,43). Die Erkrankung des Vaters des Obersten auf der

---

[122] Vgl. TH. SCHMELLER, Brechungen. Urchristliche Wundercharismatiker im Prisma soziologisch orientierter Exegese (SBS 136), Stuttgart 1981.
[123] Vgl. Apg 3,1-10; 5,15f; 8,7f; 9,32-34; 14,8-10; 19,11f; 28,8f.
[124] Vgl. A. v. HARNACK, Die Mission und Ausbreitung des Christentums in den ersten drei Jahrhunderten I, Leipzig ⁴1924, 129-150, bes. 129-132.
[125] HARNACK, ebd. 130, gesperrt gedruckt.

II. Einzelne Züge

Insel Malta (Melite) Apg 28,8 scheint gut medizinisch beobachtet zu sein. Aber diese Argumente für Lukas, den „Arzt", sind wenig überzeugend, da das angebliche medizinische Vokabular auch als Sprache gebildeter Leute der damaligen Zeit nachgewiesen ist[126]. Daß Lukas, der Paulusgefährte (vgl. noch Phlm 24; 2 Tim 4,11), ein Arzt war, wird nur Kol 4,14 nebenbei erwähnt. Man versteht den Nachdruck, den „Lukas" auf die Heilungen legt, auch ohne diese Hypothese, zumal wir den Verfasser des Doppelwerkes nicht wirklich mit Namen kennen. Der „Arzt" ist für ihn Jesus, der mit Gott verliehener Kraft alle Kranken heilt und seine Heilkraft auch der werdenden Kirche nach Ostern verleiht. Diese Heilungen verstärken das Bild von der Menschlichkeit Jesu, auf die Lukas in seinem Jesusportrait durchblicken läßt.

2. Der Einsatz Jesu für die Armen und Elenden

Lukas wurde der „soziale Evangelist" genannt, eine aus heutiger Sicht durchaus berechtigte Bezeichnung. Versteht man darunter die Änderung, die Verbesserung der sozialen Verhältnisse, ist Jesus freilich nicht als Sozialreformer aufgetreten. Wie Lukas es sieht, hat Jesus die Armen selig gepriesen (Lk 6,20) und den Reichen sein „Wehe" entgegengeschleudert (6,24), aber keine Anstalten getroffen, die sozialen Strukturen im damaligen Judentum grundlegend zu ändern[127]. Es ist ein prophetischer Anruf, ein Appell an die Begüterten, ihren Reichtum zu teilen und „Almosen" zu geben (11,41; 12,33), dies freilich in einem umfassenden Sinn: Man muß auf den ganzen Besitz verzichten (14,33), alles verkaufen, was man hat, und das Geld an die Armen verteilen (18,22). Dieser Anruf ist an diejenigen gerichtet, die in die engere Nachfolge Jesu eintreten wollen. Man kann kein Jünger Jesu sein, wenn man nicht auf sein Eigentum verzichtet und die familiären Bindungen „um des Reiches Gottes willen" aufgibt (vgl. 18,28–30). Aber der Ruf Jesu trifft über diesen Kreis der Jesus Nachfolgenden hinaus alle Menschen, die mit irdischen Gütern gesegnet sind. Die Seligpreisung der Armen und das Wehe über die Reichen ist zwar an die Jünger Jesu gerichtet (6,20a), betrifft aber alle Hörer der Predigt Jesu (vgl. 6,27). Die aus dem Sondergut des Lukas stammende Aufforderung,

---

[126] Vgl. FITZMYER, Luke I, 51–53.
[127] Aus der Literatur zu diesem Thema s. H.-J. DEGENHARDT, Lukas, Evangelist der Armen, Stuttgart 1965; W. SCHMITHALS, Lukas – Evangelist der Armen, in: ThViat 12 (1973/1974) 153–167; L. SCHOTTROFF – W. STEGEMANN, Jesus von Nazareth – Hoffnung der Armen (Urban-Taschenbücher 639), Stuttgart u. a. 1978; F. HAUCK – W. KASCH in: ThWNT VI 326; E. BAMMEL ebd. 904–907; F. W. HORN, Glaube und Handeln in der Theologie des Lukas (Göttinger Theol. Arbeiten 26), Göttingen 1983; J. ERNST, Lukas. Ein theologisches Portrait, Düsseldorf 1985, 74–104; FITZMYER, Luke I, 247–251.

bei einem Gastmahl nicht die Verwandten und reichen Nachbarn einzuladen, sondern die „Armen, Krüppel, Lahmen und Blinden" (14,12f), ist ein an alle, besonders die Besitzenden, gerichteter Anruf. Die indirekte Kritik an dem Reichen im Gleichnis vom reichen Mann und armen Lazarus, gilt ebenfalls über den Kreis der engeren Jünger hinaus allen Menschen. Der Spruch von den Schätzen, die man nicht auf Erden, sondern im Himmel sammeln soll (Lk 12,33f), aus der Logienquelle (Mt 6,19–21) übernommen, aber noch schärfer auf die Hingabe des Besitzes an die Armen zugeschnitten (Lk 12,33a), ist ebenso wie das Wort „Ihr könnt nicht Gott dienen und dem Mammon" (Mt 6,24 = Lk 16,13) in der an ein größeres Publikum gerichteten Predigt Jesu angesiedelt. Wie immer man die verschärften Jüngeranweisungen im Verhältnis zur allgemeinen Reich-Gottes-Predigt beurteilt, der vollkommene Verzicht auf Eigentum kann nicht allein für einen engeren Kreis von Jesus Nachfolgern gelten[128]. Man muß nach Lukas Besitzverzicht, Warnung vor Reichtum, Geißelung des „ungerechten Mammons" (Lk 16,9), Drohung mit dem Ausschluß vom Reich Gottes (18,25) in der für alle geltenden Jesuspredigt verankern und seine Mahnungen an die Jünger (14,33; 16,9) als verschärfte Anforderungen an die ihm Nachfolgenden verstehen. Allerdings wendet sich Jesus mit seinen radikalen Forderungen bei Lukas meistens an die „Jünger" (μαθηταί); aber diese stellen das Ur- und Leitbild der christlichen Gemeinde dar; die ihnen geltenden Weisungen klingen in der Gemeinde nach. So heißt es in einem typisch der Gemeinde zugesprochenen Wort: „Fürchte dich nicht, du kleine Herde, denn euer Vater hat beschlossen, euch das Reich zu geben", und gleich anschließend: „Verkauft eure Habe, und gebt den Erlös den Armen. Macht euch Geldbeutel, die nicht zerreißen ..." (Lk 12,32). Der Jüngerkreis Jesu wird zum Zeichen für Israel und die spätere Gemeinde[129]. Im nachfolgenden Gleichnis vom treuen und schlechten Knecht ist eine Frage des Petrus eingefügt: „Herr, meinst du mit diesem Gleichnis nur uns oder auch all die anderen?" (12,41). Dabei geht es um die Erwartung des kommenden Herrn, die den Leitenden eine besondere Verantwortung für die Gemeinde auflegt. Die Sorge für das Wohl der Gemeinde wird hervorgehoben; aber ein besonderer Besitzverzicht wird nicht gefordert[130].

---

[128] So DEGENHARDT, Lukas, Evangelist der Armen 33. 39–41.111 u.ö. Dazu F. BOVON, Luc le Théologien, Genf ²1988, 410–415. Zur Frage: Besondere Berufung und Ruf an alle s. SCHNACKENBURG, Sittliche Botschaft I, 65–67.
[129] Vgl. H. SCHÜRMANN, Der Jüngerkreis Jesu als Zeichen für Israel, in: DERS., Ursprung und Gestalt, Düsseldorf 1970, 45–60.
[130] Vgl. A. WEISER, Die Knechtsgleichnisse der synoptischen Evangelien (StANT 29), München 1971, 216–219.

II. Einzelne Züge

a) Die Armen

Um die lukanische Intention im Anschluß an die Jesuspredigt zu erfassen, ist zunächst klarzustellen, wer unter den „Armen" (πτωχοί) zu verstehen ist. Der bei Lukas zehnmal auftauchende Ausdruck meint bei ihm immer den materiell Armen, den „Bettelarmen". Gemeint ist in der Seligpreisung der Armen bei Lk 6,20 schon durch die Gegenüberstellung mit den „Reichen" (6,24) eine bittere Armut, die Hunger und Weinen mit sich bringt. Die anschließenden Seligpreisungen verdeutlichen das Bild der „Armen". Bei Matthäus ist die Seligpreisung (die Armen im Geiste) in einen religiösen Horizont gestellt: Die Armen, die sich ganz Gott unterstellen und allein auf ihn ihre Hoffnung setzen. Sie stehen in einer Linie mit den Trauernden, die getröstet werden, mit den Sanftmütigen, die keine Gewalt anwenden und das „Land", das verheißene Reich erben werden, mit denen, die hungern und dürsten nach der Gerechtigkeit (Mt 5,3–6). Dabei wird auch die Mahnung zu einem entsprechenden, sich Gott anvertrauenden Leben hörbar, ja zu einem Tugendkanon, bei dem die Barmherzigkeit, das Friedenstiften, das Ertragen von Verfolgungen um der Gerechtigkeit willen an der Spitze stehen. Lukas hat die irdisch-materielle Not nach der Jesuspredigt festgehalten und in die eschatologische Linie gerückt, daß den Armen das Gottesreich geschenkt wird.

Noch deutlicher tritt dies hervor bei der Seligpreisung der Hungernden und Weinenden, die „jetzt" hungern und weinen, dann aber satt werden und lachen werden. Der künftige Äon, die von Gott heraufgeführte Heilszeit, hebt das Los der auf Erden bedrängten Armen und Elenden auf und wendet es zu einem beglückenden Leben bei Gott. Diese Heilsverkündigung an die „Armen" wird im Verein mit der Entlassung der Gefangenen, dem Augenlicht für die Blinden, der Freisetzung der Zerschlagenen gegeben, und zwar an erster Stelle (4,22). Sie wird in der Antwort an Johannes den Täufer wiederholt, hier im Anschluß an die Heilstaten Jesu an letzter, hervorgehobener Stelle (7,22). Im Zusammenhang mit den schon geschehenen Heilungen muß man an irdisch Arme und Notleidende denken. Aber eine schon gegenwärtig auf Erden erfolgende Wende wird den Armen nicht zugesichert; es bleibt bei einem „Verkündigen", Ansagen des Heils. Die Umkehrung der irdischen Verhältnisse im künftigen Reich Gottes klingt schon im Magnifikat an: „Hungernde beschenkt er mit seinen Gaben und läßt die Reichen leer ausgehen" (1,53). Ebenso sind die Seligpreisungen und Weherufe auf die große eschatologische Wende abgestimmt, und im Gleichnis vom reichen Mann und armen Lazarus wird sie individuell, für die Veränderung nach dem Tod des einzelnen illustriert (16,19–25). Das klingt revolutionär, nach einer Umkehrung des bisher erfahrenen Lebens. Aber Rachegedanken, Triumph der bisher im

Schatten Sitzenden über die Reichen und Mächtigen bleiben fern. Nur auf Gott, der gerecht handelt und sich der Elenden erbarmt, richtet sich der Blick. Gott führt die Wende herbei, die in seinem Heilsplan, der Errichtung des Gottesreiches, beschlossen ist. Lukas verfällt nicht einem Ressentiment gegen die Besitzenden, die Reichen und Herrschenden, ruft sie aber kräftig zur Umkehr.

Wie sehr Lukas der Jesuspredigt verbunden bleibt, zeigt sich auch in der Rede über das Gastmahl, zu dem man nicht die Verwandten und reichen Nachbarn einladen, sondern die Armen, Krüppel, Lahmen und Blinden rufen soll, die eine Einladung zum Gastmahl nicht vergelten können (14, 12–14). Bedenkt man, daß diese Menschen wie auch die Aussätzigen von der Volksgemeinschaft als behinderte oder unreine Glieder ausgeschlossen waren, so werden die „Armen" ebenfalls als Fernstehende, ja Fremdkörper im Volksganzen angesehen [131]. Die Ausrichtung des Gastmahls für die Armen und Ausgestoßenen steht im Einklang mit der Feindesliebe, bei der man nicht darauf schielen soll, von den Menschen Dank zu erhalten (6, 32–34). Es ist wie eine Seligpreisung: Wer keine Vergeltung durch die Menschen erstrebt, dem wird von Gott bei der Auferstehung der Gerechten vergolten werden (14, 14).

Für das Verständnis der „Armen" ist die Nähe zu den Kranken und Leidenden beachtlich. Sie rücken in eine Linie mit den „Krüppeln, Lahmen und Blinden" (14, 13.21), die besonders von der Armut betroffen und auf Betteln angewiesen waren. Diese Menschen, die sich selbst nicht helfen können, waren auf die Armenfürsorge angewiesen, die zur Zeit Jesu durch manche Vorschriften aus dem AT den Armen Hilfe und Anteil an den Erntegütern gab, aber noch nicht so gut organisiert war wie im rabbinischen Judentum [132]. Allerdings wurde die schwache öffentliche Fürsorge durch die private Liebestätigkeit, das „Almosen-Geben" ausgeglichen. Dabei kam es zu manchen unerquicklichen Erscheinungen, zu Überheblichkeit, Scheinheiligkeit und Protzentum. Jesus hat den Ruf zum Almosen-Geben aufgegriffen und verstärkt (12,33). Der Oberzöllner Zachäus, der die Hälfte seines Vermögens den Armen geben will (19, 8), ist diesem Ruf gefolgt. Die enge Gesetzlichkeit der Pharisäer, die Becher und Teller außen sauber halten, aber innen voll Raubtier und Bosheit sind, geißelt Jesus. „Gebt lieber, was in den Schüsseln ist, als Almosen, dann ist für euch alles rein" (11, 41).

---

[131] Vgl. DEGENHARDT, Lukas, Evangelist der Armen (Anm. 127) 100f: „Ein wesentliches Anliegen Jesu wird deutlich: die Berufung der Verstoßenen". Ob Lukas dabei an die Gemeindeleiter als die Hausherren bei der Eucharistiefeier denkt, die sich um die kümmern sollen, die arm und sündig sind, ist allerdings sehr unsicher.

[132] Vgl. J. JEREMIAS, Jerusalem zur Zeit Jesu, Göttingen ³1962, 148–150; zur privaten Wohltätigkeit in der rabbinischen Zeit vgl. auch BILLERBECK, Kommentar zum NT, Exkurs IV/1, 536–558.

II. Einzelne Züge

Das Beispiel der armen Witwe, die ihren kargen Lebensunterhalt opfert, läßt sich Lukas nicht entgehen (21,1–4; vgl. Mk 12,41–44).
„Armut" ist für Lukas ein bedrückender Zustand, der durch die Gaben der besser Situierten überwunden werden soll. Jesus selbst gehört zu den Armen, und er gibt durch seine Heilungen ein Zeichen, wie man den Bedrängten und Notleidenden helfen kann. Armut führt an die Grenze des Todes, wie man für die Aussätzigen annehmen muß; aber Jesus heilt den Mann, der „voll Aussatz" war (5,12). Der arme Lazarus, der an der Tür des Reichen mit Geschwüren bedeckt liegt, lebt an der Schwelle des Todes (16,20f). Aber er wird nach seinem Tod zum Vater Abraham in das Paradies entrückt.

Lukas hat stärker als die anderen Evangelisten eine „Option für die Armen" betrieben. Sie galten ihm als von Gott Erwählte (Seligpreisung!), die am kommenden Reich Anteil erhalten werden. Sie werden durch die Gegenüberstellung mit den Reichen ins Licht erhoben und erfahren die besondere Liebe Gottes (16,22). Damit wird Lukas zum Vorreiter einer Bevorzugung der Armen, wie sie im Urchristentum, besonders im Jakobusbrief (2,1–13), zu beobachten ist. „Hat nicht Gott die Armen in der Welt auserwählt, um sie durch den Glauben reich und zu Erben des Königsreichs zu machen…?" (Jak 2,5).

b) Die Reichen

Dem Thema des Reichtums widmet sich Lukas intensiv, fast mehr noch als dem der Armut, obwohl beides in Wechselbeziehung steht. Aus dem Sondergut des Lukas stammen die Weherufe gegen die Reichen (6,24), das Gleichnis vom reichen Kornbauern (12,16–21), die Gastmahlsrede (14,12–14), der Reiche und der arme Lazarus (16,19–31) und der Oberzöllner Zachäus (19,2–10).

Wie werden die Reichen geschildert? Materieller Wohlstand, vor allem in Liegenschaften, doch auch an Verkauf und Handel ist vorausgesetzt; doch wird er außer im Gleichnis vom reichen Kornbauern nicht näher beschrieben. Großgrundbesitzer, Großhändler, Steuerpächter gehörten außer der königlichen Hofhaltung und den hohepriesterlichen Kreisen zur begüterten Bevölkerungsschicht[133]. Lukas fragt aber nicht nach der Herkunft des Besitzes, sondern schaut auf die durch den Reichtum erzeugte Haltung. Es steht für ihn fest, daß der Reichtum zur Habsucht verleitet (12,15; vgl. 16,14), zum Aufgehen in irdischen Sorgen und Genüssen des Lebens (8,14; 12,19; 16,19; 21,34). Reichtum verführt zu einem Anspruchsdenken; die Reichen wollen etwas gelten, gelobt und geehrt werden (vgl. 14,7–10). Unter den Weherufen steht auch: „Weh euch, wenn euch alle Menschen loben; denn

---
[133] Vgl. J. JEREMIAS, Jerusalem zur Zeit Jesu 101–104.

ebenso haben es ihre Väter mit den falschen Propheten gemacht" (6,26). Der Ton liegt „weniger auf dem Reichtum (V. 24) und dem damit verbundenen genügenden Auskommen (V. 25a) ... als auf dem selbstsicher überlegenen Lachen (V. 25b) und besonders dem allgemeinen Hoffiertsein (V. 26)"[134]. Die Gefahren des Reichtums für das Heil der Menschen sind vielfältig: ein luxuriöses Leben (12,19), Mißachtung der Armen (16,20f), Ehrsucht (14,7f) und Überheblichkeit (vgl. 14,16–20). Letzthin ist es eine Gottvergessenheit und Verschlossenheit für den Ruf Jesu (18,22f). Der Reichtum ist so schädigend, daß Reiche nicht in das Reich Gottes eingehen werden; denn „eher geht ein Kamel durch ein Nadelöhr, als daß ein Reicher in das Reich Gottes gelangt" (18,25). Lukas nimmt solche Sprüche aus der vor ihm liegenden Tradition auf, erweitert sie aber durch zusätzliches Material.

Hat Lukas den Besitz und den Reichtum als solchen für schlecht und gottwidrig gehalten? Ein solches Verständnis scheint sich durch die Rede vom „ungerechten Mammon" nahezulegen (16,9.11). Das aus dem Aramäischen stammende Lehnwort bezeichnet zunächst das Vermögen in einem neutralen Sinn, nimmt aber nicht selten einen abwertenden, negativen Klang an, der durch die Beifügung „der Ungerechtigkeit" verstärkt wird. Dieses Attribut muß nicht die Verwerflichkeit des Besitzes als solchen anzeigen, wohl aber die oft durch Gewalt und Raub, Bestechung und Unrecht belastete Erwerbung des Reichtums[135]. Im Kontext von Lk 16,9–13, im Anschluß an das Gleichnis vom klugen Verwalter steht die Mahnung, sich Freunde mit dem „ungerechten Mammon" (vgl. äthHen 63,10; CD 6,15; 8,5) zu erwerben. Gedacht ist an die Aufnahme bei Gott[136] und nach allem, was man sonst bei Lukas liest, an die Hingabe des Vermögens an die Armen.

Aber Lukas erweitert die aus dem Gleichnis gezogene Lehre noch zu weiteren Sprüchen über den Umgang mit irdischen Gütern. Er spricht von der Treue, die jeder in der Verwaltung des ihm anvertrauten Gutes üben muß. Die scharfe Betonung „im geringsten treu sein", um auch im großen treu erfunden zu werden, dürfte den Horizont auf die Gemeinde öffnen, in der der gewissenhafte Umgang mit anvertrauten Geldern eingeschärft wird[137]. Der ungerechte Mammon wird dem

---

[134] SCHÜRMANN, Lukas I, 337. Er schließt aus dem Vergleich mit den Lügenpropheten, daß an eine Lehrfunktion der Hirten gedacht ist.

[135] F. HAUCK in ThWNT IV, 392; anders FITZMYER, Luke II, 1109: Vermögen, das zu unrechtem Gebrauch führt; vgl. ferner SAC. PASQUALE COLLELA, Zu Lk 16,7, in: ZNW 64 (1973) 124–126; H. P. RÜGER, Μαμωνᾶς: ebd. 127–134.

[136] DEGENHARDT, Lukas, Evangelist der Armen (Anm. 127) 123f mit Verweis auf J. Jeremias, Die Gleichnisse Jesu 43, Anm. 3.

[137] Vgl. ERNST, Lk 467f (dazu weiter unter c); FITZMYER, Luke I, 247 und 250: „Die radikale Haltung zu materiellen Gütern unterliegt dem Bild der frühen jüdischen christlichen Gemeinde in Apg".

„wahren Gut" gegenübergestellt (V. 11) und das „fremde" zur Verfügung gestellte Gut dem „eigenen", das man sich bei Gott für sich selbst erwirbt (V. 12). Die ganze Spruchfolge V. 9–13 ist ein kleines Compendium zum Umgang mit Geld und Gut. Jetzt ist nicht mehr vom Verkauf der ganzen Habe die Rede, sondern nur von der treuen Verwaltung. „Schwanken zwischen totaler Kritik („ungerechter Mammon") und pragmatischer Zustimmung („treue Verwaltung") heißt jetzt die Losung: innere Distanz zum Unabänderlichen."[138] Das beschließende Wort: „Ihr könnt nicht Gott dienen und dem Mammon" (16, 13) will beiden Aspekten gerecht werden, verschärft aber die völlige Absage an den Besitz.

Diese pragmatische Sicht wird durch die Darstellung in der Apostelgeschichte bestätigt. Ideal wäre es, wenn alle Gemeindeglieder Hab und Gut verkauften und jedem so viel gäben, wie er nötig hatte; alle sollten alles gemeinsam haben (Apg 2,45). Aber abgesehen von dem Betrug des Hananias und seiner Frau Saphira, die nur einen Teil aus dem Erlös von ihrem Grundstück ablieferten und den Petrus belogen (Apg 5, 1–11), wird die Tat des Josef Barnabas rühmend erwähnt, der einen Acker verkaufte und das Geld den Aposteln zu Füßen legte (4, 36). Offenbar war dies keineswegs selbstverständlich und verdiente als beispielhaftes Verhalten eine besondere Erwähnung. Lukas bleibt trotz seines Radikalismus ein Pragmatiker, der die Gemeinde zum rechten Umgang mit Geld und Gut erziehen will.

Man kann bei Lukas eine gemäßigte Haltung, die einen klugen Umgang mit den Gütern empfiehlt, und eine radikale Haltung, die ein völliges Aufgeben der eigenen Güter verlangt, unterscheiden[139]. Die rechte Sicht auf den Reichtum ergibt sich im Aufblick zu Gott: Man muß bei Gott reich werden (12,21), Schätze im Himmel sammeln (12,33f). Irdische Schätze sind keine wahren Reichtümer, diese werden durch den Verzicht auf Hab und Gut zugunsten der Armen erworben. Damit dient die Zeichnung der Armen und die Bewertung des Reichtums letztlich wieder der „Option für die Armen".

c) Die Kirche

Will man die Akzente, die Lukas in der Armutsfrage und im Umgang mit dem Reichtum setzt, verstehen, muß auch die Kirche, für die er in seiner Zeit schreibt, in den Blick genommen werden. War es eine arme oder eine reiche Kirche? Wenn es eine arme und eine sozial an den Rand gedrückte Kirche war, müßte man die Ansage einer Umkehrung der irdischen Verhältnisse als den großen Trost ansehen (vgl. Lk

---

[138] ERNST, Lk 467.
[139] FITZMYER, Luke I, 249f.

16,25), die der armen Gemeinde zuteil wird. Aber sozialgeschichtlich gesehen, können die Gemeinden, die Lukas anspricht, nicht in das Armutsmilieu gestellt werden. Nach der Apostelgeschichte gab es in den Neugründungen auch wohlhabende Christen wie Tabita in Joppe (9,36), die Purpurhändlerin Lydia in Philippi (Apg 16,11–15), den Hauptmann Kornelius in Caesarea (10,1 f). Von Thessalonich hören wir, daß sich dort eine große Schar gottesfürchtiger Griechen, darunter nicht wenige Frauen aus vornehmen Kreisen, Paulus anschloß (Apg 17,4). Die Gemeinde von Antiochien sandte den Brüdern in Judäa nach ihrem Vermögen etwas zur Unterstützung (11,29 f). Aus den Paulusbriefen erfahren wir, daß es in den hellenistischen Gemeinden auch Vornehme und Reiche gab, die den Apostel unterstützten wie die Gemeinde von Philippi (Phil 4,10–20). Das Bild der Gemeinde von Korinth ist typisch für die Situation in einer Handels- und Gewerbestadt, und in ihr gab es eine breite Schicht von Armen, wenig Gebildeten und Niedriggestellten (vgl. 1 Kor 1,26–28); aber es gab in ihr auch Menschen von Ansehen und Einfluß, wie den Synagogenvorsteher Krispus, Aquila und Priszilla, Gaius, Stephanas, Phoibe u.a., die durch ihre Häuser zur Beherbergung, zum Gottesdienst und Gemeindeleben wesentlich beitrugen[140]. Spannungen zwischen den Begüterten und den Armen, namentlich wohl Sklaven, werden bei der Feier des Herrenmahls sichtbar (1 Kor 11,17–22). Für Lukas werden wir die Kenntnis solcher Gemeindeverhältnisse voraussetzen dürfen. Aber wie hat er darauf reagiert?

Am Armutsideal, der Gütergemeinschaft hielt Lukas fest, hatte aber auch den Reichen etwas Besonderes zu sagen: Sie müssen zur Unterstützung der Armen, zum Almosen-Geben bereit sein. Es fällt auf, daß er auf dieses Abgeben von den irdischen Gütern immer wieder hinweist (Lk 11,41; 12,33; 18,22; 19,8; Apg 4,34f; 4,37). Die Wohltätigkeit, das „Almosen-Geben" des Hauptmanns Kornelius (Apg 10,2.4.31) und der Tabita (9,36) werden rühmend hervorgehoben. Der Oberzöllner Zachäus, der die Hälfte seines Vermögens an die Armen gibt (Lk 19,8), ist ein Vorbild für die spätere Gemeinde. Bedenkt man die Verhältnisse in den frühen christlichen Gemeinden, kann man der Erkenntnis nicht ausweichen, daß Lukas in seiner sozialen Botschaft reiche und angesehene Christen anredet, ja zum „Evangelisten der Reichen" wird[141]. In der Tat werden dadurch die beiden spannungsrei-

---

[140] Vgl. G. THEISSEN, Soziale Schichtung in der korinthischen Gemeinde. Ein Beitrag zur Soziologie des hellenistischen Urchristentums, in: ZNW 65 (1974) 232–272, abgedruckt, in: DERS., Studien zur Soziologie des Urchristentums (WUNT 19), Tübingen 1979, 231–271. Er meint, der Radikalismus der Jesusüberlieferung hatte in den von Paulus gegründeten Gemeinden keinen Lebensraum gehabt. In diesen Gemeinden entstand das Ethos eines urchristlich Liebespatriarchalismus (268 f).
[141] L. SCHOTTROFF – W. STEGEMANN, Jesus von Nazareth – Hoffnung der Armen

II. Einzelne Züge

chen Aussagereihen über die radikale Absage an den Besitz und den klugen Umgang mit den irdischen Gütern leichter verständlich. Trotz der harten Worte gegen die Reichen gibt er auch diesen eine Chance: Sie können durch Wohltätigkeit und Unterstützung der Armen, durch innergemeindliche Liebestätigkeit ihren Platz in der Gemeinde finden und am künftigen Reich Gottes Anteil erhalten [142]. Es ist nicht notwendig, daß sie ihren ganzen Besitz verkaufen; es genügt schon, daß sie die Bedürftigen in der Gemeinde unterstützen und allen so viel geben, wie sie brauchen (Apg 2,45; 4,35). Das Beispiel des Oberzöllners Zachäus, der die Hälfte seines Vermögens den Armen schenkte, war eine gewisse Richtschnur.

Lukas übersieht nicht die sozialen Spannungen in den Gemeinden. Die Witwen der Hellenisten, der griechischsprechenden Judenchristen, wurden bei der täglichen Versorgung der Witwen übergangen und gegenüber den Witwen der „Hebräer", der ortsansässigen, hebräischsprechenden Judenchristen, benachteiligt (Apg 6,1). Darum stellt die Jüngerversammlung sieben Männer auf, die diese Mißstände beseitigen sollten. Auch die Spende der Gemeinde von Antiochien für die von Hunger bedrohte Gemeinde von Jerusalem (11,27-30) ist für Lukas ein Exempel, wie soziale Not unter den Gemeinden überwunden werden kann. Die vorwiegend heidenchristliche Gemeinde von Antiochien gedachte ihrer Muttergemeinde durch eine Sammlung, die Barnabas und Paulus überbrachten. Diese Mission war Lukas so wichtig, daß er sie eigens hervorhebt, obwohl der ganze Vorgang mit der Weissagung des Agabus und der Reise nach Jerusalem historisch nicht durchschaubar ist [143]. Ähnlich wie in der Glaubensfrage nach der Beschneidung der Heiden (Apg 15) sucht Lukas auch einen Ausgleich in der sozialen Frage. Er war sich der Schwierigkeiten bewußt, die Botschaft Jesu in das konkrete Leben in dieser Welt zu überführen. Er bleibt der radikalen Forderungen Jesu eingedenk und sucht sie so gut wie möglich in die Wirklichkeit der zu seiner Zeit bestehenden Gemeinden zu verwirklichen. Jesus bleibt aber als der Herr der Kirche der Heilbringer für die Armen und Elenden. So spricht Lukas die Begüterten an und weist ihnen einen Weg, das Los der Armen zu wenden. In den schwierigen ökonomischen Verhältnissen will er den Armen

---

127-176. Nicht alle aus dem Gleichnis vom großen Gastmahl (14,15-24) und der Erzählung vom reichen Mann und armen Lazarus (16,19-31) gezogenen Folgerungen sind überzeugend; aber es ist richtig, daß sich Arme mit der Geschichte vom großen Gastmahl nicht getröstet haben, sondern Wohlhabende mit ihr gewarnt werden (132).
[142] Vgl. SCHOTTROFF-STEGEMANN, Jesus von Nazareth 136-148.
[143] Vgl. A. WEISER, Apg I, 280: „Historisch ist die von Lukas in Vers 30 vorausgesetzte Jerusalemreise des Saulus nicht zu erweisen." Ähnlich J. ROLOFF, Die Apostelgeschichte (NTD 5), Göttingen 1981, 181-183. Er sieht einen gewissen historischen Kern in der antiochenischen Barnabas-Tradition.

eine Heimstätte in den Gemeinden sichern. Die Reichen nimmt er in Pflicht, überfordert sie aber nicht. Es ist ein Beispiel, wie Jesu radikale Forderungen in neue Situation eingehen und im Geiste Jesu verwirklicht werden sollen. Der „soziale" Evangelist hat sich mit seiner Option für die Armen und der Mahnung an die Reichen dem Ruf Jesu und den Erfordernissen seiner Zeit gestellt.

3. Jesu Zuwendung zu den Frauen

In keinem anderen Evangelium treten Frauen so viel hervor wie im Lukasevangelium. Liegt das nur daran, daß im lukanischen Sondergut nicht wenige Frauen genannt und Jesu Begegnungen mit ihnen geschildert werden? Wenn Lukas solche Geschichten aus der verfügbaren Tradition bereitliegen, kann es doch nicht zufällig sein, daß er sie in seine Darstellung einbezieht. Die Frauen spielen im Fortgang der Geschichte Jesu eine nicht unbeträchtliche Rolle, wenn man nur einmal an den Hinaufzug Jesu nach Jerusalem denkt. Schon zeitig berichtet Lukas, daß Jesus von Stadt zu Stadt und von Dorf zu Dorf wanderte und das Evangelium vom Reich verkündete. „Die Zwölf begleiteten ihn, außerdem einige Frauen, die er von bösen Geistern und von Krankheiten geheilt hatte", und dann nennt er drei Frauen mit Namen und „viele andere", die ihm und den Jüngern mit dem, was sie besaßen, dienten, also für ihren Unterhalt sorgten (8,1–3). Diese Frauen haben Jesus von Galiläa bis nach Jerusalem und unter das Kreuz begleitet und alles mitangesehen (23,49). Sie waren die Zeuginnen seines Wirkens und erfuhren am offenen Grab als erste von der Auferstehung des Gekreuzigten (24,1–6). Die Frauen, die mit Jesus von Galiläa gekommen waren, gaben Jesus bei der Grablegung das Geleit und sahen zu, wie der Leichnam in das Grab gelegt wurde (23,55). Weil sie so seinen Tod und sein Begräbnis mitangesehen hatten, mußte sie die Engelsbotschaft von seiner Auferstehung um so mehr überraschen. Sie werden angesprochen: „Was sucht ihr den Lebenden bei den Toten? Er ist nicht hier, sondern er ist auferstanden" (24,5f). Dabei wendet sich der Blick zurück auf die Zeit, als Jesus mit den Frauen in Galiläa war und ihnen von seinem Kreuz und seiner Auferstehung gesprochen hatte (24,6f).

Diese von der Darstellung des Markus (16,1–8) und des Matthäus (28,1–8) abweichende Erzählweise ist für die Rolle der Frauen in der Auffassung des Lukas aufschlußreich. Es wird nicht nur mit den anderen Synoptikern hervorgehoben, daß ihm diese Frauen von Galiläa her gefolgt waren (23,49), sondern auch, daß ihnen Jesus noch in Galiläa seinen Tod und seine Auferstehung vorhergesagt hatte (24,6–8). Durch diese Begleitung Jesu durch sein irdisches Wirken, das Miterle-

II. Einzelne Züge

ben von Tod und Begräbnis und die ihnen zuteil werdende Kunde von seiner Auferstehung treten sie an die Seite der Jünger Jesu. Sie repräsentieren auf diese Weise die Verkündigung von Jesus, dem Irdischen und dem Gekreuzigt-Auferweckten und erfüllen das Kriterium, das bei der Apostelnachwahl an die Kandidaten für das Apostelamt angelegt wird (vgl. Apg 1,21 f). Ja, sie werden durch die Übermittlung der Auferstehungsbotschaft an die Elf und die anderen Jünger (24,9) zum Bindeglied für die Apostel. Deswegen werden auch ihre Namen (hier: Maria Magdalena, Johanna, „die des Jakobus") zusammen mit den übrigen Frauen eigens genannt (24,10). So verwundert es nicht, daß nach der Apostelliste in Apg 1,13 in der Schar der auf die Herabkunft des heiligen Geistes Wartenden sich auch Frauen befanden (1,14). Die Frauen haben für Lukas eine die ganze Kirche betreffende geschichtliche und kerygmatische Bedeutung, weil sie eng mit der Geschichte Jesu in der jungen Kirche verbunden waren. Sie sind voll in die werdende Kirche integriert und übernehmen schon vom Ursprung her wichtige Aufgaben.

Darum ist es berechtigt, wenn in der heutigen feministischen Bewegung die Rolle der Frauen stärker untersucht, gegen androzentrische Fehleinschätzungen und Tendenzen abgehoben und in der Gleichstellung mit den Männern gewürdigt wird[144]. Hierbei kommt Lukas, den man auch den Evangelisten der Frauen nennen könnte, eine hervorragende Bedeutung zu. Schon allein das reiche Material, das er für das Thema „Jesus und die Frauen" bietet, ist eine hervorragende Quelle für das feministische Anliegen. Darüber hinaus entfaltet Lukas ein Bild von Jesus, das seine Zuwendung zu den Frauen in einer neuen Weise beleuchtet. Darauf soll sich im folgenden unser Hauptaugenmerk richten: Wie verdeutlicht, verändert und modifiziert Lukas durch seine Zeichnung der Frauen und ihre Begegnung mit Jesus das in der Tradition vorgegebene Jesusbild?

a) Frauen in der lukanischen Überlieferung

Zunächst ist auf die Frauen in der Kindheitsgeschichte Jesu hinzuweisen. Hier treffen wir auf Maria, die Mutter Jesu, und ihre Verwandte,

---

[144] Vgl. aus der anwachsenden Literatur: RUETHER R. RADFORD, Mary, the feminine face of the church, Philadelphia 1974; ELISABETH MOLTMANN-WENDEL (Hrsg.), Frauenbefreiung. Biblische und theologische Argumente, München-Mainz ³1978 (mit verschiedenen Beiträgen); CATHARINA J. M. HALKES, Gott hat nicht nur starke Söhne. Grundzüge einer feministischen Theologie, Gütersloh 1980; MAGDALENA BUSSMANN, Anliegen und Ansätze feministischer Theologie, in: G. DAUTZENBERG, H. MERKLEIN, K. MÜLLER (Hrsg.), Die Frau im Urchristentum (QD 95), Freiburg-Basel-Wien 1983, 339–358; ELISABETH SCHÜSSLER FIORENZA, Zu ihrem Gedächtnis ... Eine feministische theologische Rekonstruktion der christlichen Ursprünge, München-Mainz 1988 (amerikanische Ausgabe 1983).

die betagte Elisabet. Bei dem Besuch Marias bei ihrer älteren Verwandten tritt die ihnen zugedachte heilsgeschichtliche Rolle deutlich zutage (1, 39–56). Prophetisch ruft Elisabet aus: „Gesegnet bist du mehr als alle anderen Frauen, und gesegnet ist die Frucht deines Leibes" (1, 42). Dann hören wir noch von der Prophetin Hanna, die wie Elisabet prophetisch begabt ist und neben dem greisen Simeon die Erlösung Jerusalems ankündigt (2, 36–38). Elisabet und Hanna bereiten auf die Ankunft des Erlösers vor. Die Gestalt und Rolle Marias aber ist ganz einzigartig. Sie ist die Begnadete und hat das Kind vom heiligen Geist empfangen, spricht ihr Fiat (1, 26–38) und wird von Elisabet als Mutter des Messias begrüßt (1, 42 f). Sie stimmt das die Wege Gottes preisende Magnifikat an (1, 46–55) und bewahrt nach der Geburt Jesu alles, was bei der Krippe geschehen war, in ihrem Herzen (2, 19), ebenso auch das, was sie beim Tempelbesuch des zwölfjährigen Jesus erlebt hat (2, 51). Die hohe Zeichnung Marias ist heilsgeschichtlich und christologisch bedingt und hebt sie aus allen anderen Frauengestalten im Evangelium hervor.

Es ist hier nicht möglich, die in der Kindheitsgeschichte hervortretende Stellung Marias, ihre Vorzüge als Mutter des Messias und, damit verbunden, auch ihre menschliche Größe zu würdigen [145]. Der Horizont überschreitet weit das Thema „Jesus und die Frauen", ist aber ein Zeugnis für die Hochschätzung der Frauen durch Lukas, die in Maria ihren Höhepunkt erreicht. Im Evangeliumsbericht tritt Maria auffallend zurück. Nirgends wird die Mutter Jesu mit Namen genannt; nur einmal wird sie zusammen mit seinen Brüdern bei dem Versuch angeführt, Jesus bei seinem Wirken unter dem Volk zu sehen und zu sprechen (8, 19–21). Diese aus der synoptischen Tradition übernommene Perikope relativiert die blutsmäßige Verwandtschaft zugunsten der geistigen Familie, die sich im Hören auf das Wort Gottes konstituiert. Doch scheint es, daß Lukas in die positive Sicht auf die Hörer und Hörerinnen des Wortes seine Mutter und seine Brüder einbezieht [146]. So überrascht es auch nicht, daß Lukas eine Seligpreisung der Mutter Jesu überliefert (11, 27 f), die ebenfalls von der leiblichen Mutterschaft ausgeht und zur Seligpreisung derer voranschreitet, die das Wort Got-

---

[145] Vgl. bes. R. LAURENTIN, Structure et théologie de Luc I–II, Paris 1957; DERS., Court traité sur la Vierge Marie, Paris ⁵1967; J. MCHUGH, The Mother of Jesus in the New Testament, Garden City 1975; R. E. BROWN, The Birth of the Messiah. A Commentary on the Infancy Narratives in Matthew and Luke, Garden City 1977; R. E. BROWN / K. P. DONFRIED / J. A. FITZMYER / J. REUMANN, Mary in the New Testament, Philadelphia-New York 1978 (deutsch: Maria im Neuen Testament. Eine ökumenische Untersuchung, Stuttgart 1981) (mit Bibliographie); H. RÄISÄNEN, Die Mutter Jesu im Neuen Testament, Helsinki 1969; J. ERNST, Lukas, ein theologisches Portrait, Düsseldorf 1985, 160–181.
[146] Vgl. Mary in the NT (Anm. 145) 167–170; ERNST, Lukas 175 f.

II. Einzelne Züge

tes hören und befolgen. Diese Lukas vorbehaltene Überlieferung von einer Frau, die im Volk ihre Stimme erhebt, um die Mutter Jesu und durch sie ihren Sohn zu preisen, setzt das in der Kindheitsgeschichte entworfene Bild Marias (vgl. den Preis der Elisabet Lk 1,42) fort und ist ein weiteres Zeugnis für die Hochschätzung Marias als der Mutter des Messias [147]. Da jedoch die exzeptionelle Stellung Marias die lukanische Sicht auf die Frauen nicht umfassend in den Blick bringt, sondern in eminenter Weise überschreitet, wollen wir Maria übergehen und uns eher auf die im sonstigen Evangelium erzählten Begegnungen Jesu mit Frauen konzentrieren.

Das Material des lukanischen Sondergutes umfaßt die Perikopen:

Die Witwe von Sarepta 4,25f
Die Witwe von Nain 7,11-17
Die salbende Sünderin 7,36-50
Die Frauen im Gefolge Jesu 8,1-3
Marta und Maria 10,38-42
Seligpreisung einer Frau aus dem Volk 11,27f
Heilung einer verkrümmten Frau am Sabbat 13,10-17
Gleichnis von der verlorenen Drachme 15,8-10
Gleichnis vom bösen Richter und der Witwe 18,1-5
Die klagenden Frauen am Kreuzweg 23,27-31.

Hinzuzunehmen sind aber auch die aus der vorlukanischen Tradition stammenden Perikopen und Anspielungen auf Frauen:

Die Heilung der Schwiegermutter des Petrus Lk 4,38f; vgl. Mk 1,30f; Mt 8,14f
Die Heilung der blutflüssigen Frau und die Auferweckung der Tochter des Jairus Lk 8,40-56; vgl. Mk 5,21-43; Mt 9,18-26
Die Königin des Südens Lk 11,31; vgl. Mt 12,42
Das Gleichnis vom Sauerteig Lk 13,20f; vgl. Mt 13,33.

Wir wollen uns an das Sondergut des Lukas halten. Die Witwe von Sarepta (4,25f) wird in der Predigt in Nazaret neben Naaman dem Syrer (4,27) als Beispiel dafür angeführt, wie Gott außerhalb Israels Menschen mit Wohltaten bedacht hat. Darin liegt eine Herausforderung für die jüdischen Hörer und Hörerinnen, die Jesu prophetische Botschaft nicht annehmen. Beachtlich ist die paarweise Anführung einer Frau und eines Mannes, die sich noch öfter beobachten läßt: im Doppelgleichnis vom Senfkorn und Sauerteig, im Gleichnis vom ver-

---

[147] Vgl. Mary in the NT (Anm. 145) 170-172. Die zweite Seligpreisung derer, die das Wort Gottes hören und befolgen, ist kein Widerspruch zur ersten („nein, vielmehr"), sondern eine Bestätigung der gläubigen Haltung Marias (vgl. Lk 1,45), die nicht wegen ihrer körperlichen Mutterschaft, sondern wegen ihrer Befolgung des Wortes Gottes seligzupreisen ist („ja, eher"), vgl. FITZMYER, Luke II, 927 und 928f.

lorenen Schaf und der verlorenen Drachme, in der Gleichstellung der umkehrwilligen Niniviten mit der aus der Ferne herbeieilenden Königin des Südens. Diese auf die Weisheit Salomos begierige Königin wird bei Lukas vor den Niniviten genannt (11,31), obwohl der Anschluß der Niniviten an das Drohwort über den Menschensohn näher läge. An dieser Königin des Südens, die von den Grenzen der Erde kommt, um die Weisheit Salomos zu hören, liegt dem Evangelisten, weil hier von der Weisheit die Rede ist, die auch das Jesusbild auszeichnet (2,40.52; 7,35; 11,49; 21,15)[148].

Die Witwe von Nain, mit der Jesus Mitleid hat, fügt sich zu den Heilungsgeschichten, die Jesus als Arzt und Helfer schildern, darunter auch zu der der verkrümmten Frau, die Jesus nach achtzehn Jahren von ihrem Leiden befreit und als „Tochter Abrahams" in Schutz nimmt (13,10-17). Die Totenerweckung übertrifft diese Sabbatheilung noch, weil Jesus hier als großer Prophet gepriesen wird: „Gott hat sich seines Volkes angenommen" (7,16). Daß diese gnadenvolle Heimsuchung Gottes um der trauernden Mutter und Witwe willen geschieht, der Jesus ihren Sohn zurückgibt, läßt die Zuwendung Jesu zu den Frauen durchblicken. Diese Linie wird durch die Begegnung Jesu mit der Sünderin 7,36-50 und den Frauen im Gefolge Jesu (8,1-3) fortgesetzt. Das Mitleid Jesu steigert sich in der Geschichte von der salbenden Sünderin zum Erbarmen mit einer gesellschaftlich geächteten Frau. Schlimmer als der Schmerz um Krankheit und Tod ist die seelische Not einer Frau, die um ihrer Sünden willen verachtet und aus der menschlichen Gesellschaft ausgeschlossen wird. Jesus sieht, wie in einer solchen Frau eine tiefe Liebe und Dankbarkeit gegen Jesus aufkommen kann, der sie in ihrer Situation beachtet, als vollen Menschen annimmt und von ihren Sünden losspricht. Als Begnadigte steht sie neben dem gelähmten Mann (5,17-26), nur daß bei ihr die seelischen Wurzeln ihrer Not und ihrer Liebe aufgedeckt werden[149].

Diese Sünderin wirft ein Schlaglicht auf die Situation der Frauen im damaligen Judentum und auf die Befreiung, die ihnen Jesus gebracht hat. Jesus löst sich völlig von der unterschiedlichen Beurteilung von

---

[148] Vgl. U. WILCKENS, Art. σοφία, in: ThWNT VII, 515-518 (zu den Texten der Logien-Quelle); in der Logien-Quelle sind es „Worte der Weisheit in Jesu Mund" (516,2f); A. FEUILLET, Jésus et la sagesse divine après les évangiles synoptiques: RB 62 (1955) 161-196; P. E. BONNARD, La sagesse en person annoncée et venue (LeDiv 44), Paris 1966; F. CHRIST, Jesus Sophia. Die Sophia-Christologie bei den Synoptikern (AThANT 57), Zürich 1970; H. VON LIPS, Weisheitliche Traditionen im Neuen Testament (WMANT 64), Neukirchen 1990, 197-266.
[149] Vgl. E. SCHWEIZER, Ev. nach Lukas (NTD 3), Göttingen 1982, 92: „Was der Frau geschenkt wurde, ist mehr als erstaunliche körperliche Heilung, gibt es doch auch ein Kranksein an der Sinnlosigkeit des Lebens ... Hier wird sich erst im Leben der Frau sichtbar zeigen, was unsichtbar an ihr geschehen ist."

II. Einzelne Züge

Mann und Frau und sieht allein auf den Menschen in seiner Situation vor Gott. Allein die Liebe, die sie an Jesus übt, ist der Maßstab, mit dem auch eine verachtete Dirne gemessen werden kann. Wenn Lukas anstelle der Geschichte von der Salbung Jesu in Betanien, die er aus Markus gekannt haben wird (Mk 14,3-9), diese andere Version von der liebenden Sünderin bringt, ist trotz aller traditionsgeschichtlichen Probleme [150] anzunehmen, daß ihm diese Geschichte auch deshalb lieb war, weil sie Jesu Liebe zu den Sündern und den Frauen ins Licht hob. Auch Markus bringt die sein Haupt salbende Frau im Haus Simons am Vorabend des Leidens Jesu bleibend in das Evangelium, weil man überall davon „zu ihrem Gedächtnis" erzählen wird. Lukas aber würdigt die seine Füße salbende Frau in ihrer Menschlichkeit und Hingabe an Jesus. Diese Frau ist für ihn ein Signal der Achtung und Liebe, die man jeder Frau entgegenbringen muß.

Das Frauenthema wird dann in 8,1-3 fortgeführt. Schon eingangs war zu sehen, welche Bedeutung diese Jesus begleitenden und unterstützenden Frauen für den Weg Jesu im Rückblick von Ostern her haben. Von diesen Frauen wird hervorgehoben, daß sie von bösen Geistern und Krankheiten geheilt wurden, namentlich Maria Magdalena, von der sieben Dämonen ausgefahren waren. Sie war eine besonders geplagte, körperlich und seelisch belastete Frau, die dann neben Johanna und der (Mutter) des Jakobus als erste die Botschaft von der Auferstehung Jesu erfuhr (24,10). Die namentliche Nennung der Frauen ist ein Anzeichen, daß Lukas besonders das Leiden der Frauen mitempfunden hat. Aus Schmerz und Not erwächst eine tiefere Liebe zu dem, der sie befreit und heilt.

Die Fähigkeit der Frauen, Unrecht und Leid mitzuempfinden, wird in der Szene auf dem Kreuzweg offenbar, wo Frauen um ihn klagen und weinen (23,27-31). Sie beobachten voll Schmerz den Leidensweg Jesu, schlagen sich an die Brust und weinen. In der Gegenüberstellung mit Simon von Cyrene, der Jesus das Kreuz tragen hilft, sind sie diejenigen, die das Geschehen stärker erfassen: Der König Israels (23,37f) wird in den Tod getrieben. Aber erst die Antwort Jesu deckt das über Jerusalem kommende Gericht auf, das für die Frauen besonders drückend sein wird. Die Frauen erscheinen als die vom Strafgericht Gottes besonders Betroffenen und es schmerzlich Erlebenden, wie schon Maria in der Prophetie des Simeon geweissagt wird (2,34f). Neben den Frauen, die Jesus von Galiläa nach Jerusalem begleiten (23,49), sind

---

[150] Vgl. R. E. BROWN, The Gospel acc. to John I, Garden City 1966, 449–452; R. SCHNACKENBURG, Joh-Ev II, 464–467; R. HOLST, The One Anointing of Jesus. Another Application of the Form-Critical Method: JBL (1976) 435–446; FITZMYER, Luke I, 684–686.

sie die Vertreterinnen der Stimme des Volkes, die Jesu Geschick tief empfinden[151].

Eine Frau kann aber auch die Freude am Evangelium Gottes bezeugen. Das Gleichnis von der verlorenen und wiedergefundenen Drachme (15,8-10) nimmt neben dem Gleichnis vom verlorenen Schaf das Grundthema von der Rettung der Verlorenen auf und setzt es in den Horizont der Freude Gottes über einen umkehrenden Sünder (15,10). Was im Gleichnis vom verlorenen Sohn stärker dann ausgeführt wird (vgl. 15,24.32), bricht in der Freude der Frau über die wiedergefundene Münze schon hervor. Lukas hat das Gleichnis jedenfalls in diesem Sinn verstanden und damit der freudigen Aufnahme des Evangeliums durch Frauen ein Denkmal gesetzt.

In diesem Zusammenhang muß auch die episodenhaft erzählte Einkehr Jesu im Haus der Marta und Maria gesehen werden (10,38-42). Aller Nachdruck ruht auf dem Anhören der Worte Jesu (V. 39). Damit hat Maria den guten Teil, den besseren gegenüber ihrer geschäftigen Schwester erwählt (V. 42). Sosehr sich die Auslegungsgeschichte mit den beiden Frauentypen beschäftigt und darin die Höherbewertung des kontemplativen Lebens gegenüber dem aktiven erblickt hat[152], dürfte diese Auslegung doch an der eigentlichen Aussageabsicht vorbeigehen. Nicht aktives Tun, irdische Tätigkeit und besinnliches Nachdenken stehen sich gegenüber, sondern Beschäftigung mit alltäglichen Dingen und Hören des Evangeliums. Die Szene auf der Wanderung Jesu ist nach der Seligpreisung der Jünger Jesu (11,23f) in eine Belehrung über das Jüngersein gestellt, die nacheinander das Tun der Liebe, das Hören auf das Evangelium und das Gebet behandelt. Um das ewige Leben zu gewinnen, muß man Gott und den Nächsten lieben, und zwar in der gleichen tatkräftigen Weise, wie es der barmherzige Samariter mit dem von Räubern geschlagenen Mann getan hat (10,25-32). Ein zweites Grunderfordernis christlichen Lebens ist das Hören auf Jesu Worte, wie es Maria bei der gastlichen Aufnahme Jesu getan hat. Ein Drittes ist schließlich notwendig: das Gebet, das im restlosen Vertrauen zu Gott die Kraft zum Jüngertum Jesu gewinnt (11,1-13). Daß Lukas hier seinen aus der Tradition genommenen Stoff

---

[151] Die Interpretation von J. H. NEYREY, Jesus' Address to the Women of Jerusalem (Lk 23,27-31) – A Prophetic Judgement Oracle: NTS 29 (1983) 74-86, daß die „Töchter Jerusalems" symbolisch als der Gottes Boten ablehnende Teil Jerusalems zu verstehen seien (76), ist schwerlich richtig. Das Klagen und Weinen, das die Todestrauer um Jesus vorausnimmt, ist eine positive Anteilnahme am Todesgeschehen Jesu.

[152] Diese Auslegung und Anwendung findet sich weithin im mittelalterlichen geistlichen Schrifttum. Eine andere Sicht auf Marta findet sich in der LEGENDA AUREA des Jacobus de Voragine: Marta als Gastgeberin Christi und zugleich Besiegerin des Todes (Drachen-Motiv); dieser Sicht geht nach E. MOLTMANN-WENDEL, Die domestizierte Martha. Beobachtungen zu einer vergessenen mittelalterlichen Frauentradition, in: dies., Frauenbefreiung (Anm. 144) 228-240.

thematisch anordnet, ist in der Verbindung des Hauptgebotes mit dem Gleichnis vom barmherzigen Samariter und an der Sammlung von Gebetstexten zu erkennen. Auch die dazwischen stehende Szene mit Marta und Maria behandelt ein Thema der Jüngerunterweisung, das zwischen liebendem Tun und Beten angesiedelt ist: Hören und Nachdenken über die Worte Jesu. Es ist eine Antwort auf die Auszeichnung der Jünger, daß sie sehen, was viele Propheten und Könige sehen wollten und nicht sahen und hören wollten und nicht hörten (11, 23 f). Dafür hat Lukas aus einer sonst unbekannten Tradition die beiden Schwestern Marta und Maria herangezogen. Er hat die Empfänglichkeit der Frauen für die Nachfolge Jesu gewürdigt und stellt ihr Hören auf das Wort Jesu über ihre Dienstbereitschaft für Jesus (vgl. 8, 3). Maria wird damit zum Typus des wahren Jüngers Jesu. Man kann darin auch das Gespür für die frauliche Fähigkeit finden, die Gedanken Gottes tiefer zu bedenken und zu ergründen, wie es von Maria, der Mutter Jesu, bezeugt wird (2, 19.51)[153].

Das Gleichnis vom gottlosen Richter und der Witwe (18, 1–5) führt die Witwe, die den Richter bedrängt, damit er ihr Recht verschaffe, nur als Beispiel dafür an, daß man allezeit beten und nicht nachlassen soll (18, 1). Die an sich aussichtslose Klage vor dem gottlosen Richter wird durch die Beharrlichkeit der Witwe, die den Richter wiederholt bestürmt, doch zum Erfolg. Wenn wir auf die Zeichnung dieser Witwe achten, wie sie im Selbstgespräch des Richters stärker hervortritt (18, 5), so hinterläßt sie zunächst einen anderen Eindruck als die anderen Frauen im Evangelium: Sie ist stürmisch, vielleicht sogar gewalttätig; aber hinter dieser Zeichnung verbirgt sich die Not der allein gelassenen Frauen, der Armen und Elenden, denen sich der Evangelist nach der Predigt Jesu in besonderer Weise zuwendet. Frauen können und sollen in ihrer Bedrängnis zu Gott schreien, der sie erhören wird. Damit fügt sich diese Witwe doch wieder in die Reihe der Frauen ein, die durch Jesus bei Gott Barmherzigkeit finden[154]. Das Bild von den Frauen, die im Lk-Ev begegnen, ist also recht unterschiedlich. Es fragt sich, welche Einschätzung der Frauen dahintersteht.

---

[153] Vgl. G. SCHNEIDER, Das Ev. nach Lukas I, 252: „Lukas hat in dieser anderen Maria eine vorbildliche Jüngerin gesehen, die das ‚Wort' meditativ hört (vgl. 2, 19.51; 8, 15; 11, 28)".
[154] Vgl. HEININGER, Sondergutgleichnisse bei Lukas (Anm. 110) 206. Er sieht, „daß die Figur der Witwe im Vergleich zu ihren alttestamentlichen Paradigmen eine ungemeine Aufwertung der Frau erfährt: Sie ist nicht mehr Objekt richterlichen Handelns, sondern Subjekt ihrer eigenen Vollzüge".

b) Die aus der lukanischen Darstellung sich ergebende Einschätzung der Frauen

Zweifellos muß zwischen der von Lukas aufgenommenen Tradition und seiner eigenen Bewertung unterschieden werden. Die Übersicht über das von Lukas verarbeitete Material (s. o. unter a) läßt erkennen, daß der Evangelist mit der Darbietung des Materials schon immer eine Beurteilung der Frauen, ihrer Wesensart und ihrer heilsgeschichtlichen Rolle verbunden hat. Das Bild der Frau, wie es Lukas vorschwebt, läßt sich so umreißen:

α) Die Frau als Mensch

Für Lukas ist die Frau ein vollwertiger Mensch. Zwar bringt er nicht die Auseinandersetzung um die Ehescheidung, in der auf die Schöpfung von Mann und Frau zurückgegriffen wird (Mk 10,6; Mt 19,4), doch schärft er das Verbot der Ehescheidung ein (16,8), und zwar aus dem Gedanken, daß ein Mann seine Frau nicht entlassen darf und auch eine von ihrem Mann entlassene Frau nicht heiraten darf. Damit stellt sich Jesus schützend vor die Frauen in der Ehe, woraus geschlossen werden muß, daß die Frau eine gleichberechtigte Partnerin des Mannes in der Ehe ist. Stärker als im Grundsätzlichen kommt Jesu Anerkennung der menschlichen Würde der Frau in den Heilungsgeschichten zum Ausdruck. Die blutflüssige Frau redet Jesus mit „Tochter" an (Lk 8,48 mit Mk 5,34; Mt 9,22), die gekrümmte Frau nennt er eine Tochter Abrahams (13,16). Bedenkt man, welche Bedeutung der männlichen Nachkommenschaft des Abraham zugeschrieben wird (vgl. 1,55), so ist diese ausdrückliche Einbeziehung der Frau in die Geschlechterfolge des Erzvaters beachtlich. Sie gehört genauso zum Gottesvolk wie der Oberzöllner Zachäus, den Jesus einen „Sohn Abrahams" nennt (19,9). Jesus heilt alle, Männer und Frauen ohne Ausnahme, sogar vornehmlich Frauen (8,2). In den Begegnungen mit Frauen werden ihre menschlichen Qualitäten offenkundig, nicht nur in ihrer Unterstützung der auf Hilfe angewiesenen Jünger Jesu (8,3), sondern auch in ihrer seelischen Anteilnahme am Geschick Jesu (23,27), in ihrer Begleitung Jesu bis unter das Kreuz (23,49) und in ihrem Dabeisein beim Begräbnis Jesu (23,55). Feinfühlig wird das Verhalten der büßenden Sünderin geschildert, die mit menschlicher Wärme Jesus eine Liebe zeigt, während der Pharisäer Simon menschliche Pflichten verletzt (7,44–46).

Im Gleichnis von der verlorenen Drachme tritt eine Frau auf, die in der Freude über ihren Fund ihre Freundinnen und Nachbarinnen zusammenruft und sie an ihrer Freude teilnehmen läßt. Vor allem ist hier auch der Jungfrau Maria zu gedenken, die sich auf die Kunde, ihre Verwandte Elisabet habe in ihrem Alter noch einen Sohn empfangen, sogleich aufmacht, um sie zu besuchen und ihr in ihrer Schwangerschaft beizustehen (1,39–56). Die Frauengestalten sind durchweg in ihrer Menschlichkeit gezeichnet, selbst Marta, die hinter ihrer Schwester Maria zurückgesetzt wird, besticht durch ihre Freimütigkeit, mit der sie Jesus ihre Beschwerde vorträgt (10,40). Die Witwe, die den ungerechten Richter bedrängt (18,1–5), ist ganz aus dem Leben genommen, mit einem Anflug von Komik.

β) *Die Frau in ihrer Gleichstellung mit dem Mann*

Wir beobachteten schon das Bemühen des Evangelisten, Frauen an der Seite von Männern auftreten zu lassen: die Prophetin Hanna neben Simeon, die Witwe von Sarepta neben dem Syrer Naaman, die Königin des Südens neben den Niniviten, die Frau, die ihre verlorene Drachme sucht, neben dem Hirten, der dem verlorenen Schaf nachgeht. Auch die Heilung der Schwiegermutter des Petrus neben der Heilung des Aussätzigen (4,38f und 5,12–16), die klagenden Frauen neben Simon von Cyrene (23,26f) sind hier zu nennen. Vor allem muß man sehen, daß die Frauen in die gleiche Nachfolge Jesu berufen sind wie seine Jünger, soweit das in den damaligen gesellschaftlichen Verhältnissen möglich war. In 8,1f heißt es: „Die Zwölf begleiteten ihn, außerdem einige Frauen, die er von bösen Geistern und Krankheiten geheilt hatte." Eine solche Nähe zu den Frauen war im damaligen Judentum undenkbar; aber Jesus nimmt sie in seine Gefolgschaft auf. Zwar konnten die Frauen das Reich Gottes nicht verkündigen wie die Jünger (9,2); aber sie waren bei der Verkündigung Jesu und seiner Jünger dabei und unterstützten Jesus bei dieser Tätigkeit.

Somit hat Jesus die Frauen aus einer androzentrischen Sicht herausgehoben und auf die gleiche Stufe wie die Männer gestellt. Souverän durchbricht er die Schranken der damaligen jüdischen Gesellschaft, wenn man nur einmal an sein Eintreten für die Sünderin denkt, die sich in ein Männergastmahl eindrängt, oder an die Frauen, die er in seine Gefolgschaft aufnimmt. Jesus vereinigt Züge in sich, die auch dem „Weiblichen" gerecht werden. Er ist der „integrierte" Mann, der nicht das „Männliche" als Hochform des Menschlichen festschreibt[155].

γ) *Frauen in heilsgeschichtlicher Rolle*

Die heilsgeschichtliche Bedeutung von Frauen tritt am stärksten in der Kindheitsgeschichte Jesu hervor. Im Magnificat, das Maria anstimmt, wird der Umschwung, der mit der Erwählung Marias zur Mutter des

---

[155] Vgl. H. WOLFF, Jesus der Mann. Die Gestalt Jesu in tiefenpsychologischer Sicht, Stuttgart 1975, 23–28.74–78.178.

Messias eintritt, beschrieben. Indem Gott auf die Niedrigkeit seiner Magd schaut, wird für die Zukunft erkenntlich: Er zerstreut, die im Herzen voll Hochmut sind. Die Mächtigen stürzt er vom Thron und erhöht die Niedrigen (1, 48-52). Eine eschatologische Wende vollzieht sich, wie sie Jesus in den Seligpreisungen und Weherufen ankündigt (6, 20-26). Maria ist das Realsymbol für diese in Gottes Heilsplan beschlossene umstürzende Wendung. Auch Elisabet, die Maria als die unter allen Frauen Gesegnete preist (1, 42), ist in diese Sicht einbezogen. Ihr Sohn Johannes bereitet durch seine Bußpredigt den in Jesus verwirklichten Weg Gottes vor (vgl. 1, 13-17. 68-79; 3, 3-6). Die Prophetin Hanna sagt ebenfalls die Erlösung Israels voraus (2, 38). Der heilsgeschichtliche Umbruch, der sich mit dem Kommen des Messias vollzieht, diese Wende zum Heil spiegelt sich in den prophetischen Worten der Frauen in der Kindheitsgeschichte wider. Ein Nachhall ist der Preisruf einer Frau aus dem Volk (11, 27f).

Eine heilsgeschichtliche Rolle wird gewiß auch den Jesus auf seinem Weg von Galiläa nach Jerusalem begleitenden Frauen zugesprochen. Denn sie veranschaulichen den mit Kreuz und Auferstehung gekennzeichneten Weg Jesu und führen durch ihre Botschaft an die Apostel von der Auferstehung Jesu (24, 10) in das zentrale Heilsgeschehen ein. Wenn die Apostel ihnen nicht glaubten und es für ein Geschwätz von Frauen hielten (24, 11), ist das ein Zugeständnis an die damalige androzentrische Einstellung, die ein Zeugnis von Frauen nicht gelten ließ. Aber im Gespräch der Emmausjünger mit Jesus heißt es doch, daß diese Frauen die Jünger in große Aufregung versetzten (24, 22). Die Frauen gaben wenigstens einen Anstoß zum Nachdenken über die Auferstehung Jesu. In der Zeit nach Ostern finden wir sie dann im Kreis der sich bildenden Christusgemeinde (Apg 1, 14). Jetzt sind sie volle Mitglieder der an Jesus Christus Glaubenden, und man darf annehmen, daß ihr Zeugnis anerkannt wurde.

c) Ausblick: Die Frauen in der Apostelgeschichte

Zu dem Bild, das sich Lukas – angeregt durch die Einstellung Jesu zu den Frauen – vom weiblichen Geschlecht machte, gehört auch seine Darstellung in der Apostelgeschichte vom Leben der Urkirche und ihrer Mission. Da wird ein Frauenbild festgehalten und weitergeführt, das sich Lukas schon durch den Rückblick auf das Wirken Jesu gebildet hatte. Man kann auch fragen, ob die Rolle der Frauen im urchristlichen Gemeindeleben und in der Mission nicht das lukanische Jesusbild beeinflußt hat. Doch hier lassen sich höchstens schwache Spuren erkennen, etwa der Dienst der Frauen für Jesus und seine Jünger (Lk 8, 3) oder die Heilungswunder an Frauen. Im ganzen bleibt Lukas seinen Quellen treu.

II. Einzelne Züge

Das Bild der Frauen in der Apostelgeschichte ist noch durch andere Faktoren als die Erinnerung an Jesus bestimmt[156]. Die Erfahrungen des Lukas aus dem Leben der ersten Christen und aus der Mission haben das Bild der Frau, wie es im Evangelium aufscheint, bestätigt und erweitert. Die Frauen erfahren weiter die Heils- und Heilungskräfte Christi. Im Sammelbericht über das Wirken der Apostel heißt es, daß Scharen von Männern und Frauen im Glauben zum Herrn geführt und alle Kranken geheilt wurden (5,14–16). Als einzelne Beispiele hören wir von der Heilung des gelähmten Äneas in Lydda (9,32–35) und der Auferweckung der Tabita in Joppe (9,36–42). Wieder werden ein Mann und eine Frau nacheinander genannt; die Frau erfährt sogar noch ein größeres Wunder. Die aktive Mitwirkung der Frauen in der Gemeindearbeit und in der Mission kommt vielfach zum Ausdruck, so durch die Purpurhändlerin Lydia in Philippi (16,11–15), durch Priszilla in Athen und Ephesus (18,2.18f.26). Das Ehepaar Priszilla und Aquila ist in der Mission des Paulus aktiv (vgl. Röm 16,3) und begleitet den Apostel von Athen nach Ephesus (Apg 18,19f). Auch an Maria, der Mutter des Johannes Markus, die ihr Haus zur Versammlung der Gläubigen zur Verfügung stellt (12,12), sieht man, wie Frauen den Apostel unterstützten. Um manche Frauen bildeten sich Hausgemeinden, wie noch die Grußliste in Röm 16 verrät. Diese aktive Rolle der Frauen war Lukas bekannt und hat sein Frauenbild geprägt. Die Frauen hatten dieselben Nachstellungen zu erdulden wie die Jünger des Herrn (Apg 8,3; 9,2; 22,4).

Besondere Aufmerksamkeit wendet Lukas den frommen, „gottesfürchtigen" Frauen zu, also Proselytinnen aus dem Judentum, die sich Paulus anschlossen (13,50; 17,4.12.34 [Damaris]). Auf der Romreise versammelten sich „Frauen und Kinder" in Tyrus, um von Paulus und seinen Gefährten Abschied zu nehmen (21,5f). Das gemeinsame Gebet am Strand zeigt die Gemeinde mit Frauen und Kindern als die Gottesfamilie, in der sich der Apostel aufgehoben weiß. In Caesarea trifft der Apostel im Haus des Evangelisten Philippus auf dessen vier prophetisch begabte Töchter (21,8f), die die gleiche Gabe der Prophetie besaßen wie Agabus (21,10f). Es erfüllt sich, was schon beim Pfingstereignis gesagt wird: „Eure Söhne und Töchter werden Propheten sein" (2,17).

Lukas macht auf der ganzen Linie keinen Unterschied zwischen den Frauen in den jungen Christengemeinden und den dort wirkenden

---

[156] A. WEISER, Die Rolle der Frau in der urchristlichen Mission, in: Die Frau im Urchristentum (QD 95, Anm. 144) 158–181 nennt außer dem Verhältnis Jesu zu den Frauen noch folgende Faktoren: die urchristliche Reflexion über das Heilswerk Jesu; das Bewußtsein, zum endzeitlichen Gottesvolk zu gehören, in dem Gott seinen heiligen Geist unterschiedslos Männern und Frauen schenkt; der Verlauf der urchristlichen Mission in den vom Judentum vorgeprägten Bahnen; sozialgeschichtliche Phänomene (164–167).

Männern, und er würdigt ihre Rolle in der Missionsarbeit des Paulus[157]. Damit bestätigt sich für ihn die Gleichbehandlung der Frauen im Wirken Jesu und darüber hinaus die Bildung einer neuen Heilsgemeinde, in der die alten Vorurteile überwunden sind. Die Frauen übernehmen nicht nur caritative Aufgaben, sondern auch Lehr- und Verkündigungsdienste. Sie sorgen für den Aufbau und das Leben der Gemeinden, besonders durch die „Hausgemeinden". So erweist sich Lukas als „Evangelist der Frauen", der der heutigen Frauenbewegung im Rahmen des damals Möglichen die Wege bereitet hat.

4. Der betende Jesus

Lukas hat dem Gebet, dem betenden Jesus und der betenden Gemeinde große Aufmerksamkeit geschenkt. Das Beten ist der ganzen Urkirche in Erinnerung an Worte Jesu und an sein Verhalten ein wichtiges Anliegen[158]. Bei Lukas wird es in so besonderer Weise Jesus und danach der Urkirche zugesprochen, daß man darin einen besonderen Zug im Bild Jesu erkennen kann. Für ihn ist Jesus an den Wegmarken seiner irdischen Laufbahn, in entscheidenden Situationen betend der Gesandte Gottes, der damit zugleich der Kirche Beispiel und Impuls für ihr Beten gibt. Lukas hat diese Eigentümlichkeit Jesu, mit seinem Vater zu sprechen und alles in dessen Hand zu geben, aus den überlieferten Gebetstexten erkannt und danach sein Jesusbild getönt. Er wird zum hervorragenden Lehrer des Gebetes für die Gemeinde, die er schon im Jüngerkreis vorgebildet sieht (vgl. Lk 11,1). So haben wir im folgenden die besonderen Aussagen des Evangelisten zum betenden Jesus (1), das Vorbildhafte des Gebetes Jesu für die Gemeinde (2) und das entsprechend dargestellte Bild der Urkirche (3) zu untersuchen.

a) Das Gebet im irdischen Wirken Jesu

An folgenden Stellen wird Jesus bei Lukas im Unterschied zur markinischen Darstellung als Betender eingeführt:

3,21: Als Jesus getauft wurde und betete, öffnete sich der Himmel
5,16: (nach der Heilung des Aussätzigen) war Jesus an einem einsamen Ort und betete

---

[157] Zum umfassenden missionarischen Dienst der Frauen s. WEISER, ebd. 175–179.
[158] Aus der Literatur seien hervorgehoben: A. HAMMAN, La prière I: Le Nouveau Testament, Toulouse 1959, bes. 59–169; 170–213; O. G. HARRIS, Prayer in the Gospel of Luke, in: SWJT 10 (1967) 59–69; W. OTT, Gebet und Heil. Die Bedeutung der Gebetsparänese in der lukanischen Theologie (StANT 12), München 1965; P. T. O'BRIEN, Prayer in Luke-Acts, in: TynB 24 (1973) 111–127; H. BALZ, in: EWNT III, 396–409, bes. 407f (Literatur); J. ERNST, Ev nach Lukas, Regensburg 1977, 368–371; F. BOVON, Luc le Théologien 420–422.

II. Einzelne Züge

6,12: (vor der Apostelberufung): Er ging hinaus auf den Berg, um zu beten, und verbrachte die Nacht im Gebet
9,18: (vor dem Petrusbekenntnis): Als er allein betete, kamen die Jünger
9,28f: (bei der Verklärung): Er stieg auf den Berg, um zu beten; als er nun betete, geschah es ...
11,1: (vor dem Vaterunser): Als er an einem Ort im Gebet verweilte ...
22,32: „Ich habe für dich (Petrus) gebetet ..."
23,34: Jesus aber sprach: Vater, verzeih ihnen ...
23,46: Da rief Jesus mit lauter Stimme: Vater, in deine Hände empfehle ich meinen Geist.

Überschaut man diese Stellen, so wird deutlich, daß Jesus seit der Taufe bis zu seinem Tod immer wieder betet. Diese Gebetsmomente sind aber nicht willkürlich eingefügt, sondern betreffen wichtige Situationen im Auftreten und Wirken Jesu. Es sind Weichenstellungen (Taufe) und Wendepunkte (Passion), die Jesu Weg bestimmen. Die Taufe Jesu, bei der er den Himmel geöffnet und den heiligen Geist wie eine Taube auf sich kommen sieht (vgl. Mk 1,10 / Mt 3,16), wird für Lukas zum Ort des Gebetes (3,21), so daß Jesus nicht nur eine Vision erfährt (Mk) bzw. in ein göttliches Geschehen einbezogen ist (Mt), sondern selbst an diesem Geschehen beteiligt wird. In enger Verbindung mit seinem Vater wird damit der Heilsweg Jesu eröffnet. Jesus vollzieht seine Heilungstaten in der Kraft des heiligen Geistes, vom Gebet an einsamem Ort begleitet (vgl. 5,16)[159]. Dann beruft er die zwölf Apostel und betet wieder, und zwar die ganze Nacht hindurch (6,12).

Diese Zusammenhänge werden zu einem Modell für die Gemeinde nach Ostern: Vor der Wahl des Matthias zum Apostel verharrten alle einmütig im Gebet (Apg 1,14). Die Apostelwahl mit der betonten Bezeichnung der Jünger als „Apostel" ist die Brücke zur nachösterlichen Gemeinde (vgl. Apg 1,21–26). Die Befragung der Jünger, für wen ihn die Leute halten, schließt sich an ein einsames Gebet Jesu an (9,18). Durch Jesu Gebet bestärkt, kommt es zum Messiasbekenntnis des Petrus und zur anschließenden Eröffnung des Leidens- und Todesweges

---

[159] Es gibt auch einige Stellen, in denen Lukas die Gebetsunterweisung Jesu übergeht, so Mt 6,3–8 (beten nicht wie die Heuchler); Mk 11,24 / Mt 21,22 (erhörungsgewisses Gebet; bei Lk 17,6 auf den Glauben bezogen); Mk 11,25 (Gebet in Verbindung mit Vergebungsbereitschaft, vgl. Mt 6,14); Mt 18,19 (einmütiges Beten); Mk 13,18 / Mt 24,20 (beten, daß die Flucht nicht im Winter geschehe). Aber das dürfte mit den Überlieferungsverhältnissen zusammenhängen. Kritik an einem schlechten Beten (vgl. Mt 6,3–8) findet sich bei Lukas im Gleichnis vom Pharisäer und Zöllner (18,9–14). Lukas kommt es mehr auf die rechte Gebetshaltung an. Das vertrauensvolle, der Erhörung gewisse Gebet wird genügend in Lk 11,5–8 und 11,9–13 (vgl. Mt 7,7–11) unterstrichen. Vgl. die Übersicht bei Ott, Gebet und Heil 14–18.

Jesu (9,20–22). Es ist, als wollte der betende Jesus seine Jünger für die Enthüllung seines Leidensgeheimnisses stärken. Genauso geschieht die Verklärung auf dem Berg auf das Gebet Jesu hin (9,28). Diese auf die Auferstehung Jesu vorausweisende Offenbarung kann die Jünger, die in dieses Geschehen einbezogen sind, in numinose Furcht versetzen (9,34); aber durch das Gebet Jesu ist der ganze Vorgang als eine außergewöhnliche himmlische Erscheinung zu verstehen, die für die drei Jünger eine besondere Offenbarungsqualität hat. Die Christophanie auf dem Berg, die Jesus in seiner Herrlichkeit enthüllt, soll die Jünger (und die spätere Gemeinde) angesichts des bevorstehenden Todes Jesu stützen und stärken; Mose und Elija sprechen mit Jesus über den „Ausgang", den er in Jerusalem nehmen sollte (9,31f). Während des Gebetes Jesu wurde sein Antlitz verändert, und die Kleider Jesu wurden leuchtendes Weiß (9,29). Schon im irdischen Leben Jesu werden die drei Jünger für kurze Zeit Zeugen seiner Auferstehung. Der betende Jesus vor der Verklärung steht in einem ähnlichen Kontext wie der leidende Jesus am Ölberg[160], nur daß hier alles in das Licht der Auferstehung gerückt ist. Der heilsgeschichtliche Weg vom Tod zur Auferstehung (24,26) wird im Gebet Jesu zusammengehalten, gleichsam im Spiegelbild. Das Passionsgeschehen kann nur im Gebet bewältigt werden. Trotz seiner Ergebung in den Willen Gottes (22,42) gerät Jesus in Todesangst (ἀγωνία) und betet um so inständiger (22,42). In dieser Ölbergstunde ist alle Angst zusammengedrängt und kann dann Jesus beim tatsächlich eintretenden Tod nicht mehr aus der vertrauensvollen Verbindung mit dem Vater reißen (23,46).

Jesus ist nicht der einsame Beter, sondern in seinem Beten den Menschen seiner Umgebung zugewandt. Für Petrus hat er gebetet, daß sein Glaube nicht ausgehe (22,31), und für die Henkersknechte betet er, weil sie nicht wissen, was sie tun (23,34), wenn man der schlechten Textbezeugung folgen darf (s. u. 2). Die Frauen, die am Kreuzesweg klagen und weinen (23,27), erhalten seinen warnenden Zuspruch, und der mitgekreuzigte Verbrecher, der sich bekehrt, empfängt die Zusicherung, noch heute mit Jesus im Paradies zu sein (23,43). Alle diese besonderen Züge in der Passion Jesu darf man auf die Kraft des Gebetes Jesu zurückführen, die sich bis in die Todesstunde durchhält. Das wird zwar nicht ausdrücklich gesagt; aber die bisherige Zeichnung des betenden Jesus rechtfertigt diese Auslegung. Das Gebet macht ihn hellhörig für die Stationen, auf denen sein Weg verläuft.

Jesus wird aber nicht nur als der persönliche Beter vorgestellt, sondern auch als derjenige, der seine Gemeinde auf den Weg des Gebetes führt. Die dem Vaterunser vorgeschalteten Rahmenbemerkungen 11,1 erweitern den Blick vom betenden Jesus auf die betende Gemeinde.

---

[160] Vgl. J. ERNST, Ev nach Lukas 302f.

II. Einzelne Züge

Die Jünger Jesu wollen beten lernen, wie die Johannesjünger von ihrem Meister darin unterwiesen wurden. Zwar wissen wir nichts Näheres über das Beten der Täufergemeinde, aber ihr Fasten und Beten ist vorausgesetzt (vgl. 5,33). Wahrscheinlich blickt Lukas schon auf die sich nach Jesu Scheiden bildende Gruppe der Johannesjünger (vgl. Apg 19,2-7); ihrer Gebetspraxis stellt er das Gebet der christlichen Gemeinde gegenüber, das sie von Jesus selbst gelehrt bekam, das Vaterunser. Die geschichtlichen Umstände der Jüngerbitte sind denkbar, wenn die Johannesjünger schon zur Zeit Jesu ein besonderes Beten pflegten; aber dafür, daß Lukas über die damalige Situation hinausblickt, sprechen folgende Gründe: 1. Auch das Gebet am Ölberg wird für die Jünger und die spätere Gemeinde zu einer Mahnung, nicht in Versuchung zu geraten (22,40.46), überschreitet also die aktuelle Situation; 2. die am Ende der ganzen Gebetsunterweisung stehende Verheißung des heiligen Geistes (11,13) weist in die Zeit der Urkirche, wo der Geist den Gläubigen geschenkt wird; 3. Erhörungsgewißheit (11,5-8) fügt sich zwar in die Gebetsunterweisung Jesu, wird aber im Gleichnis vom gottlosen Richter und der Witwe (18,1-8) in die nachösterliche Situation der Kirche übertragen. Sie könnte durch die Parusieverzögerung in ihrem Gebet verunsichert sein: „Sollte Gott seinen Auserwählten, die Tag und Nacht zu ihm schreien, nicht zu ihrem Recht verhelfen, sondern zögern?" (18,7). Noch deutlicher verweist 18,8: „Wird jedoch der Menschensohn, wenn er kommt, auf der Erde Glauben finden?" auf die spätere Zeit der Kirche[161]. Lukas hat die Gebetsmahnungen Jesu aufgenommen und für die Kirche interpretiert und aktualisiert. Die Stärkung des Glaubens (vgl. 17,5) bedarf des Gebetes (22,32). Lukas denkt von der Situation der Urkirche her und stellt die Gebetsmahnungen Jesu in ihre Situation hinein (18,1; dazu 19,11).

Man kann beim betenden Jesus noch fragen, wie sich dieses Flehen zum Vater zu seiner Gottessohnschaft verhält, die ihn in nächste Nähe zu Gott bringt. Alles ist Jesus von seinem Vater übergeben, und er besitzt eine intime Kenntnis Gottes (10,22). Aber der Sohn bleibt dem Vater untergeordnet und verfügt nicht über das, was der Vater geplant hat. Die johanneische Problematik, warum der wesensgleiche Sohn überhaupt betet, da er ja den Willen des Vaters kennt und sich der Erfüllung seiner Bitten gewiß ist (Joh 11,41f; 12,27f), liegt Lukas fern. Jesus bleibt der Mensch, der in jubelnder Freude dem Vater danken (10,21) und in tiefster Not um Rettung rufen kann (22,44). Im Gebet findet er Kraft, Gottes Verfügungen anzunehmen (9,18 in Verbindung mit 9,22) und sich noch in der Todesstunde in die Hand Gottes zu ge-

---

[161] Für den Zusammenhang des Gleichnisses vom bittenden Freund und vom Richter und der Witwe vgl. OTT, Gebet und Heil 32-72.

ben (23,46). Das Gebet wird für ihn zur Offenbarung des göttlichen Willens und zum tragenden Grund seiner irdischen Laufbahn.

b) Das Vorbildhafte des Gebetes Jesu für die Gemeinde

Wenn Lukas den betenden Jesus seinen Lesern und Leserinnen vor Augen stellt, verfolgt er bestimmte Intentionen. Für die spätere Gemeinde ist als erstes zu sehen, daß Jesu Gebet zum Vorbild für die Jünger wird. Besonders deutlich tritt dies beim Martyrertod des Stephanus hervor. Wenn Stephanus das Wort Jesu bei der Kreuzigung vor Augen hat: „Vater, verzeih ihnen, denn sie wissen nicht, was sie tun" (Lk 23,34), wird sein Ausruf bei der Steinigung: „Herr, rechne ihnen diese Sünde nicht an!" (Apg 7,60) als Nachahmung der verzeihenden Güte Jesu gegenüber seinen Henkern verständlich. Da aber der Vers 23,34a schlecht bezeugt ist, bleibt eine Unsicherheit, ob Jesus bei der Kreuzigung zwischen den beiden Verbrechern so gesprochen hat [162].

Der Tod des Stephanus wird nach dem vorbildlichen Sterben Jesu erzählt. Nicht nur die Fürbitte für die Mörder, sondern noch weitere Worte klingen an Jesusworte an: die Übergabe des Geistes in die Hand des Vaters (7,59; vgl. Lk 23,46), ferner das Stehen des Menschensohnes zur Rechten Gottes (Apg 7,56; vgl. Lk 22,69) [163]. Das Martyrium Jesu trägt das des Stephanus und macht es in seinem Verlauf durchsichtig, auch das Rufen der Ratsmitglieder mit lauter Stimme (vgl. Apg 7,56; vgl. Lk 23,23). Der ganze Stephanusprozeß erinnert an das Vorgehen gegen Jesus: Jesu provozierende Herausforderung seiner Gegner führt zu heftiger Reaktion, seine souveräne Überlegenheit zur wütenden Anklage und zur Hinrichtung, die aber im Licht der Hoheit Jesu steht.

Das Beten Jesu wird auch in anderer Hinsicht für die spätere Gemeinde zum Vorbild. Jesu Gebet am Ölberg wird durch die Anrede an die Jünger eingeleitet: „Betet darum, daß ihr nicht in Versuchung geratet!" (22,40). Wenn sich Jesus dann von ihnen entfernt, niederkniet und betet, sollen sie daran erkennen, wie wichtig ihm dieser Aufruf zum Gebet ist. In dieser Stunde vor der Verhaftung und dem Leiden Jesu geraten sie in eine Versuchung, die ihren Glauben und ihr Jüngersein in Frage stellt. Diese Prüfung ist eine außergewöhnliche und doch eine, die jeden Jünger jederzeit treffen kann. In dieser Stunde nehmen

---

[162] Daß die Darstellung von Apg 7,60 die Einfügung der Vergebungsbitte in der Kreuzigungsszene veranlaßt habe, ist unwahrscheinlich. Das Eintreten Jesu für Unrechttäter und Feinde gewinnt im Bild des lukanischen Jesus einen festen Anhalt: „Betet für die, die euch mißhandeln" (Lk 6,28). Den Jüngern verbietet Jesus, auf das ungastliche Samariterdorf Gottes Strafe herabzurufen (9,54–56). Den fremden Exorzisten will er nicht gehindert sehen (9,49f). Der umgekehrte Weg von der Bitte Jesu zum Ausruf des Stephanus liegt viel näher.
[163] Vgl. G. SCHNEIDER, Apg I, 478.

II. Einzelne Züge

sie an der Versuchung Jesu teil, der sich in den Willen des Vaters ergibt. Wenn sich diese Versuchung bis zu einer Todesangst steigert, während sein Schweiß wie Blutstropfen zur Erde fällt (V. 44) – trotz erheblicher Ausfälle in den Handschriften wohl doch der ursprüngliche Text –, so wird darin eine bis ins Physische reichende Schwäche Jesu sichtbar. Die Szene ist zweistufig aufgebaut: erst Jesu Gebet um Bewahrung vor dem Tod, dann Stärkung durch einen Engel und erneute heftige Angst, die ein inständigeres Beten hervorruft. Diese Steigerung ist beabsichtigt, einmal, um die schlafenden Jünger mit Jesus zu kontrastieren, dann aber auch, um der Mahnung „Betet, damit ihr nicht in Versuchung geratet" (V. 46) Nachdruck zu verleihen. Die Ölbergszene ist also von dieser Mahnung umrahmt, und der betende Jesus veranschaulicht das Beten, das die Versuchung überwinden läßt. Auffällig ist, daß die bei den andern Synoptikern damit verbundene Mahnung zum Wachen bei Lukas wegfällt (doch vgl. 21, 36). Alles ist auf das Gebet konzentriert, auch so, daß die Jünger am Beten Jesu ablesen können, wie sie beten sollen: Je stärker die Anfechtung wird, um so eindringlicher sollen sie beten.

Das entspricht der sonstigen Gebetsparänese bei Lukas. Gott wird seinen Auserwählten, die „Tag und Nacht zu ihm schreien", unverzüglich ihr Recht verschaffen (18, 8). Sie sollen allzeit beten und darin nicht nachlassen (18, 1). Das immerwährende, immer wieder geübte Gebet orientiert sich am Beten des irdischen Jesus, der immer wieder in das Gebet zu seinem Vater eintaucht. Es ist ein beharrliches Beten, das der Erhörung gewiß ist [164].

Das Beten Jesu ist aber nicht nur Vorbild für die Jünger und die spätere Gemeinde, er lehrt die Jünger auch ein inhaltlich neues Gebet, das Vaterunser. Damit wird der Gemeinde gesagt, um was sie beten soll. Jesus ist der Lehrer des Gebetes für die künftige Gemeinde [165]. Das Vaterunser ist als Gebet um das Kommen des Reiches Gottes mit den notwendigen Bitten in der gegenwärtigen Weltzeit verbunden und *lehrt* die Jünger („Herr, *lehre* uns beten!"), wie und um was sie in dieser Zeit beten sollen. Dabei ist es weniger wichtig, ob die Geistbitte nach einigen Textzeugen die Reichsbitte ersetzt oder ergänzt hat [166]. Auf jeden

---

[164] Den Unterschied zum unaufhörlichen Beten bei Paulus arbeitet OTT, Gebet und Heil 139–143; heraus: Bei Paulus ist es das Beten des erlösten Menschen, immerwährende Freude, Dank zu jeder Zeit; bei Lukas ein Bittgebet, das sich am Beispiel des unverschämten mitternächtlichen Bittstellers orientiert (Lk 11,8). Das ist vielleicht zu scharf pointiert; aber Ott sieht etwas Richtiges.
[165] Den Vorbildcharakter betont OTT, Gebet und Heil 94–99, zu ausschließlich. Vgl. dagegen F. BOVON, Luc le Théologien 420–422 mit HARRIS und O'BRIEN (Anm. 158).
[166] OTT, Gebet und Heil 102–123, macht sich mit A. v. HARNACK, Über einige Worte Jesu, die nicht in den kanonischen Evangelien stehen: SPAW 1904 I, 170–208, für die Geistbitte und eine besondere lukanische Form des Vaterunsers stark. „Die lukanische Form des Vaterunsers hat als lukanische Überarbeitung des Gebetsformulars ihren Platz

Fall fügt sich das Vaterunser in das Beten der Gemeinde in der Zwischenzeit zwischen Anbruch und Vollendung der Gottesherrschaft. Die Christen sollen allezeit „wachen und beten, um ... vor den Menschensohn hintreten zu können" (21,36). Auch um irdische Dinge können die Jünger Jesu beten (vgl. 11,11–13); aber wichtiger ist das Beten um den heiligen Geist, mit dem den Christen alles geschenkt ist, worum sie in ihrer Bedürftigkeit und Not bitten können. Letzthin ist überhaupt nicht der Inhalt der Gebete entscheidend, sondern das beharrliche Beten überhaupt. Denn im Gebet wird der Christ in die Gemeinschaft mit dem himmlischen Vater aufgenommen, der weiß, was wir für unser Leben brauchen (12,30). Am wichtigsten ist das Streben nach dem Reich Gottes, um dessen Kommen wir im Vaterunser beten. Auch wenn sich die Ankunft des Herrn verzögert (Lk 12,38), bewältigt das immerwährende Gebet die Zeit des Wartens. Lukas will die Kraft des Gebetes in jeder Situation herausstellen.

c) Das Gebet in der nachösterlichen Gemeinde

Das Beharren in den Gebeten gehört zum Bild der idealen Gemeinde im Summarium Apg 2,42 (vgl. schon 1,14 und 2,46f). Vom Gebet und vom Beten ist in der Apg etwa 25mal die Rede, das „Bitten" (δέομαι) noch nicht mitgerechnet. Die ganze Urkirche ist eine betende Gemeinde[167]. Wichtiger als der Tischdienst ist den Aposteln „das Gebet und der Dienst am Wort" (6,4). Aufgaben, die den Aposteln und der Gemeinde zufallen, werden vom Gebet begleitet: die Aufstellung der sieben Männer für die Versorgung der Witwen (6,6), die Vermittlung des Geistes an die Gläubigen in Samaria (8,18), die Aussendung des Barnabas und Saulus in Antiochien zur Mission (13,3), die Bestellung von Ältesten in den Gemeinden (14,23), die Verabschiedung des Paulus auf seinem Weg nach Jerusalem (20,36; 21,5). Die Gemeinde, die bei der Verhaftung des Petrus um das Leben ihres Führers bangt, betet inständig für ihn (12,5.12).

Besonders zu beachten ist das Gebet, das die Gemeinde nach der Freilassung des Petrus und Johannes aus der Haft und dem Verhör vor dem Hohen Rat mit einmütiger Stimme an Gott richtet (4,23–31)[168]. Es ist ein Preis- und Bittgebet. Gepriesen wird Gott, der Himmel, Erde und das Meer geschaffen hat (vgl. Ps 146,6; Jes 37,16) und die Worte

---

innerhalb der lukanischen Gebetsparänese" (122). Doch vgl. B. M. Metzger, A Textual Commentary on the Greek New Testament, London–New York 1971, 154–156: Die Variante stamme aus literarischer Anpassung, vielleicht als der Ritus der Taufe oder der Handauflegung als Ausdruck der reinigenden Kraft des heiligen Geistes gepflegt wurde.
[167] Ott, Gebet und Heil 124–135.
[168] Vgl. D. Rimaud, La première prière liturgique dans le livre des Actes (Actes 4,23–31), in: MD 51 (1957) 99–115.

II. Einzelne Züge

aus Ps 2 („Warum toben die Völker...") jetzt in dieser konkreten Situation wahr gemacht hat. Die verbündeten Feinde Jesu und der Gemeinde, Herodes, Pontius Pilatus, Heiden und Juden, haben ihr Ziel nicht erreichen können, sondern konnten nur ausführen, was Gottes Hand und Wille im voraus bestimmt hatten. Und doch bestehen ihre Drohungen weiter, und so wird das Gebet zu einer Bitte um weitere freimütige Verkündigung des Wortes Gottes und um Heilungen, Wunder und Zeichen durch den Namen von Gottes heiligem Knecht Jesus. Es ist eine besondere Situation, in der die Gemeinde dieses Gebet spricht, eine gefährliche und doch heilsgeschichtlich bedeutsame Situation. Das von Lukas gestaltete Gebet trifft eine Situation, die sich noch öfter in der Urkirche wiederholen soll: die Verfolgung des Stephanus und die dadurch nach Gottes Willen und Voraussicht ausgelöste Verbreitung des Evangeliums in weitere Gebiete (8,1b.3); die Hinrichtung des Jakobus und Verhaftung des Petrus, die doch zum Triumph über den König Herodes führt (Kap. 12); die Nachstellungen gegen Paulus und der Weg, auf den er als das auserwählte Werkzeug geführt wird, um Jesu Namen vor Völker und Könige und vor die Söhne Israels zu tragen (9,15). Das ist genau das, worum die Gemeinde im Hinblick auf die gegen sie verbündeten Feinde betet (4,27). Der heilige Geist wird die Kirche weiter führen und durch Zuwachs stärken (9,31).

Gewisse Parallelen zum Beten Jesu lassen sich erkennen. Das Gebet bei der Taufe Jesu, das zur Herabkunft des heiligen Geistes führt, ist wie eine Vorschau auf das Gebet um den heiligen Geist, den Petrus und Johannes auf die in Samaria getauften Gläubigen herabrufen (Apg 8,15-17). Taufe und Geistempfang gehören zusammen (vgl. 2,38), freilich so, daß denen, die sich durch die Taufe auf den Namen Jesu in die christliche Gemeinde eingliedern, der heilige Geist als Gabe versprochen wird. Wo der Geist noch nicht herabgekommen ist, betet man unter Handauflegung um den heiligen Geist. Das Gebet ist wie in Apg 1,14; 10,31.44 Vorbereitung auf den Geistempfang. Wie Jesus vor der Apostelwahl betet, so geschieht es auch in der Gemeinde, als man die sieben Männer für die Versorgung der Armen aufstellte (6,6) oder als die Gemeinde von Antiochien Paulus und Barnabas zur Mission aussandte (13,3) oder als man Älteste in den einzelnen Gemeinden bestellte (14,23). In der Gemeinde kommt die Handauflegung als äußerer Ritus dazu; es bedarf eines äußeren Zeichens. Das Beten Jesu für seine Jünger ist nicht das gleiche wie das Gemeindegebet für die Missionare und Gemeindeleiter; aber dieses unter Fasten verstärkte Gebet hält sich an das Vorbild Jesu. In Not und Bedrängnis wird sich die Gemeinde an das Beten Jesu am Ölberg erinnert haben. Es sind keine wirklichen Parallelen zum ständigen Gebet Jesu; aber es ist Fortsetzung des Gebetsstromes, der von Jesus ausgeht und sich in der Gemeinde fortsetzt. Das Beten hält die Erinnerung an Jesus fest und wird zu neuer Kraft im Leben der Gemeinde.

Ein Unterschied besteht allerdings zwischen dem Beten Jesu, das sich im persönlichen Gespräch mit seinem Vater vollzieht, und dem Beten in der Gemeinde, das stets ein gemeinsames Beten ist. Aber dafür wird der Blick schon im Evangelium geöffnet. Als Jesus seine Jünger das Vaterunser lehrt, ist der Jüngerschaft das gemeinsame Gebet aufgegeben. Es verwirklicht sich nach Ostern in der Kirche, und das entspricht dem Fortgang der Heilsgeschichte, die nach der Zeit Jesu zur Zeit der Kirche voranschreitet. Was Jesus heilend und betend, den Gewalten des Bösen widerstehend und die Verfolgungen und Leiden bestehend auf Erden getan hat, das weitet sich in der Urkirche unter der Führung des Geistes zu einem fortfließenden Strom, der das Christusheil in die Welt trägt.

Im ganzen ist das Jesusbild des Lukas durch die Christologie geprägt, aber auch mit besonderen Zügen bereichert. Es nimmt Traditionen aus dem Markusevangelium und der Logienquelle auf, wird aber durch das heilsgeschichtliche Denken des Lukas zu einer besonderen Sicht im Übergang von der Zeit Israels zur Zeit der Kirche. Die heidenchristliche Gemeinde tritt das Erbe des alten Israel an, und das bedingt auch neue Perspektiven für das Bild Jesu Christi (s. unter I). Einzelne Züge entspringen dem persönlichen Engagement des Evangelisten (s. unter II) und lassen ein Bild entstehen, das in der vorangeschrittenen christlichen Generation das Andenken an Jesus festhält, aber auch die Vorliebe des Hellenisten Lukas für die Menschlichkeit Jesu, sein Eintreten für die Armen und Elenden, die Zuwendung zu den Frauen und seine tiefe Frömmigkeit erkennen läßt.

Fünftes Kapitel

Johannes

Die johanneische Christologie ist eine der reifsten Früchte des Nachdenkens über Jesus Christus im frühen Christentum. Die Werke, die sich mit ihr beschäftigen, reißen nicht ab [1]. Sie hat eine große Wirkungsgeschichte nach sich gezogen, die schon in der alten Kirche beginnt und sich durch alle Jahrhunderte hindurchzieht [2]. Der geschichtliche Jesus ist bei Johannes ganz in die gläubige Schau nach Ostern aufgenommen. Das ist zwar auch in den synoptischen Evangelien der Fall, doch setzt die johanneische Christusschau schon bei der Menschwerdung des göttlichen Logos an, und diese Sicht beherrscht das ganze Auftreten und Wirken Jesu im irdischen Raum. Er ist aus dem Himmel herabgekommen und steigt dorthin wieder auf (Joh 3,13.31; 6,62). So ist er über allen (3,31) und bezeugt das, was er bei seinem Vater gesehen und gehört hat (3,32a). Obwohl seine Überlegenheit erst durch die Erhöhung und Verherrlichung in Kreuz und Auferstehung vollends offenkundig

---

[1] Aus den letzten zwei Jahrzehnten seien hervorgehoben: J. P. MIRANDA, Der Vater, der mich gesandt hat. Religionsgeschichtliche Untersuchungen zu den johanneischen Sendungsformeln, Frankfurt/M.–München ²1976; M. DE. JONGE, Jesus: Stranger from Heaven and Son of God, Missoula, Montana 1977; J.-A. BÜHNER, Der Gesandte und sein Weg im 4. Evangelium (WUNT 2/2), Tübingen 1977; I. DE LA POTTERIE, La vérité dans S. Jean, 2 Bde. (AnBib 73/74), Rom 1977, bes. I, 117–278; J. BECKER, Ich bin die Auferstehung und das Leben. Eine Skizze der johanneischen Christologie: ThZ 39 (1983) 136–151; M. L. APPOLD, The Oneness Motif in the Fourth Gospel (WUNT 2/1), Tübingen 1976; F. J. MOLONEY, The Johannine Son of Man, Rom ²1978; W. THÜSING, Die Erhöhung und Verherrlichung Jesu im Johannesevangelium, Münster i. W. ³1979; R. KYSAR, The Fourth Evangelist and His Gospel, darin: The Christology of the Gospel 178–206, Minneapolis, MI 1975; W. LOADER, The Christology of the Fourth Gospel (BET 23), Frankfurt/M.–Bern u. a. 1989; M. THEOBALD, Die Fleischwerdung des Logos (NTA NF 20), Münster i. W. 1988; K.-J. KUSCHEL, Geboren vor aller Zeit? Der Streit um Christi Ursprung, München–Zürich 1990.

[2] F.-M. BRAUN, Jean le Théologien et son évangile dans l'église ancienne, Paris 1959; M.-F. WILES, The Spiritual Gospel: The Interpretation of the Fourth Gospel in the Early Church, Cambridge 1960; T. E. POLLARD, Johannine Christology and the Early Church (MSSNTS 13), Cambridge 1970; R. SCHNACKENBURG, Joh I: Das Johannesevangelium in der Geschichte 171–196. Zu einzelnen altchristlichen Autoren und neueren Auslegern vgl. die Liste bei G. VAN BELLE, Johannine Bibliography 1966–1985, Löwen 1988, 413–430.

wird, spricht der irdische Jesus dennoch bereits eine Sprache, die erst der in die himmlische Welt Eingegangene sprechen kann, bewirkt er Zeichen, die erst im Licht seiner Heimkehr zum Vater und seiner Verherrlichung ihren tieferen Sinn erschließen. Schon im irdischen Leben offenbart sich Jesus als der, dem der Vater „alles in die Hand gegeben hat" (3,35; 13,3), und sein ganzes Wirken ist durch seine Herabkunft von Gott und seine Verbundenheit mit ihm begründet. Während die synoptischen Evangelien vom irdischen Auftreten Jesu her den Blick für seine Heilsbedeutung als Person öffnen, wird im Johannesevangelium alles von seinem uranfänglichen Sein bei Gott, seiner Präexistenz her, erschlossen[3] So kann man von einer „Christologie von oben" sprechen und einer dadurch bedingten „hohen" Christologie, die alle Aussagen bei den Synoptikern übersteigt und bis zu seiner „Göttlichkeit" vordringt (1,1; 10,34ff; 20,28).

I. Zugang zum Johannesevangelium und seiner Christologie

Vorausgesetzt ist der Glaube der Urchristenheit an die Auferweckung des Gekreuzigten, der nun bei Gott weilt und sein Erlösungswerk durch den heiligen Geist weiterführt. Aber für Johannes weilt Christus schon immer bei Gott und ist mit ihm aufs engste verbunden. Damit verschiebt sich der Blick vom Irdischen, Gekreuzigten und dann Auferweckten auf den, der von Gott herkommt und in der Welt mit ihm zusammenwirkt (5,19). Alles, was er sagt und tut, vollbringt er aus der Einheit mit seinem Vater. In ihm ist der Vater, und er ist im Vater (10,38; 14,10f). Die Worte, die Jesus spricht, sind nicht seine Worte, sondern die des Vaters (3,34; 12,49f; 14,10), die Werke, die er wirkt, hat ihm der Vater gegeben (5,36; 14,11). Ja, wer ihn sieht, sieht den Vater (12,45; 14,9). Er ist der aus dem Vater Lebende (5,26) und das Leben Vermittelnde, so wie der scheidende Jesus den Jüngern versichert: „Ich lebe, und ihr werdet leben" (14,19).

Damit wird das Wirken des Auferstandenen in die Gegenwart versetzt, so daß Jesu Worte und zeichenhafte Taten unmittelbar die Leser betreffen. Das ganze Leben Jesu wird zur unmittelbaren Ansprache an die Glaubenden, die auf diese Weise dem lebendigen Christus begegnen. Es ist ein konsequent auf die Glaubenden bezogenes Christusbild, ein Glaubensbild, das die konkreten Geschehnisse im Glauben überschreitet und auf die Lesenden anwendet. Noch weniger als in

---

[3] Vgl. THEOBALD, Fleischwerdung; KUSCHEL, Geboren vor aller Zeit? (Anm. 1).

den synoptischen Evangelien kann man hier auf die geschichtlichen Ereignisse zurückfragen oder auf sie durchblicken, obwohl der geschichtliche Hintergrund vorausgesetzt ist und in manchen Einzelheiten greifbar wird. Es sind nicht einfach Glaubensspekulationen, sondern auf Traditionen gestützte Glaubensdeutungen, die ein unverwechselbares Bild von Jesus Christus erstehen lassen.

Um die Einmaligkeit und Einzigartigkeit Jesu Christi in den Blick zu bringen, bedient sich der Evangelist verschiedener Aussagekategorien, die ihm zu jener Zeit nahe lagen. Schon allein die Fülle der Prädikationen und Christustitel schafft ein breites Panorama für das christliche Bekenntnis, das doch in markanten Sätzen zusammengefaßt ist, so in der Zielangabe des Evangeliums, daß „diese Zeichen" aufgeschrieben sind, „damit ihr glaubt, daß Jesus der Christus (der Messias), der Sohn Gottes ist und damit ihr durch den Glauben Leben habt in seinem Namen" (20,31). Das Bekenntnis zu dem aus Israel hervorgegangenen und die jüdischen Erwartungen erfüllenden Messias klingt bereits am Anfang des Evangeliums in den Worten des Natanael an: „Rabbi, du bist der Sohn Gottes, du bist der König Israels" (1,49). Auf dem Höhepunkt der Zeichenoffenbarung, bei der Auferweckung des Lazarus bekennt Marta: „Ja, Herr, ich glaube, daß du der Messias bist, der Sohn Gottes, der in die Welt kommen soll" (11,27). In diesem von der Gemeinde aufgenommenen, ihren Christusglauben bezeugenden Bekenntnis verbindet sich der Blick auf den geschichtlich gekommenen Jesus von Nazaret mit der Überzeugung, daß er eine einmalige, von Gott gesetzte Bedeutung für die Menschen hat: „der Sohn Gottes, der in die Welt kommen soll". Die in 20,31 angeredeten Adressaten werden darauf hingewiesen, daß sie „durch den Glauben das Leben haben in seinem Namen". Heilsperson und Heilsfunktion sind untrennbar verbunden.

Die jüdische Kategorie des „Messias", des Gesalbten, des erwarteten Heilskönigs, ist jedoch nicht die einzige Aussageweise für den Heilbringer. Es gibt noch andere, nicht weniger bedeutsame Titel und Vorstellungen, die sich mit der Person Jesu Christi verbinden. Wie es dazu gekommen ist und wie sich darin johanneische Christologie artikuliert und ausfaltet, ist im folgenden zu untersuchen. Ein geschichtliches Verständnis dieser ausdrucksstarken und facettenreichen Christologie ist nur möglich, wenn man die Entstehungszeit und die geschichtlichen Umstände bedenkt. Dieser Frage müssen wir uns zuerst zuwenden.

Fünftes Kapitel: Johannes

1. Der geschichtliche Horizont

Die heutige Forschung vertritt ziemlich einhellig die Auffassung, daß das Johannesevangelium in der vorliegenden Gestalt erst am Ausgang des 1. christlichen Jahrhunderts entstanden ist [4]. Zwar ist es möglich, ja wahrscheinlich, daß Vorstufen schon früher existierten oder früher zu datierende Quellen benutzt wurden. Diese literarkritischen Fragen werden jedoch sehr unterschiedlich beurteilt und können hier nicht erörtert werden. Die vorherrschende und tragende Christologie ist doch erst für die Endgestalt anzunehmen, von der ein erheblicher zeitlicher Abstand zum Auftreten Jesu und seinem Kreuzestod besteht. Das schließt zwar Erinnerungen an sein Reden und Wirken im Volk, an den Prozeß gegen ihn und seine Passion nicht aus, doch muß von vornherein damit gerechnet werden, daß die Jesusüberlieferung nicht rein erhalten blieb, sondern in der nachösterlichen Sicht transformiert und für die christologische Sicht transparent gemacht wurde. In den synoptischen Evangelien, die etwa 20 bis 30 Jahre vorher entstanden sind, stehen wir den Worten und Taten des historischen Jesus näher, obwohl sich auch in ihnen die transformierende und interpretierende Deutung nach Ostern offenkundig abzeichnet. Es ist unbestreitbar, daß das vierte Evangelium bei diesem Deutungsprozeß noch weit darüber hinausgegangen ist, wobei die historischen Voraussetzungen der zeitliche Abstand, der angezielte Leserkreis, die zeitgeschichtlichen Einflüsse zu bedenken sind.

a) Wo ist das Johannesevangelium entstanden?

Da wir keine direkte Nachrichten besitzen, sind wir auf die innere Evidenz im Evangelium angewiesen. Der Schauplatz des Wirkens Jesu, die Nähe zur Täuferbewegung, die Aufmerksamkeit, die seinem Wirken in Samaria gezollt wird (Kap. 4), der Nachdruck, der auf seine Reisen nach Jerusalem und seine Tätigkeit dort gelegt wird, lassen gewisse Rückschlüsse zu, worauf das Interesse des Evangeliums gerichtet ist und aus welcher geographischen Gegend sein Evangelium

---

[4] Vgl. W. G. KÜMMEL, Einleitung in das Neue Testament, Heidelberg ²¹1983, 211; A. WIKENHAUSER – J. SCHMID, Einleitung in das Neue Testament, Freiburg–Basel–Wien ⁶1973, 343f; KYSAR, Fourth Evangelist (Anm. 1) 166–168. – Für eine frühere Datierung (noch in den sechziger Jahren) vgl. F. L. CRIBBS, A Reassessment of the Date and the Destination of the Gospel of John, in: JBL 89 (1970) 38–55; J. A. T. ROBINSON, The Redating of the New Testament, Philadelphia 1976; DERS., The Priority of John, London 1985. Für den ersten Entwurf des Evangeliums nehmen noch andere Forscher ein früheres Datum an; vgl. O. CULLMANN, Der johanneische Kreis, Tübingen 1975, 101: Das ursprüngliche Evangelium ist wahrscheinlich sogar älter als die ältesten synoptischen Evangelien; für ein langsames Anwachsen des Evangelienstoffes s. M. HENGEL, The Johannine Question, London–Philadelphia 1989, 80.94f.

stammen könnte. Freilich bleiben diese Beobachtungen mit weiteren Fragen belastet. Muß man z. B. aus der Konzentration auf Jerusalem schließen, daß das Evangelium nicht weit davon entstanden ist, oder muß man daran denken, daß der Evangelist nur über manche Informationen über Jesu Auftreten in Jerusalem verfügte? Bedenkt man die im Evangelium erkennbaren Beziehungen zur Täuferbewegung, die eher im Jordangebiet anzusetzen ist, wie auch zu den Samaritern, so wird man eine Entstehung abseits von Jerusalem in einem Gebiet für möglich halten, in das die johanneische Gemeinde zeitig abgewandert ist. Die Frühform der johanneischen Gemeinde ist noch immer ein Rätsel[5]. Es ist nicht auszuschließen, daß sie dann nach Syrien (Antiochien) oder Kleinasien (Ephesus) weitergezogen ist. Auch wurde der Gedanke vertreten, daß das Johannesevangelium seine erste Heimat in Ägypten (Alexandrien) gefunden hat. All dies sind Theorien. Neuerdings hat K. Wengst das Herrschaftsgebiet des Königs Herodes Agrippa II., die Provinzen Gaulanitis, Batanaea und Trachonitis vorgeschlagen[6], wofür er gute Gründe zu haben schien, doch hat ihm M. Hengel kräftig widersprochen[7].

Es stellt sich die Frage: Woher nimmt der Evangelist die genauen Angaben über die Bekanntschaft mit dem Hohenpriester (18,15f), über Zeit und Ort des Prozesses vor Pilatus (18,28; 19,13f), über den Tod und das Begräbnis Jesu (19,31-35.41f)? Es scheint, daß solche Angaben auf einen an dem Geschehen Beteiligten, einen Augenzeugen der Hinrichtung Jesu (19,35) zurückgehen, den „Jünger, den Jesus liebte". Er ist die große Autorität, die hinter dem Evangelium steht (21,24: Er hat es geschrieben) und dessen Verkündigung seine Schüler und Freunde als bleibendes Gut (vgl. 21,23) aufgenommen und festgehalten haben. Aus diesem „johanneischen Kreis" stammen das Evangelium und die Briefe des Johannes (vgl. weiter unter c)[8].

---

[5] Vgl. R. E. Brown, The Community of the Beloved Disciple, London 1979, 25-58 („Before the Gospel"). Er versetzt diese Periode zwischen die Mitte der 50er und das Ende der 80er Jahre (22) und unterscheidet zwei Gruppen von johanneischen Christen.
[6] K. Wengst, Bedrängte Gemeinde und verherrlichter Christus. Der historische Ort des Johannesevangeliums als Schlüssel zu seiner Interpretation, Neukirchen 1981; modifizierte Neubearbeitung 1990.
[7] Johannine Question 115f.161, n. 5.
[8] Vgl. Cullmann, Der johanneische Kreis (Anm. 4); doch ist die Annäherung an den Kreis um Stephanus und die Hellenisten (41-57) zweifelhaft. R. A. Culpepper, The Johannine School. An Evaluation of the Johannine School Hypothesis Based on an Investigation of the Nature of Ancient Schools, Missoula/Montana 1975. Hengel, Joh. Question schreibt: „Hinter der ,johanneischen Gemeinde' und dem johanneischen Korpus, Briefen, Evangelium (und Apokalypse) gibt es ein Haupt, einen herausragenden Lehrer, der eine Schule gründete, die zwischen ungefähr 60 und 70 und 100/110 in Kleinasien existierte und eine beträchtliche Aktivität über die Region hinaus entfaltete..." (80).

b) An wen ist das Evangelium gerichtet?

Es ist klar, daß die christliche Gemeinde angesprochen wird. Wenn es heißt: „Damit *ihr* glaubt, daß Jesus der Messias, der Sohn Gottes ist" (20,31), sind schwerlich Außenstehende gemeint, die durch die Evangeliumsschrift erst für den Glauben gewonnen werden sollten. Das könnte der Aorist πιστεύσητε als ingressiver Aorist nahelegen. Aber abgesehen davon, daß die präsentische Lesart πιστεύητε wahrscheinlich die ursprüngliche ist[9], bleibt zu fragen, ob der missionarische Gedanke die Anrede der Glaubensgemeinde in den Hintergrund drängt. Die johanneische Sprache ist im ganzen eine „Insider-Sprache", d. h. eine für die verstehende Gemeinde entwickelte Stilform, um sie in ihrem Glaubensverständnis zu bestätigen und zu bestärken. Die in 20,31 vorausgesetzten Adressaten stammen nicht nur aus dem Judentum, wie man aus dem Messiasbekenntnis schließen könnte, sondern auch aus dem außerjüdischen Bereich. Das große Samaria-Kapitel, in dem Jesus zuerst die samaritische Frau zum Glauben zu führen sucht, daß er der verheißene Messias ist (4,25 f.29), gipfelt im Bekenntnis der Einwohner von Sychar: „Wir selbst haben gehört und wissen, daß dieser der Retter der *Welt* ist" (4,42). Die von den Juden als halbheidnisch angesehenen Samariter erscheinen als Repräsentanten der nichtjüdischen Welt. Wenn Jesus der „Retter der Welt" ist, ein klangvoller, die universale Bedeutung der Person Jesu hervorhebender Titel, werden die Grenzen der jüdischen Denkungsart und jüdischen Religiosität (vgl. 4,21–24) überschritten und öffnet sich ein weiter Horizont für die ganze Menschheit.

Das zeigt sich aber auch an anderen Stellen in der symbolischen, deiktischen Sprache des Evangeliums. Jesus wird, wie die Juden unverständig und doch gemäß der johanneischen Ironie ahnungsvoll vermuten, in die „Diaspora der Griechen gehen und die Griechen lehren" (7,35). Den gleichen Hintergrund verrät die Szene mit den Griechen, die Jesus zu sehen wünschen (12,20–22). Sie wenden sich an Philippus, dieser an Andreas, die beiden Jünger, die durch ihren griechischen Namen eine Affinität zu den Griechen verraten. Die griechische Welt öffnet sich für Jesus, und durch seinen Tod, der wie ein in die Erde gesenktes Samenkorn fruchtbar wird (12,24), ist die erfolgreiche Missionierung der hellenistischen Welt angedeutet[10].

Aufgrund dieser die nichtjüdische Menschheit einbeziehenden Perspektive darf man erwarten, daß der Evangelist in seiner Christologie nicht nur den jüdischen Horizont der Heilsverheißungen berücksichtigt, sondern auch hellenistische Denkansätze in seine christologischen Gedanken einbezieht. In der Tat wird das in der Logos-Christo-

---

[9] Vgl. Schnackenburg, Joh-Ev III, 403 f.
[10] S. zuletzt M. Rodriguez Ruiz, Der Missionsgedanke des Johannesevangeliums (FzB 55), Würzburg 1987.

logie des Prologs offensichtlich, wenigstens für die jüdisch-hellenistische Weisheitsspekulation. Aber noch andere umlaufende Fragestellungen und Sehnsüchte treten hervor, so in dem ständigen Fragen nach dem Woher und Wohin des Erlösers, das die Frage nach dem Sinn der menschlichen Existenz impliziert. Das erinnert an die in der Gnosis lebendige Fragestellung, wer wir sind, was wir wurden, wohin wir geworfen wurden, wohin wir gehen, woraus wir befreit werden, was Geburt, was Wiedergeburt ist[11]. Es ist eine existentielle Fragestellung, die sich an dem vorausgehenden und die Jünger einbeziehenden Weg Jesu entzündet (14, 2–6). So kommt Johannes in die Nähe gnostischen Denkens, obwohl gewichtige Unterschiede nicht zu übersehen sind. Der Christ folgt seinem Erlöser nicht auf dem Weg der Gnosis, der Erinnerung an seine himmlische Herkunft und sein himmlisches Ziel, einem Weg, der sich für den Gnostiker in der Erkenntnis seiner Selbst erschließt, sondern auf dem Weg des Glaubens an Jesus Christus, der durch seinen Kreuzestod den Weg in die himmlische Welt gebahnt hat (vgl. 12, 26; 13, 36 f). Es ist ein Weg der Nachfolge hinter dem seinen irdischen Lauf vollendenden Gesandten Gottes (13, 1; 19, 30), der ins Licht führt, aber nur im Glauben begangen werden kann (vgl. 8, 12). Auch die eigentümliche Ausdrucksweise vom Abstieg und Aufstieg des Menschensohnes (3, 13; 6, 62), der über die Erhöhung und Verherrlichung des Menschensohnes führt (3, 14; 8, 28; 12, 23.34; 13, 31), hat viel gemeinsam mit dem gnostischen Mythos vom Abstieg der Seele in die irdische Welt und dem Aufstieg in die himmlische Welt, obwohl die Einzigartigkeit des mit dem irdischen Jesus gleichgesetzten „Menschensohnes" (9, 35; 12, 34) einer mythischen Erklärung abträglich ist[12]. Darauf werden wir später noch eingehen; hier sollte nur gezeigt werden, daß die religionsgeschichtliche Fragestellung nach der dezidierten These über die Aufnahme und Neuauslegung des gnostischen Mythos durch R. Bultmann[13] nicht zur Ruhe kommt. Sie kann wegen der Sicht auf Jesus, den „Fremden" aus der Welt des Himmels[14], nicht beiseite gelassen werden und bestätigt den weiten Empfängerkreis des Johannesevangeliums.

c) Wer ist der Verfasser oder Inspirator des Johannesevangeliums?

Durch Joh 21, 24 werden wir auf den „Jünger, den Jesus liebte" verwiesen. Er ist es, der darüber Zeugnis ablegt und das geschrieben hat. Das ist eine redaktionelle Bemerkung, die aus einem größeren Kreis

---

[11] CLEMENS V. ALEX, Excerpta ex Theodoto 78, 2 (SChr 202).
[12] BÜHNER, Der Gesandte (Anm. 1) 24–47.
[13] Vgl. R. BULTMANN, Theologie des Neuen Testaments, Tübingen ⁹1984, Der gnostische Mythos 169 f, der für Johannes das Ausdrucksmittel ist (419). Vgl. seinen Kommentar passim; nach ihm offenbart Jesus nur, *daß* er der Offenbarer ist.
[14] Vgl. DE JONGE, Stranger from Heaven (Anm. 1); W. A. MEEKS, The Man from Heaven in Johannine Sectarianism, in: JBL 91 (1972) 44–72.

stammt: „Wir wissen, daß sein Zeugnis zuverlässig ist". Dieser von Jesus geliebte Jünger, der zuerst so beim letzten Abendmahl genannt wird (13,23-26), dann unter dem Kreuz steht (19,26f), beim Grabbesuch hervortritt (20,2-10) und bei einer Erscheinung Jesu am See von Tiberias (21,7.20-23) den auferstandenen Herrn erkennt, spielt in der Verfasserfrage eine Schlüsselrolle. Es ist möglich, daß er neben Andreas der ohne Namen genannte Jünger war, der aus der Schule des Täufers Johannes stammte und auf dessen Aufforderung hin Jesus folgte (1,40); auch ist wahrscheinlich, daß er der dem Hohenpriester bekannte Jünger war, der den Petrus in den Hof des Hohenpriesters einführte (18,15f). Wenngleich die Vermutung, daß der „andere Jünger" neben Simon Petrus der Jünger war, den Jesus liebte (18,16), nicht völlig sicher ist, so ist nicht daran zu zweifeln, daß er zur Zeit des Evangeliums nicht mehr am Leben war. Andernfalls wäre nicht das Gerücht aufgekommen, er werde nicht sterben, bis Jesus kommt (20,23). Das ist ein starkes Indiz dafür, daß es sich um eine geschichtliche Person handelt, die zur Zeit Jesu zum Teil Augenzeuge seines Lebens und seines Todes war (19,35) und ein hohes Alter erreicht hat. Eine rein symbolische Deutung dieser anonymen rätselhaften Gestalt des Jüngers, den Jesus liebte, ist abzulehnen, obwohl er als Idealtyp des Jüngers, der Jesus besonders nahestand und ihn in seiner Gottnähe erkannte (13,23), auch symbolische Züge trägt[15]. Neben Petrus, der als der führende Jünger im Kreis Jesu und spätere Führer der Gemeinde (21,15-17) keineswegs abgewertet wird, ist er der voll und ganz Glaubende, der auch den Auferstandenen sofort erkennt (20,8; 21,7).

Dieser Jünger, der als die große Autorität hinter dem Evangelium steht, wurde früh mit dem Zebedäussohn und Apostel Johannes identifiziert; diese Tradition hat sich durch alle Jahrhunderte erhalten. Die altkirchliche Überlieferung stützt sich seit dem letzten Viertel des 2. Jahrhunderts vor allem auf das Zeugnis des Irenäus und seiner Gewährsmänner, der „Presbyter", unter denen der Bischof Polykarp von Smyrna (gest. 156) genannt wird. Auf die schwierigen überlieferungsgeschichtlichen Fragen kann hier nicht eingegangen werden[16]. Heute ist man aber davon überzeugt, daß entweder eine Verwechslung mit dem bei Papias (Eusebius, H.e. III, 39,3f) genannten „Presbyter Johannes" vorliegt oder sonst eine Verdunklung der auf den Presbyter

---

[15] Vgl. die letzte Untersuchung von J. KÜGLER, Der Jünger, den Jesus liebte (SBB 16), Stuttgart 1988. Nach eingehenden Erörterungen ist für ihn die Gestalt des geliebten Jüngers die narrativ verdichtete Personifizierung des apostolischen Uranfangs der johanneischen Gemeinde (486). Aber die These scheitert daran, daß der Jünger für die Gemeinde ein inzwischen Gestorbener ist (21,23) und bewußt dem Petrus gegenübergestellt wird. Vgl. die Rez. von M. THEOBALD in BZ NF 34 (1990) 138-140.
[16] Vgl. SCHNACKENBURG, Joh-Ev I,63-76; HENGEL, Joh. Question 1-23.

I. Zugang zum Johannesevangelium und seiner Christologie

Johannes weisenden Tradition eingetreten ist. Nach dem inneren Zeugnis des Johannesevangeliums wird es immer weniger wahrscheinlich, daß der galiläische Fischersohn der Autor dieses Evangeliums war.

Stattdessen legt sich eine andere Theorie näher, die ich zuletzt in einem Exkurs zum Johannesevangelium vertreten habe[17]. Danach war der geliebte Jünger ein aus Jerusalem stammender Mann, der nicht zum Kreis der „Zwölf" gehörte, aber beim letzten Abendmahl dabei war. Er mag frühzeitig ein Johannesjünger gewesen sein, der sich dann Jesus anschloß (vgl. 1,35.40), obwohl das nicht sicher ist. Wie weit er das irdische Wirken Jesu begleitete, läßt sich nicht feststellen. Erst beim letzten Abendmahl ruht er an der Seite Jesu und wird als besonderes Vertrauter Jesu eingeführt (13,23-26). Obwohl die anderen Jünger nach der Gefangennahme Jesu bis auf Simon Petrus flohen (vgl. 16,32), blieb er in Jerusalem und erlebte die Kreuzigung Jesu mit. Er stand unter dem Kreuz und wurde von Jesus seiner Mutter anvertraut (19,26), wie er auch den Jünger seiner Mutter empfahl (19,27)[18]. Er ist es auch, der das Hervorfließen von Blut und Wasser aus der Seite des Leichnams Jesu bezeugt (19,35). Daß er ein Jerusalemer war, der dies miterleben konnte, geht aus seiner Bekanntschaft mit dem Hohenpriester hervor (18,15f). Doch dies alles ist dem Evangelisten nicht so wichtig; was ihn wirklich bewegt, ist die einzigartige Nähe des geliebten Jüngers zu Jesus, das Ruhen an seiner Brust, das im Nachtragskapitel nochmals eigens erwähnt wird (21,20). Als Vertrauter Jesu gewinnt er Einblick in dessen Gedanken und wird befähigt, das Wirken Jesu zu deuten.

Der Jünger, den Jesus liebte, ist sicher nicht der Verfasser des ganzen Johannesevangeliums, denn er hätte sich kaum mit der anspruchsvollen Selbstbezeichnung eingeführt. So wurde er von seinem Schüler- und Freundeskreis bezeichnet, der ihn als den Tradenten der Jesusüberlieferung und den Deuter der Person und Botschaft Jesu verehrte. Wenn man die Johannesbriefe hinzunimmt, muß an einen „johanneischen Kreis" oder eine „Schule" gedacht werden[19], der mündliche und vielleicht auch einige schriftliche Aufzeichnungen des geliebten Jüngers zur Verfügung standen. Diesem Kreis ist die Schlußredaktion des Johannesevangeliums zu verdanken, während das Kernevangelium (bis 20,31) wohl auf einen hellenistisch gebildeten Theologen zurückgeht, der die Überlieferung des geliebten Jüngers aufnahm und dar-

---

[17] SCHNACKENBURG, Joh-Ev III, Exk. 18, S. 449-464.
[18] Zum Sinn dieser Szene vgl. SCHNACKENBURG, Joh-Ev III, 323-328.
[19] Vgl. CULLMANN, Der joh. Kreis; CULPEPPER (Anm. 8); HENGEL, Joh. Question 124-135; H.-J. KLAUCK, Der erste Johannesbrief (EKK XXIII/1), Zürich-Neukirchen 1991, 45-47. Auch JAN DU RAND, Johannine Perspectives, Part. I, Orion (Südafrika) 1991, 85-91.

stellte[20]. Auf jeden Fall wird uns im Johannesevangelium ein Bild von Jesus Christus geboten, das in seiner Art einzig ist und eine tiefe Glaubenssicht enthüllt, ein Bild, das geschichtliche Traditionen mit dem Glauben verschmilzt, daß Jesus der „Weg, die Wahrheit und das Leben ist" (14,6).

2. Das Johannesevangelium als Evangeliumsschrift

Kann man dieses eigentümliche Werk überhaupt als „Evangelium" bezeichnen und in die Reihe der vorangegangenen Evangelienschriften einordnen? Die Wortgruppe, die diesen Schriften den Namen gegeben hat[21], taucht bei Johannes nirgends auf. Ist es berechtigt, mit Irenäus vom „viergestaltigen Evangelium" zu sprechen oder mit Clemens von Alexandrien den synoptischen Evangelien als „somatischen" Evangelien das vierte Evangelium als das „pneumatische" zur Seite zu stellen? Ist es überhaupt die gleiche literarische Gattung, auf die wir stoßen? Wir sahen, daß „das Evangelium" ursprünglich kein literarisches Erzeugnis ist, sondern die Heilsbotschaft, die Jesus Christus gebracht hat und die die Urkirche entsprechend der nachösterlichen Situation nun auch als die rettende Kunde von Jesus Christus, dem gekreuzigten und auferstandenen, zur Seite Gottes erhobenen Messias und Herrn versteht. Jesus Christus, der „das Evangelium Gottes verkündet hat" (Mk 1,14), wird selbst nach dem, was der Glaube von ihm bekennt, zum „Evangelium Gottes" (vgl. 1 Thess 2,2; Röm 1,1). Origenes schreibt in seinem Johanneskommentar: „Danach ist das Evangelium eine Rede, die für den Glaubenden die Gegenwärtigkeit eines Gutes enthält, oder eine Rede, die verkündet, daß das erwartete Gut da ist ... Jedes Evangelium ist eine Sammlung für den Gläubigen heilsbedeutsamer Botschaften, die dem Heil bringen, der sie nicht in falschem Sinn aufnimmt."[22] In diesem Sinn darf man auch das Johannesevangelium unter die Evangelien rechnen.

Das Johannesevangelium ist ein neuer Typ der Evangelienschreibung. Auch das Markusevangelium will das verborgen Göttliche in Jesus, wenigstens in „geheimen Epiphanien" (M. Dibelius) aufleuchten lassen. Der vierte Evangelist läßt die in Jesus anwesende göttliche Herrlichkeit in der Sarx wohnen und nur den Glaubenden sicht-

---

[20] Vgl. CULLMANN, Joh. Kreis 70 f: „Der Verfasser zeigt einen hohen Bildungsgrad ... Er hat sich die Denkweise und gewisse Denkformen des vom Hellenismus beeinflußten Judentums, aus dem er hervorgeht, angeeignet"; SCHNACKENBURG, Joh-Ev III, 456–458. Auch HENGEL, Joh. Question, hält ihn für einen herausragenden Lehrer, der eine Schule begründet hat (80).
[21] Vgl. 1. Kap. unter 2: Die Evangelien.
[22] Origenes, Joh-Kommentar, 1,5; Übersetzung R. GÖGLER, Origenes, das Evangelium nach Johannes, Einsiedeln 1959, 101.

bar werden (1,14; 2,11; 11,40). Für die Glaubenden gibt es sichtbare Zeichen, die großen Wunderwerke, die Jesus vollbringt und in denen er seine Herkunft von Gott, seine Verbundenheit mit ihm und seine Heilsbedeutung für die Menschen enthüllt. Insofern sind sie mehr als „geheime Epiphanien". Aber bei aller Eigenständigkeit knüpft Johannes noch an die Anlage der synoptischen Evangelien an:

a) Der ganze Bericht ist im wesentlichen eingespannt in den Rahmen des Geschehens, das sich zwischen der Taufe Jesu im Jordan (1,32 ff) und seiner Auferstehung (Kap. 20) abspielt. Es ist der gleiche Rahmen, der auch in den Missionsreden der Apostelgeschichte zusammengefaßt ist (Apg 10,37–41; 13,23–31) und im Markusevangelium entfaltet vorliegt. Voran gestellt ist im Johannesevangelium nur der Prolog (1,1–18), der den gläubigen Lesern und Leserinnen noch einen Vorblick auf die Herkunft Jesu von Gott gestattet und ein Verstehen seines Wirkens aus seinem göttlichen Ursprung ermöglicht.

b) Der für die Geschichte Jesu nicht nur historisch bezeugte, sondern auch innerlich bedeutsame „Gang von Galiläa nach Jerusalem", der in den synoptischen Evangelien auf je eigene Weise, in unterschiedlicher Akzentuierung betont wird (vgl. bes. Lk 9,51–19,48), ist auch im Joh-Ev festgehalten. Darüber kann weder der Jerusalemer „Festkalender" (vgl. 2,13; 5,1; 6,4; 7,2.14; 10,22; 11,55) noch die Tatsache hinwegtäuschen, daß der galiläischen Wirksamkeit Jesu, verglichen mit den Synoptikern, ein relativ kleiner Raum zugestanden wird. Immerhin finden der Anfang (2,1–13; 4,46–54) und der Höhepunkt (Kap. 6) Beachtung. Auch im Johannesevangelium hat diese geographische Orientierung tiefere theologische Gründe. Die Bedeutung Jerusalems als Zentrum des Judentums (vgl. Kap. 5; 7; 11f) und der heiligen, den Tempel hütenden Gottesstadt (vgl. schon am Anfang 2,13–22) wird kräftig unterstrichen. Der wahrscheinlich aus Jerusalem stammende „geliebte Jünger" wird den Blick auf Jerusalem beeinflußt haben. Zugleich tritt die Tendenz hervor, dort die Dispute mit den führenden Vertretern des Judentums zu konzentrieren. Daran mußte dem johanneischen Christentum in der Auseinandersetzung mit den ungläubigen Juden liegen.

c) Trotz der geistigen Tiefe der Darstellung legt das Johannesevangelium auch auf bestimmte äußere Begebenheiten des Wirkens Jesu Wert. Es kennt manche Ortschaften und Plätze, die aus den Synoptikern nicht bekannt sind wie die Taufstelle in Betanien jenseits des Jordan (1,28; 10,40), den Ort Sychar in Samaria (4,5), die Stadt Ephraim (11,54), die Säulenanlage am Teich Betesda (5,2), den Teich Siloam (oder Siloah) (9,7), das Steinpflaster Gabbata (19,13) u.a. Dafür läßt sich kaum ein anderer Grund finden, als daß sie aus der besonderen „johanneischen Tradition" stammen[23]. Diese Tradition, die zum Teil mit der synoptischen Überlieferung in Spannung steht, zeigt sich auch in der Ansetzung des letzten Abendmahls und des Prozesses *vor* dem jüdischen Paschafest (vgl. 18, 28) und in dem anders gestalteten Ablauf der jüdischen und römischen Verhandlung gegen Jesus. Diese Konkurrenz läßt sich nicht nur auf theologische Motive zurückführen wie etwa das Sterben Jesu als Paschalamm (vgl. 19, 31 f), sondern beruht auch auf abweichenden geschichtlichen Überlieferungen. Im ganzen neigt man heute dazu, diesen Sonderangaben (18, 28.31; 19, 1.13 f. 34.41 f) größeres Gewicht zu geben[24].

d) Allerdings findet die historische Glaubwürdigkeit an den Jesusreden im Johannesevangelium ihre Grenze. Denn wenn sich auch manche Anklänge an synoptische Logien finden[25], sind diese Offenbarungsreden doch ganz und gar „kerygmatisch" gestaltet, im Blick auf den Anspruch Jesu, der von Gott gesandte und in engster Verbindung mit dem Vater stehende „Sohn" zu sein. Jesus spricht als der göttliche Offenbarer, der nichts anderes als sich selbst offenbart. Die „Zeichen", die er wirkt, zeigen ihn als den Heils- und Lebensbringer, und die Worte, die er spricht, explizieren nur diese unter Zeichen verborgene Wirklichkeit. Wer die einfache, plastische Redeweise Jesu bei den Synoptikern mit ihrem reichlichen Gebrauch von Bildern und Gleichnissen mit den tief theologischen Reden im Johannesevangelium vergleicht, fühlt sich in eine andere Welt versetzt. Die Sprache ist mit Leitbegriffen wie „Leben, Licht, Wahrheit, Zeugung aus Gott" angereichert, durch bedeutsame Formeln charakterisiert („Ich bin", „ihr in mir und ich in euch", „bleiben in"), durch dualistisch klingende Gegensatzpaare geprägt („Licht und Finsternis", „Leben und Tod", „von unten sein und von oben sein", „Wahrheit und Lüge"). Doppelsinnige Ausdrücke, die von einem vordergründigen Sinn in eine metaphorische Bedeutung übergehen, durchziehen die Reden („sehen", „wegge-

---

[23] C. H. Dodd, Historical Tradition in the Fourth Gospel, Cambridge 1963; B. Schwank, Ortskenntnisse im Vierten Evangelium, in: EuA 57 (1981) 427 bis 442.
[24] Vgl. die Kommentare. Besonders die Angabe, daß die Juden damals nicht die Blutgerichtsbarkeit besaßen (18, 31), wird heute als zuverlässig angesehen, vgl. zuletzt A. Strobel, Die Stunde der Wahrheit. Untersuchungen zum Strafverfahren gegen Jesus (WUNT 21), Tübingen 1980, 18–45. Schwierig ist die Frage, ob die joh. Ansetzung des letzten Abendmahls (vor dem Paschafest) zu Recht besteht. Vgl. meinen Exkurs über das johanneische Abendmahl und sein Probleme (Joh-Ev III, 38–53); anders J. Gnilka, Jesus von Nazaret, Freiburg–Basel–Wien 1990, 280–291, der am Paschamahlcharakter festhält und entsprechend die synoptische Passionschronologie vertritt.
[25] Vgl. R. Schnackenburg, Tradition und Interpretation im Spruchgut des Johannesevangeliums, in: ders., Joh-Ev IV, 72–89.

hen", „erhöht werden", „lebendiges Wasser", „Brot des Lebens"). Es gibt Rätsel und Mißverständnisse [26].

Man muß das Johannesevangelium als Evangeliumsschrift ansehen, die Geschichte und Kerygma, historischen Bericht und gläubige Deutung verbindet. Das Besondere ist die christologische Sicht, die alles auf die Frage konzentriert: Wer ist der hier Sprechende und Zeichen Wirkende? Die Wirkungsgeschichte zeigt, wie nachhaltig dieses Christuszeugnis den Glauben im Laufe der Jahrhunderte beeinflußt hat. Die Menschwerdung des göttlichen Logos wird zum Prüfstand für die wahre Christologie, sein Weg durch „Erhöhung" am Kreuz und „Verherrlichung" beim Vater zum Blickpunkt für diesen menschgewordenen und zum Vater heimkehrenden Christus [27]. Das Johannesevangelium wird zum Quellgrund theologischer Einsichten und religiöser, mystischer Meditation.

3. Zum Aufbau des Johannesevangeliums

Trotz seiner Anlage als Evangeliumsschrift (vgl. oben unter 2) ist das Johannesevangelium anders gestaltet als die synoptischen Evangelien. Wenn in diesen das Leben und Wirken Jesu ziemlich kontinuierlich beschrieben wird, beschreitet das Johannesevangelium einen anderen Weg. Zwar fängt der Weg Jesu ebenfalls an der Taufstelle des Johannes an und beginnt seine Zeichenoffenbarung in Kana in Galiläa (2,1–11; 4,46–54); aber schon bald wird diese Tätigkeit durch Jesu Gang nach Jerusalem unterbrochen, wo er die Tempelreinigung vollzieht (2,13–22), dann auch einen Gelähmten am Betesdateich heilt (5,1–9). Es ist ein beständiges Hin und Her zwischen Galiläa und Judäa-Jerusalem.

a) Zwischen Galiläa und Jerusalem

Es ist unwahrscheinlich, daß Jesus sehr zeitig die Händler aus dem Tempel in Jerusalem vertrieb (2,13–22). Dieses Ereignis gehört nach den synoptischen Evangelien in die letzte Zeit vor der Passion Jesu [28]. So fragt man sich, warum der Evangelist dieses Ereignis vorgezogen hat. Der Hauptgrund dürfte sein, daß er die Konfrontation mit den führenden, doch ungläubigen „Juden" (2,18–20) im Unterschied zu den gläubigen Jüngern (2,11.17.22) schon bald sichtbar machen wollte. Denn diese Konfrontation durchzieht von da an das Evange-

---

[26] Vgl. H. LEROY, Rätsel und Mißverständnis (BBB 30), Bonn 1968; J. BECKER, Das Evangelium nach Johannes Kap. 1–10, Gütersloh-Würzburg 1979, 135f.
[27] THÜSING, Die Erhöhung und Verherrlichung Jesu (Anm. 1).
[28] Vgl. SCHNACKENBURG, Joh I, 370.

lium und wird am Ende des öffentlichen Auftretens Jesu mit einem Schriftzitat herausgestellt (12,37-43). Zugleich soll die Tempelreinigung die Überwindung des jüdischen Kultes durch Jesus, seine Person und seine Gemeinde, veranschaulichen. Die johanneische Kirche versteht sich als die Kultgemeinde, in der die durch Jesus ermöglichte „Anbetung in Geist und Wahrheit" (4,23 f) verwirklicht wird. Jesus ist der neue Tempel, wie es der Gemeinde nach Ostern aufging (2,21 f).

Nach dem Nikodemusgespräch (3,1-12), das das Unverständnis eines führenden Pharisäers für die Selbstoffenbarung Jesu beleuchtet, bleibt Jesus in Judäa, wo er neben Johannes dem Täufer eine Tauftätigkeit ausübt (3,22-30), und kehrt dann über Samaria nach Galiläa zurück. Die Bekehrung der Samariter, die in Distanz und Feindschaft zu den Juden lebten (4,9 f), ist ein positives Signal für die Aufnahme Jesu außerhalb des Judentums.

In Galiläa findet Jesus stärkeren Widerhall und Anklang (vgl. 4,45; 6,1 f; 7,1.9). Nach der Rückkehr aus Judäa über Samaria (4,3) nehmen ihn die Galiläer auf, wenn auch nur, weil sie gesehen hatten, was Jesus auf dem Paschafest in Jerusalem getan hatte (4,45; vgl. 2,23). Die dazwischen stehende Bemerkung: „Jesus bezeugte, daß ein Prophet in seiner Vaterstadt (oder Heimat) keine Ehre hat" (4,44), die eine synoptische Überlieferung aufnimmt (Mk 6,4; Mt 13,57; Lk 4,24), kann im johanneischen Verständnis Jerusalem-Judäa (vgl. 4,3) ins Auge fassen[29], aber auch Galiläa meinen, das sonst als die irdische Heimat Jesu erscheint (vgl. 1,45 f; 6,42; 7,3.41.52)[30]. Sicher ist, daß Jerusalem als Zentrum des Judentums für Jesus ein gefährlicher Platz ist (11,54.57). Galiläa ist zwar sicherer (7,1), aber auch nicht der Ort, wo sich voller Glaube erhebt (vgl. 4,48; 6,42.66). Die geographischen Angaben, z. T. aus der Tradition geschöpft, werden in die Perspektive des Glaubens bzw. Unglaubens gerückt. Die Besuche Jesu in Jerusalem dienen nur der Enthüllung der Glaubensgeschichte, die in Jerusalem durchweg einen unfruchtbaren Boden findet (Kap. 5; 7; 9).

Mit der voranschreitenden Zeichenoffenbarung spitzt sich die Lage in Jerusalem zu. Mit der Auferweckung des Lazarus wächst die Zahl der Glaubenden (11,45; 12,10 f), und gleichzeitig werden die Führenden, Pharisäer und Hohenpriester, zum Todesbeschluß gegen Jesus ge-

---

[29] Vgl. J. WILLEMSE, La patrie de Jésus selon S. Jean IV.44, in: NTS 11 (1964/65) 349-364; W. A. MEEKS, Galilee and Judea in the Fourth Gospel, in: JBL 85 (1966) 159-166, bes. 163-166; R. KIEFFER, L'espace et le temps dans l'Evangile de Jean, in: NTS 31 (1985) 393-409, hier 408, note 14.

[30] SCHNACKENBURG, Joh I, 494f und andere Kommentare; schwankend DODD, Historical Tradition, Cambridge 1963, 239f; vgl. auch G. REIM, John IV.44 – Crux or Clue?, in: NTS 22 (1976) 476-483. Ich neige jetzt wegen der möglichen Deutung der ἴδιοι in 1,11 auf das jüdische Stammland (vgl. 4,44 ἐν τῇ ἰδίᾳ πατρίδι) mehr zur Deutung auf Judäa und Jerusalem.

trieben (11, 46–53). Das Ganze wird zu einer dramatischen Darstellung. Die räumlichen und zeitlichen Ausdrücke stehen im Dienste der johanneische Theologie[31]. Historische Erinnerungen verbinden sich mit kerygmatischen Absichten. Das ist besonders deutlich im Gespräch Jesu mit den Jüngern auf dem Gang nach Betanien (11, 7–16). Obwohl die Juden Jesus steinigen wollten (11, 7), geht Jesus hin, um Lazarus aufzuerwecken. Die Jünger sollen dadurch glauben, und Thomas, der die bedrohliche Lage erfaßt, sagt: „Dann laßt uns mit ihm gehen, um mit ihm zu sterben" (11, 15f).

Die Erscheinungen des Auferstandenen geschehen in Jerusalem; nur die letzte, die im Nachtragskapitel erzählt wird, geschieht am See von Tiberias (21, 1–14). Das ursprüngliche Evangelium, das auf den Jünger, den Jesus liebte, zurückgeht, konzentriert das ganze Geschehen von Passion und Auferstehung in Jerusalem; aber im Schülerkreis dieses Jüngers bewahrte man noch eine Erinnerung an die Erscheinungen Jesu in Galiläa und bot eine stark symbolisch, auf die Gemeinde zugeschnittene Erzählung, die sich auf die Anfangszeit (Natanael aus Kana in Galiläa, die Zebedäussöhne, Fischen am See Genesaret) zurückbezog. Der reiche Fischzug (Lk 5, 4–7) ist aufgenommen und in die Perspektive der apostolischen, universalen Kirche gerückt.

Insgesamt ergeben die geographischen Angaben kein klares Bild. Die „galiläische Krise" im Anschluß an das Brotwunder und die Rede Jesu in der Synagoge von Kapharnaum (6, 66f) ist kein wirklicher Einschnitt in der Wirksamkeit Jesu, sondern zeigt nur, daß überall, nicht nur in Judäa, sondern auch in Galiläa das Unverständnis für die Sendung und Selbstoffenbarung Jesu groß ist. Der Rückzug der vielen Jünger kann die Situation der johanneischen Gemeinde im Gegenüber zu den Dissidenten des 1 Joh widerspiegeln. Für den Aufbau des Johannesevangeliums ist der Unglaube der Juden, der sich immer mehr steigert, das entscheidende Moment und der Streit um Jesus, der sich sowohl in Galiläa wie in Jerusalem (7, 14–30; 10, 22–39) erhebt, das bewegende Thema.

b) Die Zweiteilung in das öffentliche Wirken Jesu und den Kreis der Seinigen

Einen theologisch bedingten Neuansatz für den Aufbau des Evangeliums setzt Johannes durch die Abhebung des öffentlichen Wirkens Jesu von seinem Zusammensein mit den Jüngern, dem Kreis der „Seinigen". Nach der letzten Offenbarungsrede vor dem Volk, das schon im Zeichen seines bevorstehenden Todes, seiner „Erhöhung am Kreuz", seines fruchtbaren Sterbens für die Menschen, auch für die

---

[31] Vgl. KIEFFER, L'espace (Anm. 29) 398–405.

Nichtjuden, steht und in einem letzten Glaubensappell gipfelt (12,20–36), heißt es entschieden: „Das sagte Jesus, und er ging weg und verbarg sich vor ihnen" (12,36b). Das ist eine deutlich abschließende Bemerkung, die nicht nur die vorangehenden Szenen mit den Griechen, Jesu Erschütterung angesichts seiner auf ihn zukommenden „Stunde" (12,27f), dem unverständigen Fragen der Menge nach dem „Menschensohn" (12,34) betrifft, sondern auch einen Rückblick auf das ganze Buch der Zeichen (vgl. 12,37) enthält. Der letzte Glaubensappell (12,35f) scheint mir darum an der richtigen Stelle zu stehen[32]. Dieses „Sich-Verbergen" Jesu zeigt den Abschluß des öffentlichen Auftretens Jesu an, das in den vorausgehenden Kapiteln wiederholt angesprochen und reflektiert wurde (vgl. 7,3–5.14.26; 10,24; 11,54). Jesus hat „öffentlich" zur Welt gesprochen (18,20), aber die „Juden" haben ihm durchweg den Glauben versagt. Jetzt hat die Zeit seiner Offenbarungsrede vor dem Volk und den Führenden ein Ende; es ist göttlicher Ratschluß, daß ihr Herz verstockt ist, sie mit ihren Augen nicht sehen und mit ihrem Herzen nicht verstehen (12,40). Diese Reflexion über den jüdischen Unglauben und das dahinter stehende Dekret Gottes begründet Jesu Rückzug aus der Öffentlichkeit. Das Volk wird noch einmal zum Glauben aufgefordert, weil Jesus nur noch kurze Zeit unter ihm als Licht der Welt weilt (12,35); aber der Ausgang der Geschichte Jesu steht bereits fest. Das Licht leuchtet bald nicht mehr, der Unglaube treibt Jesus in den Tod. Das Weggehen und Sich-Verbergen Jesu ist eine Zeichenhandlung, ein Realsymbol[33]. Trotz dieser düsteren Perspektive ist damit die Sache des Glaubens nicht verloren. Schon bei der Meditation über die Verstockung schlägt der Evangelist nicht alle Türen zu (12,42). Das Licht behält seine scheidende, aber auch rettende Kraft, wie es in der abschließenden Rede in 12,44–50 heißt.

Darauf kehrt der Evangelist zu seiner Geschichtsdarstellung zurück. Wir werden in die Tage vor dem Paschafest, dem Todespascha, versetzt (13,1), als das letzte Abendmahl Jesu mit seinen Jüngern stattfindet (13,2). Von jetzt an bis zu seiner Verhaftung (18,1–11) ist Jesus im Kreis der „Seinigen", die er bis zum äußersten liebt (13,1), und ist seine Rede esoterisch auf diesen Kreis seiner Jünger beschränkt. Dieser Wechsel von seiner öffentlichen Verkündigung zum Gespräch mit den ihm verbundenen Jüngern ist deutlich markiert und für den Aufbau des Evangeliums grundlegend. Im Unterschied zum Markusevangelium, wo die

---

[32] Anders R. Kühschelm, Verstockung, Gericht und Heil. Exegetisch-bibeltheologische Untersuchung zum sogenannten „Dualismus" und „Determinismus" in Joh 12,35–50 (Athenäum Monografien), Frankfurt/M. 1990, der wegen seines Themas und des übergreifenden Zusammenhangs von Joh 12,35–50 den Einschnitt vor 12,35 legen möchte (16–22). Aber 12,34 ist schwerlich ein passender Abschluß; vgl. auch das οὖν in 12,35.

[33] Vgl. Kühschelm, Verstockung 163–167.

I. Zugang zum Johannesevangelium und seiner Christologie

internen Jüngerbelehrungen in den Fluß der Erzählung eingestreut sind und sich an Gleichnisse und Logien anschließen (4,34; 6,31f; 7,17-23; 8,17-21; 9,2.28f.33-50), bringt Johannes die Jüngerunterweisung zusammenhängend nach dem Rückzug Jesu vom Volk. Dafür wird das letzte Abendmahl gewählt, weil es die Gemeinschaft Jesu mit seinen Jüngern in dichter Weise voraussetzt und den Blick für die Situation der Gemeinde frei gibt. Es sind Abschiedsreden, die Jesu bisherigen Weg überschauen lassen und seine Rückkehr zum Vater als den hoffnungsvollen Ansatz zum Verständnis Jesu und seiner Jüngergemeinschaft erschließen. Das Lukasevangelium enthält bereits eine kleine Sammlung von Abschiedsworten Jesu (22,24-38), doch ist es noch nicht jener umfassende Rahmen der Abschiedsrede, wie er in Joh 13-17 vorliegt. Es sind besondere, in die Zukunft weisende Worte, die Jesus den „Seinigen" im Unterschied zur ungläubigen „Welt" zu sagen hat (vgl. die Parakletsprüche). Im übrigen ist auch dieser Teil mit dem Evangeliumsbericht verklammert (vgl. 13,1.27-30; 18,1).

Dieser Teil wird mit der Fußwaschung Jesu eröffnet (13,4f), die in tief symbolischer Weise gedeutet (13,8-10) und als Vorbild für die Jünger hingestellt wird (13,13-17). Nach dem Weggang des Verräters in die „Nacht" (13,26-30) stimmt Jesus einen Hochgesang auf seine Verherrlichung an (13,31f), kündigt aber auch an, daß ihn die Jünger suchen werden. Für seine Abwesenheit gibt er ihnen das Gebot der gegenseitigen Liebe (13,33-35). Die Ansage der dreimaligen Verleugnung des Petrus ist noch in den geschichtlichen Rahmen einbezogen (13,36-38). Aber dann folgt die eigentliche Abschiedsrede (Kap. 14), die ganz aus der johanneischen Theologie gestaltet ist. Bei der Ankündigung des Parakleten, den Jesus den Jüngern verheißt, wird noch einmal das Nichterkennen und Nichtbegreifen der „Welt" betont (14,17). Die „Welt" vermag keinen Frieden zu geben (14,27); aber Jesus hinterläßt den Jüngern seinen Frieden und bewahrt ihr Herz vor Verwirrung und Angst. Mit der Ermutigung zum Glauben schließt die Abschiedsrede. Das „Signal zum Aufbruch" (14,31b) findet seine Fortsetzung erst in 18,1, ist aber auch vielleicht ein Signal, zu einem neuen Verständnishorizont vorzudringen. Die weiteren dazwischen stehenden Abschiedsreden und das große Gebet Jesu zum Vater (Kap. 15-17) sind offenbar aus dem johanneischen Kreis hinzugefügt und vertiefen die Gedanken der Abschiedsrede von Kap. 14. Dadurch entsteht noch deutlicher ein zusammenhängender Teil von interner, esoterischer Rede Jesu im Kreis der Seinigen, der durchweg von der „Welt" abgesetzt wird. Der Gegensatz wird zum Teil dualistisch verschärft (15,18-27; 16,8-11.33)[34]. Die nachösterliche Verkündigung der johan-

---

[34] Vgl. T. ONUKI, Gemeinde und Welt im Johannesevangelium (WMANT 36), Neukirchen 1984.

neischen Gemeinde wird in die Abschiedsrede Jesu einbezogen. Die Rede Jesu vor den „Seinigen" erweitert sich zu einer Offenbarungsrede für die Gemeinde gegenüber der Welt.

Diese Zweiteilung in Jesu Reden und Wirken in der Öffentlichkeit und Jesu Enthüllungen für den internen Jüngerkreis und die spätere Gemeinde hat theologische Gründe. Was in der Selbstoffenbarung im Judentum auf Widerstand und Ablehnung stößt, wird im Leben der Gemeinde und ihrem Widerstreit mit der Welt verständlich. Beide Teile sind aufeinander bezogen und ergänzen sich. Für die Anlage und den Aufbau des Evangeliums ist der Überschritt von der Zeit Jesu zur Zeit der Gemeinde charakteristisch und signifikant. Im Grunde sprengt dieses Verfahren den Fluß einer geschichtlichen Darstellung.

c) Passion und Auferstehung

Mit Kap. 18 kehrt der Evangelist zum geschichtlichen Geschehen zurück. Jetzt werden nacheinander die Verhaftung Jesu, sein Verhör vor dem Hohenpriester, seine Auslieferung an Pilatus, sein Prozeß vor dem römischen Prokurator und seine Passion erzählt. Damit mündet Johannes doch wieder in eine Darstellung geschichtlicher Art, wenn auch in einer Weise, die von den synoptischen Evangelien merklich abweicht. Ohne uns mit einzelnen Divergenzen bei der Verhaftung mit Hilfe einer römischen Kohorte, dem Verhör durch Hannas, dem Todesdatum und den Umständen des Todes und des Begräbnisses zu beschäftigen, soll hier nur kurz auf besondere Züge, die aus johanneischer Christologie stammen, eingegangen werden. Schon die Verhaftung Jesu (18,1–11) ist vom johanneischen Christusbild geprägt. Jesus weiß alles, was auf ihn zukommt und tritt dem Verhaftungstrupp souverän entgegen. Das „Ich bin es", mit dem er sich als Jesus von Nazaret zu erkennen gibt, ist mehr als eine Identifikationsformel. Dreimal erklingt dieses „Ich bin es" (18,5.6.8), und sein hoheitsvoller Klang, der die göttliche Selbstprädikation Jesu aufnimmt, läßt die Häscher zurückweichen und zu Boden fallen. Auf den Schwertstreich des Petrus reagiert Jesus mit dem Hinweis auf den Willen des Vaters: „Soll ich den Kelch, den mir der Vater gegeben hat, nicht trinken?" (18,10f). Auf die Befragung Jesu durch den Hohenpriester über seine Jünger und seine Lehre antwortet Jesus, er habe öffentlich in der Synagoge und im Tempel gelehrt und nichts im Verborgenen gesagt (18,20). Das ist zunächst eine Bestätigung seiner öffentlichen Rede vor der Welt und erinnert an seine hoheitsvolle Selbstoffenbarung in den früheren Kapiteln. Darüber hinaus ist der Hinweis auf diejenigen, die es gehört haben (18,21), wohl eine Aufforderung, sich an die christlichen Verkündiger zu halten, die von Anfang an mit ihm verbunden waren und

I. Zugang zum Johannesevangelium und seiner Christologie

ihn bezeugen können (15,27; vgl. 1 Joh 1,2)[35]. Der johanneische Jesus schließt sich mit den Seinigen zusammen (vgl. auch 18,8f). Hoheitsvoll ist auch die Antwort Jesu an den Knecht, der ihn schlägt (18,23). Die Verhöre vor Pilatus sind so gestaltet, daß die Hoheit und Würde Jesu immer deutlicher hervortritt. Als „König der Juden" angeklagt, bekennt sich Jesus zu seinem Königtum, deutet es aber nicht als ein innerweltliches, zu dieser Welt gehöriges, sondern als die ihm verliehene Macht, in der Welt die Wahrheit Gottes zu bezeugen (18,36f). Als der aus dem Himmel kommende Offenbarer steht er über allen (3,31f). Das Königtum Jesu, im Kreuzestitel vorgegeben (19,19), wird in seiner weiten, die Welt durchdringenden (vgl. 19,20), aber nur aus seiner Herkunft von Gott zu verstehenden Bedeutung reflektiert. Sein „Reich" umfaßt alle Menschen, die „aus der Wahrheit" sind und auf seine Stimme hören. Es ist die in Jesus verwirklichte Gottesherrschaft und steht in Kontrast zu der vom Staat und seinen Vertretern beanspruchten Gewalt (vgl. 19,10f)[36]. Das Königtum Jesu vollendet sich am Kreuz, äußerlich in tiefster Erniedrigung und Ohnmacht, doch tiefer gesehen, in der ihm verliehenen Macht, alle zu sich zu ziehen (12,32) und das Heil zu entbinden (vgl. 19,34). „Sie werden schauen auf den, den sie durchbohrt haben" (19,37).

Dieses Königtum Jesu gründet sich auf seine unergründliche Verbindung mit Gott. Als die jüdischen Ankläger vehement rufen: „Kreuzige, kreuzige" weigert sich Pilatus, weil er keine Schuld an Jesus findet (19,6). Als sie aber seine Todeswürdigkeit damit begründen, daß er sich zum Sohn Gottes gemacht hat, fürchtet sich Pilatus noch mehr. Es ist eine numinose Scheu, ein Schauder, der ihn erfaßt und zur Frage an Jesus veranlaßt: „Woher bist du?" (19,8f). Jesus antwortet ihm nicht; aber im weiteren Verlauf muß dem römischen Präfekten klar werden, daß Jesus eine „von oben" kommende Macht besitzt (19,11). Der Versuch, Jesus frei zu lassen, scheitert an dem Geschrei der Juden und ihrer Drohung mit der Anzeige beim Kaiser. Schließlich setzt sich Pilatus auf den Richterstuhl (19,13)[37] und verurteilt Jesus als politischen Rebell zum Kreuzestod.

Die Kreuzigung Jesu wird nach vorgegebenen Traditionen (Kreuzigung zwischen zwei Verbrechern, Kleiderverteilung, Essigtränkung), doch wieder in einer hintergründig symbolischen Weise erzählt. Der

---

[35] Vgl. SCHNACKENBURG, Joh III, 270.
[36] Vgl. M. HENGEL, Reich Christi, Reich Gottes und Weltreich im Johannesevangelium, in: ders. u. A. M. Schwemer (Hrsg.), Königsherrschaft Gottes und himmlischer Kult im Judentum, Urchristentum und in der hellenistischen Welt (WUNT 55), Tübingen 1991, 163–184.
[37] Die öfter versuchte Übersetzung „Er setzte ihn (Jesus) auf den Richterstuhl", die ein symbolisches Verständnis enthalten könnte, habe ich in Joh III, 304–306 zurückgewiesen.

Kreuzestitel enthüllt das weltumfassende Königtum Jesu, da er in den drei damaligen Sprachen hebräisch, lateinisch und griechisch geschrieben ist (19,20) und Pilatus sträubt sich, den Titel zugunsten jüdischer Auffassung abzuändern (19,21 f). Der in einem Stück gewebte Leibrock Jesu (19,24) wird wahrscheinlich zum Symbol der unzerreißbaren Einheit der Kirche, die im sterbenden und auferstehenden Herrn begründet ist (vgl. 2,21). Das Tränken mit Essig (19,28 f) wird nicht nur als Erfüllung der Schrift verstanden, sondern auch als letzter Akt, durch den Jesus sein Werk vollendet und zum Vater hinübergeht (vgl. sein Vorauswissen 13,1; 18,4). Das Wort beim Verscheiden „Es ist vollbracht" und die Übergabe des Geistes (19,30) sind ein Schlußpunkt unter das ganze irdische Werk Jesu (vgl. 4,34; 17,4). Der Bericht vom Sterben Jesu ist von der johanneischen Christologie her gestaltet, und die Sondertradition vom Herausfließen von Blut und Wasser aus dem Leichnam (19,34 f) wird wahrscheinlich auch symbolisch verstanden. Das Begräbnis Jesu (18,38–42) zeigt wiederum Züge, die Jesu Würde unterstreichen (die große Menge von Würzkräutern und Duftstoffen, das neue, noch nicht benutzte Grab in einem Garten). Insgesamt ist die johanneische Passionsgeschichte ein Paradigma für die bestimmte geschichtliche Traditionen aufnehmende und diese in eine christologisch-symbolische Auslegung einbeziehende Schau des Evangelisten, der darin sein Christusbild entfaltet.

Ähnliches ist für das Auferstehungskapitel 20 zu sagen. Den Traditionen, die Johannes hier aufnimmt und verarbeitet, braucht nicht nachgegangen zu werden. Die Personen, die eine Rolle spielen: Maria von Magdala, Petrus und der Jünger, den Jesus liebte, die zwölf Jünger, Thomas sind zum Teil aus der synoptischen Überlieferung übernommen, zum Teil aber auch aus johanneischer Tradition hinzugewachsen. Der Aufbau ist zielstrebig: Die zwei Jünger am Grab, Maria von Magdala, die zwölf Jünger, schließlich Thomas, mit dem das Bekenntnis zum Auferstandenen den Höhepunkt erreicht („Mein Herr und mein Gott" 20,28). Für die johanneische Theologie ist besonders das Wort an Maria von Magdala aufschlußreich: „Halt mich nicht fest, denn noch bin ich nicht zu meinem Vater aufgestiegen" (20,17a). Der Aufstieg Jesu (des „Menschensohnes") zu Gott wird schon in 3,13; 6,62 angesprochen, der Weggang Jesu, die Rückkehr zum Vater noch öfter in den Blick gefaßt (7,33; 8,21f; 13,3.33; 14,4f.28; 16,5.10.28). Aber nirgends wird das ausdrücklich mit seiner Auferstehung in Verbindung gebracht. Man kann es nur aus 2,22; 10,18; 12,16 erschließen. Bei der Begegnung des Auferstandenen mit Maria von Magdala ist Jesus noch nicht „aufgestiegen", noch nicht zur Verherrlichung gelangt (vgl. 7,39); aber er ist im Aufstieg zu seinem Vater (20,17c). Meines Erachtens hängt diese Spannung mit dem Auftrag an Maria zusammen, zu Jesu Brüdern zu gehen und ihnen anzukündigen, daß sich nun all das erfüllen soll, was er ihnen verheißen hat: die Geistsendung (14,16f; vgl. 20,22), die Gebetserhörung (14,13; 15,16; 16,23), das Vollbringen größerer Werke (14,12), die Erfahrung der Liebe Gottes (14,23), kurz all das, was Frucht des vollendeten Werkes Jesu ist[38]. Die Auferstehung Jesu ist ein transitorisches Geschehen zwischen dem irdischen Dasein Jesu und seiner himmlisch-transzendenten Anwesenheit. Die Erscheinungen des Auferstandenen sind bei aller äußerlich naiven Darstellung Selbstoffenbarungen des himmlisch-erhöhten Herrn, der bereits nicht mehr dieser Welt angehört. Das steht auch für den Evangelisten fest. Die körperlich-leibhaftige Erscheinung vor Maria läßt nach einer Erklärung suchen, die Jesu Rückkehr zum Vater mit der Erscheinung des Auferstandenen ausgleichen soll. Johannes folgt der geschichtlichen Überlieferung und läßt die Passion Jesu im Auferstehungsgeschehen ausklingen.

Damit zeigt sich für den Aufbau des Johannesevangeliums eine durchgehende Linie von der Taufe Jesu über sein Wirken in Galiläa und Judäa bis zum Prozeßbeginn, zu seinem Tod und seiner Auferstehung. So unterschiedlich Jesu öffentliches Wirken, vor allem durch seine wiederholten Reisen nach Judäa und Jerusalem ausfällt, bleibt Johannes doch den geschichtlichen Grundzügen treu.

d) Der zeitliche Rahmen

Es ist zweifelhaft, ob Joh bestimmte Wochen in der Laufbahn Jesu markiert und symbolisch deutet: eine erste Woche von der Taufe Jesu bis zur Hochzeit von Kana (1,29 – 2,1), eine Passionswoche (von 12,1 – 19,14), schließlich eine Auferstehungswoche (20,1 –26)[39]. Die Anfangswoche des Wirkens Jesu soll schwerlich der Schöpfungswoche die Woche der Neuschöpfung gegenüberstellen[40]. Die Passionswoche ist recht vage berechnet, stützt sich aber auf die johanneische Chronologie, und die Auferstehungswoche wird durch die Ansetzung der Erscheinung vor Thomas als solche erkenntlich[41]. Allerdings wird der Weg Jesu von der Taufstelle in Betanien jenseits des Jordan mit der Berufung der ersten Jünger über Jesu Auftreten in Galiläa, dann in Judäa und Jerusalem bis zum Einzug in Jerusalem und der anschließenden Passionswoche auch im zeitlichen Rahmen deutlich; denn die einzelnen Stationen sind immer wieder durch ein „Danach" gekennzeichnet (2,12; 3,22; 4,43; 5,1; 6,1; 7,1; 11,7). In diesem Rahmen

---

[38] Vgl. SCHNACKENBURG, Joh III, 376–379.
[39] So KIEFFER, L'espace (Anm. 29) 396f.
[40] So M.-E. BOISMARD, Du Baptême à Cana (Jean 1,19 – 2,11), Paris 1956, 15.
[41] Vgl. C. K. BARRETT, The Gospel According to St John, London ²1978, 410: „Es ist möglich, daß ein liturgisches Motiv hinter diesen Einteilungen von bedeutsamen Wochen liegt; wenn ja, ist es nicht ein Anliegen des Johannes, sondern seiner Quellen".

wird ein Festkalender sichtbar, der Jesu wiederholtes Auftreten in Jerusalem veranlaßt: ein erstes Paschafest 2,13.23, ein zweites Paschafest, bei dem Jesus in Galiläa bleibt (6,4), und von da an das Laubhüttenfest (7,2.14.37), das Tempelweihfest (10,22) und das Todespascha (11,55; 12,1.12; 13,1; 19,14). Unklar bleibt nur das in 5,1 genannte „Fest der Juden", für das man am ehesten das Pfingstfest vermuten kann[42]. Der Festkalender steht im Dienste des Hinaufziehens Jesu nach Jerusalem, das Jesu Zusammenstoß mit den ungläubigen jüdischen Führern dramatisch steigert. Wenn auf dem Laubhüttenfest (Kap. 7) noch unterschiedliche Reaktionen im Volk und bei den Führenden sichtbar werden, ist die Auseinandersetzung auf dem Tempelweihfest (10,22-39) schon erheblich härter und wird zur unversöhnlichen Ablehnung und Verfolgung beim letzten Pascha (11,57; 12,9f). Das zeitliche Schema wird wie das örtliche durch das christologische Anliegen des Evangelisten hervorgetrieben. Von daher erklären sich die Ansetzung der Tempelreinigung an den Anfang des Wirkens Jesu und die sich steigernde Aggressivität der Juden im Laufe der Tempelbesuche Jesu. Im zeitlichen Rahmen erkennt man eine dramatische Darstellungsabsicht.

Wie sehr eine christologische Absicht der zeitlichen Perspektive zugrundeliegt, ergibt sich aus der Reflexion über die „Stunde" Jesu[43], die in einer eigentümlichen Dialektik steht: Die „Stunde" ist einerseits in der Gegenwart Jesu gegeben (4,20; 5,25) und andererseits „noch nicht gekommen" (7,30; 8,20). Dabei geht es um die Stunde des Todes und der Verherrlichung Jesu. Die Feinde Jesu können ihn während seines Wirkens im Volk nicht verhaften, weil nach der Festsetzung Gottes seine Todesstunde noch nicht gekommen ist; und doch läuft die Zeit Jesu, die in 11,9 noch auf die zwölf Stunden des Tages bezogen wird, auf jene entscheidende „Stunde" zu, da der Menschensohn verherrlicht wird, nämlich durch seinen Tod, der zur fruchtbaren Sammlung der an ihn Glaubenden wird (12,23f). Die „Erhöhung" Jesu am Kreuz bewirkt, daß er alle an sich zieht (12,32). Das dunkle Geschehen, das durch den Verrat des Judas ausgelöst wird, führt dazu, daß der Menschensohn verherrlicht wird und Gott in ihm (13,31). Diese Verherrlichung wird Gott „sofort" herbeiführen (13,32). Auf diese Verherrlichungsstunde blickt wahrscheinlich schon das Wort Jesu auf der Hochzeit von Kana voraus, daß seine Stunde noch nicht gekommen ist (2,4)[44]. Die „Zeichen" Jesu sind auf die Offenbarung seiner Herrlich-

---

[42] Vgl. SCHNACKENBURG, Joh II, 118f.
[43] Vgl. G. FERRARO, L'„ora" di Christo nel Quarto Vangelo (Aloisiana 10), Rom 1974.
[44] Ein viel umrätseltes und unterschiedlich interpretiertes Wort, vgl. die Kommentare. Ich habe mich in Joh I, 332-336 gegen eine Frage entschieden und halte mich für die Deutung auf die Todes- und Verherrlichungsstunde offen. Das Kanawunder weist zeichenhaft auf die erst im Tode Jesu erfolgende volle Herrlichkeit hin. Vgl. W. THÜSING,

keit angelegt (2,11; 11,4.40); aber so sehr sich diese Herrlichkeit schon in den Zeichen enthüllt (vgl. 1,14), bringt erst die vom Vater festgesetzte Todesstunde die Volloffenbarung der Herrlichkeit Jesu. Sie ist zunächst ein bedrückendes Geschehen, wie Jesu Verwirrung vor seinem Leiden, die johanneische „Ölbergstunde" (12,27), festhält. Aber schon in dieser Stunde der Angst erhält er vom Vater die Zusicherung, daß ihn der Vater verherrlicht hat und weiter verherrlichen wird (12,28). Die Stunde äußerster menschlicher Not ist im Sinn johanneischer Theologie in eine Stunde der Behütung und Verherrlichung durch den Vater umgebogen[45]. Im Abendmahlssaal „weiß" Jesus, daß seine Stunde gekommen ist (13,1), und im Gebet zum Vater bittet er in dieser Gewißheit den Vater, daß er ihn verherrliche (17,1).

So ist der ganze zeitliche Ablauf in der theologisch allein bedeutsamen „Stunde" Jesu aufgefangen und in ihr die Sinnspitze seines irdischen Wirkens erreicht. Die zeitlichen Daten gehen in den Prozeß Jesu, seine Passion und seine Auferstehung über. Insofern bleibt Johannes dem geschichtlichen Geschehen verbunden, überschreitet es aber durch die theologische Reflexion über die „Stunde" Jesu. Man wird kaum sagen dürfen, daß Johannes damit die „zwei Stadien des Heilswerkes Jesu" aufstellen und verbinden wollte[46]. Auch das irdische Wirken Jesu, das Jesu Herrlichkeit in „Zeichen" offenbart, wird vom verherrlichten Christus her gesehen; nur als der seit dem Tod Verherrlichte kann er Werke vollbringen, die auf Erden einen zeichenhaften Sinn annehmen. Seine Inkarnation ermöglicht das „Schauen seiner Herrlichkeit" (1,14), aber doch nur, weil der Inkarnierte inzwischen in die Herrlichkeit des Vaters eingegangen ist. Für Johannes ist das irdische Wirken Jesu und sein Fortwirken im heiligen Geist eine Einheit geworden.

Bei der Zeichenoffenbarung ist noch ein Voranschreiten zu beachten. Die Hochzeit von Kana ist erst der „Anfang der Zeichen" (2,11). Ein zweites Zeichen, die Fernheilung des Sohnes des königlichen Beamten, vollbringt Jesus, als er von Judäa nach Galiläa zurückkehrt (4,54). Dem folgen in Galiläa noch weitere Zeichen an den Kranken (6,2). Nimmt man eine Vertauschung von Kap. 5 und 6 an[47], so läuft das Zeichenwirken in Galiläa auf die große Speisung hin, die am See von Galiläa geschieht (6,4-15) und Anstoß zu einer großen Offenbarungsrede gibt (6,26-59). In der jetzigen Reihenfolge steht die Heilung des Gelähmten am Betesdateich in Jerusalem (5,1-9) dazwischen, die

---

Die Erhöhung und Verherrlichung Jesu im Johannesevangelium (NTA 21), Münster ³1979, 92–96.

[45] Vgl. THÜSING, Erhöhung 76–86: Die Annahme der „Stunde" Jesu als Annahme der Passion.

[46] So THÜSING, vgl. den Nachtrag in der 3. Auflage 311–316.

[47] Vgl. SCHNACKENBURG, Joh II, 6–11.

ebenfalls zu einer großen Offenbarungsrede führt (5,10–47). Was diese Zeichen verbindet, ist der Gedanke, daß Jesus das Leben schenkt bzw. sich durch die große Speisung als das „Brot vom Himmel" erweist, das der todverfallenen Welt das Leben wiederbringt. Insofern ist keine Steigerung zu erkennen, und nur durch die Offenbarungsreden gibt es gegenüber den beiden Kanawundern einen Fortschritt.

Was die Zeichen aufdecken sollen, wird in diesen Reden breit entfaltet. Die beiden letzten Großwunder, die Heilung des Blindgeborenen (Kap. 9) und die Totenerweckung des Lazarus (Kap. 11) sind als Höhepunkt des Zeichenwirkens Jesu markiert. Sie enthüllen in einzigartiger Weise die Bedeutung Jesu als Licht und Leben der Welt, so wie der Logos im Prolog als das die Menschen erhellende Leben (1,4) oder als das wahre Licht, das jeden Menschen erleuchtet (1,9), vorgestellt und gepriesen wird. Beides ist in dem Wort zusammengefaßt: „Wer mir nachfolgt, geht nicht in der Finsternis umher, sondern wird das Licht des Lebens haben" (8,12). Die Lichtfunktion Jesu wird sodann in der Blindenheilung zeichenhaft dargestellt „Solange ich in der Welt bin, bin ich das Licht der Welt" (9,5). „Zu einem Gericht bin ich in die Welt gekommen, damit die Nichtsehenden sehen und die Sehenden blind werden" (9,39). Die scheidende Kraft des Wirkens Jesu tritt hervor. Licht und Leben sind die bestimmenden Ausdrücke für die Heilsbedeutung Jesu. Die Totenerweckung bringt dann die lebensspendende Macht Jesu zur Anschauung. Wieder gibt es einen doppelten Effekt: Wer die Offenbarung Jesu als „Auferstehung und Leben" annimmt wie Marta (11,25–27), wird im Glauben zum Leben geführt, wer sich ihr versagt und widersetzt wie die Hohenpriester und Pharisäer (11,47–53), beschreitet den Weg des Todes. Die beiden Großwunder sind bewußt an das Ende der Zeichenoffenbarung gestellt und führen zum Höhepunkt des Dramas, das der Evangelist in der „Geschichte" Jesu erblickt.

Ob den „Zeichen" eine σημεῖα-Quelle zugrundeliegt, ist umstritten. Manches spricht dafür, wie die Zählung der ersten beiden „Zeichen" und der Rückblick in 12,37f und 20,30f. Aber die Zählung der „Zeichen" und der Umfang sind nicht klar (wie steht es mit dem Seewandel?). Vielmehr muß man mit der Aufnahme und Verarbeitung von bestimmten „Zeichen"-Erzählungen durch den Evangelisten bzw. die Schlußredaktion rechnen. Tradition und Redaktion, geschichtliche Wirklichkeit und symbolische Deutung lassen sich nicht klar voneinander trennen. Aber der zeitliche Rahmen, der dem Wirken Jesu mit der Verhaftung und der Passion ein Ende setzt, begrenzt nicht nur das „Buch der Zeichen", sondern bewirkt auch eine Anordnung, die immer stärker zur Passion und hintergründig zur Auferstehung und Verherrlichung Jesu hinführt. Beim Abschluß des Buches in 20,30f wird nicht ohne Grund auf die „Zeichen" zurückgegriffen, die Jesus vor seinen Jüngern getan hat[48]. Im ganzen sind die örtlichen und zeitlichen Angaben zwar in den geschichtlichen Rahmen des Auftretens Jesu gestellt, doch zugleich der johanneischen Christologie dienstbar gemacht.

4. Das johanneische Christusbild im Vergleich mit den synoptischen Evangelien

Wer von den synoptischen Evangelien her zum Johannesevangelium gelangt und sich dabei das Bild von Jesus Christus vor Augen hält, wird in vielfacher Weise frappiert sein. Es gibt Spannungen zwischen dem synoptischen und dem johanneischen Christusbild[49]. Bei allen Synoptikern tritt die warme, erbarmungsvolle Zuwendung Jesu zu den Menschen hervor. Die dafür bezeichnenden Wortfelder von „Erbarmen" und „Mitleid" finden sich bei allen drei Synoptikern, fehlen aber gänzlich bei Johannes. Zwar hat man auch in diesem Evangelium auf gewisse menschliche Züge Jesu aufmerksam gemacht: Jesus, von der Reise erschöpft, bittet die Samariterin um einen Trunk Wasser (4,7). Doch das Gespräch verlagert sich sogleich auf eine andere Ebene: das Wasser des Lebens, und von einer Ausführung seiner Bitte hören wir nichts. Lazarus ist der Freund Jesu, und Jesus „liebte die Marta, ihre Schwester und den Lazarus" (11,5). Aber Jesus eilt nicht sofort nach Betanien, um den Erkrankten zu heilen, sondern wartet noch zwei Tage, so daß er stirbt und Jesus ein noch größeres Wunder wirken kann (11,11-15). Beim Grab erregt sich Jesus über Maria und die Juden, die weinten (11,33). Auch Jesus weint vor dem Grab, so daß die Juden sagen: „Seht, wie lieb er ihn hatte" (11,35f). Das kann jedoch johanneische Ironie sein; Jesu „Erregung" bezieht sich eher auf den Unglauben der Juden oder die Gewalt des Todes. In der johanneischen Getsemani-Szene (11,27-33) ist Jesus zunächst wegen des ihm drohenden Todes erschüttert, fängt sich aber sogleich durch den Gedanken, daß der Vater seinen Sohn verherrlichen wird. Es sind schwache Reminiszenzen an Jesu menschliches Sein und Empfinden, die aber nicht wirklich zum Durchbruch kommen, sondern von der Gewißheit seiner Überlegenheit und göttlichen Kraft überstrahlt werden.

---

[48] Unter den hier genannten „vielen und anderen Zeichen" sind schwerlich weitere Auferstehungserscheinungen gemeint, sondern die im Hauptteil erzählten oder erwähnten „Zeichen". Höchstens werden die Erscheinungen des Auferstandenen als gesteigerter Ausdruck des „Zeichen-Wirkens" Jesu verstanden. Vgl. SCHNACKENBURG, Joh III, 401-403.

[49] Vgl. R. SCHNACKENBURG, Synoptische und johanneische Christologie – Ein Vergleich, in: F. van Segbroeck u.a. (Hrsg.), The Four Gospels (FS F. Neirynck), Löwen 1992, Bd. III, S. 1723-1750.

Eine „liebende, leidende, hingabebereite Menschenfreundlichkeit" scheint mir kaum erkennbar zu sein[50]. Die Heilungen, die große Speisung, der Gang über das Wasser, die Totenerweckung werden zu „Zeichen", die symbolisch auf die Person Jesu und das von ihm gebrachte Leben hinweisen. Dadurch entsteht ein vertieftes Bild von Jesus, das mit der Christologie des von Gott kommenden Logos, allerdings des inkarnierten Logos, zusammenhängt.

Der Unterschied wird noch deutlicher, wenn man auf „Glauben" nach den Synoptikern und bei Johannes achtet. In den Heilungsgeschichten der Synoptiker ist es der Vertrauensglaube, der zur Heilung führt, ein Vertrauen, wie es durchweg im Alten Testament als gläubige Haltung hervortritt. Jesus verlangt keinen Glauben an seine Messianität, sondern einen Glauben, der das menschlich Unmögliche durch Gottes Macht für realisierbar hält (vgl. Mk 9,23). Anders im Johannesevangelium! Hier ist der Glaube an *Jesus* das Entscheidende. Glauben heißt, die Selbstoffenbarung Jesu bejahen und sich an diesen alleinigen Heilsmittler binden[51]. Zwar bleiben die Jünger bis in den Abendmahlssaal hinein für Jesu volle Offenbarung als Weg zum Vater noch verschlossen (14,4-10), aber Jesus drängt auf diesen Glauben, und sei es nur aufgrund seiner Werke (14,11f). Das mangelhafte Glauben der Jünger zeigt sich besonders in der Stunde des Abschieds; doch wird im großen Gebet Jesu zum Vater der Glaube der Jünger an Jesus nicht in Frage gestellt (17,6-8). Sie werden in das Bekenntnis der Gemeinde hereingeholt.

Der Glaube im Johannesevangelium ist wesentlich soteriologisch bestimmt. Die Heilsbedeutung des Glaubens besteht darin, daß er ewiges, göttliches Leben vermittelt. Die Heilung des Gelähmten am Betesdateich entzündet die Frage, wer Jesus ist (5,12), und im weiteren Verlauf offenbart sich Jesus als der Sohn, der aufs engste mit seinem Vater zur „Lebenserweckung" zusammenwirkt (5,19-21). Auch beim Blindgeborenen richtet sich alles Interesse auf die Frage, wer der ist, der ihn zum Teich Siloah schickte und gesund machte. Das Augenlicht, das Jesus dem Mann wieder schenkt, wird zu einem Symbol für Jesus, das Licht der Welt (9,5), ein Licht, das ewiges Leben schenkt (vgl. 8,12). Die Auferweckung des Lazarus gipfelt in der Offenbarung Jesu als „die Auferstehung und das Leben" (11,25f). Der Glaube, auf den der johanneische Jesus drängt, ist ein christologischer Bekenntnisglaube. Immer wieder hören wir von solchen Bekenntnissen, angefan-

---

[50] So KUSCHEL, Geboren vor aller Zeit? (Anm. 1), 488.
[51] Vgl. meinen Exkurs in Joh I, 508-524; F. MUSSNER, Die johanneische Sehweise und die Frage nach dem historischen Jesus, Freiburg - Basel - Wien 1965; F. M. BRAUN, La foi selon s. Jean: RThom 69 (1969) 357-377; F. HAHN, Sehen und Glauben im Johannesevangelium, in: Neues Testament und Geschichte (FS O. Cullmann), Zürich - Tübingen 1972, 125-141.

I. Zugang zum Johannesevangelium und seiner Christologie

gen von Natanael (1,49) über die Samariter (4,42), Petrus mit den Jüngern (6,69), den geheilten Blindgeborenen (9,37f), Marta (11,27), die Jünger im Abendmahlssaal (16,30) bis zu Thomas nach der Auferstehung Jesu (20,28). Die Bekenntnisse fangen den ganzen christologischen Glauben ein und bringen ihn in der Geschichte Jesu durch den Mund der Glaubenden zur Geltung. Dieser christologisch-soteriologische Erkenntnisglaube ist etwas anderes als das synoptische Glauben, das noch stärker an die Erfahrung des irdisch wirkenden Jesus gebunden bleibt.

Auch Verhüllung des Geheimnisses Jesu und Offenbarung werden verschieden dargestellt. Im Markusevangelium wird das Auftreten Jesu mit dem Schleier des Geheimnisses umgeben. An keiner Stelle bezeugt sich Jesus offen als der Messias und Sohn Gottes, bis die feierliche Befragung durch den Hohenpriester seine Antwort in dieser „Stunde der Wahrheit" unumgänglich macht (14,62). Das Unverständnis der Jünger (Mk 6,51; 8,17f) zeigt, wie unbegreiflich selbst den engsten Gefährten Jesu sein machtvolles Wirken war. Die Geheimhaltungstendenz (das „Messiasgeheimnis") durchzieht das ganze Markusevangelium. Im Johannesevangelium entsteht ein ganz anderer Eindruck. Hier ist Jesus darauf aus, sich selbst als den Messias und Gottessohn zu offenbaren (20,31). In seinen Reden präsentiert sich Jesus durch die Hoheitsformel „Ich bin" als der göttliche Lebensbringer und spricht er ein unerhörtes Selbstbewußtsein aus, das sogar die Präexistenz umgreift (8,58). Dieser Anspruch Jesu wird nicht nur vor den Jüngern laut, sondern auch vor den ungläubigen Juden, bei denen er auf heftigen Widerspruch stößt (6,42; 8,16.25.51.53; 10,33). Die Bekenntnisse sind – ausgenommen das Thomasbekenntnis – in das irdische Leben Jesu versetzt, auch wenn sie den nachösterlichen Glauben der Kirche widerspiegeln. Was der synoptische Jesus durch seine Heilstaten unter dem Schleier des Geheimnisses ahnen läßt, wird bei Johannes durch seine christologische Sicht offen aufgedeckt.

Noch weitere Verschiebungen finden sich in den Offenbarungsreden des Johannesevangeliums, so von der Erwartung des Reiches Gottes zur Versicherung des gegenwärtigen göttlichen Lebens. Das „Eingehen ins Reich Gottes" wird aufgegriffen (3,3.5), aber in einer Weise interpretiert, daß man darunter das Eingehen in den himmlischen Bereich verstehen muß. Die zeitliche Sicht der Synoptiker ist in eine jenseitig-vertikale Perspektive gewendet. Das göttliche Leben ist seiner Natur nach ein bleibendes; so kann der Blick auch in die Zukunft gerichtet sein (4,14; 6,27; 12,25), aber unter Voraussetzung seiner Gegenwärtigkeit. Das göttliche Leben dauert über den leiblichen Tod hinaus an (11,25); aber durch den, der „die Auferstehung und das Leben" ist, ist es im Glaubenden schon anwesend.

Es gibt in der johanneischen Christologie auch Anzeichen, daß manche Vorstellungen bei den Synoptikern aufgenommen und weiterentwickelt worden sind, so der „Gesandte", der in diese Welt gekommen ist, um die Menschen zu heilen und zu retten; oder der „Sohn Gottes", der bei Johannes zu dem mit dem Vater verbundenen „Sohn" schlechthin wird, oder der „Menschensohn", der von dem zukünftig Erwarteten zum gegenwärtig Anwesenden (1,51; 9,35-38), von dem Gekreuzigt-Auferstandenen zu dem Erhöhten und Verherrlichten wird (3,14; 8,28; 12,23.32; 13,31f). Die synoptische Verkündigung von Johannes dem Täufer wird aufgegriffen und in neuer Weise interpretiert[52]. All dies zeigt, daß die johanneische Christologie nicht in der Luft schwebt, sondern unter der Prämisse des inkarnierten Logos eigenständig entfaltet worden ist. Im Kontakt mit der synoptischen Christologie ergibt sich ein neues und besonderes Christusbild, das nicht ohne Spannungen bleibt und doch am grundlegenden Christusbekenntnis der Urkirche festhält. Die besonderen Züge sind noch eigens zu untersuchen (s. u. II).

5. Hermeneutischer Zugang zum johanneischen Christusbild

Wenn es die eigentliche hermeneutische Aufgabe ist, die Texte aus ihrer Entstehungszeit, den damaligen Umständen und Zielsetzungen zu erklären und zugleich in den heutigen Horizont zu übersetzen, so daß sie den Menschen unserer Zeit etwas zu sagen haben[53], so ist dies für das Johannesevangelium mit großen Schwierigkeiten verbunden. Allein die Rekonstruktion des Historischen steht vor vielen und irritierenden Fragen; noch schwieriger ist es, die hohe johanneische Christologie Zweiflern und Skeptikern nahezubringen. Der oben unter 1 genannte historische Horizont wird verschieden beurteilt und hindert eine klare Sicht darauf, wer für wen mit welcher Zielsetzung unter welchen Umständen dieses Werk geschrieben hat. Aber auch, wenn wir die oben entwickelte Sicht teilen, ist das Verstehen in unserer Zeit nicht leicht.

a) Ein wichtiger Grundsatz neuerer Hermeneutik besteht darin, daß es voraussetzungslose Urteile nicht gibt. Immer sind bestimmte Vorentscheidungen oder Vorverständnisse im Spiel. „Wer den Text verstehen will, vollzieht immer ein Entwerfen. Er wirft sich einen Sinn des Ganzen voraus, sobald sich ein erster Sinn im Text zeigt. Ein solcher

---

[52] Vgl. SCHNACKENBURG, Synoptische und johanneische Christologie (Anm. 49) 1746ff.
[53] Vgl. R. BULTMANN in Epilegomena zu seiner „Theologie des NT" (Anm. 13), 585-600, der am Ende feststellt, daß er die Rekonstruktion der geschichtlichen Vergangenheit im Dienste der Interpretation der Schriften des NT sehen will „unter der Voraussetzung, daß diese der Gegenwart etwas zu sagen hat" (600). Darum bemüht sich auch W. LOADER, Christology 220-225.

zeigt sich wiederum nur, weil man den Text schon mit gewissen Erwartungen auf einen bestimmten Sinn hin liest. Im Ausarbeiten eines solchen Vorentwurfs, der freilich beständig von dem her revidiert wird, was sich bei weiterem Eindringen in den Sinn ergibt, besteht das Verstehen dessen, was darin steht."[54] Entworfene Vorurteile sind Bedingungen des Verstehens. Die Revision falscher Vorurteile geschieht im kritischen Forschungsprozeß dadurch, daß Hypothesen durch Textanalyse abgebaut und zurückgewiesen werden. Die überaus hypothesenreichen Aufstellungen zum Johannesevangelium, seiner Entstehung und Art, seiner Zielsetzung und seiner Geschichte sind immer wieder zu diskutieren und in einem Annäherungsprozeß an die geschichtliche Wahrheit stets neu zu korrigieren.

Eine weitere Erkenntnis ist für das hermeneutische Verstehen wichtig: Es gibt „eine Bewegung des Verstehens stets vom Ganzen zum Teil und zurück zum Ganzen. Die Aufgabe ist die, in konzentrischen Kreisen die Einheit des verstandenen Sinnes zu erweitern. Einstimmung aller Einzelheiten zum Ganzen ist das jeweilige Kriterium für die Richtigkeit des Verstehens. Das Ausbleiben solcher Einstimmung bedeutet Scheitern des Verstehens."[55] Des näheren muß sich für das Johannesevangelium zeigen, ob die Präexistenz-Christologie mit dem fundamentalen Satz „Und der Logos ist Fleisch geworden" (Joh 1,14) eine unabdingbare Voraussetzung johanneischer Christologie ist, sie trägt und verstehen läßt[56].

b) Man muß von der Einheit der johanneischen Christologie ausgehen und die verschiedenen Aussagekategorien in sie zu integrieren suchen. Das kann auf verschiedene Weise geschehen. So kann man z. B. von der Gesandtenvorstellung ausgehen: Der vom Vater in die Welt gesandte Sohn ist der Offenbarer und Lebensbringer. Auch kann man den vom Himmel herabgestiegenen Menschensohn, der dorthin wieder aufsteigt und so die Menschen zu Gott zurückführt, für eine entscheidende Deutungskategorie halten, oder man kann das aus dem jüdischen Bereich stammende Bekenntnis: Jesus ist der Messias und Gottessohn sich zu einer universalen Heilbringeraussage entfalten se-

---

[54] H.-G. GADAMER, Wahrheit und Methode. Grundzüge einer philosophischen Hermeneutik, Tübingen 1960, 251.
[55] Ebd. 275.
[56] Vgl. LOADER, Christology 148–154; 177–180. Er schreibt: „Der Autor nimmt die Präexistenz des Sohnes an und gebraucht sie durchweg als Basis, um die Autorität des Sohnes zu versichern" (154); THEOBALD, Fleischwerdung (Anm. 1) begreift den Prolog, der erst am Ende zum Evangelium hinzukam, als „Leseanweisung" für die Adressaten (438–470, bes. 468–470); KUSCHEL, Geboren vor aller Zeit? (Anm. 1) spricht im Hinblick auf die Erzählungen vom präexistenten Sohn auf Erden von der „verwegenen Synthese des Johannes" (468–511). Jesus ist „der Messias, Gottessohn und König von Israel, weil er der von Gott gesandte Sohn ist, weil er schon immer bei Gott, seinem Vater, war, bevor er in diese Welt eintrat und Mensch wurde" (477).

hen. Doch auf die Einheit der johanneischen Christologie kann man trotz verbleibender Spannungen nicht verzichten. Denn im Mittelpunkt steht die Gestalt Jesu Christi, die dem Johannesevangelium seine Sinnhaftigkeit sichert. Wenn es nicht gelingt, die verschiedenen narrativen Ausführungen, die unterschiedlichen Titel und Aussageweisen zu einer Einheit zusammenzuführen, zerfällt das ganze Evangelium. Stellt man nur verschiedene Christologien fest: der Gesandte, der Sohn, der eschatologische moseähnliche Prophet, der Menschensohn usw. wird die zu einer Gesamtdarstellung verwobene Sicht unerklärlich und rätselhaft.

Eine beachtliche einheitliche Gesamtschau entwickelt W. Loader: Der Vater sendet und autorisiert den Sohn, der den Vater erkennt, vom Vater kommt, den Vater bekannt macht, Licht, Leben und Wahrheit bringt, zum Vater zurückkehrt, erhoben, verherrlicht, aufgestiegen ist, die Jünger sendet und den Geist sendet, um ein größeres Verstehen zu ermöglichen, sie für die Mission ausrüstet, um die Glaubensgemeinde aufzubauen[57]. Etwas problematisch ist die Ausweitung der Christologie auf das Fortwirken des Christus in der Gemeinde; aber da der Paraklet den weiterlebenden Christus in der Gemeinde vertritt, ist diese Ausdeutung der Christologie nicht unberechtigt. Die sich ergebenden Spannungen, z. B. zwischen dem zum Vater heimkehrenden Christus und dem zur Gemeinde kommenden Parakleten, oder zwischen dem sein Erlösungswerk vollendenden Christus (Joh 19,30) und dem Lamm Gottes, das die Sünde der Welt hinwegnimmt (1,29) und den Strom des Lebens entbindet (19,34), oder zwischen dem menschgewordenen Logos (1,14) und dem sein Fleisch und Blut darreichenden Menschensohn (6,53–56) müssen in die Gesamtchristologie integriert werden. Die präsentische Eschatologie muß mit der futurischen ausgeglichen werden. Die Endredaktion hat die verschiedenen Ansätze der Christologie zu einer Einheit verschmolzen.

c) Eine besondere Frage ist, ob man das Johannesevangelium eher christologisch oder theologisch verstehen soll. Ist es so auf die Christologie konzentriert, daß sich von ihr her der Blick auf Gott, den Schöpfer und die Menschheitsgeschichte Bewegenden auftut, oder muß man von Gott und seiner Liebe zur Welt (3,16) ausgehen, der durch die Sendung des Sohnes etwas Neues in die Welt gebracht hat, Liebe, Licht und Leben, und in seinem Sohn die Welt zur Vollendung führt? Theologie und Christologie sind so eng miteinander verbunden und aufeinander bezogen, daß dies eine falsche Alternative ist. „Das Zentrum des christlichen Glaubens ist für Johannes die Verbindung mit Gott dem Vater durch Jesus Christus. Der formale Charakter des johanneischen Anspruchs auf Jesus als den einen von Gott Gesandten, der in so vie-

---

[57] LOADER, Christology 76–92, vgl. 226.

I. Zugang zum Johannesevangelium und seiner Christologie

len Varianten im Evangelium zum Ausdruck kommt, hat die Wirkung, alles Gewicht auf Theologie im strengen Sinn zu werfen."⁵⁸ Hier gilt der hermeneutische Grundsatz, keine falschen Alternativen zu stellen. Kann man die „Welt" entweder nur in einem negativen, den Bereich des Finstern, Bösen, Gottfeindlichen darstellenden Sinn sehen oder auch in einem positiven, von Gott bejahten, seine Liebe erfahrenden Sinn? Für beides gibt es johanneische Texte⁵⁹. Der johanneische „Dualismus" findet seine Grenze im Gottesverständnis. Ähnliches gilt für die Einstellung zum Judentum, das als Wirkbereich des Satans (8,44), aber auch als Ursprung des Heils (4,22) erscheinen kann⁶⁰. Überall stoßen wir auf eine solche widersprüchlich klingende Redeweise, die in der Sicht des Evangelisten doch nur zwei Seiten seiner aus der geschichtlichen Erfahrung fließenden Beurteilung zum Ausdruck bringt. Im Kommen des Gottessohnes in die Welt ist beides angelegt. Sein Kommen kann Heil oder Unheil bedeuten, Rettung durch die sich in ihm offenbarende Liebe Gottes oder Versinken in Unglaube, Schuld und Todesgericht (3,17–19). Durch die Sendung des Sohnes ist die Menschenwelt in eine Entscheidung gestellt: Glaube oder Unglaube bestimmen ihr Schicksal. Aber der von Gott gewollte Vorzug des Heils ist unübersehbar⁶¹. Damit wird die dualistisch klingende Redeweise doch wieder in die heilsrelevante johanneische Christologie eingefügt.

d) Das Johannesevangelium gebraucht viele Bilder, Symbole, Metaphern, die in ihrem Sinn erschlossen werden müssen. Meistens sind es unmittelbar auf Jesus gedeutete Symbolworte in einem wirklichkeitsgefüllten Sinn, wie Leben, Licht⁶², Brot vom Himmel, lebendiges Brot, Quell lebendigen Wassers, Hirt, Tür, Weg, Weinstock. Was sie alle verbindet, ist der Gedanke des Lebens, das Jesus spendet. Mit me-

---

⁵⁸ LOADER, Christology 220.
⁵⁹ Vgl. N. H. CASSEM, A Grammatical and Contextual Inventory of the Use of κόσμος in the Johannine Corpus with Some Implications for a Johannine Cosmic Theology, in: NTS 19 (1972/73) 81–91. Vgl. J. BLANK, Krisis. Untersuchungen zur johanneischen Christologie und Eschatologie, Freiburg i. Br. 1964, 186–198.
⁶⁰ Vgl. H. THYEN, „Das Heil kommt von den Juden", in: D. LÜHRMANN – G. STRECKER, (Hrsg.), Kirche (FS G. Bornkamm), Tübingen 1980, 163–184. Die „Juden" haben im Joh-Ev eine ähnlich ambivalente Bedeutung wie die „Welt", vgl. SCHNACKENBURG, Joh-Ev I, 275f. Vgl. auch E. GRÄSSER, Die antijüdische Polemik im Johannesevangelium: NTS 11 (1964/65) 74–90; F. MUSSNER, Traktat über die Juden, München 1979, 49–51; 281–293; F. HAHN, „Die Juden im Johannesevangelium", in: P.-G. Müller und W. Stenger (Hrsg.), Kontinuität und Einheit (FS F. Mußner), Freiburg – Basel – Wien 1981, 430–438.
⁶¹ Vgl. J. BLANK, Krisis (Anm. 59), der von der „Präponderanz des göttlichen Heilswillens" spricht (88).
⁶² Vgl. O. SCHWANKL, Die Metaphorik von Licht und Finsternis im johanneischen Schrifttum, in: K. KERTELGE (Hrsg.), Metaphorik und Mythos im Neuen Testament (QD 126), Freiburg – Basel – Wien 1990, 135–167.

taphorischer Rede wie „geboren werden von oben" (3,3)[63], „Erhöhung" am Kreuz (3,14), trinken lebendigen Wassers (4,14), bleibende Speise (6,27), Auf- und Abstieg der Engel (1,51), Aufsteigen in den Himmel (6,62), Licht der Welt (8,12; 9,6; 11,9), blind werden (9,39; 12,40) ist stets der Blick auf die Gestalt Jesu gerichtet, des Offenbarers und Lebensbringers von Gott her. Insofern ist alles christozentrisch und zugleich theozentrisch. Jesus stellt sich mit der göttlich-hoheitsvollen Rede vor „Ich bin es" (8,24.28.58; 13,19), oft mit Symbolworten verbunden[64]. Diese bildhaft-metaphorische Ausdrucksweise führt zur Erkenntnis der Einheitlichkeit der Christologie, die um die Heilsbedeutung des menschgewordenen, auf Erden erschienenen Logos kreist. Alle Symbolwörter müssen auf ihre traditionsgeschichtliche Herkunft und ihren johanneischen Sinn untersucht werden. Erst wenn die verschiedenen christologischen Ausdrucksweisen erhellt sind (vgl. unter II), läßt sich ein Fazit für die johanneische Christologie ziehen.

e) Hilfreich für die spezifisch johanneische Sicht ist der Vergleich mit dem ersten Johannesbrief, in dem abweichende Auffassungen von dem im Fleisch gekommenen, durch Wasser und Blut gegangenen Christus abgewiesen werden (1 Joh 4,2f; 5,6–8). Indem die wahre Lehre von Christus, dem Sohn Gottes (2,23; 4,15; 5,5), aufgerichtet wird, kann das Fortwirken des Inkarnierten und lebendig der Gemeinde Begegnenden als „Wort des Lebens" aufgedeckt werden[65]. Wie sehr der Brief auf der im Prolog Joh 1 entwickelten Christologie aufbaut, zeigt sich im Vergleich des Briefproömiums mit dem Prolog des Evangeliums[66]. Dadurch findet die Christologie des Evangeliums im Fortgang der Streitigkeiten um sie ihre Bekräftigung und Bestätigung. Kriterien, um sie zu prüfen (4,1), werden erkennbar. Das Evangelium und die Briefe konvergieren auf eine einheitliche Sicht der Christologie. Von der im johanneischen Schrifttum bezeugten Christologie, von den einzelnen und doch miteinander vereinbaren Texten her ergibt sich ein überzeugender hermeneutischer Zugang.

---

[63] Vgl. T. Söding, Wiedergeburt aus Wasser und Geist. Anmerkungen zur Symbolsprache des Johannesevangeliums am Beispiel des Nikodemusgesprächs (Joh 3,1–21), in: Metaphorik und Mythos (vor. Anm.) 168–219.
[64] Vgl. Schnackenburg, Joh II, 59–70; zu der dort angeführten Literatur noch: H. Klein, Vorgeschichte und Verständnis der johanneischen Ich-bin-Worte, in: KuD 33 (1987) 120–136.
[65] Man kann nur schwanken, ob „Wort des Lebens" den inkarnierten Christus oder die Botschaft meint, die Jesus Christus zum Ursprung und Inhalt hat. Ich hatte mich für die erste Möglichkeit entschieden (Die Johannesbriefe ⁷1984, 60–63). Klauck, Der erste Johannesbrief (1991) bevorzugt jetzt die zweite Möglichkeit (64f).
[66] Vgl. Klauck, Der erste Johannesbrief 56–58; Theobald, Fleischwerdung (Anm. 1) 422–431.

II. Einzelaussagen der johanneischen Christologie

Das Bild, das Johannes von Jesus Christus entwirft, ist ganz und gar von seinem Glauben an diesen einzigen und einzigartigen Mann bestimmt, den μονογενής, der uns Kunde von Gott gebracht hat (1,18), dem „Einzigen vom Vater" (1,14c). Er hat sich für diesen „einzig erzeugten Sohn Gottes" entschieden (3,16.18), weil er durch ihn ewiges Leben zu gewinnen glaubt[67]. Das ist der kürzeste und prägnanteste Ausdruck für Jesus Christus in der Glaubenssicht des Johannes. Aber dieser einzige Sohn Gottes kann in seinem Verhältnis zu Gott, zur Welt und zu den Menschen unter verschiedenen Relationen und Aspekten gesehen werden. Die johanneische Christologie ist reich an Christusprädikaten und Aussageweisen, die je für sich ihre Bedeutung haben.

1. Der Gesandte

Die vielleicht grundlegendste und umfassendste Aussage über Jesus Christus ist, daß er der vom Vater in die Welt Gesande ist. Nach J. Bekker ist die johanneische Christologie wesentlich „Sendungstheologie". Ähnlich führen andere Autoren die verschiedenen christologischen Aussagen auf die Sendungsvorstellung zurück[68]. „Der Vater, der mich gesandt hat" ist eine „Lieblingsformel" des Johannes (5,37; 6,44; 8,16[v.l.].18; 12,49; 14,24), die das Gesandtsein mit dem „Vater" als Sendenden verbindet[69]. Aber auch ohne ausdrückliche Nennung des Vaters kommt die Sendung von Gott (vgl. 3,12.34; 6,29; 8,42) oder nach dem jeweiligen Kontext vom Vater reichlich zum Ausdruck. Der Ausgang vom „Vater" will beachtet sein, weil die Einheit Jesu mit dem Vater (10,28.30; 14,10) vor das Problem stellt, wie diese Gleichstellung mit dem Vater mit der Beauftragung durch ihn zu vereinbaren ist. Das Gebundensein Jesu an den Auftrag des Vaters und die Einheit des Sohnes mit dem Vater stehen in einer gewissen Spannung, da die Sendung von Gott, dem Vater (17,3.8.18.21.23.25), zugleich die unlösliche Einheit von Gott und Christus sichtbar macht (17,10.21.23)[70]. Die funktionale Einheit des Sohnes mit dem Vater kommt in 5,19 zum

---

[67] Zu μονογενής vgl. SCHNACKENBURG, Joh I, 246f; F. BÜCHSEL in: ThWNT IV, 745–750; J. A. FITZMYER in: EWNT II, 1081–1083.
[68] Ich bin die Auferstehung und das Leben (Anm. 1) 141; vgl. auch M. THEOBALD, Die Fleischwerdung des Logos (Anm. 1) 373–380; Y. IBUKI, Die Doxa des Gesandten, in: AJBI 14 (1988) 38–81, näherhin 57–68; W. LOADER, Christologie (Anm. 1) 171–173.
[69] E. HAENCHEN, „Der Vater, der mich gesandt hat", in: NTS 9 (1962/63) 208–216.
[70] Vgl. R. SCHNACKENBURG, „Der Vater, der mich gesandt hat". Zur johanneischen Christologie, in: C. BREYTENBACH / H. PAULSEN (Hrsg.), Anfänge der Christologie (FS F. Hahn), Göttingen 1991, 275–291.

Ausdruck: Der Sohn kann von sich aus nichts tun, wenn er es nicht den Vater tun sieht; denn was jener tut, das tut in gleicher Weise der Sohn. Aber die Einheitsformeln „Ich im Vater und der Vater in mir" (14,10f.20; vgl. 17,21.23) oder „Ich und der Vater sind eins" (10,30) scheinen dieses Zusammenwirken zu überschreiten und auf eine ursprüngliche wesenhafte Einheit zwischen dem Vater und Sohn zu verweisen. Im Sohn ist der Vater gegenwärtig, ohne mit ihm identisch zu sein. J. D. G. Dunn spricht von einer „Art Identität des Seins"[71], obwohl der Satz „Ich und der Vater sind eins" (10,30) im Kontext nur die Jesus verliehene Macht, seine Schafe, die ihm geschenkten Menschen, zu behüten (10,29), begründen will. An seinen *Werken* soll man erkennen und einsehen, daß in ihm der Vater und er im Vater ist (10,38). Weil Jesus so in der Gemeinschaft mit seinem Vater steht, können ihm die Gegner nichts antun (10,39). Die Gesandten- und Sohn-Christologie sind in einer dialektischen Spannung aufeinander bezogen.

Die beiden griechischen Verben für „senden", nämlich πιστεύειν (25mal) und ἀποστέλλειν (17mal), haben schwerlich einen unterschiedlichen Sinn[72]. Noch in anderen Ausdrucksweisen wie „kommen", „herkommen von", „in der Welt da sein" (8,42) ist der Sendungsgedanke impliziert[73]. Woher stammt diese Anschauung? Einflußreich war die Herleitung aus dem gnostischen Erlösermythus, die aber aufgrund genauerer Untersuchungen überwunden sein dürfte. Der sog. gnostische Erlösermythos ist eine Konstruktion aus verschiedenen Texten iranischer und mandäischer Herkunft sowie aus späteren gnostischen Schriften. Sie ergeben jedoch weder ein einheitliches Bild vom „Erlöser", dem Urmenschen und Prototypen, noch von seinem Weg vom Himmel auf die Erde und zurück in die himmlische Welt (das Pleroma)[74]. Der neueren Forschung ist darum die Herleitung der Gesandtenvorstellung aus der Gnosis sehr fragwürdig[75]. Stattdessen werden alttestamentlich-jüdische Wurzeln gesucht. Der bedeutendste Ansatz dafür ist das Werk von J.-A. Bühner. Der Ge-

---

[71] Let John be John, in: P. Stuhlmacher (Hrsg.), Das Evangelium und die Evangelien (WUNT 28), Tübingen 1983, 309–339, hier 329.
[72] K. H. Rengstorf in: ThWNT I, 404 versucht einen Unterschied der beiden Verben bei Joh festzustellen.
[73] Vgl. J. Kuhl, Die Sendung Jesu und der Kirche nach dem Johannes-Evangelium, St. Augustin 1967, 53–57.
[74] Vgl. die grundlegenden Arbeiten von C. Colpe, Die Religionsgeschichtliche Schule. Darstellung und Kritik ihres Bildes vom gnostischen Erlösermythus (FRLANT 78), Göttingen 1961; H.-M. Schenke, Der Gott „Mensch" in der Gnosis, Göttingen 1962; ferner M. Hengel, Der Sohn Gottes. Die Entstehung der Christologie und die jüdisch-hellenistische Religionsgeschichte, Tübingen 1975, 53–57; Schnackenburg, Joh I, 435–447.
[75] Vgl. J.-P. Miranda, Der Vater, der mich gesandt hat. Religionsgeschichtliche Untersuchungen zu den johanneischen Sendungsformeln, Bern/Frankfurt a.M. ²1976, 203–283; ders., Die Sendung Jesu im vierten Evangelium (SBS 87), Stuttgart 1977, 52–68.

II. Einzelaussagen der johanneischen Christologie

sandte und sein Weg im 4. Evangelium (Anm. 1). Bühner will den johanneischen Anschauungsbereich auf die ab- und aufsteigenden Gottesboten in der jüdischen Religion und auf die jüdische „Vertretungslehre", wie sie sich im Schaliach-Institut abzeichnet, zurückführen.

Nach ihm geht die Gesandten-Christologie „sachlich auf ein profanes, juristisches Verständnis von Sendung und Vertretung zurück"[76]. Die Anknüpfung an Spekulationen über himmlische Engelwesen, besonders in der jüdischen Mystik, die auf- und absteigen (vgl. Joh 1,51; 3,13), darf man bezweifeln, und der rechtliche Stellvertretungsgedanke im Rabbinismus läßt sich aus der zeitgeschichtlichen Situation der Auseinandersetzung mit den ungläubigen Juden erklären. Aber im ganzen ist die Herleitung aus jüdischen Prämissen, der Prophetensendung, der Henoch-Literatur und der jüdischen Mystik weit überzeugender als die Entstehung aus dem gnostischen Mythos[77].

Wir wollen die schwierige Frage nach der Entstehung der johanneischen Gesandten-Christologie nicht weiter verfolgen, sondern anhand johanneischer Aussagen das Verständnis des von Gott Gesandten näher erörtern. Ein sich durchhaltender Ansatz ist die Sendung des Gottessohnes *in die Welt*. Im johanneischen Kerygma heißt es, daß Gott so sehr die Welt geliebt hat, daß er seinen einzigen Sohn hingab. „Denn Gott hat seinen Sohn nicht in die Welt gesandt, damit er die Welt richte, sondern damit die Welt durch ihn gerettet werde" (3,16f). Es ist eine kosmische Sendung in die Menschenwelt, um alle Menschen zu retten (vgl. 4,42). Der Radius der Sendung wird über das Volk Israel und die Samariter ausgedehnt. Der moseähnliche eschatologische Prophet tritt nicht nur inmitten seiner Brüder auf (Dtn 18,15.18), vielmehr ist er derjenige, der „in die Welt kommen soll" (6,14). Jesus redet das, was er von seinem Vater gehört hat, „in die Welt" (8,26). Der Vater hat den, den er geheiligt hat, „in die Welt" geschickt (10,36). Marta bekennt Jesus vor dem Lazarusgrab als den „Messias, den Sohn Gottes, der in die Welt kommt" (11,27). Das jüdische Messiasbekenntnis wird in die weitere Perspektive des in die Welt kommenden Sohnes Gottes gestellt. Jesus ist in die Welt gekommen, um für die „Wahrheit" Zeugnis zu geben (18,37), und wie der Vater Jesus in die Welt gesandt hat, so hat Jesus auch die Jünger in die Welt gesandt (17,18). Umfassend spricht Jesus davon, daß er vom Vater ausgegangen und in die Welt gekommen ist; jetzt verläßt er die Welt wieder und geht zum Vater (16,28).

---

[76] Der Gesandte 262.
[77] BÜHNER, Der Gesandte 422–433. „Religionsgeschichtlich und historisch gehört das 4. Ev. demnach in die Geschichte jüdischer Randgruppen und eines zu ihnen gehörigen Christentums" (429).

Diese kosmische Weite der Sendung Jesu ist in der johanneischen Theologie angelegt. Zwischen der von Gott geschaffenen Welt, in der der Logos Leben und Licht für die Menschen war, und der vorfindlichen Welt tut sich eine Kluft auf. Das wahre Licht, das jeden Menschen erleuchtet, kam in die Welt (1,9); aber obwohl der Logos in der Welt war und die Welt durch ihn geschaffen wurde, erkannte ihn die Welt nicht. „Er kam in sein Eigentum, aber die Seinigen nahmen ihn nicht auf" (1,10f)[78]. Der johanneische Dualismus, der „diese", die untere Welt, der Welt Gottes gegenüberstellt, aus der der Offenbarer gekommen ist (8,23; 3,31), bildet den Rahmen für die Sendung des Sohnes Gottes. Jesus ist als Licht in den verfinsterten Todeskosmos gekommen, um die Menschen aus dieser Finsternis herauszureißen (12,46). Er ist das Licht des Lebens, das in dieser Welt aufstrahlt (8,12; 9,5), um die Menschen in die Licht- und Lebenssphäre Gottes zu führen. Kosmologie, Christologie und Soteriologie sind miteinander verbunden.

Die Sendung der alttestamentlichen Gottesboten, der Propheten, ist auf das Gottesvolk Israel gerichtet. Zwar wird der von Gott erwählte Gottesknecht auch ein Licht für die Völker sein (Jes 42,6; 49,6; 51,4), doch nur, wenn sie die vom Zion ausgehende Weisung Gottes annehmen und zum Berg des Herrn hinströmen (vgl. Jes 2,1–5; Mi 4,1–3). Die Völkerwallfahrt zum Zion ist etwas anderes als das im Logos für die ganze Welt aufstrahlende Licht des Lebens. Der Messias, der Sohn Gottes, ist das Lamm, das die Sünde der *Welt* hinwegnimmt (Joh 1,29; 1 Joh 2,2). Der aus dem Himmel Kommende ist das wahre Brot des Lebens, das der Welt das Leben gibt (6,32f); wer von diesem Brote ißt, wird leben in Ewigkeit (6,51b). Damit wird die Situation Israels, dem Mose die Gebote und Verheißungen Gottes und seine Heilsgeschenke gab, bei weitem übertroffen. Die Väter haben das Manna in der Wüste gegessen und sind gestorben (6,49.58a). Jesus ist der wahre Lebensträger und Lebensmittler, der durch sein Wort die an ihn Glaubenden aus dem Todesbereich rettet (5,25f). Damit fällt ihm eine einmalige Aufgabe zu, die er als in die Welt Gekommener durch seine Worte und Taten bezeugt (vgl. 5,36–47; 10,25). Nur weil er weiß, woher er gekommen ist und wohin er geht, kann er dieses Selbstzeugnis ablegen (8,14). Er spricht es in den „Ich bin"-Aussagen aus, die seine Präexistenz (8,58) und sein Gehen zum Vater einschließen (8,28; 14,28).

Das Heil, das der Gesandte Gottes den Menschen vermittelt, wird durchweg als *das (ewige) Leben* bezeichnet[79]. Er ist gekommen, damit sie Leben haben und es in Fülle haben (10,10). In immer neuen Bil-

---

[78] Zu der Deutung auf Israel vgl. Schnackenburg, Joh I, 236.
[79] Vgl. F. Mussner, ZΩH. Die Anschauung vom „Leben" im vierten Evangelium, München 1952; L. Schottroff in: EWNT II, 267–269 (mit Lit.).

dern und Symbolen wird dieses aus Gott und seiner Liebe strömende Leben den Glaubenden nahegebracht: Quelle lebendigen Wassers (4,14; 7,37f), Brot, das nicht verdirbt, sondern zu ewigem Leben bleibt (6,27.33–35), Licht, das das Todesdunkel vertreibt (8,12; 12,46), Totenerweckung (11,25f), Weg (14,6), Weinstock (15,1–8). Aber auch metaphorische Wendungen wie Kinder Gottes werden (1,12), von oben geboren werden (3,3.5), mit Geist erfüllt werden (7,39; 14,16) sind Verheißungen, die sich durch den Gottgesandten erschließen und tatsächlich nach der Auferstehung erfüllen (20,22). Der Gottgesandte führt durch seine Gabe des Lebens schon in der Gegenwart eine Wende herbei (5,25); durch ihn und in ihm wird den Glaubenden eine neue Lebensmöglichkeit erschlossen, ein Zugang zu Gott eröffnet (14,6f). Darin fügt sich Johannes in die damalige Gesellschaft ein, die von Lebenssehnsucht durchzogen war[80]. Das von Gott kommende Leben stellt die Antwort auf die menschliche Existenz- und Sinnfrage dar. Wer sein „Leben" ($\psi\upsilon\chi\eta$), sein irdisch-natürliches Dasein in dieser Welt, liebt, verliert es; wer es aber „haßt", geringachtet, wird es bewahren zum ewigen Leben (12,25). Dieses göttliche Leben muß zum Ziel allen menschlichen Strebens werden.

Der hinter den Sendungsaussagen stehende *christologisch-soteriologische Entwurf* läßt sich besonders in den kerygmatischen Stücken 3,31–36 und 12,44–50 erkennen. Jesus Christus ist der „von oben" Kommende, der über allen ist. Aus der Welt Gottes ist er gesandt, in der es die Fülle des Lebens und Lichts gibt, um auch die Menschen, zu denen er gesandt ist und die ihm anvertraut und „gegeben" sind, dorthin zu führen. Aus dem Himmel bringt er sein Heilswissen mit und bezeugt das, was er gesehen und gehört hat (3,32). Wer dieses Zeugnis annimmt, bestätigt und besiegelt, daß Gott wahrhaftig ist. Nach menschlicher Analogie („sehen und hören") wird das Empfangen der Offenbarung vom Vater beschrieben. Selbst vom Geist erfüllt (vgl. 1,33), soll er die geisterfüllten Worte des Lebens (6,63.68) den Menschen übergeben. Er ist der von Gott autorisierte Agent, dem Gott alles in seine Hand gegeben hat. Bei „alles" ist an die umfassende Heilsmacht zu denken, die dem Sohn „über alles Fleisch" verliehen ist (vgl. 17,2; 13,3), die aber zunächst die Mitteilung des Offenbarungswissens voraussetzt. Das ist für Johannes keine mythologische Rede oder Spekulation, sondern eine auf die Erfahrung bezogene Wirklichkeit, was sich darin zeigt, daß er die Ablehnung dieses Gottessprechers durch die Menschen, konkret die Juden, die seine Offenbarung gehört ha-

---

[80] Vgl. C. H. DODD, The Interpretation of the Fourth Gospel, Cambridge 1953, 144–150; R. BULTMANN in ThWNT II, 871–874; SCHNACKENBURG, Exk. Der Gedanke des Lebens im Joh-Ev, in: Joh II, 434–445; zu den gnostischen Texten aus Nag Hammadi vgl. MIRANDA, Die Sendung Jesu (Anm. 75) 57–62.

ben, ins Auge faßt. Was er gesehen und gehört hat, bezeugt er, aber keiner nimmt sein Zeugnis an (3,32). Dieses aus der bedrückenden Erfahrung seines Erdenwirkens stammende Urteil klingt übertrieben, wird aber im folgenden gleich korrigiert. Es gibt doch Menschen, die dieses Zeugnis annehmen (3,33). Das ist die Gemeinde der Glaubenden, die damit als die auf Gott hörende und ihm gehörige Schar inmitten der allgemeinen Verfallenheit an die „Erde" und Welt erscheint (vgl. 1,12f; 10,14.27). Es sind die „Kinder Gottes", die der Gesandte aus der Zerstreuung sammelt (11,52), die ihm Gehörigen (17,6.9). Der Gesandte kommt also in eine zwiespältige Welt, er wirkt wie ein „Fremder" aus einer anderen Welt, aber findet dennoch die Seinigen.

Die gleichen, dualistisch gefärbten Worte finden sich in der abschließenden Rede nach dem Rückzug Jesu aus der Öffentlichkeit (12,44–50). Jesus schreit es noch einmal in die Welt: Wer an ihn glaubt, glaubt nicht an ihn, sondern an den, der ihn gesandt hat. Wer ihn sieht, sieht den ihn Sendenden (12,45). Er ist nicht nur der beauftragte Agent Gottes, sondern die Verkörperung Gottes selbst. Er ist so eins und einig mit seinem Vater, daß jeder, der seine Worte nicht annimmt, sich selbst das Gericht zuzieht (12,48). Seine Rede als Gottesbote hat eine scheidende Kraft (vgl. 3,17-19). Es ist eine einhellige, fast eintönige Rede, die immer wieder wiederholt wird, aber im Munde des Gesandten nicht anders klingen kann; denn „was ich rede, rede ich so, wie es mir der Vater gesagt hat" (12,50).

Mit der Gesandtenvorstellung können sich noch andere Aussageweisen verbinden, die aus besonderen Kategorien jüdischer Erwartung stammen. Das trifft namentlich für den „Messias", den „Heilskönig", den eschatologischen „Propheten", den „Menschensohn" zu. Nicht alle diese besonderen Ausdrucksformen sind durch die Rede von der Sendung gekennzeichnet. So fehlt „senden" oder „gesandt sein" bei den Menschensohn-Worten. Beim eschatologischen Propheten ist der Gedanke durch den Zusatz „der in die Welt kommt" impliziert (6,14). Beim „Messias", der mit „der Christus" übersetzt wird (1,42), ist vorausgesetzt, daß er erwartet wird. Andreas bezeugt seinem Bruder Petrus, daß sie ihn „gefunden" haben. Natanael erkennt und bekennt in Jesus den Sohn Gottes, den König Israels (14,9). Dieser König Israels wird beim Einzug in Jerusalem als derjenige begrüßt, der „im Namen des Herrn kommt" (12,13.15). Der „Kommende" (1,15.27), möglicherweise eine alte Messiasbezeichnung (vgl. Mt 11,3 / Lk 7,19f), steht im Kontext der Messiaserwartung. Die Samariterin sagt: „Ich weiß, daß der Messias kommt" (4,25). Manche Leute in Jerusalem überlegen, ob Jesus der Messias sein könnte; aber sie haben Bedenken: „Wenn der Messias kommt, weiß niemand, woher er ist" (7,27). Andere kommen zum Glauben, weil sie überzeugt sind: „Wenn der Messias kommt, wird er etwa mehr Zeichen tun, als dieser getan hat?" (7,31). Wieder andere wenden ein: „Kommt der Messias etwa aus Galiläa?" (7,41). Das „Kommen" muß nicht die Sendung von Gott einschließen, aber kann es (vgl. 7,28; 8,42). Die Gesandtenvorstellung ist ein weitgespannter Gedankenkreis, der in sich noch andere Redeweisen aufnehmen kann. Aber der von Gott in die Welt zur Rettung der Menschen Gesandte kann als Leitlinie dienen, der sich weitere Aussagen beigesellen.

2. Der mit seinem Vater verbundene Sohn

Der von Gott in die Welt Gesandte empfängt eine besondere Färbung dadurch, daß er der vom *Vater* gesandte *Sohn* ist. Er ist nicht irgendein Mensch, und sei es ein Prophet, sondern er steht in einer ihm vorbehaltenen Relation zu Gott. Vom Täufer Johannes kann es heißen, daß er als Mensch auftrat, der von Gott gesandt war (1,6). So sehr seine Sendung von Gott anerkannt wird (vgl. 5,33-35), erreicht sie nicht jene Dignität, die dem vom Vater gesandten Sohn zugesprochen wird. Für diesen war Johannes ein Zeuge, der durch sein Zeugnis die Menschen zu dem göttlichen Offenbarer und Lebensspender hinführen sollte. In der Redeweise von dem „Vater, der mich gesandt hat", gewinnt der Vater eine besondere, unaufhebbare Aussagekraft.

Das absolute „der Sohn" ist eine fast ausschließlich dem Johannesevangelium vorbehaltene Kennzeichnung der Erlösergestalt in den Evangelien (außer Mt 11,27 / Lk 10,22; Mk 13,32 / Mt 24,36; Mt 28,19). Man wird dieses absolute Sprechen von „dem Sohn" von der häufigen Redeweise „der Sohn Gottes" unterscheiden müssen[81]. „Der Sohn" ist nicht einfach ein Christustitel, sondern hebt sich aus allen anderen Prädikaten dadurch hervor, daß damit die einzigartige Beziehung zu Gott, dem Vater, angesprochen wird. In diesen Texten (etwa 18mal) wird auch „der Vater" absolut gebraucht, besonders in der Formel „der Vater, der mich gesandt hat" (5,37; 6,44; 8,16.18; 12,49; 14,24.26). Die Relation, in der „der Sohn" zum Vater steht, ergibt ein reiches Band, das Vater und Sohn miteinander verbindet.

a) Häufig wird vom Vater ein „Geben" ausgesagt, das den Sohn beschenkt und bereichert. Der Vater hat dem Sohn seine Worte (17,8), seinen „Namen" (17,11.12), seine „Herrlichkeit" (17,22.24), die Werke (5,36), das (gesamte) Werk (17,4) gegeben. Er hat alles in seine Hände (Hand) gelegt (4,34; 13,3), hat ihm verliehen, „Leben in sich zu haben" (5,26), Vollmacht zum Gerichthalten (5,22.27a), Vollmacht über alles Fleisch (17,2). Er hat ihm auch die Glaubenden gegeben (6,37.39; 10,29; 17,2.6.9.24; 18,9). Die stärkste christologisch-soterio-

---

[81] Vgl. F. HAHN, Christologische Hoheitstitel 319-333.

logische Konzentration ist in der Aussage erreicht, daß der Vater Jesus selbst der Welt „gegeben" hat (3,16), als das wahre Brot vom Himmel (6,32), das Gottes Leben in sich trägt und vermittelt. Für Johannes ist der Vater schlechthin der Gebende, aus Liebe Gewährende, der im „Geben" seinen Heilswillen bekundet. Seine größte und allumfassende Gabe an die erlösungsbedürftige Menschheit ist sein Sohn. Dieses Geben Gottes setzt sich im Geben des Geistes durch den Sohn fort (14,16), der dadurch sein Heilswerk fortführt. Was Jesus den Menschen zu geben vermag: lebendiges Wasser (4,10.14), unvergängliche Speise (6,27), Brot des Lebens (6,33), Frieden (14,27) und Herrlichkeit (17,22), ist alles schon im Geben des Vaters begründet. Der Sohn gibt nur, was er vom Vater empfängt, und der Vater gibt „alles" dem Sohn (3,35), damit er es den Glaubenden weitergebe.

b) Der Vater liebt den Sohn (3,35; 5,20; 10,17; 15,9; 17,23), wie auch der Sohn den Vater liebt (14,31). Die Liebe des Vaters zeigt sich darin, daß er dem Sohn alles zeigt, was er selbst tut (5,20), und die Liebe des Sohnes wird darin offenbar, daß er den Auftrag seines Vaters erfüllt (14,31 b; vgl. 10,18). Das Liebesband umschlingt Vater und Sohn nicht als Gefühl, sondern in der gegenseitigen Zuwendung im Tun. Es ist ein Zusammenwirken in der Tätigkeit Jesu, ein wirkliches Zusammenarbeiten (5,17.19.20), dergestalt, daß der Sohn nichts von sich aus tun kann, sondern nur redet und tut, was er beim Vater gesehen, gehört, gelernt hat (vgl. 8,28.38.40; 12,50; 15,15). Der Sohn unterwirft sich völlig dem Willen des Vaters (8,29; 14,31), sucht nur die Ehre des Vaters (8,50; vgl. 7,18), und der Vater läßt ihn angesichts der Feindschaft der Menschen nicht allein, sondern ist „mit ihm" (8,29; 16,30), ehrt und verherrlicht ihn (8,54; 13,31f; 17,1–5). Die Glaubenden nimmt der Vater um Jesu willen in seine Liebe auf (14,21.23; 16,26f) und gewährt ihnen die Erhörung der Gebete im Namen Jesu (14,13; 15,16; 16,23f).

c) Der Vater kennt den Sohn, und der Sohn kennt den Vater (10,15). Dieses „Kennen" drückt die Vertrautheit und Verbundenheit des Sohnes mit dem Vater aus. Es liegt auf der alttestamentlich-jüdischen Linie des Erwählens, der Selbstoffenbarung Jahwes gegenüber seinem Volk (vgl. Jes 41,20; 43,10; 45,3; Hos 13,4 u.a.). So wie Jahwe sein Volk erkennt und anerkennt, soll dieses auch ihn erkennen als den einzig Rettenden. Aber dieses von Gott ausgehende „Erkennen" und das entsprechende Erkennen des Retters durch das Volk (vgl. Jer 31,34) erreicht nicht jenes gegenseitige Kennen, das für die Relation zwischen Vater und Sohn in Joh 10,15 vorausgesetzt ist. Dieses Kennen wird als Vorbild und Urbild für die Gemeinschaft Jesu mit seinen „Schafen" hingestellt. Jesus kennt die Seinigen, und die Seinigen kennen ihn (vgl.10,3f.27). Aus der einzigartigen Verbindung mit seinem Vater argumentiert Jesus im Hinblick auf seine Schafe. Die Stelle berührt sich im Wortlaut mit dem Jubelruf Jesu in Mt 11,27 / Lk 10,22. Auch hier erkennt der Vater den Sohn und der Sohn den Vater. Nur durch die Einleitung „Alles ist mir von meinem Vater übergeben worden" ist eine andere Perspektive gegeben: eine Vollmachtsübertragung an den Sohn. Dieses Motiv stammt aus apokalyptischer Tradition vom Menschensohn bzw. der Weisheit[82]. Traditionsgeschichtlich geht Joh 10,15 kaum unmittelbar auf den Jubelruf bei Mt / Lk zurück, stellt aber ein späteres Stadium aus dem gleichen Gedankenkreis dar[83]. Die erkennende und liebende Vertrautheit des Sohnes mit dem Vater gründet im Johannesevangelium darin, daß er seit Ewigkeit mit dem Vater verbunden ist, schon in der Präexistenz (1,14; 17,5.24). Die Präexistenz prägt das Vater-Sohn-Verhältnis, das sich im irdischen Leben Jesu durchhält.

d) Der Vater ist in den Worten und Werken Jesu präsent. Die Einheit des Sohnes mit dem Vater ist so groß, daß Jesu Worte die des Vaters sind (12,50), seine Werke die des Vaters, der durch ihn wirkt (14,10). Zwar wird noch immer zwischen dem Vater und Sohn unterschieden (14,8); aber der Vater bezeugt sich so sehr im Sohn, daß jeder, der den Sohn sieht, den Vater sieht (14,9). Die Einheitsformel „Ich im Vater, und der Vater in mir" (10,38; 14,10f; 17,21) hält sowohl die Unterschiedenheit als auch das Einssein fest. Der Vater, den kein Mensch zu sehen vermag (1,18; 5,37; 6,46), wird im Sohn „sehbar", unmittelbar erfahrbar. Der Sohn offenbart durch sein Wort, seine Werke, durch seine ganze Person den Vater in so vollkommener Weise, daß für den gläubig Sehenden Gott nicht mehr der Ferne und Unbegreifliche ist. Weil der Sohn „im Schoß des Vaters ist", nimmt er an der Gottheit Gottes teil (vgl. die Lesart θεός in 1,18), wird zum Bild Gottes in der Welt, zum ausgesprochenen Wort Gottes für die Menschen, zur befreienden Wahrheit, die Gottes Wirklichkeit und Heilsmacht bezeugt (18,37). Die Sätze von der Einheit des Sohnes mit dem Vater bewegen sich hart an der Grenze einer völligen Ineinssetzung und wahren doch den Unterschied des in die Welt gesandten Sohnes.

e) Der Vater ist größer als der Sohn (14,28), ein nach den Aussagen über die Einheit des Sohnes mit dem Vater überraschender Satz, der aber im Kontext der Sendung des Sohnes in die Welt gesehen werden muß. Jesus wird sonst als der Größere gegenüber Jakob (4,12) und Abraham (8,53) bezeichnet; er vermag Größeres zu offenbaren (1,50), größere Werke als die bisherigen zu wirken (5,20), doch nur, weil sie ihm der Vater zeigt. Der Vater ist größer als alle, die ihm seine Schafe

---

[82] Vgl. P. HOFFMANN, Studien zur Theologie der Logienquelle (NTA NF 8), Münster i. W. 1972, 118–142.
[83] Vgl. HOFFMANN, Studien 134: „Eine Mt 11,27 / Lk 10,22 verwandte Überlieferung ist hier also aufgenommen und weiter geführt".

zu entreißen versuchen (10, 29). Das Größersein des Sohnes ist im Größersein des Vaters begründet. Der Vater wird sich als „größer" in der Verherrlichung des Sohnes erweisen, die zugleich den Jüngern die Fruchtbarkeit ihres Wirkens schenken wird (vgl. 15, 8). Darum sollen sich die Jünger freuen, daß Jesus zum Vater geht (14, 28 b). Es ist gut für sie, daß Jesus weggeht (16, 7). Ihre Freude soll sich in der Teilnahme an Jesu Herrlichkeit erfüllen (vgl. 15, 11).

Der Vorrang des Vaters wird also gewahrt, aber nicht durch eine größere Seinsfülle oder Herrschermacht, sondern durch die Inauguration dessen, was er für den Sohn und die mit ihm verbundenen Menschen tut. Vom Vater geht alles aus, die Sendung in die Welt (3, 16f), aller Auftrag für den Sohn, alle Liebe, die er dem Sohn schenkt und um seinetwillen auch den Glaubenden (16, 27). Wenn nun der Vater den Sohn am Ende des Weges verherrlicht, sollen auch die Jünger in diese Verherrlichung einbezogen sein. In diesem vollendenden Werk zeigt sich die Größe des Vaters. Die Verherrlichung des Menschensohnes läßt sich auch als ein gegenseitiges Verherrlichen von Vater und Sohn betrachten (13, 31 f)[84]; doch die Verherrlichung des am Kreuz Erhöhten geht von Gott aus: Der Menschensohn ist verherrlicht, und Gott wird ihn bald, nämlich bei seiner Erhöhung am Kreuz, verherrlichen (13, 32 b–c). Die Verherrlichung des Sohnes ist auch in 14, 28 mitzuhören: Der Gang zum Vater geschieht durch die Erhöhung und Verherrlichung. Damit wird die Spannung zwischen der Einheit und Gleichheit Jesu mit dem Vater und der Aussage, daß der Vater größer ist als Jesus, aufgehoben. Es ist die gleiche Spannung wie die zwischen der Vollmacht Jesu, sein Leben hinzugeben und an sich zu nehmen, und seiner gehorsamen Unterordnung unter den Willen des Vaters (10, 18). Letzthin ist diese Spannung in der inkarnatorischen Christologie angelegt.

Dicht und eindrucksvoll wird das Verhältnis von Vater und Sohn in dem großen Gebet Jesu zum Vater erhellt (Kap. 17)[85]. Der Sohn hebt seine Augen zum Himmel jetzt in der Stunde, da er erhöht und verherrlicht werden soll. Der Sohn bittet den Vater um die Verherrlichung, damit auch der Sohn den Vater verherrliche (17, 1). Der Sohn soll allen, die ihm gegeben sind, ewiges Leben schenken (17, 2). Das ewige Leben besteht, wie eine erklärende Glosse ausführt, in der Erkenntnis des einzigen wahren Gottes und des von ihm gesandten Jesus Christus (17, 3).

---

[84] Vgl. SCHNACKENBURG, Joh III, 54–58.
[85] Vgl. W. THÜSING, Herrlichkeit und Einheit. Eine Auslegung des Hohenpriesterlichen Gebetes Jesu (Johannes 17), Düsseldorf 1962; E. KÄSEMANN, Jesu letzter Wille nach Johannes 17, Tübingen ³1971; dazu kritisch G. BORNKAMM, Zur Interpretation des Johannesevangeliums, in: DERS., Geschichte und Glaube I (BEvTh 48), München 1968, 104–121; H. RITT, Das Gebet Jesu zum Vater. Zur Interpretation von Joh 17 (FzB 36), Würzburg 1979 (mit Lit.).

Die Bitte um Verherrlichung des Sohnes wird mit dem „Werk" begründet, das der Sohn auf Erden für den Vater vollbracht hat (17,4). Der Vater hat den Sohn bereits auf Erden verherrlicht und soll ihn weiter verherrlichen, indem er ihn in der Todesstunde in die Herrlichkeit des Himmels hinüberführt (vgl. 12,28). Das ist die Wiedererlangung jener Herrlichkeit, die der Sohn schon vor Grundlegung der Welt beim Vater hatte (17,5). Die Herrlichkeit, die der Sohn damals besaß, kann nur die volle Seins- und Liebesgemeinschaft sein, in die auch die Jesus gehörigen Menschen nach der Rückkehr Jesu zum Vater aufgenommen werden sollen (vgl. 17,24).

Dieses Heimholen der Menschen in die volle Gemeinschaft mit Gott ist das eigentliche Thema des Gebetes Jesu zum Vater. Im folgenden führt Jesus aus, wie er die Seinigen in der Welt gewonnen und bewahrt hat (17,6–11a). Er hat ihnen den Namen Gottes offenbart, sie haben die Worte, die ihm der Vater gegeben hat, angenommen. Alles ging vom Vater aus, und die Jünger haben erkannt, daß Jesus vom Vater herkommt und gesandt ist. Der Vater hat die Jünger Jesus gegeben, sie sind das Eigentum des Vaters, und wenn sie jetzt zu Jesus gehören, so zeigt sich darin, daß Vater und Sohn sich diesen Besitz teilen. „Alles Meinige ist dein und das Deinige mein" (V. 10).

Achtet man auf die Anrede „Vater", so gibt es neue Ansätze für die Bitte des Sohnes in V. 11b: „Heiliger Vater, bewahre sie in deinem Namen, den du mir gegeben hast" und in V. 24 und 25, wo um die Vollendung der Glaubenden in der Gemeinschaft mit dem Vater gebetet wird. Das sich steigernde Gebet nimmt immer die Einheit Jesu mit seinem Vater zum Maßstab. Der Vater soll die Jünger in seinem Namen bewahren, „damit sie eins sind wie wir" (V. 11b). Sie sollen eins werden, wie der Vater im Sohn ist und der Sohn im Vater ist (V. 21), eins wie Vater und Sohn (V. 22). Aus dieser Einheit von Vater und Sohn wird also argumentiert, und in diese Einheit werden die Glaubenden einbezogen (V. 23).

Daraus läßt sich schließen, daß diese Einheit und einzigartige Verbundenheit von Vater und Sohn das entscheidende Motiv für Jesu Bitte an den Vater ist[86]. Gleichwohl muß auch gesehen werden, daß dieses Motiv noch immer mit dem Sendungsgedanken verbunden ist (V. 8.18.21.23). Die Einheit Jesu mit dem Vater, die sich in der Einheit der Glaubenden widerspiegelt, soll die Welt überzeugen, daß Jesus der Gesandte Gottes ist. Auch hier wird also die Göttlichkeit Jesu nicht zu einer Gleichsetzung mit dem Vater übersteigert. Der in die Welt ge-

---

[86] Vgl. M. L. APPOLD, The Oneness Motif in the Fourth Gospel (WUNT II/1), Tübingen 1976, 261–272, 280–289 (betont die Konsequenzen für die ekklesiologische Konzeption).

Fünftes Kapitel: Johannes

sandte Sohn bleibt als Inkarnierter mit dem Vater in gleicher Göttlichkeit verbunden und übernimmt doch ein Werk, das ihn in die Welt hinausführt: die Seinigen zu sammeln (11,52), vor dem Bösen zu bewahren (17,12.15), in der Wahrheit zu heiligen (17,17-19). Dem Sohn wird dies möglich, weil er aus der tiefen Verbundenheit mit dem Vater lebt und fähig ist, auch die ihm Anvertrauten in die Gemeinschaft mit dem Vater zu führen. Er wird ihnen den „Namen", das Wesen Gottes, seine Heiligkeit und Liebe weiter kundtun, damit die Liebe Gottes in ihnen sei und er in dieser Liebe in ihnen präsent werde (17,26). Nur aus der inkarnatorischen Christologie werden alle diese Aussagen begreiflich. Der Blick ist dabei auf die gläubige Gemeinde gerichtet, die in Jesu Gebet zum Vater zugleich ihr Selbstverständnis gewinnt, ihre Konfrontation mit der ungläubigen und feindlichen Welt erfährt und zu der Gewißheit gelangt, ihre Heimat in Gott zu haben. Theologie, Christologie und Ekklesiologie sind aufeinander bezogen, doch so, daß der Primat der Theologie, das alles bestimmende und bewegende Tun Gottes, erhalten bleibt.

3. Der aus dem Himmel herabgestiegene und dorthin wieder aufsteigende Menschensohn[87]

An 13 Stellen wird der „Menschensohn" genannt, mit dem kein anderer als der jetzt auf Erden weilende Jesus Christus gemeint ist. Es sind charakteristische Aussagen, die ein bestimmtes Bild vom Menschensohn ergeben:

1,51   Über den Menschensohn steigen die Engel Gottes auf und ab.

3,13   Nur der Menschensohn, der vom Himmel herabgestiegen ist, ist dorthin aufgestiegen[88].

3,14   Der Menschensohn muß nach dem Typus der Schlange in der Wüste erhöht werden.

---

[87] Aus der Literatur seien genannt: SCHNACKENBURG, Exkurs Joh I, 411-423 (mit weiterer Lit.); C. COLPE in: ThWNT VIII, 403-481, bes. 468-474; E. D. FREED, The Son of Man in the Fourth Gospel, in: JBL 86 (1967) 402-409; R. C. HAMERTON-KELLY, Pre-Existence, Wisdom and the Son of Man (SNTSMS 21), Cambridge 1973; E. RUCKSTUHL, Die johanneische Menschensohnforschung 1957-1969, in: Theol. Berichte 1, Einsiedeln 1972, 171-284; J. COPPENS, Le Fils de l'homme dans l'Évangile johannique, in: ETL 52 (1976) 28-81; B. LINDARS, Jesus Son of Man. A Fresh Examination of the Son of Man Sayings in the Gospels in the Light of Recent Research, London 1983, 145-157; F. J. MOLONEY, The Johannine Son of Man, Rom ²1978 (mit weiterer Lit.).

[88] Der Zusatz „der im Himmel ist" in vielen nicht alexandrinischen Handschriften ist möglich, wenn der Evangelist nach dem Wiederaufstieg des Menschensohnes an sein Verweilen bei Gott denkt, vgl. 1,18. Aber das wird in den Menschensohn-Texten sonst nirgends ausgesprochen. Vgl. SCHNACKENBURG, Joh I, 406f.

5,27	Der „Sohn" hat die Macht, Gericht zu halten, weil er „(der) Menschensohn" ist.
6,27	Der Menschensohn wird die zum ewig Leben bleibende Speise geben.
6,53	Man muß das Fleisch des Menschensohnes essen und sein Blut trinken, um das Leben in sich zu haben.
6,62	Der Menschensohn wird in den Himmel aufsteigen.
8,28	Die Juden werden den Menschensohn erhöhen.
9,35-38	Der geheilte Blindgeborene glaubt an den Menschensohn[89].
12,23	Die Stunde ist gekommen, daß der Menschensohn verherrlicht wird.
12,34c	Der Menschensohn muß erhöht werden (vgl. 12,32).
12,34d	Das Volk fragt, wer dieser Menschensohn sei.
13,31f	Im Menschensohn ist Gott verherrlicht, und Gott wird ihn verherrlichen.

Überschaut man diese Stellen, so ist als *erstes* zu sagen: Es geht um den auf Erden befindlichen Menschensohn; sein künftiges Kommen wird nicht wie in der synoptischen Tradition angesprochen. Das Weilen Jesu von Ewigkeit beim Vater und seine unaufgebbare Einheit mit dem Vater klingen ebenfalls nicht an. Es sind Aussagen über den gegenwärtigen Christus, der als solcher wahrgenommen werden kann (1,51; 9,35-38) und der einen bestimmten Weg auf Erden geht. Höchstens könnte man nach dem Perfekt in 3,13a meinen, daß er bereits im Himmel ist. Aber der Aorist in 3,13b (ὁ καταβάς) führt wieder auf sein geschichtliches Kommen, und der Satz „Niemand ist in den Himmel aufgestiegen" wehrt die Vorstellung ab, als sei jemand zum Himmel aufgestiegen, wie es tatsächlich beim Menschensohn der Fall ist. Dieses Aufsteigen wird in 6,62 angesagt (vgl. auch 20,17) und steht der Gemeinde im Rückblick auf den Weg Jesu fest.

Ein *zweites* tritt als vorherrschende Aussage hervor: die Erhöhung (3,14; 8,28; 12,34c) und Verherrlichung des Menschensohnes (12,23; 13,31f). Beides, erhöht werden und verherrlicht werden, steht in enger Verbindung, wird aber im Hinblick auf den Kreuzestod und die Auferstehung und Heimkehr zum Vater unterschieden. Für Johannes ist das in der „Stunde" Jesu verknüpft, auf die das ganze Wirken Jesu zuläuft. Man kann den Menschensohn nicht verstehen, wenn man nicht sein Geschick in der „Stunde" Jesu vor Augen hat.

Ein *drittes* ist ebenso deutlich: Der Menschensohn ist eine Heilsfigur. Er muß am Kreuz erhöht werden, damit jeder, der an ihn glaubt,

---

[89] Durch die kniefällige Verehrung des Menschensohnes bekundet der Mann seinen Glauben an die Göttlichkeit Jesu. Die Begegnung mit Jesus ist für ihn der Fortschritt vom jüdischen Glaubensverständnis zum christlichen Glauben. Vgl. SCHNACKENBURG, Joh II, 320-323.

in ihm ewiges Leben hat (3,14). Er gibt die zum ewigen Leben bleibende Speise (6,27), sein Fleisch und Blut, mit dem er die Glaubenden nährt, damit sie ewiges Leben in sich haben (6,53). Der Gedanke an sein Gerichthalten taucht nur am Rande auf (5,27). In der Gestalt des Menschensohnes laufen verschiedene Gedanken zusammen; es ist ein Geflecht von übernommenen und weiterentwickelten Vorstellungen, die aber für das johanneische Christusbild eine wesentliche Bedeutung haben. Wegen der eigentümlichen Ausdrucksweise und ihrer Zusammenschau werden die Aussagen über den Menschensohn viel erörtert und liegt eine reiche Literatur zu diesem Vorstellungskreis vor (s. Anm. 87), auf die hier nicht weiter eingegangen werden kann. Wir wollen versuchen, wichtige Aspekte herauszustellen und sie für das Christusbild auszuwerten.

a) Sohn und Menschensohn

Sohn und Menschensohn stehen nicht unvermittelt nebeneinander. Auf das Bekenntnis des Natanael zum Sohn Gottes (1,49) antwortet Jesus: „Ihr werdet den Himmel geöffnet und die Engel Gottes hinauf- und hinabsteigen sehen auf den Menschensohn" (1,51). Der Sohn Gottes, der König Israels, der mit dem Himmel in Verbindung stehende Menschensohn wird in einer Weise erfahrbar, welche die Erwartungen an den jüdischen Messias übersteigt. Die Sendung des Sohnes Gottes in die Welt (3,16–18) wird dadurch präzisiert, daß er der vom Himmel herabgestiegene Menschensohn ist, der wie Mose in der Wüste (am Kreuz) „erhöht" werden muß (3,13f). Die Gabe des Lebens empfangen die Glaubenden vom Sohn, aber näherhin so, daß sie im erhöhten Menschensohn das Leben haben (3,15). Dieser gibt ihnen die unvergängliche Speise (6,27), was erst möglich wird, wenn der Menschensohn dorthin aufgestiegen ist, wo er vorher war (6,62). Erst wenn die ungläubigen Juden den Menschensohn (am Kreuz) erhöht haben, werden sie erkennen, wer er ist (8,28). Er ist der Sohn, der sie das lehrt, was ihm der Vater aufgetragen hat (8,28b). Der Vater begleitet den Weg des Menschensohnes und läßt ihn in der Stunde des Todes nicht allein (8,29). In der Frage Jesu an den geheilten Blindgeborenen schwanken die Handschriften zwischen „Sohn Gottes" und „Menschensohn"; aber die bessere Lesart ist „Menschensohn", und dies hat seinen guten Grund. Der Geheilte hat erfaßt, daß ihn Jesus aufgrund seiner Gottverbundenheit geheilt hat (9,31–33); aber in welcher Beziehung er zu Gott steht, weiß er nicht. Er ist noch in jüdischem Denken befangen, daß kein Sünder eine solche außergewöhnliche Heilung vollbringen kann; aber wie Jesus zu solcher Macht gelangt ist, entzieht sich ihm. Als ihn die Pharisäer wegtreiben und aus der Glaubensgemeinschaft ausschließen (9,34), wird ihm Jesus noch rätselhafter. Um ihn zu verstehen, müßte er wissen, daß Jesus der von den ungläubigen Juden abgelehnte und doch von Gott erhöhte Menschensohn ist. So stellt ihn die Frage Jesu auf den Prüfstand, ob er trotz der Ablehnung der Juden an ihn glaubt. Wenn er ihn als den Menschensohn bekennt, bejaht er ihn als den von Gott gekommenen und zu ihm wieder aufsteigenden Gesandten Gottes. Die Blindenheilung öffnet ihm die Augen für die einzigartige Rolle Jesu, der zu einem Gericht in die Welt kam, damit die Nichtsehenden sehend und die Sehenden blind werden (9,39).

Der Menschensohn übt unter den Menschen eine scheidende Funktion aus. Wer nicht seine durch das Kreuz erfolgende Erhöhung und Verherrlichung begreift (12,34), kommt nicht zum Glauben und bleibt in der Finsternis (vgl. 12,35). Im Kreuz vollzieht sich das Gericht an der Welt, wird der „Herrscher dieser Welt" hinausgeworfen; doch der Erhöhte wird zugleich die Glaubenden zu sich ziehen (12,31 f). Das Kreuzesgeschehen deckt den Weg des Menschensohnes auf und alles, was daraus erwächst. Erst durch den Gedanken an den Menschensohn wird das Kreuzesgeschehen in seiner fruchtbaren Auswirkung (12,23 f) erkennbar: Er muß „verherrlicht" werden, um viele Frucht zu bringen. In ihm ist Gott verherrlicht (13,31), und Gott verherrlicht ihn in sich bald nach der „Stunde" Jesu, ja in dieser Stunde (12,23; 13,32). Die Verherrlichung kann auch vom Sohn ausgesagt werden (11,4; 17,1.5). Auch der Sohn wird ja als der in die Welt Gesandte gesehen, der dann zum Vater zurückkehrt. Er erlangt die Herrlichkeit zurück, die er vor Grundlegung der Welt beim Vater besaß (17,5). Der Weg des Gesandten ist also sowohl im Gedankenkreis des Sohnes wie in dem des Menschensohnes der gleiche; der Endpunkt dieses Weges ist jedes Mal die Verherrlichung. Nur eins wird durch die Einführung des Menschensohnes schärfer in den Blick gebracht: Der Weg führt über die Erhöhung am Kreuz in die Herrlichkeit. Das Kreuz ist die Leiter, auf der Jesus zur Herrlichkeit des Vaters aufsteigt.

b) Messias und Menschensohn

Auch mit dem jüdischen Gedanken des Messias ist der Menschensohn verbunden, wenngleich mit einem erheblichen Abstand. Das Natanael-Bekenntnis zum König Israels (1,49) wird dadurch überboten, daß die Glaubenden den mit dem Himmel in ständigem Austausch stehenden Menschensohn sehen werden (1,51). Wie in der Betel-Vision des Jakob (Gen 28,12) steigen die Engel über dem Menschensohn auf und nieder. Das ist im jüdischen Messiasglauben noch nicht angelegt, wenn die Stelle auch in jüdischer, midraschartiger

Auslegungstradition verschiedentlich auf „Israel" gedeutet wurde⁹⁰. Vielleicht steht der auf Erden schlafende Jakob-Israel in Verbindung mit dem wahren Bild Israels im Himmel⁹¹. Auf jeden Fall wird der Menschensohn wegen seiner durch die Engel hergestellten Gemeinschaft mit dem Himmel als der Ort par excellence der göttlichen Offenbarung hingestellt⁹².

Beachtet man den Titel „Menschensohn", so wird man sich an die Ankündigung in Mk 14,62 erinnern, mit der Jesus auf die Messiasfrage antwortet: „Ich bin es. Und ihr werdet den *Menschensohn* zur Rechten der Macht Gottes sitzen und mit den Wolken des Himmels kommen sehen". Da ist der Menschensohn der einst Kommende, der sich als der Richter gegenüber den jüdischen Führern erweisen wird. Falls dem Evangelisten dieses Wort vorschwebt, könnte er es entsprechend seiner präsentischen Eschatologie auf den gegenwärtigen Menschensohn umgedeutet haben, der sich schon jetzt den Jüngern offenbart. Schon jetzt werden die Jünger den Menschensohn „sehen", nicht in seiner richterlichen Macht, sondern in seinen auf Rettung und Heil weisenden Zeichen. Es ist der Höhepunkt des johanneischen Messiasverständnisses, wie auch die Stellung am Ende der Jüngerberufungen zeigt. Der in den Jüngern schon erwachte Messiasglaube (1,41.45.49) wird in dem Menschensohn-Wort präzisiert und ausgedeutet: Der Messias ist der auf Erden mit dem Himmel verbundene Menschensohn, so daß die Jünger den Himmel offen und den von oben kommenden Gesandten Gottes in seiner Herrlichkeit erfahren.

Dieses messianische Menschensohn-Verständnis stößt im Volk auf Unverständnis und Widerspruch. Der geheilte Blindgeborene ist durch sein Nachdenken über die Person Jesu darauf vorbereitet. Aber die Volksmenge hält Jesus in einem Gespräch über die Erhöhung des Menschensohnes entgegen: „Wir haben aus dem Gesetz gehört, daß der Messias bis in Ewigkeit bleiben wird. Wie kannst du sagen, der Menschensohn müsse erhöht werden? Wer ist dieser Menschensohn?" (12,34). Johannes will ein solches Messiasverständnis apologetisch abwehren und zugleich das wahre Messiastum Jesu begründen⁹³. Es ist für ihn mit dem Menschensohn, der am Kreuz erhöht werden muß, verbunden. Der vom Himmel kommende Menschensohn, der in der

---

⁹⁰ MOLONEY, Joh. Son of Man (Anm. 87) 26–30.
⁹¹ Vgl. H. ODEBERG, The Fourth Gospel. Interpreted in its Relation to Contemporaneous Religious Corrents in Palestine and the Hellenistic-Oriental World, Amsterdam 1968, 35–42.
⁹² MOLONEY, Joh. Son of Man (Anm. 87) 31 f.
⁹³ Vgl. SCHNACKENBURG, Die Messiasfrage im Johannesevangelium, in: J. BLINZLER, O. KUSS, F. MUSSNER (Hrsg.), Neutestamentliche Aufsätze (FS J. Schmid), Regensburg 1963, 240–264; M. DE JONGE, Jesus: Stranger from Heaven and Son of God, Missoula, Montana 1977, 77–116.

Welt seinen Weg durch die Erhöhung am Kreuz in die Herrlichkeit geht, ist für die unverständige Menge ein Fremder, ein Gesandter aus einer anderen Welt. Man begreift ihn nicht, weil die jüdische Messiaserwartung am Auftreten als Davidssproß (7, 41 f) und politischer Befreier (vgl. 6, 15) hängt. Man streitet über ihn und ist im Urteil über Jesus gespalten (vgl. 7, 12; 7, 40–43). Sein Messiasgeheimnis, seine Herkunft von Gott, erfassen die Juden nicht (7, 28 f). Weil sie die Rede vom Menschensohn nicht verstehen, bleibt ihnen das Messiastum Jesu verborgen.

So verlaufen manche Verbindungslinien zwischen dem Glauben an den Menschensohn und an den Messias nebeneinander. Allerdings gibt es eine Annäherung an den jüdischen Messiasglauben im Bekenntnis zum König Israels. Beim Einzug Jesu in Jerusalem wird Jesus gegrüßt: „Gesegnet sei er, der kommt im Namen des Herrn, der König Israels" (12, 13). Es ist dasselbe Bekenntnis wie das des Natanael, das, wie wir sahen, durch Jesu Offenbarung als Menschensohn überschritten wird (1, 49–51). Jesu Preis als König Israels beim Einzug in Jerusalem wird von den Jüngern nicht verstanden; erst als Jesus verherrlicht war, erfaßten sie den Sinn der Schrift und dieses Geschehens (12, 16). Beim Besuch der Griechen spricht Jesus zu Philippus und Andreas: „Die Stunde ist gekommen, daß der Menschensohn verherrlicht wird" (12, 23). In der „Stunde" Jesu, in der Jesu Sterben mit seiner Verherrlichung zusammenfällt, wird der Menschensohn offenbar. Der triumphierende „König Israels", der Messias, wird vom Menschensohn noch unterschieden. Jedes dieser Prädikate hat seinen eigenen Verwendungsbereich. Für den Menschensohn ist die Erhöhung am Kreuz der entscheidende Gesichtspunkt. Im Prozeß Jesu spielt dann der „König der Juden" eine wichtige Rolle (18, 33.37.39; 19, 3.14 f.19). Die „Erhöhung" des Menschensohnes löst ein falsches Messiasverständnis aus. Es ist ein Paradox: Das Mißverständnis des jüdischen Messias setzt das wahre Messiasverständnis des erhöhten Menschensohnes aus sich heraus.

c) Erhöhung und Verherrlichung[94]

Wenn es heißt, daß der Menschensohn „erhöht" werden muß, wie Mose die Schlange in der Wüste erhöht hat (3, 14), so ist das zunächst eine typologische Auslegung von Num 21, 8 f, die das Aufblicken zur ehernen Schlange auf den am Pfahl des Kreuzes erhöhten Christus überträgt. Der Tod am Kreuz ist – anders als bei den Synoptikern (vgl.

---

[94] Vgl. W. THÜSING, Die Erhöhung und Verherrlichung Jesu im Johannesevangelium (NTA NF 21), Münster i. W. ³1979; SCHNACKENBURG, Exkurs Joh II, 498–512; M. MEES, Erhöhung und Verherrlichung Jesu nach dem Zeugnis neutestamentlicher Papyri: BZ NF 18 (1974) 32–44; MOLONEY, Joh. Son of Man (Anm. 87) 160–202.

Mk 14,41; Lk 22,53) – höchstens äußerlich noch die Stunde der Finsternis (13,30) und der Verwirrung (12,27), in Wirklichkeit aber die Stunde des Hinübergangs Jesu aus dieser Welt zum Vater (13,1), die Stunde der Verherrlichung (12,23; 17,1). Den Anstoß zu dieser Neuinterpretation der „Erhöhung", die zur „Verherrlichung" wird, könnte dem Evangelisten Jes 52,13 gegeben haben, wo über den Gottesknecht gesagt wird: „Er wird erhöht und gar sehr verherrlicht werden". Es ist eine schrifttheologische Weiterführung des Theologen Johannes, der dazu den Typus der ehernen Schlange heranzieht. Ein traditionsgeschichtlicher Zusammenhang besteht aber auch mit der Leidensankündigung Jesu in Mk 8,31, insofern das „Muß" (δεῖ) auf den dahinterstehenden Willen Gottes verweist[95]. Das Muß des Leidens wird bei Joh zu einem von Gott bestimmten Weg zur Erhöhung und Verherrlichung des Menschensohnes. Die „Niedrigkeits"-Aussage vom Leiden (vgl. Phil 2,8) wird bei Joh zu einer „Erhöhungs"-Aussage gewendet. Wenn mit der „Erhöhung" die Kreuzigung gemeint ist, so gewinnt diese in der johanneischen Sicht eine theologische Hintergründigkeit, die den Gedanken an die „Verherrlichung" schon impliziert. Es ist der konkrete Weg, auf dem Jesus, der Menschensohn, zu seinem Vater zurückkehrt. Das Kreuz, die „Erhöhung", wird nur vom Menschensohn ausgesagt (3,14; 8,28; 12,34), die Verherrlichung nicht nur von ihm (12,23; 13,31f), sondern auch vom „Sohn" (11,4; 12,28; 17,1.5). Der „Menschensohn" wird dort eingeführt, wo die „Stunde Jesu" seinen Tod und zugleich seine Verherrlichung ansagt (12,23; 17,1; vgl. 7,30; 8,20). Mit der Annahme der ihm vom Vater bestimmten „Stunde" tritt Jesus in die Passion ein (12,27f; 13,1). Aber damit beginnt und entfaltet sich auch die Verherrlichung.

Die Hintergründigkeit der „Erhöhung" Jesu ist auch an der zweiten Stelle, an der davon die Rede ist, nämlich in 8,28, nicht zu überhören. Im Unterschied zu den anderen Stellen wird hier das Erhöhen im Aktiv von den Juden ausgesagt. Da die Verfügung durch Gott damit aber nicht außer kraft gesetzt wird, muß man interpretieren: Gott hat gewollt, daß Menschen an dieser Erhöhung des Menschensohnes beteiligt sind. Indem sie die Kreuzigung durchführen, erfüllen sie den Ratschluß Gottes. „Erhöhung" ist für Johannes mehr als die äußere Tat der Kreuzigung. Sie ist eine christologische Hoheitsaussage und eine soteriologische Verheißung. Wenn die Juden die Kreuzigung Jesu betreiben, können sie ihn nicht vernichten, sondern tragen im Gegenteil zu seiner Verherrlichung bei. Sie wirken mit, daß der von ihnen Erhöhte sein Heilswerk erfüllt. Dann werden sie erkennen, wer Jesus in Wahrheit ist (ἐγώ εἰμι), der durch sein Sterben am Kreuz den Willen des Vaters erfüllt. Bei der Kreuzigung Jesu erscheinen die (führenden)

---

[95] Vgl. SCHNACKENBURG, Tradition und Interpretation (Anm. 25) 81f.

II. Einzelaussagen der johanneischen Christologie

Juden als die eigentlichen Akteure der Exekution. Pilatus übergibt ihnen Jesus, „damit er gekreuzigt werde", danach heißt es: „Sie übernahmen also Jesus" (19,16). Doch in Wirklichkeit waren es römische Soldaten, wie Johannes weiß (vgl. 19,23 f). Aber die Juden werden als die Verantwortlichen für Jesu Kreuzigung belastet.

Von dem Geschehen hinter dem Vorhang der Weltbühne spricht deutlich die dritte Stelle 12,32. Jetzt spricht Jesus wieder im Passiv: „Wenn ich von der Erde erhöht bin", und das Responsorium des Volkes in 12,34 (δεῖ) zeigt, daß für den Evangelisten dahinter wieder Gott mit seinem Willen steht. Auch das Gericht über den „Herrscher dieser Welt" (12,31; vgl. 16,11) ist von Gott verfügt. Aber die über den Erhöhten gemachte Aussage betrifft das Heil der Menschen: Der Erhöhte „wird alle an sich ziehen" (12,32). Es ist ein anschauliches Bild: Der am Kreuz „von der Erde" Erhöhte zieht alle an sich, hinauf in seine „erhöhte" Position. Der Unglaube begreift diese Macht des scheinbar Ohnmächtigen nicht; darum wird auch das Volk, das dem Wort Jesu verständnislos und zweifelnd gegenübersteht (12,34), in einem letzten Appell eindringlich zum Glauben gemahnt (12,35 f).

Die Ambivalenz der johanneischen Ausdrucksweise wird in der *„Stunde" Jesu* offenbar. Sie wird zur Todesstunde Jesu, die doch zu seiner Verherrlichung führt. Zwar wird diese Stunde nie unmittelbar im Zusammenhang der Erhöhung am Kreuz genannt, doch macht es der weitere Kontext von 12,32f deutlich. Die Linie von 12,23, daß die Stunde gekommen ist, „daß der Menschensohn verherrlicht wird", setzt sich in 12,27 fort. Die hier erwartete „Stunde" ist keine andere als die von V. 23, und das dafür eintretende νῦν führt zu dem zweifachen νῦν in V. 31. In der nicht temporalen, sondern theologischen „Stunde Jesu" mischen sich die hellen und dunklen Aspekte. Auch die „Ölbergstunde" Jesu (12,27f) ist miteinbezogen und aufgelichtet. Das Leiden Jesu, wie es die Synoptiker schildern, ist nicht vergessen, aber überwunden und überstrahlt von der Verherrlichung Jesu durch den Vater. An weiteren Stellen, in denen von der „Stunde Jesu" die Rede ist, zeigt sich die gleiche Ambivalenz. Es ist die Stunde des Todes (7,30; 8,20) und zugleich die Stunde der Verherrlichung (13,31; 17,1). Wenn die Juden in ihrer feindseligen Haltung im Blick stehen, erscheint die Stunde Jesu als Todesstunde; sie können Jesus nicht ergreifen, „weil seine Stunde noch nicht gekommen war" (7,30; 8,20). Jesus dagegen spricht von seiner Stunde immer als einer glorreichen, die äußerlich die Kreuzigung meint, für ihn aber seine Verherrlichung anzeigt.

Die Redeweise von der „Erhöhung" des Menschensohnes, seiner „Stunde" und seiner „Verherrlichung" ist also bewußt gewählt. Die „Verherrlichung", die noch andere Aspekte enthält: Die Zeichenoffenbarung Jesu auf Erden (2,11; 11,4.40), das Fruchtbarwerden in den Jüngern (15,8), die Sendung des Geistes (vgl. 7,39; 16,14), ist der Zielpunkt der Erhöhung Jesu. Wenn neben dem Heilseffekt der Verherrlichung (17,1f) auch das Gericht genannt wird (5,22.27; 12,31; 16,11), so ist dies die Konsequenz des johanneischen „Entscheidungsdualismus", der neben die Annahme des Heils im Glauben die Verweigerung durch den Unglauben setzt. Wer nicht den zum Vater gehenden Sohn und die sich darin enthüllende „Gerechtigkeit" erkennt (16,10), liefert sich dem „Herrscher dieser Welt" aus und verfällt dem Todesgericht (16,11). Das Gericht nimmt kosmische Dimensionen an. Auch dies ist in der „Erhöhung" Jesu angelegt (12,31). Da sonst der Heilseffekt im Vordergrund steht, überrascht es, daß es in 5,27 heißt: Gott gab ihm (dem Sohn) die Vollmacht, Gericht zu halten, weil er der Menschensohn ist. Hier erscheint der Menschensohn als der vorrangig mit dem Gericht Beauftragte, wie es sonst nicht der Fall ist. Wahrscheinlich dringt hier die synoptische Anschauung von dem Gericht haltenden Menschensohn ein, und 5,27b–29 könnte durch die Redaktion des johanneischen Kreises hinzugefügt sein [96].

d) Der Menschensohn als Lebensmittler

Noch eine andere Gruppe von Menschensohn-Worten ist zu bedenken, nämlich die im 6. Kap. über das vom Himmel herabgestiegene Lebensbrot (6,27.53.62). Am Eingang der Rede lesen wir: „Bemüht euch nicht um die vergängliche Speise, sondern um die zu ewigem Leben bleibende Speise, die euch der Menschensohn geben wird" (6,27). Nach der großen Speisung verlangen die Menschen nach einem Zeichen, durch das sie an den Gottgesandten glauben können (6,30). Die bisherigen Zeichen genügen ihnen nicht; sie erinnern an das Manna, das ihre Väter in der Wüste gegessen haben: „Brot vom Himmel gab er ihnen zu essen" (6,31). Jesus durchschaut ihre unzulängliche Glaubenshaltung (6,26) und fordert sie auf, sich um die Speise zu bemühen, die zu ewigem Leben bleibt. 6,27 ist ein Offenbarungswort, das schon die ganze folgende Lebensbrot-Rede vorwegnehmend einleitet. Die verheißene Speise ist in dreifacher Weise charakterisiert: a) Sie ist eine „bleibende", d.h. eine dauernd wirksame Speise, so daß es keinen Hunger und Durst mehr gibt (6,35b); b) sie ist eine „für ewiges Leben" bestimmte und wirksame Speise; c) sie wird ihnen vom Menschensohn gegeben werden [97].

Warum wird hier der „Menschensohn" genannt? Weil diese Selbst-

---

[96] Vgl. SCHNACKENBURG, Joh II, 143–149.
[97] Die besser bezeugte futurische Lesart des ägyptischen Textes (darunter P[75]) und anderer Handschriften ist vorzuziehen, weil die Gabe des Menschensohnes erst für seine Rückkehr in den Himmel in Aussicht gestellt wird (6,62). Das Präsens (6,32) ist in der Schriftargumentation eine grundsätzliche Aussage über das vom Himmel herabgekommene Lebensbrot, das seine Kraft behält.

II. Einzelaussagen der johanneischen Christologie

bezeichnung Jesu den ganzen Vorstellungskomplex des vom Himmel herabgekommenen und dorthin wieder aufsteigenden Menschensohnes hervorruft! Jesus wird als der wieder in den Himmel aufgestiegene Menschensohn (6,62) eine himmlische Gabe geben, ja er wird selbst diese Gabe sein (6,33.41.42.51.58). An das Herabsteigen aus dem Himmel, das den jüdischen Hörern zum Anstoß wird (6,41f), knüpft das Wort vom Menschensohn an. Eine gewisse Verschiebung des Bildes liegt darin, daß Jesus eine unvergängliche Speise *geben* wird und dann selbst dieses Lebensbrot ist. Vergleichbar ist 4,14, wo Jesus unter dem Bild des Durststillens eine Wasserspende verheißt, die in dem, der davon trinkt, zu einer Quelle wird, die zu ewigem Leben sprudelt. Der Geber wird zur Gabe. Wasser und Brot sind zwei Sinnbilder des Lebens, die beide das gleiche sagen und auf Jesus als den Lebensspender hinweisen. Jesus bezeichnet sich als das Brot des Lebens, nimmt dabei aber auch den Gedanken der Durststillung auf: „Wer zu mir kommt, wird wahrlich nicht hungern, und wer an mich glaubt, wird niemals Durst haben" (6,35). Das Doppelbild vom Hungern und Dürsten erinnert an die Mannaspende in der Wüste und das Wasser aus dem Felsen. Neben dem Brot, das vom Himmel herabgestiegen ist und ewiges Leben schenkt (6,33.51), steht auch das Bild von der Quelle, aus der Ströme lebendigen Wassers fließen (7,37f).

Wichtig ist dem Evangelisten, daß die verheißene Speise aus dem Himmel kommt. Mose hat den Vätern nicht das Brot aus dem Himmel gegeben; aber der Vater Jesu gibt jetzt das wahre Brot aus dem Himmel (6,32). Dieses Brot Gottes ist der, der aus dem Himmel herabsteigt (6,33), und das ist niemand anders als der Menschensohn, der schon in 3,13 als der aus dem Himmel Herabgestiegene gekennzeichnet wird. Er ist auch der, der wieder zum Himmel aufsteigt, wo er vorher war (6,62). Das Wirken des auf Erden befindlichen Menschensohnes wird sowohl im Futur (6,27) als auch im Präsens ausgesagt (6,32 betont; 6,50). Gegenüber den unschlüssigen Juden wird es zur Verheißung, für die Glaubenden zur gegenwärtigen Erfüllung. Durch den Midrasch über das Brot vom Himmel[98] entfaltet sich eine Offenbarungsrede, die sich etwa wie folgt aufbaut: 1. das wahre Brot vom Himmel; das Schriftzitat und Jesu Deutung 6,31–35; 2. die Notwendigkeit des Glaubens 6,36–40; 3. Überwindung des Anstoßes an der irdischen Herkunft Jesu, weil er der vom Himmel herabgestiegene Menschensohn ist 6,41–43; 4. die Notwendigkeit des vom Vater geweckten Glaubens 6,44–47; 5. erneute Offenbarung des Lebensbrotes, das vom Himmel herabgekommen ist und unvergängliches Leben schenkt 6,48–51b; 6. das Essen des Fleisches und Trinken des Blutes des Men-

---

[98] Vgl. P. BORGEN, Bread from Heaven (NT.S 10), Leiden 1965.

schensohnes 6,51 c–58; 7. Überwindung des Anstoßes: Aufsteigen des Menschensohnes dorthin, wo er vorher war (6,60–65).

Das Ganze ist in eine Auseinandersetzung mit skeptischen und ungläubigen Juden hineingestellt, die über Jesu Rede „murren" (6,41.43) oder miteinander streiten (6,52). Auch viele Jünger Jesu nehmen Anstoß an der harten Rede und murren (6,60f). Erst mit dem Ausblick auf den Aufstieg des Menschensohnes (6,62) rundet sich die Rede über den Menschensohn. Wegen der Verbindung der Offenbarungsrede mit der Auseinandersetzung, die Jesus mit den Juden führt, also ihrer Einbettung in einen geschichtlichen Kontext (vgl. 6,59), ist der Aufbau und Sinn der Darstellung nicht recht durchsichtig und hat zu unterschiedlichen Auffassungen geführt[99]. Eine besondere Schwierigkeit tut sich durch den Abschnitt 6,52-58 auf: War vorher vom Essen des Lebensbrotes im Glauben die Rede, so wird jetzt vom Fleisch und Blut des Menschensohnes gesprochen. In einer unverkennbaren Anspielung auf die Eucharistie ergibt sich eine neue Verständnisebene. Die bisherige Aneignung des Gottesbrotes im Glauben wird auf das eucharistische Essen und Trinken übertragen[100]. Ist dies eine spätere Zufügung der johanneischen Redaktion aus dem johanneischen Kreis[101]?

Wie immer man diesen Übergang auf eine andere Ebene beurteilt, auf jeden Fall wird wieder der Menschensohn in den Blick gebracht. Er ist derjenige, der durch sein Fleisch und Blut in der Eucharistie das ewige Leben vermittelt und den Mahlteilnehmern die volle Gemeinschaft mit ihm schenkt: Wer sein Fleisch ißt und sein Blut trinkt, bleibt in Jesus und Jesus in ihm (6,56). Wieder wird der Sendungsgedanke aufgenommen: Jesus lebt durch den Vater, und wer Jesus „ißt", lebt

---

[99] Für P. BORGEN (vor Anm.) ist das ganze ein einheitlich entwickelter Midrasch, der auch den Übergang in den eucharistischen Teil 6,52-58 durch die Aufnahme von „Er gab ihnen zu essen" verständlich macht (86-90). V. 52 ist eine Paraphrase von Teilen des atl. Textes, der in V. 31 b zitiert wurde (90). Andere strukturale Analysen finden sich bei J.-N. ALETTI, Le discours sur le pain de la vie (Jean 6), in: RSR 62 (1974) 169-197; J. D. CROSSAN, A Structuralist Analysis of John 6, in: J. A. SPENCER (Ed.), Orientation and Disorientation (FS W. A. Beardslee), Pittsburgh 1980, 235-249; L. SCHENKE, Die formale und gedankliche Struktur von Joh 6,26-58, in: BZ NF 24 (1980) 21-41; vgl. auch den Forschungsbericht von H. THYEN in: ThR 43 (1978) 328-359.

[100] Vgl. H. SCHÜRMANN, Jo 6,51 c – ein Schlüssel zur großen johanneischen Brotrede, in: ders., Ursprung und Gestalt. Erörterungen und Besinnungen zum Neuen Testament, Düsseldorf 1970, 151-166 (Lit.); X. LÉON-DUFOUR, Lecture de l'Évangile selon Jean II, Paris 1990, 164-176.

[101] Diese Auffassung wurde seit R. BULTMANN, G. BORNKAMM u.a. vielfach vertreten. Zur Problematik vgl. SCHNACKENBURG, Joh II, 85-87. Für die literarische Einheit tritt ein U. WILCKENS, Der eucharistische Abschnitt der johanneischen Rede vom Lebensbrot (Joh 6,51c-58), in: J. GNILKA (Hrsg.), Neues Testament und Kirche (FS R. Schnackenburg), Freiburg – Basel – Wien 1974, 220-248. Für eine redaktionelle Erweiterung L. WEHR, Arznei der Unsterblichkeit. Die Eucharistie bei Ignatius von Antiochien und im Johannesevangelium (NTA NF 18), Münster i. W. 1987, 196-207.

durch ihn (6,57). Wenn das vom „Menschensohn" gesagt wird, so mit dem Gedanken, daß erst der zum Himmel wieder aufgestiegene Menschensohn sein Fleisch und Blut in einer anderen, durch den Geist verklärten oder verwandelten Weise (vgl. 6,63) zu essen und zu trinken gibt. Die futurische Ansage von 6,27 erfüllt sich in der Eucharistiefeier der Gemeinde. Das Essen des Lebensbrotes wird unter Voraussetzung des Glaubens zum eucharistischen Mahlhalten, zur sakramentalen Teilhabe am Fleisch und Blut des Menschensohnes. 6,51 c: „Das Brot, das ich geben werde, ist mein Fleisch für das Leben der Welt" ist eine Überleitung zum eucharistischen Abschnitt. Dieser Vers könnte auch das metaphorische Verständnis von der Aneignung des Lebens im Glauben meinen[102], wenngleich die Formulierung in V. 53 deutliche Anklänge an die Stiftungsworte der Abendmahlsfeier enthält und so das eucharistische Verständnis hervortreten läßt. Empfang des Lebensbrotes im Glauben und in der Eucharistie ergänzen sich. Grundlegend ist die gläubige Aufnahme der Lebensbrotrede (vgl. 6,63 b.68); die sakramentalen Gaben, die das voraussetzen, erinnern an die sarkische Existenz und den Kreuzestod Jesu, der als der himmlische Menschensohn fortlebt und seiner Gemeinde gegenwärtig bleibt. Sie sind mehr als eine Erinnerung, sie sind reale Vermittlung des göttlichen Lebens. In der Eucharistie wird der Menschensohn, der durch den Tod zum Leben gelangte, repräsentiert und in seiner Leben weckenden Macht offenkundig.

e) Zur Herkunft der Vorstellung vom Menschensohn

Wo der Wurzelboden und Ansatz für den Gedanken des herabsteigenden und aufsteigenden Menschensohnes liegt, ist umstritten. Im Gefolge von Bultmann wurde an die Aufnahme und Umdeutung des gnostischen Mythos vom Urmenschen-Erlöser gedacht; doch gibt es beträchtliche Unterschiede, vor allem für das Erlösungsgeschehen. Der gnostische Erlöser, sei es der Gott „Mensch", die Sophia oder andere Äquivalente, kommt als Repräsentant der zu erlösenden Menschheit aus der transzendenten Welt herab, sammelt in sich die Menschenseelen und führt sie durch Erkenntnis ihrer Selbst in das Pleroma zurück. Der johanneische Christus kommt zwar auch aus der Präexistenz beim Vater; aber sie ist ihm vorbehalten und umgreift nicht alle Menschen. Entscheidend ist, daß er die ihm vom Vater anvertrauten Menschen auf dem Weg des Glaubens und der Nachfolge in die himmlische Welt hinaufführt, auf dem konkreten Weg der Erhöhung am Kreuz und der ihm vom Vater verliehenen Herrlichkeit[103].

---

[102] So SCHÜRMANN, Jo 6,51 c (Anm. 100).
[103] Vgl. E. M. SIDEBOTTOM, The Ascent and Descent of the Son of Man in the Gospel of John, in: AThR 39 (1957) 115–122; C. COLPE in: ThWNT VIII, 417: „Die Präexistenz-

Die jüdische Apokalyptik mit ihren Entrückungen und Himmelfahrten ebenso wie die jüdische Mystik mit der Merkaba-Spekulation und auch jüdisch-hellenistische Anschauungen von der Weisheit kommen hier als Mutterboden für den zum Himmel aufsteigenden Erlöser viel eher in Frage[104]. „Gewisse jüdische Kreise ... hatten ein Konzept von einer himmlischen Erlöser-Figur, die hinabstieg und hinaufstieg mit einer erlösenden Funktion und die mit vielen Namen angesprochen werden konnte, z. B. Wort, Weisheit, Engel, Sohn, Mensch, Hoherpriester ... Ein Mythos von einem himmlischen Erlöser, der hinabstieg und hinaufstieg im Lauf seines/ihres Erlösungswerkes existierte im vorchristlichen Judentum und Seite an Seite mit dem Christentum des 1. und 2. Jahrhunderts."[105]

Die johanneische Konzeption vom Menschensohn könnte zwei Wurzeln haben: die Aufnahme synoptischer Menschensohnworte vom kommenden Menschensohn, die aber in die präsentische johanneische Eschatologie umgesetzt wurden (1,51; 3,14f; 5,27; 8,28; 12,33f), und jener verbreitete Mythos eines herabsteigenden und wieder aufsteigenden Erlösers. Die Wurzeln sind im Johannesevangelium zusammengewachsen und ergeben ein einheitliches Bild von dem vom Himmel kommenden Erlöser, der auf Erden die ihm gehörenden Menschen um sich sammelt und durch seine Erhöhung und Verherrlichung in die himmlische Welt führt. F. J. Moloney drückt dies wie folgt aus: „Wir haben einer Gemeinde nachgespürt, die den Ausdruck (Menschensohn) von Jesus gebraucht, um 1. die Identifikation Jesu mit dem jüdischen Messias zu verbessern; um 2. die einzigartige Offenbarung Gottes in dem Menschen Jesus, und besonders im menschlichen Ereignis des Kreuzes, zu betonen; um 3. Jesus in einer *Sprache* zu präsentieren, die dem Synkretismus des späten 1. Jahrhunderts vertraut war, aber mit einem *Inhalt,* der nichts von früher christlicher Tradition preisgab."[106]

Auf jeden Fall ist der johanneische Menschensohn eine ganz und gar vom christlichen Glauben geprägte Gestalt. Er ist der *Mensch* nicht in einer mythologisch vorgestellten Weise, sondern der wirkliche geschichtliche Jesus von Nazaret, der allein durch das Kreuz einmalig und unverwechselbar ist. Er ist der *Messias* nicht in einem jüdisch reduzierten Verständnis, sondern der Erlöser der Welt (4,42). Er ist der

---

aussage zeigt aber erst dann einen gnostischen Mythos an, wenn sie von der Gesamtheit der Seelen gemacht wird"; vgl. ebd. 468–474.
[104] Vgl. Ch. H. Talbert, The Myth of a Descending and Ascending Redeemer in Mediterranian Antiquity, in: NTS 22 (1976) 418–439; H. Odeberg, The Fourth Gospel, Amsterdam 1968, 35f.94–98; Bühner, Der Gesandte (Anm. 1) 374–399 (der johanneische Christus als prophetischer Gottesbote).
[105] Talbert, Myth 429f.
[106] Johannine Son of Man 254.

Sohn Gottes als der von Gott ausgehende, von oben herabkommende und mit seinem Vater verbundene Gesandte Gottes, Gottes Agent in der Welt, der das göttliche Leben den Menschen vermittelt. Er ist der von Gott *Verherrlichte,* der über die Auferstehung die Herrlichkeit wiedererlangt, die er schon vor Grundlegung der Welt beim Vater besaß, und der an dieser Herrlichkeit die Glaubenden partizipieren läßt. Die Bezugnahme auf Kreuz und Auferstehung, die sich in der „Stunde" Jesu verdichtet, hebt den Menschensohn aus aller mythologischen Denkweise heraus und gibt ihm seinen Platz in der urchristlichen Verkündigung.

4. Der eschatologische Prophet[107]

Neben dem vom Vater gesandten und mit ihm verbundenen Sohn und dem Menschensohn findet sich im Johannesevangelium noch eine andere Aussageweise: Jesus als der eschatologische Prophet, eine überraschende und eigentümliche Vorstellung, die der alttestamentlichen Prophetie entspringt. Sie läßt sich nicht unmittelbar mit den bisher besprochenen Aussagekategorien verbinden und hat doch Beziehungen zu ihnen.

a) Die Breite der Vorstellung vom eschatologischen Propheten

Eine deutlich und allgemein anerkannte Bezugnahme auf die Prophetie vom moseähnlichen Propheten nach Dtn 18,15.18f liegt in Joh 6,14 vor. Nach der Speisung sagen die Menschen, die dieses Zeichen gesehen haben: „Dieser ist wahrhaft der Prophet, der in die Welt kommen soll." Gegenüber allen möglichen „Wolkendeutern und Orakellesern" wird dem Volk in der Wüste ein Prophet verheißen, der inmitten seiner „Brüder" auftritt und die Worte verkündet, die ihm der Herr aufträgt. Die Reaktion der Leute nach der großen Speisung, die an die Manna-Spende des Mose erinnert, ist einerseits verständlich und doch wieder erstaunlich. Denn wenn die Menschen nach 6,30f ein Zeichen wie das Manna in der Wüste fordern, scheinen sie das Bekenntnis zu dem moseähnlichen Propheten ganz aus den Augen verloren zu haben. Hätten sie nach dem „Zeichen" Jesus wirklich als jenen von Mose verheiße-

---

[107] Aus der Literatur: J. JEREMIAS in: ThWNT IV 852–878, bes. 862–864; O. CULLMANN, Die Christologie des Neuen Testaments, Tübingen ³1963, 11–49; F. HAHN, Christologische Hoheitstitel, Göttingen ⁴1974, 351–404, bes. 356–371.397f; R. SCHNACKENBURG, Die Erwartung des „Propheten" nach dem Neuen Testament und den Qumranschriften, in: StEv I (= TU 73), Berlin 1959, 622–639; W. A. MEEKS, The Prophet-King. Moses Traditions and the Johannine Christology (NT.S XIV), Leiden 1967; M. DE JONGE, Jesus as Prophet and King in the Fourth Gospel, in: EThL 49 (1973) 160–177; M.-E. BOISMARD, Moïse ou Jésus. Essai de christologie Johannique (BEThL 84), Löwen 1988.

nen Propheten erkannt, so könnten sie nicht eine neue Zeichenforderung erheben. Mir scheint, daß das Bekenntnis von 6,14 nicht eine historische Reminiszenz der Mahlteilnehmer sein soll, sondern ein vom Evangelisten eingebrachtes Urteil über den Sinn der großen Speisung[108]. Für den Evangelisten ergibt sich aus dem großen Zeichen die Schlußfolgerung, daß Jesus der verheißene Prophet „wie Mose" (Dtn 18,15) ist, der „in die Welt kommen soll". Diese letzte Wendung ist typisch johanneisch, vgl. 11,27; ferner 1,9; 3,19.31; 9,39; 12,46; 16,28; 18,37c. Der Prophet tritt nicht nur unter seinen Brüdern auf, sondern ist in die Welt gesandt, um sich als Lebensbringer für die Welt zu offenbaren (6,33.51c). Damit wird eine johaneische Konzeption von dem eschatologischen Propheten sichtbar, der in Jesus erschienen ist.

Daß diese christologische Deutung fest im Gedankengefüge des Johannes verankert ist, zeigen noch weitere Stellen. Wenn der Täufer Johannes es ablehnt, „der Prophet" zu sein (1,21.25), eine eschatologische Heilsfigur wie auch Elija (ebd.), wird damit indirekt bekräftigt, daß Jesus dieser „Prophet" oder auch „Elija" ist. Unter den Jerusalemern wird die Ansicht laut, daß Jesus „wahrhaft der Prophet" ist (7,40), die gleiche Wendung wie in 6,14. Wieder andere sagten: „Dieser ist der Messias" (7,41). Dadurch rückt „der Prophet" in eine Nähe zum „Messias". Der Einwand, daß der Messias nicht aus Galiläa kommt, wird in der Diskussion der Pharisäer mit Nikodemus in der Weise aufgenommen, daß (der) Prophet[109] nicht aus Galiläa erweckt wird (7,52). „Der Prophet" wird also zu einem besonderen Ausdruck für den erwarteten Messias, was nicht ausschließt, daß „Prophet" (ohne Artikel) auch in einem nichtmessianischen, tiefer eingestuften Verständnis gebraucht werden kann, so in der Bemerkung der Samariterin: „Ich sehe, daß du ein Prophet bist" (4,19), oder in der Äußerung des geheilten Blindgeborenen über den, der ihn geheilt hat: „Er ist ein Prophet" (9,17). Diese beiden Menschen befinden sich aber auf dem Weg zum Glauben an den Messias (4,25f; 9,35–38), und beiden offenbart sich Jesus als solcher bzw. als „Menschensohn". Die jüdische bzw. die samaritanische Erwartung[110] des endzeitlichen Heilsbringers erfüllt sich in Jesus.

M.-E. Boismard hat das Johannesevangelium auf weitere Anspielungen auf die Prophetie von Dtn 18,18f durchforscht und kommt zu

---

[108] Vgl. SCHNACKENBURG, Joh II, 23–27.
[109] Diese Lesart mit Artikel, die nur P⁶⁶ bietet, aber in der Lücke von P⁷⁵ möglich ist und auch im bohairischen Pap. Bodmer III zu finden ist, wird jetzt aus inneren Gründen von den meisten Kommentatoren angenommen.
[110] Zu der samaritanischen Erwartung des Ta'eb vgl. MEEKS, Prophet-King (Anm. 107) 216–257; J. MACDONALD, The Theology of the Samaritans, London 1964, 147–222; F. DEXINGER, Der Taheb, ein „messianischer" Heilsbringer der Samaritaner, Salzburg 1986; BOISMARD, Moïse (Anm. 107) 33–44.

II. Einzelaussagen der johanneischen Christologie

dem Ergebnis, daß dieser Schriftbezug eine sich durch das ganze Evangelium durchziehende Linie ist. Nach ihm finden sich implizite Zitate in Joh 12,48-50; 8,28-29; 14,10 in Verbindung mit 7,16b-17; 17,8; 19,17-18; 13,1; 14,1ff; 9,26ff[111]. Man braucht nicht alle diese angeblichen Schriftanspielungen für überzeugend zu halten, doch könnte hinter dem Auftrag des Vaters, seine Worte zu sagen (Joh 12,48-50), nichts von sich aus zu tun, sondern nur, wie ihn der Vater gelehrt hat (8,28f), neben anderen Wendungen wie „nicht von mir aus" die Grundaussage von Dtn 18,18 stehen: „Ich will ihm meine Worte in den Mund legen, und er wird ihnen alles sagen, was ich ihm auftrage." Für die Jüngerberufung in Joh 1,35-51 nimmt Boismard an, daß das Zeugnis des Philippus gegenüber Natanael: „Wir haben den gefunden, über den Mose im Gesetz geschrieben hat ..." (1,45), präzise auf Dtn 18,18 Bezug nimmt[112]. Aber es steht noch dabei „und über den die Propheten geschrieben haben", so daß Philippus damit allgemein auf den Messias verweisen will (vgl. 1,41).

Stärkere Beweiskraft hat Joh 5,45-47, wo Mose den ungläubigen Juden als Ankläger vor Gericht vorgestellt wird: „Über mich hat jener geschrieben". Nach Dtn 18,19 wird Gott einen Mann, der nicht auf die Worte des von Gott bestellten Propheten hört, zur Rechenschaft ziehen. Die Prophetie vom eschatologischen Propheten nimmt im Johannesevangelium einen vorrangigen Platz ein, wenngleich man auch nicht zuviel hineinlesen darf. Soll man die „Zeichen", die Jesus wirkt, mit den Zeichen, die Mose in Ägypten vollbringt (Ex 4,1-9), in Verbindung bringen?[113] Dann würde die Mose-Christus-Typologie noch deutlicher; doch läßt sonst nichts im Johannesevangelium auf die ägyptischen Zeichen schließen. Das einzige Zeichen, das herangezogen wird, ist die Mannaspendung in der Wüste, und sie wird im Midrasch vom Brot aus dem Himmel von Mose gerade abgesetzt: „Nicht Mose hat euch das Brot vom Himmel gegeben, sondern mein Vater gibt euch das wahre Brot vom Himmel" (6,32). Mose ist nicht in jeder Hinsicht ein Typus für Christus, sondern nur als der eschatologische Prophet, der dem Volk die Worte Gottes verkündet.

Die Verbindung mit dem König, den das Volk als irdischen politischen Befreier erwartet, ist im Erzählzusammenhang nur eine äußerliche. Nach der großen Speisung kommen die Leute und wollen Jesus mitreißen und mit Gewalt zum König machen (6,15). Dies ist jedoch

---

[111] BOISMARD, Moïse 11-25.
[112] BOISMARD, Moïse 29 und 32.
[113] BOISMARD, Moïse 66-68. Er möchte eine Quelle annehmen, die drei Zeichen erzählte: das erste und zweite Kanazeichen und den reichen Fischfang gemäß Joh 21,14 (44-57). Aber es ist fraglich, ob 21,14 die Zählung der Zeichen in einer vorjohanneischen Quelle fortsetzen soll. Die Bemerkung kann sich im jetzigen Kontext auf die dritte Erscheinung Jesu vor den Jüngern beziehen (20,19-23; 20,24-29; 21,1-13).

eine Mißdeutung dessen, was sie in der Wüste erlebt haben. Aus der Sättigung der großen Volksmenge ziehen sie den falschen Schluß, daß sie Jesus aus aller irdischen Not und Bedrückung retten könnte. Aber Jesus entzieht sich ihnen: Er entweicht wieder auf den Berg, er allein (6,15b). Darum ist es fraglich, ob Jesus in dieser Szene als „Prophet-König" gezeichnet werden soll[114]. Daß Mose im Judentum, wie auch in der rabbinischen Haggada und nicht zuletzt bei den Samaritanern als Prophet-König angesehen wurde, ist nicht zu bestreiten. Ob aber diese Doppelfunktion dem johanneischen Christus zugesprochen wird, bleibt unsicher, weil die Anklänge als „König der Juden" in Spannung zu der positiven Sicht auf Jesu Königtum stehen, das anders begründet wird: Er ist in die Welt gekommen, um für die Wahrheit Zeugnis zu geben (18,37); „mein Reich ist nicht von dieser Welt" 18,36). In diesem Zusammenhang kann man keine Anspielung auf den eschatologischen Propheten erkennen. Jesus ist der Messias, der „König Israels" (1,49; 12,13.15). Dieses Messiastum ist ein anderer Gedankenkreis als der des eschatologischen Propheten, auch wenn im Volk über den Messias und „den Propheten" diskutiert wird (7,40f.52). Die beiden Gestalten werden unterschieden, entstammen also verschiedener Denkweise. Wie schon bei den Bezeichnungen „Sohn" und „Menschensohn" zeigen sich Querverbindungen, die aus der facettenreichen johanneischen Christologie hervorgegangen sind.

b) Gründe und Hintergründe

Warum aber greift Johannes den Gedankenkreis vom moseähnlichen eschatologischen Propheten auf? Dafür lassen sich verschiedene Gründe vermuten. Zunächst ist zu bedenken, daß die Erwartung prophetischer Gestalten im Judentum zur Zeit Jesu groß war (vgl. Mt 21,11.46; Lk 24,19). Johannes aber will in Jesus nicht *irgendeinen* Propheten sehen, sondern den letzten, alle bisherigen Propheten überragenden Propheten. Dafür bot sich die Prophetie vom eschatologischen Propheten wie Mose an, eine Prophetie, die auch sonst im Urchristentum eine Rolle spielte (vgl. Apg 3,22f; 7,37f). Zweitens legte sich für den vierten Evangelisten dieser Rückgriff auf das Zeichen der großen Speisung nahe. Es ist mit der Selbstoffenbarung als das vom Himmel gekommene Lebensbrot verbunden. Darum heißt es: „Alle werden Schüler Gottes sein; jeder, der vom Vater hört und lernt, kommt zu mir" (6,45). Auf diese Weise tritt der eschatologische Prophet, auf den die Menschen hören sollen (Dtn 18,15) und der Gottes Worte spricht (18,18), in den Blickkreis. Auf diese Offenbarungsrede vorausblik-

---

[114] So nach anderen MEEKS, Prophet-King (Anm. 107) 25–29; 87–99 und als durchgehende These seines Werkes. Doch vgl. M. DE JONGE, Jesus as Prophet (Anm. 107).

II. Einzelaussagen der johanneischen Christologie

kend, kann der Evangelist das Bekenntnis zu dem Propheten eingebracht haben. Drittens kann die Auseinandersetzung mit Johannes dem Täufer bzw. den späteren Johannesjüngern eine Rolle gespielt haben. Denn die scharfe Absage des Täufers, daß er „der Prophet" sei (Joh 1,21.25) sowie seine Herabstufung zum Zeugen für Jesus (1,8.15.30; 5,33f) lassen auf Auseinandersetzungen mit Johannesjüngern schließen (3,25), die Johannes wahrscheinlich für den Messias, den letzten Offenbarer und Heilsbringer hielten[115]. Demgegenüber wird Jesus als der schon vor Johannes existierende, seit Ewigkeit bei Gott weilende Sohn vorgestellt, der nach seiner Inkarnation auf Erden die Worte Gottes spricht (3,34). Wie auch immer die Rede vom Propheten, der in die Welt kommen soll, zu beurteilen ist, sie ist als Deutung des Evangelisten gut begreiflich.

c) Das Verhältnis zu Mose

Wenn der moseähnliche Prophet in Joh 6,15 angesprochen wird, ist zu fragen, wie Mose überhaupt im Spiegel des Johannesevangeliums erscheint. Zwei spannungsreiche Perspektiven zeigen sich: Auf der einen Seite wird Mose als der, der über Jesus in der Schrift geschrieben hat und über ihn Zeugnis ablegt (5,46f), hoch eingeschätzt; auf der anderen Seite wird Mose entschieden gegenüber Jesus abgesetzt. Gegenüber ungläubigen Juden, die Jesus als den Messias nicht anerkennen, wird Mose zum Ankläger beim Gericht Gottes (5,45). Die Juden setzen auf ihn ihre Hoffnung; er hat ihnen das Gebot der Beschneidung gegeben, obschon dieses, wie einschränkend hinzugefügt wird, nicht von Mose, sondern von den Vätern stammt (7,22). Er hat ihnen das Gesetz gegeben, für die Juden die große Heilsgabe Gottes, aber keiner von ihnen hält das Gesetz (7,19). Aus dem Gesetz folgern sie, wie es auch im Rabbinismus geschieht, daß ein Mensch auch am Sabbat beschnitten werden kann (7,23); aber ihre Gesetzestreue stößt sich mit dem Widerspruch gegen Jesus, der einen ganzen Menschen am Sabbat gesund gemacht hat, nämlich den Gelähmten vom Betesda-Teich (7,24; vgl. 5,1–9).

Mose gilt somit als der von Gott bestellte Gesetzgeber, den auch Jesus anerkennt. Der Zusammenstoß mit den Juden schließt nicht aus, daß er grundsätzlich die Autorität des Mose achtet. Die positive Bezugnahme auf Mose reicht noch weiter: Er wird zum alttestamentlichen Typus, der in seinem Tun den Heilswillen Gottes darstellt. Mose

---

[115] Vgl. R. SCHNACKENBURG, Das vierte Evangelium und die Johannesjünger: HJ 77 (1958) 21–38; J. ERNST, Johannes der Täufer. Interpretation – Geschichte – Wirkungsgeschichte (BZNW 53), Berlin 1989, 187–191 (bezweifelt entgegen W. Baldensperger die Polemik gegen die Täufersekte); 349–384 (Spuren der Täufersekte; aber kein klares Bild von ihr).

hat die eherne Schlange in der Wüste aufgerichtet, die zum Urbild der Erhöhung Jesu am Kreuz wird (3,14). Zwar wird die Rolle des Mose bei der Errichtung der ehernen Schlange nicht hervorgehoben; der Vergleich richtet sich allein auf die „Erhöhung" der Schlange bzw. des Menschensohnes. Doch läßt es sich nicht übersehen, daß Mose auch eine heilsgeschichtlich-typologische Rolle spielt. Alle diese Beobachtungen: das Zeugnis des Mose durch seine Schriften, seine Bedeutung als Gesetzgeber, als der im Gericht auftretende Ankläger der Juden, als der Prototyp des kommenden Menschensohnes geben der Gestalt des Mose ein positives Bild.

Gleichwohl gibt es auch Stellen, an denen Mose gegenüber Jesus deutlich herabgesetzt wird. Grundlegend heißt es am Ende des johanneischen Prologs: „Das Gesetz wurde durch Mose gegeben; die Gnade und Wahrheit kamen durch Jesus Christus" (1,17). Auch wenn dies nicht als schroffe Gegenüberstellung aufzufassen ist, als Antithese, wird damit die Überlegenheit Jesu Christi doch unüberhörbar hervorgehoben[116]. Noch deutlicher wird im Midrasch beim Brot aus dem Himmel Mose abgewertet: „Nicht Mose gab euch das Brot vom Himmel, sondern mein Vater gibt euch das wahre Brot vom Himmel" (6,32). Das ist umso überraschender, als Jesus vorher als der moseähnliche eschatologische Prophet genannt wird.

Wie sind diese verschiedenen Bewertungen des Mose zu beurteilen? Die Anerkennung des Mose wird im Disput mit den ungläubigen Juden aus der auch von Johannes festgehaltenen alttestamentlichen Tradition gewahrt, aber doch nur, um auf diesem Hintergrund die Ablehnung Jesu als des verheißenen Messias durch die Juden umso schärfer anzuprangern. Diese Schärfe erklärt sich aus der zeitgenössischen Auseinandersetzung der johanneischen Gemeinde mit der von Pharisäern beherrschten jüdischen Orthodoxie. In dem Disput des geheilten Blindgeborenen mit den Pharisäern, der einen tiefen Einblick in die Kluft zwischen der geächteten johanneischen Gemeinde mit dem Judentum gewährt[117], sagen die Pharisäer: „Wir sind Schüler des Mose; wir wissen, daß Gott zu Mose gesprochen hat; aber von diesem wissen wir nicht, woher er ist" (9,28f). Die Pharisäer nehmen Mose als ihre Autorität in Anspruch und versperren sich dadurch den Blick auf Jesus, der von Gott herkommt. In dieser Kontroverse gibt es nur die

---

[116] Vgl. J. JEREMIAS in: ThWNT IV 877. Nach ihm heben die Aussagen des Joh-Ev stärker als die übrigen neutestamentlichen Schriften den Gegensatz zwischen Mose und Christus hervor.

[117] Vgl. J. L. MARTYN, History and Theology in the Fourth Gospel, Nashville ²1979; DERS., Glimpses into the History of the Johannine Community, in: M. de Jonge (Éd.), L'Évangile de Jean. Sources, rédaction, théologie (BETHL 44), Gembloux-Löwen 1977, 149–175; R. E. BROWN, The Community of the Beloved Disciple, London 1979, 59–91, bes. 66–69.

II. Einzelaussagen der johanneischen Christologie

Alternative: Mose oder Jesus Christus. Aber Johannes nimmt Mose für die Sendung Jesu als eschatologischen Propheten in Anspruch. Fragt man also: Mose oder Jesus Christus?, so gibt der vierte Evangelist eine differenzierte Antwort: Die Spannungen, die sich daraus für das Mose-Bild ergeben, will Boismard auf verschiedene Quellen oder Dokumente zurückführen, die der Evangelist benutzt habe [118]. Im ältesten Dokument (C) werde Jesus als neuer Mose, der eschatologische Prophet wie Mose, doch noch „diskret" vorgestellt. Dann (in II A) werde er deutlicher im Zusammenhang mit dem Zeichen der großen Speisung als der wahre Prophet bezeichnet und mit der Weisheit verbunden. Das nächste Dokument (II B) lege stärkeres Gewicht auf Jesus, das Wort Gottes und den einzig Erzeugten vom Vater. Das letzte Dokument (Jean III) habe wieder stärker die Themen berücksichtigt, die aus dem Judentum vererbt waren; z. B. sei 4,22 eingefügt worden: „Das Heil kommt von den Juden".

Diese auf einer bestimmten literarkritischen Theorie entworfene Entwicklung kann nicht überzeugen. Aber die Spannungen, die sich aus den Texten für das Verhältnis von Mose und Jesus ergeben, sind erkannt und können nicht überspielt werden. Doch scheint mir Johannes wie beim „Sohn", „Menschensohn" und inkarnierten Logos so auch bei Mose von verschiedenen Überlieferungen beeinflußt zu sein, die seinem Mose-Bild kein eindeutiges Profil geben. Das Abrücken vom jüdischen Mose-Bild ist zutiefst darin begründet, daß Jesus weit mehr als Mose ist: der einzig erzeugte Sohn Gottes, der Logos, der unter den Menschen sein Zelt aufgeschlagen hat (1,14).

5. Das Lamm Gottes

Auf ihn besonders hinweisend, bezeichnet Johannes der Täufer Jesus nach der Taufe im Jordan als „das Lamm Gottes, das die Sünde der Welt hinwegnimmt" (1,29). Dieses Zeugnis gilt Israel, dem der Täufer Jesus bekanntmachen will (1,31). Er bezieht sich dabei auf die Taufe, durch die Jesus als Geisttäufer (1,33) und Sohn Gottes (v. l. der Erwählte Gottes) (1,34) ausgewiesen wird. Uns beschäftigt hier nicht die Deutung des Taufgeschehens, die sich an die synoptische Darstellung anlehnt und sie weiterführt, sondern der eigentümliche Ausdruck „das Lamm Gottes", der weder bei den Synoptikern einen Anhalt findet noch im Kontext näher begründet wird. Allerdings ist das Täuferzeugnis durch den Satz christologisch vertieft: „Er ist es, von dem ich gesagt habe: Nach mir kommt ein Mann, der mir voraus ist, weil er eher war als ich" (1,30). Diese Aussage, die die Präexistenz Jesu ein-

---

[118] BOISMARD, Moïse 137–143.

schließt, führt von vornherein über das Zeugnis für Jesus als Geisttäufer hinaus. Man darf daher annehmen, daß auch der Hinweis auf das „Lamm Gottes, das die Sünde der Welt hinwegnimmt", nicht in der Taufszene begründet ist, sondern eine eigenständige christologische Aussage ist. Anläßlich der Taufe Jesu, deren Sinn dem Johannes durch eine eigene Offenbarung Gottes erschlossen wurde (1,33), legt der Täufer ein Bekenntnis zu dem präexistenten Sohn Gottes und zum Lamm Gottes ab, das die Sünde der Welt hinwegnimmt. Das, was Johannes bei der Taufe Jesu erlebt hat und was dies bedeutete, wird erst nachher erzählt. Der unmittelbare Zweck der Taufoffenbarung war es, Jesus dem Volk Israel bekanntzumachen, und zwar als den Sohn Gottes oder den Erwählten Gottes[119]. Die Präexistenz Jesu und die stellvertretende Sühne als „Gotteslamm" überschreiten das, was sich aus der Anschauung des auf Jesus herabkommenden Geistes gewinnen ließ. Aber gerade sie sind dem Evangelisten so wichtig, daß er sie an den Anfang des Täuferzeugnisses stellt.

Von den beiden christologischen Aussagen ist die über die Präexistenz Jesu schon im Prolog als Zeugnis des Täufers belegt (1,15). Darauf greift der Evangelist zurück und hebt sie hier, im Zusammenhang der Taufe Jesu, hervor. Sie hat für seine Theologie der Inkarnation des göttlichen Logos (1,14) eine besondere Bedeutung. Wir wollen sie daher erst im nächsten Abschnitt über den präexistenten und menschgewordenen Logos (II,6) erörtern.

Der Ausruf: „Seht, das Lamm Gottes, das die Sünde der Welt hinwegnimmt" ist ein Weckruf für Israel, sich Jesus anzuschließen, was daraus hervorgeht, daß der Täufer bald darauf zu zweien seiner Jünger im Blick auf Jesus nochmals sagt: „Seht, das Lamm Gottes!" (1,36), und diese beiden Jünger Jesus daraufhin folgen. Die neuerliche Zeitangabe „am folgenden Tag" (1,35) soll diese Szene eng mit dem vorangehenden Täuferzeugnis verknüpfen. Der einzige Unterschied zu dem Ruf Jesu in 1,29 besteht darin, daß nicht mehr hinzugefügt ist „das die Sünde der Welt hinwegnimmt". Beachtet man die unmittelbare Anrede der beiden Jünger, Jesus zu folgen, ist die verkürzte Ausdrucksweise nicht verwunderlich. Mit dem knappen Hinweis des Täufers wird der Deuteruf von 1,29 aufgenommen. Wiederum ist die Aufforderung an die beiden Jünger ein Anzeichen dafür, daß das Täuferzeugnis vom Lamm Gottes einen festen Sitz im Erzählzusammenhang

---

[119] Ob die Lesart „der Sohn Gottes" oder „der Erwählte Gottes" ursprünglich ist, läßt sich nur schwer entscheiden. Die Mehrzahl der Handschriften bringt „der Sohn Gottes"; doch „der Erwählte Gottes" ist früh anzutreffen, im griechischen, lateinischen und syrischen Sprachgebiet. Der Wechsel von dem geläufigen „der Sohn Gottes" zu dem seltenen „der Erwählte Gottes" (vgl. Lk 23,35, auch Lk 9,35) ist schwer zu begreifen. Ich habe mich in Joh I, 305, auch im Hinblick auf die Taufstimme, für diese Lesart entschieden.

hat[120]. Daher muß man die Aussage vom Lamm Gottes, das die Sünde der Welt hinwegnimmt, als Ausdruck der johanneischen Christologie würdigen und in die johanneische Gedankenwelt einzuordnen suchen. Dies ist aber schwierig, weil die Wendung nur in Joh 1,29.36 begegnet und die Herleitung aus alttestamentlich-jüdischen Prämissen unklar und umstritten ist.

a) Das Symbol des Gotteslammes

Während sich für den eschatologischen Propheten ein deutlicher Schriftbezug, nämlich Dtn 18,15.18, ermitteln läßt, ist dies für das „Lamm Gottes" nicht der Fall. Es werden verschiedene Möglichkeiten genannt, die aber je für sich nicht voll überzeugen können.

α) Am ehesten drängt sich der Gedanke an den leidenden und sühnenden Gottesknecht von Jes 52,13-53,12 auf, den besonders J. Jeremias vertritt[121]. Von ihm heißt es, daß er „unsere Sünden trägt" (53,4), was freilich noch nicht das „Wegschaffen" der Sünden von Joh 1,29 ist; vgl. 1 Joh 3,5. Man könnte das „Wegschaffen der Sünde", d.h. der ganzen Sündenlast als Auf-sich-Nehmen der Sünden*strafen* verstehen, erreicht damit aber noch nicht den christlichen Gedanken, daß Jesus stellvertretend die Sünden*schuld* der Menschen tilgt. Das Bild vom *Lamm* Gottes ist etwas anderes als der *Knecht* Gottes. J. Jeremias und andere Exegeten nehmen an, daß der *Knecht* Gottes aufgrund der Doppelbedeutung von „Knecht" (παῖς) und „Lamm" (*talja* im Aramäischen) zum „Lamm Gottes" wurde.

Aber wie kam es von dieser im Aramäischen möglichen Doppelbedeutung zu der eindeutigen griechischen Übersetzung „Knecht"? Statt einen Übersetzungsfehler anzunehmen, liegt es näher, theologische Gründe zu vermuten. Ein weiterer Berührungspunkt mit dem Lied vom Gottesknecht wäre der Vergleich mit dem Lamm, das zum Schlachten geführt wird und angesichts seiner Scherer seinen Mund nicht wie ein Schaf auftut (Jes 53,7). Doch ist dies nur ein Vergleich und erreicht nicht die unmittelbare Bezeichnung „Lamm Gottes". Man müßte sich vorstellen, daß die Bedeutung des Todes Jesu als stellvertretender Sühne, die im Urchristentum zweifellos vorhanden war (Gal 3,13; 2 Kor 5,21; 1 Petr 2,24; 1 Joh 2,2; 4,10 u.a.), mit dem Bild vom Lamm verschmolzen wurde. Dies wäre aber ein Prozeß, der sich

---

[120] J. BECKER, Das Evangelium des Johannes, Kap. 1-10, Gütersloh-Würzburg 1979, 91f hält wenigstens V. 29b („das die Sünde der Welt hinwegnimmt") für eine Zufügung der kirchlichen Redaktion. Aber verlangte nicht das Prädikat „das Lamm Gottes" nach einer näheren Kennzeichnung? Man kann auch nicht alle Stellen, die im Joh-Ev Jesu Tod als Heilstod für die Menschen hinstellen, auf eine „kirchliche Redaktion" zurückführen.
[121] In: ThWNT V, 685-698.

erst aufgrund der Überzeugung vom stellvertretenden Sühnetod Jesu in Verbindung mit dem Bild vom Lamm hätte vollziehen können. Die Kombination vom „Lamm Gottes" und „Wegschaffen der Sündenlast" ist eher dem vierten Evangelisten zu verdanken.

β) Eine andere einflußreiche Deutung ist die auf das Paschalamm, von dem es schon bei Paulus heißt, daß unser Paschalamm geopfert wurde (1 Kor 5,7). Auch in 1 Petr 1,19 wird Christus im Rahmen einer Exodus-Typologie mit einem fehler- und makellosen Lamm verglichen. Für Johannes kann man sich darauf berufen, daß er die Paschavorschrift, dem Lamm solle kein Bein zerbrochen werden, typologisch auf Jesus anwendet und in ihm erfüllt sieht (19,36). Ferner paßt das Sterben Jesu, nach der johanneischen Christologie am Rüsttag vor dem Paschafest (vgl. 18,28; 19,31), in diese Typologie hinein. Ob man das Paschalamm als Sühneopfer ansah, ist nicht sicher, aber wenigstens für das Pascha der Endzeit möglich[122]. Andere Forscher bezweifeln die Paschatypologie, weil sie denken, daß sie erst aus der johanneischen Chronologie entwickelt worden sei. Aber die Ansetzung des Todes Jesu am Vorabend des Pascha hat doch starke Gründe für sich (bes. Joh 18,28). Das Verständnis des „Lammes Gottes" als Paschalamm ist im Rahmen des Johannesevangeliums eine Möglichkeit, aber wegen des zweifelhaften Sühnegedankens doch fraglich.

γ) Da Lamm-Opfer im jüdischen Kult eine Rolle spielten, hat man überhaupt an das Bild eines geschlachteten Lammes gedacht. Im Tempel wurde täglich früh und abends ein einjähriges fehlerloses Lamm dargebracht (Tamid-Opfer). Das wiederholte Geschehen verträgt sich jedoch nicht mit dem einmaligen Sterben Jesu, auf das im Johannesevangelium der Blick gerichtet ist (vgl. 19,37). Der Bock, der am Versöhnungstag in die Wüste hinausgeschickt wurde, galt zwar als Sündopfer und sollte der Sühne dienen (Lev 16,9f), aber Jesus ist nicht der Sündenbock, der für die Verfehlungen des Volkes zu Asasel geschickt wird. Das ist ein abschreckendes Bild für die Beseitigung der Sünde und der Verfehlungen des ganzen Volkes, nicht ein Heilsgeschehen, wie es für das Lamm Gottes, das die Sünde der Welt hinwegschafft, angezeigt ist. Das Lamm Gottes tilgt die Sündenschuld der ganzen Welt (vgl. 1 Joh 2,2). Diese universale Sühne ist erst aufgrund des stellvertretenden Sühnetodes Jesu eine christliche Überzeugung. Gott war es, der in Christus die Welt mit sich versöhnt hat (2 Kor 5,19). Die Sündenbock-Theorie für die Aufopferung Jesu, der dadurch die Wut des Volkes, seine Rachegedanken auf sich lenkt und durch das Auf-Sich-Nehmen von Gewalt und Tod außer kraft setzt[123], ist aus

---

[122] Vgl. SCHNACKENBURG, Joh I, 287.
[123] In diesem Sinn R. SCHWAGER, Brauchen wir einen Sündenbock? Gewalt und Erlösung in den biblischen Schriften, München 1978, bes. 176–205.

psychologischen Ansätzen entwickelt und kommt über den Rang einer theoretischen Deutung nicht hinaus.

δ) Da die „Bindung Isaaks" (Gen 22), die Bereitschaft Abrahams, seinen Sohn als Opfer für Gott darzubringen, in der jüdischen Theologie einen breiten Raum einnimmt, ist zu erwägen, ob nicht Isaak als Typus für den geliebten Sohn Gottes, den Gott nicht schont, hinter dem Lamm Gottes steht. An Abraham ergeht die Aufforderung: „Nimm deinen Sohn, deinen einzigen, den du liebst, ... und bringe ihn auf den Berg, den ich dir nenne, als Brandopfer dar" (Gen 22,2); auf dem „Einzigen" ruht aller Nachdruck (22,12.16). Als seinen „geliebten" Sohn hat Gott Jesus in der Taufszene geoffenbart (Mk 1,11/Mt 3,17; vgl. den „Einzigerzeugten" in Joh 3,16.18), und dieser einzige, geliebte Sohn wird nun als das Lamm Gottes betrachtet, das die Sünde der Welt hinwegnimmt[124]. Die „Bindung Isaaks" wurde in der jüdischen Haggada sowohl mit dem sühnenden Gottesknecht von Jes 53 als auch mit dem Paschaopfer in Verbindung gebracht. So könnten hier Querverbindungen mit dem Gottesknecht von Jes 53 und dem Paschalamm vorliegen. Der Ausdruck „Lamm Gottes" könnte sich mit beiden Vorstellungen verknüpfen und im Opfer Abrahams einen Ausgangspunkt finden. Nur das Symbol des Lammes findet damit noch keine Erklärung; der „Widder" (κριός), den Abraham anstelle des Isaak opfert (Gen 22,13), trägt dazu nichts bei. Die Opferung des einzigen geliebten Sohnes durch Abraham hat nach Röm 8,32 („Gott hat seinen eigenen Sohn nicht geschont") für die Deutung des Sühnetodes Jesu („Er hat ihn für uns alle hingegeben") einen typologischen Hintergrund abgegeben. Solche Gedanken lagen also bereit, sind aber bei Johannes höchstens indirekt für sein Symbol des Lammes Gottes wirksam geworden.

ε) Die Bezeichnung Jesu als das „Lamm Gottes" hat auch dazu geführt, das „Lamm" der Johannesoffenbarung, das „wie geschlachtet" dasteht (Offb 5,6.12; 13,8) und in dessen Blut die Bekenner ihre Kleider gewaschen und weiß gemacht haben (7,14), für das Bildmotiv zu halten, das der vierte Evangelist in Joh 1,29.36 aufgreift[125]. Aber der durchgängige Ausdruck für das Lamm in der Apokalypse ist nicht ἀμνός, sondern ἀρνίον, und es ist eine hoheitliche Gestalt, ein Synonym für den Messias, freilich den getöteten Messias, der von Gott Leben und Macht empfängt (Offb 5,12f)[126]. Jetzt übt das Lamm seine heilbringende (7,17) und die Gottesfeinde besiegende Herrschaft aus

---
[124] Vgl. G. VERMÈS, Scripture and Tradition in Judaism, Leiden 1961, 193–226; R. A. ROSENBERG, Jesus, Isaac and the „Suffering Servant", in: JBL 84 (1965) 381–388, bes. 386; J. E. WOOD, Typology in the New Testament, in: NTS 14 (1987/88) 583–589, näherhin 586f.
[125] So C. H. DODD, The Interpretation of the Fourth Gospel, Cambridge 1953, 230–238.
[126] Vgl. H. KRAFT, Die Offenbarung des Johannes, Tübingen 1974, 107–110.

(17,14). Vom Sühneleiden des Lammes ist nicht die Rede, wenn es auch Hinweise gibt: „Du hast mit deinem Blut Menschen für Gott erworben" (5,9); die aus der großen Drangsal kommenden Bekenner „haben ihre Gewänder gewaschen und im Blut des Lammes weiß gemacht" (7,14); die Geretteten auf dem Zion folgen dem Lamm, wohin es geht. Sie allein unter allen Menschen sind „freigekauft als Erstlingsgabe für Gott und das Lamm" (14,4). Es ist unwahrscheinlich, daß sich daraus der Gedanke an das Lamm erhob, „das die Sünde der Welt hinwegnimmt".

Alle diese Bemühungen um Herleitung des johanneischen Gotteslammes aus alttestamentlich-jüdischen Vorgaben bringen manches Licht in Gedanken, die den Evangelisten beeinflußt haben können. Dennoch erklären sie nicht das konkrete Symbol des Gotteslammes. Dieses kann sich erst aus einer christlichen Sicht auf Jesus Christus erhoben haben. Wie bei anderen christologischen Prädikaten ist die christliche Verständnisebene der entscheidende Indikator. Die stärksten Hinweise lassen sich aus dem Gottesknecht von Jes 53 und der Paschatypologie gewinnen. Damit können sich auch Erinnerungen an die Opferung Abrahams, der seinen eigenen Sohn nicht verschonte, verbinden. Das Lamm der Offenbarung des Johannes, das so häufig in seiner freien und sieghaften Erscheinung hervortritt, kann ebenfalls den Bildcharakter angeregt haben. Vielleicht spielte das Lamm Gottes schon in der altchristlichen Liturgie eine Rolle, wie es für das Paschalamm nach 1 Kor 5,7f naheliegt, weil hier vom Festfeiern die Rede ist. Aber Paulus wertet das für die „ungesäuerten Brote" aus und schenkt dem Lamm weniger Aufmerksamkeit. Die Preisungen des Lammes in der Johannesapokalypse haben liturgischen Klang. Ein Sitz im Leben der Liturgie bleibt aber auch nur eine Vermutung[127]. Johannes ist es zuzutrauen, daß er, angeregt durch die genannten alttestamentlichen Stellen das Symbolwort selbst geschaffen hat.

b) Der Sühnegedanke im Johannesevangelium

Für den mit dem Gotteslamm verbundenen Sühnegedanken „der die Sünde der Welt hinwegnimmt" muß man fragen, wie weit er in der johanneischen Christologie begründet ist. Das Kreuz wird sonst nicht als der Ort universaler Sühne verstanden, sondern als Erhöhung des Menschensohnes, der dadurch zur Herrlichkeit des Vaters gelangt. Ist der Sühnegedanke nicht überhaupt ein Fremdkörper in der johanneischen Soteriologie? Es gibt aber auch Anzeichen, daß Jesu Sterben

---

[127] So schon W. BAUER, Das Johannesevangelium, Tübingen ³1933, 36: Die ganze Wendung entspringt „wohl der liturgischen Sprache".

als Hingabe für die Menschen, die ihm anvertraut waren, verstanden wurde[128].

α) *Das Sterben für die Schafe*

Zweimal versichert Jesus, der gute Hirt, daß er sein Leben gibt „für die Schafe" (10,11.15). In diesem ὑπέρ muß nicht der Gedanke an die stellvertretende Sühne liegen. Die Lebenshingabe Jesu ist der höchste Erweis seiner Sorge und Fürsorge für die ihm gehörenden Schafe (vgl. 10,3 f). In der Stunde der Bedrohung setzt er im Unterschied zu den bezahlten Knechten sein Leben für sie ein und gibt es, wenn es nötig wird, für sie hin. Aber davon, daß er anstelle der Schafe stirbt, ist nicht die Rede; der wahre Hirt will den Schafen das Leben erhalten und es ihnen „in Fülle" geben (10,10). Jesus gibt sein Leben freiwillig hin, um es wieder an sich zu nehmen (10,17 f). Mit dieser „Vollmacht" Jesu eröffnet sich eine andere Perspektive für das Sterben Jesu: Es ist der Durchgang zur Auferstehung Jesu. Für die Leser, die den Gedanken der Sühne Jesu kennen, kann sich mit dem Tod des Hirten für seine Schafe auch die Sühnevorstellung verbinden; aber klar ausgesprochen wird das nicht.

β) *Andere Stellen, die mit der* ὑπέρ-*Formel verbunden sind*

Den Rat des Hohenpriesters Kajafas, es wäre besser, wenn ein Einziger für das Volk sterbe, als wenn das ganze Volk zugrunde ginge (11,50), erläutert der Evangelist mit den Worten: „Das sagte er nicht aus sich selbst ..., sondern aus prophetischer Eingebung, daß Jesus für das Volk sterben sollte, und nicht nur für das Volk, sondern damit er auch die zerstreuten Gotteskindes zur Einheit sammle" (11,51 f). Der Rat des Hohenpriesters wird aus irdisch-politischen Überlegungen gegeben. Das Sterben „für das Volk" (hier λαός) muß nicht Jesu sühnendes Sterben für das Gottesvolk ansagen, auch nicht im Munde des Evangelisten, der vielmehr auf das durch die Heiden erweiterte neutestamentliche Bundesvolk abhebt[129]. Der Gedanke an das sühnende Sterben für das Gottesvolk (nicht „die Welt") kann impliziert sein, aber muß es nicht.

Ernstlicher zu bedenken ist 6,51 c: „Das Brot, das ich geben werde, ist mein Fleisch für das Leben der Welt." Wenn das Wort nur sagen sollte: Das vom Himmel kommende Brot gibt der Welt das Leben (6,33), wäre es wie der Midrasch über das Gottesbrot nur eine Verhei-

---

[128] Vgl. LOADER, Christology (Anm. 1) 97–102.
[129] E. M. BOISMARD in: RB 60 (1953) hält den Ausdruck für eine Setzung des Evangelisten, der damit die ganze Theologie des erlösenden und sühnenden Todes Christi einbringen wollte. Das ist aber nicht nötig; vgl. S. PANCARO, ,People of God' in St. John's Gospel, in: NTS 16 (1969/70) 114–129, bes. 120–123.

ßung für Jesu Lebensgabe. Aber es schließt an das „Fleisch" des Menschensohnes an und nimmt eucharistische Töne in sich auf. In diesem Kontext kann auch „für das Leben der Welt" eine tiefere Bedeutung haben. Nach Lk 22,19 reicht Jesus den Jüngern das gebrochene Brot mit den Worten: „Das ist mein Leib, der für euch hingegeben wird" (vgl. auch 1 Kor 11,24). Hier klingt der Sühne- und Stellvertretungsgedanke mit an: Jesus gibt sich selbst hin, damit sie durch sein Sterben Erlösung finden, noch deutlicher bei der Blutformel: „Der neue Bund in meinem Blut, das für euch vergossen wird" (22,20) oder nach Mk 14,24: „Mein Bundesblut, das für viele vergossen wird." Wenn dieser eucharistische Bezug in Joh 6,51c vorliegt, ist Jesu Fleisch ein Sühnemittel für das Leben der Welt, das durch den Sühnetod Jesu erworben wird.

Auch das Weizenkorn, das in die Erde fällt und dann reiche Frucht bringt (12,24), kann Jesu Sterben „für die vielen" andeuten. Johannes hat den Gedanken der Lebenshingabe für die Menschen aufgenommen und auf die Jesus zugehörigen Menschen angewendet (vgl. auch 15,13). Jesu Tod gibt Anteil an dem Erlösungsgeschehen, wie es durch die Fußwaschungsszene Jesu symbolisiert wird (vgl. 13,6-8). Die Stellvertretung für die Seinigen wird im hohepriesterlichen Gebet angesprochen: „Für sie heilige ich mich, damit auch sie in (der) Wahrheit geheiligt sind" (17,19). Wenn die Jünger sein Werk fortsetzen sollen, müssen sie selbst geheiligt sein, und dafür tritt Jesus in mittlerischer Funktion ein. Die Verbindung mit ὑπέρ läßt kaum einen Zweifel daran, daß an Jesu Hingabe in den Tod gedacht ist. Es ist Opferterminologie, wie schon in der Septuaginta (Weihe von Opfertieren Ex 13,2; Dtn 15,19). Die christliche Sicht auf Jesus als Priester und Opfergabe ist in Hebr 9,13; 10,4-14; 13,12 entfaltet. Auch hier gelten die durch Jesu Blut Gereinigten als „geheiligt" (2,11; 10,10.14.29)[130]. Die Stellen im Hebräerbrief lassen zwar auf keine Abhängigkeit von den johanneischen Texten schließen, aber belegen den gleichen Vorstellungshintergrund.

Die Typologie des Paschalammes, die in Joh 19,36 hervortritt, kann ebenfalls stellvertretende Sühne implizieren. Wenn die Menschen dann auf den schauen, den sie durchbohrt haben (19,37), ist vorausgesetzt, daß sie durch Jesu Sterben als Paschalamm dazu bewogen wurden. Der Tod Jesu wirkt sich als Opferhingabe für die Menschen aus. Falls das „Lamm Gottes" auf das Paschalamm anspielt (vgl. aβ), ist der Sühnegedanke nicht auszuschließen.

Für alle diese Texte verrät der vierte Evangelist wenigstens eine Kenntnis des sühnenden Todes Jesu, obwohl er diesen Gedanken

---

[130] Vgl. I. DE LA POTTERIE, Consécration ou sanctification du chrétien, in: Le Sacré, éd. E. Castelli, Paris 1974, 333-349.

nicht in den Vordergrund rückt. Er setzt ihn voraus und gebraucht ihn „bei Gelegenheit, illustrierend und bekenntnismäßig"[131]. Die Sicht auf den Kreuzestod gipfelt darin, daß Jesus sein Werk auf Erden vollbracht hat (19,30) und zu seinem Vater zurückkehrt. In dieser Darstellung stirbt Jesus nicht für die Sünden des Volkes. In der Übergabe des Geistes kann man die Erlangung der Herrlichkeit sehen, die Jesus beim Vater besaß, vielleicht auch die Weitergabe des Geistes an die Jünger, die an seiner Herrlichkeit Anteil haben sollen. Danach würde sich das Wort „mich dürstet" (19,28) auf Jesu Verlangen beziehen, seiner Kirche den Geist mitzuteilen, und dieses Verlangen erfüllte sich in dem Augenblick seine Hinscheidens (19,30)[132]. Es ist eine symbolische theologische Auslegung, die gemäß johanneischer Symbolik möglich, aber nicht sicher ist. Auf der ganzen Linie bleibt der Sühnetod Jesu ein vom Evangelisten übernommener, aber nirgends näher ausgeführter Gedanke. Insofern ist das „Lamm Gottes, das die Sünde der Welt hinwegnimmt" eine bildhafte Kurzformel, die sich in eine breitere urchristliche Anschauung einordnet.

6. Der präexistente und menschgewordene Logos

In den Kern der johanneischen Christologie dringt die Aussage vor: „Und der Logos ist Fleisch geworden und hat unter uns gewohnt" (1,14). Das Prädikat „der Logos" findet sich nur im Prolog des Evangeliums, wird allerdings mit dem „Logos des Lebens" im ersten Brief aufgegriffen (1,1). In Offb 19,13 wird der endzeitliche Sieger über die gottfeindlichen Gewalten als „das Wort Gottes" bezeichnet; aber der Logos im Evangelium und im ersten Brief ist auf die irdische Zeit Jesu gerichtet, als der Logos sein Zelt unter den Menschen aufschlug und die Zeugen seines Lebens ihn mit Augen gesehen, mit Händen angefaßt haben und ihn als den „Logos des Lebens" verkünden konnten. Es ist eine Aussage, die alle bisherigen Christusprädikate über den Sohn, den Menschensohn, den Propheten, das Lamm Gottes überschreitet und eine Sicht entfaltet, die in dieser Weise einmalig ist. Da der Logos im Evangelium nicht mehr auftaucht, wohl aber die Präexistenz Jesu vorausgesetzt ist und die Aussage in Joh 1,14 wie die Zusammenfassung der johanneischen Christologie erscheint, läßt sich vermuten, daß der in das Logoslied einbezogene Ausdruck erst im

---

[131] LOADER, Christology (Anm. 1) 102.
[132] E. C. HOSKYNS – F. N. DAVEY, The Fourth Gospel, London ²1947, 532; B. BAMPFYLDE, John XIX,28, in: NT 11 (1969) 247–260; I. DE LA POTTERIE, La sete di Gesu morente e l'interpretazione giovannea della sua morte in croce, in: La sapienza della Croce oggi I, Turin 1976, 33–49; J. BEUTLER in: NTS 25 (1979) 54–56.

Rückblick auf das ganze Evangelium entstand, vielleicht als „Leseanweisung" für die Benutzer der Evangeliumsschrift[133].
Um dieser Logos-Christologie näher zu kommen, wollen wir drei Aspekte ins Auge fassen: 1. den Logosgedanken, 2. die Präexistenz, 3. die Inkarnation des Logos. Alle drei Aspekte sind in dem Satz von Joh 1,14 enthalten und miteinander verquickt: der Logos wegen der längeren Ausführung über den Logos in 1,1–4.9–11, die Präexistenz, die in 1,15 noch eigens hervorgehoben wird, die Inkarnation als der Ausgangspunkt für das irdische Wirken des präexistenten Logos.

a) Zum Logosgedanken

Die zahlreichen Abhandlungen zum Logos-Begriff können hier in der Vielfalt ihrer Auffassungen und religionsgeschichtlichen Verwurzelung nicht berücksichtigt und gewürdigt werden[134]. So viel dürfte feststehen, daß der Logos-Gedanke seine Hauptwurzeln in der jüdischen Weisheits- bzw. Worttheologie hat. Weder der Logos-Begriff der griechischen Philosophie (Heraklit, Stoa) noch mythische Spekulationen, wie sie in der mandäischen Literatur, in den Oden Salomos und in den koptisch-gnostischen Schriften von Nag Hammadi hervortreten, können als der Mutterboden angesehen werden. Vielmehr hat das jüdische Nachdenken über das Wort oder die Weisheit Gottes, auch die Tora dazu geführt. Das Wort Gottes hat nach dem Alten Testament eine schöpferische Kraft: „Durch das Wort des Herrn wurden die Himmel geschaffen, ihr ganzes Heer durch den Hauch seines Mundes" (Ps 33,6). „Gott der Vater und Herr des Erbarmens, du hast das All durch dein Wort gemacht" (Weish 9,1; vgl. Ps 147,15–18; 148,5; Jes 48,3; 55,11; Sir 42,15; 43,9f). Eben dies wird vom johanneischen Logos gesagt: „Alles ist durch ihn geworden, und ohne ihn wurde nicht ein einziges" (Joh 1,3). Zweifellos inspiriert sich diese Rede am Schöpfungsbericht Gen 1, besonders durch den Ausdruck „im Anfang". Immer wieder heißt es: Gott sprach, und dann geschieht, was er sagt. Doch

---

[133] So THEOBALD, Fleischwerdung des Logos (Anm. 1) 438–493.
[134] Aus der Literatur: SCHNACKENBURG, Exk. in Joh I, 257–269 (mit weiterer Lit.), R. E. BROWN, Gospel of John I, 519–524; H. HEGERMANN, Die Vorstellung vom Schöpfungsmittler im hellenistischen Judentum und im Urchristentum (TU 82), Berlin 1961, 67–87; F. B. CRADDOCK, The Pre-existence of Christ in the New Testament, Nashville-New York 1968; B. L. MACK, Logos und Sophia. Untersuchungen zur Weisheitstheologie im hellenistischen Judentum (StUNT 10), Göttingen 1973; D. H. DIX, The Heavenly Wisdom and the Divine Logos in Jewish Apocalyptic, in: JThS 26 (1975) 1–12; R. G. HAMERTON-KELLY, Pre-existence, Wisdom and the Son of Man, Cambridge 1973; P. PERKINS, Logos Christology in the Nag Hammadi Codices, in: VigChr 35 (1981) 379–396; J. PAINTER, Christology of the Fourth Gospel. A Study of the Prologue, in: ABR 31 (1983) 45–63; G. NEYRAND, Le sense de ‚logos' dans le prologue de Jean. Un essai, in: NRT 106 (1984) 59–71. Weitere Lit. bei THEOBALD, Fleischwerdung des Logos 509f.

II. Einzelaussagen der johanneischen Christologie

muß auch gesehen werden, wie das Logoslied darüber hinausgeht: (a) Statt des Verbums „sprechen" wird das Substantiv „das Wort" eingesetzt; (b) es ist im Unterschied zum „Wort des Herrn" oder „Wort Gottes" nur vom Logos die Rede; (c) dem Logos werden im Verhältnis zu Gott noch andere Aussagen beigegeben: Er war bei Gott, und er war Gott.

Bedenkt man dies und die weiteren Aussagen: „In ihm war das Leben, und das Leben war das Licht der Menschen" (1,4), kommt man mit reiner Wort-Gottes-Theologie nicht aus und muß die Weisheitsspekulation dazunehmen. In der Weisheitsliteratur wird die Weisheit in einer personifizierenden Weise bereits bei der Schöpfung als Zuschauerin und Werkmeisterin (Spr 8,27–30; Weish 9,9), als Ratgeberin (Weish 8,4), Künstlerin (Weish 8,6), ja Schöpferin (Weish 7,12; vgl. Spr 3,19; Sir 24,3) geschildert. Die Weisheit wird nicht mit Gott gleichgesetzt, aber als die ihn erfüllende und bewegende Kraft verstanden, durch die Gott alles schuf. Auf diesem weisheitlichen Hintergrund wird der Logos zum Schöpfer des Alls, aber auch zum Leben und Licht für die Menschen (Joh 1,4). In Weish 9,1f wird von Gott nicht nur gesagt, daß er das All durch sein Wort gemacht hat, sondern auch, daß er den Menschen durch seine Weisheit ausgerüstet hat. Die Weisheit tritt von Geschlecht zu Geschlecht in heilige Seelen ein und erschafft Freunde Gottes und Propheten (Weish 7,27). Sie ist eine in den Menschen wirksame Potenz, die ihnen geistig-göttliches Leben vermittelt, ein „unerschöpflicher Schatz der Menschen; alle, die ihn erwerben, erlangen die Freundschaft Gottes" (Weish 7,14).

Weil die Weisheit den Menschen die rechten Wege, alle Pfade der Tugend lehrt (Weish 8,7), wird sie mit der Tora, dem göttlichen Gesetz, verschwistert. In der syr. Baruch-Apokalypse 54,12–14 sind Leben und Licht, Vernunft, Weisheit und Gesetz nahe verbunden. In Ps 119 kommen „das Wort Gottes" und „das Gesetz" synonym nebeneinander vor. Im Buch Barach wird die Weisheit, die „unter den Menschen verkehrte" (3,37f), auf das Gesetz gedeutet. Sie ist das Buch der Gebote Gottes, das Gesetz, das auf ewig besteht. Alle, die an ihr festhalten, finden das Leben (4,1f); ähnlich wird das Halten der Gebote in Spr 8,32–36; Weish 6,18; Sir 24,23f eingeschätzt. Der Fortschritt von der Weisheitslehre zur Toralogie ist besonders im Rabbinismus zu beobachten. Ähnliche Aussagen wie im Prolog vom Logos werden von der Tora gemacht; sie übernimmt die Heilsfunktionen des göttlichen Wortes[135]. Man wird nicht sagen können, daß der jüdische Logos nach 1,17 an die Stelle der Tora tritt, doch übernimmt er die heilbringenden Funktionen, die im Judentum der Tora zugeschrieben wurden.

Eine Brücke von philosophischen Gedanken zur biblischen Wort-

---

[135] BILLERBECK, Kommentar zum NT II, 353–358; III, 129ff.

Fünftes Kapitel: Johannes

Gottes- und Weisheits-Theologie schlägt der jüdische Religionsphilosoph Philo von Alexandrien († 45/50 n. Chr.). In seinen vielen Traktaten kommt der prägnante Ausdruck „der Logos" häufig vor. Philosophisch ist er vor allem von Plato und von der Stoa beeinflußt, religiös von seinem Väterglauben. Philo ist redlich bemüht, beides zu verbinden. Mit seiner Logoslehre will er den Abstand vom rein geistigen Gott zur materiellen Welt überbrücken, aber auch das Wirken und das Einwohnen Gottes in der Seele erklären[136]. Vor der Schöpfung konzipierte Gott in seinem Geist den geistigen Kosmos, der sein Logos ist[137]. Gott ist die Ursache von allem, was wurde, der Logos sein Instrument[138]. Dem Logos werden göttliche Attribute beigelegt: Er ist der „Erstgeborene Gottes", das „Bild Gottes", „zweiter Gott". Er ist am Heilswirken an den Menschen beteiligt. Der göttliche Logos durchwaltet die Seele des Weisen; er wohnt und wandelt in ihr wie in einer Stadt; er labt die Seele und macht sie selig wie ein göttlicher Mundschenk[139]. Er ist der Mittler und Lehrer der mystischen Gotteinigung[140]. So lassen sich die Aussagen des johanneischen Prologs mit philonischen Texten vergleichen[141]. Freilich erreichen diese nicht die Klarheit und Prägnanz des johanneischen Prologs, der den Logos als göttliche Person begreift, die in Jesus Christus Mensch wurde. Philo und der Evangelist gehen beide vom Wort Gottes oder der Weisheit aus, entwickeln aber die Idee des göttlichen Logos in anderer Weise: Philo von philosophischen Ansätzen der Kosmologie und Anthropologie her, Johannes von seinem Christusglauben. Johannes „fand unter der Führung des hellenistisch-jüdischen Gedankens ähnlich dem von Philo, einen angemessenen griechischen Ausdruck"[142]. Er ist nicht direkt von Philo abhängig, aber in der gleichen hellenistisch-jüdischen Geisteswelt beheimatet.

Wort-Gottes-Theologie, Weisheitsspekulation und Toradeutung tragen zum Verständnis des johanneischen Logos am meisten bei. Was sich aber im Judentum wohl stufenweise erhoben hat, wird im johanneischen Prolog in dichter Aussage zusammengeführt. Ausgangspunkt ist die Schöpfung, in der der Logos als aktive Potenz, als Mittler (διά!) tätig war. Danach richtet sich der Blick auf die Menschenwelt, für die

---

[136] opif 146; poster. 122; immut. 134; somn. II, 249 u. a.
[137] opif. 17. 24.
[138] Cher. 127.
[139] Vgl. post. 128; somn. II, 247 ff.
[140] Vgl. E. Bréhier, Les idées philosophiques et religieuses de Philon d'Alexandrie, Paris ³1950, 101–107; 230–237; E. R. Goodenough, By Light Light, New Haven 1938, 235–264; W. Völker, Fortschritt und Vollendung bei Philo von Alexandrien, Leipzig 1938, 158–198.
[141] Vgl. C. H. Dodd, The Interpretation of the Fourth Gospel, Cambridge 1953, 276f.
[142] Dodd, Interpretation 278.

der Logos Leben und Licht war wie die alles erhellende, belebende, beglückende Weisheit, von der sich aber die Menschen unbegreiflicherweise abgewandt haben. Schließlich wird die alles überbietende Menschwerdung des Logos beschrieben, der unter den Menschen sein Zelt aufschlug. Dadurch wurde den Menschen endgültig die Offenbarung Gottes erschlossen und der Weg zum Leben geöffnet (1,18).

b) Die Präexistenz-Vorstellung

Der johanneische Logos ist schon seit der Schöpfung der bei Gott weilende Schöpfungsmittler (1,1–3). Er war schon eher als der Täufer Johannes und besitzt eine wirkliche Präexistenz. Diese Überzeugung tritt noch an anderen Stellen des Evangeliums hervor. Der Menschensohn kehrt dorthin zurück, wo er vorher war (6,62). Ehe Abraham wurde, war der johanneische Christus da. Christus versichert, die Vergangenheit und Gegenwart zusammenfassend: „Ehe Abraham wurde, bin ich" (8,58). Im Gebet zum Vater spricht er ausdrücklich von der Herrlichkeit, die er beim Vater vor der Existenz der Welt besaß (17,5.24). Hinzu kommen weitere Stellen, in denen seine Präexistenz vorausgesetzt ist[143]. Das Gesandtsein oder Kommen vom Vater, das Reden, wie es ihm der Vater aufgetragen hat, das Sich-Darbieten als das Lebensbrot, das vom Himmel herabgekommen ist, das Erscheinen in der Welt, all das läßt sich nicht verstehen, wenn man nicht dieses „von oben Sein" (3,31f; 8,23) als präexistentes Sein beim Vater begreift. Der Präexistenzgedanke ist für die joh. Christologie wesentlich; die Inkarnation (1,14) ist die Fleischwerdung des präexistenten Logos.

Woher stammt diese Vorstellung? Ist sie nur aus der johanneischen Christologie geboren, die damit das Offenbarungswissen Jesu, das er aus dem Himmel mitgebracht hat, erklären will, oder hat sie noch andere Gründe? Religionsgeschichtlich wollte man den Präexistenzgedanken aus jüdischen Prämissen oder aus dem gnostischen Mythos ableiten. Im Judentum gibt es mancherlei Ansätze, so die Lehre von der Präexistenz bestimmter theologischer Größen. Man sagte, daß bestimmte Dinge vor der Schöpfung der Welt da waren: die Tora, die Buße, der Gan Eden, der Gehinnom, der Thron der Herrlichkeit, das Heiligtum und der Name des Messias[144]. Damit sollte dies in den Gedanken Gottes beheimatet werden, der alles schon vorher in seinem Plan festgesetzt hatte. Hierbei ging es jedoch eher um eine ideelle Präexistenz, die man für die Zeit vor der Schöpfung der Welt annahm.

Eine andere Linie kommt von der Eschatologie her: Die Güter der kommenden Welt sind zum voraus bereitet. So heißt es in 4 Esr 8,52f:

---

[143] Joh 6,33.50f.58; 7,28f; 8,14.23.26.42; 10,36; 16,28.
[144] Vgl. SCHNACKENBURG, Joh I,291f.

„Für euch ist das Paradies geöffnet, der Lebensbaum gepflanzt, die künftige Welt bereitet, die Seligkeit bereitgestellt ...". Dabei ist an eine Präexistenz der künftigen Heilsgüter gedacht. In diesen Zusammenhang gehört auch die Präexistenz des Heilsführers bzw. des „Namens des Messias". Deutlicher wird seine reale Präexistenz in den Bilderreden des äthiopischen Henochbuches dem „Menschensohn" zugesprochen [145].

Der gnostische Präexistenzgedanke ist anders geprägt. In mythischer Sprache wird dem pneumatischen Wesenskern des Menschen Ursprung und Heimat im ewigen, höchsten, rein geistigen Sein zugewiesen. Alle Seelen haben diese Präexistenz, und sie kehren in ihre Heimat zurück, wenn sie die Erkenntnis ihrer Selbst, ihre wesenhafte oder eigentliche Existenz wiedererlangt haben. Darin wird deutlich, daß dieser gnostische Präexistenzgedanke von der johanneischen Vorstellung weit entfernt ist; denn für Johannes gibt es keine Präexistenz aller Seelen und kein Zurückfinden in die himmlische Seinsweise durch Selbsterkenntnis. Wenn es im Evangelium des Thomas heißt: „Jesus sagt: Selig ist, wer war, bevor er wurde" (Log. 19), dann ist das nur die Aufnahme des mythischen Gedankens von der Erinnerung der Seele an ihre himmlische Heimat, der sie aufs neue zustrebt.

So muß der Ursprung des johanneischen Präexistenzgedankens im jüdischen Raum zu suchen sein. Es ist möglich, daß der „Menschensohn" dabei eine Rolle spielte (vgl. oben II.3), weil er aus dem Himmel kommt und dorthin wieder aufsteigt. Dann hätte sich die Weisheits-Theologie mit dem aus apokalyptischer Tradition stammenden Menschensohn verbunden [146]. Im äthiopischen Henochbuch wird der Menschensohn vor dem Herrn der Geister genannt; er ward auserwählt und vor ihm verborgen, bevor die Welt geschaffen wurde. „Und die Weisheit des Herrn der Geister hat ihn den Heiligen und Gerechten geoffenbart" (48,1–7); in ihm wohnt der Geist der Weisheit (49,3). Der Menschensohn und die Weisheit sind aufeinander bezogen; beide haben Präexistenz und verbinden sich in ihr. Wahrscheinlich wurden die Weisheitsgedanken auf den Menschensohn übertragen.

Den tragenden Grund für den Präexistenzgedanken stellen die Texte aus der Weisheitsliteratur dar. Da wird ein „Weisheitsmythos" aufgenommen, der der Weisheit in personifizierender Sprache ein ewiges, schon vorweltliches Sein bei Gott und eine Rolle bei der Schöpfung zuspricht [147]. Das Weisheitslied Sir 24 ist auf dem Hintergrund dieses Mythos zu verstehen. Die Weisheit ging aus dem Mund des Höchsten hervor und umhüllte wie Nebel die Erde (24,3). „Vor der

---

[145] Henäth 39,7f; 48,3.6; 52,9; 62,7.
[146] Vgl. HAMERTON-KELLY, Pre-existence (Anm. 134) 224–242.
[147] Vgl. U. WILCKENS in: ThWNT VII, 508–510.

Zeit, am Anfang, hat er (Gott) mich erschaffen, und bis in Ewigkeit vergehe ich nicht" (24,9). Sie wird dann mit dem Gesetz des Bundesbuches des höchsten Gottes identifiziert (24,23-27). Es handelt sich hier zwar weder um eine wirkliche Personifizierung noch um eine reale, „außerhalb" Gottes bestehende Präexistenz; dennoch ist es auch mehr als eine „ideelle" Präexistenz. Gott gebraucht die Weisheit bzw. die Tora als Werkzeug oder Bauplan seiner Schöpfung und schickt sie zur Erde, um die Menschen mit ihrem Wohlgeruch und ihren Früchten zu erfüllen (Sir 24,13-19).

Somit kann man sich den Entfaltungsprozeß wie folgt vorstellen: Aus der Weisheitsspekulation steigt der Gedanke der präexistenten und auf die Erde gekommenen Weisheit auf, verbindet sich mit dem Wort Gottes und der Tora und wird schließlich im „Menschensohn" zu einer greifbaren Gestalt, die bei Gott weilt und zum Licht der Völker und zur Hoffnung der Betrübten wird (äth. Hen 48,4). „Es ist möglich, daß die Verwendung des Menschensohn-Begriffs in Analogie zur Verwendung des Logos-Begriffs im *Prolog* zu sehen ist, dessen Vorschaltung vor das Evangelium irgendeinen inneren Grund haben muß."[148]

c) Die Inkarnation des Logos

Mit der Aussage: „Und der Logos ist Fleisch geworden und hat unter uns gewohnt" (Joh 1,14) geht Johannes über den Gedanken einer präexistenten, in der Welt unter den Menschen wohnenden und in ihnen wirkenden geistigen Potenz – mag man sie Weisheit oder Logos oder göttliches Gesetz nennen – hinaus. Denn der harte Ausdruck „ist Fleisch geworden" läßt keinen Zweifel daran, daß er an einen wirklichen Menschen von Fleisch und Blut denkt, an diesen Menschen Jesus Christus, der zu geschichtlicher Zeit unter den Menschen auftrat und ihnen den Brunnen der Weisheit Gottes, das Licht des Logos, die Herrlichkeit des einzigen Sohnes vom Vater erschloß. Wenn jetzt wieder der Logos ausdrücklich genannt und damit die Verbindung zu 1,1 hergestellt wird, spannt sich ein Bogen von den Schöpfungsaussagen über das Wirken des Logos in der Menschheit bis zu diesem als Höhepunkt gezeichneten Geschehen. Das Ereignishafte der Menschwerdung des göttlichen Logos kommt nach den vielen „er war" (V. 1.4.9.10) durch das „er wurde" (ἐγένετο) zum Ausdruck. Es ist ein anderes „Werden" als das der Schöpfungswerke (V. 3.10b). Der fundamentale Satz kann nicht heißen, daß der Logos zu Fleisch wurde, da der Logos auch für die folgende Aussage „Er zeltete unter uns" noch Subjekt ist und seine göttliche Herrlichkeit – im Fleisch – den Glaubenden sichtbar machte.

---
[148] C. Colpe in: ThWNT VIII, 474,11 ff.

Er kann aber auch nicht den Sinn haben, daß der Logos in fleischlicher Verkleidung erschien, da dadurch das Verbum („er wurde") nicht genügend berücksichtigt ist. Es wird eine Veränderung in der Seinsweise des Logos zum Ausdruck gebracht: Vorher war er „bei Gott" (1,1b), jetzt schlägt er sein Zelt bei den Menschen auf, und zwar in menschlicher Gestalt, in der vollen Realität des „Fleisches". Das „Fleisch-Werden" des Logos bezeichnet einen Wendepunkt und eröffnet eine letzte Heilsmöglichkeit für die Menschen. „Das Wort ist Fleisch geworden ... und hörte doch nicht auf, das zu sein, was es vorher war", sagt Hieronymus [149].

Warum spricht der Logoshymnus vom „Fleisch"-Werden und nicht einfach vom Mensch-Werden? Das absolut stehende „Fleisch" ist nicht schlechthin eine Umschreibung für „Mensch" (wie 17,2 alles Fleisch = alle Menschen), sondern im johanneischen Denken Ausdruck für das Irdisch-Gebundene und Hinfällig-Vergängliche (6,63), gleichsam das Typische rein menschlicher Seinsweise im Unterschied zu allem Himmlisch-Göttlichen, göttlich Geistigen. Dagegen ist das Moment des sündigen, zur Sünde neigenden oder der Sünde verhafteten Fleisches (1 Joh 2,16) hier nicht gegeben. Christus im Fleisch ist für Johannes nicht Repräsentant der adamitischen Menschheit wie für Paulus (vgl. Röm 8,3), sondern Heilsführer der erdgebundenen Menschen in die himmlische Welt des Lebens und der Herrlichkeit.

In dem Satz vom „Fleisch-Werden" des Logos liegt eine ungeheure Paradoxie, denn bisher wurde der Logos in seiner mit Gott verbundenen Geistigkeit beschrieben. Was er in der Schöpfung tat, war schöpferische Kraft; was er für die Menschen tat, war Leben und Licht. Jetzt stellt der Prologdichter den Logos als schwachen und hinfälligen Menschen vor, der dennoch die Heilskräfte in sich besitzt. Schwäche des Fleisches und Kraft des Geistes sind paradox verbunden. Dieser Fortschritt des Gedankens erklärt sich aus der heilsgeschichtlichen Anlage des Prologs. Der Logos hatte in der Welt, obwohl sie durch ihn geschaffen wurde und sein Eigentum war, keine Aufnahme gefunden. Die Menschen, denen er Leben und Licht bringen sollte, hatten ihn abgelehnt. Jetzt ergreift Gott noch eine letzte Möglichkeit, um die Menschen aus dem Dunkel des Todes zu reißen und in die Herrlichkeit der göttlichen Welt zu führen: Er schickt seinen Sohn in Fleischesgestalt und läßt seinen Logos unter den Menschen wohnen. Die christliche Botschaft ist, daß der Logos trotz der Ablehnung durch die Menschen (V. 10f) in einer neuen und einzigartigen Weise sein Zelt unter den Menschen aufschlug. Das „Zelten" erinnert an das beständige Wohnen Gottes in Israel, zuerst im heiligen Zelt. Ex 40,34f: „Die Wolke

---

[149] Adv. Jovinianum II,29 (PL 23,326).

bedeckte das Zelt der Begegnung, und die Herrlichkeit des Herrn erfüllte die Wohnstätte." Die Bundeslade galt als Thronsitz Jahwes. Dieses Wohnen Gottes in seinem Volk wird nun auf den menschgewordenen Logos übertragen. Den Segen dieser göttlichen Gegenwart erfahren freilich nur die Glaubenden, die durch das Zeugnis derer, die die Herrlichkeit des Inkarnierten schauten (V. 14b), aus der Fülle der Gnade geschöpft haben. Dankbar bekennt die gläubige Gemeinde: „Aus seiner Fülle haben wir alle empfangen, Gnade um Gnade" (V. 16).

Man kann überlegen, ob das „Fleisch" nicht schon Vorausschau auf den blutigen Kreuzestod Jesu sein soll. In der Lebensbrotrede versichert Jesus, das Brot, das er geben werde, „ist mein Fleisch für das Leben der Welt" (6,51 c). Das in der Inkarnation vom Logos angenommene „Fleisch" ist die Voraussetzung für den blutigen Kreuzestod (vgl. Joh 19,34). Im ersten Johannesbrief wird gegenüber den Dissidenten das Bekenntnis festgehalten: „Jesus Christus ist im Fleisch gekommen" (4,3; vgl. auch 2 Joh 7). Von daher scheint sich eine Brücke zum Kreuzestod zu ergeben, der im Mittelpunkt des rechtgläubigen Bekenntnisses steht (vgl. 1 Joh 5,6). Wer Jesus Christus nur als den im Wasser (der Taufe) Gekommenen und nicht auch als den durch das Blut Gekommenen bekennt, verfehlt das volle Christusbekenntnis. Der Sühnetod Jesu ist eingeschlossen (vgl. 2,2; 4,10). Aber die Hinordnung des Fleisches des inkarnierten Logos auf die Hingabe seines Fleisches „für das Leben der Welt" wird nicht direkt ausgesprochen. Es gibt nur Anzeichen, daß der Leib des Gekreuzigten die Quelle des Heils ist (vgl. Joh 7,38; 19,34; 20,20.25). Im Fleisch des inkarnierten Logos schauen die Gläubigen seine Herrlichkeit, die Herrlichkeit des Einzigerzeugten vom Vater (1,14b.c). Die Deutung auf das am Kreuz verblutende Fleisch bleibt unsicher. Das Fleisch könnte auch aus christologischer Bekenntnistradition stammen[150].

Im Zusammenhang mit der Abwehr der christologischen Irrlehrer des ersten Johannesbriefes, die wohl eine gnostisierende Christologie vertraten, ist eine antidoketische Tendenz mit dem harten Ausdruck, daß der Logos Fleisch geworden ist, so gut wie sicher[151]. Wenn der Prologautor schon auf den Streit in der johanneischen Gemeinde zurückblickt, würde er mit diesem Ausdruck das Gekommensein im Fleisch antithetisch hervorheben. Wie weit die Dissidenten jedoch Gnostiker oder Doketisten waren, läßt sich nicht mit Sicherheit sa-

---

[150] So Theobald, Fleischwerdung des Logos (Anm. 1) 248, Anm. 194.
[151] Vgl. M. Schnelle, Antidoketische Christologie im Johannesevangelium. Eine Untersuchung zur Stellung des vierten Evangeliums in der johanneischen Schule (FRLANT 144), Göttingen 1987. Zweifeln kann man an der von Schnelle angenommenen Reihenfolge von 1 Joh vor dem Evangelium (65–75); doch der Antidoketismus der Inkarnationsaussage wird überzeugend begründet (231–246).

gen[152]. Auch wenn man die gegnerische Front nicht in einem ausgeprägten Gnostizismus sieht, bleibt die starke Betonung des „im Fleisch Gekommenen" ein Signal für den Nachdruck, den der Prologautor auf das „Fleisch" legt. Ein Widerspruch gegen andere Auffassungen vom Wirken des Logos bleibt wahrscheinlich.

Theologisch ist die paradoxe Aussage „und der Logos ist Fleisch geworden" von größter Tragweite. Im Blick auf Jesus Christus wird sowohl seine göttliche Herkunft, seine Beheimatung im himmlisch-göttlichen Bereich als auch seine menschlich-irdische Gegenwart, sein Wirken unter den Menschen, seine Hingabe für sie offenbar. Er ist der Menschensohn, der sein Leben hingibt als Lösepreis für viele (Mk 10,45), oder johanneisch gesprochen, das Lamm Gottes, das die Sünde der Welt hinwegnimmt (Joh 1,29). Was in den synoptischen Evangelien durch hoheitliche Prädikate (Sohn Gottes, Menschensohn, Messias usw.) Ausdruck findet und durch die narrative Darstellung seiner Begegnung mit den Menschen, den Kranken, Elenden und Sündern geschildert wird, erlangt in der johanneischen Kurzfassung von dem Logos, der Mensch wurde, eine paradoxe Zusammenfassung. Während bei den Synoptikern im irdischen Leben das Geheimnis der Göttlichkeit Jesu, sein „Messiasgeheimnis" ahnungsvoll und noch verhüllt offenbar wird, ist es im Johannesevangelium ein neuer Ansatz, bei dem aus der Präexistenz seine Göttlichkeit abgeleitet wird. Wenn nun durch die Befindlichkeit im „Fleisch" seine Menschlichkeit hervorgehoben wird, stellt dies den Versuch dar, die Göttlichkeit und Menschlichkeit in der Person Jesu zu vereinen. Die Kirchenväter haben darin die „zwei Naturen" Jesu, sein Gottsein und sein Menschsein, bezeugt gefunden. Aber diese philosophische Begrifflichkeit liegt Johannes fern. In der Formel von Chalzedon sind die beiden Naturen Christi „unvermischt, unveränderlich, ungeteilt und unteilbar" in der Person Christi vereint und in dem „einzig erzeugten Sohn, dem göttlichen Wort, unserem Herrn Jesus Christus" zusammengeführt[153]. Eine rationale Lösung ist das nicht, aber das Paradox der johanneischen Aussage kann dadurch bewußt werden.

Die äußerst zugespitzte Aussage, daß der Logos Fleisch wurde, hat andererseits auch einen großen Vorteil. Sie ist die Absage an alles mythische Denken, das von der Herabkunft eines göttlichen Wesens sprach und dieses Herabkommen auf die Erde als einen geistigen Vorgang begriff, der die Menschen mit Wesenserkenntnis erfüllen sollte. Im Fleischwerden des Logos, dem sich in der Gnosis nichts zur Seite

---

[152] Vgl. H.-J. Klauck, Der erste Johannesbrief (EKK XXIII/1), Zürich-Neukirchen 1991, 34–42.
[153] Denzinger-Schönmetzer, Enchiridion Symbolorum, Barcelona – Freiburg i. Br. – Rom [36]1976, Nr. 302.

stellen läßt, „dokumentiert sich der Mut zu der das Paradoxe nicht scheuenden Konsequenz, unter dem Eindruck des Christusgeschehens die nunmehr überholten Vorstellungen weiter zu entwickeln. Fleischwerdung des Logos und Erdenwandel des Menschensohnes drücken beide eine neue Tatsache aus, an der sich Erlösung oder Verwerfung des Menschen entscheidet."[154]

Aus der Paradoxie dieses Geschehens erklären sich bestimmte Spannungen in der johanneischen Christologie. Der Sohn Gottes ist mit seinem Vater aufs engste verbunden und ihm gleichgestellt, und doch unterwirft er sich dem Willen des Vaters und gehorcht ihm bis in den Tod. Weil er der von Anfang an mit Gott zusammenwirkende Logos ist, selbst Gott in seiner Wesensart (1,1), kann es heißen, daß er im Vater ist und der Vater in ihm ist (14,10f). Weil er „Fleisch" geworden ist, von Gott als Mensch in die Welt gesandt, kann seine Unterordnung unter Gott in den Blick gefaßt werden. „Der Vater ist größer" (14,28), und Jesus erfüllt alles, was ihm vom Vater aufgetragen ist (14,31). Umgekehrt wird das blutige Kreuzesgeschehen nicht als Tiefpunkt des menschlichen Weges Jesu gesehen, sondern als Erhöhung und Verherrlichung. Eine subordinatianische Christologie wird dadurch kompensiert, daß Jesus so einig mit dem Vater ist, daß, was der Vater tut, auch der Sohn tut (5,19). Geht man von den Aussagen über den göttlichen Logos aus, wird das im irdischen Wirken Jesu festgehalten; geht man von der Fleischwerdung des Logos aus, so zeigt sich im Kreuzesgeschehen die ganze Härte des irdischen Daseins Jesu. Diese Paradoxie ist in der Inkarnation des göttlichen Logos angelegt.

Auch die eigentümliche Verbindung von Erhöhung und Verherrlichung in der „Stunde" Jesu ist in der Inkarnation begründet. Es kann die Stunde seines Todes sein und wird doch zur Stunde seiner Verherrlichung. Im Prozeß Jesu und auf seinem Weg ans Kreuz wird die Hoheit dessen, der von oben, aus der himmlischen Welt stammt (vgl. 18,37; 19,9), offenbar, und dennoch ist es derjenige, der als armseliger Mensch vor Pilatus steht (19,5) und dessen Seite mit der Lanze durchstochen wird (19,34). Die Paradoxie geht so weit, daß gerade aus dem getöteten Leib die erlösenden Ströme von „Blut und Wasser" hervorfließen (19,34) und daß die Menschen auf den schauen werden, den sie durchbohrt haben (19,37).

Die Auferstehung Jesu hält den doppelten Aspekt des getöteten Leichnams und des verherrlichten Leibes fest. Der Leib Jesu wird in das Grab gelegt, Maria von Magdala sucht ihn und beweint ihn (20,13); aber der ihr Entzogene erscheint ihr und offenbart sich als der Lebende, der wieder zum Vater aufsteigt (20,16f). Das Grab Jesu, Stätte der Trauer und der Schmach, wird zum Ort neuer Herrlichkeit

---

[154] C. Colpe in: ThWNT VIII, 474, 30–35.

(19,38–42). Überall zeichnet sich die Wende von der Niedrigkeit des Fleisches zur Herrlichkeit der Auferstehung ab. Jesu Leib, der noch die Spuren der Kreuzigung an sich trägt (20,20.27), wird zur Quelle des Geistes (20,22; vgl. 7,39), der auf die Jünger überströmt.

Alle diese in der johanneischen Christologie zu beobachtenden Spannungen, ja Aporien finden ihre letzte Erklärung in der Inkarnation des Logos. Es ist die „verwegene Synthese des Johannes", vom präexistenten Sohn auf Erden zu erzählen[155]. Von diesem Ansatz her hat Johannes sein Bild von Jesus Christus entworfen und konsequent durchgeführt. Er geht nicht vom Menschen Jesus aus, sondern vom göttlichen Logos, der aber ein Mensch von Fleisch und Blut wurde. Von daher wird er beiden Ansprüchen, der Göttlichkeit und Menschlichkeit Jesu, gerecht. Letztlich werden wir in das Geheimnis Gottes geführt, den niemand jemals gesehen hat und der sich doch in dem Einzigen, der im Schoß des Vaters ist und auf Erden erschien, offenbart hat (1,18).

---

[155] KUSCHEL, Geboren vor aller Zeit? (Anm. 1) 468–475. Zu wenig wird bei ihm m. E. die Fleischwerdung des Logos reflektiert.

Sechstes Kapitel

Das viergestaltige Evangelium als vielfältiges und doch einheitliches Christuszeugnis

Wenn wir auf das Bild von Jesus Christus in den vier Evangelien zurückschauen, stellen wir fest, daß die Evangelisten je nach der ihnen verfügbaren Tradition und je nach ihren Intentionen eine eigene Zeichnung entwarfen. Wenn wir aber auf ihr Glaubenszeugnis achten, werden wir auch den tieferliegenden Einheitsgrund entdecken. Beides soll in diesem abschließenden Kapitel hervortreten: das sich nach Zeit und Umständen verändernde Bild des geschichtlich auftretenden Jesus von Nazaret, wie es jeder Evangelist nach seinen Voraussetzungen zur Darstellung brachte, und das darunterliegende Glaubensbild, das den Evangelisten gewiß war und das sie entsprechend ihren Fähigkeiten herausarbeiten und verkündigen wollten. Wir sind den einzelnen Evangelisten gefolgt und haben wenigstens annähernd ihr jeweiliges Bild von Jesus Christus zu erstellen versucht. So bleibt uns nur noch der Vergleich zwischen den zeitlich und auch sachlich auseinander liegenden, doch tiefer im Glauben zusammenklingenden Evangelien.

I. Ein unterschiedliches Bild von Jesus Christus

1. Das Bild in den Evangelien

Wir gingen von Markus aus, weil er der älteste Evangelist ist, der Schöpfer der Gattung „Evangelium", und sich auf die früheste Tradition stützen kann. Diese Tradition, die nach Umfang und Zuverlässigkeit in der Forschung umstritten ist und eine verwirrende Vielfalt von Meinungen über den „historischen" Jesus hervorgebracht hat (vgl. 1. Kap.), wollen wir prüfen, haben sie aber als relativ zuverlässige Grundlage angenommen und vorausgesetzt. Worauf es uns im 2. Kapitel ankam, war die sich im Glauben an den auferstandenen Herrn entfaltende Sicht des Evangelisten auf Jesus Christus. Wenn dies auch nicht zu eindeutigen Ergebnissen führte, wie der Abschnitt über das „Messiasgeheimnis" belegt, schien sich doch ein ziemlich klares Glaubensbild herauszuheben, das wir aus dem Tätigkeitsbericht über Jesu Auftreten und Wirken, sein Verkündigen und Lehren, seine Heilungen und Dämonenbannungen, seine Machttaten und Epiphanien, seine Konfrontation und Konflikte mit Gegnern, seinen Leidens- und Todesweg sowie durch die von Markus verwendeten Würdenamen und Titel für Jesus zu gewinnen suchten.

Für die anderen Evangelien stellt sich die Aufgabe insofern anders, als man für sie, wenigstens für das Matthäus- und Lukasevangelium, die Kenntnis des Markusevangeliums voraussetzen muß. Das von Markus entwickelte Bild von Jesus Christus war diesen Evangelisten schon vertraut, und man muß eher fragen, wie sie es aufgenommen, weiter entfaltet oder modifiziert und verändert haben. Wir gingen für Matthäus (Kap. 3) davon aus, daß er die Geschichte Jesu neu und umfassend erzählen wollte, mit neuen und anderen Perspektiven, die sich aus seiner Verbindung und seiner Auseinandersetzung mit dem Judentum ergaben, ferner aus dem vordringlichen Interesse, das er der Kirche Jesu Christi als Raum des Fortwirkens Jesu zuwandte. Danach haben wir das Bild Jesu Christi im Matthäusevangelium betrachtet, das neue Prädikate, besonders den „Davidssohn", einbrachte, Jesus stärker als Erfüller alttestamentlicher Verheißungen in den Blick faßte und überhaupt seine Gestalt und seine Verkündigung, besonders die Sittenlehre, auf dem Hintergrund des Alten Testaments und Judentums darzustellen suchte.

Mit dem Lukasevangelium (Kap. 4) erweiterte sich der Horizont erheblich, weil hier ein jüdisch-hellenistischer Schriftsteller ein Werk in zwei Büchern vorlegte, das in einer heilsgeschichtlichen Schau über die Zeit Jesu hinaus das Werden und Wachsen der Kirche beschreibt, die aus dem Wirken und Wollen Jesu hervorgegangen ist. In seinem Evangelium bezieht sich Lukas auf die Zeit Jesu zurück, bringt aus einer Fülle von Material weitere Ausführungen über das Auftreten und Tun Jesu, das er in einer grundlegenden Glaubenssicht darbietet. Nach ihm ist Jesus der in der Kraft des heiligen Geistes Gesandte Gottes, der Verkündiger des Evangeliums der Gnade, der den Juden und gleicherweise den Griechen vorgestellte Retter, Messias und Herr, der durch Tod und Auferstehung zu Gott gelangte erhöhte Herr, der den heiligen Geist für die Kirche entbindet. Dies sind spürbare neue Akzente und eine neue Sicht auf Jesus als Wegführer zum Heil. Lukas hat als hellenistischer Schriftsteller viele Anregungen aus seiner Umwelt aufgegriffen und ein Jesusbild gestaltet, das dem Denken, Fühlen und Wollen der Griechen nahesteht. Er zeichnet ein warmes Bild von Jesu Menschlichkeit, seiner Heilungstätigkeit, seinem Einsatz für die Armen und Elenden, seiner Zuwendung zu den Frauen, auch seinem Beten und seiner Frömmigkeit. Wir könnten wohl fragen, ob das alles dem historischen Jesus entspricht. Lukas bietet aber dafür aus der ihm

I. Ein unterschiedliches Bild von Jesus Christus

verfügbaren Tradition genug Belege, und sein Jesusbild, in der damaligen Kulturwelt angesiedelt, ist ernstzunehmen.

Schließlich müssen wir noch einmal einen gewaltigen Schritt vorwärts machen, wenn wir zum Johannesevangelium gelangen. Hier scheint auf den ersten Blick alles anders zu sein. Denn hier begegnen wir nur noch verdeckt dem synoptischen Jesus in manchen Ereignissen wie einigen Heilungen, der großen Speisung, dem Seewandel, der Auseinandersetzung mit den ungläubigen Juden. Doch alles ist von vornherein auf eine höhere Ebene erhoben, ganz und gar in eine Glaubenssicht gestellt, die von Jesu Herkunft von Gott und seiner Heimkehr zum Vater überzeugt ist. Ein Vergleich zwischen synoptischer und johanneischer Christologie läßt den erheblichen Abstand der jeweiligen Bilder von Jesus Christus ermessen. Läßt sich da überhaupt noch von einem Bild Jesu von Nazaret sprechen? Aber der vierte Evangelist hält an dem geschichtlich auf Erden erschienenen Menschen Jesu entschieden fest. Für ihn ist er der wahre und letzte Gesandte Gottes, der vom Himmel auf die Erde herabgestiegene Menschensohn, der eschatologische Prophet, das Lamm Gottes, das im Tod die Sünden der Menschen hinwegnimmt. Er ist der mit dem Vater aufs engste verbundene, mit ihm zusammenwirkende, ihm gehorsame Sohn, und er ist es gerade als Mensch. Der ewige beim Vater weilende Logos ist Fleisch geworden, Mensch in aller Hinfälligkeit und Bedürftigkeit – eine paradoxe Aussage, wenn man das ewige Sein, die Göttlichkeit des Logos bedenkt. Um der wahren und wirklichen Menschheit Jesu willen gehört auch der johanneische Christus zum Bild Jesu Christi, ja ist er die Antwort auf die Fragen, die die Zeichnung Jesu in den synoptischen Evangelien stellen. Die irdische Herkunft Jesu von Nazaret wird noch immer festgehalten, aber sie wird überstrahlt durch seine Herkunft aus dem Himmel, die seinem Auftreten und Wirken auf Erden erst Deutung und Sinn gibt. So läßt sich begreifen, daß diese entschiedene Glaubenssicht der gläubigen Gemeinde die letzte Antwort auf die Fragen schenkt: Wer war Jesus Christus? Wer ist er? Mit dem Johannesevangelium erreicht die Sicht auf Jesus Christus trotz aller Abstriche für den irdisch-geschichtlichen Bereich ihren Höhepunkt. Dieses Glaubensbild hat sich in der Tradition und Theologie der Kirche durchgesetzt.

2. Veränderungen des markinischen Jesusbildes bei Matthäus

Da das Matthäusevangelium nach Aufbau und Darstellung dem Markusevangelium relativ nahesteht, sollen zunächst einige Veränderungen ins Auge gefaßt werden, die sich im Vergleich von Mt und Mk auftun. Sie wurden schon in der Darstellung des Matthäusevangeliums (3. Kap) deutlich, sollen hier aber knapp zusammengefaßt werden:

a) Für das öffentliche Auftreten und Wirken Jesu zeigt sich, daß Matthäus das Geheimhaltungsmotiv bei Markus zurückgedrängt hat. Nach Markus zieht sich Jesus vom Volk zurück, versucht es wenigstens und geht wiederholt an einen einsamen Ort. Schon am Anfang seiner Tätigkeit, als ihn in Kafarnaum viele Kranke und Besessene umgaben und Jesus viele heilte, lesen wir: „In der Frühe, als es noch dunkel war, stand er auf und ging an einen einsamen Ort, um zu beten", und als ihn die Jünger drängten, dem Verlangen des Volkes nachzugeben, sagte er: „Laßt uns anderswohin gehen, in die nächsten Dörfer, damit ich auch dort verkündige, denn dazu bin ich gekommen" (1,35-38). Diese Szene bringt Matthäus nicht; nur Lukas übernimmt sie aus der markinischen Tradition (Lk 11,42f). Matthäus legt überhaupt auf den Zustrom der Menschen größeren Nachdruck; Markus schildert ihn zwar auch (3,7f), ist aber bemüht, Jesus im Verborgenen zu halten. Als der geheilte Aussätzige überall von seiner Heilung erzählte und sich Jesus kaum noch in einer Stadt zeigen konnte, „hielt er sich nur noch außerhalb der Städte an einsamen Orten auf" (1,45).

Als die Jünger von ihrer Aussendung zurückkehren, sagt Jesus zu ihnen: „Kommt mit an einen einsamen Ort, wo wir allein sind, und ruht ein wenig aus" (6,30). Diesen Rückzugsversuch bringt auch Matthäus. Bei ihm sieht es wie eine Flucht aus, als er vom Tod des Täufers erfährt (14,13). Das Motiv des Rückzugs Jesu ist also ein anderes. Nach beiden Evangelisten kommt es dann zur großen Speisung. Beim Seewandel Jesu (Mk 6,45-52/Mt 14,22-33) sind die Motive verschieden gesetzt. Nach Markus begriffen die Jünger nichts, ihr Herz war verhärtet; bei Matthäus, wo Jesus den Petrus aus seiner Angst rettet und zu ihm ins Boot steigt, endet alles mit dem Bekenntnis der Jünger: „Wahrhaftig, du bist Gottes Sohn". Bei Markus wirkt sich das „Messiasgeheimnis" aus, während Matthäus den Blick für die spätere Gemeinde öffnet, die zum vollen Glauben an Jesus gelangen soll.

b) Markus hat Jesus als Lehrer gezeichnet; doch erst Matthäus schildert Jesus als den Bergprediger, der Jesu Lehre mit dem konfrontiert, was „den Alten gesagt worden ist" (Mt 5,21-48). Dazu konnte er Material aus der Logienquelle schöpfen. Jesus will das jüdische Gesetz nicht aufheben, sondern es in neuer Weise erfüllen. Schon Markus überschreitet die „Überlieferung der Alten" (Mk 7,3.5); aber die grundsätzliche Konfrontation mit dem jüdischen Gesetz stammt bei Matthäus aus einer Sicht auf die Person Jesu, die ihn schärfer von den Pharisäern und Schriftgelehrten (Mt 23), auch von der Lehre der Pharisäer und Sadduzäer (16,12) abhebt. Jesus setzt an die Stelle des alten Gottesvolkes Israel die neue Heilsgemeinde, seine Kirche (16,18). Er sagt den bisherigen Führern des Volkes: „Das Reich Gottes wird euch weggenommen und einem Volk gegeben werden, das die Früchte des Gottesreiches bringt" (21,43). Jesus wird in eine heilsgeschichtliche Schau einbezogen, die mit dem Ende des alten Gottesvolkes ein neues Gottesvolk aufsteigen sieht, das unter der Anforderung und dem Segen der Gottesherrschaft steht. Dieses Volk ist Salz der Erde und Licht der Welt (5,13-16). Aus der zeitgeschichtlichen Konfrontation mit dem Judentum mit seiner strengen Gesetzesobservanz erwächst der Blick auf die neue Heilsgemeinde, die Jesus um sich sammelt und der er sein nicht drückendes Joch auferlegt (11,30). Diese heilsgeschichtliche Wende sieht Matthäus in den Worten, der Lehre, den Anforderungen Jesu verwirklicht. Das ist bei Markus noch nicht der Fall. Die ekklesiologische Blickweise des Matthäus hat den Rahmen der Botschaft Jesu erweitert und Jesus zu einem Künder der sich in der Kirche anbahnenden und durchsetzenden Gottesherrschaft gemacht.

c) Auswirkungen auf das Jesusbild des Matthäus haben die von ihm aufgenommenen Vorgeschichten (Kap. 1 und 2). Die skeptische Frage nach dem Davidssohn in Mk 12,35-37a, die Jesu Gottessohnschaft herausstellen will, übernimmt zwar Matthäus (22,41-45), doch wird für ihn der Davidssohn zu dem positiv bezeugten Messias, auf den die dreimal vierzehn Generationen des Stammbaumes hinweisen (1,17) und der durch Josef in die davidische Linie aufgenommen wird (1,20). Dies bedeutet eine Erweiterung der auch von Markus festgehaltenen Sicht auf den Davidssohn und Messias (vgl. Mk 10,47f; 11,10). Im Erzählkranz von Kap. 2 wird Jesus durch die Huldigung der Sterndeuter als der neugeborene König der Juden (2,2), als göttliches Kind (2,11) und als Sohn Gottes (2,15) herausgehoben. Es sind neue Züge, die für den König der Juden beim Einzug Jesu in Jerusalem bekräftigt werden (21,4f). Matthäus hat den Heilskönig Israels stärker in die alttestamentliche Prophetie hineingestellt.

Hat auch die Überzeugung von der Jungfrauengeburt (1,22) das Jesusbild des Evangelisten beeinflußt? Das historische Problem, ob Jesus noch Brüder und Schwestern von Josef, dem gesetzmäßigen Vater, neben sich hatte, das in der Nazaret-Perikope Mk 6,1-6/Mt 13,53-58 akut wird, scheint Matthäus nicht zu beschäftigen[1]. Worauf

---

[1] Vgl. R. E. BROWN u.a., Mary in the New Testament, Philadelphia-New York 1978,

es ihm bei dem Zitat aus Jes 7,14, das die jungfräuliche Empfängnis Marias bezeugen soll, ankommt, ist die Beilegung des Namens „Immanuel = Gott mit uns" für das Kind. Dieses Bild vom „Gott mit uns" spielt für die Einschätzung Jesu eine bedeutende Rolle. Er ist mit der christlichen Gemeinde über den Tod hinaus verbunden, in ihr weiter redend und wirkend. Beim gemeinsamen Beten ist er mitten unter den Betenden (18,20), und in der Gemeinde bleibt er bis zum Ende der Welt (28,20). Der Blick von dem auf Erden die Jünger berufenden und unterweisenden Jesus weitet sich zu dem in der Kirche fortlebenden Christus. Das ist für Matthäus schon in der Geburt Jesu als „Gott mit uns" angelegt. Doch auch sein irdisches Geschick, Nachstellung und Verfolgung, deutet sich schon in den Ereignissen nach der Geburt an (Flucht nach Ägypten 2,13–15; Kindermord 2,16–18).

d) Der angegriffene und verfolgte Jesus wird über das, was Markus davon berichtet, bei Matthäus noch schärfer profiliert[2]. Das Gleichnis von den bösen Winzern (21,38–41) wird im Rückblick auf die Erfahrungen mit den Propheten zu einem Durchblick auf das Schicksal des geliebten Sohnes, der „außerhalb des Weinbergs" von den Winzern getötet wird (21,39). Matthäus steht die Kreuzigung Jesu vor Augen, die den Endpunkt seines Leidensweges markiert. Aber der Todesweg Jesu wird durch Geschehnisse beleuchtet, die seinen Sieg über Verrat, Feindschaft der Juden und Todesgrauen gewiß machen: das schmähliche Ende des Judas (27,3–10), der Angsttraum der Frau des Pilatus (27,19), die Übernahme der Blutschuld durch das Volk (27,25), die Ereignisse beim Tod Jesu (27,51–54). All dies sind Zeichen, die das Bild des hoheitlichen, bewußt in den Tod gehenden Jesus hervortreten lassen. Bei der Gefangennahme sagt Jesus zu dem Schwertschläger aus den eigenen Reihen: „Glaubst du nicht, daß ich meinen Vater zu Hilfe rufen könnte und er mir sogleich mehr als zwölf Legionen Engel schicken würde? Aber wie sollten dann die Schriften erfüllt werden, daß es so geschehen muß?" (26,53f). Alles ist für Matthäus in der Schrift begründet, und Jesus ist sich dessen bewußt. Die markinische Passion wird stärker in das Bild des hoheitlichen, alles Böse und Dunkle überwindenden Jesus gerückt. Matthäus sieht die Passion Jesu wesentlich in ihrer Bedeutung für die Grundlegung der Kirche[3].

e) Das hoheitliche Bild Jesu, das Matthäus vorschwebt, findet in den Ostergeschichten seine Abrundung. Ein strahlender Engel steigt vom Himmel herab, wälzt den Stein vom Grab weg und verkündet den

---

102: „Das Problem der jungfräulichen Empfängnis ist fast sicher fremd für diese ganze Diskussion".

[2] Vgl. B. GERHARDSSON, Jésus livré et abandonné d'après la Passion selon Saint Matthieu: RB 76 (1969) 206–227.

[3] Vgl. G. SCHNEIDER, Die Passion Jesu nach den drei ältesten Evangelien, München 1973, 159–164.

I. Ein unterschiedliches Bild von Jesus Christus

Frauen, daß der Gekreuzigte auferweckt wurde (28, 1–7). Der Auferstandene erscheint dann selbst den Frauen, die seine Füße umfassen und ihn anbeten (28, 9 f). Wenn für Markus die Verkündigung der Auferstehung genügend ist, liegt Matthäus am leibhaftigen Fortleben Jesu. Die Begegnung mit den Jüngern am Berg in Galiläa wird für ihn zur Schlußszene, bei der die göttliche Vollmacht Jesu im hellen Licht hervorleuchtet. Auch von den Jüngern heißt es wie bei den Frauen, daß sie ihn anbeteten (28, 17). Wenn einige noch zweifelten, als sie Jesus sahen, wird der Zweifel offensichtlich durch diese Vollmachtsoffenbarung überwunden[4]. Jesus vollendet sein Werk, indem er es durch seine Jünger fortsetzt. Dieses bewußte Hinausgreifen in die Perspektive der Kirche verschiebt auch das Bild Jesu: Der Auferstandene lebt und übt seine Vollmacht aus. Nicht nur der Erzählrahmen hat sich erweitert; das Bild des irdischen Jesus geht fugenlos in das des in der Kirche fortlebenden Christus über.

f) Noch eine weitere Deutung der Gestalt Jesu, die aus der Logienquelle gespeist wird, ist zu sehen: eine Anreicherung durch weisheitliche Gedanken. Beim Vergleich mit Johannes dem Täufer stellt sich Jesus als den Menschensohn vor, der unter den Menschen verkannt wird. Da er ißt und trinkt, wird er als Fresser und Säufer, Freund der Zöllner und Sünder verschrien. „Und doch ist die Weisheit von ihren Werken her gerechtfertigt worden" (11, 18 f). Jesus ist anders aufgetreten als Johannes der Täufer, der auf den Genuß von Speise und Trank verzichtete; aber seine durch Mahlgemeinschaft bekundete Freundschaft mit Zöllnern und Sündern gibt seinem Lehren und Wirken einen tieferen Sinn. Es ist die Offenbarung der erlösenden Barmherzigkeit Gottes, die mehr ist als Opfer und Sühneriten (vgl. 9, 13; 12, 7). Gott hat durch die Taten Jesu, nach 11, 2–5 vor allem seine Heilungen, seine menschenfreundliche Weisheit kundgetan. Fast wird Jesus mit der Weisheit identifiziert, doch so weit wie im johanneischen Logoslied geht die Identifikation nicht. Immerhin ist es ein Schritt auf das weisheitliche Verständnis der Person Jesu.

Noch eine andere Stelle, die aus der Logienquelle stammt, vertieft die matthäische Sicht auf die Person Jesu: der sogenannte Jubelruf (Mt 11, 25–27). Jesus allein vermag den Vater zu offenbaren, weil nur er, der Sohn, den Vater kennt, wie ihn der Vater kennt, der ihm alles übergeben hat. Auch dieses Wort, das den „Weisen und Klugen" die von Gott kommende Offenbarung an die „Unmündigen", also Gottes Weisheit gegenüberstellt, steht noch im Gedankenkreis der Weisheit,

---

[4] Das Motiv, daß die Jünger die Realität des Auferstandenen bezweifelten, findet sich auch bei Lk 24, 37–40; Joh 20, 25–27 und im sekundären Mk-Schluß (16, 11.13 f). Matthäus hat es aus apologetischen und didaktischen Gründen aufgenommen, aber zurückgedrängt. Nur ein Teil der Jünger zweifelte.

die durch die Taten Jesu ihre Rechtfertigung findet. Jesus zieht die in der Welt mißachteten Kleinen und Unmündigen an sich und erschließt ihnen die verborgene Liebe und Weisheit Gottes. Der anschließende „Heilandsruf", der allen gilt, die geplagt und von schweren Lasten gedrückt sind, ordnet sich ebenfalls in diese Perspektive ein (11,28–30). Auch er nimmt weisheitliche Sprüche auf: die Einladung der Weisheit, zu ihr zu kommen (Spr 8,1–21; 9,4–6; Sir 24,19; 51,23), die Verheißung von Ruhe und Frieden (Sir 51,24–27), Hunger- und Durststillen (Spr 9,5; Sir 15,3). Wenn solche Sprache auf Jesus übertragen wird, entsteht ein dem Markusevangelium zwar nicht fremdes, aber darüber hinausgehendes Bild vom heilenden und erlösenden Jesus.

Alle diese Beobachtungen, die sich vermehren ließen, lassen erkennen, daß Matthäus das markinische Jesusbild zwar aufgenommen, aber aus neuen Denkanstößen, aus dem Kontext seiner Zeit, der Situation der Kirche, aus seinen besonderen Verkündigungsabsichten weiter entwickelt hat. Das Phänomen Jesus wird über den geschichtlichen Rahmen hinaus in seiner übergeschichtlichen Strahlkraft, seiner gegenwärtigen Anrede, seiner Anwendung auf das Leben und die Verkündigung der Kirche bedacht.

3. Das lukanische Jesusbild im Vergleich mit Markus und Matthäus

Lukas steht ein reiches Material für das Wirken Jesu zur Verfügung, nicht nur das Markusevangelium, sondern auch die Logienquelle und weitere, hauptsächlich mündliche Überlieferungen. Daraus baut er ein Jesusbild auf, das Jesus als den Weggeleiter der Jünger Jesu und der späteren Gemeinde erscheinen läßt. An einzelnen Veränderungen des Jesusbildes sind etwa folgende zu nennen:

a) Die Geistausrüstung Jesu

Bei keinem anderen Evangelisten wird die Begabung mit heiligem Geist so deutlich hervorgehoben wie bei Lukas. Auch bei Markus und Matthäus wird das Herabkommen des Geistes bei der Taufe Jesu „wie eine Taube" geschildert; Lukas fügt noch hinzu „in körperlicher Gestalt" (Lk 3,22). Dadurch wird die Realität des Geistes hervorgehoben. Anschließend an die Taufe und Versuchung Jesu berichtet Lukas von der Rückkehr Jesu nach Galiläa und seiner „Antrittspredigt" in Nazaret. „In der Kraft des Geistes" kehrt Jesus nach Galiläa zurück (4,14), und seine Predigt in Nazaret beginnt er mit dem Zitat aus dem Propheten Jesaja: „Der Geist des Herrn ruht auf mir" (4,18). Jesus ist der Geisterfüllte, der den Armen die Heilsbotschaft, den Gefangenen die

Freiheit, den Blinden das Augenlicht verspricht. Im heiligen Geist wird er auch den Jubelruf erheben (10,21).

Der Fortschritt über Mk/Mt hinaus zeigt sich in folgendem: Erstens ist Jesus der einzige mit dem Geist Gottes Ausgerüstete, der von seiner Vollmacht freilich auch den Jüngern mitteilt (10,19), aber ihnen noch nicht den Geist mitteilt. Zweitens bestimmt der Geist das ganze Wirken Jesu bis hin zu seinem Tod, wo Jesus seinen Geist dem Vater übergibt (23,46). Der Teufel muß von ihm weichen „bis zum rechten Augenblick" (4,13), nämlich bis zu seiner Verhaftung und seinem Leidensweg. Drittens wird dadurch Jesus als der Messias in helleres Licht gestellt. An ihm erfüllt sich die prophetische Verheißung vom Geistbesitz des Messias (Jes 11,2–4; 61,1f; vgl. PsSal 17,37; 18,7; aethHen 49,3; 62,2). Viertens findet die Geistausrüstung Jesu ihre Fortsetzung in der Geistausgießung über die Kirche, so daß diese wie eine Auswirkung des Jesus verliehenen Geistes erscheint (vgl. Apg 2,33).

b) Der Heilsführer für die Jünger und die späteren Gläubigen

Wenn Jesus der Einzige ist, in dem Rettung und Heil den Menschen zuteil wird (Apg 4,12), so wird diese Grundüberzeugung der Urkirche doch anders beschrieben als bei Mk/Mt, zwar auch durch Umkehr und Glaube wie bei Markus (Mk 1,15), aber doch auf einem anderen Weg. Bei Markus und Matthäus gibt Jesus sein Leben hin als Lösepreis für viele (Mk 10,45/Mt 20,28), eine Stelle, die Lukas im Rückblick auf den Dienst Jesu anders darbietet (Lk 22,26f): Jesus ist der Dienende in ihrer Mitte. Lukas hält zwar die stellvertretende Sühne durch das Blut Jesu für die Abendmahlsstiftung Jesu fest (Lk 22,24), zeichnet aber sonst das erlösende Tun auf andere Weise. Jesus führt auf dem Weg über Leiden und Tod in die Herrlichkeit Gottes. Der Weg Jesu wird zum Richtungsweiser für die Erlösung. Nichts ist dafür aufschlußreicher als die Bezeichnung Jesu als „Anführer" (ἀρχηγός) des Lebens (Apg 3,15), des „Retters", seit ihn Gott zu seiner Rechten erhöht hat (5,31). Nur bei Lukas findet sich dieses Prädikat, und sein Sinn erschließt sich durch den Gedanken der Errettung. Alle, die Jesus als den Gekreuzigten und Auferweckten annehmen, werden gerettet werden, zuerst das Volk Israel (5,31), dann aber auch die Heiden, für die Jesus zum Licht und universalen Retter bestimmt ist (Apg 13,47f). Es ist eine heilsgeschichtliche Schau, die bei der Erwählung des Volkes Israel ansetzt (13,16–23) und zum Blick auf Jesus, den Gekreuzigten und Auferweckten, voranschreitet (13,26–34). In dieser Geschichte des Gottesvolkes wird Jesus der neue Heilsweg, der die Vergebung der Sünden bewirkt und in allem gerecht macht, was das Gesetz des Mose nicht bewirken konnte (13,38f). Der Tod Jesu bekommt einen neuen Stellenwert: Er ist der notwendige Durchgang zur Herrlichkeit Jesu

(Lk 24,26) und zur Entbindung des Heils für alle, die an ihn glauben. Die Auferstehung Jesu ist die Quelle der Erlösung, die Hoffnung auf die Erlangung aller Heilsgüter (Apg 13,32-35), die Verheißung der kommenden Heilszeit und des endgültigen Erretters (Apg 3,20f). Das ist gegenüber Mk/Mt eine neue erweiterte Sicht auf Jesus und sein Heilswerk.

c) Der Retter der Juden wie der Griechen

Die Berufung der Nichtjuden zur Teilhabe an der Gottesherrschaft wird schon bei Markus in manchen Stücken angedeutet: in der Perikope von der Syrophönizierin 7,24-30; im Wort vom Tempel als Haus des Gebetes für alle Völker 11,17, in der Verkündigung des Evangeliums an alle Völker 13,10. Bei Matthäus erweitert sich das Material durch den heidnischen Hauptmann von Kafarnaum, der ein Signal für die Verwerfung der ursprünglichen „Söhne des Reiches" und der Berufung der vielen ist, die von Osten und Westen kommen und mit den Erzvätern im Reich der Himmel zu Tische liegen werden (8,5-13). Wenn der irdische Jesus den Jüngern den Weg zu den Heiden und zu den Samaritern verbietet (10,5), so wird der Auferstandene die Jünger zu allen Völkern aussenden (28,19). Der Gottesknecht wird den Völkern das Recht verkündigen; auf seinen Namen werden sie hoffen (12,18.20). Der Weltenrichter wird keinen Unterschied zwischen den Menschen machen, sondern alle nach dem Maßstab der tatkräftigen Liebe richten (25,31).

Man fragt sich, ob Lukas über dieses Bild vom weltumspannenden Christus noch neue Akzente setzen kann. Und doch scheint mir das der Fall zu sein. Für das lukanische heilsgeschichtliche Denken zeichnet sich stärker die Rolle der Heiden im Heilsplan Gottes ab. Auf der einen Seite üben die Herrscher und Könige der Erde eine Gewalt- und Schreckensherrschaft aus (vgl. Lk 22,25; Apg 4,25-28); auf der anderen Seite sind die Heiden berufen, Volk Gottes zu werden (Apg 15,14-17; 18,10). Die Apostelgeschichte führt aus, wie es zu dieser Berufung der Heiden kam. Für Lukas wird der Erfolg bei den Nichtjuden schon bei der Aussendung der 72 Jünger (Lk 10) transparent, wenn die große Zahl der Ausgesandten und ihr freudiger Bericht von ihrer Mission darauf hindeutet. Wichtiger ist, daß Lukas das in Betlehem geborene Kind hintergründig dem mächtigen Herrscher des Reiches gegenüberstellt und der Engel auf dem Hirtenfeld dieses Kind als den Retter, den Messias und Herrn verkündet (2,11).

Wir sahen, daß sich damit schon durch die Sprache ein Horizont auftut, der den Juden wie den Griechen Jesus als den Retter vor Augen stellt (vgl. 4. Kap. unter 3). Überhaupt ist die für die hellenistische Welt geöffnete Sprache des Lukas zu beachten. Ein Satz wie Apg 10,38

I. Ein unterschiedliches Bild von Jesus Christus

ist ganz auf die Rezeption im Hellenismus zugeschnitten. Jesus ist der Wohltäter der Menschen und der Arzt, Gott war „mit ihm", das ist das Jesusbild, das Lukas vorschwebt. Der jüdische Messias wird zu dem allen Völkern gesandten Heilsbringer; „denn Gott schaut nicht auf die Person, sondern in jedem Volk ist ihm willkommen, wer ihn fürchtet und tut, was recht ist" (10,34f). Mit dieser grundsätzlichen Annahme der Menschen, die Gott suchen, ist ein neuer Akzent gesetzt, der so bei Markus und Matthäus noch nicht zu sehen ist.

d) Der menschenfreundliche Helfer und Arzt, der die Randgruppen (Sünder, Arme, Frauen) in sein Erlösungswerk einbezieht

Achtet man auf die Sonderzüge im lukanischen Jesusbild (vgl. 4. Kap. II), so treten bestimmte Verhaltensweisen des geschichtlichen Jesus, die schon bei Mk/Mt erkennbar sind, bei Lk schärfer hervor. Das gilt für das Erbarmen Jesu mit den Sündern, seine Heilungen, sein Eintreten für die Armen und Entrechteten, sein Verhältnis zu den Frauen. Aufgrund der ihm verfügbaren Traditionen hat Lukas das Bild des geschichtlichen Jesus aufgehellt, wenn nicht in manchen Zügen wiederhergestellt. Seine scharfe Absage an die Reichen und Besitzenden, wie sie in den Weherufen 6,24–26, in den Gastmahlsreden (14,7–24), in der Beispielerzählung vom reichen Mann und armen Lazarus (16,19–31) zum Ausdruck kommt, seine Aufforderung an die Jünger, auf den ganzen Besitz zu verzichten (14,33) und anderes enthüllt ein besonderes Bild von Jesus, das sich Lukas aufdrängte. Er wußte um die Empörung der Pharisäer und Schriftgelehrten, daß Jesus mit den Zöllnern und Sündern Tischgemeinschaft pflegte (5,30), und stellte in diesen Rahmen seine Gleichnisse von der Rettung der Verlorenen (15,1f). Er kannte auch die Anstöße, die von Jesu Heilungen am Sabbat ausgingen, und berücksichtigte sie in den Geschichten, die er sammelte (vgl. 13,10–17; 14,1–6). Aus der vor ihm liegenden Tradition wußte er um die Begleitung von Frauen bis unter das Kreuz und zeichnete die Frauen als treue Nachfolgerinnen und Helferinnen Jesu (8,1–3). Das meiste ist für uns nicht überprüfbar. Gleichwohl gewinnen wir Einblick in das Leben und Wirken Jesu, wie es sich Lukas vorstellte. Im ganzen wird Jesus dadurch stärker in seiner Menschlichkeit dargestellt, in der doch gerade auch seine göttliche Berufung aufleuchtet. Das ist eine eigene Sicht, die Lukas für seine hellenistischen Leser nahelag, besonders für den Christen Theophilus, dem er sein Werk widmete.

e) Der mit dem Vater im Gebet verbundene Sohn

Aufgefallen war uns, daß bei Lukas Jesus immer wieder im Gebet vorgestellt wird (II, 4). Er geht damit erheblich über das hinaus, was Mk/Mt vom Beten Jesu zu erzählen wissen. Es fragt sich, was ihn dazu veranlaßt hat. Läßt sich das Beten Jesu als Ausdruck seiner menschlichen Art verstehen? Steht dahinter eine Christologie, die Jesu Abhängigkeit vom Vater, seine Unterstellung unter ihn bei aller vertrauten Nähe aufzeigen will? Im heilsgeschichtlichen Denken des Lukas ist Jesus der Erwählte Gottes (Lk 9,35; 23,35), der seit seiner Taufe die ihm vom Vater gestellten Aufgaben übernimmt und durchführt. Alles Heilswirken geht von Gott aus, und erst nach der Auferstehung Jesu hat ihn Gott zum Herrn und Messias gemacht (Apg 2,36). Dieses Bild des ganz von Gott abhängigen Jesus steht Lukas vor Augen, auch für seine Erdenzeit. Aus dieser christologischen Sicht ist zu verstehen, daß Jesus sich vor allen Entscheidungen und in kritischen Situationen an den Vater wendet und im Gebet um Klarheit und Kraft fleht. Das Verhältnis von Vater und Sohn nach dem Lukasevangelium läßt sich auf die Formel bringen: „Gott hat sich an Jesus durch seinen Geist gebunden, und Jesus bindet sich an den Vater durch das Gebet."[5] Das schließt eine intime gegenseitige Kenntnis nicht aus (vgl. 10,22); aber sie wird dem Sohn nur dazu verliehen, damit er den Menschen den Willen des Vaters offenbart, und um diese Offenbarung müht sich Jesus im Gebet.

Dies ist ein Fall, der das Verfahren des Lukas erkennen läßt: Aus dem ihm überlieferten Jesusbild erstellt er neue Gebetssituationen, die ihm nicht überliefert waren. Sein Jesusbild verändert die Geschichte, ohne den Glauben an den Messias und Gottessohn in Frage zu stellen (vgl. 9,20; 22,67-70). Das Problem von Menschheit und Gottheit Jesu stellt sich für Lukas nicht, weil er im Menschen Jesus seine Gottbezogenheit und Gottverbundenheit erfaßt. Selbst in der äußersten Ferne von Gott, in der Ölbergsstunde und in der Todesstunde, ist er mit dem Willen des Vaters einig (22,42), betet er in Todesangst inständiger (22,44) und gibt im Sterben seinen Geist mit einem Gebetswort in die Hände des Vaters (23,46). Er bleibt ein Mensch, ein „Gerechter", der sich dem Willen des Vaters bis zuletzt unterstellt (vgl. 23,47).

4. Der Überschritt zur johanneischen Christologie

Auf den Unterschied zwischen der synoptischen zur johanneischen Christologie sind wir bereits eingegangen (5. Kap. I,4). Bedenkt man

---

[5] Bovon, Luc le Théologien 161.

I. Ein unterschiedliches Bild von Jesus Christus

die erhebliche Verschiebung von einer am geschichtlichen Jesusbild ansetzenden Darstellung bei den Synoptikern zu der christologisch orientierten, ins Symbolische vordringenden Darbietung bei Johannes, könnte man überhaupt die Absicht bestreiten, Johannes wolle das Auftreten und Wirken Jesu, seine Passion und Auferstehung in einem fortlaufenden Bericht anschaulich machen. Aber wir sahen, daß sich das Johannesevangelium doch als Evangeliumsschrift verstehen läßt (5. Kap. I,2). Diese ist allerdings in einem anderen Horizont angesiedelt: in der Glaubenssicht auf den menschgewordenen Logos oder den Sohn Gottes. Eine starke Veränderung ist besonders in den Aussagen über den Menschensohn bei Johannes festzustellen (vgl. 5. Kap. II,3). Der einst am Ende der Tage kommende Menschensohn wird zu dem aus dem Himmel herabgekommenen (3,13), mit dem Himmel verbundenen (1,51), durch die Erhöhung am Kreuz von Gott verherrlichten Menschensohn (12,23; 13,31f). Diese spezifische Menschensohn-Theologie ist ein Umbruch aus der vornehmlich zukunftsorientierten Blickweise in eine präsentische Schau, die mit der Menschwerdung des Logos konform geht. Weil der menschgewordene Logos sein Offenbarungs- und Heilswerk auf Erden erfüllt, müssen alle Gedanken an den künftigen Menschensohn zurücktreten. Die Auferstehung des Menschensohnes, die schon die Synoptiker in den Blick fassen, wird zum Wendepunkt, der die ganze Sicht auf den Menschensohn verändert. Jetzt ist der Menschensohn der sich schon im irdischen Wirken Jesu in seiner göttlichen Macht Offenbarende und in seinem Sterben die volle Herrlichkeit Erlangende. Göttlichkeit und Menschlichkeit Jesu sind in diesem Menschensohn vereint, so wie es der paradoxe Satz ansagt: „Und der Logos ist Fleisch geworden". Der inkarnierte Logos ist kein anderer als der Menschensohn, wie ihn Johannes zeichnet.

Diese im Mysterium der Fleischwerdung des Logos gründende johanneische Christologie wirft die Frage auf, ob sich dieses Bild von Jesus Christus noch mit dem synoptischen Jesus, der variierend und in neuen Perspektiven hervortretend gezeichnet wird, vereinbaren läßt. Auf diese Frage nach der Einheit des Christuszeugnisses in den Evangelien soll im folgenden näher eingegangen werden.

II. Das den verschiedenen Entwürfen zugrundeliegende einheitliche Glaubensbild von Jesus Christus

1. Die Überzeugung von Jesus dem Messias

In allen Evangelien ist Jesu Auftreten im jüdischen Volk in einer bestimmten Zeit vorausgesetzt und näher beschrieben. Dabei tritt die Überzeugung hervor, daß er der von alttestamentlichen Propheten verheißene, für die Zeitenwende oder Endzeit erwartete „Gesalbte", der Messias ist. In der Szene von Cäsarea Philippi wird das bei Markus unmißverständlich zum Ausdruck gebracht (8, 28 f). Er ist nicht, wie die Leute meinen, der wiedererstandene Johannes der Täufer (vgl. 6, 14), nicht Elija oder einer von den Propheten, sondern er ist „der Christus". Dieses Petrusbekenntnis im Namen der Zwölf übernehmen alle anderen Evangelisten. Die Verdeutlichungen bei Matthäus (16, 16 „der Sohn Gottes"), bei Lukas (9, 20 „der Gesalbte Gottes"), bei Johannes (6, 69 „der Heilige Gottes") sind nur Modifikationen oder Erweiterungen aus der jeweiligen Sicht der Evangelisten. Bei Matthäus geschieht das aus dem vollen christologischen Glauben der Urkirche, bei Lukas aus seiner Sicht auf den von Gott Beauftragten, bei Johannes auf den Gott nahestehenden Offenbarer und Heilsmittler (vgl. 10, 36). Aber in allen Evangelien hält sich der Glaube durch, daß Jesus der (jüdische) Messias ist.

Die Überzeugung von der Messianität Jesu prägt sich in vielen anderen Stellen der Evangelien weiter aus. Neben das den Jüngern vorbehaltene Petrusbekenntnis tritt die offene Antwort Jesu auf die Befragung durch den Hohenpriester (Mk 14, 61 f parr). Bei Matthäus wird Jesus, der Messias, Davidssohn und Heilskönig durch viele Schrifterfüllungen erhärtet und Jesus in die heilsgeschichtliche Linie, die messianische Erwartung Israels eingerückt (1, 16 f; 2, 6 usw.). Bei Lukas wird die königlich-herrscherliche Würde des Davidssohns schon Maria durch den Engel angesagt (1, 32 f) und Jesus als der Messias auf dem Hirtenfeld verkündigt (2, 10 f) Bei Johannes kommen die ersten Jünger Jesu – das ist bemerkenswert – schon bald zu der Erkenntnis, daß Jesus der Messias ist, den Mose und die Propheten angekündigt haben (1, 41.45). Trotz seiner Sicht auf den inkarnierten Logos hält der vierte Evangelist daran fest, daß Jesus der aus Nazaret stammende, schriftbezogene Messias ist. Seine Herkunft aus dem unbedeutenden Ort in Galiläa kann nicht, entgegen den Meinungen der damaligen Juden und ihrer Führer, darüber hinwegtäuschen, daß er der Messias ist (vgl. 7, 26 f.40 f.52). Es ist sogar zu vermuten, daß für Johannes diese niedrige Herkunft Jesu, die seine himmlische Heimat verbirgt, die Paradoxie des im Fleisch gekommenen Logos veranschaulicht. Der auf Erden erschienene Logos bleibt doch immer noch der geschichtliche Mensch Jesu von Nazaret, der erwartete Messias der Juden, auch der Messias der Samariter (4,25f). Im Rückblick auf das irdische Werk Jesu, das Zeichen-Wirken vor den Jüngern, wie es im Johannesevangelium dargestellt ist, schreibt der Evangelist, es gäbe noch vieles, was nicht in diesem Buch aufgeschrieben ist; aber dies ist aufgeschrieben, „damit ihr glaubt, daß Jesus der Messias, der Sohn Gottes ist" (20,31). Das Messiastum Jesu, das allerdings der Näherbestimmung bedarf, ist ein umfassender Rahmen, um die Person Jesu zu charakterisieren.

Einen besonderen, sehr wichtigen Zug im Messiasbild halten alle Evangelisten fest: Er ist entgegen allen jüdischen Erwartungen der Messias, der sein Leben für das Heil der Menschen hingibt. Der Leidens- und Todesweg des Messias Jesus steht allen vier Evangelisten vor Augen, auch wenn sein Sterben noch unterschiedlich in seiner Heilsbedeutung gedeutet wird. Es genügt, daß sich darin die Verfügung Gottes ausspricht (Mk/Mt). Es ist ein Durchgang zu der von Gott verliehenen Herrlichkeit (Lk), eine schon in der Todesstunde sichtbar werdende Verherrlichung durch Gott (Joh), ein fruchtbares Geschehen, um das Volk Gottes zu sammeln (Joh 12,44). Es ist ein Messiastum, das sich im zeitgenössischen Judentum nicht nachweisen läßt und allein im urchristlichen Kerygma hervortritt: Christus ist für unsere Sünden gestorben gemäß der Schrift, ist begraben worden und am dritten Tag gemäß der Schrift auferweckt worden (1 Kor 15,3f). An diesem Kerygma halten alle Evangelisten fest.

2. Der Glaube an Jesus, den Sohn Gottes

Eins liegt offen zu Tage: Alle Evangelisten bemühen sich, den Messias Jesus durch zusätzliche Prädikate in seinem Verhältnis zu Gott, zum Volk Israel und zu den Menschen näher zu beleuchten. Es ist, als wollten sie den Messias nicht isoliert, ohne nähere Bestimmung stehen lassen. Die vorzüglichste Ergänzung ist die Aussage, daß er der Sohn Gottes ist. Markus hebt schon in der Überschrift, wenn wir dem gut bezeugten längeren Text folgen, hervor, daß dies der Anfang des Evangeliums Jesu Christi, „des Sohnes Gottes" sein soll (1,1). Er deutet im Davidssohn-Gespräch über den Messias an, daß Jesus mehr ist als der Sohn Davids und insinuiert so für die christlichen Leser, daß er als Sohn Gottes der Herr ist (12,35–37). Für alle Evangelisten ist die Taufe Jesu nicht nur eine „Messiasweihe", sondern die Offenbarung des Sohnes Gottes. Matthäus sieht den durch die Jungfrau Maria geborenen Jesus, „der Messias genannt wird" (1,16), als den verheißenen Immanuel an (1,23), durch den Gott mit seinem Volk ist. Für ihn hat Gott seinen „Sohn" aus Ägypten gerufen (2, 15). Das Bekenntnis der Jünger im Boot, die die Glaubensgemeinde repräsentieren, lautet: „Wahrhaft, du bist der Sohn Gottes" (14, 33), und das Petrusbekenntnis ist erweitert: „Du bist der Messias, der Sohn des lebendigen Gottes" (16, 16). Die Bezeichnung Jesu als Messias genügt ihm nicht; das volle Christusbekenntnis schließt die Gottessohnschaft Jesu ein. Bei Lukas wird schon durch die Ankündigung des Engels an Maria klargestellt, daß das Kind „Sohn des Höchsten" (1, 32), „Sohn Gottes" genannt werden wird (1, 35). Beim Verhör vor dem Hohenrat genügt den Hohenpriestern und Schriftgelehrten nicht Jesu Antwort, der Menschensohn werde zur Rechten Gottes sitzen, sondern sie fragen ihn ausdrücklich: „Bist du also der Sohn Gottes?", und Jesus bejaht es (22, 67 f).

Besonders aufschlußreich ist wieder Johannes. Natanael, den Philippus auf den schriftverheißenen Messias hinweist (1, 45), bekennt nach dem Wissenswunder, das ihm durch Jesus zuteil wird: „Rabbi, du bist der Sohn Gottes, du bist der König Israels" (1, 49). Er ist also der erwartete Heilskönig, aber mehr als das, der Sohn Gottes, und dieser Eindruck drängt sich ihm zuerst auf. Die gleiche Überschreitung der Messiaserwartung findet sich im Bekenntnis der Marta: „Du bist der Messias, der Sohn Gottes, der in die Welt kommen soll" (11, 27). Der Evangelist will das volle Christusbekenntnis der gläubigen Gemeinde einbringen. Dazu genügt die Kategorie des Messias nicht; sie wird überhöht durch das Bekenntnis zum Sohn Gottes. Der gleiche Zusatz findet sich im Resümee des Evangelisten: „der Messias, der Sohn Gottes" (20, 31). Das kann bei der Zeichnung Jesu als des mit dem Vater verbundenen Sohnes nicht überraschen (vgl. 5. Kap. II, 2); aber es will beachtet sein, daß Johannes diesen Lieblingsgedanken auf dem Bekenntnis zum Messias aufruhen läßt. Damit bleibt er bei der synoptischen Verkündigung. Die Gottessohnschaft Jesu ist neben seinem Messiastum und engstens verbunden damit die tragende Säule des urchristlichen Christusbekenntnisses.

Nun ist der „Sohn Gottes" eine aus dem menschlichen Bereich übernommene analoge Ausdrucksweise, die keine Eindeutigkeit beanspruchen kann. Im Alten Testament ist der Sohn Gottes auch eine Bezeichnung für das Volk Israel (Ex 4, 22 f; Jer 31, 9.20; Hos 11, 1) oder für den König (2 Sam 7, 12–14; Ps 2, 7; 110, 3; 1 Chr 17, 13; 22, 10). Auch dem palästinischen Judentum war der Titel „Gottessohn", besonders im Anschluß an Weisheitsspekulationen, nicht völlig fremd[6]. Im Neuen Testament hat sich die Bezeichnung Jesu als „Sohn Gottes" sicher frühzeitig erhoben[7]. Im Joh-Ev ist dann die volle Entfaltung der

---

[6] Vgl. HENGEL, Der Sohn Gottes 67–89.
[7] Vgl. F. MUSSNER, Ursprung und Entfaltung der neutestamentlichen Sohneschristologie, in: L. SCHEFFCZYK (Hrsg.), Grundfragen der Christologie heute (QD 72), Freiburg-

II. Das einheitliche Glaubensbild von Jesus Christus

Sohneschristologie erreicht; aber die synoptischen Aussagen über den Sohn Gottes tendieren doch auf diese Entfaltung hin. Der einzig geliebte Sohn, der im Winzergleichnis von Gott gesandt wird (Mk 12,6), ist kein anderer als der einzig erzeugte Sohn, den Gott aus Liebe zur Welt gesandt und hingegeben hat (Joh 3,16). Der Sohn, der den Vater erkennt, wie ihn der Vater erkennt (Mt 11,27/Lk 10,22), ist kein anderer als der Sohn, dem der Vater alles in die Hand gegeben hat, damit er die Worte Gottes den Menschen mitteile (Joh 3,34f) und ihnen die volle Offenbarung schenke (1,18). Der Sohn, den Gott bei der Taufe und Verklärung Jesu bezeugt, ist kein anderer als der vom Vater im Johannesevangelium in einzigartiger Weise Bezeugte (Joh 5,37; 8,18; vgl. 1 Joh 5,9).

Im Johannesevangelium ist Jesus allerdings der eng mit seinem Vater Zusammenwirkende (5,19), in Worten und Werken den Vater Offenbarende (10,37f; 14,10f), ja dergestalt mit dem Vater verbundene Sohn, daß, wer ihn sieht, den Vater sieht (14,9). Das sind Spitzenaussagen, die nur aus der johanneischen Christologie verständlich werden. Aber daß Jesus seine Heilungen und großen Wunder nur aus der Kraft Gottes vollbringt, wird auch in den synoptischen Evangelien deutlich genug. Selbst die Besessenen müssen ihn als den „Sohn Gottes" anerkennen (Mk 3,11; 5,7). Wie im Markusevangelium das Bild Jesu vom Gedanken an die Gottessohnschaft durchdrungen ist (vgl. 2. Kap. II,1), erweist sich der „Sohn Gottes" als ein vom frühesten Evangelisten her geschlungenes Band bis zur johanneischen Christologie vom „Sohn", in der das Geheimnis des Gottessohnes voll aufgedeckt wird. Im Verständnis Jesu als des Sohnes Gottes laufen die Ströme christologischer Reflexion in den Evangelien zusammen. Auch wenn die Bekenntnisformel „Jesus ist der Sohn Gottes" nicht eindeutig ist, sondern sich mit vielen Vorstellungen verbinden kann, so ist die „Aktionseinheit" und „Deckungsgleichheit" zwischen Gott und dem Sohn im Johannesevangelium[8] doch die konsequente Aufgipfelung der Sohneshomologese. Mit dem Titel „der Sohn Gottes", der auch bei Paulus im Zentrum christologischer Aussagen steht (Gal 1,16; 2,20; 4,4; Röm 1,3f; 8,3.32 u.a.), hat die Urkirche eine bleibende gültige Form gefunden, um das tiefste Wesen Jesu und seine Bedeutung für uns auszudrücken. „Der ‚Sohn Gottes' ist zu einer feststehenden unverlierbaren Metapher der christlichen Theologie geworden, und sie sagt sowohl den Ursprung Jesu in Gottes Wesen, d.h. seine Liebe zu allen Geschöp-

---

Basel-Wien 1975, 77–113, der die Sohneschristologie aus der Prophetenchristologie aufsteigen sieht (97–104) und mit Recht die vielfältige Interpretation des christologischen Sohnesprädikates betont (104–107).
[8] So MUSSNER, Ursprung und Entfaltung 107 u.ö.

fen, seine einzigartige Gottverbundenheit wie seine wahre Menschlichkeit aus"[9].

3. Jesus der Heilsbringer

Eine weitere gemeinsame Grundüberzeugung der Evangelisten ist, daß Jesus der Heiler und Heilsbringer ist. In den synoptischen Evangelien tritt Jesus als der die Kranken heilende, die Menschen an Leib und Seele gesundmachende Arzt hervor. Bei *Markus* geschehen die Heilungen vielfach noch in einer dem Volksglauben nahestehenden Form durch Berührung, körperliche Kontakte und Speichel; die Kraft Jesu strömt auf die Menschen über. Es sind aber nicht nur körperliche Heilungen, sondern zugleich seelische Aufrichtungen, durch die die Menschen wieder in die Gemeinschaft des Glaubensvolkes eingegliedert und in den Frieden Gottes entlassen werden. Sie erfahren die Schöpfungsmacht und Güte Gottes (7,37). Sie werden den dämonischen Gewalten entrissen und von Sünde und Schuld befreit (2,6). Das Entscheidende ist das gebieterische Wort Jesu: Ich will, sei rein! (1,41). Die Heilungen nehmen auch symbolische Züge an (vgl. 5,41; 7,35). Die Dämonenbannungen und Heilungen sind offen für eine tiefere Deutung. Bei *Matthäus* ist vermehrt von Heilungen im Volk die Rede, und sie werden als „Taten des Messias" verstanden (11,2–6). Für Matthäus erweist sich Jesus dadurch als der Davidssohn und als der Knecht Gottes, der aber nicht nur die Kranken heilt, sondern auch die Niedergebeugten aufrichtet (12,19 f). Die Heiltätigkeit Jesu wird stärker auf seine Person, den Heilbringer auch für die Nichtjuden bezogen und in den Rahmen seiner Sendung eingefügt. Bei *Lukas* ist Jesus der Arzt schlechthin (vgl. 4. Kap. II,1 b), der aber nicht nur die Krankheiten heilt, sondern auch die Menschen aus ihrer Ächtung im Volk, ihrer Schuld befreit und aus ihrem Elend erlöst. Gerade den „Verlorenen" wendet sich Jesus zu und ist so der Freudenbote Gottes, der ihnen die Freude Gottes über jeden, der zu ihm umkehrt, kündet (Lk 15; 19,10). Jesus ist der Erretter in einem umfassenden Sinn, der den Gefangenen Befreiung, den Blinden das Augenlicht, den Zerschlagenen Freiheit zusagt und ein Gnadenjahr des Herrn ausruft (4,18 f). Der Kreis seines erlösenden Tuns weitet sich, wenn wir von Markus über Matthäus zu Lukas fortschreiten.

Wenn man von hier auf das *Johannesevangelium* übergeht, werden die Aussagen über Gottes Errettung ins Grundsätzliche erhoben. Mit der Ansage der Sendung des Gottessohnes in die Welt sind Finalsätze verbunden: „damit jeder, der an ihn glaubt, in ihm ewiges Leben hat"

---

[9] HENGEL, Der Sohn Gottes 142 f.

(3,15. vgl. 3,16.17; 6,40; 10,10; 12,36.46f). Was in den Paradigmen der Synoptiker deutlich wurde, wird zur theologischen Aussage: In seinem Sohn schenkt Gott Leben und Heil. Doch auch in den großen johanneischen Zeichen wird die lebenweckende Macht Jesu anschaulich und konkret: Bei der Heilung des Beamtensohnes (4,49–53) klingt dreimal das Wort auf, daß sein Sohn lebt; beim Gelähmten vom Betesdateich heißt es: „Wie der Vater die Toten erweckt und lebendig macht, macht auch der Sohn lebendig, wen er will" (5,21); bei der großen Speisung in Kap. 6 offenbart sich Jesus als das Brot des Lebens; am Blindgeborenen sollen die Werke Gottes offenbar werden (9,4); bei der Erweckung des Lazarus offenbart sich Jesus als die Auferstehung und das Leben (11,25).

In Wort und Werk ist Jesus der Lebensspender. Die synoptischen Evangelien bereiten den Boden für diese umfassende Sicht auf Jesus den Heilsmittler vor. Was Lukas in der Apostelgeschichte ausspricht: „In keinem anderen ist die Rettung" (4,12), ist die gemeinsame Überzeugung der Urkirche. Die Sicht auf Jesus den Messias und Gottessohn verdichtet sich in den Aussagen über sein Heil und Retten.

Messias, Sohn Gottes, Lebensbringer werden im Schlußwort des (ursprünglichen) Johannesevangelium in einer prägenden Formulierung zusammengefaßt: „damit ihr glaubt, daß Jesus der Messias, der Sohn Gottes ist, und damit ihr durch den Glauben das Leben habt in seinem Namen" (20,31). Was Johannes als das von Jesus Christus ausgehende, durch ihn vermittelte Leben bezeichnet, ist das umfassende Heil, die Neuschöpfung des Menschen (Joh 3,6f), wie sie schon die synoptischen Evangelien in den Worten und Taten Jesu bewirkt sehen (vgl. Mk 7,37; Lk 4,18f; 7,22f). Insofern ist die johanneische Christologie die Vollgestalt der Erlösungsbotschaft.

4. Der ganz Andere, der unter den Menschen Gott und seine Hoheit Bezeugende

Wenn man bei dieser Christusverkündigung noch die darin implizierte Gottesbotschaft bedenkt, wird eines deutlich: Der zum Heil der Menschen auf Erden erschienene und wirkende Sohn Gottes offenbart Gott in einer neuen, die Menschen überraschenden und herausfordernden Weise. Der Gott, den er kündet, ist ganz anders, als es sich die Menschen vorstellen und wahr haben wollen. Eben diesen Gott in seiner Erhabenheit, Weltüberlegenheit, menschlichen Unbegreiflichkeit verkündet Jesus. Die religiöse Botschaft, die Jesus Christus gebracht hat, läßt sich unter dem Aspekt der Konfrontation mit irdisch-menschlichem Denken als durchgehendes Anliegen der Evangelien begreifen. Ob Jesus in seinem Volk als Künder der Gottesherrschaft und Herausforderer der damaligen führenden Gruppen hervortritt (Mk/Mt), ob er als Kritiker der religiösen und sozialen Verhältnisse, als der eine neue gesellschaftliche Ordnung einfordernde Prophet in Erscheinung tritt (Lk), ob er als Gesandter aus der himmlischen Welt in der irdischen Welt keinen Widerhall findet (Joh), immer ist er der Fremde, vielfach Unverstandene, von Gottes ganz anderer Herrschaft zeugende Bote, der das Anderssein Gottes und seinen Anspruch gegenüber den in sich verschlossenen Menschen als eindringlichen Appell erhebt. Dieses Zentrum der religiösen Botschaft Jesu ist in allen Jesusbildern und christologischen Entwürfen unabhängig von den zeitgeschichtlich bedingten Interessen der Evangelisten zu erkennen.

Die scharfe Antwort Jesu an Petrus, der ihn vom Leidensweg abbringen will, ist wie eine Kurzformel für das Anderssein Jesu: „Du denkst nicht die Gedanken Gottes, sondern die der Menschen" (Mk 8,33 / Mt 16,23). Die Konfrontation mit dem Denken der Menschen kommt noch an vielen anderen Stellen zum Ausdruck, beim Rangstreit der Jünger (Mk 9,33–37 parr), beim fremden Exorzisten (Mk 9,38–41 / Lk 9,49f), beim Streben der Zebedäiden nach den ersten Plätzen im Gottesreich (Mk 10,35–45 / Mt 20,20–28; Lk 22,24–27), bei der Verweigerung der Gastfreundschaft durch ein Samariterdorf (Lk 9,51–53), bei der Rettung der Verlorenen (Lk 15), bei der Einstellung zum Reichtum (Mk 10,25–27 parr), beim Gleichnis von den Arbeitern im Weinberg (Mt 20,1–16), beim Gleichnis vom Pharisäer und Zöllner (Lk 18,9–14). Das Überschreiten alles menschlichen Verhaltens und Strebens wird in der Bergpredigt bei Matthäus (Kap. 5–7) und der Feldrede des Lukas (6,26–49) unübertrefflich herausgearbeitet. Immer ist Gott mit seinem Willen der Maßstab. Gewiß wirbt Jesus mit seinen an Gott orientierten Forderungen und Regeln auch um das Verständnis seiner menschlichen Zuhörer; aber schon das Unverständnis der Jünger bei Markus, mehr noch die Konfrontation mit den führenden jüdischen Kreisen bei Matthäus zeigen die Unfähigkeit, die Gottesverkündigung Jesu zu begreifen. Insofern ist das Messiasgeheimnis bei Markus eine zutreffende Deutung des Auftretens Jesu in der Öffentlichkeit, der Konflikt Jesu mit den jüdischen Führern der unabweisliche Zusammenstoß, der Jesus in den Tod treibt (Mt), seine Zuwendung zu den Geächteten, Armen und Bedrängten der tieferliegende Grund für seine Verfolgung und seinen Leidensweg (Lk). Die im einzelnen verschieden geschilderten Divergenzen Jesu vom jüdischen Messiasbild und hellenistischen Heilbringer-Ideal lassen sich alle auf die Denkungsart Jesu zurückführen, der seinen Ort nicht in zeitbedingten Anschauungen, sondern in der von Gott gewiesenen Bestimmung seines Weges findet. Alles läuft auf das Kreuz und die Auferweckung durch Gott zu. Die außergewöhnliche Erscheinung Jesu ist darin begründet, daß er ein Vertreter und Agent Gottes ist, der den Menschen

II. Das einheitliche Glaubensbild von Jesus Christus

das Anderssein Gottes nahebringt, der alle menschlichen Maßstäbe durchkreuzende Mann, der darum seinen schicksalsschweren Weg gehen muß.

Bei Johannes erreicht diese Sicht auf den von Gott kommenden, Gottes „Wahrheit" kündenden, die Menschen damit konfrontierenden Offenbarer ihren Höhepunkt. Die Sicht wird, weil ihn die Menschen nicht verstehen und nicht akzeptieren, notwendig dualistisch: Er ist nicht von der Erde, sondern vom Himmel, er ist über allen (3,31), und niemand nimmt sein Zeugnis an (3,32). Die Menschen sind „von unten" und er ist „von oben" (8,23). Trotz seiner durch Gott verbürgten Worte und seiner von Gott zeugenden Werke lehnen ihn die Menschen ab und hassen ihn (15,22-24). Er ist der Fremde und Unverstandene (6,41 f), der mit seinen Worten Anstoß erregt (6,61 f) und auch mit seinen erstaunlichen Taten nicht überzeugen kann (10,32.37 f). Nur diejenigen, die daran glauben, daß ihn Gott gesandt hat, verstehen ihn. Sie will er inmitten einer verfinsterten, von Gott abgewandten Welt in der Bindung an den Vater bewahren (17,9-11), und dazu sendet er ihnen den heiligen Geist (14,16 f). Die Offenbarung des heilig-überweltlichen Gottes durch den auf Erden erschienenen einzigen Gottessohn zur Rettung der verblendeten Menschheit ist das dominierende Thema dieses Evangeliums (1,18; 3,16; 17,3).

Damit wird das, was in den synoptischen Evangelien als Hauptlinie der Verkündigung und des Wirkens Jesu erkennbar wird, auf eine höhere Ebene erhoben: Jesus Christus ist der Gottes Anderssein, seinen Erlösungswillen, seine unabänderliche Zuwendung zu den Menschen bezeugende Gesandte Gottes, der Retter der Welt. Nur von Gott her und seiner Selbstoffenbarung im inkarnierten Logos läßt sich das Auftreten Jesu und der Widerspruch, den er erfährt, begreifen. Weil Gott so ist, wie ihn der johanneische Christus enthüllt, rollt das Drama der Geschichte Jesu ab: Verkennung und Verfolgung bis hin zum Kreuz, nicht anders, als es auch die synoptischen Evangelien nachzeichnen. Weil Gott den verkannten und am Kreuz erhöhten Menschensohn in seine Herrlichkeit aufnimmt, endet dieses Drama mit der Auferweckung Jesu, wieder nicht anders, als es die Synoptiker darstellen. Weil darin nach dem Plan Gottes, den schon die Synoptiker aufdecken, die Rettung der Menschen verbürgt ist, kann der johanneische Christus nicht anders reden und sich nicht anders verhalten, als er es tatsächlich tut. Dazu ist er geboren und in die Welt gekommen, um das Sein und den Willen Gottes, die uns befreiende Wahrheit Gottes zu bezeugen (18,37). Das Christusbild des Johannes ist, wenn man es in seiner Relation zu Gott, zu den Menschen und zu der von Gott abgewandten Welt sieht, kein anderes als das in den früheren Evangelien.

III. Das Glaubensbild der Evangelisten von Jesus Christus im Verhältnis zum geschichtlichen Jesus von Nazaret

Wir sahen am Anfang (Kap. 1), daß sich eine zuverlässige Sicht auf die geschichtliche Gestalt Jesu von Nazaret durch wissenschaftliches Bemühen mit historisch-kritischen Methoden kaum oder nur unzulänglich erreichen läßt. Stattdessen wollten wir der Anlage und Intention der Evangelisten folgend, das von den Evangelisten entworfene Glaubensbild von Jesus Christus gewinnen und es in seiner Unterschiedlichkeit und doch tieferen Einheit in den Blick bringen, ein Bild, das von der Christenheit durch alle Jahrhunderte aufgenommen und erwogen wurde. Aber die Frage läßt sich nicht umgehen: Erhalten wir dadurch einen besseren Zugang zu der Person Jesu als durch rational-wissenschaftliche Untersuchungen? Ist dieses aus dem Glauben aufgestiegene Bild nicht doch nur eine Konstruktion, eine Illusion, ein Mythus? Kann es uns ein tieferes Verständnis der Person Jesu erschließen, oder müssen wir uns nicht doch mit dem eingeschränkten, zur Frage werdenden Bild vom historischen Jesus begnügen? Müssen wir es nicht jedem Menschen, der darüber nachdenkt, überlassen, sich aufgrund unserer unzulänglichen Kenntnisse vom historischen Jesus selbst ein Glaubensbild aufzubauen, das durchaus auch den urchristlichen Glauben an die Auferstehung des Gekreuzigten einbeziehen kann? Läßt sich das urchristliche „Kerygma" auch anders deuten, als es die Evangelisten, gewiß unterschiedlich und doch zusammenklingend, tun?

Dazu muß man fragen, ob die Christologie des Neuen Testaments, wie sie in den Reden der Apostelgeschichte, bei Paulus, Johannes und anderen urchristlichen Theologen hervortritt, noch andere Erklärungsmöglichkeiten für das Phänomen des gekreuzigten, auferweckten und bei Gott weilenden Christus gibt. Die neutestamentlichen „Christologien" sind in ihrer Vielgestaltigkeit ebenfalls scharfsinnig untersucht worden und haben eine Vielfalt von Ansätzen und Strukturlinien ans Licht gebracht. Unbestritten ist aber, daß diese verschiedenen Christologien doch letztlich auf das urchristliche Kerygma zurückgehen, wie es in 1 Kor 15,3-5 zusammengefaßt ist. Verglichen mit den sich in der frühen Kirche entfaltenden Christologien haben die vier Evangelien einen unverkennbaren Vorteil: Sie nehmen die Traditionen vom geschichtlichen Jesus auf und verbinden sie mit dem Glauben an den gekreuzigten, auferweckten und erhöhten Herrn. Die Kirchenväter müssen bei ihren Spekulationen über Jesus Christus immer auf die Evangeliendarstellungen zurückgreifen. Einen besonderen Einfluß, eine erkennbare Wirkungsgeschichte hatten besonders das Matthäus-

III. Das Glaubensbild von Jesus Christus im Verhältnis zum geschichtlichen Jesus

evangelium [10] und das Johannesevangelium [11]. Die vier Evangelien nehmen einen hervorragenden Platz in der Entfaltung der Christologie ein. So hat die Frage nach dem Glaubensbild der Evangelisten ihren guten Sinn.

Fragt man nach dem geschichtlichen Grund, so geht aus allen Evangelien hervor, daß sie sich auf Überlieferungen stützen, die vom historischen Jesus frühzeitig gesammelt, erzählerisch gestaltet und dabei auch interpretiert wurden. Alle Evangelisten sind überzeugt, daß sie mit ihren Erzählungen aus dem Leben Jesu etwas Wahres, das sich ereignet hat, wiedergeben (besonders deutlich Lk 1, 1–4). Freilich, wie sie das wiedergeben, ist sehr unterschiedlich. Der synoptische Vergleich und dann noch einmal der Vergleich zwischen den Synoptikern und Johannes lassen Spannungen, ja widersprüchliche Angaben und Aporien erkennen. Man ist mit den Überlieferungen sehr unterschiedlich umgegangen. Das Bemühen der wissenschaftlichen Exegese, diese Traditionen zu sichten und auf das historisch Glaubwürdige zurückzuführen, ist verständlich und berechtigt. Dadurch werden wir jedoch in eine ständige Diskussion der Traditions- und Redaktionsgeschichte hineingezogen, die nie zur Ruhe kommt. Was sich erreichen läßt, ist eine allgemeine Sicht auf die Verkündigung Jesu, seine Sammlung der Jünger, seine Auseinandersetzung mit jüdischen Gegnern und seinen Weg ans Kreuz. Manches Einzelproblem der Überlieferung kann gelichtet werden. Offensichtliche Erweiterungen und Veränderungen der Worte und Taten Jesu lassen sich auf das Konto der nachösterlichen Gemeinden abbuchen. Diese über das historisch Erkennbare hinausgehenden Deutungen waren größtenteils in den den Evangelisten verfügbaren Traditionen schon angesiedelt, und sie haben das darin aufscheinende Jesusbild einbezogen; man denke nur an die Vorgeschichten und die Ostergeschichten, aber auch an nicht Weniges in den einzelnen Erzählungen aus dem Leben Jesu. Das Glaubensbild der Evangelisten wurde durch viele Traditionen beeinflußt, doch muß dabei gesehen werden, daß es dadurch nicht umgestoßen und aufgehoben wird. Die Evangelisten gingen von einer bestimmten Einstellung zur Person Jesu aus und suchten in diesem Rahmen die konkreten Überlieferungen von den Worten und Taten Jesu einzuordnen. Das sei an einigen Beispielen veranschaulicht.

---

[10] Vgl. E. Massaux, Influence de l'Evangile de saint Matthieu sur la littérature chrétienne avant S. Irénée, Louvain-Gembloux 1950.

[11] Vgl. W. von Loewenich, Das Johannes-Verständnis im zweiten Jahrhundert (BZNW 13), Gießen 1932; J. N. Sanders, The Fourth Gospel in the Early Church. Origin and Influence on Christian Theology up to Irenäus, Cambridge 1943; F. M. Braun, Jean le Théologien et son évangile dans l'église ancienne (EtB), Paris 1959, 69–296; T. E. Pollard, Johannine Christology and the Early Church (MSSNTS 13), Cambridge 1970.

Sechstes Kapitel: Ein vielfältiges und doch einheitliches Christuszeugnis

Das Sicherste, was sich aus der Verkündigung Jesu historisch feststellen läßt, ist seine Botschaft von der kommenden und schon hereinbrechenden Gottesherrschaft. Es ist die Leitlinie, die sein Auftreten, seine Verkündigung, seinen Anspruch an die Menschen und seine Verheißung bestimmt. Konzentriert ist das Selbstverständnis Jesu in dem Ausspruch enthalten: „Wenn ich mit dem Finger Gottes die Dämonen austreibe, dann ist die Gottesherrschaft auf euch gestoßen" (Lk 11,20/Mt 12,28). Umstritten aber ist die Frage, ob die Gottesherrschaft im Wirken Jesu schon ganz anwesend ist oder sich erst anbahnt und erst am Ende vollendet hervortreten wird. Die auf die Zukunft gerichtete Blickweise Jesu läßt sich nicht bestreiten. Das Verhältnis von Gegenwart und Zukunft der Gottesherrschaft bleibt umstritten. Nun verschärft sich diese Frage durch die in der Jesusüberlieferung auftauchende Naherwartung Jesu. Für manche Forscher wie A. Schweitzer, J. Weiss und andere Eschatologisten steht fest, daß Jesus in drängender Naherwartung des Endes stand und die Entschärfung der Naherwartung, die sich nicht erfüllte, auf die Urkirche zurückgeht. Von Jesus wurden Worte überliefert, die einen bestimmten Termin – noch innerhalb der lebenden Generation – für das Ende in Aussicht stellten (Mt 10,23; Mk 9,1 par; 13,29f par). Traditionsgeschichtlich wird man für diese Worte einen Sitz im Leben der Gemeinde nicht bestreiten können[12].

Wie sind die Evangelisten mit dieser Überlieferung umgegangen? In ihrer Überzeugung von der Wahrheit der Worte Jesu sind sie dadurch nicht erschüttert worden. Sie konnten diese nicht eingetretene Erfüllung der Worte Jesu mit ihrem Glauben an den Herrn verbinden. Lukas hat das Problem allerdings lebhaft empfunden und es durch eine Dehnung der Zeit auf die Kirche hin zu lösen versucht (vgl. oben 4. Kap. I, 5). Seine Antwort: „Euch steht es nicht zu, Zeiten und Fristen zu erfahren, die der Vater in seiner Macht festgesetzt hat" (Apg 1,7), setzte sich durch. Die Zeit Jesu ging in die Zeit der Kirche, die Zeit des heiligen Geistes über. Später hat die Frage der Naherwartung die Alte Kirche nicht weiter beschäftigt. Man war sich der fortlebenden Gegenwart des Herrn gewiß und überließ die Frage der Wiederkunft Christi und der Vollendung der Zeiten dem Ratschluß Gottes. Was historisch-kritisch wie eine Aporie erscheint, wird durch die Sicht der Evangelisten auf die im heiligen Geist fortlebende Person Jesu bewältigt. Kommt diese Sicht mit ihrem Festhalten an der von Jesus verkündeten Zukunft der Gottesherrschaft ohne einen bestimmten

---

[12] Vgl. L. OBERLINNER, Die Stellung der „Terminworte" in der eschatologischen Verkündigung des Neuen Testaments, in: D. ZELLER (Hrsg.), Gegenwart und kommendes Reich, Stuttgart 1975, 51–66, und neuere Kommentare, die fast einhellig die Terminworte dem historischen Jesus absprechen.

III. Das Glaubensbild von Jesus Christus im Verhältnis zum geschichtlichen Jesus

Termin der geschichtlichen Wahrheit nicht vielleicht näher als die kritischen Überlegungen?

Ein anderes Beispiel ist die Frage der wunderbaren Heilungen Jesu. In vielen Erzählungen wird sie geschildert, nach damaligen Vorstellungen oft in einer primitiven, magisch klingenden Weise. Die Erzählstrukturen (mit einem bestimmten Formschema) sind aus der damaligen Zeit zu verstehen, halten aber an der einzigartigen Heiltätigkeit Jesu fest. Es gibt in diesen Wundergeschichten eine geschichtliche Intention, das Tun Jesu als etwas Außergewöhnliches darzustellen. „So etwas haben wir noch nie gesehen" (Mk 2,12). „Seit Ewigkeit wurde nicht bekannt, daß jemand die Augen eines Blinden öffnete" (Joh 9,32). Von der Faktizität der Heilungen waren die Evangelisten überzeugt, auch wenn sie vieles übertrieben und vieles unwahrscheinlich bleibt. Aber die Fülle der Heilungsgeschichten und ihre Einbettung in die damaligen Verhältnisse lassen an der Grundüberzeugung von Jesu wunderbaren Heilungen nicht zweifeln. In seinem kritischen Überblick über die Wundergeschichten schreibt G. Theissen: „Zweifellos hat Jesus Wunder getan, Kranke geheilt und Dämonen ausgetrieben. Die Wundergeschichten geben diese historischen Ereignisse jedoch in einer gesteigerten Gestalt wieder ... Als apokalyptischer Wundercharismatiker steht Jesus singulär in der Religionsgeschichte."[13] Die Überzeugung von Jesu aus der Vollmacht Gottes strömender Heiltätigkeit, sein Heilen allein durch sein gebietendes Wort, steht hinter all diesen Erzählungen. Das ist es, was die Evangelisten von der Person Jesu hervorheben wollen. Man braucht nicht alle Einzelerzählungen auf ihre Glaubwürdigkeit zu untersuchen, um diesen Eindruck zu gewinnen. Die Evangelisten richten ihren Blick auf das Wesentliche.

Ein drittes Beispiel ist die ethische Unterweisung Jesu. Daß er mit weitgehenden, ja extremen Forderungen an die Menschen herantrat, geht aus allen synoptischen Evangelien hervor. Es gibt Schwerpunkte seiner Ansprüche an diejenigen, die Anteil am kommenden Reich Gottes erlangen wollen: Verzicht auf Reichtum und Herrschaft, Barmherzigkeit und Liebe bis zum äußersten gemäß der von Gott erfahrenen Liebe, Zuwendung zu den Armen und Entrechteten, Nachfolge im Leiden. Es ist ein reiches Überlieferungsgut, das die Evangelisten gesammelt haben. Die Worte Jesu werden mit konkreten Beispielen aus der Begegnung Jesu mit Menschen aufgefüllt und mit Parabeln, die Jesus erzählte, bereichert. Diese Fülle von Material zur ethischen Unterweisung Jesu hat dazu geführt, daß man sein sittliches Engagement nicht bestreitet, sondern als einen Wesenszug seiner Person anerkennt. Selbst Theologen, die dem historischen Jesus und dem, was von ihm

---

[13] Urchristliche Wundergeschichten, Gütersloh 1974 u.ö., 274.

erzählt wird, kritisch gegenüberstehen, wagen nicht daran zu rütteln (vgl. A. Schweitzer, R. Bultmann).

Fragt man aber nach dem Grundansatz dieser Forderungen und ihrer Motivation, zeigen sich nicht unerhebliche Unterschiede. Welche Rolle spielt dabei das jüdische Gesetz, auf dem die ganze jüdische Sittenlehre aufgebaut ist? Gilt das Wort uneingeschränkt: „Eher werden Himmel und Erde vergehen, als daß auch nur der kleinste Buchstabe des Gesetzes dahinfällt" (Lk 16,17; vgl. Mt 5,18)? Auch harte Worte über die jüdische Gesetzesauslegung und -praxis sind überliefert, die den Anschein erwecken, als lehre Jesus ein neues Gesetz. Gibt es nicht manche Anordnungen der Tora wie Ehescheidung, Schwören, Wiedervergeltung, die Jesus aufhebt? Setzt sich Jesus nicht über Reinheits- und Sabbatvorschriften hinweg? Es ist nicht leicht, eine einheitliche Linie für die Gesetzesauslegung Jesu zu finden. Eine grundlegende Antwort gibt R. Bultmann, nach dem Jesus einen radikalen Gehorsam fordert, der ein neues Existenzverständnis impliziert. Nicht eine äußere Autorität legt fest, was der Wille Gottes ist, sondern „es wird dem Menschen zugetraut und zugemutet, selbst zu sehen, was von ihm gefordert ist. Gottes Forderungen gelten als einsichtig"[14]. So willkommen das den heutigen nach Autonomie strebenden Menschen erscheinen wird, bleiben doch Fragen der materialien Wertethik bestehen und lassen sich Jesu konkrete Entscheidungen nicht beiseite schieben. Die kritische Einzelforschung, die auf den Sitz im Leben und die Redaktion der Evangelisten achtet, vermag das Gesetzesproblem nicht zu lösen[15]. Wer die verschiedenen Antworten auf die Gesetzesfrage und die sittlichen Weisungen Jesu würdigen will, muß die Sicht der Evangelisten aus der jeweiligen Zeitlage berücksichtigen und miteinander vergleichen. Das kann und soll in diesem Werk nicht geleistet werden.

Der Blick auf die einzelnen Evangelisten kann Unterschiede in der Sicht auf die Ethik Jesu entdecken: bei Markus etwa die Konfrontation von Gottes Gebot und Menschensatzung (Mk 7,6–13), das Doppelgebot der Gottes- und Nächstenliebe (12,28–34), das auch bei den anderen Synoptikern in den Vordergrund rückt, bei Matthäus eine dezidierte und differenzierte Sicht auf das jüdische Gesetz und seine Erfüllung (vgl. 3. Kap. II,3), bei Lukas die sozialen Forderungen für die Armen, die Elenden, die Frauen (vgl. 4. Kap. II,2–3), bei Johannes das eine neue Gebot der brüderlichen (und schwesterlichen) Liebe, um in

---

[14] R. Bultmann, Jesus, Tübingen 1926 u. ö., 68.
[15] Vgl. H. Hübner, Das Gesetz in der synoptischen Tradition, Witten 1973; A. Sand, Das Gesetz und die Propheten, Regensburg 1974; H. Merklein, Die Gottesherrschaft als Handlungsprinzip (FzB 34), Würzburg ²1981; R. Schnackenburg, Die sittliche Botschaft des Neuen Testaments I: Von Jesus zur Urkirche, Freiburg-Basel-Wien 1986, 69–76 mit weiterer Literatur.

III. Das Glaubensbild von Jesus Christus im Verhältnis zum geschichtlichen Jesus

der Liebe Christi zu bleiben (Joh 13,34f; 15,12–17). Jeder Evangelist entwickelt die sittliche Botschaft Jesu aus der ihm gemäßen Christologie. Was aber bei allen Evangelisten als Grundakkord zu erkennen ist, das ist die Autorität Jesu, die in Gott gründet. „Lehrt sie alles halten, was ich euch geboten habe" (Mt 28,20). In der Betonung der Autorität Jesu stimmen alle Evangelisten überein; für sie ist Jesus der absolute Offenbarer des Willens Gottes.

So vermögen uns die Wiedergaben der Evangelisten zwar nicht einzelne Fragen zu beantworten; aber sie richten unseren Blick auf das Wesentliche der sittlichen Predigt Jesu. Der historische Grund ist vorausgesetzt, wird aber in der Glaubenssicht der Evangelisten überschritten. Wie bei der Verkündigung der Gottesherrschaft und bei den wunderbaren Heilungen Jesu bleibt das historische Fundament erhalten und wird durch Worte und Reden Jesu, durch Gespräche und Auseinandersetzungen erhärtet, aber nicht als das eigentliche Anliegen erkennbar. Alles ist auf die Rezeption bei den Adressaten, auf die unmittelbaren Ansprüche, die sich für die an Jesus Christus Glaubenden auftun, hingeordnet.

Die Evangelisten haben ihr Bild von Jesus nicht aus einzelnen Überlieferungen zusammengesetzt, sondern sind vom Gesamtbild Jesu ausgegangen und haben die Einzelgeschichten eher als Illustrationen zu ihrem Glauben hinzugezogen. Sie wollten kein Mosaikbild erstellen, sondern ein Gesamtportrait bieten, in dem Jesu Verkündigung und Lehre, seine Heilungen und Wundertaten, sein Wirken in der Öffentlichkeit und seine Unterweisung der Jünger zu einer Einheit zusammenfließen. Es ist keine Photographie des geschichtlichen Jesus, sondern ein Gemälde, das mehr und Tieferes von ihm erkennen läßt als eine getreue Wiedergabe seiner Züge. Ein solches Gemälde ist auf der einen Seite unwirklich und doch auf der anderen Seite wahrer als jede Photographie. Es enthüllt mehr von dem Wollen, den Motiven und den innerlich treibenden Kräften, die Jesus bewegten, und öffnet den Blick für das Persongeheimnis Jesu, das sich zwar nicht wirklich ergründen läßt, aber ahnungsvoll erschließt und im Glauben erfaßbar wird.

So entsteht ein zutreffendes Bild seiner Person, das sich nicht anders als aus seiner Gottbezogenheit und Gottverbundenheit begreifen läßt. Das Geheimnis seiner Person, das Markus durch sein Messiasgeheimnis unterstreicht, das aber auch in den anderen Evangelien in der Begegnung Jesu mit Menschen aufleuchtet, kann man nicht durch die Reduktion auf seine menschliche Seite, gleichsam die Außenseite seiner Erscheinung erfassen, sondern nur, wenn man die verborgene Innenseite seiner Person, sein Verwurzeltsein in Gott, hinzunimmt. Eben das ist es, was die Evangelisten je auf ihre Weise herausarbeiten wollen. Sie versuchen, die Gottverbundenheit Jesu durch bestimmte Prädikationen wie „Sohn Gottes", „Messias" in einem umfassenden, jüdisches Denken überschreitenden Sinn, „Menschensohn", moseähnlicher „Prophet", „König" und „Herr" zum Ausdruck zu bringen. Ohne Verankerung in Gott bleibt die Person Jesu schemenhaft, unwirklich und unerklärlich. Von Evangelium zu Evangelium enthüllt sich das Geheimnis der Person Jesu, bis es bei Johannes durch die Aussagen über den präexistenten Gottessohn, der bei Gott war, selbst Gott, und als Mensch in die Welt kam, um Gott in seinem Wesen, seiner Wahrheit, seiner Herrlichkeit zu enthüllen, den Höhepunkt erreicht.

Das Verhältnis der Jesusbilder in den Evangelien zum geschichtlichen Jesus läßt sich etwa wie folgt bestimmen: Sie setzen die geschichtliche Überlieferung voraus und benutzen sie, um ihren Gemälden Farbe und Ausdruckskraft zu verleihen. Sie wollen den geheimnisvollen, auf Erden erschienenen Gottessohn gleichsam mit Fleisch umkleiden, doch aufgrund verbürgter Überlieferung, in Erinnerung an sein geschichtliches Auftreten und Wirken. Die historische Ebene wird nicht unmittelbar greifbar, aber doch so weit erfahrbar, daß daraus nicht Träume und Phantasiegebilde aufsteigen. Der Blick des Glaubens richtet sich auf das Vergangene, doch umfaßt zugleich das Gegenwärtig-Bleibende und für die Menschheit Bedeutsame. Es ist wie der Blick von einem hohen Berg in die Täler der Menschen und in die unendliche Weite des Himmels.

Ausblick

Wir müssen dankbar sein, daß wir die vier Evangelien besitzen, die uns aus je eigener Sicht die Person Jesu nahebringen. Das viergestaltige Evangelium erstreckt sich über einen längeren Zeitraum und bezeugt das eine Evangelium Jesu Christi im Fortgang der Zeit. Die jeweilige Zeitlage, die geschichtlichen Umstände, der Adressatenkreis, die besonderen Intentionen für die angesprochenen Gemeinden haben zu neuen Ansätzen in der Wiedergabe der Geschichte Jesu geführt. Der Vier-Evangelien-Kanon, der zu einem Zeugnis für die Frühgeschichte der Kirche wird, reicht bis in den Anfang des zweiten Jahrhunderts hinein, findet dort aber auch seine Grenze. Was in den apokryphen Evangelien im zweiten, dritten und vierten Jahrhundert erzählt wird, kann sich mit den vier kanonischen Evangelien nicht messen. Diese apokryphen Darstellungen sind von Legenden und zum Teil phantastischen Erzählungen überlagert. Für Irenäus von Lyon († um 202) gibt es nur die vier Evangelien, nicht mehr und nicht weniger; sie allein verbürgen die apostolische Überlieferung und sind die maßgeblichen Urkunden für Jesus und sein Evangelium. Sie sind von demselben Geist erfüllt und werden zu vier Säulen, auf denen das Evangelium aufgebaut ist.

Das Bild von den vier Säulen ist allerdings unzulänglich und anfechtbar. Es ist ein statisches Modell, das den lebendigen Fluß der Überlieferung außer Acht läßt und nicht zu erkennen gibt, wie die vier Säulen das Gebäude tragen. Man kann die vier Evangelien ja nicht einfach addieren; man muß sie miteinander vergleichen und soweit möglich in Einklang bringen. Die vier Evangelien sind in einem fortlaufenden Prozeß entstanden. Das älteste Evangelium, das nach Markus, ist die Grundlage für die folgenden Synoptiker ebenso wie für das Johannesevangelium. Weitere Traditionen und Interpretationen haben das Markusevangelium ergänzt und zum Teil verändert. Überlieferungen der Spruchstelle (Q), judenchristliche Traditionen und nicht wenige Einzelerzählungen sind hinzugekommen. So ist die ganze Evangelienüberlieferung in einem Fluß, der neue Ströme aufnimmt und das Bild Jesu aus dem Nachdenken über seine Person bereichert.

Die christologische Tiefenschau erreicht im Johannesevangelium ihren Höhepunkt.

Im zweiten Jahrhundert erhob sich im syrischen Raum das Bedürfnis, die verschiedenen Evangeliendarstellungen zusammenzufassen und die Geschichte Jesu auf eine einheitliche Linie zu bringen. Der Syrer Tatian erstellte nach 170 n. Chr. eine Evangelienharmonie, das Diatessaron (das „durch vier" zusammengefügte Evangelium)[1]. Der Versuch einer Zusammenschau mag von dem Gedanken des einen Evangeliums ausgegangen sein, wird aber der differenzierten Sicht in den vier Evangelien nicht gerecht. Dadurch entsteht noch viel stärker als bei Irenäus, der übrigens das Diatessaron nicht zu kennen scheint, der Eindruck eines feststehenden Gebäudes. Die vier kanonischen Evangelien bieten das Wichtigste und Bleibende der Christusoffenbarung und vermögen die Person Jesu in ihrer Geschichtlichkeit und übergeschichtlichen Bedeutsamkeit wahrzunehmen.

Statt des statischen Bildes von den vier Säulen, auf denen das Evangelium Jesu Christi aufgebaut ist, möchte ich ein anderes Bild wählen, das in anderem Zusammenhang in der Bibel auftaucht und das Fließende und Dynamische der Entstehung der Evangelien veranschaulichen kann: die vier Paradiesesströme, die aus dem Garten Eden herausfließen und ein weites Gebiet, die ganze damals bekannte Erde durchziehen (Gen 2, 10–14). Es ist ein alter, mythisch klingender Text, der in die Paradiesesgeschichte eingefügt ist. Die vier Ströme, von denen wir nur die letzten zwei, den Tigris und den Euphrat, mit Sicherheit identifizieren können, kommen aus dem Osten und werden zu einem Symbol für den weltweiten Lebensstrom, der von Gott ausgeht. Diese symbolträchtige Darstellung wird in der Offenbarung des Johannes für die Schilderung des vollendeten Gottesreiches, das neue Jerusalem, aufgegriffen: „Und er (der Engel) zeigte mir einen Strom, das Wasser des Lebens, klar wie Kristall. Er geht vom Thron Gottes und des Lammes aus" (22, 1). Läßt sich dieses Bild nicht auch auf die vier Evangelien übertragen, die von dem einen Strom der Offenbarung und des Lebens ausgehen, der sich in Jesus Christus erschlossen hat? Das eine Evangelium enthüllt das Geheimnis der göttlichen Weltregierung, das Hereinbrechen der Gottesherrschaft, die am Ende der Tage vollendet werden wird, und setzt den Strom göttlichen Lebens frei, der den Menschen Heilung und Heil bringt. Man könnte das nach der Vision in der Offenbarung des Johannes noch weiter ausdeuten: „Zwischen der Straße der Stadt und dem Strom, hüben und drüben, stehen Bäume des Lebens. Zwölfmal tragen sie Früchte, jeden Monat einmal, und die Blätter der Bäume dienen zur Heilung der Völker" (22, 2). So entfaltet

---

[1] Vgl. WIKENHAUSER-SCHMID, Einleitung in das Neue Testament, Freiburg–Basel–Wien ⁶1973, 128–134.

Ausblick

sich das Evangelium und bringt Früchte, die zur Heilung der Völker dienen. Es wird ein Strom des Lebens, der unermüdlich fortfließt, und muß fortwährend und immer neu, in der ganzen Welt unter allen Völkern verkündet werden (Mk 13,10; Mt 28,19). Es tränkt die verdorrte Erde und löscht den Durst der schmachtenden Menschheit. Im Johannesevangelium heißt es: Wer von dem Wasser trinkt, das Jesus gibt, wird niemals mehr Durst haben; „vielmehr wird das Wasser, das ich ihm gebe, in ihm zur Quelle sprudelnden Wassers für ewiges Leben" (Joh 4,14). Nichts anderes sagt Paulus: „Das Evangelium ist eine Kraft Gottes, die jeden rettet, der glaubt" (Röm 1,16).

*In der Reihe „Herders theologischer Kommentar zum Neuen Testament"
erschienen von Rudolf Schnackenburg:*

Das Johannesevangelium. Teil I.

Einleitung und Kommentar zu Kapitel 1 – 4,5
7. Auflage, 584 Seiten, gebunden
ISBN 3-451-14318-6

Das Johannesevangelium. Teil II.

Kommentar zu Kapitel 5 – 12,3
5. Auflage, XVI und 560 Seiten, gebunden.
ISBN 3-451-16144-3

Das Johannesevangelium. Teil III.

Kommentar zu Kapitel 13 – 21,4
6. Auflage, XVI und 496 Seiten, gebunden
ISBN 3-451-17335-2

Das Johannesevangelium. Teil IV.

Ergänzende Auslegungen und Exkurse
2. Auflage, 240 Seiten, gebunden
ISBN 3-451-20022-8

Die Johannesbriefe.

7. Auflage, 376 Seiten, gebunden.
ISBN 3-451-01150-6

Schnackenburg hat die Fähigkeit, tiefe und schwierige Gedanken einfach darzulegen. Das macht diese Bände wertvoll, nicht nur für Theologen und theologisch Gebildete, sondern auch für nachdenkliche Christen.
Katholische Nachrichten-Agentur

Herder Freiburg · Basel · Wien